D1734623

Thomas Winter

Jagd

-

Naturschutz oder Blutsport?

W i n t e r

Passau

ISBN 3-00-012219-2
1. Auflage 2003
© 2003 Winter-Buchverlag, Passau
Foto Umschlag vorne: Dag Frommhold
Foto Umschlag hinten: Thomas Winter
Gedruckt in der tschechischen Republik

www.winter-buchverlag.de

Inhalt

Teil I
Das Waidwerk als Naturschutz

Teil II
Das Waidwerk als Tierschutz

Teil III
Motivation und Charakter der Jäger

Teil IV
Der Stand der Dinge

Vorwort

Dieses Buch ist eigentlich zufällig entstanden, denn ich kann nicht behaupten, daß ich bis vor zweieinhalb Jahren ein übermäßiges Interesse an der Jagd verspürt hätte. Allerdings habe ich als Tierrechtler durchaus Interesse an der Art und Weise, wie in unserer Gesellschaft mit nichtmenschlichen Tieren umgegangen wird. Das war der eigentliche Grund, wieso ich mich auch ein bißchen über die Jagd informierte. Nachdem ich einige kritische Artikel zur Frage gelesen hatte, ob Jagd und Naturschutz tatsächlich deckungsgleich sind, wie die Jäger und ihre Vereine behaupten, wurde ich neugierig. Ich begann daher, Material über die Jagd zu sammeln und nachzuforschen, wie es denn wirklich steht um die Jagd als „angewandten Naturschutz". Auch weil ich auf dem Land in einer nicht gerade jagdfeindlichen Umgebung groß geworden bin, war ich bis dahin davon ausgegangen, daß die Behauptungen der Jäger zumindest einen wahren Kern haben und Jagd durchaus Naturschutzarbeit ist, auch wenn ich sie zunehmend als moralisch extrem problematisch betrachtete.

Das Ergebnis meiner insgesamt zweieinhalbjährigen Recherchen erstaunte und schockierte mich. Wie wahrscheinlich die Mehrheit der Menschen in diesem Land hatte ich keine Ahnung, was unter dem Deckmantel der „Erhaltung eines artenreichen und gesunden Wildbestandes" alles getrieben wird. Noch überraschter war ich, als ich zu begreifen begann, was die Praktiken der Jägerschaft in unserer Natur alles anrichten.

Als Tierrechtler bin ich prinzipiell gegen Handlungen, die nichtmenschlichen Tieren Schaden zufügen, da sie meiner Meinung nach ein Recht auf Leben und körperliche Unversehrtheit haben. Diese Überzeugung sei der nachfolgenden Arbeit vorangestellt. Mir ist bewußt, daß niemand unabhängig von seinen eigenen, persönlichen Prinzipien und Einstellungen objektiv arbeiten kann. Dennoch bemühe ich mich, insbesondere die Fragestellung „Ist Jagd Naturschutz?" möglichst unabhängig von dieser ethischen Grundeinstellung abzuhandeln und diese in einem gesonderten Kapitel darzustellen. Daher mag es durchaus sein, daß ich an der einen oder anderen Stelle den Eindruck erwecke, ich sei mit der Nutzung oder der Tötung von Tieren einverstanden. Dies ist in keiner Weise der Fall.

Mir ist klar, daß ich einer Minderheit angehöre und meine Vorstellungen vom Umgang mit Tieren daher in absehbarer Zukunft nicht Wirklichkeit werden dürften. Jedoch werden die meisten Menschen der Aussage zustimmen, daß das Töten von Tieren zum Lustgewinn oder aus purem Spaß an der Freude verwerflich ist. Um massiven öffentlichen Protesten zu entgehen, wurde daher die Jagd, die früher ganz offen zum Zeitvertreib oder zum Nahrungserwerb betrieben wurde, erfolgreich zum „praktizierten Naturschutz" umetikettiert. Viele Menschen in Deutschland denken daher, daß die Jagd nicht nur gerechtfertigt, sondern sogar notwendig ist, und daß ohne die Jagd der Naturhaushalt durcheinander kommen würde.

Je intensiver meine Recherchen wurden, desto mehr stellte ich fest, daß diese vielen Menschen auf einen Etikettenschwindel hereinfallen. Angesichts der Tatsache, daß es zwar massenhaft Literatur gibt, in denen die Jagd begründet, gerechtfertigt und besungen wird, aber kaum ausgewiesen jagdkritische Bücher, habe ich mich entschlossen, das erarbeitete Material in diesem Buch zusammenzufassen und es der Öffentlichkeit zugänglich zu machen. Ich bin sicher, daß viele Menschen die Jagd konsequent ablehnen werden, wenn sie erst einmal wissen, auf welche Weise die Jäger unsere Natur manipulieren, um ihre Beuteinteressen zu befriedigen. Und selbst, wenn dies nicht der Fall sein sollte, so sollten sie zumindest wissen, daß die Behauptung, Jagd sei Naturschutz, nur schöner Schein ist. Die Frage, ob wir Tiere töten dürfen, läßt sich nur durch Werturteile und gesellschaftliche Diskussionen beantworten. Auf die Frage, ob die Jagd dem Naturschutz dient, gibt es dagegen eine eindeutige, objektive Antwort: Nein.

Um diese Behauptungen zu belegen, stütze ich mich auf vielfältiges Material, angefangen von wissenschaftlichen Studien und Untersuchungen über von Wissenschaftlern und auch Jägern geschriebene Bücher, Schulbuchwissen, Zeitungsartikel, Veröffentlichungen von Naturschutzorganisationen, Mitteilungen von Forschungsinstituten, Vogelwarten, Ministerien, Nationalparkämtern und vieles mehr. Inbesondere was die Motivation der Jägerschaft anbelangt, stütze ich mich auch auf zahlreiche Quellen, die von den Jägern selbst stammen, unter anderem auf die Jagdpresse und die Äußerungen von Waidmännern in Internet-Diskussionsforen.

Daher ist dieses Buch keine wissenschaftliche Arbeit im engeren Sinne, da ich keine eigene Forschung betrieben habe. Ich bin als Student einer völlig anderen Fachrichtung auch nicht in der Lage, zu jedem der behandelten Themen hunderte von wissenschaftlichen Arbeiten zu sichten, weswegen mir sicherlich einiges entgangen sein wird. Ich bin auch kein Biologe, kein Ökologe oder sonstiger Wissenschaftler. Ich bin ein interessierter Laie, der sich über zweieinhalb Jahre lang intensiv mit der Jagd auseinandergesetzt und umfangreiches Material dazu recherchiert hat. Die Glaubwürdigkeit meiner Arbeit soll also nicht daraus erwachsen, daß ich mich selbst zum „Experten" erhebe, sondern aus der Vielfalt und Glaubwürdigkeit meiner Quellen, die ich versucht habe, möglichst kompakt zusammenzufassen. Verständlicherweise kann ich nicht jedes der vielen Einzelthemen in allen Details behandeln; wer sich vertiefter informieren will, sei auf das Literaturverzeichnis verwiesen.

Außerdem sollten drei Dinge noch klargestellt werden:

Erstens sind die in diesem Buch beschriebenen Praktiken keine Ausnahmefälle oder die Taten „Schwarzer Schafe", sondern gängige jagdliche Praxis in ganz Deutschland und darüber hinaus. Daß viele der beschriebenen Mißstände nicht nur in Deutschland, sondern europa- und weltweit ein Problem sind, hat der römische Zoologieprofessor DR. CARLO CONSIGLIO in seinem Buch „Vom Widersinn der Jagd" sehr schön herausgearbeitet. Dennoch beschränke ich mich hauptsächlich auf Deutschland, um auf einem angemessenen Platz meine Themen in einer ebenso angemessenen Tiefe behandeln zu können. Außerdem werden die Verhältnisse in den USA oder in Frankreich für die von mir angesprochenen Leser bei weitem nicht so interessant sein wie jene in Deutschland.

Zweitens sind längst nicht alle Jäger ökologische Ignoranten. Es gibt durchaus kritische, teils wirklich ökologisch gesinnte Waidmänner, die mit vielen der weit verbreiteten jagdlichen Praktiken hart ins Gericht gehen. Leider sind diese Jäger in der Minderzahl. Die Unfähigkeit des deutschen Waidwerks, sich tatsächlich an naturschützerischen Gesichtspunkten auszurichten, hat sogar zur Gründung eines „Ökologischen Jagdverbandes" geführt, der die Jagd in Deutschland nach ökologischen Gesichtspunkten umkrempeln will. Er wird von der etablierten Jägerschaft ebenso heftig bekämpft wie jeder, der am gegenwärtigen Zustand auch nur das geringste ändern will. Letzlich ist jedoch auch diesen „Öko-Jägern" mit der konservativen Fraktion eines gemein: Sie töten unnötigerweise lebendige, schmerzempfindliche Tiere. Außerdem bedeutet die Tatsache, daß sie in gewissen Punkten Kritik an der heutigen Form der Jagd üben, nicht automatisch, daß sie sämtlichen Mißständen kritisch gegenüberstehen oder ihren Worten entsprechende Taten folgen lassen. Viele kritische Geister verurteilen auch nicht die Jagdpraxis an sich, sondern nur ihre Darstellung als Natur- und Tierschutzarbeit und fordern eine „ehrlichere" Begründung dessen, was tagtäglich in unserer Natur geschieht.

Drittens mag der Leser versucht sein, diese Arbeit aufgrund meines Schreibstils hin und wieder als „unsachlich" zu betrachten. Ich habe mich jedoch bemüht, für jede meiner Behauptungen, und seien sie auch mal etwas flapsig formuliert, Belege anzubringen. Wenn jemandem Zweifel an meinen Behauptungen kommen, so sei wiederum auf die Quellenangaben verwiesen, mit der Bitte, einen lockeren Stil nicht mit Unsachlichkeit zu verwechseln.

Abschließend möchte ich mich noch bei allen Personen bedanken, die mir bei der Erstellung dieses Buches geholfen haben. Ich danke Dag, Jan und ganz besonders Julia für das Gegenlesen meines Manuskriptes und ihre wertvollen Hinweise, außerdem Karin, Katrin, Martin, Rolf und alle anderen, die mich mit Material versorgt haben. Außerdem danke ich Stephanie ganz herzlich für ihre Übersetzungen aus dem Niederländischen.

Weiterhin möchte ich meiner lieben Freundin Ingrid ganz herzlich dafür danken, daß sie so viel Geduld aufgebracht und mich nach Kräften unterstützt hat.

Mein besonderer Dank gilt Sora und Werner. Ohne ihre finanzielle Unterstützung hätte dieses Buch nicht veröffentlicht werden können.

Passau, im November 2003

Einleitung

„Ist Jagd angewandter Naturschutz oder ein gefährlicher Eingriff? Sind Jäger tro-
phäengeile Tiermörder oder die einzig wahren Grünen?"[1]

Solche und ähnliche Fragen beschäftigen immer mehr Menschen in Deutschland. Bürger, die kritische Fragen stellen, Demonstrationen gegen die Jagd und sogar Jugendliche, die im Wald an Jagdeinrichtungen randalieren: Vorbei sind die
Zeiten, in denen die Waidmänner ihrem Tun ungestört nachgehen konnten und die
Bevölkerung den Begründungen und Ausführungen der Jäger unkritisch Glauben
schenkte. Informationsstand, Kritikfähigkeit und Tierschutzbedenken der nichtjagenden Bevölkerung nehmen stetig zu. Gegenwärtig ist sogar eine Änderung des
Bundesjagdgesetzes in Arbeit; ein Umstand, der bei den etwa 340.000 deutschen
Jagdscheininhabern heftige Proteste auslöst.

Von den Jägern wird eine kritische oder gar negative Einstellung zur Jagd recht
häufig als das Gerede von naturfernen Stadtmenschen abgetan. Diese hätten von
Waidwerk und Natur keine Ahnung und seien auch nicht mehr in der Lage, sich
auf natürliche Weise mit dem Tod auseinanderzusetzen. Diese Meinung könnte sogar zutreffen. Schließlich gibt es tatsächlich weit weniger Menschen als früher, die
sich viel in der freien Natur bewegen, diese kennen und bewußt erleben. Das Unbehagen, das der Tod in unserer Kultur weckt, kennt jeder. Insofern hätten die Waidmänner sogar recht, wenn nicht auch die Landbevölkerung, Naturkundler, Naturschützer, „Ökojäger" und eine Heerschar an Biologen, Wildbiologen, Zoologen,
Ökologen und anderer Wissenschaftler ebenfalls Front gegen die Jagd in ihrer heutigen Form machten. Insbesondere der Anspruch der Jäger, „angewandten Naturschutz" zu betreiben, wird von wissenschaftlicher Seite immer heftiger kritisiert.

Schlug man um 1990 in einem gängigen Lexikon (z.B. dem 15bändigen Bertelsmann-Lexikon), unter dem Stichwort „Jagd" nach, suchte man das Wort „Naturschutz" vergebens[2]. Wer unter „Naturschutz" nachschlug, wurde schon fündig
- allerdings nur in dem Zusammenhang, daß Dinge, die mit der Jagd zu tun haben,
von den allgemeinen Naturschutzregelungen ausgenommen sind[3]. Schlägt man
heute in einem gängigen Lexikon unter „Jagd" nach, so finden sich ganze Ab-
schnitte über „Jagd und Naturschutz" - mit teilweise für die Jäger vernichtenden
Urteilen[4]. Und so stellen sich nicht nur zunehmend Wissenschaftler gegen die Jagd
in ihrer heutigen Form, immer mehr Fachleute verurteilen sie auch prinzipiell.

Das ist schon starker Tobak, wenn man einmal bedenkt, was für Probleme es in
unserer heutigen Natur gibt und was unsere Jäger alles im Dienste der Allgemeinheit zu leisten bereit sind.

„Eine Kulturlandschaft, in die der Mensch so stark eingegriffen hat, regelt sich nicht
allein. Es gibt Arten von Tieren und Pflanzen, die begünstigt und andere, die be-
nachteiligt werden. Hier ist das Gegensteuern, so gut wie es möglich ist, unerläss-
lich"[5],

so Bernhard Haase, Vorsitzender der Bundesarbeitsgemeinschaft der Jagdgenossenschaften und Eigenjagdbesitzer, in der Jagdzeitschrift *Die Pirsch*. Durch die intensive Landwirtschaft und den anhaltenden Flächenverbrauch (täglich etwa 130 Hektar in der BRD[6]) haben einige Tiere wesentlich verbesserte Lebensbedingungen, andere wesentlich verschlechterte. Und so ist die Pflicht zur „Hege" eindeutig im Bundesjagdgesetz angeführt[7], wenn auch nicht eindeutig geregelt ist, wie sie auszusehen hat. Sie gewährleistet, daß die „Verlierer der Kulturlandschaft" nicht einfach verschwinden, dadurch daß die Jäger die Lebensbedingungen für diese Arten verbessern und somit zur Artenvielfalt beitragen. Abgesehen davon bekämpfen die Jäger Tierseuchen, verhindern, daß Raubtiere ihre Beute ausrotten und vieles mehr. Einen besonderen Stellenwert hat die sogenannte „Wildschadensverhütung": Wildschweine pflügen Äcker um, und Rehe und Hirsche „verbeißen" die Triebe junger Bäume. Also greifen die Jäger regulierend ein und garantieren, daß keine Tierart überhand nimmt und die Landwirtschaft, andere Arten oder den Wald gefährdet.

Das klingt soweit alles ganz logisch. Was aber treibt dann so viele Naturschützer und Wissenschaftler zu der Behauptung, Jagd sei gar kein Naturschutz oder sogar naturschädlich? Um diese Frage wird sich der erste Teil dieses Buches drehen. Weiterhin wird die Jagd auch unter Tierschutzaspekten kritisch betrachtet. Dies gewann besondere Aktualität, als der Deutsche Bundestag am 17. März 2002 als erstes Parlament Europas dem Tierschutz den Rang eines Staatsziels gab. Diese Seite des Themas wird im zweiten Teil beleuchtet werden. Der dritte Teil wird sich um die Motivation der Jäger, ihre Einstellung zur Jagd und die Konsequenzen drehen, und im vierten und letzten Teil gibt es einen kleinen Ausblick auf den (politischen) Stand der Dinge und die mögliche weitere Entwicklung.

Wenden wir uns also zunächst der Ökologie der Jagd zu. Um zu verstehen, was die Jagd für unsere Natur bedeutet, ist ein wenig ökologisches Grundwissen unverzichtbar. Das meiste davon ist in die jeweiligen Kapitel eingearbeitet. Dennoch sollen zunächst ein paar Grundtatbestände der Ökologie erwähnt werden, bevor es zur Jagd selbst geht. Es soll hier keine umfassende Einführung in die Ökologie gegeben, sondern dem Leser ein kurzer Überblick über wichtige Begriffe und Tatbestände gegeben werden, die für das Verständnis dieses Buchteils nützlich sind und immer wieder auftauchen werden. Leser, die mit Begriffen wie „ökologische Nische", „Massenwechsel" oder „Nahrungsnetze" vertraut sind, können dieses Kapitel getrost überspringen.

Eine kleine Kunde der Ökologie

Der Begriff „Ökologie" geistert heute in zahlreichen Spielarten durch die Welt. „Öko-Steuer", „Öko-Lebensmittel" oder „Öko-Strom". Dabei ist den wenigsten Menschen klar, was „Ökologie" eigentlich bedeutet. Ökologie ist an und für sich nichts weiter als die Lehre von den Beziehungen von Organismen untereinander und mit ihrer belebten und unbelebten Umwelt[8]. Und genau diese ursprüngliche Bedeutung des Wortes Ökologie ist für uns wichtig. Denn die Jagd stellt einen Eingriff in diese Beziehungen dar. Und wir müssen etwas von diesen Beziehungen verstehen, wenn wir diese Eingriffe verstehen wollen.

Kein Lebewesen lebt vollkommen isoliert von seiner Umwelt. Immer wirken verschiedene Faktoren auf ein Individuum ein. Diese werden in der Regel unterteilt in *biotische* (belebte) und *abiotische* (unbelebte) Faktoren. Belebte Faktoren sind etwa „Artgenossen, Beutetiere, Freßfeinde, aber auch die Pflanzenwelt"[9], also alles, was wir unter dem Stichwort „Lebewesen" zusammenfassen können. Unbelebte Faktoren sind etwa Licht, Klima oder Bodenbeschaffenheit. Es wirken demnach immer mehrere Faktoren auf einen Organismus ein, nie nur ein einziger[10].

Alle Angehörigen einer Art in einem räumlich abgrenzbaren Lebensbereich (*Biotop*) nennt man *Population*. Für die Frage, wie groß nun diese Population ist, sind offensichtlich die Umweltfaktoren bedeutend: Je günstiger sie für die betreffende Art sind, desto mehr Individuen dieser Art können überleben. Bestimmend für die Verbreitung einer Art ist der *Minimumfaktor*, also der Faktor, der am weitesten von seinem optimalen Wert entfernt ist - man spricht auch vom *Minimumgesetz*[11]. So nützen einem Mauswiesel, das auf Mäuse als Nahrung angewiesen ist, die besten Klimabedingungen nichts, wenn zu wenig Mäuse da sind. Auf der anderen Seite wird das Mauswiesel trotz vieler Mäuse nicht häufiger sein, wenn ein anderer Umweltfaktor sehr ungünstig ist. Wie bei Fahrradtouren der Langsamste das Tempo vorgibt, bestimmt in der Natur der ungünstigste Faktor die Vermehrung und Verbreitung von Tierarten.

Wie das Wachstum einer Population vor sich geht, läßt sich am besten darstellen, indem man Fälle untersucht, in dem eine Art einen neuen Lebensraum besiedelt. Das Wachstum der Population sieht dann typischerweise so aus, wie die Grafik auf der rechten Seite es darstellt.

Am Anfang sind recht wenige Tiere vorhanden. Diese beginnen nun, sich fortzupflanzen. Wie aus dem Diagramm hervorgeht, vermehren sie sich immer stärker, bis die Kurve steil ansteigt, ihre Fortpflanzungsrate also sehr hoch ist. Warum ist das so?

Nehmen wir an, am Anfang steht ein Mäusepaar. Dieses bringt sechs Kinder zur Welt. Wenn diese sechs Kinder nun wieder jeweils sechs Kinder bekommen, haben wir plötzlich nicht mehr nur sechs, sondern 36 Nachkommen. Diese bekommen wiederum jeweils sechs Kinder... Sie sehen, wohin das führt. Nach fünf Generationen haben wir (wenn keine Maus stirbt) schon über 8.000 Mäuse.

Wie die Grafik aber auch zeigt, kann sich eine Population nicht ins Unendliche vermehren - einer „Übervermehrung" sind wirksame Schranken gesetzt. Die *Umweltkapazität*, die sich aus den verschiedenen Umweltfaktoren ergibt, ist die Ober-

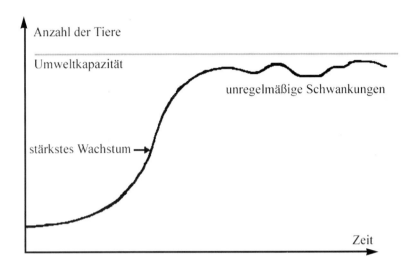

Anzahl der Tiere

Umweltkapazität

unregelmäßige Schwankungen

stärkstes Wachstum →

Zeit

grenze, die maximale Anzahl an Individuen einer Population, die der Lebensraum faßt. Nähert sich die Wachstumskurve einer Population dieser natürlichen Grenze, so flacht sie ab: Die Population wächst jetzt immer langsamer, bis sie sich auf einem Niveau in der Nähe der Umweltkapazität einpendelt. Das geschieht, weil sich mit zunehmender Dichte die Faktoren, die das Wachstum begrenzen, verstärken, z.B. die Nahrungsmenge oder der schiere Platz[12].

Hier macht sich die Konkurrenz der Individuen um Nahrung, Lebensraum, Partner etc. bemerkbar, die *intraspezifische* oder *innerartliche* Konkurrenz genannt wird. Bei den verschiedenen Tierarten nimmt die Geburtenrate umso stärker ab, je höher die Populationsdichte und somit die innerartliche Konkurrenz ist. Ist der Lebensraum schon so „voll", daß die eigenen Nachkommen kaum noch Chancen haben, zu überleben und sich selbst fortzupflanzen, zeugen nur noch wenige Individuen Nachwuchs. Dieses Phänomen, das der Ökologe JOSEF REICHHOLF als „soziale Dichteregulation" bezeichnet[13] und durch Hormone gesteuert wird[14], wird uns noch öfter begegnen, da es sich bei vielen Tierarten beobachten läßt. Das Wachstum einer Population ist am stärksten, wenn ungefähr die Hälfte der Umweltkapazität erreicht ist, danach flacht es wieder ab. Somit sind für das Wachstum einer Population die Faktoren besonders wichtig, die von der Dichte der schon vorhandenen Population abhängen. Ihnen kommt beim Wachstum die entscheidende Rolle zu[15]. Man hat zum Beispiel bei Elefanten in Uganda festgestellt, daß bei Überbevölkerung die Zeit zwischen der Geburt eines Kalbes und der Zeugung des nächsten, die normalerweise etwa zwei Jahre beträgt, auf mehr als 6,5 Jahre anwächst[16]. Dieser Mechanismus läßt sich bei allen größeren Tierarten beobachten: Nähert sich die Dichte der Umweltkapazität, sinkt das Wachstum.

Von hier an bleibt die Population in etwa konstant, die Geburtenrate entspricht der Sterberate. Die Schwankungen gehen darauf zurück, daß die Umweltbedingungen in einem Biotop nie konstant sind. Ein harter Winter kann dazu führen, daß mehr Tiere verhungern oder erfrieren als sonst, somit sinkt die Anzahl der Individuen. Im nächsten Jahr ist für die Verbliebenen wieder mehr Platz und Nahrung da, und die Geburtenrate steigt wieder, bis die Umweltkapazität wieder erreicht ist.

Bei der Frage, wie die Einregulierung der Populationsgröße genau vor sich geht, unterscheidet man zwei große Gruppen von Tierarten: die sogenannten *K-Strategen* und die *r-Strategen*. *K-Strategen* sind langlebige, spät geschlechtsreife Tiere mit geringerem Fortpflanzungspotenzial (z.b. Bären). Bei ihnen sorgen die Regulationsmechanismen ganz von selbst dafür, daß sie sich nicht über ihre Umweltkapazität hinaus vermehren. Das „K" steht hier für „Kapazität", weil die Art sich sehr genau auf ihre Umweltkapazität einstellt. Die kurzlebigen und früh geschlechtsreifen *r-Strategen* (z.b. Mäuse) hingegen reagieren auf ihre bestandsbegrenzenden Faktoren nicht so stark. Sie orientieren sich mehr an einem schnellen Wachstum als an einer genauen Einstellung auf die Kapazitätsgrenze. Das „r" steht also für „Reproduktion". Diese Arten haben ein hohes Fortpflanzungspotenzial. Sie können (müssen aber nicht!) schon mal die Kapazitätsgrenze durchstoßen. Dann wandert ein Teil der Tiere ab, manchmal kommt es auch zum Bestandszusammenbruch, also dem massenhaften Tod der Tiere. Auf diese Weise reguliert sich die Bestandsdichte, die Population ist langfristig die gleiche[17].

Diese Besonderheit ist der sogenannte „Massenwechsel", der z.B. zu „Mäusejahren" führt. Bei der Feldmaus kann man alle drei bis vier Jahre beobachten, daß die Population von zwei bis drei Mäusen pro Hektar auf bis zu 700 Mäuse pro Hektar ansteigt. Nun machen sich nicht nur die üblichen dichteabhängigen Faktoren bemerkbar, die große Dichte sorgt auch für eine Menge Streß unter den Mäusen: Streßhormone werden ausgeschüttet, was die männlichen Mäuse aggressiver, die weiblichen unfruchtbar und Kannibalismus häufig macht. Die Folge: Die Mäusepopulation bricht in sich zusammen, und der Zyklus beginnt von vorn[18]. Die Besonderheit hierbei ist, daß sich die Mäuse kurzzeitig über ihre Umweltkapazität vermehren, was dann auch zum Kollaps der Population führt. Ähnliche Zyklen sind auch von anderen Tierarten bekannt. Die „Mäusejahre" werden uns noch öfter begegnen, da Mäuse Zweigstelle vieler Nahrungsketten sind.

Überhaupt Nahrungsketten: Jeder kennt diesen Begriff. Allerdings treten Nahrungsketten in der Regel nicht isoliert auf: Sie sind meist nur Ausschnitte aus weit verzweigten Nahrungsnetzen. Folgende Grafik soll das veranschaulichen:

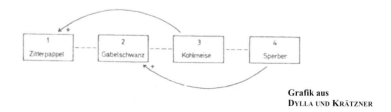

Grafik aus
DYLLA UND KRÄTZNER

Wir sehen hier eine einfache Nahrungskette. Die Raupen des Gabelschwanzes vertilgen die Samen der Zitterpappel. Die Kohlmeise verzehrt die Gabelschwanzrauben, erhöht also indirekt die Anzahl der Zitterpappelsamen. Und der Sperber wiederum jagt Kohlmeisen, sorgt also indirekt für mehr Gabelschwanzraupen und somit für weniger Zitterpappeln. Soweit die einfache Theorie der einfachen Nahrungsketten. Wollte man mehr Zitterpappeln haben, könnte man vielleicht den Sperber bejagen, damit es mehr Kohlmeisen und somit weniger Gabelschwanzraupen gibt. In der Realität sieht es allerdings etwas komplexer aus:

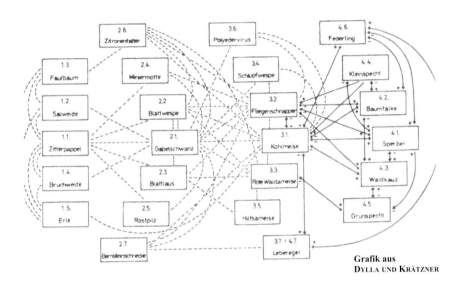

Grafik aus
DYLLA UND KRÄTZNER

In diesem Schema sind weder der Mensch noch die Vielzahl unbelebter Faktoren berücksichtigt. Das macht klar, daß Nahrungsketten nur vereinfachende Denkmodelle sind. Sie sind immer von einer Vielzahl anderer Glieder im Nahrungsnetz und vielen anderen Faktoren umgeben. Deswegen müssen sie kritisch gesehen werden - und damit auch die Argumentationen, die auf ihnen aufbauen. Außerdem stellt dieses komplexe Diagramm auch sehr schön dar, daß unsere Umwelt viel komplizierter ist, als die meisten es erwarten würden - gerade, weil es noch nicht einmal vollständig ist. Die Abhängigkeiten unter den Arten sind so weit verzweigt, daß beim Aussterben nur einer einzigen Pflanzenart das Schicksal von 10 bis 20 Tierarten besiegelt ist, weil diese - direkt oder indirekt - von dieser Pflanze abhängig sind[19].

Allein in Mitteleuropa leben über 50.000 verschiedene Arten. Dennoch ist Mitteleuropa ein eher artenarmes Gebiet. Weltweit existieren Schätzungen zufolge mehrere Milliarden Tier- und Pflanzenarten[20]. Wenn wir uns nun anschauen, daß

19

die Kapazität der Umwelt für die Anzahl von Tieren begrenzt ist, fragt man sich unweigerlich, wie selbst in artenarmen Gebieten wie etwa Deutschland so viele Arten auf so engem Raum leben können.

Die Antwort auf diese Frage ist, daß der vielzitierte „Kampf ums Dasein" eher die Ausnahme als die Regel ist. Die Regel ist die Vermeidung dieses Kampfes[21]. Dies geschieht durch die Anpassung der Arten nicht nur an die verschiedensten Lebensräume, sondern auch an den gleichen Lebensraum - nur auf unterschiedliche Weise. Jede Art besetzt eine bestimmte *ökologische Nische*. Der Begriff ist mißverständlich, denn er meint keinen räumlichen Ort, sondern die „Funktion" oder „Planstelle" einer Art im komplexen Artengefüge. Jede Art ist auf eine ganz bestimmte Lebensart spezialisiert. Denn es gibt nicht nur die oben beschriebene innerartliche Konkurrenz, sondern auch die *interspezifische* oder *zwischenartliche* Konkurrenz. Auch hier findet Konkurrenz um Raum, Nahrung etc. statt - allerdings nicht zwischen Individuen derselben Art, sondern zwischen verschiedenen Arten. Dem Konkurrenzkampf entziehen sich die Arten dadurch, daß sie sich ganz bestimmte Verhaltensweisen zulegen.

So entgeht der Mäusebussard der zwischenartlichen Konkurrenz, indem er andere Beute bevorzugt als andere Greifvogelarten oder die gleiche Beute nur anders fängt. Denn schon alleine die Wahl der Jagdmethode kann Konkurrenz vermeiden helfen[22]. Wenn zwei Mäusejäger auf unterschiedliche Art (z.B. vor dem Mäuseloch sitzend/die Mäuse aus der Luft erspähend) oder an unterschiedlichen Stellen (z.B. Feld/Wald) Mäuse jagen, stehen sie sich nicht im Weg. Verschiedene Entenarten können gemeinsam im gleichen Gewässer leben, weil sie verschiedene Nahrung konsumieren - oder die gleiche Nahrung, nur in unterschiedlichen Wassertiefen[23]. Die Differenzierung kann alle möglichen Formen annehmen. Wie sie auch aussieht: Nie machen zwei Arten in einem Lebensraum genau das Gleiche.

Dem scheint die Alltagserfahrung zu widersprechen. Denn man kann schon beobachten, daß zum Beispiel im Sommer verschiedene Vogelarten in Baumkronen an der gleichen Stelle und auf die gleiche Art und Weise Insekten fangen. Das liegt jedoch daran, daß dort zu dieser Zeit Insekten in Hülle und Fülle vorhanden sind, so daß es gar nicht erst zur Konkurrenz kommt[24]. Bei anderen Dingen kann es wiederum ganz anders aussehen, etwa bei der Nistplatzauswahl oder bei der Nahrungssuche im Winter, wenn das Futter wirklich knapp ist. Dann legen die verschiedenen Arten aufgrund der Knappheit der Ressourcen durchaus verschiedene Verhaltensweisen an den Tag.

Daraus gehen zwei Dinge hervor: Zum einen kann eine ökologische Nische langfristig nur durch eine Art besetzt werden[25]. Tritt eine andere Art (z.B. durch Einschleppung) hinzu, die zufällig genau dieselbe ökologische Nische beansprucht, dann kommt es tatsächlich zum „Kampf ums Dasein" - eine Art wird sich durchsetzen und den Konkurrenten verdrängen. Diese Regel nennt man auch das Prinzip des *Konkurrenzausschlusses*[26]. Zum anderen wird die Spezialisierung umso höher, je mehr Arten in einem Lebensraum existieren[27]. Schließlich braucht eine größere Artenvielfalt auch eine größere Vielfalt an ökologischen Nischen. Die verschiedenen Tierarten konkurrieren zwar mitunter dennoch miteinander; im Laufe der Zeit kann die Spezialisierung den Konkurrenzdruck jedoch vermeiden oder zumindest soweit vermindern, daß sich sich ein Gleichgewicht einstellt, indem der „Kampf ums Dasein" ausgesetzt ist.

Zwischen den Tieren und ihren Umweltfaktoren herrscht demnach ein Gleichgewicht - die gegenseitige Beeinflussung sorgt für einen Zustand, der relativ stabil ist. Obwohl Tiere sterben und andere geboren werden, obwohl Tiere Pflanzen- oder andere Tierbestände vermindern (um schließlich selbst zurückzugehen, bis das Nahrungsangebot wieder steigt), herrscht im Großen und Ganzen ein Zustand, in dem die Populationen und ihre Umgebung langfristig stabil sind: das vielzitierte „biologische Gleichgewicht". Es ist keine starre Konstruktion, in der eine bestimmte Populationsgröße oder ein bestimmtes Verhältnis der verschiedenen Arten vorgegeben ist. Es ist ein Fließgleichgewicht, das sich ständig den Gegebenheiten anpaßt. Ein objektiv bestimmbares, „richtiges" biologisches Gleichgewicht gibt es schlicht nicht. Auch in unserer Kulturlandschaft herrscht ein biologisches Gleichgewicht, in dem sich die verschiedenen Arten den veränderten Bedingungen angepaßt haben, neu eingewandert oder ausgestorben sind. Dieses Gleichgewicht sieht selbstverständlich ganz anders aus als im mitteleuropäischen Urwald. Aber es ist ein Gleichgewicht, das den gegebenen Umweltbedingungen entspricht, und kein chaotischer Zustand. Auf Störungen des Gleichgewichts, etwa Überdüngung oder eine Veränderung der Landschaft, stellen sich die Arten ein, bis ein neues Gleichgewicht entsteht (was mitunter dauern kann). Dabei können aber auch Arten wegfallen, weil sie mit den veränderten Umweltbedingungen nicht klarkommen. Dieses Phänomen des Artensterbens, vom Menschen verursacht, erleben wir gegenwärtig in großem Umfang. Das sollte immer im Hinterkopf behalten werden, wenn davon die Rede ist, „das biologische Gleichgewicht" wiederherzustellen. Denn dann muß immer auch die Frage gestellt werden: Welches biologische Gleichgewicht denn?

Die Anpassung der Tier- und Pflanzenarten an die gegebenen Umweltbedingungen erfolgt über die *Selektion*. Sie bildet, zusammen mit der *Mutation*, die entscheidende Triebfeder zur Herausbildung von Arten und die Besetzung von ökologischen Nischen.

Am Anfang steht die Mutation: Sie ist eine plötzliche Veränderung des Erbguts, das zu einem veränderten, vererbbarem Merkmal führt[28]. Sie kann durch Fehler beim „Überschreiben" des Erbgutes bei der Zellteilung oder durch äußere Einflüsse, etwa Umweltgifte oder radioaktive Strahlung, vorkommen. In den meisten Fällen sind Mutationen für das betroffene Lebewesen bzw. dessen Nachkommen nachteilhaft, allerdings können sie auch einen Überlebensvorteil bieten. Die Mutation kann sowohl von sich aus vorteilhaft sein, als auch in Verbindung mit anderen vererbbaren Merkmalen - schließlich sorgt die ständig neue Verpaarung von Individuen dafür, daß immer neue Kombinationen des Ergbutes durchprobiert werden. Und hier setzt die Selektion an.

Durch das Einwirken von Umweltfaktoren werden diejenigen Mutationen, die für das Überleben oder die Fortpflanzung nachteilhaft sind, „ausselektiert", also ausgelesen. Die betroffenen Merkmale fallen aus der Population heraus. Dies kann dadurch geschehen, daß das „gehandicapte" Individuum seinen Umweltfaktoren zum Opfer fällt (weil es etwa zu langsam ist, einem Beutegreifer davonzulaufen, oder weil es keine kalten Winter überleben kann). Es kann auch sein, daß das Individuum wegen des betreffenden Merkmales keinen Erfolg bei der Fortpflanzung hat, z.B. weil es unfruchtbar ist oder keinen Partner findet. Dieser Prozeß mag aus menschlicher Perspektive schlecht sein: Denn schließlich fallen ja gerade die benachteiligten Tiere, die Alten, Kranken und Schwachen dem kalten Wetter, dem Nahrungsmangel oder Beutegreifern zum Opfer. Allerdings ist dieser Prozeß für jede Art *überlebenwichtig*. Schließlich können Rehe, Hasen und Rebhühner ihre Lebensbedingungen nicht verändern, indem sie sich beheizbare Häuser bauen oder Apotheken einreichten. Sie müssen sich an die Umstände anpassen, die nun einmal da sind - die Selektion ist der Weg dazu. Sie sorgt für die ständig neue Anpassung der Arten an ihren Lebensraum und für die Spezialisierung, die wiederum Voraussetzung für die Artenvielfalt ist. Das ist der Kern der Evolutionstheorie, die Charles Darwin aufstellte[29] und die heute in der rationalen Wissenschaft allgemein akzeptiert ist. Gäbe es diese Selektion nicht, gäbe es keine stabile, überlebensfähige Tierpopulation auf diesem Planeten.

Übrigens führt der „Darwinismus" nicht zwangsläufig dazu, daß „nur die Starken überleben" - oft ist sogar das Gegenteil der Fall. So sind die Höckerschwäne den kleinen Bläßhühnern zwar von der Körpergröße und der Kraft her vollkommen überlegen. Aber dennoch grasen die Bläßhühner als direkte Konkurrenten die Wasserpflanzen ab, die auch die Höckerschwäne verzehren wollen. Das führt dazu, daß Bläßhühner (gemeinsam mit Enten) nur 20% der Wasserpflanzen für die Schwäne übriglassen. Dadurch vermindern sie das Nahrungsangebot für die Schwäne - sprich: sie drücken die Umweltkapazität für die Schwäne herab. Warum die Schwäne nichts dagegen tun? Sie sind zu schwerfällig, um die Konkurrenten wirkungsvoll vertreiben zu können, und sie können auch nicht tauchen, um tiefer gelegene Wasserpflanzen zu erreichen. Die führen sich die Bläßhühner und die tauchfähigen Enten zu Gemüte - nachdem sie den Schwänen die meisten Pflanzen im flachen Gewässer weggeerntet haben[30]. Dieses Beispiel und viele weitere zeigen, daß sich oft genug schwächere Arten gegen (vermeintlich) stärkere behaupten.

In der Natur ist vieles nicht so, wie es auf den ersten Blick scheint.

I.
Das Waidwerk als Naturschutz

„Jagd ist in erster Linie Freizeitbeschäftigung
und Hobby, alles andere wäre Selbstüberschätzung."

Michael Hug, NABU-Jagdexperte und praktizierender Jäger

1
Der selbstlose Heger

„Im Grunde bedarf das Rehwild in den Landschaften Mitteleuropas keiner Fütterung. Auf Futterhaufen oder gar Automaten kann verzichtet werden; sie dienen dem Jäger mehr als den Rehen."[1]

- Bruno Hespeler, Berufsjäger

Die Vorstellung vom besorgten Heger, der dem notleidenden Wild über den Winter hilft und dabei keine Kosten und Mühen scheut, um seinen Beitrag zum Naturschutz zu leisten, scheint noch am Anfang des 21. Jahrhunderts das Bild zu bestimmen, das die Öffentlichkeit vom deutschen Waidmann hat. Der Deutsche Jagdschutz-Verband (DJV), Dachverband der Landesjagdverbände in Deutschland, informiert, daß einer repräsentativen Umfrage zufolge 72% der Bevölkerung der Meinung sind, daß „der Jäger mehr mit der Hege des Wildes beschäftigt ist, als mit dem Erlegen der Tiere"[2]. Da die Tötung insbesondere des „Niederwildes" von Jägern auch „Ernte" genannt wird, drängt sich ein Vergleich mit der Landwirtschaft geradezu auf: Der Bauer ist ja auch weitaus mehr mit dem Anbau seiner Feldfrüchte beschäftigt als mit der Ernte selbst. Aber wie die ganze harte Arbeit in der Landwirtschaft letztlich nur dem relativ kurzen Akt der Ernte dient, dient auch die aufwendige Hege, mit der der Jäger das Jahr über beschäftigt ist, hauptsächlich der „Ernte", sprich: dem Abschuß „seines" Wildes.

Wie das, fragen Sie sich? Um zu verstehen, wieso sich immer mehr Naturschutzverbände, Politiker, Wissenschaftler und auch Laien gegen die heutigen Hegepraktiken stellen, sollten wir uns zuerst der Frage zuwenden, was bei der Hege eigentlich genau gemacht wird.

1.1 Die Methoden der Hege

1.1.1 Die Fütterung von Wildtieren

Ein Hauptbestandteil der jägerischen Hege ist die Fütterung von Wildtieren. Das eher romantische Klischeebild vom Heger ist der selbstlose Tierfreund, der in strengen Wintern durch den Schnee stapft und den notleidenden Tieren einen Sack Heu oder Getreide bringt, damit diese überleben können. Die Realität sieht jedoch anders aus. Zuerst fällt auf, daß die Fütterung ausschließlich Arten zuteil wird, die dem Jagdrecht unterliegen und somit für den Jäger „interessant" sind. Hierzu zählen vor allem Rehe und Rothirsche sowie weiteres Schalenwild (z.B. Damhirsche oder Muffelwild), in gewissem Umfang auch Rebhühner, Fasanen und Stockenten, bei denen jedoch andere Hegeformen überwiegen. Die Bemühungen der Jäger um einen „artenreichen und gesunden Wildbestand" (wie das Bundesjagdgesetz ihn fordert[3]) beschränken sich also auf Tiere, die der Jäger auch jagen darf. Von diesen „jagdbaren" Tierarten sind es wiederum nur eine Handvoll Tiere, die intensiv gehegt werden, obwohl sie sowieso in großer Zahl vorhanden sind. In Deutschland unterliegen 96 teils bedrohte Arten (z.B. Birk- und Auerhühner) dem Jagdrecht[4]. Doch nur einem Bruchteil dieser vielen Arten kommt die Hege zu. Insbesondere den Beutegreifern wird die hegerische Fürsorge nicht zuteil, und von Murmeltierhege hört man ebenfalls nichts. Und das, obwohl diese Tiere dem Jagdrecht und somit auch der gesetzlichen *Verpflichtung* zur Hege unterliegen. Claus Mayr, Fachreferent für Biologische Vielfalt beim NABU - Naturschutzbund Deutschland, schreibt in einem Leserbrief an die *Pirsch*:

> *„Bis auf wenige 'Vorzeigeprojekte' wie Seehunde, Großtrappen und baumbrütende Wanderfalken werden praktisch alle Schutzmaßnahmen für jagdbare Arten ohne Jagdzeit vom Naturschutz durchgeführt und aus den Kassen des Naturschutzes bezahlt. Wo bleiben denn die Hegemaßnahmen für den Gänsesäger oder den 'Vogel des Jahres', den Haubentaucher?"*[5]

Dr. Hans Bibelriether, ehemaliger Leiter des Nationalparkamtes Bayerischer Wald, kommentierte diesen Sachverhalt einmal mit den Worten:

> *„Was Jäger also betreiben, ist gezielter Schutz jagdbarer Wildarten, jedoch keinen Naturschutz im umfassenden Sinn. [...] Eine so verengte Sicht bedeutet aber: Jäger sind nicht 'die besten Naturschützer', sondern allenfalls 'die besten Hirsch- Reh- und Fasanenschützer'."*[6]

Das bringt es im Prinzip auf den Punkt: Gefüttert wird vor allem das geweihtragende Schalenwild sowie der „Jagdpapagei", der Fasan und einige weitere - sowieso häufige - Niederwildarten. Die meisten geweihlosen Arten werden gar nicht gefüttert. Selbst wenn sie bedroht sind, müssen sie sehen, wo sie bleiben, was auch von Jägern bestätigt wird[7].

Die Wildfütterung - Nothilfe oder Mästung?

Außerdem wird die Romantik jäh gestört, wenn man sich ansieht, was für Praktiken bei der Fütterung angewandt werden. Insbesondere bei Rehen und Rothirschen steht diese im Kreuzfeuer verschiedenster Gruppierungen und Experten, von Naturschutzverbänden[8] bis hin zu Wissenschaftlern[9], die sich mit diesen Tieren beschäftigen. Längst wird nicht mehr nur Gras oder Getreide gefüttert. Bruno Hes-

28

Links ein Salzleckstein, der die Tiere künstlich mit Mineralien versorgt. Rechts eine Futterstelle, wie sie zu abertausenden in deutschen Revieren stehen. © Thomas Winter

PELER, selbst Berufsjäger, beanstandet die weit verbreitete Fütterung des Rehwildes mit Kraftfutter und beklagt, daß sogar behördliche Verbote, die es mittlerweile mancherorts gibt, von vielen Waidmännern ignoriert werden[10]. Auch die „Öko-Jäger" BODE UND EMMERT beklagen, daß Reh und Rothirsch „nach Strich und Faden mit speziell entwickelten Futtermischungen verhätschelt" werden[11]. Um das Wild zusätzlich mit Mineralien zu versorgen, werden in vielen Revieren Salzlecksteine aufgestellt. Als der NABU in Baden-Württemberg Untersuchungen in den Revieren durchführte, förderte er Ungeheuerliches zu Tage: „Tröge voller Kraftfutter für Rehe, überdimensionierte, teilweise verdorbene Futtermengen für Wildschweine sowie Futterstellen mit industriell gefertigtem Mischfutter"[12]. Auch Backwaren und Schlachtabfälle wurden für die Tiere ausgelegt[13]. Es konnten (mitten in der BSE-Hysterie) sogar Spuren von Tiermehl im Wildfutter nachgewiesen werden[14]. Das ist also die „artgerechte" Nahrung, von der uns erzählt wird. Zwar waren diese Mißstände in Baden-Württemberg schon ein halbes Jahr zuvor beanstandet worden, Bewegung kam aber erst in die Sache, als der NABU an die Presse ging. Mittlerweile wurden die Wildfütterungsbestimmungen in Baden-Württemberg aufgrund des Skandals verschärft. Wer kontrolliert, ob die Jäger sich an die Bestimmungen halten? Ein „Fütterungsobmann" - aus dem Kreise ihrer Jagdgenossen, versteht sich[15]. Über ähnliche Mißstände sowie weitere gängige Praktiken wie die Beimengung von Medikamenten und Hormonpräparaten in das Futter klagen Wissenschaftler, Naturschützer und auch einige Jäger in der ganzen Republik[16]. Dabei scheren sich die Jäger auch oft nicht darum, was das Gesetz sagt: Illegale Wildfütterungen sind nach wie vor aktenkundig[17]. Auch die Beschränkung auf die gesetzlich nicht genau definierte winterliche „Notzeit" (z.T. wird sie von den Jagdbehörden oder den Jägern selbst festgelegt) scheint oft nicht zu funktionieren. HESPELER etwa erregt sich über die „'Notzeitfütterung' via Kraftfutterautomat im Juli"[18].

Unter dem Begriff „Niederwild" werden im Alltagsgebrauch vor allem Hasen, Rebhühner, Stockenten und Fasanen zusammengefaßt, auch wenn z.B. das Reh ebenfalls formell dazugehört, wie auch einige andere Arten. Das Niederwild wird ebenfalls nicht nur in den „Notzeiten" gefüttert. So bietet die BayWa unter der Überschrift „Ganzjährige Niederwildhege!" verschiedene Futterautomaten für Fasanen, Rebhühner oder Enten an[19]. Auch in Gebieten, die eigentlich als Ruhezonen für das Wild gedacht sind, sind Ganzjahresfütterungen gängige Praxis. So haben selbst Naturschutzorganisationen, die Biotope für den Naturschutz kaufen, Probleme damit, daß Jäger dort Fütterungen anlegen. Das hat damit zu tun daß der Grundeigentümer in Deutschland nicht darüber entscheiden kann, ob Jagd und Hege auf seinem Grundstück ausgeübt werden sollen oder nicht (siehe Kapitel 25).

Der Etikettenschwindel mit der Kirrung

Solche „Kirrungen" müssen wohl nicht mehr kommentiert werden. Im Hintergrund ein Hochsitz.

© *Wild und Hund*

Eine Sonderform der Fütterung ist die „Kirrung", die offiziell gar keine Fütterung ist. Hierbei werden regelmäßig geringe Futtermengen ausgebracht, um die Tiere anzulocken. Dabei geht es nicht darum, das Wild zu füttern, sondern nur darum, ihm regelmäßig eine Kleinigkeit anzubieten, damit es regelmäßig wiederkommt und so leichter zu töten ist. Vor allem für Wildschweine, aber auch für andere Tierarten wird diese Praxis angewendet, die nur dazu dienen soll, den notwendigen Abschuß zu erreichen. Soweit das, was die Jäger der Öffentlichkeit weismachen wollen. Die Tatsachen sehen etwas anders aus. In der *Pirsch*, einer der größeren deutschen Jagdzeitschriften, berichtet etwa der Wildbiologe BERNHARD FEICHTNER, daß in der Praxis aus Kirrungen oft Fütterungen werden, da regelmäßig große Futtermengen ausgebracht werden[20]. Die Wildforschungsstelle des Landes Baden-Württemberg wertete 881 von Jägern ausgefüllte Fragebögen aus, die auf 12% der Jagdfläche Baden-Württembergs waidwerken. Ergebnis: Allein von diesen Jägern wurde im Jagdjahr 2000/01 eine Menge von 401 Tonnen Kirrfutter alleine für Wildschweine ausgebracht[21]. In ganz Baden-Württemberg wurden in einem Jahr über 4.000 Tonnen (also über 4 Millionen Kilo) Kraftfutter verfüttert[22]. Alleine für Wildschweine. Alleine in Baden-Württemberg, das gerade mal 10% der Fläche Deutschlands ausmacht. Ein Gastbeitrag in der Zeitschrift *Unsere Jagd* geht von 20.000 bis 30.000 Tonnen Kirrfutter im Jahr in Deutschland aus[23]. Das alles sind Angaben von Jägern und somit als Mindestmenge zu betrachten. Damit ist es wohl legitim zu behaupten, daß die Kirrung eher einer ganzjährigen Mästung gleichkommt, die an Verhältnisse in der landwirtschaftlichen Tierzucht erinnert. Da verwundert es nicht, wenn der Jäger ROLF HENNIG in seinem Buch *Schwarzwild* von der „Haltung" der Wildschweine schreibt[24]. Außerdem sei erwähnt, daß der Jagderfolg nicht unbedingt in einem vernünftigen Verhältnis zum Aufwand stehen muß. In der genannten Untersuchung der Wildforschungsstelle Baden-Württemberg brauchte es im Extremfall 319 kg Kirrfutter, um nur eine Sau zu töten. Das mag damit zusammenhängen, daß sich auch andere Schalenwildarten (z.B. Rehe, Hirsche), Dachse oder Rabenvögel an den Kirrungen gütlich tun und somit ebenfalls an der Ganzjahresfütterung teilnehmen[25]. Und dabei ist Baden-Württemberg kein Einzelfall. In der *Leipziger Volkszeitung* erregte sich ein „Jäger und Naturschützer", daß immer öfter riesige Berge von Zuckerrüben (bis zu 1.500 Kilo) am Waldrand aufgehäuft werden, um die Tiere bequem bei den Fütterungen erschießen zu können[26]. Auch Brot und Schokolade werden als Lockmittel ausgelegt[27]. Tierschützer aus anderen Bundesländern berichten ähnliches, und auch bei anderen Arten wie den Hirschen ist die Kirrung mittlerweile zur Sommerfütterung ausgeartet. Schließlich muß ein Jäger, wenn er zum Schuß kommen will, mehr kirren als der Nachbar - ein Teufelskreis[28]. Füchse werden an „Luderplätzen" z.B. mit abgeschossenen Hauskatzen angelockt[29]. Ein Kommentator in der *Pirsch* berichtet, daß die Innereien von „aufgebrochenen" Wildtieren „vielfach unbesehen im Gebüsch oder unter dem Laub landen"[30]. Folge des Ganzen: Die Tiere können sich ganzjährig alle paar hundert Meter satt essen.

Der „Wildaufbruch", also die Innereien der getöteten Tiere, landen oftmals einfach im nächsten Gebüsch oder werden wie hier gezielt zum Anlocken anderer Tiere benutzt.

© Die Tierbefreier e.V.

Wildtiere brauchen keine Fütterungen

Die Waidmänner stellen sich damit in puncto Zuverlässigkeit und Korrektheit kein gutes Zeugnis aus. Und hierbei geht es längst nicht nur um einige „Schwarze Schafe", jene phantomhaften Waidgenossen, die von der Jägerschaft immer wieder herausgekramt werden, wenn mal wieder negative Details ihrer Tätigkeit an die Öffentlichkeit gelangen. Die dargestellten Vorgehensweisen sind gängige Praxis. Mit ein Grund, warum Kirrungen selbst in der Jägerschaft nicht unumstritten sind. Die Winterfütterung von Wild in „Notzeiten" wird von unabhängigen Wissenschaftlern, Naturschutzverbänden etc. außerdem rundweg abgelehnt. Warum? Auch wenn man die exzessiven und gesetzeswidrigen Praktiken einmal außer Acht läßt: Diese Tiere benötigen keine Fütterung durch den Menschen. Sobald der erste Schnee fällt, wird bei den Jägern auf die Tränendrüse gedrückt - die armen Tiere verhungern ja! - und flugs werden die Fütterungen beschickt, was keineswegs nur in harten Wintern vorkommt. Im Februar 2003 rief der Kreisjägermeister im Harz eine „Notzeit" aus, weil dem Wild angeblich „kein natürlicher Lebensraum zur Verfügung" stünde[31]. Vergessen hatte er wohl, daß der Winter eine der natürlichsten Dinge der Welt ist. Leitende Forstbeamte protestierten außerdem: Man hätte einen „ganz normalen Harzer Winter"[32]. Ob normal oder außergewöhnlich hart: Der Winter ist etwas völlig Natürliches. Ihm kommt als unbelebtem Umweltfaktor eine wichtige Funktion im Naturhaushalt zu: die sogenannte „Flaschenhalsfunktion". Wie wir bereits wissen, werden die Tiere, die für das Überleben in freier Natur am wenigsten gut gerüstet sind, herausselektiert. Dadurch bleibt der überlebende Bestand an die Umweltbedingungen angepaßt.

Das Reh braucht keine Fütterung. Der winterliche „Flaschenhals" ist im Gegenteil sehr wichtig. © Dieter Haas

Auch die Tiere in unserer Kulturlandschaft sind an ihren Lebensraum angepaßt. Wenn Jäger behaupten, ohne die Fütterungen stürben die Rehe aus oder wären gefährdet (was ja vorkommen soll), so ist das eine dreiste Verdrehung der Tatsachen und schlicht gelogen. Tausende von Arten schaffen es in Deutschland jedes Jahr ganz ohne Hilfe des Menschen über den Winter. Und ausgerechnet den jagdlich interessanten, geweihtragenden Arten soll das nicht gelingen? „Notzeiten" gibt es in der Natur nicht. Rehe etwa sind bis nach Sibirien verbreitet. Und da soll ihnen ein halber Meter Schnee im Schwarzwald etwas anhaben können? Es gibt große Staats- und Privatwälder, in denen nicht gefüttert wird, das Wild verschwindet dennoch nicht[33]. Auch aus Naturschutzgebieten, in denen Jagd und Hege eingestellt sind, hört man ähnliches: Das Wild paßt sich den Gegebenheiten seines Lebensraumes an und ist vollkommen gesund[34]. Rehe haben ganz Skandinavien erobert und überwintern sogar in den extremsten Hochlagen der Alpen, wo die Temperaturen sich im Winter dauerhaft im zweistelligen Minusbereich bewegen und bei Windgeschwindigkeiten von über 100 km/h. Sie tun dies freiwillig und ohne jede menschliche Hilfe[35]. Sie sind ganz einfach - wie auch alle anderen Tierarten in Deutschland - an den Winter angepaßt. Während dieser Zeit läuft ihr Stoffwechsel auf Sparflamme, und sie benötigen weniger Nahrung - eine Anpassung an die Nahrungsknappheit in der kalten Jahreszeit. Dabei können sie auch mal einige Zeit gänzlich ohne Nahrung auskommen. US-amerikanische Forscher testeten zum Beispiel einmal, was Wapiti-Hirsche aushalten können: Sie überlebten zwei Monate lang ohne jede Nahrung. Sie verloren dabei ein Drittel ihres Gewichts, erholten sich aber wieder, als sie wieder etwas zu essen bekamen[36]. Wer das nicht kann, muß eben sterben und denjenigen Platz machen, die für das Leben in der Natur geeignet sind. Das mag uns Menschen grausam erscheinen. Aber wer an diesem grundlegendsten Mechanismus in der Natur herumdoktorn will und etwa schon Schneehöhen von zehn Zentimetern als „problematisch" bezeichnet[37], muß sich den Vorwurf gefallen lassen, unter dem Deckmantel der Gutmütigkeit Freilandtierhaltung zu betreiben. Besonders, wenn Reh, Hirsch und Muffelwild schrecklichen Hunger leiden sollen, während Hase, Habicht und Dachs wohl genügend Nahrung haben - gefüttert werden sie jedenfalls nicht.

Seltsam erscheint außerdem die Behauptung, die Rehe würden es nicht über den Winter schaffen, wenn man auf der anderen Seite die Erklärungen der Jägerschaft für die rasant ansteigenden Wildschweinbestände betrachtet: Eine Standard-Erklärung ist, daß die milden Winter der letzten Jahre zu weniger Wintersterblichkeit und einem größeren Nahrungsangebot geführt hätten (siehe unten). Man fragt sich unweigerlich, wie das zusammenpassen soll. Die Antwort: Es paßt nicht zusammen.

Daher ist es auch kein Wunder, wenn Naturschutzvereine[38], Wissenschaftler[39] oder die Bundesarbeitsgemeinschaft „Mensch und Tier" der Grünen[40] sich gegen eine Fütterung von Wildtieren aussprechen, da sie nicht notwendig ist. Auch ULRICH WOTSCHIKOWSKY, Forstwissenschaftler und selbst Jäger, meint:

„Die Frage, ob Schalenwild gefüttert werden soll oder nicht, läßt sich aus ökologischer Sicht leicht beantworten: mit Nein."[41]

1.1.2 Biotopveränderungen

Damit, daß einige Tierarten von den Jägern durch den Winter und darüber hinaus gefüttert werden, ist es allerdings noch längst nicht getan. Besonders beim Niederwild wie Fasanen oder Rebhühnern besitzt die „Biotoppflege" oder „-verbesserung" einen hohen Stellenwert. Aber auch das Schalenwild profitiert hiervon. Mit diesen Begriffen beschreiben die Jäger die Umgestaltung der Natur, um dem Wild „Lebensraum"[42] zu bieten, „Deckung" und „abwechslungsreiche Äsung"[43]. Hierbei werden von den Jägern etwa Feldgehölze, Weiher und Hecken angelegt und Bäume gepflanzt. Es werden sogar „Wildäcker"[44] angelegt, auf denen mit Hilfe landwirtschaftlicher Maschinen und Vorgehensweisen (z.B. Düngung, Einsatz von Kalk etc.[45]) Pflanzen als Nahrung für das Wild angebaut werden. Die Behauptung, hier werde generell der Umgestaltung der Landschaft entgegengewirkt, um allen Arten einen besseren Lebensraum zu bieten, ist nur schöner Schein. Tatsache ist auch hier, daß hauptsächlich jagdbare Arten von dieser Art der gezielten Biotopumgestaltung profitieren.

„Auch die nicht belebten, sogenannten abiotischen Faktoren eines Lebensraumes wie Bodenfeuchtigkeit, Sonneneinstrahlung durch Abholzen oder Anpflanzen schattenspendender Bäume oder Büsche werden rücksichtslos nach hegerischen Gesichtspunkten umgestaltet "[46],

wie SOJKA UND HAGEN schreiben. Nur ein Beispiel von vielen ist die Meinung von ANDREAS DAVID in der *Wild und Hund*, einer der führenden deutschen Jagdzeitschriften, daß dort, wo die jagdbaren Stockenten gehegt werden sollen, Fichten und andere Nadelbäume am Flußufer „grundsätzlich nichts zu suchen" haben[47]. Sie sollen entfernt und durch Bäume ersetzt werden, mit denen Stockenten mehr anfangen können, wie etwa Kopfweiden. Spricht die Jägerschaft in der Öffentlichkeit über neue Kopfweidenanlagen, ist natürlich nur von (nicht jagdbaren) Steinkäuzen, Bachstelzen und Gartenrotschwänzen die Rede[48]. Ob es auch Arten gibt, die mit Nadelbäumen mehr anfangen können als mit Kopfweiden und im Gegensatz zu den massenhaft vorkommenden Stockenten selten sind, scheint uninteressant zu sein. Deutschlands Jagdzeitschriften sind voll von „hilfreichen" Tipps und Tricks, wie man unsere Natur zum Vorteil jagdbarer Tierarten umgestalten kann, und seien sie noch so zahlreich.

Enten unbegrenzt

Was in der Jägerschaft teilweise unter „Naturschutz" verstanden wird, zeigt das Buch *Die Sache mit der Jagd*, das Hauptwerk von HERIBERT KALCHREUTER, einem der Vorzeige-Wissenschaftler der deutschen Jägerschaft. Seine Veröffentlichungen werden von den Jägern immer wieder zur Argumentation benutzt. Er berichtet von der US-amerikanischen Organisation „Ducks Unlimited", die mittlerweile auch Ableger in Europa hat. Der Name ist Programm: Es geht darum, eine größtmögliche Anzahl an Enten und anderen Wasservögeln zu „produzieren"[49]. Dies geschieht durch eine radikale, auf diese Tiere ausgerichtete Umgestaltung des Lebensraumes. Die Maßnahmen umfassen künstliche Überschwemmungen, Trockenlegungen, Umlenkung von Flußläufen, Fütterung mit Getreide, Veränderung der Vegetation und Bekämpfung der Beutegreifer[50]. Der Effekt ist durchaus beachtlich:

„10 000 Enten und Gänse erbeuten sie [die Jäger einer Region] nun jährlich, ein Vielfaches im Vergleich zu früheren Jahren"[51],

schwärmt KALCHREUTER. Er ist sogar dreist genug, diese Organisation, deren erklärtes Ziel es ist, möglichst viele Wasservögel zu produzieren, um hinterher genug Tiere zum Erschießen zu haben, als „eine der größten und leistungsfähigsten Naturschutzorganisationen der Welt" zu bezeichnen[52]. Naturschutzorganisationen wie PRO WILDLIFE E.V., die Tiere nicht nur schützen wollen, um sie hinterher töten zu können, sehen das ganz anders:

„Die Manipulation sowohl von Brutgebieten [...] als auch der [...] bedeutsamen Rast- und Überwinterungsräume [...] ist total - von naturnahen Ökosystemen kann keine Rede mehr sein."[53]

Auch der Zoologe CONSIGLIO betrachtet die Tätigkeit von „Ducks Unlimited" nicht als Naturschutz, unter dem heute der Schutz ganzer Ökosysteme und nicht nur bestimmter Tierarten verstanden wird.

„Was Ducks Unlimited fördert, das sind künstliche Ökosysteme, in denen der Mensch den Input (Nahrung) und den Ouptut (hohe Abschussquoten und Ausschaltung natürlicher Predatoren) optimiert."[54]

Zwar brüsten sich die Jäger in der Öffentlichkeit damit, auch anderen seltenen, nicht jagdbaren Arten Schutz zu bieten, aber in dem Wust von Maßnahmen, die einzig und allein auf die jagdbaren Wildtiere ausgerichtet sind, sind diese PR-Projekte eher ein Tropfen auf den heißen Stein. Das heißt, wenn sie überhaupt vorrangig zum Schutze nichtjagdbarer Arten vorgenommen werden, wie die 0,8 Nistkästen, die jeder Jäger im Jahr in Deutschland aufhängt[55]. Die „weitaus meisten" dieser „Naturschutzmaßnahmen" sind nämlich eher zufällig auch für nicht jagdbare Arten etwas Positives, wie Revierjagdmeister ELMAR EICKHOFF in der Fachzeitschrift *Jäger* erklärt:

„Die weitaus meisten durch die Jägerschaft angelegten Biotope dienen in erster Linie der Fasanenhege. Von den angelegten Hecken, Feldgehölzen, Feuchtbiotopen, Brachen und Wildäckern profitiert aber neben dem Fasan auch eine Großzahl von nicht jagdbaren, teilweise seltenen Tier- und Pflanzenarten. Ohne die Primärmotivation Fasanenhege entfiele in Zukunft aber diese von den Jägern finanzierte Naturschutzarbeit, und zwar nicht nur die Erstanlage derartiger Landschaftselemente, sondern auch die Pflege und Unterhaltung bestehender Anlagen."[56]

Besser kann selbst ein Jagdkritiker nicht ausdrücken, daß der gesamte Vorgang der „Biotophege" genauso eng auf einige wenige jagdbare Arten ausgelegt ist wie die Fütterung. Der Nutzen für nicht jagdbare Arten ist für die Jäger offensichtlich allenfalls ein zufälliger Kollateralnutzen, um bei der Bevölkerung punkten zu können. Daß die Jäger sich beim Wegfall der Hauptmotivation „jagdbares Wild" um andere, wirklich seltene Arten nicht weiter scheren würden, zeigt deutlich, wie die meisten von ihnen zum umfassenden Naturschutz stehen. Naturschutz als zufälliges Nebenprodukt der Jagd: Ja. Aber einfach nur Naturschutz um seiner selbst willen: Nein. Die „Öko-Jäger" BODE UND EMMERT kommentieren die hegerischen Bemühungen des deutschen Waidmanns denn auch mit den Worten:

„Maßnahmen, die auch Schmetterlingen, Spinnen und anderen nichtjagdbaren Tieren zukommen, scheinen nach wie vor Abfallprodukte seiner Tätigkeit zu sein."[57]

Trotz der finanziellen Möglichkeiten und der nahezu flächendeckenden Präsenz der Jägerschaft seien „die zögernd ergriffenen Biotopverbesserungsmaßnahmen keinesfalls flächenwirksam und haben am desolaten Zustand unserer Landschaft nichts geändert"[58].

Constantin Freiherr von Heeremann, bis 2003 Präsident des Deutschen Jagdschutz-Verbandes, prahlt zwar damit, daß der Einsatz der deutschen Jäger für den Naturschutz sich auf 3,2 Millionen Arbeitsstunden im Jahr belaufe[59]. Doch selbst, wenn diese 3,2 Millionen Stunden originäre Naturschutzarbeit und nicht nur gezielte Hegemaßnahmen für einige wenige jagdbare Tiere sein sollten, verliert die auf den ersten Blick stattliche Zahl jäh an Strahlkraft, wenn man sie auf die 338.580 Jäger Deutschlands[60] umlegt: Jeder Jäger setzt sich demnach tatkräftig 9 Stunden und 27 Minuten für unsere Natur ein. Im Jahr. Das schafft auch jeder Zwölfjährige, der zweimal jährlich mit der Landjugend den Wald entrümpelt.

1.1.3 Die Hege mit der Büchse

Eine weitere Form der jägerischen Hege, die ja laut Gesetz der Schaffung eines „artenreichen und gesunden Wildbestandes sowie [der] Pflege und Sicherung seiner Lebensgrundlagen"[61] dient, ist die Hege mit der Büchse.

Die eine Seite ist das Bestreben der Jägerschaft, möglichst alle Tiere umzubringen, die den gehegten Tieren gefährlich werden könnten - ein recht komplexes Thema, das wir uns in Kapitel 3 näher ansehen werden.

Die andere Seite ist ein bewußtes Töten von Tieren, die nach der willkürlichen Entscheidung des Jägers dem Hegeziel eines artenreichen und gesunden Wildbestandes zuwiderlaufen. Die wichtigste und vordringlichste Aufgabe der „Hege mit der Büchse" ist dabei die Auslese und Qualitätsverbesserung der jeweiligen Population[62]. Das bedeutet, daß diejenigen Tiere getötet werden, die den Vorstellungen der Jäger von einem „gesunden" Wildbestand nicht entsprechen. Am wichtigsten hierbei ist die sorgfältige Auswahl der abzuschießenden Exemplare nach Alter, Geschlecht, körperlicher Verfassung etc. Wenn der Jäger diese Merkmale durch eine genaue Musterung des betreffenden Exemplars bestimmt (oder es versucht), ist vom „Ansprechen" die Rede.

Die menschliche Selektion - unzureichend bis dilettantisch

Das Problem ist, daß sich die Tierarten, die in den Genuß dieser Form der Hege kommen (nämlich hauptsächlich geweihtragende Arten wie Rehe, Hirsche, Damhirsche etc.), einfach kaum exakt ansprechen lassen. Das mag beim Geschlecht noch hinhauen, insbesondere, weil die männlichen Exemplare über weite Strecken des Jahres ein Geweih tragen. Beim Alter oder bei der Veranlagung der Tiere ist allerdings Schluß, wie der Wildbiologe FRED KURT darlegt:

„Rehe im ersten und zweiten Lebensjahr sind verhältnismäßig leicht anzusprechen, will heißen, von älteren Rehen zu unterscheiden [...] Abgesehen von verunfallten und schwerkranken lassen sich aber ältere Rehe weder in „Altersklassen" noch in „Veranlagungsklassen" einteilen und entsprechend selektiv erlegen."[63]

HESPELER läßt sich ebenfalls seitenlang darüber aus, daß die meisten Merkmale im Prinzip nichts über das Alter des Tieres aussagen[64].

„Den Ansprechkünstlern sei hier ganz ernsthaft empfohlen, sich sommers einmal in ein Straßencafe zu setzen und die dort vorbeiflanierenden Damen auf normale „Schußentfernung", also so zwischen 50 und 100 Metern, auf ihr Alter hin anzusprechen; möglichst jene, von denen sie das Gesicht nicht sehen. Sie werden sich wundern! Nun wird aber niemand ernsthaft bestreiten wollen, daß uns die eigene Art weit vertrauter ist als die der Rehe."[65]

Sich an Geweihgröße und Körpergewicht orientierend, werden diejenigen Tiere ausgemerzt, bei denen beides eher weniger groß ist. Der „schlicht faschistoiden Vererbungs- und Rasseideologie" (Hespeler) der Jägerschaft zufolge sollten solche Tiere ausselektiert werden, damit solche mit großen Geweihen (=Trophäen) und einem hohen Körpergewicht (= viel Wildbret) sich durchsetzen können. Und so ist das Heranhegen endenstarker*), kapitaler Hirsche für den Abschuß „bis heute jägerische Praxis"[66]. Hierzu wird auch die Altersstruktur der Tiere - so gut dies eben geht - manipuliert, indem man jüngere Tiere, die sich nach Meinung des Revierinhabers zu „kapitalen Böcken" entwickeln könnten, hegt und pflegt. Diese sollen erst geschossen werden, wenn sie „reif", also älter sind. Daß in einer natürlichen Population die Altersstruktur genauso wie die Populationsdichte vollkommen anders beschaffen sind, als in der gehegten Population des Waidmannes, wird dabei ignoriert. Ein Schelm, wer dabei an die althergebrachte Tierzucht denkt.

„Nach welchen „Abschußrichtlinien" die Natur unter den Rehen Ernte hält, wurde längst durch umfangreiche Rückmeldungen im Kitzalter markierter Rehe deutlich. Natur schlägt hart und rücksichtslos in den ersten beiden Lebensjahren zu. Sie holt sich immer noch weit mehr in der von uns so genannten Mittelklasse, und das Warten auf „reife" Böcke kommt ihr nicht in den Sinn!"[67]

Die „Hegeschau", eine Veranstaltung zur Präsentation der erbeuteten Trophäen, wurde einfach umetikettiert: Das Zurschaustellen der Kopfknochen der erschossenen Tiere sowie die komplizierte Bewertung und Bepunktung mittels Vermessen, Gewichten, Endenzählung etc. soll nun die Güte derjenigen Population darstellen, aus denen die Tiere herausgeschossen wurden. Die Trophäe ist demnach „Ausdruck der Erhaltung eines artenreichen und gesunden Widlbestandes"[68], so wie das

---

*) Je weiter verzweigt das Geweih eines Hirsches ist, je mehr „Enden" es also hat, desto „endenstärker" ist der Hirsch.

Bundesjagdgesetz ihn fordert. Die Erkenntnis, daß dies wildbiologisch gesehen Unfug ist, setzt sich leider nur langsam durch[69]. Denn Tiere mit kleinem Kopfschmuck und geringem Gewicht

> *„können ja erbanlangemäßig die unschätzbaren Eigenschaften haben, etwa mit rauhen klimatischen Bedingungen, mit Dürrezeiten, mit immer wiederkehrenden Perioden großen Nahrungsmangels viel besser fertig zu werden als die hegegehätschelten Träger großer Trophäen. Auch in freier Natur wichtiges anderes angeborenes Verhalten ist keineswegs gekoppelt an eine riesige Trophäe.“*[70]

Und so fallen Tiere, die dem Waidmann vielleicht nicht so „kapital“ erscheinen, dem Hegeabschuß zum Opfer; ob die Erbanlagen dieses Tieres vielleicht viel besser sind als die des herangehegten „kapitalen Zuchtbocks“, ist nebensächlich. Dabei wird die Geweihentwicklung, nach der die Jäger die genetische Qualität der Tiere beurteilen wollen, vor allem von ihrer Fütterei beeinflußt. Wie auch immer das Erbgut eines Rehes oder Hirsches beschaffen ist, mittels Fütterung läßt sich die Geweihgröße stets verbessern[71]. Sie hängt demnach nicht zwangsläufig mit einem vorteilhaften Erbgut zusammen und weist auch nicht unbedingt auf solches hin. Selbst, wenn dies so ist (es gibt Arten, bei denen das scheinbar der Fall ist), sind die Geweihgrößen und -gewichte der in Deuschland jagdbaren Tiere durch die Hegemaßnahmen so manipuliert, daß sich keine Rückschlüsse mehr ziehen lassen dürften.

Prof. Dr. Antal Festetics, Direktor des Instituts für Wildbiologie und Jagdkunde der Universität Göttingen, hat daher für die Versuche, das Erbgut anhand der Trophäengrößen zu bewerten, keine schmeichelnden Worte übrig:

> *„Das aber wäre so, als wollte man die Güte des Homo sapiens allein am Bartwuchs der Männer bewerten.“*[72]

Ein weiterer Aspekt der „Hege mit der Büchse“ beinhaltet das „Ausmerzen“[73] von kranken und schwachen sowie überalterten Tieren. Oft wird mit trauriger Stimme von der „Erlösung“ des Wildes gesprochen - und verschwiegen, daß viele der „kranken“ Tiere vom Jäger erst „krankgeschossen“ wurden (s. Kapitel 15). Daß man das Alter der betreffenden Tiere - und somit auch eine „Überalterung“ - nicht zuverlässig feststellen kann, wissen wir bereits. Auch ob ein Tier krank ist, kann ein menschlicher Jäger von seinem Hochsitz oder im Gewusel einer Treibjagd wohl kaum zuverlässig feststellen, es sei denn, es handelt sich um einen besonders drastischen Fall; dies ist etwa möglich, wenn ein Tier durch eine Infektion oder durch Parasiten extrem geschwächt, durch einen Autounfall verletzt oder bei der Jagd angeschossen wurde. Manchmal wird der Öffentlichkeit sogar erklärt, die „Erlösung“ alter, kranker und schwacher Tiere mache den Hauptanteil bei den Abschüssen aus. Hier sei die Frage erlaubt, wie hoch die Qualität des „wertvollen Nahrungsmittel“ Wildbret wäre, wenn die Jäger tatsächlich nur sehr alte und kranke Tiere erschießen würden.

Denkt ein Jäger, daß ein Tier krank und somit „abschußreif" ist, bedeutet das aber noch lange nicht, daß es objektiv gesehen wirklich nötig ist, das Tier zu „erlegen". Denn es ist durchaus möglich, daß ein Tier, das gerade offensichtlich krank ist, aufgrund seiner Erbanlagen ein so starkes Immunsystem hat, daß es genesen wird uns seine wertvollen Erbanlagen weitergibt - es sei denn, ein Waidmann funkt mit seiner Flinte dazwischen.

„Parasiten können ein gutveranlagtes Reh zur Karikatur werden lassen. Das alles hat nichts mit einer Veränderung der Erbanlagen zu tun"[74],

stellt HESPELER fest, und auch dieses gut veranlagte Reh kann seine vorteilhaften Erbanlagen nur dann weitergeben, wenn der Jäger es nicht vorher „erlöst".

1.2. Die Folgen der Hege

„Fütterung von Wild mit dem perversen Ziel, letzendlich möglichst viel davon totschießen zu können, ist leider ein ganz wesentlicher Bestandteil unseres heutigen Jagdwesens."[75]

- Ulrich Wotschikowsky, Forstwissenschaftler und Jäger

1.2.1 Wildschäden

Kaum ein Tag vergeht, ohne daß deutsche Lokalzeitungen über Schäden berichten, die durch Wild angerichtet werden. Dem Wald machen besonders Rehe und Hirsche zu schaffen. Sie fressen die Triebe junger Bäume ab und verhindern so, daß sich der Wald verjüngen und vermischen kann. Und das, obwohl man schon seit einiger Zeit genau das mit aller Kraft anstrebt, nachdem man sich von der Holzwirtschaft mit Fichten- und Douglasienmonokulturen etc. abgewandt hat.

In weiten Teilen Deutschlands ist dieser „Wildverbiß" schon seit langem ein ernstzunehmendes Problem. Denn wenn Rehe und Hirsche die „Leittriebe" junger Bäume abknabbern, dann geht der Höhenzuwachs des betreffenden Jahres weitgehend verloren[76]. Die Folge: Die jungen Bäume kommen oftmals gar nicht hoch, der Wald kann sich nicht verjüngen. Obwohl sich die Situation seit einiger Zeit verbessert hat, ist der Verbiß besonders an Laubbäumen und Tannen noch immer problematisch[77]. Da vor allem diese Baumarten verbissen werden, kommt es zur „Entmischung": Es wachsen statt der erwünschten Mischwälder eher reine Fichtenbestände heran[78]. Es handelt sich hier einerseits um wirtschaftliche Schäden für die Forstbetriebe. Diese sind immens und kosten den deutschen Steuerzahler nach

Schätzungen des DEUTSCHEN NATURSCHUTZRINGES mindestens €153 Millionen im Jahr[79]; hinzu kommen noch einmal Kosten für Baumschutzmaßnahmen in einer ähnlichen Höhe[80]. Langfristig sind die wirtschaftlichen Schäden noch größer. Verbeißt ein Reh oder ein Hirsch eine kleine Eiche, liegt der direkte Schaden bei wenigen Cent. Ohne Verbiß hätte sich aus dem kleinen Schößling jedoch ein stattlicher Baum entwickeln können, der für gutes Geld hätte verkauft werden können.

Wildschäden sind nicht nur wirtschaftliche Schäden

Die Schäden gehen allerdings viel weiter, denn der Wald hat auch wichtige ökologische Funktionen. Er verbessert das Klima und reinigt die Luft; eine Buche produziert den Sauerstoffbedarf für zehn Menschen. Außerdem schützt der Wald vor Bodenerosion und Steinschlag. Weiterhin können Wälder enorme Mengen Wasser aufnehmen und speichern. Sie tragen daher mehr als jedes andere Ökosystem zur Vermeidung von Hochwasser bei[81], was vor dem Hintergrund der Hochwasserkatastrophe 2002 eine ganz neue Bedeutung gewann. Außerdem ist der Wald Lebensraum für zahlreiche Tier- und Pflanzenarten. Diese Funktionen kann der Wald nicht mehr richtig ausüben, wenn er nicht wachsen und sich nicht verjüngen kann. Was für Ausmaße das annehmen kann, zeigt sich in Bergregionen, in denen sich Bäume nur schwer durch Einzäunen vor dem Wild schützen lassen. Denn dort hat der Wald zusätzlich zum Schutz vor Bodenerosion und Hochwasser auch die wichtige Funktion des Lawinenschutzes. Allerdings entstehen hier ebenfalls Wildschäden durch Schalenwild. Kann der Wald sich nicht verjüngen, so kann er auch den Lawinenschutz nicht mehr gewährleisten, was durch teure Verbauungen ausgeglichen werden muß: ein Hektar künstlicher Lawinenschutz kostet rund €500.000[82].

Außerdem entstehen Baumschäden durch das „Schälen" und das „Fegen". Schälschäden entstehen, wenn die Tiere die Rinde von Bäumen abknabbern, Fegeschäden, wenn sie die abgestorbene Knochenhaut vom neuen Geweih an Bäumen abreiben. Schälschäden gehen vor allem auf den Rothirsch zurück[83], aber auch das von Jägern in Deutschland eingebürgerte Muffelwild schält und verbeißt Bäume[84]. Durch die Beschädigung der Rinde verliert der Baum seine „Schutzhaut" - Pilze und andere Schädlinge können eindringen, was dazu führt, daß der Stamm fault[85]. Auch durch diese Art der Wildschäden entstehen erhebliche Kosten. Ein geschälter Stamm ist für den Forstbetrieb nahezu wertlos, und die Stämme werden brüchig, so daß geschälte Wälder bei Sturm oder Schnee großflächig zusammenbrechen können[86]. Fegeschäden, die durch alle geweihtragenden Arten verursacht werden, sind für den Einzelbaum meist tödlich, fallen jedoch ökologisch oder wirtschaftlich kaum ins Gewicht[87].

Einige Zahlen mögen deutlich machen, daß trotz eines teilweisen Rückgangs der Schadensbelastung diese inbesondere bei Laubbäumen und der Tanne noch immer hoch ist: Im bayerischen Forstgutachten von 2000 wiesen die Bäume, die größer

Eine Verjüngungsfläche. Deutlich ist zu sehen, daß die jungen Bäume nur hinter dem Zaun hochkommen. Eine wesentliche Ursache für das Verjüngungsproblem sind die Schäden durch hohe Schalenwildbestände.

© Thomas Winter

als 20 cm, aber immer noch in „Verbißhöhe" waren, bei 31% der Buchen, 38% der Tannen und 58% der Eichen Verbißschäden auf. Bei anderen Edellaubhölzern sowie sonstigen Laubhölzern wiesen 48% bzw. 49% der Bäume solche Schäden auf. Selbst bei der eher verschmähten Fichte hatte noch fast jeder fünfte Baum solche Schäden[88]. In mehr als der Hälfte aller Hegegemeinschaften bezeichnete das Gutachten die Verbißsituation als „nicht tragbar"[89]. In Sachsen machen trotz des Anstrebens von Mischwäldern heute Fichten und Kiefern drei Viertel des gesamten Baumbestandes aus[90]. 1996 ergab die Schälschadensinventur im Westharz, daß im Durchschnitt 30% der Fichten Schälschäden hatten[91]. Im selben Jahr erklärte die Landesforstverwaltung in Nordrhein-Westfalen in ihrem Landeswaldbericht: „Wildschäden in einer Größenordnung von mehr als 200 DM je ha und Jahr sind nicht außergewöhnlich"[92]. Das mag verdeutlichen, welches Ausmaß die durch Wild verursachten Schäden noch immer haben.

Nicht nur die Bäume werden in Mitleidenschaft gezogen. Auch unter den Bodenpflanzen gibt es Arten, die von den Wildtieren lieber angenommen werden als andere. Durch die überhöhten Wildbestände gibt es Überweidungseffekte, die die Artenvielfalt reduzieren können[93]. Was für eine Artenverarmung der Ausfall nur einer Pflanzenart mit sich bringen kann, wissen wir bereits.

Die Schäden, die durch Wildschweine entstehen, sind ebenfalls groß, insbesondere an den Äckern, die die Tiere immer wieder heimsuchen. Im Wald werden sie als „Nützlinge" betrachtet, weil sie den Boden auflockern[94] und damit die Waldverjüngung vorantreiben, da sie den Boden so für Baumsamen bereiten. Außerdem beseitigen sie tote Tiere[95] und nehmen damit eine wichtige hygienische Funktion ein. Im Feld sind sie hingegen nicht gern gesehen. Ein Hektar Mais, der von den Tieren verputzt wird, kann schon einmal €1.500 kosten, ein Hektar Weizen €600-700, so ein Landwirt im *Schwäbischen Tageblatt*[96]. Aber auch die Schäden an Streuobstwiesen oder auch privaten Gärten sind nicht zu vernachlässigen. Entweder tun

41

sich die „Schwarzkittel" dabei an den angebauten Früchten gütlich, oder sie suchen dort Würmer, Mäuse und Insektenlarven[97]. Dabei können sie allerdings schon mal eine große Fläche komplett umgraben. So hatte auch Hertha BSC in letzter Zeit wiederholt darunter zu leiden, daß das Trainingsgelände von Wildschweinen in eine Kraterlandschaft verwandelt wurde[98].

Die Rezepte der Jäger wirken nicht

Die Jägerschaft glaubt, den Königsweg gefunden zu haben: Die Fütterungen und Biotopverbesserungen, Wildäcker und sogenannte „Ablenkfütterungen" sollen neben der „Erhaltung" der Wildarten verhindern, daß das Schalenwild sich an den Bäumen und Äckern zu schaffen macht. Der Gedanke: Geben wir dem Wild etwas Leckeres, dann hat es keinen Grund mehr, „zu Schaden zu gehen". Dem DJV zufolge verhindert eine artgerechte Fütterung die Wildschäden, sie sollte demnach beibehalten werden[99]. Zudem wird durch Abschußpläne festgelegt, wie viele Rehe die Jäger zu erlegen haben. So sollen die Wildschäden weiter reduziert werden. Durch Kirrung und großangelegte Treib- und Drückjagden soll zudem den Wildschweinen auf die Schwarte gerückt werden.

Trotz aller Bemühungen gibt es nach wie vor immense Wildschäden an Wald und Feld. Denn in der Vergangenheit sind die Bestandszahlen vor allem von Rehen und Wildschweinen rasant gestiegen. In den Jahren 1936-1939 betrug etwa die Rehstrecke[*] auf der Fläche der alten Bundesländer etwa 376.000. Im Jagdjahr 1983/84[**] waren es schon über 686.000[100], und in den letzten Jahren wurden durchgehend über eine Million Rehe im Jahr getötet[101]. Im Vergleich zu 1928 hat sich im Staatswald des Saarlandes die Rehstrecke auf 2.500% erhöht[102]. Auch die Strecke an Hirschen hat zugenommen[103], obwohl sie vom Menschen auf viel zu kleine, inselhafte Lebensräume zurückgedrängt wurden[104]. Die Wildschweinbestände sind besonders in den letzten Jahren explosionsartig angestiegen. Wurden in Deutschland im Jagdjahr 1982/83 (mit DDR) noch knapp 168.000 Wildschweine erlegt, waren es im Jagdjahr 2001/02 über 531.000, ein Anstieg auf knapp 316%[105].

Der rasante Anstieg der Wildschweinbestände ist die Hauptursache für die massiven Schäden, und auch die anderen Schalenwildschäden werden im wesentlichen dadurch verursacht, „daß mehr Wild vorhanden ist, als es dem Lebensraum und den waldbaulichen Anforderungen zuträglich ist"[106]. Denn der Lebensraum wächst trotz aller „Biotopverbesserungen" nicht mit den steigenden Schalenwildbeständen mit. Darin sind sich soweit alle Experten einig. Während die Jägerschaft dem bei den Wildschweinen noch zustimmt, glaubt ein großer Teil jedoch anscheinend nicht daran, daß am immer noch hohen Wildverbiß überhöhte Schalenwildbestände Schuld sein sollen. Forderungen, die Rehbestände durch Erhöhungen der Planab-

---

*) Unter „Strecke" versteht man hier die Anzahl der getöteten Tiere einer Art.
**) Das Jagdjahr beginnt am 01. April jedes Jahres und endet am 31. März des folgenden Jahres.

schüsse zu verringern und so der Tragfähigkeit ihres Lebensraumes anzupassen, werden stets zurückgewiesen (warum, werden wir später erfahren). Angesichts der hoffnungslos überhöhten Schalenwildbestände ist es schon fast grotesk, wenn der DJV solche Forderungen als Infragestellung des Erhaltes dieser Wildarten beschreibt[107]. Oft warnen die Jäger auch vor der drohenden „Ausrottung" des Rehwildes bei stärkerer Bejagung[108] - eine irrwitzige Behauptung angesichts der Tatsache, daß es so viele Rehe in unseren Wäldern gibt wie noch nie. GÜNTER SCHOLZ illustriert in der *Pirsch* einen „Alptraum" von der Reduzierung des Schalenwildes, fabuliert in seiner wohl satirsch gemeinten Darstellung vom „Ideologisch-ökologischen Rehkiller-Verband"[109]. Damit ist wohl der „Ökologische Jagdverein" gemeint, der eine Reduktion des Schalenwildes auf ein ökologisch tragbares Maß fordert. Teilweise wird die hohe Verbißbelastung sogar einfach geleugnet[110]. Man will der Öffentlichkeit weismachen, daß es kaum noch Rehe gibt, ist allerdings auf „Hegeschauen" anscheinend spielend in der Lage, den Bockabschuß weitgehend bei älteren Böcken zu tätigen[111]. Die dürfte es aber kaum noch geben, wenn das Reh tatsächlich schon so geschröpft wäre. Allerdings ist diese Haltung nur verständlich, sind die hohen Wilddichten doch Sinn und Zweck der Hege.

Die Hege - Ursache für überhöhte Schalenwildbestände

Der Leser wird sicherlich schon auf den Gedanken gekommen sein, daß die vielfältigen Maßnahmen zur Hege des jagdbaren Wildes vor allem einen Effekt haben: höhere Dichten bzw. Bestandszahlen dieser Tiere. Von seriösen, unabhängigen Wissenschaftlern und Fachleuten, ja selbst von einigen Jägern wird dies nicht bestritten. Die BAYERISCHE FORSTLICHE VERSUCHS- UND FORSCHUNGSANSTALT fand bei einem Wildforschungsprojekt heraus, daß die Hegemaßnahmen das Gewicht von Rehen nicht beeinflussen, sondern lediglich dazu führen, daß es auf der gleichen Fläche mehr Rehe gibt[112]. Das ist auch nicht weiter verwunderlich. Schließlich führt insbesondere die intensiv betriebene Winterfütterung dazu, daß viele Tiere, die sonst verhungert oder erfroren wären, es über den Winter schaffen und dementsprechend im Frühjahr viel zu viele davon da sind. Den Vorwurf, sie wolle nur die Wintersterblichkeit reduzieren, um mehr Rehe im Revier zu haben, muß sich die Mehrzahl der deutschen Jäger selbst von einigen Waidgenossen gefallen lassen[113]. Außerdem steigert die Fütterung die Fruchtbarkeit der Geißen, also der weiblichen Rehe. Sind sie gut genährt, bringen sie mehr Kitze zur Welt, außerdem sind die Überlebenschancen des Nachwuchses höher, wenn er von kräftigen Müttern geboren wird[114]. KURT beschreibt, was geschah, nachdem die Besatzungstruppen nach dem Zweiten Weltkrieg die Rehbestände in Deutschland auf etwa ein Tier pro 100 Hektar Wald heruntergeschossen hatten, weswegen sofort wieder eine Tannenverjüngung eingetreten war:

„1952 ging dann die Jagdhoheit wiederum in deutsche Hand über, und die Jäger

im Schwarzwald sahen es nun als ihre wichtigste waidmännische Pflicht an, so rasch wie möglich einen hohen Wildbestand von 20 bis 30 Stück je 100 Hektar heranzu- hegen, der zum schwerwiegenden waldbaulichen Problem wurde."[115]

Bei 2-3 Rehen pro 100 Hektar kann sich der Wald noch verjüngen; doch schon ab 10 Tieren pro 100 Hektar ist dies kaum mehr möglich[116]. Die Heranzüchtung eines zu hohen Schalenwildbestandes durch die Jäger ist daher eine der Hauptur- sachen für die Wildschäden in unseren Wäldern.

„Kann eine Tierart ihren Lebensraum so grundlegend verändern?"[117]

fragt KALCHREUTER. Die Frage ist berechtigt, allerdings leicht zu beantworten: Rehe sind gar keine Waldtiere. Ihr natürlicher Lebensraum sind die Buschwald- ränder am Übergang von den Waldzonen zur Steppe. Die Rehkitze sind mit ihren hellen Flecken auf dem Rücken auf Wiesen, wo ihre Mütter sie bevorzugt zur Welt bringen, bestens getarnt, im Wald hingegen besteht für eine Tarnung mit hellen Tupfern gar kein Bedarf[118]. Im Winter, wenn sie im Wald vor Kälte und Wind ei- gentlich viel besser geschützt wären, ziehen Rehe oft hinaus auf die freie Feldflur, weil dort viel mehr Nahrung geboten ist als im Wald[119]. Hier richten sie auch weit- aus weniger Schaden an, weil Gräser und die zu dieser Zeit angebauten Feldfrüchte gegen die Beweidung wesentlich unempfindlicher sind als die Triebe junger Bäu- me, die gar nicht an solch exzessiven Verbiß angepaßt sind[120]. Das trifft auf sämt- liche größeren Pflanzenfresser in Mitteleuropa zu. Der Wald konnte sich ja früher auch verjüngen, als es sogar noch Wisente, Elche, Auerochsen und Waldpferde in Mitteleuropa gab. Sie lebten ebensowenig dauerhaft im Wald wie Rehe und Hir- sche, sondern auf den Lichtungen und den Buschzonen am Waldrand. Im Grasland sind Rehdichten von 20-30 Tieren pro 100 Hektar noch tragbar, in der freien Feld- flur sogar 50-70 Rehe je 100 Hektar[121].

Die leicht zu erreichenden Fütterungen locken die Tiere jedoch in den Wald hin- ein[122] - der Jagddruck (siehe nächstes Kapitel) tut sein übriges. Und so halten sich die Tiere unnatürlicherweise in viel zu hohen Dichten im Wald auf. Daß das schnell zu Rehdichten führt, bei denen sich ein Wald nicht mehr selbständig verjüngen kann, ist offensichtlich. Oftmals ist das Wildfutter auch keineswegs „artgerecht". Kraftfutter etwa enthält zu wenig Rohfasern für die Verdauung. Die holt sich das Wild dann eben von den Gehölzen[123]. HESPELER weiß zu berichten:

„Nun kam es zuweilen vor, daß irgendwo ein Automat leer wurde und nicht recht- zeitig nachgefüllt werden konnte. Dann verbissen die Rehe in ein, zwei Tagen im Be- reich der leeren Fütterung mehr Tannen und Jungbuchen, als ohne jede Fütte- rung."[124]

Kein Wunder. Wie wir schon gesehen haben, stellen sich die Tiere auf den Win- ter ein, indem ihr Stoffwechsel heruntergefahren wird. So brauchen sie weniger Nahrung, was der Nahrungsknappheit im Winter entspricht. Wenn sie sich aber an

Links ein „Beweisfoto" dafür, daß durch Fütterungen wieder Verjüngungen möglich werden, nachfotografiert nach einer Veröffentlichung von Freiherr von Eggelin.

Daneben die gleiche Stelle, nur aus etwa drei Metern Entfernung aufgenommen. Der Zaun ist sichtbar, davor ist von Verjüngung keine Spur.

© Karl Friedrich Sinner

die zusätzliche Nahrung gewöhnt haben, ist es kein Wunder, wenn sie bei plötzlichem Fehlen dieses Futters anderes suchen - etwa frische Baumtriebe.

Die Theorie, nach der die Fütterung der Tiere mit Leckerbissen sie vom Verbiß abhalte, wird ebenfalls lediglich innerhalb der Jägerschaft gepflegt und mit Händen und Füßen gegen anderslautende Untersuchungsergebnisse verteidigt. Der schon erwähnte Großversuch der BAYERISCHEN FORSTLICHEN VERSUCHS- UND FORSCHUNGSANSTALT etwa litt unter dem Übereifer der Jagdpresse und eines gewissen Freiherrn von Eggeling, der schon sehr früh davon sprach, daß der Versuch zugunsten der Hegereviere ausgegangen sei; angeblich hätten die Reviere, in denen Hegemaßnahmen durchgeführt worden waren, eine bessere Verjüngungsbilanz als die Vergleichsflächen, auf denen nicht gehegt wurde. Als dem nachgegangen wude, stellte sich heraus, daß Rückgänge bei der Verbißbelastung sich unabhängig von der Hegestrategie in allen Revieren vollzogen[125]. Angebliche Beweisfotos, die von Eggelings Behauptung stützen sollten, stellten sich außerdem als gefälscht heraus: Die gezeigten Verjüngungen waren allesamt hinter einem Schutzzaun entstanden[126]. Der Abschlußbericht sprach denn auch davon, daß Hegemaßnahmen die Verbißsituation nicht verbessern und bewertet sie daher als „sowohl aus finanziellen als auch aus ökologisch-waldbaulichen Gründen nicht gerechtfertigt"[127]. Auch der Wildbiologe HELMUTH WÖLFEL von der Universität Göttingen, der sich schon seit langem mit diesem Thema beschäftigt, ist sicher, daß sich Rehe durch kein Futter der Welt vom Verbeißen abhalten lassen[128]:

„Für das Reh gibt es wohl kein Futtermittel, das dessen 'Naschhaftigkeit an Baumtrieben' verringert."[129]

45

Im Gegenteil: Durch die Fütterung *steigen* die Verbiß-, Schäl und Fegeschäden. Auch die angesprochenen „Hegeabschüsse" erweisen sich als äußerst kontraproduktiv. Da die Fortpflanzung bei polygamen Tierarten hauptsächlich von der Anzahl der weiblichen Tiere abhängt, kann man nur allzuleicht dem Trugschluß erliegen, die männlichen Tiere seien größtenteils überflüssig. Erschießt man nun den herangehegten, „reifen" Zuchtbock in dem Glauben, dies mache nichts aus, so hat man die Rechnung ohne die Geißen, die weiblichen Tiere gemacht. Bei Alpensteinböcken hat man etwa beobachten können, daß der Abschuß der älteren Böcke dazu führt, daß sich die Geißen um die verbliebenen alten Böcke scharen, da sie die jüngeren verschmähen. Sie bildeten so größere Rudel und richteten dadurch nur noch mehr Schaden an[130].

Somit ist für Fachkreise und Umweltschutzverbände[131] klar, daß für die massiven Wildschäden durch Schalenwild, insbesondere durch Rehwild, in der Hauptsache die waidmännischen Hegepraktiken verantwortlich sind. Dies wird noch dadurch verstärkt, daß sich die überhöhten Wildbestände durch das wachsende Straßennetz und den Flächenverbrauch auf immer kleinerem Raum zusammenballen müssen. Für die Schäden im Bergwald, der durch teure Lawinenschutzbauten ersetzt werden muß, sind ebenfalls überhegte Schalenwildbestände verantwortlich; die Strecke des Gamswildes etwa hat sich seit den 60ern verdreifacht[132]. Auch in Bezug auf den Rothirsch macht sich laut WÖLFEL

„zunehmend die Erkenntnis breit, daß Rotwildschäden am Wald durch Futterabgaben nicht verhindert, durch nicht artgerechte, nicht wildtiergerechte Nahrungsvorlagen aber verstärkt werden können."[133]

KALCHREUTER führt in der Neuauflage seines Hauptwerkes *Die Sache mit der Jagd* seitenlang aus, wieso das alles gar nicht sein kann und kommt zu dem Schluß:

„Der pauschale Vorwurf, das Schalenwild verhindere die Verjüngung unserer Wälder und verursache „Waldsterben von unten", entbehrt jeder fachlichen Grundlage."[134]

Das ist mit Sicherheit richtig. Aber nur, wenn man wie KALCHREUTER die intensive Hege vollständig ausklammert und auch die Tatsache, daß Rehe eigentlich gar keine ursprünglichen Waldbewohner sind und die Baumtriebe deswegen auf den Verbiß nicht eingestellt sind, vollkommen ignoriert. Er bestreitet, daß es heute wesentlich höhere Rehwildbestände gibt als in den ersten Jahrzehnten des 20. Jahrhunderts und argumentiert allein mit populationsbiologischen Argumenten, ohne weitere Belege beizubringen. So meint er, die Rehwildbestände müßten Anfang des 20. Jahrhunderts wesentlich höher gewesen sein als heute, weil damals weder Kitze noch Geißen geschossen werden durften und somit die Fortpflanzung höher gewesen sein muß[135] (siehe nächstes Kapitel). Den starken Anstieg der Rehwildstrecken seit den 30er Jahren (s.o.) ignoriert er ebenso wie die massive Verhätschelung des Schalenwildes heutzutage. Außerdem ist diese Behauptung pure Spekulation, da über die Schalenwildbestände und -strecken vor 1936 nichts bekannt ist[136]. KALCHREUTER argumentiert, daß die „insbesondere in staatlichen Regiejagden willkürlich hoch geschraubten Abschusspläne vielerorts gar nicht mehr zu erfüllen" seien, da zu wenig Wild da sei. Der Berufsjäger HESPELER erzählt allerdings aus seinem langen Jägerleben:

> *„Wohin ich auch kam, in Deutschland wie in Österreich [...] wurde mir versichert, man schieße ohnehin weit mehr als auf dem Plan stünde, könne dies aber niemals offen sagen oder fordern - erstens wegen der Nachbarn, zweitens wegen der Neuverpachtung und dem dann höheren Jagdwert!"[137]*

Daß KALCHREUTER das Verbißproblem nicht herunterspielt, sondern praktisch dessen Existenz verneint, liegt hauptsächlich daran, daß er von Schalenwildpopulationen ausgeht, deren Höhe, Verhalten und Verteilung in der Landschaft noch vollkommen natürlich sind. Eine Annahme, die bei der heutigen Intensivhege leider in keiner Weise zutrifft.

Der Problemfall Rothirsch

Der Rothirsch: Die Lebensraumverinselung führt zu genetischer Verarmung. © Dieter Haas

Beim Rothirsch gestaltet es sich etwas schwieriger. Er wurde durch Lebensraumzerstörung und das wachsende Straßennetz in kleine „Rotwildgebiete" zurückgedrängt. Die 125 amtlich festgelegten „Rotwildbewirtschaftungsbezirke" umfassen nur noch ein Fünftel des ursprünglichen Lebensraumes der Tiere[138]. Außerhalb dieser Gebiete werden sie nicht geduldet und sofort erschossen. Das ist fatal, denn normalerweise wandert Rotwild weite Strecken. Dort, wo sie nun leben dürfen, in den höhergelegenen Wäldern, befindet sich eigentlich ihr Sommerquartier[139]. Normalerweise würden sie im Winter aufgrund der Kälte und der Nahrungsknappheit in die tiefer gelegenen Flußauen ziehen. Das ist nun nicht mehr möglich, teils durch die „Einsperrung" der Tiere in die Rotwildgebiete, teils dadurch, daß die Auen einfach nicht mehr da sind. Und so wird das Rotwild auch im Winter in den Sommerquartieren gehalten und gefüttert - zum Schaden des Waldes. Denn diese Rotwildgebiete bestehen fast nur aus Wald. Und in diesen wenigen Gebieten, in denen das Rotwild noch leben kann, ist es durch die Hege zu zahlreich[140].

Man könnte zwar die Population insgesamt so reduzieren, daß sie für den Wald tragbar wäre, aber das ist nicht ganz unproblematisch. Denn schon die heutige Lebensrauminselung führt dazu, daß der genetische Austausch erschwert wird[141], und bekanntermaßen gibt es Untergrenzen überlebensfähiger Populationen (Stichwort Inzucht). So stellte Professor Alexander Herzog von der Gießener Uni fest, daß sich die genetische Verarmung bereits in Sehstörungen, Unterkieferverkürzungen, Fitneßverlust und Verhaltensänderungen äußert[142]. Die langfristige Lösung kann nur eine Vergrößerung der Rotwildgebiete (mehr Lebensraum) und ihre Vernetzung (genetischer Austausch) bringen, etwa durch Grünbrücken und Tunnels. Damit könnte das Rotwild die Straßen überwinden, die den am stärksten trennenden Eingriff in unsere Natur darstellen. Die Fütterung des Rotwildes und der anschließende Abschuß wegen zu hoher Bestände kann kaum als langfristige Strategie für dessen Erhalt dienen.

Das Schwarzwildproblem - und was die Jäger verschweigen

Daß die Wildschweine sich so rasant vermehren, wird in den Jagdzeitschriften und gegenüber der Presse meist damit begründet, daß diese Tiere keine natürlichen Feinde mehr haben und daß milde Winter dazu führen, daß weniger Tiere sterben. Außerdem habe sich das Angebot an Eicheln und Bucheckern erhöht, weil Eichen und Buchen durch die milden Winter mittlerweile jedes Jahr Früchte tragen, statt nur alle paar Jahre in den sogenannten „Mastjahren". Zudem hätten die Tiere durch den stetig steigenden Maisanbau eine gute Nahrungsgrundlage[143].

Die Argumente der Jäger sind zum Teil durchaus nachvollziehbar. Was kaum ein Grund für die „Bestandsexplosion" der Wildschweine sein kann, sind fehlende Beutegreifer. Der Bestandsanstieg vollzieht sich erst seit einigen Jahren, die Beutegreifer, die dem Wildschwein gefährlich werden können, sind in Mitteleuropa jedoch schon seit Jahrhunderten ausgerottet (s. Kapitel 3.2). Daß die milden Winter der letzten Jahre die Sterblichkeit für die Wildschweine verringert haben und auch die Eichen und Buchen öfter „Mast", also Früchte, tragen, ist durchaus ein nachvollziehbares Argument. Auch die Ausdehnung der Anbauflächen ist ein möglicher Grund für die Ausbreitung des Schwarzwildes. So können neue Maissorten bereits in Höhen von 800 Metern angebaut werden[144]. Außerdem rücken die Maisfelder teilweise bis an die Wälder heran[145]. Allerdings ist auch dies nur eine These, die nicht ganz gesichert ist. Es gibt auch gegenteilige Beobachtungen, etwa aus dem Saarland: In der Zeit des stark steigenden Maisanbaus von Beginn der 60er Jahre bis Mitte der 80er Jahre gab es nur einen niedrigen Schwarzwildbestand im Saarland. Seit Mitte der 80er Jahre nahm die Maisanbaufläche kontinuierlich ab, die Schwarzwildbestände stiegen jedoch ab Anfang der 90er Jahre stark an[146].

Die Frage, ob es nicht auch aus volkswirtschaftlichen Gesichtspunkten (Stichwort Agrarsubventionen) besser wäre, die landwirtschaftliche Produktion in Deutschland insgesamt herunterzufahren, kann hier nicht erörtert werden. Was al-

Da fühlen sich die Schwarzkittel sauwohl: Kirrung, Fütterung und sonstige Hege tragen zum Ansteigen der Schwarzwildbestände einiges bei. Angesichts der explodierenden Bestände ist es unverständlich, wieso an den Praktiken immer noch festgehalten wird.

© Dieter Haas

lerdings erwähnt werden soll, ist das regelmäßige Schweigen der Jäger, wenn es um ihren eigenen Beitrag zum Anstieg der Wildschweinbestände geht.

Insbesondere die Kirrung wird von Umweltschutzverbänden und Jagdkritikern, aber auch von kritisch gesinnten Jägern für die Zunahme der Schwarzwildbestände mitverantwortlich gemacht. Angesichts der oben beschriebenen, teilweise exzessiven Praktiken bei der Kirrung, die in vielen Fällen zur Mast ausartet, ist das auch kein Wunder. Ähnlich wie beim sonstigen Schalenwild führt das ständige Futterangebot dazu, daß die Tiere bestens genährt sind und den Winter kaum zu fürchten haben. Es ist nicht einzusehen, wieso einerseits die milden Winter und die reichliche Nahrung als Erklärungen für den Bestandsanstieg der Wildschweine angeführt werden, gleichzeitig aber haufenweise Futter in den Revieren ausgelegt wird.

Die Kirrungen sind in der Jägerschaft nicht unumstritten. Gegenüber der Öffentlichkeit wird eine schädliche Wirkung der Kirrung dagegen so gut wie immer abgestritten. FEICHTNER meint etwa in der *Pirsch*, daß die Kirrungen kaum Schuld sein können an der Zunahme der Schwarzwildbestände[147] - im Gegenteil, sie dienen ja gerade dazu, die Bejagung der Wildschweine zu vereinfachen und so den Bestand zu senken. Aber es gibt auch Jäger, die selbstkritisch eingestehen, daß die Waidmänner wohl nicht ganz unschuldig an den hohen Schwarzwildbeständen sind[148]. Ein Gastbeitrag in der Zeitschrift *Unsere Jagd* geht sogar noch weiter:

> *„Der Wechsel von Mastjahren bei Eiche und Buche und mastarmen Jahren mit entsprechend hohen oder niedrigen Frischlingszahlen ist durch uns Jäger abgeschafft worden, es gibt nur noch Mastjahre - Maismastjahre. [...] Damit sind wir Jäger zum Hauptverschulder einer ungewollten Bestandsentwicklung geworden. Wir machen durch die Kirrungen die Sauen satt."[149]*

Dennoch wird auch weiterhin gefüttert, was das Zeug hält. Untersuchungen von Wildschweinmägen haben ergeben, daß ihre Nahrung zu 30%, also fast einem Drittel, aus Fütterungsmais besteht, dagegen nur zu 5-7% aus Feldmais[150]. Somit scheinen die Kirrungen für die Zunahme des Schwarzwildes weitaus bedeutender zu sein als die Ausdehnung des Maisanbaus. Das bedeutet nicht nur, daß auch diejenigen Tiere, die eigentlich den Winter nicht überstehen würden, durchgefüttert werden; ähnlich wie bei den Rehen bekommen auch die Wildschweine mehr und öfter Nachwuchs, wenn sie genug Nahrung haben. Außerdem werden die weiblichen Tiere früher geschlechtsreif und bringen demnach auch früher Nachwuchs zur Welt[151]. Die gleichen Prozesse macht man sich auch in der landwirtschaftlichen Schweinezucht zunutze.

Seltsam ist auch, daß die Jäger durch „Biotoppflegemaßnahmen" offenbar bewußt zur weiteren Verschlimmerung des Problems beitragen. JÖRG RAHN empfiehlt im *Niedersächsischen Jäger* für die Hege des Rothirsches etwa die Anpflanzung eben jener „masttragenden" Bäume wie Eichen und Buchen, die auch für die Zunahme des Schwarzwildes verantwortlich gemacht werden, außerdem das Auslegen von Eicheln und Kastanien[152]. Der *Jäger* informiert unter der Überschrift „Investition in die Zukunft":

> „*Fallen die Früchte der Mastbäume, weiß der Jäger, wo das Wild nach Äsung sucht. Doch nur, wenn er Mastbäume im Revier hat hilft ihm das weiter. Ist dies nicht der Fall, schafft er Abhilfe. Welche Baumarten taugen als Mastbaum? Und worauf ist beim Pflanzen zu achten?*"[153]

Und warum sollte man sich darum scheren, daß auf diese Weise die Wildschweine noch mehr Nahrung finden? Die Krone setzt dem ganzen die Tatsache auf, daß auch in aktuellen Büchern zum Schwarzwild seitenlang hilfreiche Tipps und Tricks zur gezielten Hege der Wildschweine gegeben werden, von der Biotopumgestaltung bis hin zur „Notzeitfütterung" und Salzlecken[154]. Die Ausbreitung dieser Tiere, die nun beklagt wird, wurde von Anfang an nach Kräften unterstützt, denn viele Jäger in einst reinen Rehrevieren waren sehr froh über die neue jagdbare Wildart[155].

Sinn der Hege: Viel Wild und schöner Wandschmuck

Man fragt sich unweigerlich, wieso die Jäger trotz der offensichtlich schlimmen Folgen weiter an ihren Hege- und insbesondere Fütterungspraktiken festhalten. Die Antwort mag sich der Leser schon denken können:

> „*Wenn es überhaupt ein ehrliches Argument zur Fütterung der Rehe gibt, ist es nicht im Bereich der Wildschadensverhütung, sondern in der Sparte Trophäenvergrößerung zu suchen.*"[156]

HELMUTH WÖLFEL, selbst Jäger, bringt es auf den Punkt. Schließlich lassen sich die Kopfknochen von geweihtragenden Arten und die Hauer von „reifen Keilern", also älteren männlichen Wildschweinen, als schöner Zimmerschmuck an die Wand nageln. Die hohen Bestände beim geweihtragenden Wild dienen in erster Linie der ständigen Verfügbarkeit der Trophäenträger, aber auch der Möglichkeit, die

„schönsten" davon auszusuchen und zu erlegen. Beim trophäenlosen Niederwild hat die Hege dem Jäger ROLF HENNIG zufolge den Zweck, „eine möglichst starke Vermehrung zu erreichen, um in der nächsten Jagdzeit eine hohe Strecke erzielen zu können[157]. Beim Schalenwild soll hingegen ein dauerhaft hoher Bestand gehalten werden, damit der Waidmann sich in vermeintlicher Selektion üben und sich schließlich die schönsten Trophäen zum Ernteabschuß auswählen kann. Deswegen wehren sich die Jäger ja auch besonders bei den Rehen beharrlich, durch Erhöhung des Planabschusses die Bestände zu senken.

„Es ist viel bequemer und je nach persönlichem Geschmack vielleicht auch „schöner", aus einer erquicklichen Zahl von Rehen sparsam hier und da zu wählen, nach erschwerendem Ritual zu erlegen"[158]

meint HESPELER und merkt an, daß Kraftfutter allein für größere Trophäen gegeben wird, und daß sich einige Jäger auch um lokale behördliche Verbote nicht scheren[159]. Der Markt hat daher erkannt, was gewünscht wird, und bietet spezielles Trophäenmastfutter an[160]. Generell lassen sich durch intensive Fütterung die Geweihgewichte um einiges steigern[161] - ein Phänomen, das man in Deutschland schon Ende des 19. Jahrhunderts erkannte und fleißig nutzte, um dem Repräsentationsbedarf des Kaiserhauses zu entsprechen[162]. Obwohl die Praktiken bis heute im Prinzip dieselben sind, war damals von einer „Erhaltung" des Wildes und von „Tierschutz" noch keine Rede, wohl aber von „gut veranlagten" und „schlecht veranlagten" Hirschen, sprich: Hirschen mit großen und kleinen Geweihen[163].

Da das Wild bekanntermaßen bei unzureichender Hege in „bessere" Reviere abwandert, hat die Hege auch die Funktion, das Wild im eigenen Revier zu halten; WÖLFEL bezeichnet diesen Punkt als „vorrangig"[164] bei den Gründen für die Fütterung, auch wenn er gegenüber der Öffentlichkeit natürlich nicht geäußert wird. Die BayWa weiß auch, was ihre Kunden wünschen und bietet in der Zeitschrift *Jagd in Bayern* unter der Überschrift „Fasanenhege leicht gemacht!" einen „Fasanentopf" mit speziellem Futter an, das unter anderem Rosinen beinhaltet:

„Aber wie will ich mit möglichst geringem Zeitaufwand insbesondere den 'Zigeuner' Fasan im Revier binden. Nur dort, wo der Fasan im Herbst ausreichende Äsung und Deckung findet, wird er standorttreu bleiben und nicht abwandern!"[165]

Wohin dies führt, ist naheliegend: in einen Fütterungswettlauf, der zu noch höheren Dichten der gehegten Arten führt. Außerdem bieten kopfstarke Bestände auch die Möglichkeit, Gäste zur Jagd einzuladen und ihnen gegen Geld die Möglichkeit zu bieten, Tiere zu erschießen[166]. Und nicht zuletzt sind Hobby- und Wochenendjäger, die nicht allzuoft Zeit haben, um ins Revier zu fahren, auf hohe Wildbestände angewiesen, wenn sie bei ihren Pirschgängen und Ansitzen denn auch zum Schuß kommen wollen[167]. Würde man die Rehbestände reduzieren, wäre es mit der Bequemlichkeit natürlich vorbei. Auch die Jäger, die Rothirsche im Revier haben, scheinen gerade deshalb intensiv Fütterung zu betreiben, weil auf diese Weise viele trophäenstarke Hirsche im Revier zum Abschuß bereitstehen[168]. Würde man die Fütterung durch eine Lebensraumerweiterung und -vernetzung ersetzen, würde sich das - zum Nachteil der Waidmänner - grundlegend ändern. Daher setzte man lieber auch langfristig auf die Fütterung und verkauft der Öffentlichkeit dies als beste Möglichkeit, das Rotwild zu erhalten. Zum Schaden des Waldes, wie die „Ökojäger" BODE UND EMMERT bestätigen:

> *„Das [...] Problem entsteht durch Überhege, um jederzeit die gewünschten Abschußobjekte parat zu haben, die „Ware" Wild muß verfügbar sein. Dies trifft vor allem auf das Schalenwild zu. 100prozentige Erfolgsquoten sind ohne hohe Wilddichten nicht zu garantieren."[169]*

Außerdem dient die Anlockfunktion von Fütterungen ebenfalls dazu, den Jagderfolg zu erhöhen. Es ist zwar verboten, Wild an Fütterungen/Kirrungen direkt zu erschießen, aber die Tatsache, daß solche Futterstellen oft genug in unmittelbarer Nähe zu Hochsitzen angelegt sind, sagt so ziemlich alles. Viele „waidgerechte" Jäger sind strikt dagegen, aber das scheint HESPELER zufolge pure Heuchelei zu sein.

> *„Spreche einer offen aus, was - vom Fuchs bis zur Wildsau - fast jeder tut: Wild an der Kirrung schießen! Überall praktiziert, aber in der Ideologie vieler Praktizierer schon eine Art jagdliche Abtreibung!"[170]*

Auch Salzlecken scheinen dazu zu dienen, dem ansitzenden Jäger den Abschuß leichter zu machen. So veröffentlicht die Zeitschrift *Jäger* etwa bei ihren „Praxis-Tips" eine Anleitung zum Bau einer „Salzlecke mit Blattschuß-Garantie"[171].

All diese Äußerungen zu den waidmännischen Motiven für Hege und Kirrung stammen von Jägern. Sie entspringen also nicht allein der Fantasie oder dem Wunschdenken von Jagdgegnern, wie von der Jägeschaft gegenüber der Öffentlichkeit gerne behauptet wird. Auf die Motivation der Jäger wird später noch genauer eingegangen (s. Kapitel 19).

Bis hierher sollte klar sein, wieso sich die Mehrheit der deutschen Jäger mit aller Kraft gegen eine Einstellung der Hege stellt: Schließlich wären so weniger Tiere zum Schießen bzw. zum Auswählen da, die noch dazu mit kleineren Trophäen durch die Gegend laufen. Und so werden überhöhte Wildbestände als „Desinformation"[172] bezeichnet, wird von der drohenden Ausrottung der Tiere bei Einstellung der Hege schwadroniert.

Fazit: Gehegt wird, um mehr Wild zum Jagen zu haben. Auch die Kirrungen sind nicht anders zu bewerten als die Fütterungen im Rahmen der Hege. Dabei nimmt man auch gerne in Kauf, daß der Naturhaushalt völlig durcheinander gebracht wird. Denn die dabei entstehenden Schäden sind den Jägern eine willkommene Rechtfertigung für den Abschuß. Und so schließt sich der Kreis: Man spielt sich als Tierschützer und selbstloser Heger auf, indem man einige ausgewählte Tiere verhätschelt und ihnen über den Winter hilft, um sie im darauf folgenden Jahr zu erschießen, weil es zu viele davon gibt.

1.2.2 Weitere Folgen der Hege

Neben der Verschlimmerung der Wildschäden haben die Hegepraktiken der Jägerschaft noch andere „Nebenwirkungen".

Wie wir bereits gesehen haben, schaltet die Hege mehrere selektierende Umweltfaktoren rücksichtslos aus, wie etwa Beutegreifer (durch deren Verfolgung), Krankheiten (durch Medikamente), Nahrungsmangel (durch Futter) und damit auch die Kälte im Winter (da bei einem besseren Nahrungsangebot die Tiere der Kälte besser trotzen können). Die Hege mit der Büchse selektiert die betreffenden Tiere nach vollkommen unnatürlichen Gesichtspunkten, die weniger der Gesundheit der Population, sondern mehr den Interessen des Jägers an einem kopf- und geweihstarken Bestand dienen. Diese Ausschaltung und Manipulation der natürlichen Selektion kann fatale Folgen für die genetische Gesundheit der Tiere haben, statt sie zu verbessern.

Die natürliche Selektion: Auf den Kopf gestellt

Denn durch die Hege und die Hegeabschüsse ist es nicht unwahrscheinlich, daß die natürliche Selektion auf den Kopf gestellt wird, da nun Tiere ihr Erbgut weitergeben können, die nur aufgrund der jägerischen Hegepraktiken überleben können, aber eigentlich für ein Leben in freier Natur gar nicht richtig geeignet sind. Umgekehrt können vorteilhafte Erbanlagen aus der Population herausfallen, da das Erscheinungsbild (das wenig über die Gene aussagt) den Jäger animiert, diese Tiere aus dem Bestand herauszuselektieren, oder weil der Jäger zufällig einen mit guten Genen augestatteten Rehbock „ernten" will. Auf diese Weise kann im Laufe der Zeit die Widerstandsfähigkeit der Population gegen die natürlichen Umweltbedingungen deutlich sinken; dementsprechend werden in Jagdzeitschriften Tiere zur „Blutauffrischung" angeboten[173], einerseits um die genetische Degeneration aufzuhalten, andererseits um die Entwicklung hin zu höheren Wildbretgewichten und Geweihgrößen weiter voranzutreiben. Schon die Tatsache, daß solche Maßnahmen nötig sind, führt den Anspruch der Jäger, den Wildbestand gesund zu erhalten, ad absurdum. Daß die „eingekreuzten" Tiere vielleicht einer anderen Unterart angehören, stört viele Waidmänner ebenfalls wenig, wenn nur die zu erwartende Trophäengröße stimmt[174].

Die durch die jägerische Hege völlig überhöhten Wildbestände führen auch zu immer häufigeren Wildunfällen. Anders als die wanderlustigen Rothirsche, für die selbst Flüsse wie der Rhein kein Hindernis sind, würden Rehe als streng territoriale Tiere Straßen in der Regel kaum überqueren. Die hohen Bestandsdichten durch Überhege (und auch die Bejagung) zwingen sie jedoch dazu, mit fatalen Folgen: 1995 kamen 145.000 Rehe auf Deutschlands Straßen ums Leben[175].

Das ist nicht die einzige Verhaltensänderung, die die Hege bei Wildtieren verursacht. Durch die Fütterungen sind nicht nur viel zu viele Tiere da, diese konzentrieren sich zudem an den Fütterungsstellen. Durch die Fütterung ziehen sie nicht mehr so weit für die Nahrungsaufnahme[176]. Normalerweise würden sich die Tiere weit in ihrem gesamten Wohn- und Streifgebiet verteilen, wodurch die Konakte untereinander relativ gering wären. Durch die Fütterung aber kommt es an den Futterstellen zu völlig unnatürlichen Tierkonzentrationen. Die Folgen sind ähnlich, wie wir sie bereits von den Mäusen kennen, wenn der Massenwechsel zu überhöhten Dichten führt: sozialbedingter Streß[177], Aggressivität und massive Störungen im Sexualverhalten[178]. Auch die Hegeabschüsse, welche die Alters- und Sozialstrukturen manipulieren, wirken sich negativ auf das Sozialverhalten des Wildes aus[179].

Außerdem sollte noch beachtet werden, daß die Hege sich auch auf Tiere auswirkt, die nicht ihr direktes Zielobjekt sind. Daß etwa die Aussetzung und Hege des Fasans wahrscheinlich bedeutend zum Beinahe-Aussterben des Birkhuhns beigetragen hat, werden wir später noch sehen (s. Kapitel 6); auch die massiven, alleine auf die Hege bestimmter jagdbarer Arten ausgerichteten Biotopumgestaltungen können nicht gehegte Arten massiv benachteiligen. Niemand weiß genau, wie sehr sich diese umfangreichen Eingriffe in den Naturhaushalt, die die deutschen Jäger vornehmen, tatsächlich auf andere Arten auswirken, auch wenn stets beteuert wird, man hätte alles unter Kontrolle. Die Argumentation, da sei nichts bewiesen, zieht nicht: Wenn man einen starken Rückgang einer Tier- oder Pflanzenart bemerkt, kann es schon zu spät sein. Die bisher als negativ erkannten Auswirkungen könnten nur die Spitze des Eisbergs sein. Daß ihr Tun offensichtlich recht naturfeindlich ist, will der Jägerschaft indes nicht einleuchten. Die Folgen der Hege werden verharmlost oder andere Faktoren verantwortlich gemacht. Dann wird noch schnell das „ökologische Gleichgewicht" und die Notwendigkeit zu dessen Herstellung in den Raum geworfen, und Kritiker werden als weltfremde Naturschutzideologen ohne Beziehung zur Natur abqualifiziert. Doch die Argumentation mit dem Begriff „ökologisches Gleichgewicht"

„täuscht einen nicht vorhandenen Kenntnisstand über das Beziehungsgefüge in höchst komplexen Lebensgemeinschaften vor. Die Forderung nach regulierenden Eingriffen suggeriert darüber hinaus real nicht gegebene Möglichkeiten der angeblich problemlosen Schaffung eines solchen 'ökologischen Gleichgewichts'."[180]

Die Umgestaltung unserer einheimischen Natur zur Bühne für das Hobby einer kleinen Minderheit hat mit Natur- und Artenschutz nichts zu tun. Die Hege dient weder der Umwelt, noch dient sie der Schaffung eines „artenreichen und gesunden Wildbestandes". Sie dient im Gegenteil lediglich den Jägern, die die negativen Folgen ihres Tuns dabei billigend in Kauf nehmen und Natur und Umwelt ihren eigenen Interessen unterordnen.

2
Die Ökologie der Jagd

2.1 Vom frei verfügbaren Überschuß

*„Niemand kann sagen, ob die Jagd tatsächlich die Exemplare zur Strecke bringt,
die im Winter gestorben wären, oder ob es die sind, die überlebt hätten."* [1]

- Prof. Dr. Carlo Consiglio, Zoologe

Die Jagd auf wildlebende Tiere wird von vielen Menschen mit Sorge gesehen:
Sie fürchten, daß die Jagd die Bestände der Tiere dezimiert und bis zur Ausrottung
bringen kann. Dem hält die Jägerschaft beschwichtigend entgegen. Die Jäger töten demzufolge nur so viele Tiere, wie der Bestand aus eigener Kraft wieder ausgleichen kann [2]. In diesem Zusammenhang fällt oft auch der Begriff „Nachhaltigkeit". Es wird nur soviel „erlegt", wie „nachwächst".

Die gängigen Theorien

In der Neuauflage seines Hauptwerkes *Die Sache mit der Jagd* stellt KALCH-REU-
TER diese von den meisten Jagdbefürwortern vertretene Theorie sehr schön und in
aller Ausführlichkeit dar. Im Prinzip gliedert sie sich in drei Teile:

1. Der jagdliche Eingriff verringert die natürliche Sterblichkeit, da er die
   Populationsdichte herabsetzt [3]. Das bedeutet, daß die Jagd diejenigen
   natürlichen Sterblichkeitsfaktoren wie Nahrungsmangel und Krankheiten vorwegnimmt, die zum großen Teil von der Dichte der Tiere abhängig sind. Die herbstliche Erlegung von Fasanen, Rebhühnern, Hasen oder
   Enten, nachdem die Fortpflanzung abgeschlossen ist, wirkt sich langfristig nicht aus, da der Bestand im Frühjahr durch die dichteabhängigen
   Sterblichkeitsfaktoren ohnehin geringer wäre. Auf den Punkt gebracht:
   Das, was die Jäger schießen, würde sowieso bis zum nächsten Frühjahr
   sterben.

2. Dennoch ist es durchaus möglich, daß die Sterblichkeit durch die Jagd
   höher ist als die durch die natürlichen Sterblichkeitsfaktoren, womit im
   Frühling weniger Tiere da sind als ohne Jagd. KALCREUTER meint sogar,

daß dies eher die Regel als die Ausnahme ist[4]. Allerdings gleichen die Tiere bei einer geringeren Dichte die Verluste mit einer höheren Zuwachsrate aus[5], womit die Population langfristig gleich bleibt.

3. Bei polygamen Tierarten, bei denen ein männliches Tier mehrere weibliche Tiere schwängert, ist die Anzahl der männlichen Tiere für die Fortpflanzung nicht entscheidend. Solange weibliche Tiere geschont werden, beeinflußt die Erlegung von älteren männlichen Tieren den Fortpflanzungserfolg nicht[6]. Dies gilt nicht nur für Rehe und Rothirsche, sondern auch für z.b. Elefanten[7].

All diese Behauptungen sind vordergründig nachvollziehbar. Daß etwa im Herbst und Winter viele Tiere wegen der Kälte und aufgrund des Nahrungsmangels sowie durch Krankheiten sterben, wissen wir, und daß eine verminderte Populationsdichte zu einer höheren Fortpflanzungsrate führt, ist uns auch bekannt (vgl Diagramm S. 17). Zudem hat die Jägerschaft vollkommen Recht, wenn sie behauptet, daß für die Fortpflanzung bei polygamen Tierarten vor allem die Anzahl der weiblichen Tiere entscheidend ist, da z.B. ein Hirsch ja durchaus mehrere Hirschkühe schwängern und damit den „Ausfall" eines Artgenossen ausgleichen kann. Es erscheint somit logisch, daß man männliche Tiere aus der Population herausnehmen kann, wenn man nur darauf achtet, daß die weiblichen Tiere geschont werden.

Weiterhin muß angemerkt werden, daß eine Gefährdung einiger Arten wie etwa Stockenten, Fasanen, Rehen oder Wildschweinen völlig ausgeschlossen ist, da sie von der vielfältigen Förderung durch die Waidmänner profitieren. Im Gegenteil: Hier scheinen die Jäger es teilweise noch nicht einmal zu schaffen, den „Zuwachs" „abzuschöpfen", wie die zum Teil steigenden Streckenzahlen belegen. Das trifft auch auf den Fuchs zu, der zwar nicht gehegt wird, aber dennoch durch die herkömmmliche Jagd kaum dezimiert werden kann, wie wir noch sehen werden.

Trotzdem sind diese Theorien zweifelhaft und von einer Vielzahl von Forschern kritisiert worden[8]. Dabei ist zu beachten, daß diese Argumentationen keine Naturschutz- sondern Nichtschädlichkeitsargumentationen sind. Sie zielen nicht darauf ab, zu zeigen, daß der Jäger aktiv Naturschutz betreibt, sondern lediglich darauf, daß die Jagd der Natur zumindest nicht schadet. Wir wollen uns hier diese Theorien im Allgemeinen ansehen; was die Jagd insbesondere für sowieso schon bedrohte Tierarten bedeutet, werden wir später in Kapitel 8 genauer sehen.

Befassen wir uns zunächst mit der Behauptung, die Jagd schöpfe nur den Überschuß ab, der sowieso bis zur nächsten Fortpflanzungsperiode sterben würde. KALCHREUTER verneint dies selbst, indem er angibt, daß wohl in der Regel mehr Tiere erschossen würden, diese aber durch eine schnellere Fortpflanzung die Verluste wieder ausgleichen könnten. Dennoch wird diese markante Kurzformel oft gebraucht, zum Beispiel vom Deutschen Jagdschutz-Verband. Deshalb wollen wir uns auch diese Version der Geschichte einmal genauer ansehen.

Vom jagdlich nutzbaren Zuwachs

Die Behauptung, die menschliche Jagd schöpfe allein den „Überschuß" ab, kann von vornherein nur unter zwei Bedingungen richtig sein: Erstens muß man die Anzahl der Tiere einer Population kennen, und zweitens muß man eine Abschußquote so festlegen, daß nur der „Überschuß" auch tatsächlich bejagt wird.

Schon die erste Bedingung ist oftmals nicht gegeben. Viele Tierarten widersetzen sich hartnäckig menschlichen Bestrebungen einer Bestandszählung, sei es aufgrund ihrer Lebensweise oder aufgrund der Unzulänglichkeit der Zählenden. Dabei kann die Zählung den tatsächlichen Bestand sowohl über- als auch unterschätzen, und zwar in erheblichem Maße. Ein mittlerweile klassisches Beispiel ist eine Untersuchung in Kalö/Dänemark. Auf einer Fläche von rund 10.000 Hektar schätzten mehrere Fachleute unabhängig voneinander etwa 70 Rehe. Ein Totalabschuß ergab dann, daß 213 Rehe auf dieser Fläche vorhanden waren[9]. In Schottland zeigte sich, daß die Populationen von Rothirschen das bis zu 16,7fache der Schätzungen betrugen[10]. Andersherum ist nicht immer gewährleistet, daß zuverlässig gezählt wird, auch wenn die Tiere prinzipiell durchaus zählbar wären. So zeigte sich bei Untersuchungen in Schleswig-Holstein, daß die Anzahl an Krähen und Elstern, die von Jägern gezählt worden waren, bis zu dreimal so hoch war wie der tatsächliche Bestand[11]. Und die Greifvogelbestände in Ostfriesland wurden von Jägern teilweise auf das Zehnfache des tatsächlichen Bestandes beziffert[12].

Die Jagd dezimiert Tierbestände

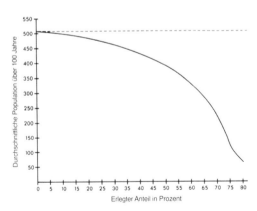

Mit steigendem jagdlichen Eingriff fällt die Population.
Grafik nach ROSEBERRY & KLIMSTRA.

Außerdem gibt es Untersuchungen, die belegen, daß die Verluste durch die Jagd nicht vollständig ausgeglichen werden. Die wohl bekannteste Studie wurde von JOHN ROSEBERRY an der Virginia-Wachtel durchgeführt. Er erhielt dafür 1982 den Preis der „Wildlife Society". Die Daten einer bejagten Population aus 24 Jahren wurden ermittelt und für eine Rechnersimulation benutzt, die die Auswirkungen jagdlicher Eingriffe über einen Zeitraum von 100 Jahren darstellen sollte. Diese ergab, daß Brut- und Herbstpopulation der Virginia-Wachtel mit steigendem jagdlichen Eingriff fiel[13], wie die nebenstehende Grafik zeigt.

Die Population wird dabei nicht ausgerottet, sondern stabilisiert sich entsprechend des jagdlichen Eingriffs - unterhalb der Umweltkapazität. Mit anderen Worten: Wird die Virginia-Wachtel bejagt, so gibt es langfristig weniger Exemplare davon als ohne Jagd.

Werden nämlich Tiere aus einer Population erlegt, so ist die Sterberate zunächst höher als die Geburtenrate. Die Population nimmt ab. Dauert der Eingriff an, so wird sich die Geburtenrate auf ein Maß einstellen, das dem Eingriff entspricht; die Population pendelt sich auf einem Niveau unterhalb der Umweltkapazität ein. Der Geburtenüberschuß, der durch die Steigung der S-Kurve an diesem Punkt dargestellt wird, wird durch die Jagd wieder aufgezehrt[14].

Sie erinnern sich an das Wachstumsdiagramm aus der Einführung und daran, daß die Vermehrung einer Art um so stärker ist, je steiler die S-Kurve ansteigt. Reduziert man den Bestand einer Art auf ein Niveau unterhalb der Umweltkapazität, so werden die verbliebenen Exemplare sich durch die geringere Konkurrenz stärker fortpflanzen. Somit kann man die Jagdstrecken erheblich steigern, indem man den Bestand an dem Punkt mit der größten Steigung der Kurve stabilisiert, was bei etwa der Hälfte der Umweltkapazität der Fall ist. Hier ist die Fortpflanzungsleistung am größten. Das macht man sich mit dem Konzept des MSY („Maximum Sustainable Yield") zunutze. Dieser Wert gibt an, welcher Anteil der Population maximal „nachhaltig" erlegt werden kann. ROSEBERRY errechnete für die Virginia-Wachtel einen MSY von 55% des Herbstbestandes. Dieser Wert liegt jedoch schon sehr nahe an einem Niveau, das einen äußerst beträchtlichen Bestandsrückgang bedeuten würde. Zudem können auf diesem Niveau kleinere Änderungen der Jagdbeute überproportional große Auswirkungen auf den Bestand haben[15]. CONSIGLIO kritisiert dies dementsprechend mit den Worten:

> *„In diesem Licht erweist sich die oft aufgestellte Behauptung als falsch, wonach die Jagd im Wesentlichen die Eliminierung einer Überzahl sei, aber den Grundbestand intakt ließe, während letzterer doch in Wirklichkeit auf die Hälfte reduziert ist."*[16]

KALCHREUTER schlägt stattdessen das alternative Konzept des OSY („Optimum Sustainable Yield") vor[17], der unterhalb des MSY liegt und demnach mehr Spielraum für Fehler bei Bestandsermittlung, Bejagung etc. lassen. Aber auch bei einer von ihm vorgeschlagenen Erlegung von 40% des Herbstbestandes sinkt der Brutbestand und damit die Dichte der Virginia-Wachtel um 14% ab[18]. Außerdem sind MSY und OSY eher theoretische Modelle, die in der jagdlichen Praxis wohl kaum eine Rolle spielen. Die Frage, wie viele Tiere man schießt, wird in der Praxis- wenn man sich ihr überhaupt eingehender widmet - höchstens mit groben Schätzungen beantwortet.

Entgegen der Behauptungen, die Tiere könnten den Aderlaß vollständig ausgleichen, zeigt ROSEBERRYS Untersuchung, daß Jagd die Bestände auch langfristig (also auch mit schnellerer Fortpflanzung) reduziert. Die Grafik auf der rechten Seite soll das verdeutlichen: Sie zeigt drei Kurven. Die untere stellt die Sterblichkeit dar, die sich ergäbe, wenn die Jagd die natürlichen Verluste vollständig ausglei-

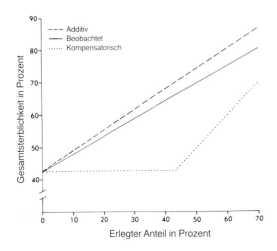

Jagd verursacht bei der Virginia-Wachtel eher additive als kompensatorische Sterblichkeit. Die pauschale Behauptung, Jagd nähme nur andere Sterblichkeitsfaktoren vorweg, stimmt also nicht.

Grafik aus ROSEBERRY UND KLIMSTRA.

chen (kompensieren) würde. Mit zunehmender Strecke sterben zwar mehr Tiere durch den Jäger, aber weniger durch andere Umstände. Erst ab dem Punkt, ab dem der Jäger mehr Tiere schießt, als auf natürliche Weise sterben würden, knickt die Kurve nach oben ab; jetzt verursacht die Jagd zusätzliche (additive) Sterblichkeit.

Die oberste Kurve ergäbe sich, wenn die Jagd vollständige zusätzliche Sterblichkeit verursachen würde. In diesem Fall müßte man alle geschossenen Tiere zu denen, die auf natürliche Weise sterben, dazuzählen. Die tatsächlich von ROSEBERRY bei der Virginia-Wachtel beobachtete Kurve liegt dazwischen, aber wesentlich näher an der oberen Kurve als an der unteren. ROSEBERRY UND KLIMSTRA bemerken zwar, daß sich die Kurve in Richtung „kompensatorisch" drehen würde, wenn man zwei Jahre mit abweichender Populationsentwicklung aus dem Datensatz herausnimmt[19]. Aber das würde zu einem unrealistischen Bild führen, denn solche Schwankungen sind etwas völlig Natürliches und treten immer wieder bei Wildtieren auf (siehe unten). Demnach kann man annehmen, daß die Jagd eher zusätzliche als kompensatorische Sterblichkeit verursacht und demnach ohne die Jagd bei vielen Tierarten - es sei denn, sie gehören zu den wenigen Objekten übermäßiger Hege oder sind extreme r-Strategen - mehr Exemplare vorhanden wären.

Auch bei heimischen Wildarten wie dem Feldhasen läßt sich dies beobachten. So stellt PEGEL in seiner Feldhasen-Studie fest, daß durch die Jagd die natürliche Sterblichkeit des Hasen keineswegs dem Eingriff entsprechend abnimmt:

„Jagdliche Nutzung und natürliche Herbst-Winter-Sterblichkeit verhalten sich zueinander als überwiegend additive und nicht voll kompensative Sterblichkeitskomponenten."[20]

Wenn man wie KALCHREUTER versucht, anhand von Rehen[21] oder Enten[22] zu belegen, daß die Jagd Tierbestände nicht gefährde bzw. dezimiere, so ist das eine gezielte Irreführung. Denn diese Argumentation läßt vollkommen außer Acht, daß dies Arten sind, die (zum Zwecke der Jagd) massiv gefördert werden. Wenn nachgeholfen wird, ist es kein Wunder, daß die Bestände relativ stabil sind.

Daß die Jagd nicht einfach nur die natürliche Sterblichkeit kompensiert, leuchtet auch ein, wenn man bedenkt, daß die Sterberate in einer Population zwar zum großen Teil von ihrer Dichte abhängt, aber nicht nur. Denn niemand, auch kein Jäger, kann sagen, ob die Menge an Tieren, die in Herbst und Winter geschossen werden, auch tatsächlich nur diejenigen Tiere beinhaltet, die den Umweltbedingungen zum Opfer gefallen wären. Genausogut kann es sein, daß Tiere erschossen werden, die überlebt hätten. Denn Sterblichkeit findet nicht nur aus Gründen der Populationsdichte statt, sie selektiert auch genetisch „unfitte" Individuen durch dichte*un*abhängige Umweltfaktoren. Genau das kann der Jäger jedoch nicht. Wir haben schon gesehen, daß die Selektion durch die Jäger nicht natürlichen Kriterien folgen muß. Daß sie in der Lage wären, eine Auswahl zu betreiben, die der von Beutegreifern oder anderen Faktoren entspricht, ist aufgrund der angewandten Jagdtechniken und der unzureichenden menschlichen Wahrnehmungsfähigkeit vollkommen utopisch (s. Kapitel 3.2).

Und so spielt in der Argumentation der Jägerschaft hauptsächlich die zahlenmäßige, weniger aber die qualitative Bestandserhaltung eine Rolle. In der Jägerschaft wird regelmäßig die Ansicht vertreten, es spiele keine Rolle, ob die Tiere durch die Jagd oder durch andere Faktoren zu Tode kommen[23]. Diese Behauptung ist aber äußerst fraglich. Ist es tatsächlich unwichtig, ob das Tier mit den besseren Überlebenschancen oder jenes mit den schlechteren Überlebenschancen getötet wird? Gründet sich die Überlebenswahrscheinlichkeit nämlich auf genetische Merkmale, wie z.B. Kälteresistenz, würde beim Abschuß des resistenteren Tieres das Risiko eingegangen, daß durch den Kältetod des anderen nicht nur eines, sondern gleich zwei Tiere verloren gehen. Denn eine geringere Populationsdichte hilft einem Tier, das mit niedrigen Temperaturen nicht klarkommt, herzlich wenig. Außerdem fällt so eine nützliche Eigenschaft aus der Population heraus. Auch Tiere, die z.B. genetische Resistenzen gegen Krankheiten oder körperliche Merkmale zur besseren Feindvermeidung, Nahrungsverwertung etc. ausgebildet haben, können diese nur weitergeben, wenn sie nicht getötet werden.

Die Jagd kann demnach nicht nur zu einem Bestandsrückgang führen, sie führt auch zu einer anderen Selektion als der natürlichen[24] (dazu später mehr). Es ist nicht nur wichtig, wieviel geschossen wird, sondern auch, *welche Tiere* erschossen werden. Außerdem ist zu bedenken, daß die Tiere, die im Winter an Nahrungsmangel, Krankheiten oder Kälte gestorben wären, auch eine Nahrungsquelle für andere Tiere sind. Durch die Entnahme der Überreste aus dem Ökosystem geht diese jedoch verloren[25]. Das kann bedeuten, daß Fuchs oder Krähe sich eben eine lebende Beute suchen. Zwar wählen generalistische Beutegreifer in der Regel die Beute, die am leichtesten erreichbar ist, so daß seltene Tiere entsprechend selten erbeutet werden (s. Kapitel 3). Aber wenn sich Meister Reineke gerade den Bauch mit einem toten Hasen vollgeschlagen hat, dann wird er vielleicht das Rebhuhn in

Ruhe lassen, das er sonst hätte reißen können. Außerdem kann das Fehlen solcher Nahrungsquellen auch negative Auswirkungen auf die Tiere haben, die evtl. darauf angewiesen sind. Die Jagd im Winter verursacht darüber hinaus zusätzliche Verluste, weil zu diesem Zeitpunkt ein Teil der natürlichen, dichteabhängigen Verluste ja schon eingetreten ist und trotzdem weitergeschossen wird[26]. In Deutschland erstreckt sich die Jagdzeit ziemlich vieler Tierarten bis tief in den Winter hinein[27].

ROSEBERRY fand auch sehr konkret heraus, daß eine ähnliche Sterberate bei bejagten und unbejagten Populationen längst nicht bedeuten muß, daß die Jagd nur die natürliche Sterblichkeit kompensiert. Denn in unbejagten Populationen der Virginia-Wachtel fallen die meisten Verluste erwachsener Tiere in den Sommer, nachdem sie die Aufzucht ihres Nachwuchses schon beendet haben; in bejagten Populationen hingegen fallen die Verluste eher in die Zeit vor der Fortpflanzung[28]. Sie mindern demnach die fortpflanzungsfähige Population. Vor allem die Jagd auf erwachsene, fortpflanzungsfähige Tiere trifft die Population viel mehr als der Tod vieler Jungtiere, die aus verschiedenen Gründen sowieso im Überfluß produziert werden.

Die fehlerhafte Berücksichtigung anderer natürlicher Sterblichkeitsfaktoren kann somit durchaus dazu führen, daß die Jagd nicht nur „kompensatorische", also ausgleichende, sondern auch „additive", also zusätzliche Sterblichkeit verursacht. Das kann soweit führen, daß eine Population auf ein Niveau weit unterhalb der Umweltkapazität absinkt, von dem aus sie sich nur sehr langsam wieder erholt[29]. Insbesondere bei K-Strategen mit geringem Fortpflanzungspotenzial kann sich das fatal auswirken, vor allem, wenn diese nur unregelmäßige Wachstumsschübe erleben[30]. Es kann soweit kommen, daß sich die Bestände nach Einstellung der Bejagung gar nicht mehr erholen, wie etwa beim Blauwal[31]. Wie genau sich diese Problematik entwickelt, ist schwer vorherzusagen.

Die Kompensation durch schnellere Fortpflanzung

Je mehr eine Art aber in Richtung r-Stratege geht, desto eher stimmt auch die Argumentation der Jägerschaft, die übermäßigen Verluste würden im nächsten Jahr durch eine höhere Fortpflanzung kompensiert. Wir erinnern uns an die S-förmige Kurve und daran, daß die Fortpflanzung einer Art umso schneller voranschreitet, je geringer die Populationsdichte im Bezug auf die Umweltkapazität ist. Ein Extrembeispiel ist der Fuchs, bei dem man mit herkömmlichen Jagdtechniken eine Bestandsreduktion kaum erreichen kann. Seinen Bestandszahlen kann die Jagd kaum etwas anhaben. Daß sie allerdings die Populationsdynamik völlig durcheinanderwirft und auf den Kopf stellt, werden wir in den Kapiteln 3 und 5 noch sehen.

Bei Tieren, die keine so extremen r-Strateten sind, ist es aber sehr kompliziert, muß man doch die zukünftige Fortpflanzungsrate und den -erfolg kennen, um festlegen zu können, wie viele Tiere erlegt werden dürfen. Man kann sich hierbei an der Erfahrung aus den vergangenen Jahren orientieren, aber diese Daten müssen bei weitem nicht immer gleich bleiben, denn die Umweltbedingungen sind längst nicht immer konstant. Dies kann zu erheblichen Schwankungen im Fortpflanzungserfolg führen. Zudem muß die erforderliche Jagdquote für jede Tierart gesondert ermittelt werden, und zwar bezogen auf den lokalen Bestand. ROSEBERRY warnt etwa davor, die Tatsache, daß sich die Virginia-Wachtel selbst bei starker Bejagung auf einem Niveau unterhalb der Umweltkapazität stabilisiert, einfach auf andere Arten zu übertragen. Aufgrund eines unterschiedlichen Fortpflanzungspotenzials kann es nämlich sein, daß eine Jagdquote, die von einer Art noch verkraftet wird, eine andere vernichten kann[32]. Abgesehen davon widerlegt seine Untersuchung sowieso die Pauschal-These, die Verluste könnten ausgeglichen werden.

Außerdem können Wildtierbestände auch erheblichen Schwankungen unterliegen, deren Gründe niemand kennt. Im „National Bison Range" in Montana/USA praktizierte man etwa in den 60er und 70er Jahren einen Planabschuß von Maultierhirschen. Das ging einige Zeit gut, jedoch stellte man 1972 fest, daß man plötzlich gar keine Tiere mehr zum Abschuß freigeben konnte. Erst ab 1976 stieg der Bestand wieder über den angenommenen Mindestbestand. Obwohl die Leute vom National Bison Range ihre Tiere gut kannten, konnte niemand die Ursache für diesen plötzlichen Bestandsrückgang herausfinden[33].

Bei Populationen, die genau gezählt werden können, bei denen ein „abschöpfbarer Überschuß" zuverlässig ermittelt werden kann und bei denen die Abschüsse strengt kontrolliert werden, mag sowas noch mal gut gehen. Aber in Deutschland gibt es in der Regel solche zuverlässigen Zählungen und Jagdquoten nicht. Haben Hase, Rebhuhn und Möwe Jagdzeit, dürfen die Waidmänner so viele davon erlegen, wie sie wollen, obwohl nur selten genauer bekannt ist, wie viele es überhaupt gibt. Angesichts dieser Tatsachen mutet es fast schon ulkig an, wenn HENNIG Anleitungen zur genau geplanten „Regulierung" des Schwarzwildes gibt, inklusive einer Manipulation hin zu einem „idealen" Geschlechterverhältnis, und sogar unter Berücksichtigung des *zukünftigen* Fortpflanzungserfolges[34].

Die „überflüssigen" männlichen Tiere

Bleibt noch eine Theorie: Die Behauptung, man könne ohne Probleme die überschüssigen männlichen Tiere bei bestimmten Tierarten der Population „entnehmen", da dadurch das Fortpflanzungspotenzial nicht beeinträchtigt wird. Diese Form der Bejagung konzentriert sich auf trophäentragende Tiere und ist daher im Prinzip nichts anderes als die bekannte Trophäenjagd.

Wiederum wird hier rein zahlenmäßig argumentiert. Als ob die Natur sich nicht etwas dabei gedacht hätte, mehr männliche Tiere zu produzieren als zur Fortpflanzung unbedingt nötig. So sind „überflüssige" männliche Tiere z.B. Exemplare, die von Beutegreifern ohne allzu große Schädigung für die Population gerissen werden können. In Alaska zeigte eine Untersuchung an Elchen, daß durch den Abschuß von männlichen Elchen Wölfe sich nun eher an Jungtiere und Elchkühe hielten, was den Fortpflanzungserfolg der Population schmälerte[35]. Außerdem wird die Sozialstruktur, bei der die männlichen Tiere eine erhebliche Rolle spielen können, oft vernachlässigt. So kann der Wegfall von dominanten, reifen männlichen Tieren zur Folge haben, daß die Reproduktion sinkt, wenn die weiblichen Tiere die jüngeren männlichen verschmähen, was von verschiedenen Tierarten bekannt ist. Außerdem kann der Wegfall von erfahrenen Tieren im Bezug auf Nahrungssuche und Wanderung gravierende Auswirkungen auf eine ganze Gruppe haben[36].

Durch den Wegfall der männlichen Tiere fallen außerdem auch Erbinformationen aus der Population heraus, da die sich tatsächlich fortpflanzende Anzahl an Tieren reduziert wird. Die Folge ist insbesondere bei kleinen Populationen (wie schon erwähnt leben z.B. Hirsche in ziemlich kleinen „Reservaten") eine genetische Verarmung, die Inzuchtgefahr steigt[37]. Der Effekt kann ähnlich ausfallen wie bei der schon erwähnten Fehlselektion durch Hege und Hegeabschüsse.

In der Regel sind solche Fehlselektionen oder eventuelle Verschlechterungen des genetischen Pools der bejagten Arten kaum nachweisbar. Denn die entsprechenden Merkmale lassen sich erstens schlecht erkennen, und zweitens dauert die Selektion ihre Zeit. Wer angesichts dieser Theorie, die durchaus von nicht wenigen Wissenschaftlern vertreten wird und logisch nachvollziehbar ist, skeptisch ist, hat demnach leichtes Spiel. Und so erklärt KALCHREUTER, der ja selbst gerne mal Thesen aufstellt, ohne Belege beizubringen, sie schlicht zur Spekulation[38]. In der Folge zählt er Erkenntnisse auf, die „solche Spekulationen über negative Begleiterscheinungen der Trophäenjagd widerlegen"[39]. Seltsamerweise listet er Daten auf, die alleine Beobachtungen der äußeren Erscheinung, insbesondere der Trophäengrößen, widerspiegeln. Daß die Trophäengrößen und viele äußere Merkmale gar nicht genetisch bedingt sein müssen, räumt auch KALCHREUTER ein[40]. Wie dann allerdings seine Trophäen-Argumentation zur „Widerlegung" der Behauptungen dienen soll, wird nur er wissen.

Dabei kennen wir längst Beispiele, die die vom Menschen verursachte Fehlselektion belegen. Afrikanische Elefanten, die von Wilderern, aber auch von Trophäenjägern getötet werden, zeigen eine immer deutlichere Tendenz, eher kleinere Stoßzähne auszubilden oder gar keine Stoßzähne mehr zu tragen[41]. Auch bei Bighorn-Schafen in den Rocky Mountains ließ sich feststellen, daß eine selektive Trophäenjagd das Erbgut veränderte[42]. Das scheint widersprüchlich, schließlich haben wir ja schon festgestellt, daß Trophäengröße und Erbgut nicht zusammenhängen müssen. Das ist richtig, aber sie *können* zusammenhängen. Dies betrifft insbesondere die Tiere, deren Gehörne und Geweihe nicht durch Trophäenmastfutter und Hormone künstlich vergrößert werden - wie eben beim seltenen Bighorn-Schaf. Weitere Beispiele der Auswirkung der selektiven Trophäenjagd werden wir in Kapitel 22 kennenlernen.

Fazit: Obwohl immer wieder betont wird, daß die Jagd kein Gefährdungsfaktor für Tierarten sei, gibt es zumindest begründete Zweifel an dieser Annahme. Vor allem die Beschränkung der Argumentation auf eine rein zahlenmäßige Erhaltung der Bestände ist höchst zweifelhaft, denn unter Arten- oder Naturschutz sollte man nicht nur die zahlenmäßige Erhaltung einer Tierart verstehen, sondern einen Zustand anstreben, in dem sie sich möglichst natürlich entwickeln kann. Genau dies ist aber bei der Jagd nicht der Fall, und verschiedene Wissenschaftler sind auch der Ansicht, daß die Jagd sehrwohl eine Gefahr für wildlebende Tierarten darstellen kann, auch wenn dies nicht immer und automatisch der Fall ist. Was man allerdings sagen kann, ist, daß die markante Parole „Ohne Jäger mehr Wild" für Arten, die nicht intensiv gehegt werden, in der Regel wohl zutrifft, und daß der Genpool der betreffenden Arten unkontrolliert verändert wird.

Theorie und Praxis: Zwei Welten

Alles in allem scheinen diese Theorien lediglich dazu zu dienen, Jagdpraktiken zu rechtfertigen, die schon vor längerer Zeit in völliger Unkenntnis ökologischer Fakten entstanden sind. Denn die Theorien haben meist kaum etwas mit der Praxis zu tun: Zum einen sind zuverlässige Bestandszählungen und darauf aufbauende verbindliche Abschußzahlen in der Realität eher die Ausnahme. Über Schonung bzw. die Intensität der Bejagung entscheidet vielfach der Revierpächter aufgrund von Schätzungen, die keineswegs wissenschaftlichen Kriterien folgen und daher zu völlig falschen Annahmen über die Populationsdichte der Tiere führen. PEGEL meint dazu recht deutlich in seiner Feldhasen-Studie:

> *„Diese Fehleinschätzungen - wenn sie auch in ihrer letzendlichen Auswirkung teilweise kompensiert werden - sind keine solide Grundlage für eine den jeweiligen Verhältnissen angepaßte Bejagung."*[43]

Und zum anderen reicht ein Blick auf die Listen der in den verschiedenen europäischen Ländern jagdbaren Tierarten und ihre Jagdzeiten, um zu erkennen, daß die neuen wissenschaftlichen Modelle lediglich als Vorwand für die Erhaltung der Jagd nach alter Väter Sitte dienen. CONSIGLIO kommentiert die EU-Vogelrichtlinie etwa folgendermaßen:

> *„Die Direktive umfasst 24 Vogelarten, die in allen Ländern der Europäischen Union bejagt werden dürfen, und eine zweite Liste von 48 Arten, die in einigen Ländern gejagt werden dürfen. [...] In Frankreich dürfen 36 der 48 Arten gejagt werden, in Dänemark 29, in Italien 19, in Großbritannien 16, in Deutschland 15, in Irland 13, in Belgien 7, in den Niederlanden 3 und in Luxemburg keine. Bei ihrem Beitritt zur EU wurden für Griechenland 14 Arten und für Portugal 10 Arten zur Jagd freigegeben.*
> *Der Höckerschwan darf einzig in Deutschland gejagt werden, das Haselwild nur in Frankreich. Dort ist, ebenso wie in Deutschland und Spanien, beim Auerwild nur die Jagd auf den Hahn erlaubt, hingegen in Italien und Großbritannien auf Hahn und Henne gleichermaßen."*[44]

Diese Daten sind nicht mehr ganz korrekt. So ist zum Beispiel das Auerwild in Deutschland mittlerweile ganzjährig geschont, hingegen dürfen verschiedene Rabenvögel, die vorher geschützt waren, seit einigen Jahren bejagt werden. Dennoch ist die Meinung des römischen Zoologen nach wie vor gültig:

> *„Es fällt schwer, irgendeine Logik in diesen Zuteilungen zu erkennen, es sei denn, man geht davon aus, dass die Kommission der Europäischen Union den unterschiedlichen Jagdtraditionen in den jeweiligen Ländern Rechnung tragen wollte.“*[45]

Schwer zu glauben, daß ausgerechnet in Deutschland alles nach naturschützerischen und wissenschaftlichen Kriterien ablaufen soll, während die Jäger in anderen Ländern alles falsch machen. Wahrscheinlicher ist, daß in allen Ländern gleichermaßen die Jagdzeiten kaum nach wissenschaftlichen Gesichtspunkten gestaltet werden, sondern vielmehr durch Politik und Tradition zustande kommen.

2.2 Störungen und Verhaltensänderungen

> *„Von den insgesamt 50 Fällen, in denen das Vergrämen von Rehwild während der Jagd beobachtet werden konnte, wurden 94 Prozent vom Jäger, vier Prozent von Touristen und zwei Prozent durch forstliche Aktivitäten ausgelöst.“*[46]

> *- Prof. Dr. Friedrich Reimoser, Dr. Susanne Reimoser und Josef Zandl vom Forschungsinstitut für Wildtierkunde und Ökologie an der Veterinärmedizinischen Universität Wien*

Daß Wildtiere scheu sind und den Menschen meiden, scheint uns heute eine Selbstverständlichkeit. Trauen sich Tiere nahe an den Menschen heran, werden sie oft als verhaltensverkrüppelte Parktiere betrachtet, nicht selten fürchtet man auch, sie seien krank. Legt zum Beispiel ein Fuchs eine ungewöhnliche Zutraulichkeit an den Tag, wird oft vermutet, er habe Tollwut.

Dementsprechend sieht man es als vollkommen normal an, wenn Wildtiere schon auf weite Entfernung vor dem Menschen Reißaus nehmen. Die Jägerschaft macht für die Scheu der Waldtiere vor allem den hohen „Freizeitdruck" verantwortlich, also die Freizeitaktivitäten der Bevölkerung in der Natur. Das könne verheerende Auswirkungen haben, wenn die Tiere etwa beim Brutgeschäft gestört werden. „Nehmt Rücksicht auf's Wild" fordert dementsprechend der DJV und weist die nichtjagenden Waldbesucher an, auf den Wegen zu bleiben, sich ruhig zu verhalten und auch das Fotografieren und Filmen zu unterlassen[47]. Immer wieder liest man auch in Lokalzeitungen, die Jogger, Spaziergänger, Mountainbiker und Tierfotografen seien Schuld an der Scheu unserer Wildtiere.

Spaziergänger und Jogger machen das Wild nicht scheu

Das mutet geradezu lächerlich an. Denn warum sollte ein Tier vor Menschen fliehen, wenn es von ihnen nichts Schlimmes zu erwarten hat? Da Fluchtverhalten viel Energie kostet, werden Wildtiere es dementsprechend nur dann an den Tag legen, wenn es sich „lohnt", also notwendig ist - wenn sie also einen Überlebensvorteil davon haben, zu fliehen.

Die schon erwähnte Untersuchung zur optimalen Schalenwilddichte in Bayern befaßte sich auch mit Störungen von Rehen durch den Menschen. Dabei wurde das Wild gezielt gestört, um seine Reaktionen zu untersuchen. Fazit: Weder Spaziergänger noch Pilzsucher, weder das laute Aufsuchen des Rehes noch normal umherlaufende Hunde regen das Wild großartig auf[48]. Da hier bestimmte Rehe gezielt angegangen wurden, dürften Waldbesucher, die nicht gezielt hinter den Tieren herlaufen, noch geringere Auswirkungen haben als die Personen im Experiment. Demnach kann ausgeschlossen werden, daß normale Aktivitäten von Waldbesuchern das Wild großartig stören. Lediglich der „hetzende Hund" war eine nennenswerte Störquelle, allerdings auch hier lediglich für das gezielt angegangene Reh, nicht für andere Rehe, die sich in der Nähe befanden. Diese flohen nicht, sondern drückten sich ruhig weg[49].

Es sind daher nicht die harmlosen Spaziergänger und Naturfreunde, die das Wild unnötig scheu machen. Es sind diejenigen Menschen, die ihnen mit Flinte und Falle nachstellen. Denn schließlich müssen die Wildtiere durch diese Menschen, nicht durch die harmlosen Nichtjäger, lernen, daß von uns tödliche Gefahr ausgeht.

> *„Daß die enorme Scheu der Füchse und des übrigen Wildes ursächlich allein nur auf die Jagdausübung durch den Menschen zurückzuführen ist, scheint vielen Jägern abwegig. Sie glauben, daß Freilandsportler, Spaziergänger mit Hunden usf. Ursache dafür sind. Diese Ansicht ist deshalb falsch, weil Tiere nur die unmittelbar physische Bedrohung als Gefahr und damit als Grund zur energiezehrenden Flucht kennen."[50]*

so der Jäger FELIX LABHARDT. Und so legen die Tiere auch nur dann eine Scheu an den Tag, wenn sie bejagt werden.

Wo die Jagd ruht, sind die Tiere zutraulich

Dort, wo bestimmte Tiere nicht bejagt werden, sind sie auch bei massenhaftem Tourismus nicht scheu[51].

> *„In Reservaten, in denen die Jagd über längere Zeit hinweg ruhte, können Menschen lärmen und toben, ohne daß sich die dort frei lebenden Tiere nennenswert irritiert fühlen"[52],*

schreibt FROMMHOLD und wird von vielen Wissenschaftlern bestätigt. REICHHOLF berichtet etwa von Gänsesägern an der Isar: Diese brüten in einem Gebiet, in dem im Sommer der „Freizeitdruck" durch Bootsfahrer enorm ist. Da sie allerdings vor Bejagung geschützt sind, stören sie sich nicht daran und vermehren sich so sehr, daß die Fischerei sie schon wieder abgeschossen haben will[53]. Auch in Afrika und Nordamerika kann man in großen Nationalparks Zebras und Löwen, Weißwedelhirsche und Wapitis aus nächster Nähe behobachten; mangels Bejagung sehen sie keinen Grund, vor dem Menschen davon zulaufen[54]. Stefan Mörsdorf, Umweltminister des Saarlandes, meint ebenfalls, daß die Beunruhigung der Tiere durch Ruderer, Reiter oder Radfahrer „weit überschätzt" wird:

„Außerdem bewegen sich sowieso viel weniger Menschen durch die freie Natur als in früheren Zeiten - leider."[55]

Die *Pirsch* berichtet von Gebieten in der Schweiz, in denen Hirsche schon länger nicht mehr bejagt werden:

„Ganz anders als in deutschen oder österreichischen Revieren verhält sich dieses [das Wild, Anm. d. Verf], da ja seit Jahrzehnten nicht mehr bejagt, völlig tagaktiv. Es ist nicht außergewöhnlich, wenn der Besucher von einem Rastplatz aus 30 oder 40 Hirsche gleichzeitig im Glas hat."[56]

Die *Pirsch* spricht hier schon an, daß die Tiere nicht nur insgesamt scheuer werden, wenn man sie bejagt, sondern daß sie auch ihr Verhalten ändern. Füchse und Wildschweine etwa wurden zu ausgesprochenen Nachttieren, ebenso die Hirsche. Der Fuchs ist dämmerungs- und nachtaktiv. Im Winter, wenn sein schöner Pelz einen zusätzlichen Anreiz zur Jagd bietet, traut er sich auf offene Flächen gar erst bei völliger Dunkelheit. Im Sommer dagegen kehrt er oft erst nach Sonnenaufgang zu seinem Bau zurück, denn am frühen Morgen ist die Begegnung mit Menschen unwahrscheinlicher als am Abend[57]. Daß die Bejagung die Füchse zu Nachttieren macht, zeigen Füchse in Freigehegen, die nicht bejagt werden und daher tagaktiv sind[58]. Auch in Städten, in denen nicht gejagt werden darf, verhalten sich Wildtiere sehr viel vertrauter als in der Natur, in der der Jäger ihnen nachstellt[59]. In Chemnitz leben 200 bis 300 Füchse, die sich zum Teil sogar streicheln lassen[60]. Der Wildforscher ERIK ZIMEN berichtet:

„Ein anderer Fuchs, eine Fähe, zog ihre Welpen keine fünf Meter von der Bushaltestelle der Universität auf. Tausende von Menschen gingen täglich an ihrem Bau lärmend vorbei. Nur eine Hecke schützte vor Einsicht. Die Welpen spielten als wären sie ungestört mitten im Wald und die Fähe lag dabei in der Sonne und kümmerte sich ebensowenig um all das Treiben direkt nebenan."[61]

Murmeltiere waren früher, als sie wegen der zweifelhaften Heilwirkung ihres Fettes bejagt wurden, dermaßen scheu, daß man sie so gut wie nie zu Gesicht bekam; ihre Pfiffe warnten schon vor Menschen, die 100 Meter entfernt waren. Heute lassen sich die zutraulichen Tiere aus nächster Nähe in allen Einzelheiten beobachten. Schließlich haben sie den Menschen, da sie geschont werden, nicht mehr zu fürchten[62]. Und die Fluchtentfernungen vieler Singvögel haben abgenommen, seitdem das Schießen mit Luftgewehr und KK in Siedlungen verboten und der Fang von Singvögeln verpönt ist[63]. Wildtiere benutzen sogar die unmittelbare Umgebung von Autobahnen als Überlebensraum, da dort nicht gejagt wird[64]. Auch Rehe wurden durch die Bejagung von tagaktiven Tieren, die sich eher außerhalb des Waldes aufhielten, zu nachtaktiven, scheuen Waldbewohnern[65]. Und der Hirsch

> *„tritt vielfach erst nach stundenlangem Sichern und Zögern ins Mondlicht. Rotwild verhält sich heute in den meisten Gebieten wie Soldaten an vorderster Front. Es versteckt sich bis zum Einbruch der Nacht in unbewohnbaren Löchern und traut sich nur noch im Schutze der Dunkelheit auf Freiflächen - sozusagen auf jagdliche Minenfelder. Es kann gehen gut, oder es kann machen bumm"[66]*,

wie es Berufsjäger HESPELER ausdrückt. Da Wildtiere schließlich nicht dumm sind, können sie außerdem sehrwohl unterscheiden, wann, wo und vor wem sie sich zu fürchten haben. Untersuchungen haben bestätigt, daß die Fluchtdistanzen von Rotwild im Bergwald im Frühjahr am kürzesten sind, während sie im Herbst zum Höhepunkt der Jagdzeit am längsten sind[67]. Was mag es damit auf sich haben, daß Gemsen, die nur wenige Meter von einem völlig überfüllten Picknickplatz entfernt ihren Nachwuchs säugen, plötzlich sehr scheu werden, wenn sie den benachbarten Gebirgskamm überqueren, um dort zu äsen[68]? Dieselben Stockenten, die sich im Schloßpark von den Besuchern füttern lassen, sind ein paar hundert Meter weiter - außerhalb des schützenden, befriedeten Parks - so scheu, daß sie schon auf 50 oder 100 Meter vor Menschen reißaus nehmen[69]. Im Mündungsgebiet der Ems kamen früher die Saat- und Bläßgänse höchstens auf 300 Meter an den Damm am Dollart heran; nachdem 1977 die Jagd eingestellt worden war, kamen sie immer näher, bis sie schließlich bei der Nahrungssuche bis an den Deichfuß kamen[70]. Im Ulterslev Mose (Dänemark) haben Graugänse ihre Scheu vor dem Menschen verloren, so daß man sich ihnen auf wenige Meter nähern kann. Wie farbige Markierungen der Gänse zeigten, handelte es sich um die selben Individuen, die in bejagten Gebieten auf mehrere hundert Meter flüchteten, als sie Menschen erblickten[71]. Egli stellte 1980 für das Ermatinger Becken folgende Daten auf:

> *„11.2.1971 - Jagdtag, 56 Wasservogelbeobachtungen. 12.2.1971 - jagdfrei, 2456 Wasservogelbeobachtungen. 13.2.1971 - jagdfrei, 3300 Wasservogelbeobachtungen. 14.2.1971 - Jagdtag, 10 Wasservogelbeobachtungen. 23.12.1971 - Jagdtag, keine Wasservogelbeobachtungen. 25.12.1971 - jagdfrei, 1465 Wasservogelbeobachtungen. 27.12.1971 - jagdfrei, 1545 Wasservogelbeobachtungen."[72]*

Eine eigene Beobachtung mag dem noch hinzugefügt sein. An der Innpromenade in Passau gibt es in Frühling und Sommer Tauben, Lachmöwen, Enten und

Da in Siedlungsgebieten im Allgemeinen nicht gejagt werden darf, legen viele Tiere ihre Menschenscheu ab. Hier einige „Stadtfüchse" in Zürich, die sich von den Bauarbeitern offenbar in keiner Weise gestört fühlen.

© Integriertes Fuchsprojekt, Zürich, swild.ch

Schwäne, die von den Menschen gefüttert werden und sehr zutraulich sind. Am 27. März 2003 gab es aus Richtung der Innbrücke einen lauten Knall. Viele der anwesenden Personen an diesem sonnigen Tag erschraken. Woher der Knall kam, ist unbekannt. Die Tauben und Möwen flogen jedenfalls augenblicklich hoch. Als dem ersten Knall keine weiteren folgten, drehten sie ein paar Runden über dem Inn und ließen sich wieder am Ufer bzw. auf dem Wasser nieder. Die Schwäne und Enten jedoch zuckten zwar kurz zusammen, reagierten jedoch nicht weiter. Warum die so unterschiedliche Reaktion? Eine Überprüfung ergab, daß Tauben und Möwen zu dieser Zeit Jagdzeit hatten, Schwäne und Enten jedoch nicht. Die Vermutung liegt nahe, daß die Tauben und Möwen schon mitbekommen hatten, daß sie gerade gefährlich lebten, während die Schwäne und Enten mangels Bejagung keinen Grund zur Nervosität hatten.

Wildtiere können differenzieren...

Ganz schlaue Tiere wie Füchse oder Rabenvögel können sogar unterscheiden, von welchen Menschen ihnen Gefahr droht und von welchen nicht.

> *„Erfahrene Füchse, ebenso auch Rehe, sind imstande, Menschen aufgrund ihres Verhaltens zu differenzieren. Der Jäger zeigt sich ruhig, versteckt, einzelgängerisch und ist vorzugsweise zur Dämmerungszeit abseits menschlicher Wege unterwegs. Auch Tierfotografen entsprechen diesem Bild. Gegenüber geräuschvollen Menschen dagegen, die auf ihren gewohnten Wegen plaudernd dahergehen, verhalten sich erfahrene Füchse in der Regel weniger furchtsam, wie zahlreiche eigene Beobachtungen zeigten. Eine Fähe verließ den Bau, ohne lange zu sichern, in dem Moment, als eine Menschengruppe in nur 30 m Entfernung vorbeiging. Eine andere Fähe setzte sich am späten Nachmittag auf einen Acker und schaute einem Bauern beim Pflügen zu."*[73]

69

ZIMEN berichtet von einem Fuchs, der am Waldrand entlangschnürte und sich von den Spaziergängern in keiner Weise stören ließ. Er fing sogar in ihrer unmittelbaren Nähe eine Maus und fraß sie seelenruhig auf. Als er aber abseits der Wege auf die nicht einmal frische Spur eines Menschen stieß, „machte er einen Riesensatz und war im Nu im Dickicht verschwunden"[74]. Rabenkrähen können Menschen gar anhand der Reichweite ihrer Waffen differenzieren und halten entsprechende Fluchtdistanzen ein[75]. Auch Füchse können anscheinend unterscheiden, wann ihnen von Jägern Gefahr droht und wann nicht. LABHARDT konnte einem Fuchs in der Nacht bei Mondlicht im Abstand von wenigen Metern folgen, ohne daß der Fuchs ihn groß beachtete. Derselbe Fuchs hatte am Morgen eine Fluchtdistanz von 80 Metern[76]. Ein Altfuchs kehrte am hellichten Tag zu seinem Nachwuchs in den Bau zurück, während LABHARDT keine zehn Meter entfernt mit einem Kollegen laut plauderte; er verhielt sich aber äußerst scheu, wenn er den Jäger in der Dämmerung beim Ansitz bemerkte[77]. Und die Leittiere von Wildschweinrotten lotsen ihre Gruppen geschickt um ansitzende Jäger herum[78].

... aber die Jagd macht sie auch allgemein ängstlich und vorsichtig

Dementsprechend kann man wohl ohne weiteres schließen, daß die Wildtiere nicht vor den Spaziergängern, Skifahrern, Mountainbikern, Läufern und Reitern das Weite suchen, sondern vor den Jägern. Selbst das BAYERISCHE STAATSMINISTERIUM FÜR ERNÄHRUNG, LANDWIRTSCHAFT UND FORSTEN schließt sich dieser Auffassung an:

„Wildtiere fürchten im Menschen vor allem den Jäger."[79]

Allerdings macht sie dies, trotz der Fähigkeit einiger Arten, gefährliche und ungefährliche Menschen zu unterscheiden, sehr vorsichtig. In Jagdgebieten bringen Tiere Störungen, die sie nicht genau zuordnen können, sehr schnell mit dem Menschen in Verbindung. Das resultiert in Fluchten, die eigentlich gar nicht nötig sind. Gerade das Rascheln im Laub kann dazu führen, daß kurioserweise der Fuchs vor dem Reh flieht, das er nicht sehen oder riechen, aber dafür hören kann. Auch Rehe flüchten oft vor den Geräuschen ihrer nicht sichtbaren Artgenossen[80].
Rothirsche verhalten sich auch außerhalb ihrer eigenen Jagdzeit äußerst scheu, wenn im selben Gebiet andere Tierarten bejagt werden und das Knallen der Gewehre ständig zu vernehmen ist[81]. Das Resultat ist nicht nur, daß der normale Waldbesucher das Wild, und sei es noch so zahlreich, kaum noch zu Gesicht bekommt. Auch die Forschung wird durch die Jagd behindert. Wo die Jagd verboten ist, lassen sich die Wildtiere messen, wiegen und auch markieren, ohne daß Netze, Fallen oder Betäubungsgewehre nötig sind[82].

„Von Beobachtungsbedingungen, wie sie J.D. Henry im kanadischen Prince Albert-

Nationalpark vorfand, kann der Wildbiologe in Europa nur träumen. Dort werden Füchse seit über 50 Jahren nicht mehr bejagt und haben die Menschenscheu weitgehend verloren. Henry konnte gewissen Tieren bald stundenlang zu Fuß folgen. [83]

Zusammen mit den schon erwähnten Beobachtungen aus jagdfreien Gebieten läßt das den Schluß zu, daß wir alle ohne Jagd wesentlich öfter Tiere zu Gesicht bekommen würden, wenn wir im Wald spazieren gehen - selbst bei geringeren Dichten durch Einstellung der Hege. Denn die Fluchtdistanzen und die allgemeine Vorsicht der Tiere würden stark abnehmen.

Die Beunruhigungen durch die Jagd gehen noch weiter. Denn es ist klar, daß die Tiere bei Jagden Furcht verspüren, insbesondere bei Treibjagden, bei denen sie mit einem Großaufgebot an Jägern, Treibern und Hunden bejagt werden. DRÖSCHER berichtet, wie Hasen bei Treibjagden nachhaltig aus ihren Heimatgebieten vertrieben werden:

„Die wenigsten bleiben in ihrem etwa zwanzig Hektar großen Heimatgebiet. Das sind nur diejenigen, an denen die Jäger, Treiber und Hunde vorbeigelaufen sind, ohne sie zu entdecken. Die anderen werden durch das Riesenaufgebot an Verfolgern zu einer Flucht getrieben, die weit über das hinausgeht, was an Rennstrecken gegenüber Füchsen, Mardern oder einzelnen Jägern hasenüblich ist. Anstatt nach Abschütteln des Verfolgers in weiten Bogen wieder ins Heimatgebiet zurückzukehren, wie es sonst Hasen tun, flüchten sie in die Ferne bis zu 9 Kilometer weit und ohne Wiederkehr. Wahrscheinlich haben sie Angst, dorthin zurückzulaufen, wo ihnen so Schreckliches widerfahren ist. [84]

So weit entfernt von ihrer Heimat, können Hasen schneller Opfer von Beutegreifern werden, weil sie hier keine „Fluchtpiste" haben. Die Fluchtpiste ist eine feste Fluchtstrecke, auf der der Hase sich bestens auskennt. So braucht er bei der Flucht nicht auf den Weg schauen, sondern kann den Verfolger beobachten, während er ihn abzuschütteln versucht. Auch diese natürliche Feindvermeidungsstrategie kann bei Treibjagden fatal werden:

„Einmal hatte ein Bauer seinen Rübenwagen zufällig auf solch einer Hasenpiste abgestellt. Bei der Treibjagd rannte ein Tier mit Höchsttempo dagegen und brach sich das Genick." [85]

Bei Huftieren können die Jagdstörungen zu Gewichtsverlust, größerer Krankheitsanfälligkeit und auch dazu führen, daß Elterntiere ihren Nachwuchs zertrampeln. Hirsche und Elche können bei Treibjagden an Streß sterben[86]. Bei Treibjagden auf Wildschweine werden allerorts die Geschwindigkeitsbegrenzungen heruntergesetzt und die Autofahrer angehalten, vorsichtig zu sein, da die Tiere bei der Flucht auf die Straße laufen könnten[87]. Wenn allerdings im Umfeld einer Treibjagd Wildschweine auf die Autobahn rennen und schwere Unfälle verursachen[88] oder in Wohngebiete eindringen, wo sie in Panik teilweise Menschen angreifen[89], will es natürlich niemand gewesen sein.

Es dürfte damit klar sein, daß die Scheu und Vorsicht unserer Wildtiere darauf zurückzuführen ist, daß sie bejagt werden. Daß die Jäger dennoch mit aller Kraft versuchen, Beeinträchtigungen durch Waldbesucher, Jogger etc. auszuschalten, verwundert nicht. Denn wenn die Tiere sowieso schon sehr scheu sind, können sie auch durch harmlose Menschen zur Flucht getrieben werden (s.o.). Dann hat es der Waidmann noch schwerer, zum Schuß zu kommen. Das ist natürlich gar nicht in seinem Interesse, da er möglichst ungestört seinem Hobby nachgehen will. Die Forderung des Film- und Fotografierverbotes ist auch sehr verständlich. Wie wir noch sehen werden, laufen auf der Jagd Dinge ab, die die Waidmänner sicherlich lieber nicht aufgezeichnet haben wollen.

Die Jäger sorgen sich demnach auch nicht darum, daß das Wild durch die Besucher „in seinen natürlichen Lebensabläufen"[90] gestört wird, sondern vielmehr darum, daß sie selbst bei der Jagd gestört werden. Der eingangs zitierte Bericht der Wiener Forscher, der zeigte, daß die „Vergrämung" des Wildes in fast allen Fällen durch die Jagd verursacht wird, fährt denn auch fort:

> *„Die Beeinträchtigung der Jagd und des Jagderlebnisses durch die häufige Präsenz von Touristen war jedoch gravierend, weil durch deren häufige Anwesenheit ein großer Teil des Reviers praktisch nicht bejagbar ist und auf den verbleibenden Flächen mit touristisch bedingten Problemen gerechnet werden muß (zum Beispiel Beantwortung von Fragen der Wanderer vom Hochsitz aus, Verzicht auf sonst mögliche Schussabgabe wenn Personen in der Nähe sind, eiliger „Rückzug" mit erlegtem Wild, um ungestört aufbrechen zu können, Beschädigung von Jagdeinrichtungen et cetera)."[91]*

2.3 Die Verhinderung von Wildschäden durch die Jagd

Mit dem uns jetzt bekannten Wissen können wir den Anspruch der Jäger, durch die Jagd Wildschäden durch „Überpopulationen" zu verhindern, kritisch bewerten.

In der Natur gibt es keine „Überpopulationen". Wie wir schon wissen und noch deutlicher sehen werden, können Tiere ihre Populationsdichten selbst regeln; mit der Umweltkapazität sind ihrer Vermehrung wirksame Schranken gesetzt. „Überpopulationen" gibt es nur in dem Maße, wie einige bestimmte Tierarten von den Jägern durch die Hege gefördert werden. Die „Überpopulationen" an Rehen, Wildschweinen etc., die beklagt und abgeschossen werden, wird von den Jägern maßgeblich verursacht. Die angebliche „Regulierung" ist somit nichts weiter als eine Farce.

Auch wenn eine Tierart sich ohne gezielte Hege auf einmal stärker vermehrt, wie der Höckerschwan in der Mitte des letzten Jahrhunderts, so ist dies kein Zeichen für eine „unnatürliche Übervermehrung", sondern lediglich eine Anpassung an eine erhöhte Umweltkapazität[92]. Dementsprechend ebbte die Vermehrung des Höckerschwanes dann auch schnell wieder ab, als die neue „Bestandsgrenze" erreicht war. Dies ist besonders bei K-Strategen der Fall, die empfindlich auf das Erreichen ihrer Umweltkapazität reagieren[93]. Wird die Dichte zu groß, brüten immer weniger Schwäne, bis die Fortpflanzungsrate so gering ist, daß die Umweltkapazität nicht überschritten wird[94]. Eine Bejagung reduziert die Dichte dieser Tiere, ohne daß dies nötig wäre, denn sie haben sich nur auf die verbesserten Umweltbedingungen eingestellt.

r-Strategen wie Rehe oder Füchse hingegen lassen sich durch die herkömmliche Bejagung durch die Waidmänner kaum wirksam bekämpfen. Sie können - bis zu einem gewissen Maß - die Verluste durch die Jagd wirksam ausgleichen.

> *„Diese Beispiele aus der Schweiz machen deutlich, daß Rehe offenbar äußerst resistent sind gegen das Blei, das Forstwirte oft als einzige Lösung des Wildschadenproblems verordnen. Ein Rehbestand, so könnte man sagen, verhält sich ähnlich wie der Rosenbusch: Je mehr er beschnitten wird, um so kräftiger blüht er"[95],*

wie KURT es formuliert. Das könnte vor allem damit zusammenhängen, daß die Rehe ja massiv gehegt werden, womit der Anspruch einer Bestandsreduktion (die in Wirklichkeit ja auch gar nicht im Sinne der Jägerschaft liegt) vollkommen absurd ist. Auch Füchse gleichen eine Reduktion durch Falle und Flinte effektiv aus, was sie als r-Strategen auszeichnet. Mehr dazu im nächsten Kapitel.

Somit ist die Jagd gerade für die Arten, die aus Sicht verschiedener Leute im Bestand reduziert werden sollen, keine geeignete Lösung. Sie kann zwar durchaus zur Reduktion der Bestandsdichte von Tierarten führen, aber bei den Arten, die tatsächlich reduziert werden sollen, tut sie das in der Regel nicht. Entweder wegen der Unzulänglichkeit der Methoden, oder weil die Jäger dies gar nicht wollen.

Wildschäden werden durch die Jagd verstärkt

Die Bejagung von Schalenwildarten kann die Wildschäden, die die Hege verursacht, sogar noch verstärken. Wir wissen etwa, daß das Reh gar kein richtiger Waldbewohner ist. Der Wald ist jedoch eine wirksame Deckung und bietet somit Schutz vor dem menschlichen Verfolger. Zieht sich das Reh tief in den Wald zurück, ist es jedoch genau da, wo es nicht sein soll: Dort, wo es gerade in dichten Forsten außer den Fütterungen kaum andere Nahrung findet als die Triebe von Bäumen. Auch hier machen die Jäger vor allem den „Freizeitdruck" verantwortlich:

> *„Weitere wichtige Zentren im Lebensraum der Rehe sind Lichtungen und Waldränder. Hier wächst ein Großteil der Äsung. Hier konzentrieren sich aber auch menschliche Aktivitäten. Hier werden die Trimm-Dich-Pfade gebaut, die Rastplätze und Feuerstellen. Entlang von Waldrändern verlaufen die am häufigsten benutzten Spazierwege. Und wenn sich am Abend die Besucher endlich verzogen haben, stellt sich der Großbauer ein, um im Scheinwerferlicht seiner Maschinen zu mähen, zu pflügen oder anzusäen"[96],*

schreibt KURT. Er vergißt aber, zu erwähnen, daß die Waldränder auch genau jene Orte sind, wo sich die Hochsitze der Jäger befinden. Wovor wird ein Reh mehr Angst haben: vor dem schnaufenden Jogger oder dem schießenden Jäger?

Durch die Bejagung wird das Reh in den schützenden Wald hineingedrängt, wo es mit Baumtrieben und Knospen zusammenkommt, die keinen massiven Verbiß vertragen. Das führte im Zusammenspiel mit den intensiv gehegten und daher unnatürlich hohen Beständen zur heutigen Schadenssituation, wie der Ökologe JOSEF REICHHOLF feststellt[97]:

> *„Es liegt an der starken Bejagung, der die Rehe ausgesetzt sind, daß sie sich in so großem Umfang im Sommerhalbjahr in den Wald zurückziehen und nur mit größter Vorsicht die schützende Deckung in den späten Abendstunden verlassen. Die Zeit des Aufenthaltes in der freien Flur deckt sich weitestgehend mit der Zeit der Jagdruhe, während sich mit Beginn der Bockjagd das scheue Waldtierverhalten einstellt."*[98]

Außerdem bedeutet die starke Bejagung auch, daß die Tiere vermehrt Fluchtverhalten an den Tag legen müssen und so mehr Nahrung brauchen. Fluchtverhalten kostet unheimlich viel Energie, etwa 400% im Vergleich zum Stehen bzw. Äsen. Wird der Störfaktor Mensch (der ja weitesgehend aus dem Störfaktor Jäger besteht) ausgeschaltet, können sie sich sogar in hohen Dichten normal und artgerecht ernähren, ohne forstlich oder ökologisch zum Problem zu werden. Denn sie brauchen nicht so viel Energie für nötige und unnötige Fluchten und müssen demnach viel weniger Nahrung aufnehmen[99], so KURT. Auch HESPELER schreibt:

> *„Drei Tage eingeschneit unter einer Wettertanne können erträglicher sein als drei Abende Flucht vor dem Jagdbetrieb bei voller Fütterung!"*[100]

Die Veränderung der Sozialstruktur des Wildes, etwa durch Abschuß der älteren männlichen Tiere, kann ebenfalls den Verbiß steigern, wie BERENS in der *Pirsch* am Beispiel des Rotwildes berichtet:

> *„Je mehr die innere Gliederung der Rotwildpopulation von der natürlichen abweicht - ausgeglichenes Geschlechterverhältnis, geringer Anteil an Jungwild - , desto mehr Schaden wird von immer weniger Rotwild verursacht."*[101]

Demnach bekämpft die Bejagung die Verbißschäden in unseren Wäldern nicht, sie verschlimmert sie allenfalls. Die Tiere werden bejagt, was sie dazu veranlaßt, sich in die schützende Deckung des Waldes zurückzuziehen. Da sie durch die ständige Flucht viel mehr Energie verbrauchen als normalerweise, brauchen sie mehr Nahrung. Das wird dadurch noch verstärkt, daß die Tiere aus großer Vorsicht auch unnötigerweise vor harmlosen Menschen oder Tieren fliehen. Und somit steigen die Verbißschäden. Die Lösung für die Bekämpfung des Verbißproblems kann daher nicht heißen: mehr Fütterung, mehr Abschüsse. Sie muß vielmehr heißen: Weg mit der Fütterung, Schluß mit der Beunruhigung des Wildes. Erstaunlicherweise ließ sich sogar folgende Rechtfertigung der Rehwildjagd in einem Faltblatt des Bayerischen Landwirtschaftsministeriums lesen:

„Gelegentlich hört man Forderungen, die Jagd einzustellen. Man bräuchte nur die Hege, vor allem die Winterfütterung, aufzugeben und das Wild würde sich nach einiger Zeit auf eine Anzahl einpendeln, die der Lebensraum zuläßt. [...] Im Prinzip ist diese Überlegung richtig. Doch die sich dann einstellende Wilddichte würde in unserer Kulturlandschaft zu schweren Schäden führen. Denn zunächst würde das Schalenwild seine Nahrungsgrundlage zerstören, also die Jungbäume und die Feldfrüchte, und erst dann würde die Konkurrenz untereinander spürbar werden. Es geht deshalb kein Weg daran vorbei: Die vernünftigste Form der Regulation von Schalenwildbeständen in unserer Kulturlandschaft ist die Jagd."[102]

Ganz abgesehen davon, daß diese Behauptung durch nichts belegt ist, da die Jägerschaft mit aller Kraft versucht, großflächige „Experimentierfelder" zu verhindern: Es gibt immer noch die Möglichkeit, zuerst einmal die Hege einzustellen, um die Lebensbedingungen wieder auf ein halbwegs normales Maß zurückzuführen. Die Bejagung würde dann die Tiere effektiv reduzieren können, da durch den Wegfall der Hege der „Nachschub" nicht mehr so groß ausfällt. Später dann, wenn ein angemessener Wildbestand erreicht ist, könnte man dann auch die Jagd einstellen. Auf diesen Gedanken scheint das Ministerium wohl nicht gekommen zu sein. Immerhin wird in dieser amtlichen Broschüre jedoch zugegeben, daß eine Einstellung der Hege im Endeffekt zu einer dem Lebensraum angemessenen Wilddichte führen würde. Indirekt wird damit also bestätigt, daß die Hege selbst erst zu den hohen Wilddichten führt. Es ist daher auch unverständlich, wieso dennoch an der Hege festgehalten wird; bei den vielen Problemen mit Verbiß- und Schälschäden ist sie durch nichts zu rechtfertigen. Selbst wenn die Bejagung von Rehen und Hirschen zur Schadensabwendung unbedingt nötig wäre, wäre das noch lange keine Rechtfertigung dafür, die Bestände der Tiere durch die Hege künstlich hoch zu halten.

Ist eine effiziente Reduktion auch ohne Hege nötig?

Ob ohne Hege immer noch so viel Schalenwild da wäre, daß man es bejagen müßte, ist leider bisher nicht wirklich geklärt. Denn bislang gibt es keine Studie, die untersucht hätte, wie sich z.B. eine Rehwildpopulation *langfristig* in unserer Kulturlandschaft auf einer *größeren Fläche* verhält, wenn Hege *und* Jagd (ggf. zeitlich versetzt) eingestellt und die Nachwirkungen verflogen sind. Die Annahme, auch ohne Hege könnte man auf die Kontrolle des Schalenwildes langfristig auf keinen Fall verzichten, ist daher so gesehen unbelegt. Dennoch kann sie nicht einfach verworfen werden, da z.B. in Nationalparks durchaus eine Schalenwildregulierung durchgeführt wird, die sich schon eher an ökologischen Kriterien orientiert und eigennützige Motive wie Trophäenjagd oder künstliche Hochhaltung des Bestandes ausschließt[103].

Allerdings sind auch diese Gebiete noch durch überhöhte Schalenwildbestände belastet, die noch aus der Zeit vor der Unterschutzstellung stammen, als die Überhege die Schalenwildbestände auf einem künstlich hohem Niveau hielt[104]. Daher geben auch diese Gebiete (noch) keine Auskunft darüber, ob Wald und Wild im Einklang sind, wenn die Nachwirkungen der Hege endgültig beseitigt sind. Es gibt zumindest Indizien dafür, daß dies der Fall sein könnte. Im 13 Jahre alten Nationalpark Hochharz werden die Eingriffe in Anpassung an das Wald-Wild-Verhältnis stetig zurückgenommen[105], demnach scheint sich die Situation zu bessern. Auch gibt es Flächen wie das Naturschutzgebiet Federsee, wo Jagd und Hege eingestellt sind und das Rehwild keinerlei Probleme bereitet[106]. Das weist darauf hin, daß ohne die massiven hegerischen Eingriffe und die Bejagung das Schalenwild seine Dichte und Lebensweise so ändert, daß der Wald es verträgt. Die Darstellung, auch langfristigund auch ohne die Hege sei die gewaltsame Reduktion durch Tötung die einzige Möglichkeit, die Schalenwilddichte in ökologisch vertretbaren Grenzen zu halten, ist daher alles andere als belegt. Hierbei sei noch angemerkt, daß es auch andere Methoden als die Tötung gibt, um Wildbesätze zu reduzieren, zum Beispiel die Behandlung der Tiere mit einer „Antibabypille", um die Fruchtbarkeit zu reduzieren. Ein bekanntes Mittel ist PZP (Porcine Zona Pellucida). Der Impfstoff provoziert bei den geimpften weiblichen Tieren eine Immunreaktion. Die gebildeten Antikörper haben aber den „Nebeneffekt", daß sie die Eizellen unfruchtbar machen[107]. Es ist somit auch möglich, die Schalenwildbestände in Grenzen zu halten, ohne die Tiere zu erschießen.

Wie auch immer eine effektive Schalenwildregulierung, wenn sie denn überhaupt langfristig nötig wäre, aussähe: Die herkömmliche Jagd, die in Deutschland von Freizeit- und Wochenendwaidmännern ausgeübt wird, ist eindeutig Bestandteil der Problems, nicht seine Lösung.

Schwarzwild: Die derzeitige Bejagung ist keine Lösung

Auch beim Schwarzwild ist eine jagdliche Lösung des Wildschadensproblemes nicht in Sicht. Das Problem ist hier vor allem der Abschuß der Bachen, also der weiblichen Wildschweine. Denn diese können „führend" sein, also gerade Nachwuchs großziehen, oder „Leitbachen" sein. Leitbachen sind die Führungstiere von Wildschweinrotten und für das Sozialgefüge dieser Tierart äußerst wichtig. Sie bestimmen, wann und wo Nahrung gesucht wird, wann geruht wird, ja sogar die Fortpflanzung wird von ihnen so geregelt, daß alle Bachen der Rotte gleichzeitig Nachwuchs bekommen[108]. Werden diese Bachen erschossen, so gerät das Sozialgefüge der Rotte völlig durcheinander. Die Folge: Frischlinge (Wildschweine im ersten Lebensjahr) und Überläufer (1-2 Jahre) vermehren sich ungehemmt und unkontrolliert. Junge Bachen werden dann oft schon im ersten Lebensjahr geschlechtsreif, als Resultat steigen die Wildschäden massiv an[109].

Das Dilemma: Um die Wildschweinpopulationen durch die Jagd zu reduzieren, müßten wesentlich mehr Bachen erschossen werden, da ja bekanntermaßen die weiblichen Tiere den zahlenmäßigen Zuwachs ungleich stärker bestimmen als die männlichen. Das würde jedoch erfordern, daß die Jäger vor dem Schuß zweifelsfrei Leitbachen und führende Bachen von anderen unterscheiden können. Und da dies nicht so einfach ist, verzichten viele Jäger lieber gleich auf den Bachenabschuß, obwohl dieser sicherlich getätigt wird. Mit der Folge, daß hauptsächlich Keiler, also männliche Wildschweine, auf der Strecke liegen. Das Problem daran ist, daß bei einem sinkenden Keileranteil in der Population aus populationsbiologischen Gründen mehr Nachwuchs geboren wird - und wieder erhöhen sich die Wildschäden[110]. Auf der anderen Seite gibt es so manchen Jäger, der etwas übereifrig auf Bachen jagt:

> *„Eines der besten Beispiele für die Unkenntnis vieler Jagdscheininhaber ist das Schwarzwild. Viele meinen da, auf jede Sau dampfen zu machen wäre der rechte Weg örtliche Überpopulationen in den Griff zu bekommen, ohne aber zu wissen wie sich ein Schwarzwildbestand aufbaut!"[111]*

so „houndman" im Internetforum der Jagdzeitschrift *Wild und Hund*.

Das Problem hoher Schwarzwildbestände und steigender Wildschäden wird sich schwerlich über den Abschuß lösen lassen. Der Schlüssel wäre vielmehr bei der Hege zu suchen, bei der Kirrung und bei allem anderen, worunter letzten Endes die Förderung dieser Tierart läuft. Denn fiele die künstliche Nahrungsbasis weg, würden die Anzahl dieser Tiere zwangsläufig wieder sinken. Allerdings sind die Trophäen in Form der Keilerwaffen begehrt, und auch wirtschaftlich hat das Schwarzwild für die Jägerschaft keine geringe Bedeutung: 2001/02 brachte das Fleisch von getöteten Wildschweinen in Deutschland den Jägern fast €84,5 Millionen ein[112] und machte damit über 54% des Wertes der Gesamtjahresstrecke in Form von „Wildbret" aus. Insbesondere, wenn Jäger wie ROLF HENNIG ganz unverhohlen von der „Haltung" von Schwarz- und sonstigem Schalenwild in freier Wildbahn schreiben[113] und wenn erfolgreiche Fachbücher wie NORBERT HAPPS „Hege und Bejagung des Schwarzwildes" seitenlang Tipps zur Schwarzwildhege geben - inklusive Fütterung mit Eßkastanien oder Haselnüssen und dem Anlegen von Wildäckern, Salzlecken, Suhlen etc.[114] - wird somit die Frage erlaubt sein, ob die Herren Waidmänner an einer Reduktion des Schwarzwildes überhaupt ernsthaft interessiert sind.

3
Die Bekämpfung von Beutegreifern

„Wir Jäger sollten uns ehrlich zu unseren ureigensten Motiven bekennen: Das Hauptmotiv der intensiven Fuchsbejagung ist im Niederwildrevier die Verbesserung der herbstlichen Niederwildstrecken."[1]

- Frank Heil in der Deutschen Jagd-Zeitung

Eines der bedeutendsten „Standbeine" der Jagd in Deutschland ist die Bejagung von Beutegreifern, die auch unter dem Begriff „Hege mit Büchse und Falle" läuft. Der DEUTSCHE JAGDSCHUTZ-VERBAND bezeichnet sie als „flächendeckend unverzichtbar", da sie dem Artenschutz helfe[2]. Und auch in den Lokalzeitungen, Jagdzeitschriften und sonstigen Publikationen der Jäger hört man landauf, landab seit Jahren das Gleiche: Raubtiere sind aufgrund ihrer gestiegenen Zahl eine Gefahr für andere Tierarten und müssen daher „kurzgehalten", sprich: getötet werden. Dies trifft insbesondere den Fuchs. Aber auch die Greifvögel, die sich nach teilweiser Beinahe-Ausrottung mittlerweile zum Teil wieder erholt haben, geraten zunehmend ins Fadenkreuz. Was ist dran an diesen Vorwürfen, fressen die „Raubtiere" ihre „Opfer" wirklich weg?

Daß es in unserem Land viele Tierarten gibt, die zurückgehen oder sogar vom Aussterben bedroht sind, ist bekannt. Die „Strecke" beim Feldhasen etwa lag in den 1960ern und 70ern jährlich bei deutlich über einer Million Tiere[3]. Ende der 70er brach sie jedoch dramatisch ein. Bis heute hat der Bestand sich nicht wirklich erholt. 1998 brachte es das einstige Allerweltstier sogar auf die Rote Liste der gefährdeten Tierarten in Deutschland[4]. Beim Rebhuhn sieht es nicht besser aus. Zwischen 1936 und 1939 wurden durchschnittlich noch über 550.000 Rebhühner erschossen[5], im Jagdjahr 2001/02 waren es noch ganze 12.252[6]. Birk- und Auerhuhn schließlich gibt es in Deutschland nur noch in kümmerlichen Restbeständen, sie sind - in Deutschland - vom Aussterben bedroht. Die Hauptlast an dieser Misere wird von der Jägerschaft oft bei den „Raubtieren" gesucht, wobei der Fuchs der größte Übeltäter ist, gefolgt von Rabenvögeln (siehe Kapitel 9), Greifen und ähnlichem. Zu dumm, daß die Wissenschaft dem nicht folgen mag.

Warum Beutegreifer ihren Beutearten nicht schaden

Zuerst müssen wir uns von der - leider noch immer verbreiteten - Vorstellung verabschieden, daß Beutegreifer ihren Beutetieren schaden. Sicher, das jeweils gefressene Tier ist tot. Das ist höchst bedauerlich, allerdings ist das nun mal eine grundlegende Tatsache in der Tierwelt, die wir akzeptieren sollten - ändern können wir sie sowieso nicht. Die Beutetiere *als Art* hingegen werden von ihren „Feinden" keineswegs geschädigt. Warum nicht?

Wenn eine spezialisierte Beutegreiferart wie das Mauswiesel seine Beutetiere ausrotten würde, würde sie sich selbst die Nahrungsgrundlage entziehen und aussterben. Schon allein deswegen ist die Annahme, solche Tiere würden ihre Beute regelrecht vernichten, unsinnig. Lange bevor das Mauswiesel die Mäuse ausrottet, lohnt sich der Aufwand für die Jagd nicht mehr; das Wiesel wandert ab oder verhungert[7]. Außerdem werden, wie wir wissen, bei zunehmender innerartlicher Konkurrenz um Nahrung weniger Nachkommen produziert[8]. Wozu den großen Aufwand zur Fortpflanzung betreiben, wenn der Nachwuchs sowieso kaum Überlebenschancen hat? So bleibt die Population auf einem ökologisch sinnvollen Maß.

Neben solchen „Spezialisten" gibt es „Generalisten", die ein äußerst breites Nahrungsspektrum haben. Hierzu zählen die meisten Beutegreiferarten[9], so auch der Fuchs. Sein Speiseplan reicht von Mäusen (seiner bevorzugten Beute) und Regenwürmern über Hasen und Rebhühner bis hin zu Heidel- und Wacholderbeeren[10]. Da der Fuchs verständlicherweise seine Beute mit möglichst wenig Aufwand zu machen versucht (er will ja keine Energie verschwenden und trotzdem satt werden), wird er sich an das halten, was gerade besonders häufig ist. Dementsprechend schreibt REICHHOLF:

> *„Ein Fuchs, der sich auf Rebhühner spezialisiert, müßte glatt verhungern, wenn diese so selten geworden sind, daß er sie nicht mehr täglich fangen kann. Wenn er sich aber auf Feldmäuse umstellt, entgeht er dem Problem, daß die Rebhühner zu selten geworden sind. Diese sogenannte „Schwellenreaktion" schützt das Seltene und verlagert den Feinddruck automatisch auf die jeweils häufigste Beute."[11]*

Man kann in den Alpen sogar Fuchslosungen (Kot) finden, die nur aus Heidelbeeren bestehen. Besonders im Herbst, wenn er sich seine Fettreserven für den Winter anlegt, frißt der Fuchs viel vegetarische Kost, wenn dies möglich ist[12]. Eine Studie über den Feldhasen bestätigt außerdem die alte Regel „Gute Mäusejahre sind gute Hasenjahre": Neben der Tatsache, daß günstige klimatische Bedingungen für beide Arten von Vorteil sind, werden bei einer größeren Dichte der leicht zu erbeutenden Mäuse weniger Junghasen von Beutegreifern gefangen[13].

So natürlich und logisch die Verlagerung des Beutedrucks auch ist, von Jägern wie dem schon erwähnten PROFESSOR DR. HERIBERT KALCHREUTER, der sich schon seit Jahrzehnten für die Bejagung von Raubtieren stark macht, wird sie bestritten. KALCHREUTER führt in *Die Sache mit der Jagd* das Beispiel einer Untersuchung aus Südschweden an, die ergab, daß der Habicht bei der Verfügbarkeit des Kaninchens als Alternativbeute die abnehmenden Fasanenbestände nicht vernachlässigte, sondern erst recht in sie eingriff. KALCHREUTER zufolge konnte der Habicht durch das Vorkommen der Kaninchen seine Dichte halten, wodurch er die zurückgehenden Fasanenbestände weiter dezimierte. Der prozentuale Verlust am Fasanenbesatz war sogar dort am höchsten, wo der Habicht sich hauptsächlich von Kaninchen ernährte. In einem Gebiet, in dem man Fasanen ausgesetzt hatte, waren nach der Reduktion des Habichts die Verluste unter den Fasanen deutlich geringer als zuvor[14]. KALCHREUTERS Schlußfolgerung:

> *„Alternative Beutetierarten können die Räuber in der Regel nur dann von selten gewordenen Beutetieren ablenken, wenn sie leichter zu erbeuten sind als diese. Andernfalls bewirken sie das Gegenteil, nämlich noch stärkere Eingriffe in die bereits seltene, aber der Jagdstrategie des Räubers besonders zusagende Beute."[15]*

Abgesehen davon, daß gerade die Häufigkeit - also Verfügbarkeit - ein wichtiges Kriterium dafür sein dürfte, ob die Beute der Jagdstrategie des „Räubers" zusagt oder nicht, hinkt die Argumentation noch in einem anderen entscheidenden Punkt: Fasanen sind in Europa gar nicht heimisch und demnach auch nicht an die hiesige Umwelt samt Beutegreifern angepaßt. In weiten Teilen Europas können sie sich gar nicht selbständig halten. Deswegen werden sie massenweise gezüchtet und ausgesetzt, um dann erschossen zu werden. Diese Züchtungen sind jedoch für ein Leben in freier Natur noch ungeeigneter als ihre ohnehin ortsfremden wilden Artgenossen. Somit fallen sie sehr leicht Beutegreifern zum Opfer. KALCHREUTER will beweisen, daß der Feinddruck bei abnehmender Beutedichte nicht ab-, sondern zunimmt, aber er zieht dazu künstlich eingebürgerte (noch dazu Zucht-) Tiere heran, die praktisch kaum wirksame Feindvermeidungsstrategien haben und deswegen zwangsläufig vermehrt dem Habicht zum Opfer fallen. Daß diese gebietsfremden Vögel den Jagdstrategien verschiedener Beutegreifer verständlicherweise „besonders zusagen", werden wir in Kapitel 6 noch genauer sehen. In natürlichen Räuber-Beute-Beziehungen sieht die Sache denn auch etwas anders aus.

Laufen und Verstecken - Effektive Überlebensstrategien

Genauso, wie alle Beutegreifer ihre Jagdstrategien haben, besitzen die Beutetiere Strategien, um den Beutegreifern zu entgehen. So ist zum Beispiel ein gesunder Hase für einen Fuchs eine unerreichbare Beute. Seine Geschwindigkeit und seine berühmte Fähigkeit, Haken zu schlagen und so den Verfolger ins Leere laufen zu lassen, schützen ihn zuverlässig vor dem Fuchs und auch anderen Beutegreifern wie Greifvögeln[16]. Der Hase erreicht Geschwindigkeiten von bis zu 70 Stundenkilometern, Fuchs oder Hund schaffen allenfalls 50[17].

> *„Die langen Hinterläufe können blitzschnell gedreht werden und damit den Hasen fast in katapultartiger Weise zur Seite schleudern: auf diese Weise schlägt er den berühmten Haken. Bei guter Kondition kann der Hase mehrere Meter weite Sprünge machen und dabei unter Umständen sogar über den Fuchs zurückhüpfen, der hinter ihm her ist und nicht so schnell bremsen kann."[18]*

Es sind demnach vor allem junge und unerfahrene Füchse, die versuchen, einen ausgewachsenen Hasen zu erjagen:

„Im ersten Lebensjahr macht der Fuchs somit die Erfahrung, daß ein gesunder, aus-gewachsener Hase kaum zu fangen ist. Altfüchse verhalten sich entsprechend und zeigen selbst in nächster Nähe meist keinerlei Interesse am Hasen. [...] Ausge-wachsene Feldhasen [...] lassen den Fuchs nicht selten auf offener Wiese bis auf we-nige Meter an sich herankommen. [...] Die allgemein hohe Toleranz des Hasen gegenüber dem Fuchs zeigt, daß dessen Feinddruck nicht stark sein kann. Die all-gemeine Vorsicht und die Fluchtdistanz müßten sonst wesentlich größer sein."[19]

Außerdem sorgen die Beutetiere für ihren Fortbestand, indem sie möglichst viel Nachwuchs in die Welt setzen. Zwar braucht es pro Paar nur zwei Nachkommen, damit die Population gesichert ist, aber so ziemlich alle Lebewesen auf diesem Pla-neten setzen mehr Nachkommen in die Welt, als rechnerisch nötig wären[20]. So wird dem Problem der Frühsterblichkeit begegnet. Außerdem haben diejenigen Tiere, die nicht wie z.B. Insekten gleich tausende Eier legen, Strategien zum Schutz ih-res Nachwuchses entwickelt. Die Jäger betonen die Gefährdung der Junghasen - die schutzlos auf der offenen Wiese zur Welt gebracht werden - durch den Fuchs immer wieder und geben ihm daher gemeinsam mit anderen Beutegreifern die Hauptschuld am Rückgang des Hasen[21]. Allerdings mögen unabhängige Wissen-schaftler das nicht glauben. Die Junghasen sind für ihre Feinde kaum aufzuspüren. Da sie noch nicht davonlaufen können, läuft ihre Überlebensstrategie darauf hin-aus, nicht entdeckt zu werden. Sie sind praktisch unsichtbar und völlig geruchslos und können vom Fuchs, von Hunden oder anderen Beutegreifern praktisch nur per Zufall gefunden werden[22]. Auch die Eltern verhindern trickreich, daß sich die Füch-se zur „Sasse" mit den Jungen schnüffeln:

„Wenn der Hase eine seiner Sassen aufsucht, läuft er nie geradewegs zu ihr. Viel-mehr zieht er in 2,5 Meter Abstand seitlich daran vorbei, hoppelt an die 20 Meter weiter, legt aber nur eine „blinde Duftspur", kehrt auf selbem Wege wieder um und katapultiert sich dann mit einem Seitensprung direkt in sein Lager. [...] Einen Fuchs oder Hund kann nur der Zufall näher an die Sasse des Hasen heranführen."[23]

Daher lohnt sich der Aufwand für diese Tiere eher weniger, vor allem, da Füch-se zur entsprechenden Zeit meist selbst Nachwuchs zu versorgen haben, und es massenhaft Mäuse, Würmer und andere Beute gibt. „Im Frühjahr kann es sich ei-ne Füchsin gar nicht leisten, wegen kleiner Hasen ewig rumzusuchen" meint auch der Wildbiologe Kugelschafter von der Uni Gießen[24]. Warum auch? Schließlich ist sie ja eine exzellente Mäusejägerin und hat bei häufig vorkommenden und leicht zu erbeutenden Mäusen viel mehr Erfolg.

Was das Rebhuhn angeht, gilt sowohl für Fuchs als auch für den Habicht: In gün-stigen Lebensräumen mit hoher Beutegreiferdichte kommen mehr Rebhühner vor als in ungünstigen Lebensräumen mit geringer Räuberdichte[25]. Bei einer Untersu-chung in Dänemark wurden 13.203 Rebhühner beringt bzw. mit Rückenschildern versehen, um verfolgen zu können, woran die Tiere sterben. Von diesen über 13.000 Rebhühnern fielen nur 14 Raubwild zum Opfer. 239 wurden erschossen[26]. Allenfalls für Gelegeverluste sind tierische Feinde nennenswert verantwortlich, allerdings haben sie auch hier ernsthafte Konkurrenz durch den Menschen[27]. Die in Deutschland vom Aussterben bedrohten Birkhühner werden mit ihren diversen „Freßfeinden" durchaus fertig, wenn der Lebensraum geeignet und die Population groß genug ist[28]. In Bezug auf das zurückgehende Wildkaninchen hält der Biologe Heidemann von der Deutschen Wildtier-Stiftung eine ernsthafte Gefährdung durch den Fuchs für „völlig ausgeschlossen"[29]. Die starken Schwankungen und der derzeitige Rückgang des Wildkaninchens ist vielmehr auf eine Reihe seuchenartiger Krankheiten zurückzuführen, wie die Wildforschungsstelle des Landes Baden-Württemberg berichtet[30].

Die Vorwürfe gegen die Beutegreifer: Nicht überzeugend

Die Jägerschaft versucht mit allen Mitteln, diese Erkenntnisse zu widerlegen. KALCHREUTER etwa behauptet, daß Hasen im Frühjahr „in erster Linie" zur Ernährung der Fuchswelpen dienen, da ihre Erbeutung lohnender sei als der aufwendige Fang von Mäusen. Diese Behauptung erscheint angesichts der schon erwähnten Tatsache, daß die Maus die Hauptbeute des Fuchses ist und Hasen schwer zu erbeuten sind, recht abenteuerlich. Ebenso abenteuerlich ist auch die Begründung, die KALCHREUTER liefert:

„Nach den Untersuchungen von Pielowski (1976) an 16 Fuchsbauten stammen 20% der Überreste auch zu dieser Jahreszeit noch von Althasen."[31]

Die Sichtung von Beuteresten am Bau sagt leider überhaupt nichs über das Beutespektrum des Fuchses aus. Das sollte KALCHREUTER als Wissenschaftler eigentlich wissen. Mäuse zum Beispiel sind so klein, daß der Fuchs sie ohne Mühe ganz herunterschlucken kann. Überreste von Beutetieren am Bau stammen demnach nur von größeren Beutetieren, was unweigerlich zu einer Überbewertung ihres Anteils im Nahrungsspektrum führt[32]. Tatsächlich machen Hasen und Kaninchen *zusammen* keine 3% der Fuchsbeute aus[33]. Außerdem sind die Reste vieler Hasen, Fasanen etc. ein Hinweis darauf, daß diese lokal auch häufig vorkommen[34]. Weiterhin ist es seltsam, daß KALCHREUTER mit dem Anteil der Hasen an der Beute der Füchse argumentiert. Denn einige Seiten weiter (und auch in anderen Publikationen) besteht er vehement darauf, daß nicht entscheidend sei, wie hoch der Anteil einer Art an der Beute eines Beutegreifers ist, sondern wie sich diese Prädation (Erbeutung) auf den Bestand der Beutetiere auswirkt

„Für das Überleben bedrohter Arten ist nicht die Frage entscheidend, welche Bedeutung der Gelegeraub für die Nahrungsversorgung des Räubers hat, sondern wie sich der Eingriff auf die Beutepopulation auswirkt."[35]

Weiterhin zitiert KALCHREUTER eine englische Untersuchung der „Game Conservancy" (frei übersetzt: Gesellschaft zur Erhaltung des jagdbaren Wildes),in der gezeigt wird, daß eine Fuchsfamilie während eines Jahres in einem Gebiet den gesamten Hasennachwuchs vernichtete[36]. Voraussetzung: Alle verspeisten Hasen waren tatsächlich gerissen worden. Und gerade diese Voraussetzung trifft in der Regel nicht zu. CREUTZ fand heraus, daß Hasen (ebenso Kaninchen) zu einem Drittel als Aas aufgenommen werden. Das ist eindeutig erkennbar, wenn das Hasenfleisch im Fuchsmagen mit Aaskäfern und Fliegenlarven durchsetzt ist. Ein weiteres Drittel war wahrscheinlich kurz vorher verendet, und selbst beim letzten Drittel war nicht sicher, ob alle Tiere auch tatsächlich vom Fuchs getötet worden waren[37]. Außerdem ist es ziemlich fraglich, ob sich der Fuch zumindest langfristig tatsächlich so schlimm auf den Hasenzuwachs auswirken kann. Denn es gibt ja noch andere Beutegreifer wie den Habicht, und weiterhin wirken ja noch andere Faktoren wie Krankheiten, Kälte, Hunger, Lebensraumzerstörung etc. Würde tatsächlich alleine der Fuchs - langfristig - so hohe Verluste unter den Hasen verursachen, müßten sie binnen kürzester Zeit vollständig verschwunden sein. Denn nach dem Riß des gesamten Nachwuchses durch den Fuchs ginge jeder der anderen Sterblichkeitsfaktoren voll zu Lasten der fortpflanzungsfähigen Alttiere.

Zunehmend wird versucht, mit sogenannten „Räuber-Ausschluß-Experimenten" den schädlichen Einfluß von Beutegreifern auf ihre Beutetiere zu belegen. Wer sich gleich damit befassen will, sei auf Kapitel 9 verwiesen.

Räuber und Beute - Wer reguliert wen?

Es ist nicht nur so, daß Beutegreifer die Populationen ihrer Beutetiere prinzipiell nicht gefährden, vieles deutet sogar darauf hin, daß im Gegenteil die „Räuber" von den Beutetieren „reguliert" werden. Dies trifft in erster Linie auf „Spezialisten" zu. So erleben etwa Schneeschuhhasen in Kanada regelmäßige Bestandsschwankungen. Dort, wo der Luchs als „Freßfeind" noch vorkommt, schwankt seine Häufigkeit entsprechend der Häufigkeit der Schneeschuhhasen. Wo er nicht vorkommt, schwankt die Zahl der Hasen trotzdem[38]. Dort, wo der Luchs sich von anderen Tieren ernährt, zeigt er diese Schwankungen nicht[39]. Somit ist in hier die Dichte des Luchses von der Dichte seiner Beute abhängig, nicht umgekehrt. Dies ist ein einfaches Beispiel aus einem Schulbuch, welches zwar nicht zum „Grünen Abitur" führt, aber dafür ökologisches Grundwissen vermittelt. Es wird durch zahlreiche Beispiele aus der Literatur bestätigt. So ist das Vorkommen des Mauswiesels fast vollständig von der Häufigkeit der Mäuse abhängig[40]. Auch Schleiereulen brüten in „Mäusejahren" oft gleich zweimal, während sie in mäusearmen Jahren die Brut manchmal ganz ausfallen lassen[41]. In Schweden stand der Luchs einmal kurz vor der Ausrottung. Nachdem die Rehe, die vorher praktisch nur in Südschweden vorgekommen waren, sich aufgrund veränderter Umweltbedingungen in ganz Schweden verbreitet hatten, wurde auch der Luchs wieder zahlreicher und

Der Rotfuchs wird von Jägern für den Rückgang verschiedener Tierarten verantwortlich gemacht. Die Beweislage dafür ist aber denkbar dünn.

kommt mittlerweile fast im ganzen Land vor. Er ernährt sich zu einem beträchtlichen Teil von Rehen - diese vermehren sich trotzdem[42]. Demnach kann man sagen, daß die Rehe einen ansehnlichen Luchsbestand aufgebaut haben. Auch DYLLA UND KRÄTZNER schreiben:

> *„Die Geburtenrate der Raubtiere in dem Beziehungsgefüge hängt vom Beuteangebot ab [...]. Je höher die Dichte der Beute ist, umso bessere Vermehrungsbedingungen hat der Räuber."*[43]

Was Generalisten machen, wenn die Hauptbeuteart knapp und somit schwieriger zu erbeuten wird, wissen wir ja bereits - sie suchen sich eine andere.

Warum die „Opfer" ihre „Feinde" zum Überleben brauchen

Insgesamt ist sich die - nicht jagende - Fachwelt einig, daß von Beutegreifern normalerweise keine Gefahr für die Populationen ihrer Beutetiere ausgeht. Ganz im Gegenteil: Die Beutegreifer sind äußerst wichtige Bestandteile ihrer Lebensgemeinschaften. Sie halten die Zahl ihrer Beutetiere stets unter der Maximalzahl, die ohne sie möglich wäre. Das bedeutet: Zum einen verhindern die Räuber, daß die Population der Beutetiere so stark ansteigt, daß massive innerartliche Konkurrenz auftritt[44]. Dadurch, daß die Konkurrenz der Beutetiere um Nahrung und Platz nicht so groß ist, ist mehr für jeden einzelnen da, was sich auf die verbliebenden Individuen sowie auf deren Fortpflanzung positiv auswirkt[45]. Es wird auch verhindert, daß sich die Beutetiere übermäßig vermehren und sich schließlich selbst ihrer Lebensgrundlage berauben[46]. Zwar kommt so etwas in der in der Natur aufgrund des fein abgestimmten Beziehungsnetzes im allgemeinen nicht vor, der Effekt läßt sich allerdings gut beobachten, wenn man eine Art aus ihrem Beziehungsgefüge reißt: Als in Australien die eingeschleppte Orangenschildlaus die Zitrusplantagen bedrohte, holte man ihren natürlichen Feind, den Marienkäfer, zur Bekämpfung nach. Dieser vernichtete die Schildläuse, beraubte sich aber so seiner Nahrungsgrundlage und starb aus. In seiner Heimat hatten Beutegreifer dafür gesorgt, daß der Marienkäfer sich nicht übermäßig vermehrte und somit ein Gleichgewicht zwischen den Arten herrschte[47]. Durch die Einwirkung auf die Beutetierpopulationen wird auch verhindert, daß die diese solche Dichten erreichen, daß schließlich Seuchenzüge auftreten, die die Population der Beutetiere weit mehr verringern würden als die Beutegreifer[48].

Das bedeutet aber nicht etwa, daß die Beutegreifer die Zahl der Beutetiere unterhalb der Umweltkapazität halten, oder daß das Schema der „kompensatorischen" und „additiven" Sterblichkeit auf sie angewandt werden könnte. Denn die Beutegreifer sind genauso wie das Nahrungsangebot oder Artgenossen biotische Umweltfaktoren und somit Bestandteil der Faktoren, die die Umweltkapazität für ihre Beutetiere bestimmen. Da sie ihre Beutetiere dezimieren, sind sicherlich weniger davon da als ohne Beutegreifer. Weil die Beutegreifer aber ein essentieller Teil der natürlichen Lebensgemeinschaften sind, kann man höchstens davon reden, daß sie - verglichen mit einem Zustand ohne sie - die Umweltkapazität für ihre Beutetiere *verringern*. Die Ansicht, die Beutegreifer würden die Beutetiere daran hindern, ihre Umweltkapazität auszunutzen, ist dagegen nicht richtig. Oft werden Beutegreifer mit nur allzu menschlichen Augen gesehen und ihre Eingriffe in die Beutepopulation ebenso betrachtet wie die gleiche Aktion des menschlichen Jägers. Während der Beutegreifer jedoch nur seine natürliche Funktion als belebter Umweltfaktor ausübt, bedeutet der Eingriff der menschlichen Jäger, wie wir oben gesehen haben, eine Reduktion der Tierbestände auf ein Niveau unterhalb der Umweltkapazität. Es sei denn, man betrachtet den Menschen auch in seiner heutigen Existenz als natürlichen Teil der Lebensgemeinschaften, als einen biotischen Faktor unter vielen, der daher gar nicht unnatürlich in die Ökosysteme eingreifen kann. Dann kann man aber auch gleich das ganze Naturschutzgewäsch zum Teufel jagen, denn jegliche Folge unseres Tuns für die Umwelt wäre dann eben vollkommen natürlich und „Naturschutz" von vornherein unsinnig.

Beutegreifer erfüllen noch eine andere wichtige Funktion: Die der Selektion. Wir haben zwar oben gesehen, daß ein gesunder Hase kaum im Magen eines Fuchses landen wird, aber Beutegreifer haben eine sehr feine Wahrnehmung, wenn es darum geht, Schwächen zu erkennen. Dies geschieht durch Beobachtungen, aber auch durch Testjagden[49]. Ein Fuchs etwa hetzt oft nur hinter einem Hasen her, um dessen Kondition zu testen. Ist der Hase gesund, gibt der Fuchs schnell auf, ist er jedoch aus irgendeinem Grund geschwächt, wird er weiter verfolgt[50]. Diesem Muster folgend erbeuten Beutegreifer vorwiegend alte, schwache, kranke oder sehr junge Tiere, also solche, die für das Überleben in der freien Natur am wenigsten geeignet sind. Wie wichtig diese Selektion ist, wissen wir. Würden sich vermehrt die weniger „fitten" Tiere fortpflanzen (wie es in der perfekten Jägerwelt ohne Beutegreifer, dafür mit Schonzeiten, Fütterung und allem, was dazugehört, wohl aussähe), wäre die genetische Gesundheit der gesamten Population bedroht. Auch die Ausbreitung von Krankheiten wird von Beutegreifern verhindert, da sie sich vornehmlich die kranken und geschwächten Tiere holen. Auf der Taimyr-Halbinsel traten bei Rentieren vermehrt Krankheiten auf, als dort die Wölfe dezimiert wurden[51]. Diese hatten vorher vor allem kranke Tiere gerissen. Als US-amerikanische Farmer Adler dezimierten, um Wachteln vor ihren „Feinden" zu schützen, gingen die Wachteln massenhaft an einer Parasitenkrankheit zu Grunde. Auch hier hatten die Adler stets die kranken, geschwächten Tiere herausselektiert und so die Verbreitung des Parasiten verhindert[52].

Dabei ist zu beachten, daß dichtebedingte Seuchenzüge zum einen viel größere Teile der Populationen dahinraffen, und zum anderen wesentlich weniger selektiv sind als die Eingriffe der Beutegreifer. Diese nutzen selten mehr als 10-12% der Populationen ihrer Beutetiere und halten sie durch ihre Selektion genetisch „fit". Seuchenartige Krankheiten hingegen können nicht nur soweit gehen, daß sie lokale Bestände fast ausrotten, sondern sind auch viel unselektiver als die Beutegreifer. Daher sind deren Eingriffe in die Populationen ihrer Beutetiere - trotz der Nachteile für die jeweils getöteten Individuen - positiv zu bewerten[53]. Das gleiche gilt in Hinblick auf „schlechte" Erbanlagen.

> „Die „Feinde" sind notwendige, übergeordnete Regulatoren, die von arterhaltender Bedeutung für die Beute sind. Sie bewahren die Art z.B. davor, daß sich degenerierte Tiere fortpflanzen"[54],

wie DYLLA UND KRÄTZNER feststellen. Außerdem erhalten die Beutegreifer ihre Beutepopulationen in einem produktiven Zustand. Denn wenn eine Beutepopulation dezimiert wird, reagieren die Beutetiere, indem sie mehr Nachwuchs zeugen[55]. Werden ständig neue Nachkommen mit anderen Erbgutkombinationen „produziert", finden natürlich auch ständig neue Verpaarungen zwischen den „neuen" Individuen statt, und immer neue Erbgutkombinationen und Mutationen werden durchprobiert - schlechte werden herausselektiert, und die günstigen erhalten sich durch erfolgreiche Fortpflanzung[56]. Und vielleicht ist ja sogar ein ganz neues Merkmal dabei, die einen entscheidenden Überlebensvorteil bietet und sich innerhalb der Art langsam durchsetzt. Somit läuft auch die Entwicklung der jeweiligen Art weiter voran und macht sie „fitter".

Die Indianer in Nordamerika wußten das alles auch ohne wissenschaftliche Untersuchungen und kindische Kompetenzgerangel um das richtige Rezept. Ein altes indianisches Sprichwort besagt: „Der Wolf kann nicht ohne die Karibus leben, aber die Karibus erst recht nicht ohne den Wolf"[57].

Das Rebhuhn hat mit der Vernichtung seiner Lebensgrundlagen schwer zu kämpfen. Einst zu hunderttausenden erlegt, finden sich heute auf der Rebhuhnstrecke kaum mehr als 12.000 Hühner. Ist der Lebensraum geeignet, sind auch Beutegreifer für das Rebhuhn keine ernsthafte Gefahr.

© Klaus Rettig

Die Ursache der Bestandseinbrüche: Die vielfältige Lebensraumzerstörung

Die simple Betrachtungsweise „Füchse fressen Rebhühner - Rebhühner werden weniger - Füchse umbringen, damit die Rebhühner nicht aussterben" geht vollkommen an der weitaus komplizierteren Realität vorbei. REICHHOLF beschreibt die Natur als „großes [...] 'System von Systemen'. Einfache Ursache-Wirkung-Beziehungen gibt es darin so gut wie nicht"[58]. Verständlich, wenn man sich die Komplexität von Nahrungsnetzen und der Beziehungen zwischen den Lebewesen vor Augen führt, von denen wir nur einen Bruchteil wirklich kennen. Die Ursachen für die Gefährdung einer bestimmten Art sind in der Regel vielfältig[59]. Allerdings haben die Jäger hier einen Vorteil, da die Öffentlichkeit bekanntlich in der Regel die einfachen Patentlösungen der Erläuterung komplizierter Zusammenhänge vorzieht.

Wie bereits etwas weiter oben angedeutet wurde, gehen Hase, Rebhuhn, Birkwild und andere Tiere nicht in ihren Beständen zurück, weil Beutegreifer ihnen nachstellen, sondern vor allem, weil sich ihre Umwelt auf vielfältige Weise massiv verschlechtert. Es gibt keinen ernstzunehmenden Wissenschaftler, der das bestreitet. Das ist umso stärker der Fall, je empfindlicher eine Art auf Veränderungen ihres Lebensraumes regiert.

Nachdem die Umgestaltung der Natur- zur Kulturlandschaft die höchsten Hasenstrecken hervorbrachte, die es je gegeben hat (trotz Beutegreifern), war es dann irgendwann zuviel des Guten: So setzt unter anderem das schlagartige Abernten großer Agrarflächen dem Hasen schwer zu. Wissenschaftler sprechen vom „Ernteschock": Das plötzliche Fehlen von Nahrung und Deckung auf großer Fläche ruft beim Hasen Streß und Orientierungslosigkeit hervor. Sie fallen häufiger Beutegreifern zum Opfer, und weil sie sich zu vielen auf kleinen Restflächen zusammendrängen müssen, machen sich Krankheiten breit[60]. Auch das Verschwinden der einstigen Landschaftsstruktur zugunsten riesiger Agrarwüsten und die Ver-

Birkhähne würden früher vor allem auf dem Balzplatz während der Paarungszeit getötet. Heute ist das Birkhuhn in Deutschland vom Aussterben bedroht und wird nicht mehr bejagt. Mit Beutegreifern kommt das Rauhfußhuhn durchaus klar - wenn der Lebensraum geeignet ist.

© Hans Wilhelm Grömping

wendung von Giften setzen dem Hasen zu[61]. PEGEL legt in seiner Feldhasen-Studie dar, daß Beutegreifer den jährlichen „Zuwachs", also den Fortpflanzungserfolg des Feldhasen, merklich beeinflussen können; die Frühjahrs- und damit Siedlungsdichte der Hasen hängt jedoch nicht von den Beutegreifern, sondern maßgeblich von den Biotop- und Witterungsverhältnissen ab[62]. Rebhuhn und Hase sind nach PEGEL Charakterarten der Feldflur,

> „die ihre höchste Dichte nur auf kultiviertem Land erreichen, andererseits aber ein
> Mindestmaß an naturnahen Pflanzengemeinschaften vorfinden müssen. [...] Der
> Feldhase ist somit im Grunde sehr anpassungsfähig. Seine nicht einseitig festge-
> legten Biotopansprüche erlauben ihm, auch in einer weitgehend deckungslosen und
> relativ großflächig strukturierten Agrarlandschaft noch in hoher Dichte vorzukom-
> men. Allerdings wird seine Dichte doch begrenzt, wenn auf großen Feldeinheiten
> nur Getreide in Monokultur angebaut wird."[63]

Dort, wo Deckung und Räuber reichlich vorhanden sind, ist der Hase häufig, wo allerdings die Landschaftsstruktur ungünstig ist, nützt es dem Hasen kaum, wenn es nur wenige Füchse gibt[64]. Durch die intensive Ausräumung der Landschaft und riesige Monokulturen in sozialistischen LPGs war schon in den 70ern die Hasenpopulation in der DDR auf ein Zehntel geschrumpft[65]. Dennoch sollte man sich vor Augen führen, daß der Feldhase in unserer Kulturlandschaft immer noch das 10- bis 20fache der Häufigkeit erreicht, mit der er in seiner ursprünglichen Heimat, den Steppen Osteuropas, vorkommt[66]. Er hat also hier immer noch vergleichsweise günstige Lebensbedingungen.

Auch die Reb- und Birkhühner sind weitaus mehr von der sich verändernden Umwelt betroffen als von der Dezimierung durch Raubtiere. Rebhühner haben durch die Flurbereinigungen den größten Teil ihrer natürlichen Deckung (Büsche, Hecken etc.) eingebüßt. Zudem legen sie ihre Nester hauptsächlich auf den erhöhten Ackerrainen an, wo sie bei Regen relativ schnell trocknen. Nach der Flurbereinigung entstanden hier jedoch tiefe Furchen, wo sich das Wasser nun sammelte[67]. Daß kalte Nässe für Rebhuhnküken gefährlich ist, braucht wohl nicht weiter erläutert zu werden. Außerdem sind Rebhuhnküken auf eiweißreiche Insektennahrung angewiesen, die jedoch durch die Verarmung der Pflanzenwelt und den Einsatz von Spritzmitteln schlecht verfügbar geworden ist: Die Küken müssen verhungern[68]. In reich strukturierten Lebensräumen ist der Einfluß von Beutegreifern vernachlässigbar, in schlecht geeigneten Lebensräumen hingegen nützt dem Rebhuhn eine geringe Beutegreiferpopulation ebensowenig wie dem Hasen[69]. Das Birkhuhn ist ebenfalls vor allem von der Verschlechterung des Lebensraumes beeinträchtigt, wie der zunehmenden Technisierung der Landwirtschaft, der Trockenlegung von Mooren oder Pestizid- und Kunstdüngereinsatz[70].

Die industrialisierte Landwirtschaft, die zur Produktionssteigerung immer mehr Platz beansprucht, ist einer der größten Zerstörer von Lebensräumen, wie der renommierte Tier- und Landschaftsökologe Wolfgang Erz auf einer Diskussionsveranstaltung in München erklärte[71]; eine Meinung, der seriöse Wissenschaftler in der Regel zustimmen. REICHHOLF ist der Ansicht, daß 70 bis 75% des Artenschwundes alleine auf die Landwirtschaft zurückzuführen sind[72]. Von der Jägerschaft wird dies gelegentlich bestätigt, viel öfter aber verneint. Meist werden letzten Endes Fuchs, Habicht und andere „Raubtiere" verantwortlich gemacht.

KALCHREUTER meint über den Rückgang des Birkhuhns gar, es sei in den 1970er Jahren wesentlich rascher verschwunden, als Biotopzerstörung oder Witterungseinflüsse dies je hätten bewirken können; in Schleswig-Holstein etwa sei die Zahl balzender Hähne innerhalb von drei Jahren um 50% zurückgegangen[73]. Diese Einschätzung erscheint merkwürdig, denn schließlich ist das Biotop die Lebensgrundlage für jede Tierart - wird es zerstört oder stark verändert, ist auch diese Grundlage futsch, und die Tierart kann dort nicht überleben, und wenn man noch so viele Beutegreifer umbringt. Das wirkt sich um so verheerender aus, je empfindlicher eine Art auf Veränderungen in ihrem Lebensraum reagiert. Auf einer Farm in Illinois/USA bewirkte die Reduktion der Weiden und die Ausdehnung der Ackerflächen innerhalb von nur sechs Jahren einen Rückgang der Brutbestände der Virginia-Wachtel um 87%. Die Meinung, die Veränderung des Lebensraumes könne so einen starken Rückgang nicht verursachen, bezeichnet ROSEBERRY als die eines „flüchtigen Beobachters"[74].

Wie man Fakten zum eigenen Nutzen verdreht

Untersuchungen auf Inseln ohne Beutegreifer zeigen, wie Jagdwissenschaftler vom Schlage eines KALCHREUTER Tatsachen zu ihren Gunsten umbiegen, indem einfach wichtige Fakten weggelassen oder verdreht werden. Auf der Nordseeinsel Föhr gibt es außer Igeln, Hermelinen und verwilderten Hauskatzen keine Beutegreifer. Allein darauf führt KALCHREUTER „die verblüffend hohen Niederwildbe-

Der Feldhase: Die Argumente, wonach der Fuchs eine Gefahr für ihn wäre, sind alles andere als überzeugend. Viel mehr zu schaffen macht ihm die Verschlechterung seines Lebensraumes.

© Beate Ludwig

sätze"[75] auf der Insel zurück und sieht dies als Beweis dafür, daß die Flurbereinigungen und Agrarwüsten nicht die Ursache für den Rückgang des Niederwildes sein können, denn:

> *„Die Landwirtschaft wird auf der Insel so intensiv betrieben wie auf dem Festland. Schon 1963 wurde die Flurbereinigung durchgeführt."*[76]

Der einzige nennenswerte Unterschied zum Festland ist nach KALCHREUTER das weitgehende Fehlen niederwildjagender Beutegreifer. Das muß also die Ursache für die hohen Niederwildbestände auf Föhr sein. Demnach sind Beutegreifer der Grund für die niedrigen Bestände auf dem Festland.

Forscht man allerdings nach, ergibt sich ein ganz anderes Bild. Eine Auswertung der Studie von PEGEL, den KALCHREUTER als Beleg für seine Behauptungen heranzieht, ergibt tatsächlich, daß durch die fehlenden Beutegreifer auf Föhr der Fortpflanzungserfolg des Hasen exorbitant hoch ist. Unter den 13 untersuchten Gebieten fällt Föhr beim „Zuwachs" völlig aus dem Rahmen[77]. Während auf dem Festland durchschnittlich ein Zuwachs von 50% erreicht wird (d.h. aus 100 Hasen im Frühjahr werden 150 Hasen im Herbst), wird auf Föhr ein durchschnittlicher Zuwachs von 150% erreicht; in einem Jahr lag dieser sogar bei 229%[78].

Allerdings bedeutet das noch lange nicht, daß die „Wilddichte" auf Föhr wirklich höher ist als auf dem Festland. Denn der „Zuwachs" innerhalb eines Jahres wird entsprechend der Biotopkapazität durch verschiedene Sterblichkeitsfaktoren - Beutegreifer, Witterung, menschliche Eingriffe etc. - wieder aufgezehrt. Bedeutend für die tatsächliche Siedlungsdichte einer Art ist der Frühjahrsbestand an erwachsenen, fortpflanzungsfähigen Tieren vor Beginn der Fortpflanzungsperiode (der sogenannte Stammbesatz). Das betont PEGEL mehrfach mit Nachdruck:

> *„Viel aussagekräftiger für die Beurteilung der Bestandssituation einer Tierart ist*

91

jedoch die Frühjahrsdichte zu Beginn der Fortpflanzungsperiode. Sie wird erreicht, nachdem alle negativen Einflußfaktoren im Laufe des Jahres überstanden sind. Als Endprodukt von Zuwachs und Sterblichkeit stellt sie die Startgröße für die jeweilige weitere Populationsentwicklung dar."[79]

Und eben diese Frühjahrsdichte, die für die Bestandssituation des Hasen entscheidend ist, ist auf Föhr verglichen mit den Probeflächen auf dem Festland *deutlich niedriger*[80]. Die höchsten Frühjahrsdichten wurden in Rheinhessen erreicht - bei hohen Beutegreiferdichten. Grund dürfte das günstige Klima und die optimale Biotopausstattung sein[81]. Somit wird trotz fehlender Beutegreifer der hohe Zuwachs auf Föhr durch die niedrige Umweltkapazität wieder neutralisiert.

Das bedeutet zusammenfassend: Beutegreifer - vor allem der Fuchs - senken zwar die Hasendichte im Herbst deutlich ab. Die Frühjahrsdichte, die für die Bestandssituation entscheidend ist, ist jedoch weniger von Beutegreifern, sondern von den Biotop- und Witterungsverhältnissen abhängig. Wo diese nicht ausreichend sind, kann auch ein noch so hoher Zuwachs durch die Abwesenheit von Beutegreifern den Stammbesatz nicht erhöhen. Allenfalls im Zusammenspiel mit anderen ungünstigen Umweltfaktoren und hohen eigenen Dichten kann der Fuchs einen bestandsbegrenzenden Einfluß ausüben, den Hasen aber nicht gefährden[82] - selbiges gilt allerdings auch für die Jagd durch den Menschen:

„Die mögliche Siedlungsdichte des Feldhasen (die Höhe des mittleren Stammbesatzes) wird maßgeblich durch klimatische Grundbedingungen, Bodeneigenschaften sowie durch die Vegetations- und Nutzungsverhältnisse im Lebensraum bestimmt. Dichtebegrenzende Faktoren können unter den momentan gegebenen Umweltbedingungen der Rotfuchs und die jagdliche Nutzung sein."[83]

Der zweite Teil der Studie beschäftigte sich mit dem Rebhuhn. Auch hier untersuchte PEGEL Föhr und stellte fest, daß sich die Rebhühner in den Bereichen der Insel konzentrieren, in denen die Biotopqualität noch ausreichend ist:

„Das Revier besteht (wie die gesamte Insel) zu einem Drittel aus Geest mit trockenen Sandböden und reicher Deckung in Form von Graswällen und Hecken. Auf diesem Geestteil des Revieres lag die kleinlokale Dichte bei 8,2 Brutpaaren pro 100 ha im Frühjahr. Zwei Drittel des Revieres bestehen aus Marschböden, die nach längeren Niederschlägen Staunässe aufweisen. Die kleinlokale Dichte betrug in diesem Teil nur 1,2 Exemplare pro 100 ha. Derartige Dichten (auch die der Geest) werden auf dem Festland auch bei hoher Raubwilddichte erreicht und unter günstigen klimatischen Bedingungen und geeigneten Biotopverhältnissen z.T. weit übertroffen."[84]

Demnach ist Föhr mitnichten ein Beweis dafür, daß Beutegreifer das große Problem für das Niederwild sind, sondern im Gegenteil ein ziemlich deutlicher Beleg dafür, daß vor allem die Biotopqualität und die Witterungsverhältnisse das Vorkommen des Niederwildes bestimmen.

Weiterhin bewirkt das wachsende Straßennetz, das den am stärksten trennenden Eingriff in die Natur darstellt, daß Populationen voneinander isoliert werden[85]. Sind diese Populationen jedoch schließlich zu klein, sind sie nicht mehr überlebensfähig[86]. Direkt oder indirekt ist also meistens der Mensch die Gefährdungsursache, da er die Lebensgrundlagen verschiedener Wildtierarten zerstört oder soweit verändert, daß sie den Ansprüchen der betroffenen Arten nicht mehr genügen. Reb- und Birkhühner sind außerdem durch das Aussetzen des Fasans zu Jagdzwecken beeinträchtigt, was in Kapitel 6 noch genauer unter die Lupe genommen wird, ebenso wie die Auswirkung der Jagd auf seltene Tierarten in Kapitel 8.

Dennoch: Beutegreifer dezimieren ihre Beute

Das alles soll allerdings nicht heißen, daß Beutegreifer gar keinen Einfluß auf die Bestandszahlen seltener Tierarten nehmen. Sie fressen ihre Beutetiere, demnach senken sie auch deren Anzahl. Daß das in der Regel keine für die Art schädlichen Auswirkungen hat, dürfte mittlerweile klar sein. Dennoch: Läuft einer der letzten Birkhähne einem Fuchs oder Sperber über den Weg und wird gefressen, so hat das selbstverständlich Auswirkungen, da er einer von wenigen und nicht einer von vielen ist. Kurzfristig mag man einer kleinen Population von Beutetieren mit der Bejagung von Beutegreifern vielleicht helfen können, langfristig jedoch ist dies keine Lösung, wie REICHHOLF betont:

> *„Wenn das Birkhuhn die Verluste an den Habicht nicht mehr ausgleichen kann, sind die Lebensbedingungen so schlecht geworden, daß es durch ein „Kurzhalten" des Habichts sicher nicht mehr zu retten sein wird. Man neigt dazu, den Einfluß [...] des Beutegreifers [...] zu überschätzen."*[87]

Auch die Biologen MÄCK UND JÜRGENS, die für das Bundesamt für Naturschutz eine umfangreiche Studie zum Einfluß von Rabenvögeln auf andere Tierarten verfaßten, stellen klar:

> *„Das Fehlen geeigneter Lebensräume kann durch die Beseitigung von Prädatoren nicht ausgeglichen werden."*[88]

Wenn Habichte oder Füchse zufällig die letzten Birkhühner töten, so vollenden sie eigentlich nur das Werk derer, die den Birkhühnern ihre Lebensgrundlage genommen und sie an den Rand der Ausrottung getrieben haben. Es ist daher unsinnig, Beutegreifern die Gefährdung ihrer Beutearten anzulasten, denn deren Ursachen liegen woanders. Hier ist nicht dauerhafte und gewaltsame Gegenmanipulation vonnöten, sondern die Rücknahme der eigentlichen, vom Menschen geschaffenen Gefährungs*ursache*. Es hilft nichts, mit Pulver und Blei an den Symptomen herumzudoktorn, wenn die Ursache nicht angegangen wird, und das ist nun einmal die Zerstörung des Lebensraumes der betroffenen Arten. Hier sollte sich der Mensch an die eigene Nase fassen, statt andere Lebewesen für seine Fehler mit dem Leben büßen zu lassen. Aufwendige Bestandsstützungsprojekte, bei denen die betreffenden Arten nur mit massiver und brutaler Manipulation der Umwelt „erhalten" werden können, haben mit Naturschutz nichts zu tun. Hier werden Zoos angelegt. Das wird sich so lange nicht ändern, bis der Mensch entweder akzeptiert, daß duch seinen Lebensstil einige Tiere lokal ausgerottet werden (in Rußland etwa sind Birkhühner alles andere als bedroht) oder sich entschließt, die Gründe für die Gefährdung zu beseitigen.

Der Rotfuchs - Die herkömmliche Jagd dezimiert ihn nicht

Außerdem ist es bei den meisten Beutegreifern und gerade beim Fuchs mehr oder weniger unmöglich, eine Reduktion seiner Zahl durch die Jagd zu erreichen. Wenn Sie sich noch an das Wachstumsdiagramm in Form der S-Kurve erinnern, wird offensichtlich, daß eine Tierart sich umso stärker vermehrt, je weiter ihre Dichte abgesenkt wird - es sei denn, man treibt die Bekämpfung bis zur flächendeckenden Vernichtung. Dünnt der Mensch die Population aus, ist mehr Nahrung und mehr Raum vorhanden, und so kann mehr Nachwuchs aufwachsen[89]. Das kann den Aderlaß ausgleichen. Wir haben schon gesehen, daß dies längst nicht bei allen Tierarten der Fall sein muß und die Jagd die Bestände durchaus dezimieren kann. Aber es ist umso wahrscheinlicher, je mehr eine Art ein r-Stratege ist.

Der Fuchs kann nun selbst extrem hohe Verluste wirksam ausgleichen. Er lebt normalerweise in „Familienverbänden", in denen nur eine Füchsin Nachwuchs bekommt. Sinkt die Konkurrenz durch andere Füchse nun stark, so steigt die Zahl der Jungfüchse pro Füchsin - die Umkehrung der Regel, daß bei steigender Konkurrenz die Zahl der Nachkommen abnimmt[90]. Außerdem bekommen nun auch diejenigen Füchsinnen Nachwuchs, die vorher nur bei der Aufzucht der Kinder geholfen hatten[91]. In Gebieten, in denen Jagddruck und Tollwut die Füchse ständig dezimieren, reproduzieren 80-90% der weiblichen Füchse. In manchen englischen Städten, wo es weder Jagd noch Tollwut gibt, sind es hingegen nur 25% [92].

Weiterhin haben Füchse ihre eigenen Territorien. Wird ein Fuchs aus seinem weggeschossen, so wandern Tiere aus anderen Gegenden ein; ein leergeschossenes Revier hat eine regelrechte Sogwirkung auf revierlose Füchse[93]. Somit bringt die Bejagung des Fuchses langfristig wenig, abgesehen vom Jagderlebnis und eventuell dem Pelz. Es gibt zwar mehr Jungtiere, die Gesamtzahl der Füchse nimmt allerdings nicht ab, und die Verminderung oder Vernichtung einer lokalen Population zieht eine Einwanderungswelle nach sich. Solche Beispiele gibt es zuhauf in der Tierwelt. Tiere können ihre Dichten selbst regeln, sie brauchen dazu keine mit Gewehr und Fangeisen arbeitenden Menschen. Die Vergeblichkeit dieser Methoden verdeutlicht die jahrelange drastische Reduktion des Fuchses in einem 1.300 Hektar großen Forschungsrevier in der Magdeburger Börde. Obwohl die Füchse dort drastisch bekämpft und in einigen Jahren sogar vollständig vernichtet wurden, stellte sich stets ein Frühjahrsbestand von 20 Füchsen ein, wie der Wildbiologe KUGELSCHAFTER berichtet[94].

Daher ist der Anspruch der Jäger, durch „Dezimierung" des Fuchses (und anderer r-selektierender Beutegreifer) irgendwelchen Tierarten zu helfen, absurd. Wenn man denn einmal den Fuchs Fuchs sein läßt, zeigt sich auch, daß wir von ihnen ohne Bejagung keineswegs „aufgefressen" werden, wie so mancher Waidmann behauptet[95]. Im Nationalpark Berchtesgadener Land werden Füchse seit 25 Jahren nicht mehr bejagt[96]. Auf ihre Zahl hat sich das der Nationalparkverwaltung zufolge nicht erkennbar ausgewirkt[97]. Auch im großen italienischen Nationalpark „Gran Paradiso" werden Füchse schon seit Jahrzehnten nicht mehr bejagt, ohne daß es Probleme gibt[98]. Und bevor mancher Jäger jetzt wieder vom nicht repräsentativen Nationalparkbeispiel schwadroniert: In England gab es 2001 aufgrund der Maul- und Klauenseuche ein landesweites einjähriges Jagdverbot auf Füchse. Diese Gelegenheit nutzten Forscher der Uni Bristol, um die Behauptung der Jäger zu testen, sie würden uns vor einer „Räuberschwemme"[99] bewahren. Ergebnis: Das einjährige Bejagungsverbot hatte keine Zunahme der Füchse zur Folge, in einigen Gegenden nahm die Zahl der Füchse anscheinend sogar ab[100]. Auch in den Niederlanden, in denen die Jagd seit April 2002 in weiten Teilen unterbunden ist, gibt es keine negativen Folgen. Und das, obwohl nun in den Niederlanden keine einzige Beutegreiferart mehr bejagt werden darf. Zwar gab es bisher noch keine gründlichen Untersuchungen, aber dem niederländischen Umweltministerium zufolge konnte man bisher keine negativen Auswirkungen des neuen Gesetzes beobachten[101]. Da solche Meldungen (erwartungsgemäß) fehlen, bleibt den Jägern auch nichts anderes übrig, als sich einfach nur darüber zu beklagen, daß man in Holland nicht mehr vernünftig jagen kann: Ein Bericht der „Jagd in Bayern" vom Februar 2003 über die Situation in den Niederlanden ließ jedenfalls Meldungen über Niederwildausrottungen durch Füchse, Greife und ähnliches vermissen[102].

Die Anzahl von Tieren, die gesunden, verbreiteten Arten von r-Strategen angehören, kann die Jagd kaum vermindern, wenn sie so ausgeübt wird wie heute. Mit einer flächendeckenden Vernichtungskampagne könnte man den Fuchs vielleicht „kurz halten". Die herkömmliche Jagd vermag dies jedoch nicht. Der Fuchs und einige andere Arten kompensieren den Aderlaß mit erhöhter Fortpflanzung.

Wie man Beutegreifern die Gefährdung des Niederwildes anhängen will

Eigentlich ist das alles auch den Jägern klar. ULRIKE KAY-BLUM führt in der *Pirsch* auch die Verschlechterung des Lebensraumes als Ursache für den Rückgang des Birkhuhnes an, freilich nur beiläufig[103]. In einer anderen Ausgabe berichten VÖLKL UND METZNER von Renaturierungsmaßnahmen am Obermain, wo sich auch ohne Räuberbejagung wieder Rebhühner verbreiten[104]. Die höhere Nachwuchsrate bei bejagten Füchsen wird selbst von KALCHREUTER bestätigt[105]. Dennoch wird in der Öffentlichkeit alles getan, um den Eindruck zu erwecken, die

„Freßfeinde" seien an allem schuld und müßten mit Flinte und Falle dezimiert werden. Hier wird vor keinem noch so pseudowissenschaftlichen Unsinn halt gemacht. So meldet die *Deutsche Jagd-Zeitung* im Oktober 2002, daß in Brandenburg 2001/02 40.009 Füchse erlegt wurden. „Das allein zeigt, wie groß der Räuberdruck auf die Beutetiere ist", so die *Deutsche Jagd-Zeitung*[106]. Das ist absolut hanebüchener Unsinn. Erstens können Jagdstrecken lediglich Trends anzeigen. Allein schon aufgrund unterschiedlicher Jagdintensität können sie nur wenig über den tatsächlichen Bestand von Tieren aussagen. Außerdem müßte man, um den „Räuberdruck" zu beurteilen, auch über die Bestände der Beutetiere informiert sein und darüber, wie viele Tiere welcher Art dem Fuchs zum Opfer fallen. Vielleicht um solche Mißstände zu beseitigen, hat der DJV-Niederwildausschuß durchgesetzt, daß eine Studie der Tierärztlichen Hochschule Hannover fünf Jahre lang finanziell unterstützt wird.

> *„Die Mitglieder des Ausschusses halten es für zwingend geboten, den Nachweis zu erbringen, dass eine effektive Reduktion opportunistischer Beutegreifer zu einer nachhaltigen Erholung der Niederwildbesätze führt."*[107]

Wissenschaft á la DJV: Wenn eine Studie von der Jägerschaft finanziert und von vornherein nicht dazu gedacht ist, herauszufinden, ob eine Behauptung stimmt, sondern „den Nachweis zu erbringen", daß sie stimmt, wozu dann noch eine Studie?

Revierjagdmeister EICKHOFF zetert im *Jäger*, daß eine Vollschonung der „Birkwildfeinde" einer „Ausrottung durch ökologischen Fundamentalismus" gleichkäme und „eigentlich strafrechtlich zu verfolgen wäre"[108]. In Fettdruck und mit Ausrufezeichen. Und obwohl wir gesehen haben, daß z.B. Rebhühner sehr wohl in Gebieten mit hohen Räuberdichten leben können, wenn nur der Lebensraum ausreichend ist, behauptet der DJV in seiner Broschüre *Von der Natur der Jagd* stumpf genau das Gegenteil: „Ohne ihre Kontrolle [die der Räuber] durch die Jäger nützt der beste Unterschlupf dem Rebhuhn nur wenig"[109]. Platter kann man wohl nicht versuchen, die Öffentlichkeit zu täuschen. Oder doch?

Der Präsident des Landesjagdverbandes Hessen, Dietrich Möller, versucht, der Öffentlichkeit weiszumachen, Rehkitze stünden im Frühjahr und Sommer „bevorzugt" auf dem Speiseplan des Fuchses[110]. Tatsache ist, daß Füchse die gut getarnten und geruchslosen Kitze nur in Einzelfällen reißen, wenn sie sie zufällig finden.

> *„Die Anzahl der Rehe als Fuchsbeute liegt so niedrig, daß sie prozentual fast völlig verschwindet"*[111],

bemerkt SCHRÖPEL in seinem Buch *Räuber und Beute*. Zudem lassen sich LABHARDT zufolge Rehreste in Fuchsmägen und -losungen „so gut wie nur im Winterhalbjahr nachweisen"[112], womit Kitze, die im Frühjahr und Sommer auf der Speisekarte stehen, saisonal bedingt weitgehend wegfallen. Den Vogel schießt allerdings - wieder mal - KALCHREUTER ab. In der vierten Auflage seines Buches *Die Sache mit der Jagd* bildet er nebenstehende Diagramme ab, die den Einfluß stei-

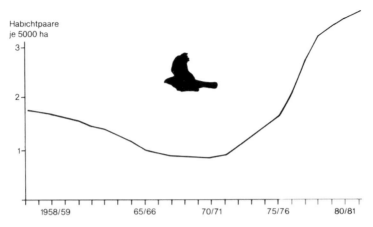

Habichtpaare
je 5000 ha

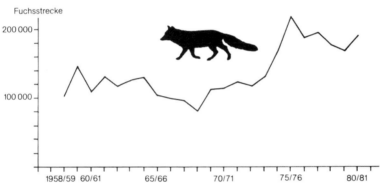

Fuchsstrecke

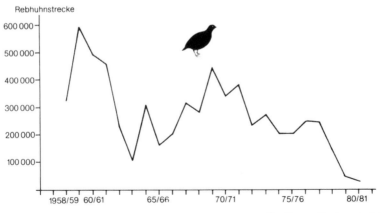

Rebhuhnstrecke

Grafik aus KALCHREUTER 1984

gender Fuchs- und Habichtbestände auf das Rebhuhn zeigen sollen. Die Argumentation gründet sich auf die Tatsache, daß Jagdstrecken zwar nichts über die Bestände von Tieren aussagen, aber durchaus Trends wiedergeben und somit Bestands*entwicklungen* abbilden können. Geht die Jagdstrecke einer Tierart zurück, ohne daß sich der Jagddruck geändert hat, so ist anzunehmen, daß auch der Bestand abgenommen hat.

Kommentiert werden diese Jagdstrecken/Bestandsentwicklungen folgendermaßen: „Die erste Rückgangsphase der Rebhühner war begleitet von einem steilen Anstieg der Fuchsstrecke"[113]. Da kann KALCHREUTER wohl seine eigenen Diagramme nicht lesen. Schauen Sie genau hin: Nach einem Hoch im Jagdjahr 1959/60 gehen die Strecken von Fuchs und Rebhuhn *gemeinsam* zurück. Am Tiefpunkt der Rebhuhnstrecke 1963/64 war die Fuchsstrecke um etwa 20.000 Tiere geringer als vorher. Weiter geht's: „[D]ie zweite fiel in die Zeit stark zunehmender Habichtsdichten seit 1977"[114]. Schade nur, daß der zweite Abwärtstrend schon 1969/70 deutlich zu sehen ist, als der Habicht sein absolutes Tief erlebte. Einen Tiefpunkt erlebt das Rebhuhn 1972/73; da war der Fuchs aber noch nicht besonders häufig, und der Habicht fing gerade erst an, sich zu erholen. Erst Ende der 70er, Anfang der 80er Jahre ist eine mögliche Übereinstimmung zwischen der steigenden Habichtsdichte und dem Rückgang des Rebhuhns feststellbar, alles andere paßt hinten und vorne nicht zusammen.

Darüber hinaus beweist die simple Nebeneinanderstellung dieser drei Kurven gar nichts. Selbst wenn die Kurven zur Argumentation passen würden und eine Zunahme von Habicht und Fuchs deutlich mit dem Rückgang der Rebhühner einhergehen würde, bedeutet das noch lange nicht, daß es da auch einen ursächlichen Zusammenhang gibt. Die Ursachen für den Rückgang des Rebhuhns können auch ganz woanders liegen (und das tun sie, wie wir gesehen haben). Außerdem argumentiert KALCHREUTER, daß der Habicht zugenommen habe, weil das Angebot an Haus- und Brieftauben gestiegen sei[115]. CONSIGLIO bemerkt ganz richtig, daß dies KALCHREUTER noch unglaubwürdiger macht: Denn wenn Haus- und Brieftauben der Grund für die Zunahme des Habichts sind, heißt daß, daß dieser vor allem jene Tiere jagt und die eher seltenen Rebhühner vernachlässigt, was vollkommen natürlich ist[116]. Diese konfuse Argumentation eines passionierten Jägers, gepaart mit der Fehldeutung von Diagrammen, ist ein Fall für den Reißwolf. Genau da scheint sie auch gelandet zu sein: Die Abbildung fiel jedenfalls in der fünften Auflage weg.

Grund für die „Räuberausmerzung": Der Anstieg der eigenen Jagdstrecken

Wenn Beutegreifer ihre Beutetiere nicht gefährden, warum um alles in der Welt werden sie dann so rigoros verfolgt? Einen ersten Hinweis darauf erhält man, wenn man sich anschaut, daß die angeblich von Beutegreifern gefährdeten Arten zumeist immer noch von Jägern bejagt werden. Mit der Begründung, die Jagd würde nur den Überschuß abschöpfen. Was davon zu halten ist, wissen wir bereits. Die Frage ist, warum um alles in der Welt man mit dem Hinweis, hier handle es sich nur um überschüssigen Zuwachs, über 12.000 Rebhühner und über 450.000 Hasen im Jahr erschießt[117] und gleichzeitig massiv Beutegreifer bejagt, um genau diese Tiere vor einer Dezimierung zu „schützen". Der Grund könnte darin liegen, daß Beutegreifer zwar langfristig die Bestandsdichte ihrer Beutetiere nicht negativ beeinflussen, daß aber im Herbst - zu Beginn der Jagdzeit auf diese Beutetiere - durchaus mehr „Niederwild" da ist, wenn man Beutegreifer scharf bejagt. Denn bevor die Tiere dem Winter oder Beutegreifern zum Opfer fallen, kann man sie doch auch erschießen. Das kommt ja aufs gleiche raus, nicht wahr? Das Hauptziel der massenhaften Beutegreifertötung scheint zu sein, daß man im Herbst mehr Tiere hat, die man selbst erschießen kann. Daß Tiere gezielt für den Abschuß herangehegt werden, kennen wir ja schon. Hier werden nur rabiatere Methoden angewendet. Methoden, mit denen Jäger schon seit langer Zeit den Beutegreifern nachstellen. Die Begründung, sie täten dies für den Artenschutz, ist dagegen relativ neu.

Das nebenstehende Diagramm aus KALCHREUTERS Neuauflage zeigt sehr deutlich, worauf die Jägerschaft hinaus will. Es bezieht sich auf die genannte Untersuchung der „Game Conservancy", in der der Fuchs angeblich den gesamten Hasennachwuchs erbeutete. Die untere durchgehende Kurve zeigt den Hasenbestand unter Einfluß des Fuchses, die obere zeigt den Bestand ohne Erbeutung durch Reineke. Deutlich ist zu sehen, daß mit Fuchseinfluß der Hasenbestand am Ende des Jahres so hoch ist wie am Anfang. Nirgends

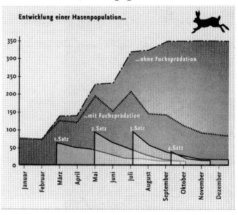

Diagramm aus Kalchreuter (2003).

ist hier zu sehen, daß er die Hasenbestände „dezimiert". Sie bleiben auf dem gleichen Niveau, womit das Ziel der Fortpflanzung erreicht ist. Was allerdings deutlich zu sehen ist, ist folgendes: Schaltet man den Fuchs als Beutegreifer aus, bleibt vom „Zuwachs" der Hasen am Ende des Jahres eine ganze Menge übrig, nämlich zwei- bis fünfmal so viel[118]. Und eben dieser Zuwachs kann bejagt werden, ohne daß der Bestand der Hasen - allerdings lediglich theoretisch und zahlenmäßig - beeinträchtigt wird. Auch die Feldhasen-Studie von PEGEL ergab eindeutig, daß für die Frühjahrsdichte - die für die Bestandssituation einer Art maßgeblich ist - vor allem Biotop- und Witterungseinflüsse von Bedeutung sind. Der Fuchs wirkt sich hauptsächlich auf den jagdlich nutzbaren Zuwachs aus (s.o.).

Und so schwärmt „KS" im Forum der Internetseite *weiberrevier.de*, daß man in „einem typischen Niederwild-Revier" durch „intensivste" Raubwild-Bejagung im

Folgejahr „dort 300 Hasen zur Strecke gebracht" habe[119]. Herzlichen Glückwunsch, Naturschutzmaßnahme geglückt! Die *Pirsch* vermeldet, daß man der „Räuberschwemme" Herr werden müsse: „Das ist die Methode, um gute Hasenstrecken zu erzielen"[120]. In der *Wild und Hund* sorgt sich SCHMITT in einem Bericht über „Ratten im Revier" auch nicht um einen Rückgang des Niederwildes, sondern um den Verlust des „Zuwachses"[121] - verständlich, der ist ja auch jagdlich nutzbar. In der vierten Auflage von *Die Sache mit der Jagd* stellt KALCHREUTER anhand von Rechnersimulationen fest:

> *„Die obere Kurve, eine Computer-Simulation aus den jeweiligen Klimadaten stellt die Entwicklung der Hasenstrecke dar, wenn diese weiterhin überwiegend durch die Witterung bestimmt worden wäre. Sie zeigt abnehmenden Trend, entsprechend des ungünstigen Wetters während mehrerer Jahre. Die tatsächliche Strecke (untere Kurve) liegt aber wesentlich darunter und betrug in manchen Jahren nur noch ein Drittel der theoretisch möglichen."[122]*

Und damit will man sich schließlich nicht zufrieden geben. Warum nur 100.000 Hasen erschießen, wenn es auch 300.000 sein könnten, und das ganze Raubwild und Raubzeug noch dazu? Auch ein weiterer prominenter Wissenschaftler im Dienste der Jagd, DR. HEINRICH SPITTLER, stellt fest:

> *„Dann sind nämlich zum Beispiel in einem 500-Hektar-Feldrevier mit einem Stammbesatz von 250 Hasen im Herbst 500 Hasen vorhanden, so daß nachhaltig 250 erlegt werden könnten. Daß derartige Strecken bei entsprechend guter Witterung trotz intensiver Landwirtschaft auch heute noch möglich sind, wenn nur der Fuchs scharf bejagt wird, dafür gibt es Beispiele genug."[123]*

Wohin man auch schaut: Wenn Jäger unter sich sind (oder so denken), dann ist selten von einem Schutz der Tiere vor Gefährdung oder Aussterben als vielmehr von einer Erhöhung der Strecken die Rede. Forderungen, etwa Rebhühner oder Feldhasen nicht mehr zu bejagen, werden stets unwirsch abgewiesen; dies schade den Tieren doch nicht. Lokal wird die Jagd auf diese Tiere zwar eingestellt, wenn der Bestand schon katastrophal zusammengebrochen ist, aber eine generelle Schonung wird abgelehnt. Anstatt etwa den deutschen Rebhuhnbestand sich erst einmal erholen zu lassen und lokale Vorkommen als Kernzelle für Neuausbreitungen zu nutzen, wird einfach weiter Jagd auf Beutegreifer gemacht, auf daß im Herbst mehr Niederwild geschossen wird. Außerdem macht ja auch die Jagd auf die „Räuber" Spaß. Nur so ist zu erklären, wieso sogar Mauswiesel jedes Jahr zu Zehntausenden getötet werden, obwohl sie fast vollständig auf Mäuse spezialisiert sind und somit noch nicht einmal in Konkurrenz zu den Jägern stehen. Und selbstverständlich „ist die Bejagung des Winterfuchses mit seinem reifen, langbegrannten Balg das eigentlich Interessante", wie HEIL in der *Deutschen Jagd-Zeitung* zu berichten weiß[124]. Die Jagdgazetten sind voll mit pathetischen, schmalztriefenden Erlebnisberichten von der spannenden und aufregenden Jagd auf den „Roten Freibeuter"[125].

Das Mauswiesel ist der kleinste „Raubsäuger" der Welt. Männliche Mauswiesel werden 15-25 cm lang und 30-105 g schwer. Weibliche erreichen eine Körperlänge von 14-16 cm und ein Gewicht von 30-45 g. Damit ist das Mauswiesel kaum größer als seine Hauptbeute, die Maus. Zu tausenden getötet werden die kleinen Marderartigen trotzdem.

© Beate Ludwig

Wie rigoros dabei vorgegangen wird, zeigt unter anderem, daß etwa dem Fuchs kaum jener Schutz zuteil wird, den andere Arten erhalten. Auf Bundesebene und in den meisten Ländern hat der Fuchs keine Schonzeit. Während der waidgerechte Jäger sich hüten wird, junge Hasen oder Fasanenküken zu töten (geschossen wird im Herbst), werden junge Füchse in Fallen gefangen, erschossen und erschlagen, sobald sie den Bau ihrer Eltern verlassen können. Selbst die *Pirsch* bezeichnet diesen Vorgang als „Eliminierung"[126]. Beim „Schliefen" werden Hunde in den Fuchsbau geschickt, damit sie die Füchse zur Erschießung heraustreiben. Jagdzeitschriften veranstalten „Fuchswettbewerbe", in denen erfolgreiche Fuchsjäger prämiert werden, etwa in den Kategorien „Die meisten Füchse pro Jäger" oder „Die meisten Füchse pro Ansitz" etc[127]. Daß die Waidmänner versuchen, sich möglichst gegenseitig zu überbieten, ist verständlich: „Fasanen neigen leicht zur Abwanderung, wenn [...] der Räuberdruck zu hoch ist"[128], beschreibt DAVID in der *Deutschen Jagd-Zeitung* ein wirklich schauriges Szenario für eine der Lieblingsniederwildarten der Jäger. Die Folge: Schießt der Reviernachbar mehr, schieße ich eben noch mehr, damit das Niederwild bei mir bleibt. Auch mit dem Gesetz nimmt man es da nicht ganz so genau. Findet man einen Fuchs in der Garage, der erkennbar nicht krank ist, so ist der Abschuß ohne besondere Erlaubnis verboten. Thor G. empfiehlt für diesen Fall im *Wild und Hund*-Forum: „sind keine Zeugen vorhanden 3S (schießen, schaufeln, Schnauze halten)"[129]. Und erst nach öffentlichem Unmut zog der DJV 1997 sein (zuvor noch einmal neu aufgelegtes) Merkblatt Nr. 2 zurück, in dem geraten wird, möglichst alle Igel im Revier mit dem Messer abzustechen, weil sie Fasanengelege fressen[130].

Selbst vor geschützten Tieren wird nicht halt gemacht. Während Ralf Roosen, Chefredakteur des *Jäger*, noch die Jagd auf Habicht und Bussard fordert[131], scheinen andere schon zur Tat zu schreiten. So mancher geschützte Greifvogel endet in einer Falle oder stirbt in einer Schrotgarbe (siehe Kapitel 8). In der Diskussion um eine legale Greifvogelbejagung wird auch mal die Wahrheit etwas zurechtgebogen; LANGGEMACH ET AL. meinen etwa zu Spittlers Überlegungen, den Sperber zum Schutze des Niederwildes wieder zu bejagen:

„Rebhuhn- und Fasanenküken treten nur als absolute Ausnahme als Sperberbeute auf, und schon gar nicht zu einem Anteil von 76% an der Beute!"[133]

Wieviel Verachtung es für Tiere gibt, die Jägern oder anderen Tiernutzern etwas wegnehmen könnten, zeigt sich wieder im Forum der Internetseite von *Wild und Hund*. „Blaserr93" empfiehlt als Maßnahme für den Habicht (und potentiell auch andere geschützte Greifvögel):

„5 große Thermopenfenster mit Rahmen, ca. 1x1m. Vier stellt man hochkant im Quadrat, eins als Deckel oben drauf, mit etwas Abstand, damit die Luft zirkulieren kann. In dieses „Aquarium" kommt eine alte Brieftaube mit Wasser und Futter. Dämmerts?
Was kann der Brieftaubensportler denn dafür, wenn der Habicht so dämlich ist und gegen die Fensterscheibe knallt?"[133]

Die Bejagung von Beutegreifern bedeutet nicht nur die Tötung von jährlich hunderttausenden von empfindsamen Lebewesen, sondern auch einen massiven Eingriff in natürliche Kreisläufe, den als „Naturschutz" zu bezeichnen schon fast unverschämt ist. Einen Nutzen davon haben allein die Jäger selbst, weil bei massiver Beutegreiferverfolgung im Herbst mehr Niederwild „geerntet" werden kann. Wie MATTHIAS MEYER in der *Pirsch* es ausdrückt:

„Niederwildhege ist eine noch immer lohnende Aufgabe des Jägers, 'damit es auf ewig Herbst bleiben möge'."[134]

4
Der Jäger als Wolfersatz?

„Wir Jäger sind nicht Ersatz für Großraubwild, wir entnehmen nicht nur Krankes und Schwaches aus der Wildbahn, wir jagen heute nicht zum Nahrungserwerb, sondern aus Freude am Beutemachen oder Überlisten. Das ist althergebrachtes Recht. Dafür zahlen wir, und dafür sollten wir auch einstehen."[1]

- Wolfram Osbyan, „Erfolgreich fangen"

Diskutiert man mit Jagdvertretern über Sinn und Zweck ihres Tuns, so wird meistens irgendwann behauptet: „Die Jäger müssen die ausgestorbenen Großraubtiere Bär, Wolf und Luchs ersetzen, sonst nehmen bestimmte Arten überhand". Ohne es groß zu betonen, verwenden die Jäger und ihre Vereine zumeist das Wort „ausgestorben"[2] oder auch „verschwunden" - was nur allzu verständlich ist. Der unbedarfte Bürger weiß vielleicht nicht oder denkt in dem Moment nicht daran, daß diese großen Beutegreifer nicht „ausgestorben" oder einfach „verschwunden" sind, sondern in weiten Teilen West- und Mitteleuropas vom jagenden Teil der Bevölkerung systematisch ausgerottet wurden[3]. So geht man unangenehmen Fragen danach aus dem Weg, warum man denn erst diese Tiere ausgerottet hat und nun meint, ihren Platz in der Natur einnehmen zu müssen.

Aber was passiert ist, ist passiert, und deswegen sollten wir uns der Frage zuwenden, wie das denn ist mit dem Menschen als Ersatz für Wolf, Luchs und Bär. Der Mensch wird also zum „Spitzenregulator" - aber muß er das? Und kann er das?

Die Raubtierersatz-Theorie: Schon in sich widersprüchlich

Wie wir im vorangegangenen Teilkapitel gesehen haben, ist es fraglich, ob und (wenn ja) in welchem Ausmaß Raubtiere ihre Beute zahlenmäßig regulieren. Auch ist es überhaupt etwas unverständlich, wieso die Jäger einerseits behaupten, die Rolle von Beutegreifern übernehmen zu müssen, auf der anderen Seite aber die noch vorhandenen Beutegreifer - und besonders den größten von ihnen, nämlich den Fuchs - so vehement bekämpfen. Das wäre damit erklärbar, daß die in Deutschland ausgerotteten Beutegreifer ein völlig anderes Beutespektrum haben als diejenigen, die heute noch hier sind. Die einen würden unsere Tierwelt bereichern, die anderen sind dagegen eher schädlich. Das wäre schon ein bequemer Zufall für die Jägerschaft, nicht wahr?

Zum Pech für die Waidmänner scheint das nicht zuzutreffen: Wölfe erbeuten zwar hauptsächlich Tiere wie Hirsche, Rehe und Wildschweine, aber auch Hasen, Kaninchen und andere Kleinsäuger[4], während der Luchs sich vor allem an Paarhufer, insbesondere Rehe, hält[5]. Die Großbären Mitteleuropas leben von zu drei Vierteln vegetarisch, erbeuten aber auch Säugetiere, Bodenvögel und Fische[6]. Somit haben diese drei Tierarten kein fundamental anderes Beutespektrum als etwa der Fuchs, auch wenn Wolf und Luchs auch solche Säugetiere erbeuten können, mit denen sich kein Rotrock anlegen würde. Daher erscheint es widersprüchlich, die Großräuber ersetzen zu wollen, gleichzeitig aber die nächstgrößeren „kurzzuhalten". Daß es heute Rehe und Wildschweine zuhauf gibt, weil Wolf und Luchs nicht mehr da ist, wäre denkbar - daß aber weniger fehlende Beutegreifer, sondern vielmehr die Jäger selbst die bedeutendste Ursache für die hohen Bestände dieser Arten sind, haben wir bereits diskutiert. Außerdem waren Wölfe und Luchse schon ausgerottet, lange bevor die Schalenwildbestände in die Höhe schossen.

Denkbar wäre noch folgendes: Vielleicht regulierten ja diese Raubtiere früher die auch heute noch vorkommenden Beutegreifer? Nun, die *Pirsch* weiß zu berichten, daß etwa zwischen Fuchs und Wolf keine direkte Konkurrenz besteht. Füchse werden von Wolf oder Luchs höchstens „gelegentlich" gerissen[7]. In diesem Fall hätte sich dieser Gedanke sofort erübrigt.

Anders sieht es allerdings DAVID MACDONALD, der berichtet, daß Wölfe Füchse zwar selten fressen, wohl aber töten, „wann immer sich eine Gelegenheit bietet". Das hängt damit zusammen, daß die beiden eng miteinander verwandten Arten in direkter Konkurrenz zueinander stehen[8].

Gehen wir einfach mal davon aus, daß der Fuchsforscher und nicht die *Pirsch* Recht hat. Dann müßte der Jäger - verbindet man die Ansicht MACDONALDS mit der waidmännischen Theorie vom Raubtierersatz - also vielleicht den Fuchs regulieren, weil der Wolf nicht mehr da ist und der Fuchs seine Beute deswegen zu sehr strapaziert. Was von dieser Behauptung zu halten ist (nämlich recht wenig), haben wir im vorangegangenen Teilkapitel schon gesehen. Bei der Selektion seiner Beutetiere wäre der Fuchs für den Jäger im Gegenteil eine wichtige und wesentlich kompetentere Unterstützung beim Projekt „Erhaltung eines gesunden Wildbestandes". Außerdem haben Rebhühner, Hasen und Co. noch mehr „Freßfeinde" als den Fuchs. Wenn dieser durch den Wolf dezimiert wird und mehr Rebhühner, Hasen etc. da sind, wäre zu erwarten, daß dieser „Überschuß" schnell auf dem Speiseplan von z.B. Greifvögeln stünde. Abgesehen davon wissen wir schon, wie effektiv der Fuchs Verluste ausgleichen kann. Der Wolf mag durch die rigorose Tötung von Füchsen erreichen, daß diese ihn meiden; ob er allerdings ihre Zahl herabsetzt, ist eher fraglich.

So oder so - es besteht zwischen der Bekämpfung der heute vorkommenden Beutegreifer und dem Anspruch der Jäger, als „Ersatzwölfe" die Wälder betreuen zu müssen, ein offensichtlicher Widerspruch.

Auch, wenn man diesen Aspekt einmal außen vor läßt, scheinen die Jäger in puncto „Ersatz für Großräuber" höchst widersprüchlich zu handeln. Warum zum Beispiel werden die offensichtlichen „Regulationsobjekte" Reh, Hirsch und Wildschwein künstlich gepäppelt, wenn es doch eigentlich nach der Theorie des Raubtierersatzes Sache des Jägers wäre, diese zu reduzieren? Wie sieht es mit der Behauptung der Jäger aus, sie würden nur den „Überschuß" des Niederwildes „ernten"? Dem steht die Behauptung gegenüber, sie müßten anstelle der Großräuber deren ehemalige Beutetiere regulieren, was ja bedeutet, daß ihr Ziel die Reduktion einer Überpopulation ist. Man kann erwidern, daß beim Niederwild nur der „Überschuß" getötet wird, beim Schalenwild hingegen die Beutegreifer wirklich ersetzt werden müßten, da es ja so hohe Populationen gibt. Aber wie glaubwürdig der Anspruch der Jäger ist, das Schalenwild im Zaum zu halten, wissen wir bereits.

Offensichtlich scheint die Jägerschaft nicht zu wissen, in welche Richtung sie nun argumentieren soll und hüpft hilflos von einem Bein aufs andere. Alles in allem ist es kein Wunder, daß man den Waidmännern keine detaillierten Erklärungen zu ihren tollkühnen Behauptungen entlocken kann.

Der Mensch kann den Wolf nicht ersetzen

Das derzeit einzige stabile Vorkommen des Wolfes in Deutschland bilden zwei Rudel auf dem Truppenübungsplatz Lausitz. 2003 gab es reichen Kindersegen: Gleich 14 Welpen kamen zur Welt (Sächsische Zeitung vom 04.09.2003).
© STELZERfotoBielefeld

Vollends unglaubwürdig werden diese, wenn man die Frage stellt, ob menschliche Jäger die Rolle der Großbeutegreifer - ob sie es nun müssen oder nicht - überhaupt übernehmen *können*. Vor allem die Selektionsfunktion der Beutegreifer läßt sich mit Flinte, Falle und menschlichen Sinnesorganen leider schlecht imitieren. Die Bambi-Mentalität, nach der z.B. Kitze ebenso geschont werden wie ihre Mütter, entspricht außerdem in keiner Weise der natürlichen Selektion, denn Beutegreifer holen sich nicht nur die Alten und Kranken, sondern bevorzugt auch die Jungen, die Unaufmerksamen - eben die Beute, die für sie am leichtesten erreichbar ist. Abgesehen von den schon in Kapitel 1 erwähnten Schwierigkeiten, die der Jäger hat, wenn er Krankheit oder Alter des Tieres feststellen soll, sind die Erbanlagen eines Tieres aber vollends nicht durch den Waidmann feststellbar. Schließlich erprobt er nicht wie der Fuchs die Kondition des Hasen, sondern legt mit der Flinte an, und PENG! - liegt vielleicht ein kerngesunder und genetisch wertvoller Hase auf der Strecke und später auf dem Teller des Jägers. Da nun die Konkurrenz durch andere Hasen geringer ist, kommen auch genetisch nicht so gut ausgestattete Tiere dazu, ihr Erbgut weiterzugeben. Selbiges gilt etwa für Luchs und Reh. Der Luchs ist ein Anschleichjäger; schlägt ein Überraschungsangriff fehl, so wird die Beute nicht verfolgt[9]. Für das Reh ist Aufmerksamkeit und Reaktionsschnelligkeit somit überlebenswichtig, damit es den Räuber möglichst schon vor dem Angriff bemerkt und die Flucht ergreift - eine typische Konditionierung in einem typischen Räuber-Beute-Verhältnis. Der Jäger hingegen sitzt auf seinem Hochsitz, legt an, drückt ab, und bringt auf zig Meter Distanz vielleicht ein Reh um, das äußerst aufmerksam war und einem Luchs wahrscheinlich nicht zur Beute geworden wäre. Eine in unseren Wäldern wohl alltägliche Fehlselektion. Angesichts dessen ist es anmaßend, wenn Jäger behaupten, Luchse würden alles töten, was ihnen vor die Krallen komme, egal, in welcher Verfassung das Tier sei, und nur der Jäger würde zwischen gesunden und kranken Rehen unterscheiden[10]. Und so stellt sich für CHRISTIAN SCHÜTZ die Frage: Weiß der Jäger,

> *„der ja oft schon Schwierigkeiten hat, die Tierart richtig anzusprechen, über die Erbanlagen seiner Beute so gut Bescheid, daß er nicht gerade die Lebenstüchtigsten in Bezug auf Nahrungsverwertung, Feindvermeidung, Witterung usw. herausselektiert?"[11]*

Der Berufsjäger BRUNO HESPELER hegt ebenfalls Zweifel an den hochtrabenden Ansprüchen seiner Waidgenossen:

> *„Tausende von Jahren wurden die Rehe und ihre Vorfahren von tierischen Räubern hart gezehntet und genau dadurch genetisch gesund gehalten. Wir geben vor, die Nachfolger dieser Räuber zu sein, ohne jedoch den Beweis unserer Tauglichkeit zu erbringen."[12]*

Unnatürliche Schonzeiten - „selbst die Geiß schlug er [der Luchs] bedenkenlos vor dem Kitz, wenn sie für ihn leichter zu erbeuten war"[13] - und der Dauerstreß, dem die Jäger das Wild im Gegensatz zu seinen natürlichen „Feinden" aussetzen, scheinen darauf hinzudeuten, daß die Jäger bei genauerer Betrachtung sogar den Beweis ihrer *Un*tauglichkeit erbringen.

Unnatürlich hoher Jagddruck auf das Reh

Ein Luchs etwa würde viel weniger Rehe töten, als dies Jäger in der Regel tun. Die Raubkatze beansprucht ein Revier von bis zu 10.000 Hektar und benötigt etwa 60 Rehe oder Gämsen im Jahr[14]. Das erscheint recht wenig für so eine große Fläche, ist aber logisch, wenn wir uns erinnern, daß Jagddruck Scheu verursacht: Um seine Beutetiere nicht so scheu zu machen, daß er sie nicht mehr vernünftig bejagen kann, zieht der Luchs nach einem Riß weite Strecken, bevor er sich die nächste Beute sucht[15].

Vergleicht man dies mit dem Treiben der Jäger, zeigt sich, daß das Rehwild durch den Menschen einem ungleich stärkeren Jagddruck ausgesetzt ist, als durch seine natürlichen Feinde. Ein Beispiel: Der Landkreis Göppingen ist 64.200 Hektar groß[16]. Selbst wenn die gesamte Fläche (also inkl. der menschlichen Siedlungen) durch Luchse beansprucht würde, würden dort maximal 380-390 Rehe im Jahr durch Luchse getötet. Die bejagbare Fläche ist natürlich wesentlich kleiner, da etwa in menschlichen Siedlungen nicht gejagt werden darf. Dennoch bringen es die Jäger im Kreis selbst auf dieser kleineren Fläche auf knapp 2.000 Rehe im Jahr[17], also über fünfmal so viel. Selbst, wenn auch noch Wölfe im Landkreis Göppingen jagen würden, wäre kaum anzunehmen, daß sie die restlichen 1.600 Rehe im Jahr „schaffen" würden - allein schon, weil das Reh nur eine der verschiedenen Beutearten des Wolfes ist. Das allein zeigt schon, daß die Nachstellungen der Jäger in keiner Weise denen der Beutegreifer entsprechen. Daß dieser Jagddruck zur überhöhten Scheu der Tiere führt, haben wir schon gesehen. Auch HESPELER ist dieser Ansicht:

> „Ein Luchs, der an 100 Tagen im Jahr auf 200 Hektar Waldfläche die Ansitzjagd ausüben würde, müßte glatt verhungern, weil die Rehe nach wenigen Tagen so scheu wären, daß sein zur Erbeutung notwendiger Energieaufwand 'unrentabel' wäre."[18]

Lautloser Jäger: Der Luchs. Einstmals ausgerottet, kommt er heute wieder in Deutschland vor.
© www.animal-public.de

Statt daß der Jäger wie Wolf und Luchs durch gezielte Selektion die genetische Fitness der Beutearten erhält und verbessert, können nun - womöglich mit gezieltem Abschuß der prächtigsten Exemplare und einer Veränderung der Altersstruktur - auch die „unfitten" Tiere ihr Erbgut weitergeben, während gesunde, genetisch wertvolle Individuen wortwörtlich auf der Strecke bleiben. Verschiedene Untersuchungen haben ergeben, daß menschliche Jäger nicht im entferntesten imstande sind, die Selektion der natürlichen Beutegreifer nachzuahmen. KRUUK versuchte bei seinen Forschungen über Tüpfenhyänen, sich in die Lage des Beutegreifers zu versetzen und vorherzusagen, welches Tier als nächstes erbeutet wird. Es gelang ihm nicht. Die Beutegreifer entschieden sich immer für andere Tiere. Das lag daran, daß die Beutegreifer Anzeichen von Krankheit und Schwäche erkannten, die der Mensch nicht zu erkennen in der Lage ist[19]. Die äußerlich von Menschen als krank oder schwach erkannten (und dann „selektierten") Tiere müssen nicht immer auch die sein, die tatsächlich ausselektiert werden. Auch SCHRÖPEL ist der Ansicht, daß ein menschlicher Jäger den Beutegreifer nicht ersetzen kann:

> „Wir finden die manchmal nur sehr geringen Anzeichen konstitutionsschwacher Individuen nicht heraus, denn wir müssen den Jagdobjekten nicht hinterherlaufen. Wir haben weitreichende Gewehre."[20]

Die NATIONALPARKVERWALTUNG HARZ will „ihr" Schalenwild zwar möglichst naturnah regulieren, räumt jedoch ein, daß „normalerweise" der Mensch die Selektion der natürlichen Beutegreifer in keiner Weise kopieren kann.

> *„Menschengemachte Regulation ist Steuerung von außen, keine Selbstregulation und keine stabilisierende oder den Evolutionsprozess antreibende Selektion. Die Funktion des Fressfeindes als unabdingbarer Partner im Beziehungsgefüge kann der Mensch infolgedessen vom Prinzip her nicht übernehmen. Denn das hervorstechendste Kennzeichen eines Fressfeindes ist sein geringer Erfolg. Auf 10 Versuche, Beute zu machen, kommen in der Regel 8-9 erfolglose. Diese Versuche haben die Kondition der Beutetiere getestet und dadurch den selektiven 10. Versuch erst funktionell sinnvoll gemacht. Wer möchte glauben, solches nachmachen zu können?"[21]*

Wer es trotz seiner eigenen Unzulänglichkeit versucht, riskiert, daß die Beutepopulation durch die Fehlselektion im Laufe der Zeit immer weniger für das Überleben in freier Natur geeignet ist. Was dem Jäger natürlich prompt eine erneute Gelegenheit gäbe, sich als Retter des Wildes aufzuspielen, zum Beispiel indem er es füttert oder ihm „lästige" Räuber vom Hals hält. Raubtierersatz und Hege - willkommen im Freiluftzoo Deutschland.

Falls die Tötung von Wildtieren tatsächlich mal gezielt nach bestimmten Merkmalen vonstatten geht, findet natürlich auch eine Selektion statt, bei der die „fitteren" die Jagd durch den Menschen überleben. Ob das allerdings erstrebenswert ist, ist fraglich, da die Selektionsmerkmale, die der Mensch festlegt, weder natürlich noch vernünftig sein müssen. Wir haben schon gesehen, daß z.B. bei den Hegeabschüssen gezielt nach der Trophäengröße selektiert wird. Aber kein Raubtier der Welt würde sich bei der Frage, welches Tier es erbeuten will, an der Größe von Hörnern, Schnecken oder Geweihen orientieren.

Ein Beispiel sind die afrikanischen Elefanten: Das Merkmal „Stoßzähne" ist wegen der Trophäen- und Elfenbeinjagd ein Risiko. Das Merkmal „keine Stoßzähne" oder „kleine Stoßzähne" ist hingegen ein Überlebensvorteil. In vielen Regionen Afrikas führte daher die selektive Trophäenjagd dazu, daß der Anteil der Elefantenkühe ohne Stoßzähne massiv zunahm. Zwischen 1969 und 1989 nahm etwa der Anteil der stoßzahnlosen Elefantenkühe in der Ostprovinz Sambias von 10,5 auf 38,2% zu[22]. Dieses Beispiel reiht sich ein in eine zunehmende Zahl an Fällen, in denen die Jagd das Erbgut der gejagten Tiere verändert hat.

Der Zoologe CARLO CONSIGLIO kommt demnach auch zu einem ebenso eindeutigen wie einfachen Schluß, der unter kompetenten (teilweise selbst jagenden) Fachleuten heute nicht mehr angezweifelt wird:

> *„[D]ie [...] Theorie, wonach die Jagd notwendig sei, um die Selektion zu gewährleisten, die früher von Raubtieren sichergestellt wurde, ist falsch, denn sie unterstellt, dass sich Jäger im Ökosystem wie Raubtiere oder Hyänen verhalten würden, was aber in der Jagdpraxis in keiner Weise zutrifft."[23]*

Soviel zur Wiederherstellung natürlicher Verhältnisse durch flintenbewehrte Freizeitjäger.

Der Widerstand gegen die Rückkehr der großen Beutegreifer

Bleibt die Frage, ob es nicht besser wäre, die ursprünglichen „Regulatoren" ihre Arbeit wieder aufnehmen zu lassen, anstatt die mit dieser Aufgabe vollkommen überforderten Waidmänner damit zu betrauen. Daß dieses Ansinnen bei den Jägern auf geteiltes Echo stößt, ist nur allzu verständlich. Sicherlich gibt es einige ökologisch Gesinnte, die ohne Umschweife ihre Inkompetenz in dieser Hinsicht eingestehen und diesen Tieren ihren Platz in der Natur überlassen würden. Für die Mehrheit würde dies allerdings zweierlei bedeuten: Zum einen müßten sie zugeben, eine Aufgabe, die sie ungefragt übernommen haben, nicht lösen zu können. Zum anderen wären bei einer Rückkehr der Großräuber logischerweise einige Beutetiere weniger da. Wie schwer es sein kann, Fehler oder gar Lügen zuzugeben und richtig zu stellen, wissen wir alle. Hinzu kommt, daß „Ernteeinbußen" für die Masse der deutschen Waidmänner bekanntermaßen ein rotes Tuch sind.

Ein nicht unerheblicher Teil der Jägerschaft steht demnach einer Rückkehr der großen Beutegreifer ablehnend gegenüber. Diese hat schon begonnen, wie die Nachrichten über die Rückkehr des Wolfes nach Sachsen, die des Braunbären nach Österreich und Wiedereinbürgerungsprojekte für den Luchs, etwa im Bayerischen Wald, zeigen. Sehr schön veranschaulichen diese Ablehnung Äußerungen von Jägern wie etwa in Mönkebude in Mecklenburg-Vorpommern. Als hier eine Biologin des sächsischen Umwelt- und Landwirtschaftsministeriums über die Möglichkeit einer Rückkehr des Wolfes nach Mecklenburg-Vorpommern referierte, fielen Sätze wie: "Und dann kommt der Wolf und nimmt uns das Wild weg."[24] Wie bei allen Beutegreifern scheint hier die Konkurrenz um das Wild Triebfeder der waidmännischen Abneigung zu sein.

Wenn sich Jagdverbände zu diesem Thema äußern, klingt das selbstverständlich etwas anders: Natürlich sei eine Rückkehr dieser Tiere wünschenswert, eine Bereicherung für unsere Natur[25]. Tatsächlich versucht man aber, diese Entwicklung so weit wie möglich hinauszuzögern. Der DJV steht einer natürlichen Zuwanderung von Wolf, Luchs und Bär positiv gegenüber, wohlwissend, daß sich diese äußerst langsam vollzieht. Eine aktive Wiedereinbürgerung wird dagegen abgelehnt[26]. Bevor man so ein Projekt plant, soll am besten alles dreifach geprüft und beim kleinsten Anzeichen möglicher Schwierigkeiten abgebrochen werden, etwa wenn der potentielle Lebensraum nicht groß genug erscheint (wie wir noch sehen werden, haben so einige Jäger keinerlei Bedenken in dieser Richtung, wenn sie zwar fremde, dafür aber jagdbare Tiere einbürgern wollen). Und das, obwohl etwa der Wolf keine großen Ansprüche an seinen Lebensraum stellt: Einst das - neben dem Menschen - am weitesten verbreitete Landsäugetier der Erde, braucht er nur genug Nahrung und ein ungestörtes Plätzchen zur Aufzucht des Nachwuchses[27].

Ironischerweise fordert der DJV auch noch, Wiederansiedlungen nur dann zu unterstützen, wenn die Gründe für das Verschwinden der Art beseitigt sind[28]. Die Gründe hierfür sind menschliche Jäger. Das müßte heißen: Solange es Jäger und somit den DJV gibt, wird der DJV keine Wiederansiedlungsprojekte unterstützen.

Schon praktisch - ginge es nach dem Willen der Waidmänner, könnte man das potenzielle Problem „Großbeutegreifer" für die absehbare Zukunft abhaken. Man wird selbst dann nicht müde, zu behaupten, daß es in Deutschland kaum Platz für diese Tiere gibt, wenn sich offensichtlich das Gegenteil erweist. Als die Wölfin „Bärbel" Anfang 2003 in Niedersachsen erschossen wurde, meinte die örtliche Jägerschaft, daß sie alleine sowieso kaum Überlebenschancen gehabt hätte. Das Jagen wäre zu anstrengend gewesen, außerdem habe sie nicht gesund ausgesehen[29]. Allerdings war „Bärbel" schon im Juli 2002 aus dem Tierpark Klingenthal in Sachsen entkommen, hatte fast ein halbes Jahr lang in Freiheit gelebt und war dabei quer durch Tschechien und Deutschland bis nach Niedersachsen gezogen[30]. Demnach hat sie sich auch fast ein halbes Jahr lang selbständig ernähren können. Das Institut, das „Bärbel" nach ihrem Tod untersuchte, bezeichnete ihren Ernährungszustand demnach auch als „sehr gut"[31]. Die Behauptung, es gäbe keine Platz für diese Tiere in unseren zugepflasterten Deutschland scheint also doch nicht zu stimmen. Hier wird die Öffentlichkeit von den Jägern gezielt in die Irre geführt. Auch die Biologin Bärbel Pott-Dörfer vom Niedersächsischen Landesamt für Ökologie ist der Ansicht, daß Wölfe auf jeden Fall in unserer Kulturlandschaft leben könnten. Für Luchse gilt das gleiche, wenn sie auch auf größere ungestörte Bereiche angewiesen sind. Einzig für den Bären sieht Pott-Dörfer keinen Platz außerhalb schwer zugänglicher Gebiete, etwa gewisser Alpenbereiche. Das liege allerdings nicht in erster Linie am Lebensraum, sondern an wahrscheinlichen Konflikten mit der Bevölkerung, so die Biologin[32]. Die Tatsache, daß die Jägerschaft diese Tiere am liebsten auf keinen Fall wieder da haben will, wo sie hingehören, kommentiert Berufsjäger HESPELER mit den bissigen Worten:

> *„Wie würden jene, die dem Luchs heute so erbittert das Lebensrecht in Schwarzwald, Bayerwald und Alpen absprechen, reagieren, wenn dieser faszinierenden Großkatze Hörner aus dem Schädel wachsen würden?"*[33]

Für den Fall, daß es schon bald zu einer weiteren Verbreitung dieser Tiere kommt, will man vorsorgen: Auf einer Tagung des Landesbundes für Vogelschutz (LBV), des Bund Naturschutz in Bayern (BN) und des Bayerischen Jagdverbandes (BJV) 1997 forderte der DJV zum Beispiel eine Entschädigung von Pächtern und Jagdgenossen für die „Jagdwertminderung", die sich schon aus der bloßen Anwesenheit des Luchses ergibt. Außerdem sollten in Luchsgebieten die Abschußzahlen für Rehe herabgesetzt werden, da der Luchs ja auch Rehe reißt. Das sind „[a]ngesichts von Schalenwildbeständen und -strecken in Rekordhöhe und immer noch flächendeckenden Verjüngungsproblemen in unseren Wäldern geradezu ungeheuerliche Forderungen der 'geprüften Naturschützer'", wie die „Ökojäger" BODE UND EMMERT feststellen[34]. Aufgrund der mittlerweile 20-30 Luchse, die im Bayerischen

Dieser Wolf wurde im Winter 1997/98 in Estland in der Nähe eines Naturschutzgebietes erschossen. So wie ihm ergeht es vielen Wölfen in ganz Europa - auch bei uns in Deutschland. Dadurch wird die Wiederausbreitung der Tiere vorsätzlich behindert.

© Gesa Kluth

Wald leben (inklusive Grenzgänger aus Tschechien)[35], beantragte die Hegegemeinschaft Lamer Winkel im April 2002 gar ernsthaft eine Jagdzeit auf den Luchs. Begründung: Die „guten" Luchsbesätze und die „katastrophal ausgedünnten Rehwildbestände"[36]. Soweit ist es glücklicherweise bisher noch nicht gekommen.

Maßgebliche Todesursache: Illegaler Abschuß

Das ist für passionierte Raubwildgegner aber kein Hindernis. Illegaler Abschuß gehört überall in Europa zu den Haupttodesursachen für Luchse[37]. So gab es mehrfach Luchsabschüsse im Bayerischen und im Pfälzer Wald[38]. Seit Beginn der Wiederansiedlung der Raubkatze in der Schweiz 1971 sind der Organisation „Pro Natura" zurfolge mindestens 50 Tiere getötet worden[39]. Nur Einzelfälle? Kaum. Anfang 2003 schlugen Experten Alarm, die Wiederansiedlung des Luchses im Bayerischen Wald drohe zu scheitern. Im Gebiet Bayerwald/Böhmerwald ging zwischen 1998 und 2001 der Luchsbestand von 68 auf 29 Tiere zurück[40]. Natürlich wiesen die Jäger jeglichen Verdacht weit von sich. Allerdings ist es schon seltsam, wieso die Zahl der Luchse, die keine natürlichen Feinde haben, auf mysteriöse Weise zurückgeht und sogar robuste Peilsender, die einige von ihnen bei sich tragen, plötzlich unerwartet ihren Geist aufgeben - just zum selben Zeitpunkt, in dem die betreffenden Tiere verschwinden[41].

Wölfen ergeht es nicht besser. Ein jüngerer Fall ist der Abschuß der schon erwähnten Wölfin „Bärbel" im Januar 2003. Ein Jäger wurde von Spaziergängern alarmiert, die Bärbel gesichtet hatten. Dieser Jäger störte die Wolfsdame beim Fressen. Als sie ihn anknurrte, geriet er angeblich in Panik und erschoß sie. Später gab er an, den ausgewachsenen Wolf mit einem Schäferhund verwechselt zu haben[42]. Abgesehen davon, daß diese seltsame Geschichte einen wenig professionellen Eindruck macht: Die schon erwähnte Biologin Pott-Dörfer hält das für eine Ausrede, das Aussehen eines Wolfes sei einfach unverkennbar. Außerdem hätte ein einfacher Warnschuß das Tier verjagt[43]. Der Hinweis des Jägers, der Fluchtweg sei ihm versperrt gewesen, ist außerdem wenig glaubwürdig, schließlich war den Spaziergängern in der gleichen Situation der Rückzug gelungen. Die Ironie der Geschichte: Der Wolf war kurz vorher von der „Schutzgemeinschaft Deutsches Wild" zum „Tier des Jahres 2003" ernannt worden[44]. Das Verfahren gegen den Jäger wurde selbstverständlich eingestellt: Schließlich sei seine Behauptung, er habe sich bedroht gefühlt, nicht zu widerlegen, so die Staatsanwaltschaft. Deswegen könne der Jäger auch nicht wegen vorsätzlicher Tötung strafrechtlich belangt werden[45]. Schön, wenn man selbst mit den fadenscheinigsten Ausreden aus solchen Sachen rauskommt, nicht wahr? Leider läßt sich dieses Problem nicht auf ein paar „schwarze Schafe" reduzieren, die bei jedem Mißstand von der Jägerschaft vorgeschoben werden. Noch ist fast jeder Wolf, der nach Deutschland eingewandert oder aus einem Gehege entkommen ist, erschossen worden; alleine in Brandenburg im Mai 1991 vier Tiere[46].

Wölfe und Luchse sind nicht gefährlich

Es ist daher auch kein Wunder, daß viele Jäger und ihnen nahestehende Gruppen sich nicht gerade bemühen, die Hysterie zu bekämpfen, die sich in Deutschland einstellt, wenn irgendwo Wölfe oder Luchse auftauchen. Und das, obwohl von diesen in der Regel ziemlich scheuen Tieren keine besondere Gefahr für den Menschen ausgeht. Wölfe, die den Menschen nicht kennen, verhalten sich ihm gegenüber gleichgültig. Wölfe, die Menschen kennen, sind ängstlich bemüht, ihm aus dem Weg zu gehen[47]. Im gesamten 20. Jahrhundert wurde in ganz Nordamerika und Europa nur ein einziger Fall bekannt, in dem Menschen von einem Wolf getötet wurden - und noch nicht einmal hier ist sicher, ob der Angreifer ein Wolf oder ein Hund war[48]. Was Luchse angeht, so sind in der Literatur keine belegten Fälle zu finden, in denen ein frei lebendes Exemplar einen Menschen angegriffen hätte[49].

Schaut man nach Osteuropa, wo diese Tiere wesentlich häufiger sind als bei uns, so findet man dort kaum Menschen, die hysterisch ihre Kinder in Sicherheit bringen wollen und den sofortigen Abschuß fordern, falls im näheren oder weiteren Umkreis um ihren Wohnort ein Wolf gesichtet wird, wie der Wildbiologe und Jäger Helmuth Wölfl treffend bemerkt[50]. In Polen gibt es heute eine Wolfspopulation zwischen 500 und 1.200 Tieren; eine Biologin des sächsischen Umweltministeriums erklärte, daß selbst dort nur äußerst selten Haustiere angegriffen werden, und Menschen schon gar nicht[51]. In den Abruzzen lebt der größte Teil der 250 bis 300 italienischen Wölfe. Sich vor ihnen zu füchten, würde den dort lebenden Bauern nicht im Traum einfallen, und für gerissene Nutztiere werden sie entschädigt[52]. Dennoch geistert der böse Wolf der Gebrüder Grimm noch immer durch die Köpfe vieler Menschen. Etwa durch den eines brandenburgischen Jägers, der einer Biologin des sächsischen Umweltministeriums auf einer Info-Veranstaltung partout nicht glauben wollte, daß Wölfe keine Menschen fressen. Grund: Er hatte im Fernsehen etwas über Wolfsangriffe auf den Menschen in Bulgarien gesehen[53]. Er reiht sich in die große Anzahl von Leuten ein, die zwar gegen die Rückkehr von großen Beutegreifern sind, aber eigentlich keine Ahnung von ihnen haben.

Die Unwissenheit der deutschen Bevölkerung kann den Jägern hier nur recht sein, schließlich so ist das Risiko geringer, daß jemand, der ein solches Großraubtier tötet, den Volkszorn auf sich zieht, und die Chance höher, daß man zu ebendieser Tat sogar aufgefordert wird. 1976 brachen einige Wölfe aus einem Gehege im Bayerwald aus. Als einer der Wölfe auf einem Spielplatz einem Jungen in den Hosenboden zwickte (die Verletzung war wirklich kaum nennenswert, und diese Wölfin war nicht aggressiv), wurde die Aufregung endgültig zur Hysterie. Selbst Politiker und Medien forderten sogar den Einsatz der Bundeswehr. Resultat: Nach einem halben Jahr waren von den acht ausgebrochenen Tieren noch zwei am Leben. Allerdings auch nur, weil sie sich rechtzeitig nach Tschechien abgesetzt hatten[54]. Das scheint Tradition zu sein. Im Sommer 2002 entkamen wieder zwei Wölfe aus einem Gehege im Bayerwald. Der Abschuß ist ein weiteres trauriges Beispiel dafür, wie die Bevölkerung die Tötung relativ harmloser Tiere akzeptiert: Die Hauptgründe für den Abschuß war nicht eine direkte Gefährlichkeit der Wölfe, sondern allein die theoretische Möglichkeit, daß sie auf ein krasses Fehlverhalten von Menschen (!) aggressiv reagieren könnten[55] und daß in so einem Fall die Verwaltung des Nationalparks Bayerischer Wald dafür hätte gerade stehen müssen[56]. Zwar bemühte man sich zunächst noch erfolglos, die Tiere einzufangen, schließlich entschloß man sich dann aber doch zur Tötung. Abschuß ist ja auch einfacher als eine womöglich langwierige Aufklärungskampagne, um den Menschen klarzumachen, wie man sich gegenüber diesen Wölfen, die als Gehegetiere die Anwesenheit des Menschen gewohnt waren, zu verhalten hat.

Fazit: Die Jäger sind nicht fähig dazu, die Funktion der Großraubtiere zu übernehmen, und sie sind anscheinend auch nicht sonderlich offen für eine schnelle und umfassende Rückkehr. Allenfalls für eine sich lange hinziehende natürliche Zuwanderung, um die unangenehmen Folgen so lange wie möglich hinauszögern zu können - nämlich möglicherweise sinkende Jagdfreuden. Außerdem wäre selbst bei einer Eignung der Waidmänner für diese Aufgabe die Beutegreifer-Ersatztheorie zweifelhaft. Auch wenn sie den Tatsachen entspräche, die Jäger also die Aufgaben von Wolf, Luchs und Bär übernehmen müßten und könnten, entspricht ihr Verhalten und ihre sonstige Argumentation in keiner Weise dieser Theorie. Das Argument mit den „ausgestorbenen" Großbeutegreifern und der Pflicht, für sie einzuspringen, dürfte sich damit erübrigen.

5
Die Jagd als Seuchenbekämpfung

Ein weiterer Grundpfeiler der waidmännischen pro-Jagd-Argumentation ist die Bekämpfung von Wildseuchen. Haustiere und der Mensch müßten vor Krankheiten beschützt werden, so lautet ein ständig wiederholter Rechtfertigungsversuch der Jägerschaft. Die Krankheiten, um die es hier hauptsächlich geht, sind die Tollwut, der Kleine Fuchsbandwurm und die Schweinepest bei Wildschweinen. Treffen die Argumente der Jäger zu?

5.1 Die Wildtollwut

„Die Tollwut hat als Erkrankung des Menschen in Deutschland keine Bedeutung." [1]

- Bundesinstitut für gesundheitlichen Verbraucherschutz und Veterinärmedizin

Die Tollwut ist eine Krankheit, die schon seit langem bekannt ist und in der Regel durch den Biß eines tollwütigen Tieres übertragen wird. Mit ihr ist wahrlich nicht zu spaßen: Zwar gibt es nach WARRELL drei gut dokumentierte Fälle einer Heilung[2], aber wenn die Krankheit einmal ausgebrochen ist, gibt es dennoch praktisch keine Überlebenschance. Deswegen findet sich auch in neueren Arbeiten die Information, daß die Tollwut in jedem Falle tödlich und sehr schmerzhaft verläuft[3]. Die Viren wandern von der Bißstelle über die Nervenbahnen bis ins Gehirn und vermehren sich dort. Die Krankheit beginnt mit sehr allgemeinen Symptomen wie Unbehagen und Kopfschmerzen. Es folgen Angstgefühle, Unruhe und eine ausgeprägte Scheu vor Wasser und anderen Flüssigkeiten[4] - man hat Durst, kann aber nichts trinken, weil man sich vor nichts mehr fürchtet als vor Wasser. Nachdem sich übermäßiger Speichelfluß und Wutausbrüche einstellen, treten schnell Lähmungen ein, die schließlich zum Tod führen[5]. Es gibt noch die Form der „stummen Tollwut", bei der sich der Kranke still vor sich hinleidet. Diese Form tritt allerdings bei weniger als 20% der Erkrankten auf[6]. Es ist keine Übertreibung, wenn diese Krankheit als schrecklich beschrieben wird.

Warum die Tollwut keine Gefahr ist

Die Chance, daß Sie oder ich jemals an der Tollwut sterben werden, ist allerdings so gering, daß sie eigentlich nicht der Rede wert ist. Der Zoologe INGO KRUMBIEGEL berechnete 1976 (als die Seuche hier grassierte) das Risiko, in der BRD an

Tollwut zu erkranken, mit 1:171.875.000 (in Worten: eins zu einhunderteinund-siebzig Millionen achthundertfünfundsiebzigtausend)[7]. Das liegt daran, daß der Mensch selbst bei einem Biß eines garantiert tollwütigen Tieres nicht unbedingt krank wird. WARRELL beziffert die Wahrscheinlichkeit einer Erkrankung abhängig von Ort und Tiefe des Bisses mit 30-50%[8], MINDER mit 6-50%[9], die Bundesfor-schungsanstalt für Viruskrankheiten der Tiere schätzt sie aktuell gar nur auf 1-10%[10]. Der Grund liegt darin, daß das Virus es schwer hat, überhaupt an das Ner-vengewebe heranzukommen, da das Blut den infizierten Speichel des Bisses aus der Wunde wäscht[11]. Ganz abgesehen davon gibt es, solange die Krankheit noch nicht ausgebrochen ist, die Möglichkeit, mit nachträglichen Impfungen den Aus-bruch zu verhindern[12]. Dies ist zu unterscheiden von einer Heilung nach Ausbruch der Tollwut. Denn das ist, wie schon erwähnt, bisher nur in Ausnahmefällen ge-lungen. Auch eine vorsorgliche Impfung ist möglich.

Ein tollwütiger Fuchs: Unkontrolliertes Beißen gehört zum Krankheitsbild. © aid-Infodienst

Zu den erwähnten Zah-len paßt, daß es in Deutsch-land in den letzten 43 Jah-ren (die DDR bis 1990 mit-einbezogen) gerade mal zehn Fälle der Tollwut beim Menschen gab, außerdem noch weitere zehn, die jedoch aus dem Ausland eingeschleppt wurden[13]. Der letzte To-desfall durch Tollwut wur-de im Raum Leipzig 1990 verzeichnet[14]. Entspre-chend kommentiert das BUNDESINSTITUT FÜR GE-SUNDHEITLICHEN VER-BRAUCHERSCHUTZ UND VE-TERINÄRMEDIZIN in Berlin die Gefahr für den Menschen: „Die Tollwut hat als Er-krankung des Menschen in Deutschland keine Bedeutung"[15]. Selbst viele Toll-wutfälle in freier Wildbahn scheinen nicht allzu gefährlich zu sein. 2001 gab es z.B. in Polen 2.958 Fälle von Tollwut bei Tieren, mehr als in jedem anderen Land Europas. Menschliche Tollwutfälle: Keine[16]. 2002 gab es in ganz Europa bei 10.051 Tollwutfällen bei Wild- und Haustieren sieben Fälle beim Menschen (fünf in Ruß-land, einen in der Ukraine und einen in Groß-Britannien, der auf Fledermäuse zurückgeht)[17]. Sieben Menschen. Von weit mehr als 760 Millionen, also einer Drei-viertel Milliarde[18]. Das Risiko, sich die Tollwut einzufangen, ist demnach wirklich extrem gering. Es gibt daher nicht wenige Länder, die seit Jahrzehnten mit der Toll-wut leben, ohne etwas dagegen zu tun, abgesehen davon, daß man Haustiere und bestimmte Risikogruppen impft[19].

Dennoch wird in einigen Ländern, vor allem in Europa, versucht, die Tollwut mit allen Mitteln einzudämmen. Das ist prinzipiell begrüßenswert - schließlich ist diese Krankheit nicht nur für Menschen, sondern auch für die betroffenen Wild- und Haustiere furchtbar. Außerdem wird somit die schon sehr kleine Gefahr für den Menschen weiter minimiert. Der Hauptüberträger der Tollwut ist im derzeitigen Seuchenzug, der 1940 von Danziger Raum ausging, der Rotfuchs[20]. Deswegen wird die Tollwut auch als „Fuchstollwut" bezeichnet. In 86% aller Fälle, in denen Tollwutviren in Westeuropa isoliert werden konnten, fand man sie bei dieser Tierart[21]. Das liegt daran, daß der Fuchs für die Tollwut hochanfällig ist. Er erkrankt schon an einem zehntausendstel der Virenmenge, die nötig wäre, um einen Menschen anzustecken[22]. Theorie und Praxis der Jägerschaft, möglichst viele Füchse per Fallenfang oder Abschuß umzubringen, um die Tollwut einzudämmen, sind oberflächlich gesehen daher nachvollziehbar. Bei Licht betrachtet fällt die Argumentation der Jäger jedoch zusammen wie ein Kartenhaus.

Ein Bumerang: Die Tollwutbekämpfung per Fuchsreduktion

Schon seit Jahrzehnten findet ein regelrechter Vernichtungsfeldzug gegen die Füchse statt, der mit Flinte, Falle und „Bauhunden" durchgeführt wird und im Jagdjahr 2001/2002 642.892 tote Füchse zur Folge hatte[23]. Ins Extreme glitt er ab, als das Bundeslandwirtschaftsministerium in den 1970ern die Bekämpfung der Füchse sogar mit Giftgas in ihren Bauen anordnete. Allerdings zeigten die Bemühungen keinerlei Wirkung: Weil der Fuchs, wie wir wissen, selbst hohe Verluste kompensieren kann und längst nicht alle Fuchsbauten leicht aufzufinden sind, war selbst dem Versuch, seine Zahl mit chemischen Waffen zu reduzieren, kein Erfolg beschieden[24]. Die Existenz gekostet hätten die Baubegasungen hingegen beinahe den Dachs: Weil er, anders als der Fuchs, nicht möglichst schnell flieht, sondern sich bei Bedrohung in seinem Bau verschanzt, wurde er durch die Baubegasungen fast ausgerottet[25]. Sie hörten erst auf, als der Jurist und Jäger Nikolaus Sojka 1974 mit einer Klage gegen diese Art der Fuchsbekämpfung Erfolg hatte[26]. Was geblieben ist, sind unzählige sinnlose Opfer und womöglich kleine Zeitbomben in unseren Wäldern. Denn ein Versuch der *Deutschen Jagd-Zeitung*, die Jäger vom Vorwurf der Tierquälerei zumindest ein kleines bißchen reinzuwaschen, verdient schon Beachtung:

„[...] und manche haben die Gaspatronen vergraben, aber nicht gezündet."[27]

Das scheint zu bedeuten, daß in unseren Wäldern hier und da Patronen mit Giftgas seit 30 Jahren langsam vor sich hinrotten. Leider hat auch diese Form des praktizierten Naturschutzes nicht dazu beitragen können, die Zahl der Füchse zu verringern[28]. Dementsprechend wurde auch das Ziel, die Tollwut durch Reduzierung der Fuchsbesätze auszumerzen, nicht erreicht[29].

Außerdem ist es fraglich, ob die Reduzierung der Fuchsbestände tatsächlich eine so effektive Waffe gegen die Tollwut beim Menschen wäre. Zwar ist der Fuchs der Hauptüberträger der Tollwut in der freien Wildbahn, aber für die Übertragung auf den Menschen sind Haustiere, inbesondere Hunde, die wichtigsten Faktoren. Weltweit sind für 90% aller Tollwutfälle beim Menschen Hunde verantwortlich[30]. Das läßt die Vermutung zu, daß eine flächendeckende Impfung von Hunden, Katzen und weiteren Haustieren, die als Krankheitsüberträger in Frage kommen, vielleicht eine billigere, effektivere und auch weniger Leid verursachende Möglichkeit wäre, den Menschen und auch diese Haustiere vor der Tollwut zu schützen. Wie schon erwähnt, wird dies von einigen Ländern auch so praktiziert.

Wenn das alles wäre, was zum Thema Tollwut zu sagen ist, könnten wir dieses Kapitel mit dem Vermerk „nicht stichhaltiges Argument für die Jagd" ad acta legen und fordern, daß die unvermindert anhaltende Bekämpfung des Fuchses aus Gründen des Schutzes vor der Tollwut einzustellen ist. Leider ist die Sache nicht ganz so einfach. Es existieren nämlich mittlerweile immer mehr Hinweise darauf, daß die Bejagung des Fuchses als Hauptüberträger der Tollwut die Verbreitung dieser Seuche nicht nur nicht verhindert, sondern sogar fördert. Warum, fragen Sie?

Wie schon erwähnt, ist der Fuchs ein territoriales Tier. Er besetzt also ein Revier und verteidigt es auch gegen Eindringlinge. Wird ein Revierinhaber getötet, wird sein Gebiet üblicherweise sehr schnell von einem anderen Fuchs aus der Umgebung besetzt[31]. Die Tötung von jährlich mehr als 640.000 Füchsen bringt demnach auch einiges an Bewegung in die deutsche Fuchspopulation - schon im allgemeinen hervorragende Voraussetzungen für die Verbreitung von Seuchen. Hinzu kommt, daß durch die schon erwähnte höhere Geburtenrate, durch die die hohen Verluste ausgeglichen werden, die Struktur der Fuchspopulation folgerichtig so verändert wird, daß sehr viele junge Tiere vorhanden sind. Diese gehen im Herbst auf Wanderschaft, um sich ein eigenes Revier zu suchen, und entsprechend kontrollieren die Revierbesitzer ihre Territorien zu dieser Zeit besonders stark auf Eindringlinge[32]. Die höhere Mobilität der reviersuchenden Füchse ist unter anderem daran ablesbar, daß im Herbst wesentlich mehr Füchse auf den Straßen zu Tode kommen als zu anderen Jahreszeiten[33]. Da durch die Jagd überdurchschnittlich viele junge Wanderfüchse vorhanden sind, steigt natürlich auch die Wahrscheinlichkeit einer Begegnung zwischen den Wanderfüchsen untereinander sowie zwischen ihnen und Revierbesitzern. Ist bei einer solchen Begegnung eines der Tiere tollwütig, so ist die Gefahr hoch, daß es zu einer Auseinandersetzung kommt, bei der das tollwütige Tier das gesunde beißt und ansteckt[34].

Im Umkehrschluß bedeutet dies: Stellten die Jäger die Bekämpfung des Fuchses ein, gäbe es eine Senkung der Geburtenrate (wie in unbejagten Populationen ja auch beobachtet) und daher auch weniger Wanderfüchse. Dadurch wäre die Sozialstruktur der Füchse stabiler. Die ständigen Ortswechsel der Tiere würden abnehmen, die Revierkämpfe und sonstigen Begegnungen untereinander ebenso und damit auch die Gefahr, daß tollwütige Tiere die Gelegenheit bekommen, andere anzustecken. Der *artenschutzbrief* der Vogelschutzorganisation „Komitee gegen den

Vogelmord e.V." kommentiert diesen Sachverhalt mit den Worten:

„Während man beim Menschen seit Jahrhunderten die Verbreitung ansteckender Krankheiten zu stoppen sucht, indem man betroffene Regionen möglichst isoliert, wird beim Fuchs genau das Gegenteil praktiziert."[35]

Ein Beispiel aus Deutschland: Als 1950 bei Grafenau im Bayerischen Wald die Seuche erstmals ausbrach, entschloß man sich, die Füchse nicht zu bejagen. Die Folge: Drei Jahre später hatten sich die Füchse selbst ausgerottet, gesunde drangen in das nun entstandene Vakuum. 1970, 17 Jahre später, drangen tollwütige Tiere in das Gebiet ein, die Seuche brach erneut aus - um sich wiederum schnellstens selbst auszumerzen[36].

Ein wenig jagdfreundliches Ergebnis. Trotz allem beharren die Jäger weiterhin darauf, daß ihre Dienste zur Bekämpfung der Tollwut unabdingbar seien. In Bayern schaffte die Jägerlobby im Landesparlament (Dr. Jürgen Vocke, Präsident des Landesjagdverbandes, ist zugleich MdL) es sogar, einen Beschluß durchzusetzen, der den Jägern Prämien für jeden erlegten Fuchs in Unterfranken zubilligt und so die Kosten der Fuchsjagd und der Beseitigung der Leichen auf die Allgemeinheit umlegt[37]. Begründung: Die Maßnahmen der Jägerschaft zur Seuchenbekämpfung kämen allen Bürgern zugute, also könne man ja nicht allein die Jäger dafür aufkommen lassen. Man arbeitet einer Eindämmung der Tollwut entgegen, stellt dies als Seuchenbekämpfung dar und kassiert dafür auch noch Geld vom Steuerzahler.

Wie man die Tollwut in Westeuropa praktisch ausrottete...

Dabei gibt es wesentlich bessere Methoden, die Tollwut einzudämmen. Mittlerweile werden in ganz Deutschland und Europa Impfköder ausgelegt, die von den Füchsen gefressen werden und sie immun gegen die Tollwut machen. Die ersten Impfungen in Deutschland fanden 1982 statt[38]. Dies brachte endlich den Durchbruch: Die Tollwutfälle nahmen rapide ab. Untersuchungen, die nach den ersten Feldversuchen in den 80er Jahren in Deutschland und anderen europäischen Ländern durchgeführt wurden, ergaben, daß eine einzige Impfaktion ausreicht, um 75% der im Impfgebiet lebenden Füchse gegen die Tollwut immun zu machen[39]. Mittlerweile gibt es nur noch wenige Tollwutfälle in Deutschland und Westeuropa, wie das vierteljährlich erscheinende *Rabies Bulletin* der Weltgesundheitsorganisation zeigt. 2002 wurden insgesamt 43 Fälle von Tollwut bei Tieren in Deutschland registriert, davon 24 bei Füchsen[40]. Die verschwindend geringe Wahrscheinlichkeit einer Erkrankung, die der Zoologe KRUMBIEGEL ausgerechnet hat (1:171.875.000), dürfte sich in den letzten Jahrzehnten also sogar auf einen Bruchteil verringert haben. Die Bundesforschungsanstalt für Viruskrankheiten der Tiere zeigt sich sicher, daß die orale Impfung - im Gegensatz zur Bejagung - eine reale Chance bietet, die Tollwut auszurotten[41]. Die Realität scheint sie zu bestätigen: Im Nationalpark Berchtesgadener Land wurde die Fuchsbejagung 1978 eingestellt[42]. Nach einem

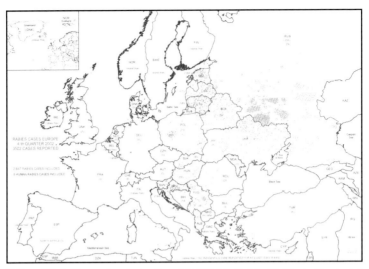

Tollwutfälle in Europa im vierten Quartal 2002. Die Gefahr für Deutschland wird maßlos übertrieben. Grafik aus: Rabies Bulletin Europe 4/2002

Höhepunkt 1988 gab es nur noch vereinzelt Fälle von Tollwut. Seit 1995 ist diese Krankheit dort nicht mehr aufgetreten - just seit dem Jahr, in dem man mit den Impfungen begann[43]. Einen noch drastischeren Beleg der Wirksamkeit von Impfungen liefert ein Fall aus der Schweiz: Ende der Siebziger brach die Tollwut am Genfer See aus und drohte, sich ins Rhônetal auszubreiten. Anstatt möglichst viele Füchse zu vergasen, legten hier Tiermediziner der Universität Bern einen „Sperrgürtel" aus Impfködern, um eine Barriere für die Tollwut zu errichten. Die Krankheit breitete sich wie erwartet aus - und blieb dann am Impfgürtel schlagartig stehen. Die gleiche Vorgehensweise war auch in anderen Alpentälern erfolgreich[44].

Außerdem sollte nicht vergessen werden, daß nicht nur die Impfung ein wesentlich geeigneteres Mittel dazu ist, die Tollwut auszurotten, sondern daß eine Bejagung der Füchse diesem Ziel sogar entgegenwirkt. Wir haben bereits gesehen, daß die Jagd die Tollwutausbreitung ohnehin fördert. Wie jedermann sich vorstellen kann, ist es einem Jäger nicht möglich, zu beurteilen, ob ein Fuchs gegen die Tollwut immunisiert ist oder nicht. Demnach dürfte es eine nicht unerhebliche Anzahl an Abschüssen immuner Tiere geben (die dann durch nicht immune Jungfüchse ersetzt werden), was dem Ziel, durch eine möglichst flächendeckende Impfung Ansteckungen zu verhindern, nicht gerade förderlich ist.

Durch die Impfung scheint man der Seuche in weiten Teilen Europas mittlerweile Herr geworden zu sein. In den ehemaligen Ostblockstaaten, in denen erst viel später als in Westeuropa oder auch gar nicht mit Impfaktionen gegen diese Seuche vorgegangen wurde, sind Tollwutfälle sehr häufig. Allein im kleinen Litauen (das etwas kleiner ist als Bayern) traten im Jahr 2002 932 Fälle von Tollwut bei Wild-

und Haustieren auf[45]. Weite Teile West- und Mitteleuropas sind hingegen tollwutfrei. Dem 4. Quartalsbericht des *Rabies Bulletin* für 2002 zufolge sind Belgi-
en, Finnland, Griechenland, Irland, Island, Italien, Luxemburg, Norwegen, Portu-
gal und Schweden tollwutfrei, es hat dort also seit mindestens zwei Jahren keinen
Fall von Tollwut mehr gegeben. Spanien gilt deswegen nicht als tollwutfrei, weil
vereinzelt noch Fälle bei Haustieren auftreten - allerdings nicht auf dem europäischen Festland, sondern in Nordafrika. In anderen Ländern wie Frankreich, den
Niederlanden oder der Schweiz traten in letzter Zeit nur vereinzelt Fälle von Fledermaustollwut auf. In Deutschland gab es 2002 insgesamt 24 Fälle von Tollwut
bei Füchsen, die allesamt in Südhessen auftraten. Ansonsten gab es noch acht mal
Fledermaustollwut, sechsmal Tollwut bei Rothirschen, einen importierten Fall bei
einem Hund und noch vier weitere. Die Tollwut scheint hierzulande fast vollständig besiegt[46].

*„Aber wäre es nicht sinnvoll, die in die Medikation investierten Mittel von jährlich
mehreren Millionen Euro in Prämien für erbeutete Füchse umzuwandeln?"[47]*

fragt KALCHREUTER und ignoriert, daß die Jäger auch mit Hilfe von Prämien nicht
im geringsten in der Lage sind, den Effekt einer Impfung zu erreichen. Außerdem
ist die Medikation - das scheint KALCHREUTER „übersehen" zu haben - wesentlich
billiger als die Bekämpfung mittels Jagd. Bei einer Impfkampagne in Norditalien
betrugen die Kosten 17 Dollar pro Fuchs, während die Kosten früherer Ausrot-
tungsmaßnahmen (inklusive Abschußprämie) 53-54 Dollar pro getöteten Fuchs betragen hatten, also mehr als das Dreifache. Im tollwutfreien Schweizer Kanton Wal-
lis, wo die Impfungen erstmals durchgeführt worden waren, kostete die Impfkampagne, die zur Ausrottung der Tollwut führte, 106.800 Franken im Jahr. Der an-
grenzende Kanton Bern, der nur wenig größer ist, gab unterdessen für die Bejagung der Füchse und die Impfung von Haustieren 818.148 Franken aus, ohne daß
man damit Erfolg gehabt hätte[48].

...und damit lange Gesichter bei den Jägern hervorrief

Es verwundert nicht, daß diese Tatsachen bei vielen Jägern auf wenig Begeiste-
rung stoßen - schließlich scheint wiederum ein Argument für jagdliche Eingriffe
in die Natur wertlos zu sein. Ignoranz ist da noch die harmloseste Reaktion. Obwohl KALCHREUTER korrekt berichtet, daß die Tollwut in Mitteleuropa keine Rolle mehr spielt[49], nennt er ausgerechnet die Tollwutbekämpfung als einen Grund für
die „Dezimierungsmaßnahmen" beim Fuchs[50]. Die Forderung, eine Seuche mit un-
zulänglichen Methoden zu bekämpfen, die hierzulande durch viel effektivere Vorgehensweisen praktisch ausgerottet ist, ist schon ein äußerst schwaches Argument.
Daher geht man in die Offensive, und nicht wenige Jäger sprechen sich offen gegen
die Tollwutbekämpfung mittels Impfködern aus. Und so titelte die *Deutsche Jagd-*

Zeitung im Juli 1995: „Tollwutimpfung - Nein Danke!"[51] Argumente gegen die orale Impfung der Füchse gründen sich vor allem auf der zahlenmäßigen Zunahme der Tiere, da ja nun ein bestandsbegrenzender Faktor wegfällt - schon werden weitere Einbußen bei den herbstlichen Niederwildstrecken befürchtet. Der Autor ULRICH HOPPE bezeichnet außerdem die Impfung als „keine sichere Methode", da viele der Köder von anderen Tieren als Füchsen (z.b. Wildschweinen) aufgenommen würden und in Impfgebieten ab und zu auch wieder Tollwutfälle aufträten. Aber was sind das für Argumente, angesichts des flächendeckenden Erfolges der Impfkampagnen, die - siehe oben - große Teile Westeuropas von der Wildtollwut befreit und auch in Deutschland zu einem massiven Rückgang derselben geführt haben? Sicherlich können hin und wieder Fälle von Tollwut auftreten, etwa durch Einschleppung aus dem Ausland oder durch natürliche Zuwanderung von Tieren aus noch nicht tollwutfreien europäischen Ländern. Auch hat es in einzelnen Fällen Mißerfolge gegeben, wie etwa im Saarland. Nach der Veterinärmedizinerin AHLMANN ist dies aber eher auf ein lokal unzureichendes Impfkonzept als auf eine generelle Untauglichkeit der Impfung zurückzuführen[52]. Insgesamt sind die Argumente mehr als hilflos, hat doch die Impfung genau das geschafft, was den Jägern jahrzehntelang nicht gelang.

Nach dem letzten Strohhalm greifend verurteilt HOPPE die Medikation von Wildtieren als unnatürlich. Man solle der Natur „nicht noch mit Medikamentengaben in der freien Landschaft ins Handwerk pfuschen". Die Frage stellt sich, wieviel natürlicher es ist, der Natur mit grausamen Fanggeräten und Schrotpatronen „ins Handwerk zu pfuschen". Ist man auf eine (schon an sich unnatürliche) Ausmerzung der Tollwut aus, ist - allen Protesten der um ihre Legitimation besorgten Jäger zum Trotz - die Impfung das Mittel der Wahl. Egal, ob man nun dem Tierschutzaspekt oder der Effektivität der Tollwutbekämpfung Vorrang gibt.

Ein nicht unerhebliches Argument gegen die Immunisierung scheint HOPPE auf den ersten Blick allerdings zu haben: Die Zunahme der Fuchsbestände. Zwar kann der Fuchs Verluste schnell und effektiv augleichen, die Tollwut jedoch ist ein so starkes Regulativ, daß sie es sogar schafft, lokale Populationen auszurotten[53]. Ihr Fehlen scheint einem Parasiten ideale Bedingungen zur Verbreitung zu bieten: dem Fuchsbandwurm, mit dem wir uns im folgenden Teilkapitel beschäftigen wollen.

5.2 Der Fuchsbandwurm

Wie der Name schon sagt, befällt der „Kleine Fuchsbandwurm" hauptsächlich den Fuchs, bzw. stellt der Fuchs den sogenannten „Endwirt" dar. Der Wurm lebt gewöhnlicherweise im Darm des Fuchses, kann aber auch Hund oder Katze befallen[54]. Die Eier des Parasiten werden mit dem Kot ausgeschieden und von dort von „Zwischenwirten" aufgenommen, hauptsächlich von Nagern, z.B. Mäusen. Über den Blutstrom wandern die Eier in die Leber des Zwischenwirtes, wo sie zu Larven heranwachsen[55]. Frißt ein Endwirt einen Zwischenwirt, was bei Fuchs und Feldmaus recht häufig vorkommt, beginnt der Kreislauf von vorn.

Die Echinokokkose: Schlimme Krankheit, aber kaum eine Gefahr

Der Mensch stellt einen sogenannten „Fehlzwischenwirt" dar[56]. „Fehl" deshalb, weil Menschen in der Regel nicht von Füchsen oder ähnlichem gefressen werden und sich der Fuchsbandwurm auf diesem Wege nicht weiterverbreiten kann. Wie der Mensch sich ansteckt, ist noch nicht ganz geklärt, allerdings wird vermutet, daß enger Kontakt zu befallenen Haustieren sowie das „Abbalgen" (also Häuten) des Fuchses durch den Jäger die Krankheit übertragen können, eventuell auch das Essen von Pilzen und bodennahen Waldfrüchten, die mit Bandwurmeiern verunreinigt sind[57]. Die „alveoläre Echinokokkose", wie die Krankheit genannt wird, ist eine gefährliche Erkrankung: Die Bandwurmlarven befallen die Leber und wuchern dort krebsartig, nicht selten werden auch benachbarte Organe angegriffen[58]. Die Krankheit ist unheilbar. Medikamente können lediglich das Wachstum der Larven stoppen und müssen daher lebenslang eingenommen werden[59]. Teilweise kann man auch chirurgisch die befallenen Leberteile entfernen, wenn die Krankheit noch nicht weit fortgeschritten ist. Die Überlebenschance beträgt heute 70%[60], unbehandelt verläuft die Krankheit allerdings in 90% aller Fälle tödlich[61].

Ein Grund, in Panik zu verfallen? Die Antwort lautet abermals „Nein". Es besteht zwar unverständlicherweise in Deutschland für diese Krankheit keine Meldepflicht, allerdings werden trotzdem Daten gesammelt, und so wird das Erkrankungsrisiko in Deutschland insgesamt als gering eingeschätzt. An der Uni Ulm wurde von mehreren europäischen Ländern eine zentrale Erfassungsstelle für Fuchsbandwurmerkrankungen eingerichtet, die für ganz Deutschland von 1 bis 11 Neuerkrankungen pro Jahr ausgeht (bei etwa 82 Millionen Einwohnern)[62]. Das wird verständlich, wenn man zum Beispiel bedenkt, daß einer der genannten Risikofaktoren so risikoreich gar nicht ist: Sogar in Endemiegebieten sind Hauskatzen nur als gelegentliche, Hunde als sehr seltene Wirte für den Fuchsbandwurm anzusehen[63]. Statistisch gesehen sterben in Deutschland bei angenommenen 10 Neuerkrankungen 3 Menschen im Jahr durch den Fuchsbandwurm. Zum Vergleich: 2002 starben 19 Menschen im deutschen Straßenverkehr - jeden Tag![64]

Obwohl der Fuchsbandwurm in allen Bundesländern zumindest punktuell vorkommt, gibt es ein Nord-Süd-Gefälle, und von Erkrankungen wird demnach praktisch nur aus den südlichen Ländern, insbesondere aus Baden-Württemberg und Bayern, berichtet[65]. Der Infektiologe NOTHDURFT beziffert die Anzahl der jährlichen Neuerkrankungen in Bayern mit durchschnittlich 0,03 pro 100.000 Einwohner[66] - das entspricht bei Bayerns 11,9 Millionen Einwohnern 3 bis 4 Neuerkrankungen pro Jahr und deckt sich mit den Zahlen anderer Forscher[67]. Dementsprechend kommentierte er die Infektionsgefahr im *Spiegel*: „Es ist wahrscheinlicher,

Der Rotfuchs ist auch Träger des Kleinen Fuchsbandwurmes (Echinococcus multilocularis). Die Gefahr für den Menschen ist jedoch vernachlässigbar gering.

daß Ihnen ein Ziegelstein auf den Kopf fällt"[68]. Auch aus der Schweiz, wo im Gegensatz zu Deutschland seit 1988 Meldepflicht für alle Neuerkrankungen besteht[69], kommt Entwarnung. Der Fuchsbandwurm-Forscher Hegglin von der Uni Zürich bewertet die Infektionsgefahr als „so gering, daß wir statistisch an die Grenzen kommen. Das Risiko, über die Straße zu gehen, ist jedenfalls größer"[70]. Trotz einer Vervierfachung der Fuchsbestände in den letzten 15 Jahren habe sich die Zahl der Neuerkrankungen nicht verändert. Von einer Million Schweizern fängt sich im Jahr ein einziger den Fuchsbandwurm ein[71].

Das liegt auch daran, daß es selbst bei einer Infektion nicht zum Ausbruch der Krankheit kommen muß. Einiges deutet darauf hin, daß viele Menschen in der Lage sind, den Parasiten selbständig abzutöten. 1996/97 untersuchte man mehr als 2.500 Menschen in der Gemeinde Römerstein in der Schwäbischen Alb, die schon lange als eines der Gebiete mit dem höchsten Fuchsbandwurmbefall überhaupt bekannt ist[72]. Bei vieren wurde eine Erkrankung festgestellt, aber 50 Probanden zeigten eine Immunreaktion auf den Parasiten[73] - ein Zeichen dafür, daß sie schon einmal Kontakt mit ihm hatten und ihr Immunsystem ihn abgewehrt hat. Also bedeutet die Aufnahme von Eiern des Fuchsbandwurms noch lange nicht, daß man auch erkrankt. Das Veterinäramt München geht davon aus, daß von den infizierten Menschen „nur ganz wenige"[74] auch tatsächlich krank werden. Das Bayerische Gesundheitsministerium spricht von 10%[75], was in etwa dem Ergebnis aus Römerstein (8%) entspricht. Zwar ist in Römerstein das Risiko, zu erkranken, verglichen mit anderen Teilen Deuschlands recht hoch (156 Fälle pro 100.000 Einwohner, also 1:641), aber es handelt sich hier, wie schon gesagt, um ein Gebiet, in dem der Fuchbandwurm ungewöhnlich stark verbreitet ist. Es gibt allerdings auch Fuchsbandwurmgebiete, aus denen Berichte über menschliche Erkrankungen ganz fehlen. Deswegen nehmen einige Forscher an, daß es mehrere Stämme des Fuchsbandwurmes gibt, die unterschiedlich gefährlich sind[76]. Alles in allem ist die Gefahr, sich den Fuchsbandwurm einzufangen, außerhalb extrem stark befallener Ausnahmegebiete vernachlässigbar.

Bekämpfung per Fuchsreduktion: Das alte Spiel

Dennoch wittern die Waidmänner wieder eine Chance, die Hatz auf den Fuchs zu rechtfertigen: Wann immer es um seine Bejagung geht, stets führt die Jägerschaft den Fuchsbandwurm und seine Gefährlichkeit als Argument an. Besonders in Lokalzeitungen wird sehr um Verständnis für die Jagd geworben. Regelmäßig findet sich dort auch die Behauptung, Jäger müßten die Bevölkerung vor dem Fuchsbandwurm schützen und dem Fuchs deswegen mit Flinte und Falle zu Leibe rücken - sei es im stärker betroffenen Süden Deutschlands[77] oder in Mecklenburg-Vorpommern[78], wo der Fuchsbandwurm praktisch nicht vorkommt[79].

Womit wir wieder beim altbekannten Spiel wären: Die Jäger wollen also den Fuchsbandwurm damit bekämpfen, daß sie die Zahl der Füchse verringern. Darüber, wie sinn- und aussichtslos dieser Versuch ist, ist hier bereits ausführlich geschrieben worden. So führt der Veterinärmediziner MIX die verschiedensten Möglichkeiten an, die geeignet sein könnten, den Fuchsbandwurm zurückzudrängen. Was auffällt, ist, daß die Jagd mit keinem Wort erwähnt wird[80]. Der Verdacht drängt sich (wieder einmal) auf, daß die Jäger nur einen Vorwand suchen, um dem Fuchs mit der Aussicht auf höhere Niederwildstrecken im Herbst nachzustellen.

Tollwutimpfung und Fuchsbandwurm: Ein Zusammenhang ist unbewiesen

Regelmäßig wird auch behauptet, der Fuchsbandwurm könne sich so stark verbreiten, weil durch die Tollwutimpfungen wesentlich mehr Füchse vorhanden sind. Diese Theorie ist möglich, bewiesen ist sie allerdings noch nicht. Genau genommen ist sie sogar wenig wahrscheinlich. Das dürfte ein Grund dafür sein, warum z.B. KALCHREUTER diesen Zusammenhang zwar wie selbstverständlich herstellt, aber keinen einzigen Beleg dafür beibringt[81].

Die Zweifel an dieser Theorie sind wohlbegründet: Da der Fuchsbandwurm über Zwischenwirte (v.a. Feldmäuse) übertragen wird, ist nicht nur die Dichte der Füchse entscheidend, sondern auch die der Zwischenwirte und die Häufigkeit der Begegnungen zwischen beiden Arten[82]. Daher muß eine höhere Fuchsdichte noch lange nicht bedeuten, daß auch mehr Füchse mit dem Bandwurm infiziert sind. Im Kreis Saarlouis (Saarland) etwa gibt eine hohe Fuchsdichte, während der Fuchsbandwurm nur wenige Füchse befällt. Im Landkreis Neunkirchen hingegen ist die Fuchsdichte verhältnismäßig gering, aber der Fuchsbandwurm ist hier stärker verbreitet als irgendwo sonst im Saarland[83]. Auch der Veterinärmediziner MIX bezeichnet einen Zusammenhang zwischen Fuchsdichte und dem Zyklus des Fuchsbandwurmes als „unsicher"[84]. FESSELER, ebenfalls Tierarzt, bezeichnet ihn in seiner Doktorarbeit nur als „Vermutung"[85]. Außerdem gibt es Zweifel daran, daß die Impfungen maßgeblich oder gar alleine für die Zunahme der Fuchsbestände verantwortlich sein sollen. DIETER JONAS vom Landesveterinäruntersuchungsamt in Rheinland-Pfalz etwa sieht keinen zwingenden Zusammenhang zwischen der Tollwutimpfung und einem Anstieg der Fuchsstrecken[86].

Hinzu kommt, daß die Ausbreitungsgebiete von Tollwut und Fuchsbandwurm in Europa vor der Tollwutimpfung weitgehend übereinstimmten (wobei die Tollwut etwas weiter verbreitet war). FESSELER fand 1990 heraus, daß dort, wo die Tollwut häufig ist, üblicherweise auch der Fuchsbandwurm gehäuft vorkommt. Gebiete, in denen es kaum Tollwut gibt, sind hingegen auch regelmäßig kaum vom Fuchsbandwurm befallen[87]. Heute sieht das natürlich etwas anders aus, weil die Tollwut aufgrund der Impfungen in Mitteleuropa weitgehend ausgerottet ist. Dennoch zeigt dieses Ergebnis deutlich, daß die Zunahme des Fuchsbandwurmes nicht einfach aus dem Fehlen der Tollwut hervorgehen kann. Wäre das so, dann müßte vorher der Fuchsbandwurm vor allem dort verbreitet gewesen sein, wo es keine Tollwut gab. Aber er kam ja praktisch ausschließlich dort vor, wo auch die Tollwut vorkam. Dementsprechend bezeichnet AHLMANN die Tollwut und die Echinokokkose auch als „zwei unterschiedliche und voneinander unabhängige Erkrankungen"[88]. Sie nennt Landschaftstopographie, Bodennutzung und Höhenlage als Faktoren, von denen die Verbreitung beider Krankheiten sehr deutlich abhängt[89].

Es mag also denkbar sein, daß die Tollwutimpfungen mit der Zunahme des Fuchsbandwurmes in Verbindung stehen. Die Behauptung, dies sei sicher oder auch nur wahrscheinlich, so wie das von Jägern oft verbreitet wird, stimmt jedoch nicht[90]. Das wäre eine Übertreibung, eine falsche Interpretation von Untersuchungsergebnissen oder schlicht eine Lüge.

Erstaunliche Wissensdefizite

Vielleicht liegt es aber auch daran, daß viele Jäger ihr vermeintliches Wissen den deutschen Jagdgazetten entnehmen. Eigentlich wäre daran nichts auszusetzen. Wozu sich aus wissenschaftlichen Arbeiten mühsam über den Fuchsbandwurm informieren, wenn's die *Wild und Hund* auch tut? Dazu sind Fachblätter schließlich da. Allerdings publizieren diese Zeitschriften teilweise haarsträubende Traktate, die davon zeugen, daß die Autoren offensichtlich noch nicht einmal Grundwissen besitzen.

Der Fuchsbandwurm wird, wie wir wissen, nicht direkt von Fuchs zu Fuchs übertragen. Die Behauptung HOPPES in der *Deutschen Jagd-Zeitung*, das Risiko der Übertragung sei gestiegen, weil die Begegnungen zwischen den Füchsen zunähmen[91], ist also schlichtweg Unfug. Und selbst, wenn sie wahr wäre: Nicht nur eine höhere Fuchsdichte erhöht die Wahrscheinlichkeit, daß sich Füchse begegnen, sondern in hohem Maße - wie wir bereits gesehen haben - das Abknallen von Revierfüchsen und das Hochschnellen der Geburtenrate durch die Jagd. Also wäre die erste Maßnahme, die Bejagung der Füchse einzustellen.

Während man auf der einen Seite löchrige Argumente für Öffentlichkeit und Kritiker eintrainiert, wird der Jägerschaft auf der anderen Seite versichert, daß das alles gar nicht so schlimm ist. Schließlich soll den Nichtjägern etwas vorgegaukelt, den Jägern aber ja nicht die Freude am Jagen vermiest werden: „Und jetzt schwebt plötzlich ein fast aus dem Nichts heraufgeschriebenes Fuchsbandwurmgespenst über unseren Revieren und versaut uns die Freude an der Jagd auf eine unserer wichtigsten, aufregendsten Wildarten"[92], heißt es in der *Deutschen Jagd-Zeitung* in einem anderen Artikel. Liebe *DJZ*, wenn der Fuchsbandwurm nur ein Gespenst und relativ ungefährlich ist (und das könnte man tatsächlich so sagen), wieso werden wir Nichtjäger von Ihnen Jägern dann seit Jahren ständig davor gewarnt? Kann es sein, daß die Waidmänner uns nicht schützen wollen, sondern lediglich auf unsere Zustimmung zu ihrem Tun aus sind?

Wie schon bei der Tollwut ist die vielversprechendste Art, diese Krankheit zu bekämpfen, die Vorbeugung und medikamentöse Behandlung. Derzeit werden in Deutschland und anderen betroffenen Ländern Versuche durchgeführt, die Füchse zu entwurmen, indem man ähnlich wie bei der Tollwut Köder auslegt. Die Chancen eines solchen Unterfangens werden unterschiedlich bewertet: Der Fuchsbandwurmforscher Hegglin von der Uni Zürich sieht einen großen Aufwand und einen zeitlich nur begrenzten Nutzen, weil ein Fuchs sich - anders als nach einer Impfung - nach der Entwurmung sofort wieder anstecken kann[93]. MIX ist allerdings der Ansicht, daß eine Reduktion des Bandwurmbefalls mit den Entwurmungsködern prinzipiell möglich ist[94]. Verschiedene Versuche haben auch schon kurzfristige Erfolge erbracht. Ob die Beköderung auch langfristig erfolgreich ist, muß noch abgewartet werden[95]. Daß die Jagd dieses Problem (sofern man es als solches betrachtet) nicht lösen wird, dürfte klar sein.

Und was können Sie tun, um sich zu schützen? Erhitzen Sie im Wald gesammelte Pilze auf mindestens 60°C, waschen Sie Beeren und andere Waldfrüchte gründlich, bevor Sie sie essen (einfrieren reicht nicht!) und entwurmen Sie regelmäßig Ihre vierbeinigen Freunde[96]. Und lassen Sie sich nicht verrückt machen. Bevor Sie sich um den Fuchsbandwurm sorgen, kaufen Sie sich lieber einen Panzer, um für den Straßenverkehr gerüstet zu sein. Der ist wesentlich gefährlicher.

Fazit

Wie wir gesehen haben, ist die Tollwut aus Mitteleuropa fast verschwunden, und beim Fuchsbandwurm macht die Jägerschaft aus einer Mücke einen Elefanten. Auf keinen Fall rechtfertigen diese beiden Krankheiten eine flächendeckende Bejagung des Fuchses. Dennoch behauptet der DJV weiterhin, die Bejagung des Fuchses sei wegen der „Seuchengefahr" unverzichtbar. Was dahintersteckt, dürfte klar sein: Je mehr Füchse man schießt, desto besser sind die Chancen auf eine hohe Hasen-, Fasan- und sonstige Niederwild-"Ernte" im Herbst.

5.3 Schwarzwildkrankheiten

„Inwieweit eine Reduktion der Wilddichte durch jagdliche Maßnahmen im Bekämpfungsgebiet erreicht werden konnte, ist im Rahmen dieser Untersuchungen nicht konkret einschätzbar. [...] Die Altersklassenstruktur und das relativ hohe Durchschnittsgewicht erlegter Wildschweine im wildschweinepestgefährdeten Bezirk weisen auf eine nur unzureichende Wirksamkeit jagdlicher Maßnahmen hin."[98]

- Brigitte Kern, Veterinärmedizinerin

Eine der gängigsten Begründungen für die Bejagung von Wildschweinen ist neben den Wildschäden die Schweinepest. Diese Viruskrankheit ist eine Seuche, die streng wirtsspezifisch nur Schweine befällt[99]. Sie ist für uns Menschen vollkommen ungefährlich, da die Schweinepestviren uns nicht infizieren können[100]. Bei Schweinen allerdings verursacht der hochinfektiöse Erreger Fieber, Blutungen und Störungen des Zentralnervensystems. Die Krankheit kann tödlich sein[101]. Allerdings gilt dies vor allem für junge Tiere. Ältere Schweine können die Krankheit leicht überstehen und sind dann immun[102], und das lebenslang[103]. Außerdem stellt selbst Dr. Heinrich Spittler fest, daß die Verluste durch die Schweinepest in der Regel gering sind, da die Krankheit sich ziemlich schnell „totläuft". Die infizierten Tiere sterben rasch, ohne die Infektion groß an ihre Artgenossen weiterzugeben[104].

Dennoch wird weiterhin ständig vor der Schweinepest gewarnt. Das hat weniger einen tierschützerischen Grund, wie manchmal suggeriert wird, sondern einen rein wirtschaftlichen: Denn neben Wildschweinen werden von der Schweinepest auch Hausschweine befallen. Lange Zeit wurde die Seuche bei Hausschweinen erfolgreich mit einem hochwirksamen Lebendimpfstoff bekämpft bzw. vorbeugend behandelt. Als 1992 der EU-Binnenmarkt entstand, war es damit aber vorbei. Denn der verwendete Impfstoff erlaubte keine Unterscheidung zwischen infizierten und geimpften Tieren. Um einen schrankenlosen Handel von lebenden Schweinen und Schweineprodukten in und aus der EU zu gewährleisten, wurde die Impfung gegen die Schweinepest kurzerhand verboten[105]. Die Folge: Seit Inkrafttreten des Impfverbotes flammte die Schweinepest wieder auf. Das Resultat kennen wir alle noch aus dem Fernsehen: Berge zigtausender getöteter Hausschweine. Denn die Bekämpfungsstrategie beschränkt sich nun auf die Tötung ganzer Bestände, sobald Schweinepestverdacht besteht, und eine rigide Quarantänepolitik. Der wirtschaftliche Schaden durch diese Nichtimpfpolitik ist insbesondere in Regionen mit hohen Schweinedichten enorm, wie etwa im Oldenburger Münsterland. Kurz nach Inkrafttreten des Impfverbotes führten dort Schweinepestausbrüche zu verzweifelten Protestaktionen von Landwirten, bei denen sogar die Kreisstadt Cloppenburg einen Tag lang mit Traktoren komplett abgeriegelt und lahmgelegt wurde. Die Schäden, die durch diese Seuche entstehen, werden höher eingeschätzt als bei jeder anderen Infektionskrankheit der Schweine überhaupt[106].

Dabei spielen die Wildschweine eine bedeutende Rolle, denn viele Infektionen von Hausschweinbeständen gehen auf einen direkten oder indirekten Kontakt zu Wildschweinen zurück[107]. Ebenso wie für die Tollwut ist für die Schweinepest bekannt, daß es eine „kritische Bestandsdichte" gibt. Wenn sie unterschritten wird, wird die Infektionskette unterbrochen, das Virus kann sich nicht weiter verbreiten. Damit erlischt die Seuche[108]. Allerorten, von der Jagdgazette[109] bis hin zum Bundesministerium für Verbraucherschutz[110] wird daher die scharfe Bejagung der Wildschweine empfohlen, um die „Überpopulationen" abzusenken. Allerdings ist nicht bekannt, wie weit man die Wildschweinedichte absenken müßte, denn wo die kritische Dichte liegt, weiß niemand genau.

Ist die Bejagung das richtige Rezept?

Die Frage ist, ob diese Forderung tatsächlich sinnvoll ist. Einmal wäre grundsätzlich zu überlegen, ob die Politik des Impfverbotes tatsächlich gerechtfertigt ist, wenn dadurch massive wirtschaftliche Schäden durch die Keulung ganzer Bestände entstehen. Auch aus Sicht des Tierschutzes ist es fraglich, ob wirtschaftliche Interessen einer durch horrende Subventionen und eine rigide Marktabschottungspolitik am Leben erhaltenen Landwirtschaft schwerer wiegen als Leben und Gesundheit von hunderttausenden getöteten und verletzten Wildschweinen im Jahr. Von den unzähligen Mastschweinen gar nicht zu sprechen.

Diese Fragen führen in die Wirtschaftspolitik und den Tierschutz und sollen daher hier nicht diskutiert werden. Interessant ist hier für uns vielmehr, ob die allseits empfohlene starke Bejagung tatsächlich ein so wirksames Mittel gegen die weitere Ausbreitung der Schweinepest ist. Wie schon bei der Vermeidung von Wildschäden ist hier wiederum die Frage zu stellen, ob nicht schon eine Einstellung der Hege (und die Kirrungen und Ablenkfütterungen sind praktisch gesehen ebenfalls nichts anderes) einen Rückgang der Wildschweinebestände bewirken könnte. Denn dadurch würde einerseits die Nahrungsbasis verringert, andererseits käme die Fortpflanzung der Tiere wieder ins Lot, so daß nicht mehr so viele Jungtiere geboren würden. Die Einstellung der Fütterungen würde außerdem eine Quelle für Schweinepestinfektionen ausschalten. Denn neben illegalen Deponien und Abfallbehältern sind auch Kirrungen und Luderplätze, die mit Speiseresten oder Abfällen von infizierten Haus- oder Wildschweinen beschickt werden, Infektionsquellen. Neuausbrüche der Seuche sind sehr oft auf solche infizierten Abfälle zurückzuführen[111].

Auch die Jagdpraxis läßt Zweifel daran aufkommen, daß die Jägerschaft das Problem wirklich lösen kann und will. Wir haben gesehen, daß vor allem Jungtiere sich sehr leicht infizieren. Bei einer Untersuchung in Brandenburg stellte man fest, daß 84% der infizierten Wildschweine jünger als ein Jahr waren, 95% waren jünger als 18 Monate[112]. Bei älteren Tieren sind kaum Virusträger vorhanden, und mit höherem Gewicht nimmt der Befall zusätzlich ab[113]. Daher sollten Frischlinge (Wildschweine, die jünger als ein Jahr sind) und Überläufer (1-2jährige Tiere) bevorzugt getötet werden. Allerdings werden diese Vorgaben durchaus nicht zuverlässig umgesetzt, wie die ständigen Aufrufe und Mißerfolgsmeldungen zeigen. Da durch die Fütterungen, die Bejagung und die Störung der Sozialstruktur die Fortpflanzung der Wildschweine gesteigert wird, sind außerdem wie beim Fuchs mehr Jungtiere vorhanden als natürlicherweise. Die Tierärztin BRIGITTE KERN fand heraus, daß in einem schweinepestgefährdeten Bezirk die Frischlinge fast 50% des gesamten Bestandes ausmachten[114], gleichzeitig war der Anteil der Frischlinge an der Wildschweinstrecke viel zu niedrig[115]. Vielleicht hängt das damit zusammen, daß Frischlinge weder viel Wildbret geben noch gute Trophäen tragen. Genau wissen das wohl nur diejenigen, die letzten Endes entscheiden, welche Tiere sie erschießen. Für KERN ist wie für viele andere Forscher eine verstärkte Frischlingsbejagung das Mittel der Wahl. In kaum einer Untersuchung wird der Frage, ob die Jäger durch ihr Verhalten zu eben diesem hohen Frischlingsanteil an der Population und zu den hohen Beständen im Allgemeinen beitragen, überhaupt nachgegangen, obwohl dieser Zusammenhang auf der Hand liegt.

Außerdem ist die Bejagung von Bachen eine sehr heikle Angelegenheit. Das Problem sind die führenden Bachen und die Leitbachen. Werden führende Bachen getötet, so streunen die nun mutterlosen Frischlinge außerdem führungslos umher und suchen Kontakt zu einer neuen Familie. Diese mobilen und seuchenanfälligen Jungtiere sind eine gefährliche Infektionsquelle für andere Wildschweine[116]. Werden Leitbachen erschossen, wirbelt das die Sozialstruktur der Tiere durcheinander: die Rotten vagabundieren umher, was ebenfalls die Seuchengefahr erhöht[117]. Außerdem haben wir schon gesehen, daß der Leitbachenabschuß die Fortpflanzungsrate erhöht und somit zu mehr seuchenanfälligen Frischlingen führt. Allerorten werden daher die Jäger aufgerufen, führende Bachen und Leitbachen nicht zu erschießen. Allerdings ist es durchaus nicht unwahrscheinlich, daß die Ansprache der Tiere oft nicht gelingt. Selbst von Jägern wird dies bestätigt. Als das *ZDF* im Oktober 1995 die Jagdsatire „Halali - oder der Schuß ins Brötchen" sendete und dabei sämtliche Register zog, hagelte es von Seiten der Jägerschaft Kritik, die jedoch bald zu einer jägerinternen Diskussion über die Glaubwürdigkeit der Sendung wurde. Nicht wenige Jäger erkannten sich in der Sendung durchaus wieder. Ein Leserbriefschreiber in der *Pirsch* meinte sogar, die Jäger seien doch noch glimpflich davongekommen.

> „Man hat nicht die Fehlabschüsse bei so einer Bewegungsjagd gezeigt, wo im Eifer des Gefechtes plötzlich das Alttier daliegt, oder die Geiß statt dem Kitz, weil sie als nicht führend angesprochen wurde."[118]

Schwer zu glauben, das sowas nicht auch bei Wildschweinen passiert. Dies auch aufgrund der Tatsache, daß Jäger oft nicht einmal die verschiedenen Tierarten auseinanderhalten können, wie wir noch sehen werden. Die *Pirsch* berichtet von einer Jagd, bei der eine Bache „vor ihren sechs hasengroßen Frischlingen geschossen wurde". Und die Kleinen? „Keine Zeit" - man wollte nach Hause[119]. Selbst von den Behörden gibt es Saures: Der Jagdreferent Bernd Wilhelm von der Oberen

Hege und falsche Beja-
gung dürften maßgbli-
che Ursachen für die
hohen Schwarzwildbe-
stände und den hohen
Anteil an Frischlingen
sein. Mit der jetzigen
Strategie ist man ge-
scheitert.

© Dieter Haas

Jagdbehörde in Thüringen kritisierte die Jäger in Radio- und Fernsehinterviews.

*„Beim Schwarzwild ist es so, dass man die Sozialstruktur des Schwarzwildes da-
durch durcheinander gebracht hat, dass man wirklich wahllos Schwarzwild erlegt
hat, das man zum Beispiel auf das erste und stärkste Stück geschossen hat, das ist
dann in den Rotten die Leitbache, und die zu erlegen, das ist dann tatsächlich wi-
der jeglichen Jagdverstand."[120]*

Wir haben schon gesehen und werden noch sehen, daß Unzuverlässigkeit und
Disziplinlosigkeit bei der Jagd in Deutschland eher die Regel als die Ausnahme
sind.

Da vor dem Impfverbot die Schweineimpfung die Seuche erfolgreich eindäm-
men konnte, ist davon auszugehen, daß auch bei dieser Krankheit die Medikation
weit erfolgreicher sein dürfte als die Jagd. Ein viereinhalbjähriger Impfversuch in
Mecklenburg-Vorpommern ergab, daß durch die Impfung der Anteil infizierter
Wildschweine von 14,8% auf 0,78% gesenkt werden konnte[121]. Ein Impfversuch
in Brandenburg von 1995 bis 1997 erbrachte eine Senkung der Infektionsrate von
4,65% auf 0,58%[122]. In Rheinland-Pfalz ging durch eine Impfkampagne der Anteil infizierter Schweine innerhalb nur eines Jahres um über 93,5% zurück[123]. KERN
zufolge bietet die Impfung die Möglichkeit, die Infektionskette zu unterbrechen[124].
Mittlerweile gibt es sogar einen Impfstoff, der die Unterscheidung zwischen infizierten und geimpften Schweinen erlaubt[125]. Prinzipiell sollte es möglich sein, die
Schweinepest bei Wildschweinen durch eine Beendigung der Fütterungen und eine flächendeckende Impfung zurückzudrängen. Allerdings stehen dem, wie so oft,
andere politische Interessen entgegen.

Der Anspruch der Jägerschaft, die Schweinepest durch Abschüsse zu bekämpfen, muß sogar dann als unglaubwürdig gelten, wenn man die Fehlabschüsse und
die zu niedrige Anzahl an Frischlingen in der Strecke außer Acht läßt. Denn solange die Jäger massiv zur Vermehrung der Wildschweine beitragen, sind Ab-
sichtserklärungen zur Reduktion der Schwarzwildbestände Makulatur.

131

Das seltsame Schweigen bei der Trichinose

Wenn man sich mit Schwarzwildkrankheiten beschäftigt, fällt noch etwas anderes auf: Das Schweigen der Waidmänner, wenn es um die Trichinose geht.

Die Trichinose ist eine Parasitenerkrankung, die verschiedene Tierarten befallen kann, darunter auch den Menschen. Dieser infiziert sich meistens durch den Verzehr von Schweinefleisch[126]. Die im Muskelfleisch eingekapselten Trichinenlarven wandern in den Darm, nachdem die Magensäure ihre Kapsel aufgelöst hat. Dort wachsen sie heran und werden geschlechtsreif. Die weiblichen Trichinen nisten sich in der Darmwand ein und gebären zahlreiche Larven. Nach einigen Tagen wandern diese ins Lymphgewebe, von dort in die Blutbahn und dann in die Muskeln. Nach etwa zwei Wochen kapseln sie sich dort ein.

Die Symptome sind Darmreizungen, Leibschmerzen, Übelkeit, Erbrechen und Durchfall. Sind die Parasiten schon in die Blutbahn gelangt, hat der erkrankte Mensch ein aufgedunsenes Gesicht, vor allem um die Augen. Oft treten Herzmuskelschäden, Muskelkrämpfe und Gelenkschmerzen auf. Nach der Einkapselung kann es bis zu einem halben Jahr dauern, bis der Patient genest. Allerdings können Augen- und Herzschäden zurückbleiben. Die Krankheit kann auch einen tödlichen Verlauf nehmen. Da sie meist spät erkannt wird, ist eine Behandlung schwierig in nur im frühen Darmstadium auch erfolgversprechend[127].

Vor dieser Krankheit, die im Gegensatz zur Schweinepest auch dem Menschen gefährlich werden kann, die das Fleisch von Wild- oder Hausschweinen verzehren, warnen die Jäger die Öffentlichkeit bzw. die Konsumenten von Wildschweinefleisch (und damit ihre Kunden) seltsamerweise nicht. In der Öffentlichkeit ist von dieser Krankheit schlicht keine Rede.

Man sollte meinen, daß das nicht nötig sei. Schließlich ist die „Trichinenschau", also die Untersuchung des erlegten Wildes auf Trichinen, vorgeschrieben. Damit sollte gewährleistet sein, daß der Wildschweinbraten keine Trichinen enthält. Doch viele Jäger in Deutschland scheinen keinen Anlaß zu sehen, ihren Pflichten nachzukommen. Denn die Trichinenschau kostet Geld. Etwa €10 pro Wildschwein[128]. Besonders bei Frischlingen, die nur wenige Kilogramm wiegen und dementsprechend weniger Geld einbringen, scheint das vielen Waidmännern zuviel zu sein.

Die *Hannoversche Allgemeine Zeitung* meldete im April 2002, daß dem Statistischen Bundesamt zufolge von 39.581 Wildschweinen, die in Niedersachsen im Jagdjahr 1999/2000 geschossen wurden, lediglich 25.737 auf Trichinen untersucht wurden[129]. Das sind nur etwa 64%. Selbst wenn man 10 bis 20% der Tiere abzieht, weil sie z.B. als Verkehrsopfer aus hygienischen Gründen für den Verzehr nicht in Frage kommen, bleiben noch viele Tiere übrig, die ohne Trichinenbeschau auf den Tellern der Kunden landen. In ganz Deutschland wurden im selben Jagdjahr 418.667 Wildschweine erlegt, aber nur 292.460 wurden auf Trichinen untersucht[130]. Demnach wurden 126.207 Wildschweine, fast ein Drittel aller erlegten Tiere, nicht auf Trichinen untersucht. Auch nach einem großzügigen „Fallwildabzug" sind es noch zigtausende Tiere, deren Fleisch ungeprüft in den Handel gelangt ist. Über eine entsprechende Vielzahl an Verurteilungen von Jägern war hingegen in der Presse kaum etwas zu lesen. Ein Unterlassen der Trichinenuntersuchung kann bis zu fünf Jahre Haft und den Verlust der Jagdlizenz zur Folge haben[131]. Theoretisch. Denn die wenigsten Fälle dürften auch wirklich aufgeklärt werden, wie etwa derjenige eines Jägers aus dem Raum Göttingen. Dieser hatte Tierarztrechnungen gefälscht und das Wildschweinefleisch unkontrolliert in den Handel gebracht[132]. Die Vielzahl an Tieren, die zwar erschossen, aber nicht untersucht werden, lassen ahnen, daß durchaus infizierte Tiere in den Handel gelangen, ohne daß die Verantwortlichen zur Rechenschaft gezogen werden.

Der Vorwurf an die Jägerschaft, in unverantwortlicher Weise die Gesundheit, gar das Leben ihrer Kunden zu gefährden, ist demnach durchaus berechtigt. Geradezu grotesk sind die Warnungen der Jagdzeitschriften an ihre Leser. Denn hier wird nicht vor der Gefahr für die gutgläubigen Konsumenten gewarnt, sondern lediglich vor den möglichen rechtlichen Konsequenzen für säumige Jäger. Über die möglichen gesundheitlichen Folgen der Nachlässigkeit für die Verbraucher verliert man kaum ein Wort. Für den Deutschen Jagdschutz-Verband ist nach einer Meldung in der Zeitschrift *Niedersächsischer Jäger* das Unterlassen der Trichinenschau denn auch kein leichtsinniges Spiel mit dem Leben der Konsumenten. Sondern nur ein „Leichtsinniges Spiel mit dem Jagdschein"[133].

6
Fasanen und anderes Kanonenfutter

„Eisenbahnwaggons voller Feldhasen queren bei Passau unsere Landesgrenze. En-
tenfarmen und Großbrütereien liefern alljährlich Nachschub fürs Revier. Rund 15
000 Rebhühner verschickt jährlich allein ein deutscher Zuchtbetrieb nach Süd-
deutschland!"[1]

- Wolfgang Scherzinger, Zoologe

Wenn Sie denken, es sei damit getan, daß die Jägerschaft unsere Natur umgestaltet, um heimische Arten bejagen zu können, liegen Sie leider falsch. Es kann ja
schließlich sein, daß die deutsche Natur im einen oder anderen Revier nicht soviel
jagdbares Wild hergibt, wie der Jäger es gerne hätte Und so wurden und werden
Tiere, die nicht nach Deutschland gehören, zum Zwecke der Bejagung „eingebürgert", sprich: ausgesetzt, um schließlich erschossen zu werden.

Größere in Deutschland eingebürgerte Arten sind etwa Sikahirsche, Damhirsche
oder das Muffelwild. Insbesondere das Muffelwild oder Mufflon erregt immer wieder die Gemüter. Dieses Wildschaf gab es nach der Steinzeit nur noch auf Sardi-
en und Korsika. Von dort wurde es 1902 nach Deutschland importiert - für die
Jagd[2]. Durch den Import des Mufflons wurden die Schälschäden in den Wäldern
zusätzlich verschlimmert, auch wenn dies von Seiten der Jäger hin und wieder geleugnet wurde. Anfang 2002 ordnete das Landratsamt Unterallgäu deswegen den
Totalabschuß der rund 30 Mufflons im Unterallgäu an. Der *Jäger* zeterte natürlich:
„Waldschaden = Muffelwild weg! Fischschaden = Seehunde oder Kormorane weg?
Feldschaden = Biber oder Singschwäne weg? Na, dann!"[3]. Seltsam, daß der *Jäger*
keinen Unterschied sieht zwischen Einwirkungen einheimischer Arten auf die Umwelt und Schäden, die durch Tiere verursacht werden, die zu Jagdzwecken importiert wurden, in diesem Fall erst vor 50 Jahren.

Daß Muffelwild für die deutsche Landschaft überhaupt nicht geeignet ist, zeigt
sich deutlich an der sogenannten „Moderhinke", einer Erkrankung der Schalen
(Füße) der Tiere. Diese tritt häufig bei „deutschen" Mufflons auf, weil der verhältnismäßig weiche Boden für sie völlig ungeeignet ist - in ihrer Heimat Sardini-
en und Korsika bewegen sie sich hauptsächlich auf sehr felsigem Gelände. Die Erkrankung kann so schwer werden, daß die Tiere kaum noch laufen können und im
Knien essen müssen[4]. Auch bei dieser Art wurden immer wieder „Blutauffri-
schungen" durch Importe von den Heimatinseln vorgenommen[5]. Zudem wurden
diese Tiere mit verschiedenen Schafrassen gekreuzt, um größere „Schnecken", also Hörner, zu erzielen[6]. Der Sinn ihrer Existenz beschränkt sich in Deutschland
einzig und allein darauf, als Abschußobjekte und Trophäenträger für die Jagd zu
dienen.

Sikahirsche: Genetische Gefahr für den Rothirsch

Sikahirsche haben ihr ursprüngliches Verbreitungsgebiet in Ostasien und wurden in Deutschland ebenfalls für die Jagd eingebürgt. Die Vorkommen, die es in freier Wildbahn gibt, stammen alle aus Gattern, die Mitte des 20. Jahrhunderts aufgelöst oder geöffnet wurden[7]. Die Wildforschungsstelle des Landes Baden-Württemberg hält eine weitere Verbreitung des Sikahirsches für „nicht erwünscht", da die Gefahr besteht, daß der Sikahirsch sich mit dem Rotwild vermischt[8]. Diese Gefahr ist durchaus real. Wo Rot- und Sikahirsche aufeinandertreffen, da vermischen sie sich auch[9]. Dabei verpaaren sich sowohl männliche Sika- mit weiblichen Rothirschen wie auch männliche Rot- mit weiblichen Sikahirschen. In vielen Gegenden wurden beide Arten sogar absichtlich miteinander gekreuzt, um beim kleineren Sikahirsch größere Geweihe zu erhalten[10]. Das Problem dabei ist, daß dabei nicht unfruchtbare Bastarde entstehen (wie etwa das Maultier aus Pferd und Esel), sondern Hybriden, die normal lebens- und fortpflanzungsfähig sind[11]. Wären diese Tiere unfruchtbar, dann bestünde keine Gefahr, daß sich die beiden eng miteinander verwandten Arten langfristig miteinander vermischen. Die fruchtbaren Hybriden können sich jedoch weiter vermehren und auch wieder mit Sika- oder Rothirschen paaren. Erschwerend kommt hinzu, daß diese Hybriden bei der Paarung mit reinrassigen Rot- oder Sikahirschen auch noch erfolgreicher sind als reinrassige Tiere[12]. Dadurch schreitet die Vermischung immer weiter voran. In Schottland haben sich Rot- und Sikahirsch bereits so weit vermischt, daß man keine reinrassigen Tiere der einen oder anderen Art mehr findet[13]. Für Deutschland hat DR. CHRISTINE MILLER ähnliche Erwartungen:

> *„Der entdeckte Genfluss bedeutet über kurz oder lang das Ende der 'reinrassigen' Rothirsche in den Kontaktzonen. [...] Langfristig können die kleinen Japanhirsche das Rotwild wahrscheinlich aus einigen Lebensräumen vertreiben."[14]*

Unter anderem aus solchen Gründen des Tierschutzes (Muffelwild) und des Schutzes der einheimischen Fauna (Sikawild) fordert auch der NABU, daß die Bestände von Mufflon und Sikahirsch in ganz Deutschland aufzulösen sind[15]. Daß dies auf den Widerstand von Jägen stößt, ist klar. Denn dann würden ja jagdbare Tierarten wegfallen. Auch MILLER, deren Artikel in der *Pirsch* erschien, lehnt dies ab, denn:

> *„Selbst wenn man einige der Sikavorkommen in Deutschland tatsächlich ausrotten könnte, würden immer noch Sikagene in den entsprechenden Rotwildpopulationen bleiben. Was wäre also gewonnen?"[16]*

So einiges. Denn die weitere Vermischung würde aufgehalten. MILLER mag zwar Recht damit haben, daß durch die Zerstückelung der Vorkommen und die Verinselung des Lebensraumes des Rothirsches viel mehr Rotwildgene verlorengehen als durch den Sikahirsch. Allerdings wird dadurch die Gefahr für den Rothirsch

JAGDFASANEN – Küken – Jungtiere,
1a Qualität, Preis auf Anfrage.
Ab Mitte Juni legende Hennen Stück 12,– DM.

ab 18 Uhr ███████ Tel. ███
███████ Fax ███

Feldhasen und Schneehasen aus
eigener Zucht zu verkaufen. Tel./Fax
███████

Rebhühner, Fasane, Wachteln
und Rothühner zu verkaufen. Tel.
███████

Damwild vom Schaufler bis zum
Schmaltier, zur Zucht oder als Abschuss zu verkaufen. Tel. ███████

Ob heimisch oder nicht: Wenn Tierarten nur jagdlich interessant sind, ist das für viele Waidmänner Argument genug, sie für den Abschuß zu kaufen und in der Natur auszusetzen.

durch den Sikahirsch nicht geringer. Der Abschuß oder die Verbringung der Sikahirsche in ihre Heimat, ggf. ihre Unfruchtbarmachung bis zum Aussterben in Europa sollte angesichts des geschätzten Bestandes von 5.000 frei lebenden Sikas[17]
in ganz Europa keine unlösbare Aufgabe sein. Dasselbe gilt für die Hybriden. Damit wäre zwar das Grundproblem der Lebensrauminselung und der Isolation der
Rotwildpopulationen nicht gelöst, aber eine weitere Gefahr für die genetische Verarmung der Rotwildvorkommen beseitigt. Würden dann endlich die Rotwild-Le-
bensräume erweitert und vernetzt, dann wäre der genetische Austausch der Rotwildpopulationen sicher auch in der Lage, evtl. verbliebene Hybriden bis zu einem
gewissen Grad zu „neutralisieren". Ganz entfernen kann man die Sikagene sicherlich nicht mehr. Man kann aber verhindern, daß sich Sika- und Rothirsch noch weiter vermischen und in den Kontaktzonen das Rotwild, so wie wir es kennen, verschwindet.

Konservtiere für den Abschuß

Neben Tieren wie Mufflon und Sika, die nach ihrer Aussetzung oder Freilassung
eigenständige Populationen gebildet haben, gibt es auch solche, die sich in vielen
Teilen Deutschlands selbst nicht halten können und daher fortlaufend gezüchtet
und ausgesetzt werden. Der bedeutendste Vertreter dieser Abschußzüchtungen ist
der Fasan. Ein Vogel, den wir alle kennen. Umso mehr wird es vielleicht einige
Leser überraschen, daß der Fasan gar nicht in Mitteleuropa heimisch ist. Er stammt
ursprünglich aus Ostasien und wurde hier im Altertum eingebürgert. Es gibt zwar
stabile Bestände auch in Deutschland, aber in weiten Teilen Mitteleuropas kann
der Fasan sich gar nicht selbständig halten, da er nicht an die hiesigen Lebensbedingungen angepaßt ist. Alleine hätte er nie die heutige Verbreitung erreicht[18].
Doch der Jäger will jagen, und Fasane sind beliebtes Jagdwild. Also wird nachgeholfen: In „Fasanerien" werden „Jagdfasanen" unter Bedingungen gezüchtet, die
an die Bilder von grausamen Legebatterien erinnern, die wir alle kennen. Um Kannibalismus und „Federpicken" in der Enge zu vermeiden, werden die jungen Fasanen im Dunkeln gehalten. Außerdem werden zum gleichen Zweck die empfind-

137

lichen Schnäbel mit Zangen gekürzt und Ringe hindurchgezogen[19]. Das alles bei vollem Bewußtsein, versteht sich. Auch gängige Praxis ist der schmerzhafte „Antipick",

> *„dessen spitze Dornen durch die Nasenscheidewände der unbetäubten Vögel gedrückt werden. Nur so ist Fasanenaufzucht rentabel."[20]*

Sind die Fasanen „soweit", werden sie an Jäger verkauft und von diesen in den Revieren ausgesetzt. Dabei will so mancher Jäger partout nicht einsehen, daß der Fasan dort, wo er ihn auswildern will, einfach nicht überleben kann, und versucht es immer wieder[21]. Wie viele es sind, ist schwer zu sagen. Angesichts der Unmengen von Anzeigen in Jagdzeitschriften, in denen „Jagdfasane" zum Verkauf angeboten werden, mag HESPELERS Schätzung gut und gerne zutreffen:

> *„Wo uns zu gering erscheint, was die Natur hervorbringt, [...] [werden] die Fasanen zu Hunderttausenden aus den Kisten vor die Flinten geworfen."[22]*

Man muß ja auch mehr Fasanen aussetzen, als man am Ende schießen kann. Denn zum einen kann es sein, daß die Tiere bei unzureichender Hege in „bessere" Reviere abwandern[23]. Und zum anderen sind diese domestizierten Zuchttiere noch weniger an die hiesige Natur angepaßt als ihre wilden Artgenossen: nämlich gar nicht. Das bezieht sich nicht nur auf die Futtersuche, sondern auch auf die Feindvermeidung und die untrainierte Muskulatur[24]: Wie soll ein Tier, das sein Leben lang gefüttert wurde, plötzlich selbständig Nahrung suchen? Wie soll ein Fasan vor einem Fuchs oder Habicht davonfliegen, wenn er diese Beutegreifer nicht als Feind erkennt und noch nie die Flucht geprobt hat?

Außerdem findet auch in den Fasanerien eine züchterische Selektion statt, die nur eben nicht natürlich ist: So wiegen Konservenfasanen mehr und haben kürzere Federn, was sie weniger flugtauglich macht[25]. Demensprechend viele Fasanen verhungern oder fallen Beutegreifern zum Opfer. Natürlich sind für viele Jäger auch hier wieder einmal die „Überpopulationen" der „Freßfeinde" das eigentliche Problem, nicht die Tatsache, daß der Fasan nicht an die hiesigen Bedingungen angepaßt ist. Wie wenig stichhaltig diese Argumentation ist, dürfte offensichtlich sein.

Da hilft auch der Hinweis nicht, daß z.B. der Habicht auch in der Urheimat des Fasans vorkommt und demnach ein „natürlicher Feind" des Fasans sei[26]. Dieser Argumentation zufolge muß dafür, daß ausgesetzte Fasanen dem Habicht massenhaft zum Opfer fallen, eine „Überpopulation" des Greifvogels verantwortlich sein; denn der Fasan ist ja von Natur aus an den Habicht angepaßt, käme also bei „normalen" Habichtsdichten durchaus mit seinem „Freßfeind" klar. Auch diese Argumentation ist mehr als dünn. Denn diese Form des Fasans, ein Kreuzungsprodukt aus verschiedenen Unterarten - je nach Wunsch -, hat es dem Zoologen WOLFGANG SCHERZINGER zufolge selbst in dessen asiatischer Heimat in dieser Form nie gegeben[27]. Der Habicht mag also ein „natürlicher Feind" sein, der Fasan ist aber längst

Der Fasan stammt ursprünglich aus Asien. Die Tiere werden massenhaft in Fasanerien gezüchtet und ausgesetzt, um kurze Zeit später von den Jägern erschossen zu werden. Ihre Verbreitung durch die Jäger scheint ökologisch ziemlich problematisch zu sein.

© Hans-Wilhelm Grömping

keine „natürliche Beute" mehr. Außerdem wird die Tatsache gerne ignoriert, daß Zuchtfasanen durch ihr langes Leben in Gefangenschaft kaum noch auf ein Leben in Freiheit eingestellt sind, erst recht nicht in Mitteleuropa. Leichtere Beute als diese degenerierten, domestizierten und verzüchteten Tiere dürfte es kaum geben. Vor allem, wenn man Fasanen nicht nur „vor die Flinten werfen", sondern wirklich einbürgern will, ist das ein „Problem". Was die Jäger dazu sagen, ist klar:

„Damit dieses [die Auswilderung der Zuchtfasanen, Anm. d. Verf.] gelingt, muss der Bestand an Füchsen und Rabenkrähen 'kurz gehalten' werden."[28]

Eigentlich ist das Aussetzen eines Tieres einer wildlebenden Art, „das nicht auf die zum Überleben in dem vorgesehenem Lebensraum erforderliche artgemäße Nahrungsaufnahme vorbereitet und an das Klima angepaßt ist", verboten; das Bundestierschutzgesetz erklärt jedoch ausdrücklich, daß die Jagd von dieser Regelung ausgenommen ist[29]. Wohlgemerkt: Es geht hier nicht um Bestandsstützungsprojekte, mit denen sich die Jäger nach außen als Artenschützer profilieren wollen, sondern um das Aussetzen von Tieren, die von vornherein zum baldigen Tode verurteilt sind, sei es durch Verhungern, durch Beutegreifer oder die Flinte des Jägers. Was das mit „angewandtem Naturschutz" zu tun haben soll, wissen wohl nur die Jäger selbst.

Noch weniger als natürliche Feinde fürchten die Fasanen den Menschen, sind sie es doch gewohnt, von ihm sogar gefüttert zu werden. Man stelle sich vor,

„da umzingeln ein paar Dutzend Jäger und Treiber eine Schar friedlich am Waldrand herumlaufender Fasane. Sie fliegen nicht weg, weil sie vor kurzem noch in einem Gehege eingesperrt waren und an Menschen gewöhnt sind. Vielleicht glauben die Vögel sogar, daß sie gefüttert werden. Aber statt einer Handvoll Maiskörner verpassen ihnen die Jäger eine Ladung Schrot."[30]

Da das Erschießen von „Federwild" nur dann „waidgerecht" ist, wenn es sich im Flug befindet, muß auch hier nachgeholfen werden: Und so werden zutrauliche Fasanen von Hunden in Panik versetzt, damit sie losfliegen und „waidgerecht" vom Himmel geholt werden können.

Um die genetische Gesundheit der eingebürgerten Fasanen scheint es aus Gründen, die wir schon kennen, auch nicht gut zu stehen: Auch von dieser Art werden Exemplare zur „Blutauffrischung" gehandelt[31]. Das, was die Jägerschaft uns als „Erhaltung [...] der Artenvielfalt"[32] verkaufen will, ist nichts weiter als die haustierähnliche Haltung von ortsfremden Abschußobjekten auf großer Fläche.

Warum der Fasan heimischen Wildarten schadet

Doch damit nicht genug: Weil die Jäger unsere Natur manipulieren, um eine größere Vielfalt an jagdbaren Tieren zu erzeugen, haben sie wahrscheinlich dazu beigetragen, das Birkhuhn an den Rand der Ausrottung zu drängen. Denn wie es scheint, verdrängt der von den Jägern künstlich geförderte Fasan das Birkhuhn. Da die Fasanenhähne ziemlich aggressiv werden können und bei der Balz auch die Birkhennen nicht verschmähen, kommt es immer wieder zu Mischlingen, wo beide Arten aufeinandertreffen[33]. Das hat mit der Biologie der Rauhfußhühner zu tun, zu denen Fasan und Birkuhn beide gehören. Denn mehr als jede andere Vogelgruppe neigen diese Vögel dazu, mit verwandten Arten Bastarde (Mischlinge) zu bilden[34]. Die Fasanenhähne setzen sich offenbar gegenüber den Birkhähnen durch. Eine wirkliche Vermischung zwischen Fasan und Birkhuhn tritt dabei anders als bei Sika- und Rotwild nicht auf, weil die Bastarde unfruchtbar sind. Ein Problem ist diese Situation dennoch. Denn Birkhennen, die sich mit Fasanenhähnen verpaart haben, bringen im jeweiligen Jahr keinen fortpflanzungsfähigen Birkhuhn-Nachwuchs zur Welt.

Das hat dazu geführt, daß heute die Vorkommen von Fasan und Birkhuhn einander ausschließen[35]; Birkhühner kommen heute praktisch nur noch dort vor, wo Fasanen aufgrund der Umweltbedingungen nicht überleben können, nämlich in Moorgebieten und Höhenlagen über 600 m[36]. Daß die ersten Anzeichen des Birkhuhnrückganges mit der Zeit der verstärkten Aussetzung von Jagdfasanen einhergingen, sagt für sich genommen zwar nichts aus, paßt jedoch zu der Konkurrenz zwischen Fasanen- und Birkhähnen. Außerdem stammen alle Fasan-Birkhuhn-Bastarde, die in Deutschlands Museen vorhanden sind (z.B. Zoologische Staatssammlung München) aus Gebieten mit intensiver Fasanenaussetzung[37]. Somit dürfte die Fasanenaussetzung neben der Lebensraumzerstörung ein weiterer Grund für den Rückgang des Birkhuhns sein.

Auch das Rebhuhn hat unter dem Fasan zu leiden: Es wird beim Brutgeschäft massiv dadurch gestört, daß Fasanen ihre Eier in die Rebhuhnnester legen, was meistens zum Nachteil der kleineren Rebhuhneier geschieht. In der ehemaligen Tschechoslowakei stellte man fest, daß in Niederwildrevieren bis zu 25% der Rebhuhnnester verlassen werden, weil Fasanen die Brut stören. In England ergab eine Untersuchung, daß Fasanen die schlimmsten Zerstörer von Rebhuhnnestern sind[38]. Daß die selbst „eingebürgerten" Arten sowas tun sollen, mag der Jägerschaft nicht einleuchten, und so müssen die üblichen Verdächtigen den Kopf hinhalten - Fuchs, Habicht, Rabenvögel und was es sonst noch alles an Raubwild zu schießen gibt.

Viele Versuche, neue und exotische Arten (z.B. Goldfasanen) für die Jagd einzubürgern, sind mißlungen[39]. Jagdfasanen sind aber dennoch längst nicht alles, was die Industrie für lebende Zielscheiben zu bieten hat. Denn auch heimische Tierarten, die jagdlich interessant sind, können ja gezüchtet und dann ausgesetzt werden, damit mehr zum Schießen da ist: Stockenten sind reichlich vorhanden? Was heißt hier reichlich? Je mehr, desto besser! Eier, Jungvögel oder erwachsene Tiere, wie hätten Sie's am liebsten? Rebhühner sind selten geworden? Macht nichts. Wenn man trotzdem welche erschießen will, man kann sie ja züchten und aussetzen. Was, in Italien haben Zucht-Rebhühner aus Ost- und Nordeuropa, die sich in Italien nicht forpflanzen können, die heimische Form fast vollständig verschwinden lassen? Und deswegen gibt es fortpflanzungsfähige Rebhühner in Italien heute nur noch in der Poebene?[40]

Na und? Sind wir hier in Italien?

7
Neozoen: „Neubürger" in Deutschland

„Der Marderhund ist merkwürdigerweise nur bei Jägern unbeliebt. Ich kenne keine wissenschaftliche Untersuchung, die belegt, daß er der einheimischen Tierwelt schadet."[1]

- Josef Reichholf, Ökologe an der Zoologischen Staatssammlung in München

Weltweit sorgen Umsiedelung, Einbürgerung und Einschleppung von Tieren für Probleme, im Zeitalter des weltweiten Güterverkehrs mehr denn je. Als „Neozoen" werden „Neubürger" bezeichnet, also gebietsfremde Arten. Einige davon haben wir im letzten Kapitel kennengelernt. Allerdings muß eine Einwanderung oder Einschleppung einer Tierart in einen fremden Lebensraum noch längst nicht bedeuten, daß Probleme, wie sie Fasan oder Sikahirsch verursachen, auch zwangsläufig auftreten. Einige importierte Arten können schwere Schäden in der fremden Umwelt anrichten, andere hingegen integrieren sich vollkommen problemlos[2]. In Deutschland sind bisher etwa 1.000 Neubürger nachgewiesen[3]. Viele haben sich ohne viel Aufsehen in unserer Natur „eingenischt", ohne zum Problem zu werden.

Einige dieser Arten, die sich rasch ausbreiten, werden von der Jägerschaft allerdings als „Schädlinge" gesehen. Streitpunkt sind vor allem drei Arten: der Mink, der Waschbär und der Marderhund. Patentrezept der Waidmänner sind natürlich auch hier Jagdflinte und Wildtierfalle. Mittlerweile haben diese drei Tierarten in Deutschland Jagdzeiten verpaßt bekommen (von Land zu Land unterschiedlich), um ihre weitere Verbreitung zu verhindern. In vielen Bundesländern haben sie noch nicht einmal eine Schonzeit, dürfen also das ganze Jahr über bejagt werden. Allerdings ist die Bedrohung der einheimischen Tier- und Pflanzenwelt durch diese drei Tierarten alles andere als belegt.

Keine stichhaltigen Argumente

Der Mink oder Amerikanische Nerz ist ein Wassertier, das aus Nordamerika stammt und in Europa in Pelzfarmen gezüchtet wurde. In den 1920er Jahren entkamen Tiere aus Zuchtbetrieben und wurden in einigen europäischen Ländern heimisch. Der *Spiegel* berichtet, daß diese Tiere z.B. in Polen zum Problem werden, weil sie nach Meinung einiger Ornithologen und Forstwissenschaftler Singvögel und andere Vogelarten gefährden; sie erbeuten dort sogar junge Biber[4].

Eine wirkliche Bedrohung anderer Tierarten ist trotz aller Alarmrufe allerdings bisher nicht bewiesen. Der Mink besetzt anscheinend eine sehr ähnliche ökologische Nische wie der Europäische Nerz. Man sollte meinen, es gäbe zwischen ih-

Der Mink stammt ursprünglich aus Nordamerika. Er besetzt die ökologische Nische der ausgerotteten Europäischen Nerzes neu. Eine Gefährdung einheimischer Tierarten ist daher auch bislang völlig unbelegt und wenig wahrscheinlich.

© Beate Ludwig

nen eine starke Konkurrenz. Verdrängen braucht der Mink den Nerz aber nicht mehr, weil dieser in weiten Teilen Mitteleuropas ausgerottet wurde. Der letzte Nachweis für Deutschland stammt aus Niedersachsen aus dem Jahr 1925. Allerdings ist der Mink ein Hindernis für Bemühungen, den Nerz wieder anzusiedeln, da er diesen verdrängt[5].

Da der Mink dem Europäischen Nerz in seiner Lebensweise sehr ähnlich ist, ist es unwahrscheinlich, daß er andere Tierarten gefährdet. Er besetzt schließlich nur eine ökologische Nische neu, die „leergejagt" wurde. Soe ist eine immer wieder befürchtete Bedrohung des Fischotters durch direkte Konkurrenz unwahrscheinlich: Nicht nur erbeutet der Fischotter weitaus größere Fische als der Mink, der amerikanische Einwanderer hat auch noch viele andere Beutetiere[6], weswegen eine Konkurrenz zwischen den beiden Arten wenig wahrscheinlich ist. Der Mink ist denn auch ein typischer generalistischer Beutegreifer: Er holt sich jeweils das, was am häufigsten erreichbar und am einfachsten zu erbeuten ist. Er kann sogar als „Nützling" gesehen werden, denn er vertilgt auch verschiedene Nagetiere in bedeutenden Mengen[7]. Das sächsische Umweltministerium teilt dementsprechend mit, daß bisher keine Gefährdung einheimischer Arten durch den Mink nachgewiesen werden konnte[8].

Die Verbreitung des aus Nordamerika stammenden Waschbären konzentriert sich auf Hessen, es gibt ihn jedoch in weiten Teilen Deutschlands. Auch er stammt ursprünglich aus der Pelzzucht; die Keimzelle des westdeutschen Vorkommens bildeten zwei Paare, die 1934 in Hessen ausgesetzt wurden. Es ist von einer stark steigenden Waschbärpopulation in Deutschland auszugehen[9]. Ähnlich wie der Fuchs ist auch der Waschbär ist ein Generalist, der sich von allem möglichen ernährt. Eine Gefährdung von Singvogelarten, die unter anderem als Begründung für die Bejagung dient, ist unwahrscheinlich. Der Zoologe Ulf Hohmann von der Gesellschaft für Wildökologie und Naturschutz hält so etwas für ausgeschlossen[10]. Außerdem gibt es keine Untersuchungen aus Deutschland, die einen Einfluß auf bestimmte Beutetiere belegen [11].

Das Tier ist darüber hinaus sehr schlau und konzentriert sich in Städten, wo es in Mülleimern und Komposthaufen mehr als genug Nahrung findet. Auch unter den Dächern von Häusern macht der Waschbär es sich gemütlich und kann dabei Schäden anrichten. Althergebrachte Rezepte wie die Sicherung der Häuser mit Katzenmanschetten aus spitzen Metallstäben ziehen nicht. „Da sitzt der Waschbär drauf und kratzt sich", meint der Zoologe Hohmann. Am sinnvollsten ist es, dem Waschbären möglichst die Nahrungszufuhr abzuschneiden, indem man Mülltonnen fest verschließt und den Komposthaufen-Wildwuchs eindämmt. Auch aus den Häusern kann man den Waschbären mit entsprechenden Maßnahmen wieder hinauswerfen. Die Jagd auf ihn macht aufgrund seines hohen Fortpflanzungspotentials außerdem ebensowenig Sinn wie die auf den

Der Waschbär: Eine Bejagung ist ebenso aussichtslos wie beim Fuchs.
© Jürgen und ChristineSohns

Fuchs[12]. Auszurotten ist der Waschbär in Deutschland wohl nicht mehr. Daher sollten wir uns mit ihm arrangieren. Vor allem, da es keine Anzeichen dafür gibt, daß er tatsächlich ökologische Schäden anrichtet.

Der Marderhund schließlich, auch Enok genannt., ist ursprünglich in Asien beheimatet. Er wurde als Pelztier in den 1930ern im europäischen Teil der Sowjetunion ausgesetzt und verbreitete sich schnell nach Westeuropa. Er sieht dem Waschbären sehr ähnlich und kann leicht mit ihm verwechselt werden[13]. Auch hier scheint eine Bejagung in keiner Weise notwendig. Der Marderhund ist ein Generalist und eher ein Sammler als ein Jäger[14]. Sein Speisezettel reicht von Nagetieren, Amphibien, Insekten, Mollusken, Fischen über Eier und Jungvögel von Bodenbrütern bis hin zu Aas, das im Winter den Hauptnahrungsbestandteil bildet. Auch ein hoher Anteil von pflanzlicher Nahrung wurde nachgewiesen[15].

Eine Gefährdung einheimischer Tierarten durch den Marderhund ist demnach weder belegt noch wahrscheinlich[16]. Es wird davon ausgegangen, daß der Marderhund keine neue ökologische Nische besetzt, sondern mit anderen Beutegreifern um Nahrung und Lebensraum konkurriert. Eine Zunahme des „Räuberdrucks" auf Beutetiere ist damit höchst unwahrscheinlich[17].

Ein weiteres Beispiel dafür, daß sich fremde Arten schadlos in einen anderen Lebensraum einbürgern können, ist die Bisamratte. Sie stammt aus Nordamerika und wurde ebenfalls als Pelztier gehalten und vor gut 100 Jahren ausgesetzt. Sie verbreitete sich rasch. Da sie eine freie ökologische Nische besetzte, verdrängte sie keine einheimische Art, sondern fügte sich problemlos in unsere Natur ein[18]. Dennoch wurde sie aufgrund der angeblichen Schäden massiv verfolgt.

„Tatsächlich unterminierten sie bei der Anlage ihrer Baue Dämme von Fischteichanlagen oder Straßenböschungen. Doch das tat die urheimische Wasserratte (oder Schermaus) auch, ohne daß man sie deswegen gleich vollständig ausrotten wollte. Es wurde der Bisamratte vorgeworfen, daß sie Fische fängt, was nachweislich nicht stimmt, und daß sie Schilfsprossen verzehrt, was zwar richtig ist, was aber mehrere andere heimische Arten auch tun (Bläßhuhn, Schermaus, Höckerschwan und Graugans).” [19]

Diese Beispiele sollen zeigen, daß Neubürger nicht automatisch mit unserer Natur ins Gehege kommen müssen. Sie können sich durchaus eingliedern, ohne Schaden anzurichten. Gerade bei den als Schädlingen verfemten und mittlerweile bejagten Tieren Mink, Waschbär und Marderhund ist eine Gefährdung unserer heimischen Tier- und Pflanzenwelt weder beobachtbar noch wahrscheinlich. Es scheint vielmehr so zu sein, daß lokale Probleme mit den Tieren (z.B. Eindringen in Wohngebiete) für die Jägerschaft eine willkommene Rechtfertigung dafür sind, einige weitere Arten der langen Liste jagdbarer Tierarten hinzuzufügen. Einen objektiven Grund für eine Bejagung der drei „Einwanderer" gibt es hingegen nicht.

Neubürger - manchmal schädlich, manchmal nicht

„Jaja, die Tiere, die Jäger einbürgern, sind schädlich, die anderen aber nicht", mag der Leser denken, wenn er die Beispiele aus dem letzten Kapitel mit diesen vergleicht. Tatsächlich ist es so, daß es nicht vorhersehbar ist, welche Tiere Schaden anrichten werden und welche nicht. Viele Tierarten, die weltweit neue Lebensräume erobert haben, haben sich zum Problem entwickelt. Viele andere hingegen schaden der neuen Umgebung keineswegs. Das Muffelwild scheint bis auf die Schälschäden keine negativen Auswirkungen zu haben; würden Jagd und Hege eingestellt, gingen diese wohl auch zurück. Das Hauptargument für die Auflösung der Muffelwildbestände in Deutschland sind demnach nicht die Schäden, sondern die „Moderhinke" und andere Krankheiten. Anders beim Fasan, der ein ernsthaftes Problem für Reb- und Birkhühner ist, oder beim Sikahirsch, der sich mit Rotwild vermischen kann. Es ist möglich, daß die Jäger 100 Arten für den Abschuß einbürgern könnten, ohne daß es Probleme gibt. Es könnte aber auch sein, daß diese Arten sich verheerend auf unsere Natur auswirken - es ist einfach nicht vorhersehbar. Da die Gefahr allerdings besteht, sollten absichtliche Einbürgerungen zur Sicherheit unterbleiben.

Die pauschale Behauptung, Faunenfremdlinge würden unserer Natur schaden, ist allerdings unrichtig, und bei Mink, Waschbär und Marderhund ist eine Bejagung aus ökologischen Gründen allem Anschein nach nicht notwendig. Wenn von Jägern dann und wann die Behauptung aufgestellt wird, die Bekämpfung gebietsfremder Tiere sei grundsätzlich notwendig, so sollten sie zuerst mal vor der eigenen Haustür kehren. Andererseits sollte man sich vor Augen halten, daß dann auch Türkentaube oder Girlitz beseitigt werden müßten. Diese sind nämlich ebenfalls erst in jüngster Zeit aus anderen Gebieten (z.B. dem Mittelmeerraum) „zugewandert"[20]. Daß sie heute ganz normal zu unserer Tierwelt gehören und kaum als Naturschädlinge gelten können, wird aber niemand bestreiten wollen. Auch die Feldlerche ist erst in jüngster Vergangenheit „zugewandert". Bejagen will sie aber niemand: Sie steht unter Naturschutz und war „Vogel des Jahres" 1998[21].

8
Wie die Jäger mit seltenen Arten umgehen

„Wahrscheinlich kennen keine 10 Prozent der bundesdeutschen Jagdscheininhaber auch nur die bekanntesten Tiere unserer Heimat, bestenfalls dem Namen nach aus einem kurzgefaßten Lehrbuch oder vom Stopfpräparat. [...] Man begegnet auch manchem jagdlichen Zeitgenossen, der sich am Anblick von Reh und Rotwild erfreut, sich sonst aber wenig um die Details in der Natur kümmert. Viele, die auf Hasen oder Fasane schießen, meinen, man brauche wirklich nicht jede Ente oder alle Greifvögel sicher ansprechen zu können." [1]

- Einhard Bezzel, ehem. Leiter der Vogelschutzwarte Garmisch-Partenkirchen

Artenschutz, dafür setzen sich die Jäger tatkräftig ein. So dröhnt es immer wieder, wenn von Beutegreiferbejagung, Hege und Aussetzaktionen die Rede ist. Tatsache ist jedoch, daß Jäger einer Einschränkung der Jagd zugunsten seltener Tierarten heftigen Widerstand leisten und immer und immer wieder geschützte Tiere durch Jäger zu Tode kommen, sei es durch Ignoranz, sei es durch Unfähigkeit oder vielleicht gar bösen Willen.

Wie schon in Kapitel 3 erwähnt, ist es nicht einzusehen, wieso gegen Beutegreifer gehetzt wird, während deren Beutetiere, die teilweise tatsächlich immer mehr zurückgehen, immer noch bejagt werden. Als Beispiel mag das Rebhuhn dienen, das in Deutschland immer seltener wird. Entgegen den Beteuerungen der Jäger führt das nicht automatisch dazu, daß die Jägerschaft die Tiere freiwillig schont. Sie wehrt sich im Gegenteil mit Händen und Füßen dagegen, da ja die Jagd schließlich nur den Überschuß abschöpft und demnach auf keinen Fall schädlich ist. Wann gejagt wird und wann nicht, will man gefälligst selber entscheiden und lehnt eine gesetzliche, ganzjährige Schonzeit ab. Dementsprechend kommen immer noch um die 12.000 Rebhühner jährlich durch Jäger ums Leben [2], trotz aller Beteuerungen, man würde gefährdete Arten schonen. Das scheint hauptsächlich heiße Luft zu sein. Und wie ernst soll man die Behauptungen der Jägerschaft nehmen, der mittlerweile auf die Rote Liste (Vorwarnstufe) gehoppelte Feldhase werde ja in vielen Revieren gar nicht mehr bejagt, wenn in den letzten Jagdjahren regelmäßig um die 450.000 davon erschossen wurden [3]? Die Jägerschaft wehrt sich mit allen Mitteln dagegen, daß Tierarten vom Jagd- ins Naturschutzrecht überführt werden, egal, wie bedroht sie sind.

Frisierte Bestandszahlen?

In Ostfriesland zum Beispiel ist schon seit Jahren eine Kontroverse um das Rebhuhn im Gange. KLAUS RETTIG ist Vogelkundler aus Emden und seit 1949 ununterbrochen für den Naturschutz tätig. Er erhielt für seine ehrenamtliche Naturschutzarbeit im Juni 2002 neben dem ehemaligen Bundesumweltminister Klaus Töpfer (heute Generaldirektor des VN-Büros in Nairobi) und anderen den renommierten Bruno-H.-Schubert-Preis. Dieser mit insgesamt €100.000 dotierte Preis ist eine Auszeichnung für ehrenamtliche Umweltschützer und wird jährlich in der Frankfurter Paulskirche verliehen[4]. RETTIG gibt seit 1978 sein Heft „Beiträge zur Vogel- und Insektenwelt Ostfrieslands" heraus und berichtet in diesen Heften seit Jahren über die Rebhuhn-Kontroverse. Denn diese Vögel sind laut dem Pensionär, der regelmäßig ausgiebig die ostfriesische Natur erkundet und Tier- und Pflanzenbestände dokumentiert, im Emder Raum kaum noch vorhanden. Die Jägerschaft hingegen veröffentlicht Bestandszählungen, die RETTIG zufolge maßlos übertrieben sind. Er spricht sich für eine Herausnahme des Rebhuhnes aus dem Jagdrecht aus.

Aktueller Hintergrund ist eine Vereinbarung der Landesjägerschaft Niedersachsen mit dem damaligen Landwirtschaftsminister Uwe Bartels. Demnach sollen Rebhühner bis 2006 in den Revieren nicht mehr bejagt werden, in denen der Frühjahrsbestand 2001 weniger als drei Brutpaare pro 100 Hektar betrug[5]. Der Haken: Einerseits ist diese Vereinbarung nicht bindend, andererseits werden solche Bestände RETTIG zufolge heute fast nirgendwo in Niedersachsen mehr erreicht[6]. Der Verdacht: Die Bestandszahlen werden von den Emder Jägern systematisch überschätzt, um der Öffentlichkeit zu suggerieren, daß die Jäger das „Rebhuhn-Problem" schon in den Griff bekommen und gesetzliche Regelungen nicht nötig sind. Immer wieder ruft RETTIG die Jägerschaft auf, ihre Bestandsschätzungen zu belegen; diese jedoch reagiert mit Schweigen. Gerne ließe er sich von den Zahlen der Jäger durch gemeinsame Exkursionen überzeugen. Dies wird jedoch abgelehnt.

„So begab ich mich auf eigens dafür durchgeführten Abendexkursionen - bei denen ich rund 650 km mit dem Fahrrad zurücklegte - also wieder allein (d.h. ohne Begleitung von Jägern) auf die Suche. Das Ergebnis fiel - wie nicht anders erwartet - wieder recht mager aus ! Lediglich 6 Hähne konnte ich „verhören" ! Was ist das schon auf einer Gesamtfläche Emdens von rund 112 qkm ! Die Differenz bzw. Spanne zwischen 6 (meine Feststellung) und 80 Paaren (Jägerangaben) ist also gewaltig ! Nebenbei bemerkt, habe ich auf diesen abendlichen Suchexkursionen 157 (!!) Gesangsreviere des ansonsten sehr seltenen Weißstern-Blaukehlchens im ca. 110 qkm großen Bereich des Stadtgebietes von Emden registriert. Daher bin ich der Jägerschaft sogar sehr dankbar, hätte ich doch ansonsten diese abendlichen Suchexkursionen nicht so intensiv durchgeführt ! Und es ist wohl kaum anzunehmen, dass ich von den seltenen Blaukehlchen so viele wahrnehme, die weithin hörbaren Balzrufe der angeblich so zahlreichen Rebhähne aber fast alle überhört haben soll."[7]

Diese Situation zeigt auch sehr deutlich, wie sehr selbst Jagdverbände an der Kooperation mit Naturfreunden interessiert sind, die durch kritische Begutachtung ihres Tuns mit dem Hobby der Waidmänner in Konflikt geraten könnten. Einzig ein Jäger und Landwirt aus Uphusen meldete zwei Paare, die von RETTIG auch bestätigt werden konnten[8]. Von der Jägerschaft Emden über die Landesjägerschaft Niedersachsen und den damaligen niedersächsischen Landwirtschaftsminister Bartels bis zum DJV wurden seine Briefe allerdings einfach ignoriert[9]. Walter Kampenga, Ehrenvorsitzender der Emder Jägerschaft, sieht gar keinen Anlaß, mit RETTIG zu kooperieren, da dieser „weder die Bezirksregierung, noch einen der zahlreichen Tierschutz-Vogelschutz-und Naturschutzverbände" vertritt. Außerdem sei er kein studierter Vogelkundler - eine Universität habe er „in dieser Beziehung noch nicht einmal von innen gesehen"[10]. Fragt sich, wie viele Jäger schon einmal eine Universität von innen gesehen haben (bezogen auf Naturschutz, Ornithologie, Biologie etc.). Der Vorstand der Jägerschaft Emden hat dem „nichts hinzu zu fügen"[11].

Durch dieses Verhalten wurde RETTIG von jemandem, der eigentlich nichts gegen die Jagd hatte, zu einem ausgesprochenen Jagdkritiker[12]. Hat die Verweigerungshaltung der Waidmänner vielleicht damit zu tun, daß sie ihre Angaben einfach nicht glaubhaft belegen können, weil sie vollkommen aus der Luft gegriffen sind und nur dazu dienen, der Bevölkerung einen nicht vorhandenen Bestand an Rebhühnern vorzutäuschen?

„Hervorheben möchte ich noch, daß ich bei diesen abendlichen Suchexkursionen nicht einen einzigen Jäger antraf - aber es gibt zu dieser Jahreszeit ja auch nichts zu bejagen. Wann mögen die Waidmänner wohl ihre 80 Paare Rebhühner für die 'Wildtiererfassung' gezählt haben? Um die Brutpaarzahlen der Rebhühner zu ermitteln, darf man nämlich nicht die Stückzahlen aus den einzelnen irgendwann im Herbst einmal gesehenen 'Ketten' einfach zusammenzählen und dann durch zwei teilen! Man muss sich also schon die Mühe machen, die Paare im Frühjahr zu zählen! Und dies ist der entscheidende Fehler, der von der Jägerschaft bei der Zählung bzw. 'Ermittlung' ihrer Rebhuhn-Paarzahlen immer wieder gemacht wird!"[13]

Um den Rebhuhnbestand zu stützen, setzen die Emder Jäger auch Zuchtrebhühner aus. Daß solche Aktionen in erster Linie Verschwendung von Geld sind, das man besser in Renaturierungsmaßnahmen stecken sollte, wissen wir schon. Denn wo der Lebensraum nicht geeignet ist, nützen auch Aussetzaktionen nicht viel, und Zuchttiere sind sowieso oft nicht überlebensfähig. Wie ein Tierarzt in der Emder Zeitung berichtet, sind Verluste von 80% und mehr allein im ersten Jahr denn auch keine Seltenheit[14].

Eine Jagdzeit für den Luchs

Mit allen Mitteln versuchen die Jäger, „ihr" Wild für die Jagd zu erhalten, egal, wie bedroht es ist. Die Motive hierfür sind nicht schwer zu durchschauen: Werden die Tiere aus dem Jagdrecht genommen, so dürfte es schwer werden, sie zurückzuholen, wenn die Bestände wieder steigen. Bleiben die Tiere hingegen im Jagdrecht, dann kann man, sobald sich die Bestände wieder halbwegs erholt haben (oder die Jäger so denken), wieder die Hatz auf diese Tiere eröffnen. Diskussionen über eine Bejagung von Bussarden, Habichten oder Sperbern, deren Bestände nach teilweiser Beinahe-Ausrottung wieder mehr oder weniger angestiegen sind, zeigen dies ebenso deutlich wie der ernsthafte Antrag des Hegeringes Lamer Winkel im Bayerischen Wald, wieder die Jagd auf den Luchs zu eröffnen[15]. Als Argument für den Verbleib der verschiedenen Arten im Jagdrecht dient vor allem die Hegepflicht - bleiben die Tiere im Jagdrecht, dann genießen sie einen höheren Schutz als durch das Naturschutzrecht allein. Ignoriert wird dabei die Tatsache, daß nur wenige Tierarten auch tatsächlich in den „Genuß" dieser Hege kommen. Auch wissen wir mittlerweile, was im Allgemeinen von der Hege zu halten ist. Außerdem sei die Frage erlaubt, wieso eine Verbringung einer Tierart ins Naturschutzrecht die Jäger daran hindern sollte, sich für diese Tierart weiter einzusetzen. Schließlich sind die Jäger ja nicht am Schießen interessiert, sondern an einer intakten Natur, nicht wahr?

Erhält eine vom Aussterben bedrohte Art eine ganzjährige Schonzeit, so scheint man dies für einen Schritt in Richtung „Herausnahme aus dem Jagdrecht" zu halten. Der DJV sprach sich zum Beispiel vehement gegen die Streichung der Jagdzeit von Auer-, Birk- und Rackelwild aus, als die Bundesjagdzeitenverordnung im März 2002 geändert wurde[16]. Zwar wurden diese Arten sowieso nicht mehr bejagt, da sie in Deutschland kaum noch vorkommen, aber die Jäger lassen sich natürlich nicht gerne Vorschriften machen.

> *„Muss denn mit einer förmlichen Schonzeit dem Tierschutz genüge getan werden. Konnte man es auch bei diesen Wildarten nicht dem Jäger selbst überlassen, ab wann er den Finger krumm machen darf?"[17]*

krakeelt die *Deutsche Jagd-Zeitung* im Hinblick auf weitere nun geschonte Arten. Die Antwort ist „Nein". Das ist besonders bei stark bedrohten Arten viel zu gefährlich, und es gibt so einige Beispiele, die das mangelnde Verantwortungsbewußtsein der Jägerschaft aufzeigen.

Wie die Jäger mit seltenen Tierarten umgehen

In den 1970ern etwa hielten sich in einem Teilbereich des großen Renzeler Moores noch sechs Birkhennen und ein Birkhahn auf. Ebendieser Birkhahn wurde im Rahmen der Abschußplanung viermal zum Abschuß freigegeben. Im westlich der Weser gelegenen Teil des Landkreises Nienburg wurden in den Jahren 1972 und 1973 mehr Birkhähne zum Abschuß freigegeben, als es dort überhaupt gab[18]. So verläßlich scheint die Jägerschaft wirklich nicht zu sein. Zu oft kommt es denn auch tatsächlich vor, daß Exemplare sehr seltener Arten bewußt getötet werden. Hat das Tier dabei zufällig Jagdzeit, ist rechtlich nichts zu machen. Ist es geschont, kann man den Jäger zumindest rechtlich zur Verantwortung ziehen, wenn er denn erwischt wird. Der Elch zum Beispiel ist in Deutschland seit 150 Jahren ausgerottet. Als ein Exemplar dieser Art im Dezember 1998 nach Sachsen einwanderte, wurde es prompt von einem Jäger erschossen.

„Mit dem Abschuß der imposanten Rarität handelte er sich nicht einmal Ärger ein: den sächsischen Politikern war das Verschwinden des Elches scheinbar über ein Jahrhundert lang gar nicht aufgefallen. Dort hatte er, einmalig in Westeuropa, immer noch eine Jagdzeit.[19]

Man könnte überspitzt formuliert sagen, der Elch wurde 1998 nach einer Wiedereinwanderung von einem Jäger abermals ausgerottet. Kein Einzelfall. Seit 1990 kamen in Brandenburg mindestens zwei Elche durch Abschuß ums Leben[20]. Ein Exemplar aus Polen schaffte es vor kurzem, lebendig ganz Mecklenburg-Vorpommern zu durchqueren. In Schleswig-Holstein war aber Schluß: Er endete als Mahlzeit eines eifrigen Jägers. Zumindest wurde dieser aus dem Jagdverein ausgeschlossen. Das Strafverfahren wurde gegen Zahlung einer Geldbuße eingestellt[21]. Dabei würden nur wenige Tiere reichen, um wieder einen Elchbestand in Deutschland zu begründen, vorausgesetzt, der Lebensraum paßt. In Schweden ging etwa die Wiederbesiedlung durch den Wolf von lediglich einem Rüden aus, der dann ein Jahr später auf eine Wölfin traf[22]. Als man vor 20 Jahren in der kasachischen Steppe Kulane ansiedelte, entwickelte sich aus 32 dieser Halbesel eine Population von 600 Tieren - nach den Berechnungen von Genetikern eigentlich völlig unmöglich[23]. Es ist denkbar, daß so etwas auch beim Elch in einigen Gegenden Deutschlands gelänge, so wie beim Wolf in der Lausitz. Solange aber jedes eingewanderte Tier unverzüglich erschossen wird, werden wir das nicht herausfinden.

Es paßt nicht zusammen, daß der Öffentlichkeit erklärt wird, seltene Arten würden durch die Jagd nicht gefährdet, weil sie entsprechend ihrer Seltenheit auch nur hin und wieder auf der Strecke liegen oder daß sich beim Jäger ein „wilderhaltendes Zwischenhirn" herausgebildet hätte, wenn noch nicht einmal Einzelexemplare vor den Waidmännern sicher sind. Dementsprechend gibt es immer und immer wieder Abschüsse und Fallenfänge von geschützten, teilweise extrem seltenen Arten. Daß Wölfe und Luchse überall in Deutschland (und darüber hinaus) um ihr Leben fürchten müssen, haben wir schon gesehen. Auch geschützte Vögel leben gefährlich. LANGGEMACH ET AL. zeigen alleine für Brandenburg und Berlin erschreckend viele Fälle auf, in denen in den 1990er Jahren geschützte Vögel getötet wurden, von der Schellente über Rotmilane bis hin zu Fischadlern. 78 mal wurden die Vögel beschossen, 31 mal in Fallen gefangen, 15 mal wahrscheinlich durch solche verletzt. Kreativer waren da schon Leute, die z.B. den Baum, in dem ein Wespenbussardpaar zwei Küken aufzog, einfach umsägten[24]. Einige weitere Beispiele:

„August 1996 Flecken-Zechlin (OPR) beringter Vogel [Fischadler, Anm. d. Verf.] in Stellnetz ertrunken, Röntgenbild zeigt zwei Schrote im Kopf, [...]. März 1999 Schwedt, Nationalpark „Unteres Odertal" (UM), bei einem völlig abgemagerten Vogel [Rotmilan] mit einer Verletzung des rechten Flügelbugs werden bei Durchleuchten Schrotprojektile sichtbar, der Vogel wurde euthanasiert. [...] Januar 1998 Wernsdorf (LOS) Fund eines kurz darauf sterbenden Vogels [Mäusebussard, Anm. d. Verf.] mit drei Schrotkugeln im Körper.[25]

So geht es weiter und weiter. Vor allem Habichte werden oft (wahrscheinlich meistens) von Geflügel- bzw. Taubenzüchtern gefangen, getötet oder verstümmelt. Dennoch gilt insbesondere für illegale Greifvögeltötung: „Jäger sind auf alle Fälle dabei, aber wieviel % der illegalen Verfolgung sie ausmachen, ist unklar."[26] Das Hauptproblem bei der illegalen Tötung geschützter Vögel ist, daß sich die Täter meistens nicht ermitteln lassen. Mal gibt es deutliche Hinweise auf den Täterkreis, mal bleibt selbst dieser im Dunkeln. Es soll daher auch gar nicht jeder tote Vogel gleich den Jägern in die Schuhe geschoben werden. Die Waidmänner gehören allerdings zu denjenigen Menschen, die am ehesten ein Motiv (und die nötigen Waffen) für die Verfolgung solcher Vögel haben. Diabolos, mit denen einige der Tiere getötet wurden, sind als Luftgewehrmunition von jedem Sportschützen einsetzbar. Aber wie viele Nichtjäger besitzen Gewehre für Schrotmunition? Genau diese Munition wurde in den besagten Fällen von Abschuß aber ziemlich oft verwendet; bei Angabe der Geschoßart finden sich etwa doppelt so häufig Schrote wie Diabolos. Und selbst bei Luftgewehrschüssen ist es nicht völlig ausgeschlossen, daß Jäger am Werk sind, wie der Fall eines Jagdaufsehers aus dem Kreis Waldshut zeigt. Dieser hatte mit solchen Waffen gemeinsam mit seinem Bruder zahlreiche Greif- und Singvögel geschossen[27]. In den meisten Fällen werden Diabolos wohl von Sportschützen benutzt; ein pauschaler Freispruch für die Jägerschaft ist die Verwendung solcher Munition jedoch nicht. Und auch beim Fallenfang ist der Täterkreis nicht schwer einzugrenzen. Denn wer, außer den Jägern, stellt in der freien Natur Schwanenhälse, Mardereisen und sonstige Tierfallen auf?

Da solche Fälle höchst selten auch ans Tageslicht kommen, ist außerem davon auszugehen, daß es eine hohe Dunkelziffer gibt. Denn die meisten „geglückten" Abschüsse und Fänge dürften damit enden, daß das betreffende Tier unter der Erde oder beim Präparator landet, ohne daß sonst jemand etwas mitbekommt.

„Die Fülle des Materials zeigt, daß es sich nicht um Ausnahmefälle handelt. Ebenso ist erkennbar, daß es kein regionales Problem ist - aus nahezu allen Kreisen sind inzwischen Vorfälle bekannt. [...] Das tatsächliche Ausmaß illegaler Verfolgung läßt sich trotz der bisherigen Recherchen nur erahnen; als sicher kann gelten, daß nur die Spitze des Eisberges erfaßt wird, da die Taten naturgemäß im Verborgenen stattfinden"[28],

so LANGGEMACH ET AL. Selbst nach Abzug der Abschüsse, in denen möglicherweise Nichtjäger geschossen haben, ist die Zahl der erschossenen oder angeschossenen Individuen hoch[29]. Und es handelt sich hier nicht um ein regionales, sonden um ein bundesweites Problem. Erschossene oder durch Fallen getötete Seeadler, Weißstörche, Wanderfalken oder Fischadler finden sich auch in anderen Bundesländern[30]. Einige Fälle schaffen es sogar in die Lokalzeitungen. Im Juli 2002 berichtete der *Nordbayerische Kurier*, daß ein Wanderfalkenweibchen professionell aus nächster Nähe mit einem Schrotschuß getötet wurde. Eines der drei Küken lag tot unter dem Horst, die beiden anderen sowie der Vater blieben verschwunden[31]. Der Täter konnte bis heute nicht ermittelt werden, allerdings weist alles darauf hin,

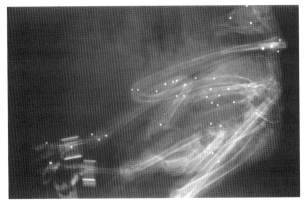

Ein Fischadler, der in einer Stromleitung hängend gefunden wurde. Deutlich sind als weiße Punkte Schrotkugeln erkennbar. Der Adler wurde von einem Jäger aus größerer Distanz beschossen. Ob der Vogel erst nach dem Beschuß in die Stromleitung flog, oder ob er schon vorher darin hing, war allerdings nicht mehr feststellbar. Das Foto dient daher nur zur Illustration.

© Oliver Krone

daß er unter den Jägern zu suchen ist[32]. Und FROMMHOLD schreib über eine Firma,

> *„deren Inseraten in verschiedenen Jagdzeitschriften zufolge man den ausgestopften Seeadler für 4000, Stein- und Fischadler ab 3000 und den präparierten Uhu gar für nur 1800 Mark umgehend ordern kann. Woher diese Tiere wohl kommen?"*[33]

Tja, woher nur? LANGGEMACH ET AL. berichten, daß bei einigen wenigen toten Vögeln, die über einen Präparator in ihr Untersuchungsmaterial gelangten, auf Anhieb zwei Fälle illegaler Erlegung entdeckt wurden[34]. Tot aufgefundene Vögel, die dem Jagdrecht unterliegen (dazu zählen alle Greifvögel) gehören dem Jagdpächter, der diese auch nicht z.B. der Forschung zur Verfügung stellen muß. Im Gegenteil: Selbst behördliche Naturschützer können sich rechtlichen Ärger einhandeln, wenn sie ohne Genehmigung des Jagdpächters tot aufgefundene Tiere zu Forschungszwecken an sich nehmen. So mancher seltene, streng geschützte Vogel landet daher als Staubfänger im Jägerzimmer statt auf dem Seziertisch der Forscher. Eine wirksame Kontrolle, ob präparierte Tiere wirklich nur gefunden oder erschossen wurden, gibt es nicht. LANGGEMACH ET AL. berichten gar von einem Fall, in dem bei einem Besuch bei einem Präparator ein noch lebender Bussard gefunden wurde - das verletzte Tier sollte vor dem Ausstopfen anscheinend einfach auf dem Fußboden sterben[35]. Erst nach mehrmaliger Aufforderung gab der Präparator den geschützten Vogel heraus. Der Ornithologe Helmut Brücher schrieb einen Leserbrief an die *Pirsch*, nachdem diese ihre Leser zum - streng verbotenen - Aufsammeln von Vogelfedern auch geschützter Arten animiert hatte[36]:

> *„Dem Laien mag das Sammelverbot von Federn oder toten Tieren nicht direkt einleuchten. Aber ein schwunghafter Federhandel hatte zum Beispiel Anfang des letzten Jahrhunderts schon einmal etliche Reiherarten fast ausgerottet, und auch heute zum Beispiel zahlen 'Freizeitindianer' viel Geld für Greifvogel- oder Adlerfedern. Und wie sollte die Naturschutzbehörde nachweisen, dass ein Uhu als Präparat an der Trophäenwand eines natürlichen Todes starb?"*[37]

155

Der Jäger ist der engste Verbündete des praktischen Vogelschutzes (*Deutsche Jagd-Zeitung*). Hier ein Weißstorch in einem „Deutschen Schwanenhals".

© Vier Pfoten e.V.

Der Beschuß der Vögel mit Bleischrot, den wir uns noch genauer ansehen werden, führt außerdem oftmals dazu, daß die Tiere nicht gleich sterben, sondern lediglich verletzt werden und qualvoll verrecken. Seeadler sterben oft auch dadurch, daß sie mit angeschossenen Beutetieren Bleischrot aufnehmen und sich damit vergiften, wie Untersuchungen gezeigt haben (siehe Kapitel 9). Einige tragen auch Bleischrot im Körper[38], ein Beweis für direkten Beschuß. Auch Dr. Oliver Krone vom Institut für Zoo- und Wildtierforschung in Berlin sorgt sich darum, daß viele Seeadler Schrot im Körper tragen und daran sterben[39]. Der Vogelschutzwarte Garmisch-Partenkirchen zufolge werden auch immer wieder geschützte Vögel wie Reiher und Störche durch Fallen getötet[41]. Auch können Schußverletzungen, die nicht sofort tödlich sind, dazu führen, daß die geschwächten Tiere auf andere Weise ums Leben kommen, etwa im Straßenverkehr[42].

Nicht alle Abschüsse oder Fänge von geschützten Vögeln sind illegal. Es gibt behördliche Ausnahmegenehmigungen in „begründeten Einzelfällen". Viele Jäger scheinen dies allerdings für einen Freifahrtschein zu halten.

> *„Was heißt es denn, wenn einem Revier die Erlaubnis zum Fang eines Habichts gegeben wird? Es ist doch nichts anderes als das behördliche Alibi zum Dauerfang - bis es zufällig einen Zeugen gibt! Es würde ja auch schon überhaupt keinen Sinn machen, wenn der Revierinhaber einen Standhabicht wegfängt, damit aber sein Revier für den Durchzug öffnet. Denn wo ein Standhabicht gefangen wird, stellen sich schnell weit mehr Durchzügler ein. [...] Von den vielen Jägern, mit denen ich bisher über dieses Thema gesprochen habe, hat eigentlich keiner bestritten, daß sich die Einzelgenehmigung immer auf den zuletzt gefangenen Habicht bezieht"*[42],

schreibt HESPELER, und ihm zufolge ist dieses Verhalten so weit verbreitet, daß seiner Meinung nach eine generelle Schußzeit weniger Habichte das Leben kosten würde als die wenigen Ausnahmen zum Fang[43].

Wie man ein Pony mit einem Wildschwein verwechselt

Aber wohl längst nicht alle Tötungen geschützter Tiere passieren aus Jagdlust oder Boshaftigkeit. Unfähigkeit, Disziplinlosigkeit und Unkenntnis der Jäger sind nicht nur in Deutschland, sondern europaweit ein Problem, wie CONSIGLIO darlegt:

> *„In allen Ländern sind erschreckend viele Jäger nicht in der Lage, dem Jagdrecht unterliegende Tierarten von geschützten Arten zu unterscheiden. Aber nicht nur wegen ihrer Ignoranz, sondern auch, weil die Jäger sich einfach über gewisse Regeln hinwegsetzen, bleibt der Schutz selbst jener Arten illusorisch, für die wissenschaftliche Untersuchungen zwingend belegen, daß sie auf gar keinen Fall bejagt werden dürfen."[44]*

So schoß ein Jäger im November 1998 im Nationalpark Vorpommersche Boddenlandschaft einen streng geschützten Seeadler. Angeblich hatte er den ausgewachsenen Greifvogel mit einer Wildgans verwechselt, die jedoch wesentlich kleiner ist und ganz anders aussieht[45]. Der Jäger, der die Wölfin „Bärbel" in Niedersachsen erlegte, will sie (laut einer seiner Versionen) mit einem Schäferhund verwechselt haben. 2002 erschoß ein Jäger auf einer Weide zwei Islandponies. Er gab später an, sie mit Wildschweinen verwechselt zu haben[46]. Solche Meldungen finden sich ständig. Wenn Exemplare geschützter Arten „aus Versehen" getötet werden, heißt es oft, das Tier wurde mit diesem oder jenem verwechselt. Man kann das als Ausrede abtun. Wahrscheinlicher ist, daß es die Wahrheit ist, wobei die Frage bleibt, was schlimmer ist. Wie wir später noch sehen werden, schaffen es Jäger sogar, Menschen mit Rehen und Wildschweinen zu verwechseln.

Die *Deutsche Jagd-Zeitung* sieht indes keinen Sinn in der Schonung von Arten, die mit anderen, gefährdeten Arten verwechselt werden können.

> *„Als neues Kriterium für die Vollschonung von Arten wird die Verwechselungsgefahr ins Spiel gebracht. Die in Nordrhein-Westfalen selten vorkommenden Mantel- und Heringsmöwen haben wegen Verwechselungsgefahr mit anderen seltenen Arten nun eine ganzjährige Schonzeit. Da habe ich mir schnell einmal „Pareys Vogelbuch" gegriffen und nachgeschaut. Mantel- und Heringsmöwen sind die großen Möwen mit den schwarzen Schwingen. Mit was sollten die zu verwechseln sein?"[47]*

Es entbehrt nicht einer gewissen Komik, wenn der betreffende Redakteur eine Verwechselungsgefahr für vollkommen abwegig hält, die Merkmale dieser Tiere aber erst in *Pareys Vogelbuch* nachschlagen muß. Außerdem fiel dieser Satz im Zusammenhang mit einer Nachricht der Vogelschutzwarte Garmisch-Partenkirchen auf, die dem Bayerischen Landesamt für Umweltschutz angehört.

> *„Viele geschützte Vogelarten werden überhaupt nicht erkannt, da die Unterschiede zwischen den Arten in den Jägerkursen nicht gelehrt werden. Beispiel Großmöwen."[48]*

Der Leser mag sich selbst ein Bild darüber machen, wer glaubwürdiger ist. Auch andere Forscher bestätigen Fehlabschüsse, wenn etwa Jäger „statt eines vielleicht zum Abschuss genehmigten Mäusebussards die seltensten Vogelarten vom Himmel holen"[49].

Einhard Bezzel, ehemaliger Leiter des Instituts für Vogelkunde in Garmisch-Partenkirchen, äußerte sich in der Zeitschrift *Nationalpark* einmal erbost über die verheerenden Artenkenntnisse der Jägerschaft (siehe Zitat am Anfang des Kapitels). Hier „ein paar kurze Protokollauszüge der letzten drei Jahre":

„Ein älterer Waidmann schießt in seinem Revier zwei Gänsesäger, die seit vielen Jahren ganzjährig geschützt sind. Bei der Gerichtsverhandlung wird strafmildernd festgehalten, daß der Beschuldigte bereits 40 Jagdscheine gehabt und in dieser Zeit in seinem Revier vorbildlich gejagt habe. Die fast gänsegroßen Schwimmvögel sind ihm in dieser langen Zeit offenbar nie aufgefallen. Auch von anderer Seite wurden Gänsesäger (und dazu Männchen im auffallenden Prachtkleid) wiederholt im Abschuß mit Enten verwechselt - einmal sogar von einem Kreisjagdberater!

Überhaupt die Wasserwildjagd! Im Morgengrauen wird in einer oberbayerischen Gemeinde eine Graugans geschossen. Entschuldigung: Man habe sie mit einer Stockente verwechselt. Im Herbst wird auf einer Treibjagd eine der letzten großen Rohrdommeln erlegt. Natürlich ebenfalls eine Verwechslung. Von einem Jagdscheininhaber wird uns im Dezember ein junger Reiher angekündigt. Schon am Telefon macht man ihn aufgrund seiner kurzen Beschreibung darauf aufmerksam, daß es sich mit Sicherheit nicht um einen Reiher, sondern wahrscheinlich um einen Taucher handelt. Große Entrüstung und scharfe Reaktion: Er sei sich seiner Sache ganz sicher. Am nächsten Tag wird der Vogel zur fachkundigen Identifizierung überbracht. Der geschossene 'Reiher' [Reiher werden etwa einen Meter groß, Anm. d. Verf.] ist zu einem knapp faustgroßen Zwergtaucher geschrumpft.

Zwei Jagdscheininhaber bezeichnen eine geschwächt aufgegriffene Eule als nicht 'einwandfrei identifizierbare Waldohreule oder Schleiereule'. ('Schleiereulen kommen im Revier häufig vor', berichteten sie. Dort konnten aber von Ornithologen in 20-jähriger intensiver Nachsuche noch nie welche nachgewiesen werden). Abgeliefert wird dann ein ausgewachsener Uhu!

Auch ein weiterer Uhu wird als Waldohreule bezeichnet und ein telefonischer Zweifel mit dem Hinweis auf langjährige Jagdscheinpraxis abgetan. Außerdem legt der Anrufer das Gewicht seiner Stellung als Sachbearbeiter für Jagd an der zuständigen Polizeidienststelle und die Bestätigung des Tierarztes - auch ein Jäger - in die Waagschale. Keiner erkannte den Uhu!

Ein Vogel, 'wahrscheinlich Greifvogel', mit gebrochenen Schwingen ist aufgegriffen worden. Der Jagdinhaber ist nicht in der Lage, den Vogel zu bestimmen. Schon am Telefon ist aufgrund weniger Hinweise die Ferndiagnose Junghabicht ohne weiteres möglich.

Einzelne schwarze Schafe - so mag man abwiegeln. Nein! Vielmehr die Spitze eines Eisbergs, denn in den allerwenigsten Fällen werden solche Irrtümer bekannt. Und es geht auch gar nicht um ein paar Irrtümer oder Wissenslücken, die immer einmal vorkommen.

Häufig offenbaren nicht nur solche krassen Fälle, sondern auch normale Gespräche mit Jagdscheininhabern eine Hilflosigkeit gegenüber der Natur und ihren Ge-

Links ein Uhu, die größte heimische Eulenart. Er wird 70 cm groß und hat eine Spannweite von etwa 1,7 Metern. Männliche Tiere wiegen 1,9 bis 2,8 kg. Weibliche wiegen 2,3 bis 4,9 kg.

Daneben eine Waldohreule. Sie ist mit 36 cm gerade halb so groß wie der Uhu. Das Gewicht der männlichen Tiere beträgt 220-280 Gramm, das der weiblichen 250 bis 370 Gramm.

© Siegel (l) und Dietmar Nill (r)

schöpfen, die im krassen Mißverhältnis zu dem hohen Anspruch steht, als Jäger den 'Sachverwalter der Natur' für sich zu reservieren."[50]

Selbst diejenigen Jäger, die Jagdscheinanwärter unterrichten und prüfen sollen, haben solche Probleme, wie „blaserr93" im *Wild und Hund*-Internetforum erzählt:

„Der Prüfer, der Wildbiologie prüft, hat sich eine Zeit lang bei mir Präparate ausgeliehen, u.a. ein weißes Hermelin. Mauswiesel wurde als richtige Antwort gelten gelassen. Mein Sperberterzel wurde von ihm selbst als Turmfalke angesprochen, da fällt mir nichts mehr zu ein."[51]

Aber auch regelmäßig bejagte Arten werden nicht unbedingt erkannt. Werde etwa ein Tier nur angeschossen und ein Hundeführer zur Nachsuche herangezogen, so warnt HESPELER, müsse man die Angaben des Schützen erst einmal als unbewiesen betrachten; aus dem kapitalen Rehbock werde dann vielleicht eine führende Geiß, aus dem Rothirsch auch schon mal ein Damhirsch[52]. Ein Leserbriefschreiber in der *Pirsch* berichtet gar von einer Drückjagd, bei der ein Jäger fragte, was der vor ihm liegende Keiler koste. Vor ihm lag allerdings eine Bache[53].

Die Nachstellungen reduzieren nicht nur die Anzahl der Exemplare seltener und geschützter Tierarten, diese werden auch scheuer, wie wir bereits wissen. Das führt dazu, daß sich der Lebensraum für die Tiere reduziert, da sie heimlicher leben und ihre Fluchtdistanzen größer werden. Enden die Nachstellungen, verlieren die Tiere ihre Scheu. Es wird damit nicht nur ein dezimierender Faktor ausgeschaltet, sondern die Tiere können auch wieder einen größeren Lebensraum nutzen. In Niedersachsen hat sich die Fluchtdistanz von Greifvögeln nach der Einstellung der Bejagung verringert. Dadurch, daß sie nun einen größeren Lebensraum nutzen können, wurden die Bemühungen um ihren Erhalt und ihre Wiederausbreitung begünstigt[54].

Wir haben schon im Kapitel zur Hege gesehen, daß der „Artenschutz" der Waidmänner sich hauptsächlich auf jagdbare Arten erstreckt. Wie wenig Jäger sogar für jagdbare Arten übrig haben, die nur gerade keine Schußzeit haben, zeigt eine Aktion der *Deutschen Jagd-Zeitung*, die dem vom Aussterben bedrohten Fischotter helfen sollte. Sie rief Anfang 1986 ihre Leser auf, für den Schutz des Tieres zu spenden. Ende September, mehr als ein halbes Jahr später, meldete sie stolz:

> *„Unser Aufruf, für die in Not geratene Aktion Fischotterschutz zu spenden, ist bei den DJZ-Lesern nicht auf taube Ohren gestoßen. Bis Ende September sind rund 1.600 Mark [...] allein von unseren Lesern eingezahlt worden. Aufrichtiger Dank, liebe Leser!“*[55]

Der bedrohte Fischotter: Jeder einzelne Jäger gibt im Jahr mehr Geld für Jagdzubehör aus, als 32.000 *DJZ*-Leser für ihn zu Spenden bereit waren. © Hans Bibelriether

Beachtenswert. Da hat statistisch jeder der 32.000 *DJZ*-Leser ja ganze fünf Pfennige gespendet, also etwa 2,55 Cent. Wenn nur alle Menschen in Deutschland von ihrem Einkommen einen solchen Anteil für unsere Natur spenden würden, ginge es ihr wahrscheinlich schlagartig besser. Zum Vergleich: Der *DJZ* zufolge gibt jeder Waidmann im Jahr etwa 2.200 Mark (ca. €1.125) alleine für Waffen, Munition, Optik, Bekleidung und Jagdzubehör aus[56].

Es dürfte damit klar sein, daß der „Artenschutz" der Jägerschaft sich wie die Hege nur auf wenige auserwählte jagdbare Arten erstreckt. Für die Jäger „uninteressante" Arten brauchen auf ihren Schutz in den meisten Fällen nicht hoffen. Diese Tiere dürfen höchstens als Argument für die Bejagung anderer Arten herhalten und müssen selbst dann um ihr Leben fürchten, wenn sie geschützt oder gar bedroht sind. Dies gilt insbesondere, wenn sie als Prädatoren mit den Beuteinteressen der Jäger in Konflikt geraten könnten. Auch unwissentlich werden die bewaffneten „Anwälte der Wildtiere" zu einer Gefahr für geschützte Tierarten, weil sie sie einfach nicht von anderen Arten unterscheiden können. Daran ändert auch das gelegentliche Anlegen von Schlafplätzen für Fledermäuse oder das Aufhängen von ein paar Nistkästen nichts, mit dem sich Jäger hin und wieder als Artenschützer in der Lokalpresse präsentieren wollen.

9
Die Jagd auf Rabenvögel

„Auffallender Weise mehren sich in der Umgegend von Lohr die Elstern (Atzeln). Obgleich die Elster Insekten, Gewürm, Obst, Beeren sowie auch Körnerfrüchte und dergleichen verzehrt und durch diese Mannigfaltigkeit der Nahrungsmittel ihr leckerer Geschmack hinlänglich befriedigt erscheinen möchte, ist dies zum Schaden besonders unserer befiederten Sänger leider nicht der Fall. Im Frühjahr werden von diesem gefräßigen Thiere die Nester aller wehrlosen Vögel unbarmherzig ausgeplündert, und die ihrer Jungen beraubten Singvögel verlassen einen Ort, der ihnen keinen Schutz vor dem frechen Räuber gewährte. Auch den jungen Hühnern, Enten, Fasanen etc. wird die Elster sehr gefährlich, kurz, sie ist ein Raubvogel der schlimmsten Art und verdient, mit allen zulässigen Mitteln verfolgt und ausgerottet zu werden."

- Lohrer Anzeiger vom 08. April 1873

Es gibt nur wenige Aspekte der Jagd, die so heftig umstritten sind wie die Bejagung von Rabenvögeln. Die Gegner streiten um dieses Thema oft polemisch, unsachlich und sehr emotional, und zwar beide Seiten, Jäger wie Gegner der Rabenvogeljagd. Es dreht sich insbesondere um die Aaskrähe, die Elster und den Eichelhäher. Auf der einen Seite stehen Jäger, Bauern, Schafzüchter, so genannte „Vogelschützer" und Menschen, die vielleicht schon einmal beobachtet haben, wie eine Elster ein Amselnest plündert. Ihnen zufolge richten Rabenvögel durch ihre unkontrollierte Vermehrung verheerende Schäden an. Sie fordern eine jagdliche Regulierung der Bestände dieser Vögel. Auf der anderen Seite stehen Naturschutzverbände, Öko-Jäger, Umweltschützer sowie eine große Gruppe von Wissenschaftlern, die behaupten, daß alles gar nicht so schlimm sei und eine Bejagung der Rabenvögel ablehnen. Letztere ziehen regelmäßig den Kürzeren, da mittlerweile mehrere Bundesländer die Bejagung von Rabenvögeln, die seit 1987 entsprechend der EG-Vogelschutzrichtlinie streng geschützt waren, wieder zugelassen haben. Da die Rabenvogel-Problematik zu den umstrittensten jagdlichen Themen überhaupt zählt, sollten wir uns die Zeit nehmen, uns etwas genauer mit diesem Thema zu beschäftigen.

Den Argumenten insbesondere der Jägerschaft zufolge haben sich die Rabenvögel in der Vergangenheit explosionsartig vermehrt. Es ist die Rede von „einem Übermaß, das kaum vertretbar sei"[1], von einer Verdopplung der Bestände[2] - sprich: von einer übermäßigen Zunahme, die Probleme verursacht. Diese Probleme sind unter anderem ein schädlicher Einfluß auf das Niederwild, wie etwa Hasen, Fasane und Rebhuhn[3]. Unter der Rabenkrähe haben nach Meinung des Jagdwissen-

161

schaftlers DR. HEINRICH SPITTLER insbesondere Fasan und Rebhuhn zu leiden[4]. Besonders gefährdet sind auch Singvögel, speziell seltene und gefährdete Arten, weil „die Schwarzen"[5] im Frühjahr systematisch die Gelege absuchen und ausplündern[6]. Der passionierte Jäger KALCHREUTER geht davon aus, daß „im Frühjahr Eier und Jungvögel zur bevorzugten Beute aller Rabenvögel" zählen[7]. Bestätigung erhalten die Lodengrünen von wütenden Bürgern, die mit Tränen in den Augen davon berichten, wie in ihren Gärten Nester von Singvögeln durch Elstern geplündert wurden[8]. Auch Sie haben bestimmt schon in der Zeitung davon gelesen, wie Schwärme von Aaskrähen oder Kolkraben über junge Lämmer und Kälber hergefallen sind und ihnen bei lebendigem Leibe die Augen ausgehackt haben. Außerdem fordern landauf, landab Bauernverbände einen verstärkten Abschuß der „ausufernden Populationen" verschiedener Rabenvögel, weil sie angeblich Ernteschäden verursachen[9].

Was ist dran an diesen Vorwürfen? Sind Rabenvögel tatsächlich Niederwildkiller, Singvogelvernichter, Ernteschädlinge und eine Bedrohung für Weidetiere?

Zu allererst sollte man die angeblich „ausufernden Populationen" untersuchen, wie Wendelin Ruf, Präsident des Badischen Landwirtschaftlichen Hauptverbandes, es nennt[10]. Am 01. Januar 1987 wurden alle Rabenvögel unter Schutz gestellt. Damit wurde das Verbot der Singvogelbejagung umgesetzt, das die EG-Vogelschutzrichtlinie schon seit 1979 forderte. Singvögel? Genau. Die Rabenvögel gehören zu den Singvögeln, genauer gesagt zu den Sperlingsvögeln. Oft genug wird das von Jägern unterschlagen, wenn sie von der Gefährlichkeit von Rabenvögeln für „die Singvögel" reden. Zwar mag der „Gesang" der Rabenvögel nicht so schön klingen wie der eines Rotkehlchens oder einer Amsel, aber für eine ökologische Betrachtung ist das vollkommen unwichtig. Dasselbe gilt allerdings auch für Eigenschaften, die dazu geeignet sind, Rabenvögel „sympathischer" zu machen, wie etwa die eheliche Treue, ihre Intelligenz, die Fähigkeit zur Nachahmung anderer Vogelstimmen oder ihr wissenschaftlich nachgewiesenes Selbstbewußtsein. Hier geht es um ökologische Fakten, nicht um Kuscheltierschutz.

Die Mär von den explodierenden Rabenvogelbeständen

Wie der DEUTSCHE JAGDSCHUTZ-VERBAND die Öffentlichkeit in seinem Faltblatt „Das Schweigen der Sänger" wissen läßt, „haben sich Elster, Eichelhäher und Aaskrähe stark vermehrt", nachdem die Bejagung eingestellt wurde[11]. Ähnliches findet sich in allen möglichen Publikationen, in denen die Position von Jägern, Bauern und anderen Befürwortern der Rabenvogeljagd niedergelegt sind. Und haben sie nicht Recht? Wenn Sie in der Stadt wohnen: Sehen Sie nicht auch, daß die Rabenvögel sich so stark vermehrt haben, daß sie sogar schon in die Städte eindringen? Wenn Sie auf dem Land wohnen: Sehen Sie nicht auch, wie sich riesige Schwärme von Krähen auf den Feldern niederlassen?

Der Schein trügt. Es ist tatsächlich so, daß die Zahl der Aaskrähe und der Elster in den Städten in der Vergangenheit zugenommen hat. Das liegt aber keineswegs daran, daß diese Vögel sich so stark vermehrt haben, daß sie nun „sogar" in die Städte eindringen. Vielmehr kann man sagen, daß sie „umziehen".

Die Aaskrähe kommt in zwei Formen vor: als Rabenkrähe (Bild) und Nebelkrähe. Die „Grenze" zwischen beiden Rassen verläuft quer durch Deutschland.
© G. Braun-Verlag

So zeigt eine umfassende Studie des Bundesamtes für Naturschutz von 1999, daß Aaskrähen heutzutage in menschlichen Siedlungen die höchsten Dichten erreichen, während sie in der Feldflur am wenigsten anzutreffen sind. 1995/96 brüteten z.B. im Offenland von Gießen (ca. 80 Hektar) gar keine Aaskrähen[12]. Elstern haben sich in der Vergangenheit in Siedlungsbereichen stark vermehrt, stoßen allerdings auch hier mittlerweile an ihre Grenzen[13]; in der freien Landschaft ist hingegen eine drastische Abnahme festzustellen, und die Studie sagt sogar voraus, daß die Elster lokal verschwinden wird, wenn sich die landwirtschaftlichen Produktionsbedingungen nicht ändern[14]. Auch der Ornithologe EPPLE geht davon aus, daß der Grund für die Flucht der Elster in menschliche Siedlungen vor allem die Verschlechterung des Lebensraumes durch den Menschen ist. Außerdem kann sie so gleichzeitig der Bejagung und der Konkurrenz durch die Aaskrähen entgehen[15]. Allerdings ziehen sich auch Aaskrähen aus ausgeräumten, intensiv genutzten Agrarlandschaften zurück[16]. KNIEF UND BORKENHAGEN kommen zu dem Schluß, daß Aaskrähen und Elstern in Schleswig-Holstein „zwar fast flächenhaft verbreitet, aber dennoch nicht häufig" sind[17]. Auch sie zitieren Untersuchungsergebnisse, nach denen Elstern im ländlichen Raum stark zurückgegangen und aus der offenen Feldmark völlig verschwunden sind, woran auch der Schutz ab 1987 nichts geändert hat[18]. Zum gleichen Schluß kommen viele weitere Forscher[19], und auch amtliche Stellen, etwa die UMWELTBEHÖRDE DER FREIEN UND HANSESTADT HAMBURG, sehen diesen Sachverhalt so[20]. Beim Eichelhäher ist die Sache nicht ganz so einfach. Auch bei ihm war eine „Verstädterung" zu beobachten, aber mittlerweile ist er schon wieder aus vielen Siedlungen verschwunden; Bestandsschätzungen sind schwierig, weil der Eichelhäher sehr heimlich und versteckt in den Wäldern lebt[21].

Und was ist mit den riesigen Rabenvogel-Schwärmen? Auch sie täuschen. Im Sommer ziehen größere Gruppen der „Brutreserve" (also der nicht brütenden Vögel) verschiedener Rabenvogelarten umher, suchen nach Nahrung und Schlafplätzen und lassen sich oft in der Nähe von Mülldeponien nieder[22]. Im Herbst und Winter treten zusätzlich große Schwärme der früher fast ausgerotteten Saatkrähen auf. Sie ziehen aus dem Osten und Norden nach West- und Mitteleuropa, um zu überwintern[23]. Es handelt sich hier also nicht um einheimische Bestände. Die Eigenschaft dieser Vögel, zu gewissen Zeiten und Anlässen in größeren Schwärmen aufzutreten, führt immer wieder zu Mißverständnissen. Es wird eine „Überpopulation" vermutet, wo keine ist[24]. Von der Existenz dieser Schwärme auf die Rabenvogeldichte zu schließen ist ebenso unsinnig, wie von der Momentaufnahme eines Großkonzertes oder einer Massendemonstration auf die generelle Siedlungsdichte von Menschen zu schließen.

Warum wird dann immer wieder von einer übermäßigen Zunahme, von überhöhten Beständen geredet? Einerseits kann man davon ausgehen, daß diese Angaben absichtlich dramatisiert und übertrieben sind. Jeder Euro Verlust ist für den Landwirt (verständlicherweise) sehr ärgerlich, und vermeintliche Niederwildschädlinge sind den meisten Grünröcken selbstverständlich ein Dorn im Auge. Daher kann man annehmen, daß die Öffentlichkeit auch gerne mal mit falschen Informationen gefüttert wird, um die Forderung nach Bejagung zu rechtfertigen. Seine Behauptungen bezüglich der „ausufernden Populationen" und Schäden im sechsstelligen Bereich konnte der Badische Landwirtschaftliche Hauptverband auf Verlangen von Wissenschaftlern jedenfalls nicht belegen[25], und auch die Jagdverbände bleiben Beweise für die starke Zunahme der Rabenvögel schuldig. Außerdem kann man davon ausgehen, daß diejenigen, die eine „Übervermehrung" von Rabenvögeln beklagen, nur allzu oft gar keine Ahnung haben, wie man diese Vögel zählt. Wann immer von Jägern durchgeführte Bestandszählungen von unabhängigen Wissenschaftlern überprüft wurden, mußte die Anzahl der Brutvögel nach unten korrigiert werden[26]. Teilweise schätzten die Jäger die Bestände dreimal so hoch ein, wie sie wirklich waren[27]. Diese Fehleinschätzungen kommen oftmals dadurch zu Stande, daß nur einmal gezählt wird oder man aus der Anzahl der Nester direkt auf die Anzahl der Brutpaare schließt[28]. Das führt allerdings zwangsläufig zu überhöhten Angaben, da z.B. Elstern im Frühjahr oft an mehreren Nestern gleichzeitig bauen[29]. Die Nester von Krähen und Elstern sind außerdem auch in den Folgejahren vielfach noch gut erhalten, so daß leicht mehr Nester als Brutpaare vorhanden sind[30]. Laut KNIEF UND BORKENHAGEN sind in ihrem Untersuchungsgebiet von Jägern offenbar auch wissentlich überhöhte Angaben gemacht worden[31]. Der Ornithologe WOLFGANG EPPLE berichtet ebenfalls, daß Jäger oftmals nicht in der Lage sind, Rabenvögel richtig zu zählen:

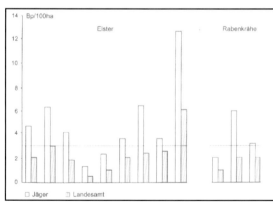

Überall, wo die Angaben von Jägern zur Rabenvogeldichte (helle Balken) überprüft wurden, mußten sie nach unten korrigiert werden (dunkle Balken).
Aus: KNIEF & BORKENHAGEN 1993.

„In meinem 3.000 Hektar großen Untersuchungsgebiet kontrolliere ich während des Winters alle 14 Tage und über die gesamte Brutzeit hin wöchentlich mindestens zweimal alle Reviere. Über drei Jahre brüteten dort 35 bis 42 Brutpaare der Rabenkrähe und 27 bis 23 Paare der Elster. Auch hier dieselbe Erfahrung: Örtliche Jäger ermittelten (durch Nesterzählung) in einem angrenzenden Gebiet angeblich 120 Krähenpaare auf nur der Hälfte der Fläche."[32]

Die angebliche Bestandsexplosion kann man getrost in das Reich der Fabeln verweisen. Bei Aaskrähe und Elster ist sie nicht vorhanden, und beim Eichelhäher spricht vieles dagegen, auch wenn es keine wirklich verläßlichen Daten über seine Bestandszahlen gibt[33]. Lediglich in den Städten hat v.a. die Elster zugenommen, und auch hier stagnieren mittlerweile die Bestände. Abgesehen davon, daß sich keine Art über ihre Umweltkapazität hinaus vermehren kann scheint dies auch daran zu liegen, daß die Aaskrähe dort, wo sie Lebensraum beansprucht, die Elster zu verdrängen scheint[34].

Warum Rabenvögel keine Lämmer töten

Und wie ist das jetzt mit der Schädlichkeit für das Niederwild, die Singvögel und die Weidetiere? Ist an den Schauergeschichten nicht doch was dran, auch wenn die Rabenvögel nicht in überhöhten Beständen auftreten?

Was angeblich von Rabenvögeln getötete Kälber und Lämmer angeht, denen die Augen ausgehackt werden, so kann man diese Geschichten als aufgebauscht oder schlicht erfunden abtun. Rabenvögel sind keine Greifvögel. Sie haben weder Greiffüße noch einen Hakenschnabel und sind deswegen in der Regel gar nicht fähig, größere Tiere zu töten - dies gilt auch für den größten Rabenvogel, den Kolkraben[35]. Einige Rabenvogelarten halten sich gerne in der Nähe von Schaf- oder Rinderherden auf, weil das Nahrungsangebot hier sehr gut ist: Es gibt hier eine Vielzahl an Fliegenarten, außerdem enthält der Kot der Weidetiere unverdaute Nahrungsreste[36]. Auch die Nachgeburt wird von Rabenvögeln (v.a. Kolkraben) als Nahrungsquelle genutzt[37]. Das war's dann auch schon.

Es kommt allerdings tatsächlich hin und wieder vor, daß Rabenvögel Lämmer und Kälber anfressen. Anhaltende Beschwerden von Landwirten in Brandenburg führten zu einer Reihe von Untersuchungen, an denen die unterschiedlichsten Wissenschaftler und Verbände beteiligt waren, die also nicht von einer Interessengruppe allein durchgeführt wurde. Ergebnis: Gezielte Angriffe auf lebende Tiere konnten nur selten und auch dann nur bei kranken oder nicht lebensfähig geborenen Jungtieren beobachtet werden[38]. Der größte Teil der von Rabenvögeln angehackten Tiere war schon vorher tot oder lag im Sterben. Angriffe auf gesunde Tiere konnten nicht nachgewiesen werden[39]. Die angeblichen „Rabenvogelverluste" wären also auch ohne Rabenvögel aufgetreten. Und nicht wenige Meldungen über Rabenvogelangriffe erwiesen in der Untersuchung sich als schlicht erfunden[40]. Ähnliches hört man von der Schwäbischen Alb. Nachdem Beschwerden von Schäfern das ba-

Der Kolkrabe, der größte und kräftigste Rabenvogel. Ob die Schafe ihn so dulden würden, wenn Gefahr von ihm ausginge? © G. Braun-Verlag

den-württembergische Umweltministerium auf den Plan gerufen hatten, stellte sich heraus, daß die Zahl der gemeldeten Angriffe deutlich übertrieben war: 12 Schäfer meldeten in nur zwei Jahren 327 tote und 418 verletzte Lämmer. Wissenschaftler konnten 1994 jedoch nur 39 „Auswirkungen" von Rabenvögeln auf Schafe nachweisen, wobei auch Pickspuren bei bereits toten Tieren mitgezählt wurden. Neun von diesen Lämmern wurden noch lebendig angepickt, und nur eines hätte eventuell überhaupt eine Überlebenschance gehabt[41]. Das für uns grausame Anfressen der Augen, des Afters und des evtl. noch nicht abgeheilten Nabels rühren daher, daß den Rabenvögeln außer diesen weichen Körperteilen sonst kaum etwas bleibt. HERRMAN UND SCHICKER vom Arbeitskreis Wildbiologie an der Uni Gießen zeigen auf, daß Rabenvögel es selbst bei toten Tieren schwer haben, die Haut aufzupicken[42]. Eine Untersuchung in Hessen ergab, daß ein Kolkrabe mehr als eine Stunde brauchte, um an die Nieren eines toten Lammes zu gelangen[43]. In der Regel sind Rabenvögel darauf angewiesen, daß größere Raubsäuger die Beute öffnen[44]. Diese „Leichenfledderei" mag für uns Menschen abstoßend sein; wirtschaftlich oder ökologisch schädlich sind Rabenvögel im Bezug auf Weidetiere aber keineswegs. Die Beseitigung von Aas ist eine wichtige hygienische Aufgabe, die von den verschiedensten Arten im Tierreich erfüllt wird. Daher nennt die Umweltbehörde der Stadt Hamburg den Kolkraben auch „Gesundheitspolizist" des Waldes und der Flur[45]. Wenn ein Landwirt oder Jäger Ihnen also das nächste Mal erzählt, Rabenvögel hätten „quietschlebendige" Ferkel getötet[46], wissen Sie Bescheid.

Für die Jägerschaft wesentlich bedeutender sind die „Auswirkungen" der Rabenvögel auf das Niederwild, auch wenn dies von der Boulevardpresse nicht so publikumswirksam aufgebauscht wird wie die „Angriffe" auf Weidetiere. Der DJV spricht sogar davon, daß selbst Schutzmaßnahmen für regional seltene Arten wie Rebhuhn, Fasan oder Hase durch „hohe Rabenvogeldichten" „zunichte gemacht" würden[47]. Neben der Frage, warum eine Einstellung der Bejagung nicht zu den Schutzmaßnahmen für diese Arten gehört, sollte noch bemerkt werden, daß natürlich auch bei der jägerinternen Rabenvogeldiskussion seltener von einer tatsächlichen Unterstützung der gefährdeten Arten die Rede ist, als vielmehr von den herbstlichen Jagdstrecken und dem „jagdlich nutzbaren Zuwachs"[48]. Die Tötung von Fasanen fällt außerdem von vornherein eher unter „Schmälerung des Jagderlebnisses" als unter „Bedrohung von Wildarten".

Das Salisbury Plains-Experiment

Nun gut, was sind genau die Vorwürfe der Jägerschaft? KALCHREUTER hat schon mehrfach die Auswirkungen von Rabenvögeln auf andere Arten untersucht. Wie alles, was mögliche Beutetiere des Jägers töten könnte, haben natürlich auch diese Tiere einen äußerst schädlichen Einfluß auf das Niederwild. Unter anderem setzt er sich mit den bei Jägern zunehmend beliebten „Räuber-Ausschluß-Experimenten" auseinander. Zwei in Jägerkreisen vielgelobte Experimente wurden in England von der „Game Conservancy" (frei übersetzt: Gesellschaft zur Erhaltung des jagdbaren Wildes) durchgeführt. Eines davon beschäftigte sich mit den Auswirkungen von Beutegreifern auf das Rebhuhn.

Dieses Experiment lief folgendermaßen ab: Es wurden zwei ökologisch vergleichbare, aber räumlich voneinander getrennte Flächen ausgewählt. Auf der einen wurde während der 2-monatigen Brut- und Aufzuchtzeit der Rebhühner alles umgebracht, was ihnen irgendwie gefährlich werden könnte, auf der anderen ließ man den Dingen seinen Lauf[49]. Das Ergebnis erscheint beeindruckend: Am Ende der dreijährigen Versuchsphase war in Collingbourne, wo die Beutegreifer bejagt wurden, die Rebhuhndichte über 3,5 mal so hoch wie im Vergleichsgebiet Milston. Als man Milston zur Jagdfläche machte, drehte sich das Bild um: Nun waren hier die Rebhühner häufiger als in Collingbourne, wo man nun den Beutegreifern wieder freien Lauf ließ[50]. Von der *Deutschen Jagd-Zeitung* wurde dieses Ergebnis natürlich ausgiebig beklatscht, inklusive eines reißerischen Titelbildes, auf dem eine Elster im Sturzflug auf Junghasen, ein Rotkehlchennest und Fasanenküken herabrauscht: „Entlarvt! Rabenvögel kennen kein Pardon"[51].

Wissenschaftlern, deren Urteilskraft nicht durch den Besitz eines Jagdscheines beeinflußt wird, treibt so etwas entweder die Galle hoch oder die Zornesröte ins Gesicht. Warum, wenn diese Studie doch so eindeutig ist? Nun, einerseits wurden nicht nur Rabenvögel im Untersuchungsgebiet bekämpft, sondern alles, was dem Rebhuhn gefährlich werden könnte: von Füchsen und Hauskatzen über Rabenkrähen und Elstern bis hin zu Wieseln und Ratten[52]. Der Einfluß einzelner Tierarten wie eben der Rabenvögel (die je nach Art auch unterschiedliche Lebensweisen haben) ist auf diese Weise überhaupt nicht zu erfassen[53], was einleuchtet. Außerdem ist völlig klar, daß es zu einem höheren Bruterfolg bei Rebhühnern kommen muß, wenn Mitursachen für Gelegeverluste ausgeschaltet werden. Auch der Ökologe PD Dr. Hans-Wolfgang Helb von der Uni Kaiserslautern meint, daß das Ergebnis der Studie schon von vornherein klar war[54].

Aber hat diese Studie denn nicht bewiesen, daß man die Überhand nehmenden Beutegreifer regulieren muß, damit bedrohte Tierarten wieder auf die Beine kommen? Nein. Zum „Überhandnehmen" und der „Übervermehrung" der Rabenvögel siehe oben. Außerdem führen bei weitem nicht alle Experimente dieser Art zu einem Bestandsanstieg der Beutetiere[55]. Selbst in dieser Studie ist das Ergebnis weniger eindeutig, als KALCHREUTER & Co. es darstellen.

So ist es ist kein Wunder, daß man sich über die konkreten Zu- und Abnahmen der Rebhühner ausschweigt und sich lediglich darauf stützt, daß jeweils im „kontrollierten" Gebiet die Rebhühner zahlreicher waren als auf der Vergleichsfläche. Denn diese Veränderungen des Verhältnisses der Rebhuhndichten gehen hauptsächlich auf Veränderungen in Collingbourne zurück. Dort stieg die Rebhuhndichte von 1984 bis 1985 deutlich an; ob das auf die 1985 beginnende Beutegreiferbekämpfung oder die hervorragenden Witterungs- und damit Fortpflanzungsbedingungen im Sommer von 1984 zurückzuführen ist, geht aus der Studie leider nicht hervor. Die für den Bestand relevante Frühjahrsdichte blieb während der Beutegreiferbekämpfung kaum verändert, steigt im Jahr nach Ende des Eingriffs noch einmal leicht an, um dann deutlich abzunehmen[56].

In Milston blieb die Frühjahrsdichte erst sogar auf einem höheren Niveau als in Collingbourne, obwohl die Rebhühner hier schutzlos den Beutegreifern ausgesetzt waren. Eine drastische Abnahme fiel 1987 mit einem naßkalten Sommer zusammen, der den Nachwuchs fast völlig vernichtete. Da sich dieser Sommer in Collingbourne bei weitem nicht so schlimm auswirkte, ist es auch keine Sensation, daß der Herbstbestand dort zu diesem Zeitpunkt - zufällig auch das Ende der ersten Versuchsphase - 3,53 mal so hoch war wie in Milston[57].

Der Milstoner Bestand stieg dann mit Beginn der Beutegreiferbejagung wieder an und erreichte im ersten Jahr ungefähr das alte Niveau. Allerdings ist hier wiederum der Studie nicht zu entnehmen, ob dies eine normale Erholung des Bestandes nach dem witterungsbedingten Einbruch war oder tatsächlich auf die Beutegreiferbejagung zurückging. Der Frühjahrsbestand änderte sich nach dem Wiederanstieg jedenfalls nicht wesentlich. Daß hier die Tötung der Beutegreifer während der Aufzuchtphase dem Bestand geholfen hätte, ist der Studie nicht zu entnehmen. Die Rebhuhndichte war - vom schlechten Jahr 1987 abgesehen - vor der Beutegreiferbekämpfung sogar höher als während des Eingriffs und danach[58].

Der Bruterfolg der Rebhühner nahm durch die Beutegreiferbekämpfung zweifellos deutlich zu, die Wintersterblichkeit stieg aber ebenfalls stark an, so daß kein positiver Einfluß auf die Frühjahrsbestandszahlen zu erkennen war[59]. Auf die Weise hat man im Herbst zwar mehr zu schießen, hilft jedoch dem Rebhuhn nicht aus der Patsche. Dieses Experiment scheint eher gezeigt zu haben, daß die Beutegreiferbekämpfung langfristig dem Rebhuhn nicht hilft, sondern lediglich einen größeren „jagdbaren Überschuß" bringt. Ein höherer Bruterfolg hilft eben nichts, wenn der Lebensraum die zusätzlichen Hühner nicht aufnehmen und ernähren kann. Ein Tatbestand, der uns schon aus Kapitel 3 bekannt ist.

Insgesamt ist festzustellen, daß in Collingbourne der Beginn der Bejagung von Beutegreifern mit einer Zunahme des Frühjahrsbestandes einherging, der sich während der Bejagung nicht nennenswert änderte, nach Ende des Eingriffs nochmal etwas anstieg und dann abnahm. In Milston stieg nach einem Einbruch der Bestand wieder an, was mit dem Beginn der Beutegreiferbejagung zusammenfiel. Ansonsten war der Bestand ziemlich konstant.

Das Ansteigen der Bestände zu Beginn der Beutegreiferbejagung fällt in beiden Fällen mit anderen Ereignissen zusammen, die ebenfalls einen Anstieg der Be-

Die Elster (Pica pica). Kein Pardon?
© G. Braun-Verlag

stände erwarten lassen, wodurch der Einfluß der Beutegreiferbejagung nicht ermittelt werden kann. Aufgrund der Entwicklung der Bestände während der Beutegreiferbejagung (keine erkennbare Änderung) kann man annehmen, daß der Effekt nicht nennenswert war. Als Argument für eine Beutegreiferbejagung zum Schutz des Niederwildes ist das schon etwas dürftig. Außerdem ist es nicht auszuschließen, daß das Ergebnis durch die vom Menschen verursachte additive Sterblichkeit zusätzlich verzerrt wurde. Denn auf beiden Flächen wurde während der Untersuchung auf Rebhühner gejagt. Alles in allem hat diese Studie unser Wissen über die Beziehungen zwischen Beute und Beutegreifer nicht nennenswert verbessert.

Aber auch, wenn die Beutegreiferbekämpfung deutlich zu einem Bestandsanstieg der Rebhühner geführt hätte, würde dies lediglich bedeuten, daß Beutegreifer einen Einfluß auf die Bestandszahlen ihrer Beutetiere haben, weil sie Individuen ihrer Beutepopulation töten. Etwas, das zu den normalen Vorgängen in der Natur gehört und von keinem Fachmann ernsthaft bestritten wird. Allerdings haben wir schon erfahren, daß das noch lange nicht bedeuten muß, daß diese Beutegreifer die *Ursache* für einen *Rückgang* oder das *Erlöschen* der Bestände ihrer Beutetiere sind. Ohnehin müßte die deutsche Jägerschaft, wenn sie das Ergebnis des Experiments denn tatsächlich so toll findet, sofort die massive Beutegreiferbejagung übers ganze Jahr hinweg einstellen, denn der zusätzliche Bruterfolg in den Salisbury Plains bedurfte nur der Reduktion der Beutegreifer während der zweimonatigen Brut- und Aufzuchtphase. Unsinnigerweise wird dieses Ergebnis benutzt, um die ganzjährige Beutegreiferverfolgung als notwendige Maßnahme zur Stützung des Niederwildes zu benutzen. Der Beweis, daß man in der Lage wäre, Beutegreifer nicht nur brachial zu bekämpfen, sondern auf einem bestimmten Niveau dauerhaft „einzuregulieren", steht dabei immer noch aus[60]. Es wird wohl auch nie erbracht werden, weil dies voraussetzen würde, daß es ein objektiv bestimmbares, „richtiges" biologisches Gleichgewicht gibt. So etwas existiert aber nicht, wie EPPLE anmerkt:

„Es gibt keine naturwissenschaftlich begründbaren „Idealzahlen" bzw. „angemessene", weil ökologisch „richtige" Bevölkerungszahlen für die drei in Deutschland jagdlich verfemten Rabenvögel Eichelhäher, Elster und Aaskrähe."[61]

MÄCK UND JÜRGENS kommen in ihrem umfangreichen Gutachten zu dem Schluß:

„Räuber-Ausschluss-Experimente sind [...] als Grundlage naturschutzorientierten Handelns ungeeignet."[62]

Und auch BODE UND EMMERT halten von dieser Vorgehensweise nichts:

169

„Als Beweis für die dezimierende Wirkung der Prädatoren auf ihre Beute werden in jüngster Vergangenheit wieder sog. Ausschlußversuche herangezogen, die bei möglichst quantitativer Beseitigung aller Beutegreifer vom Mauswiesel bis zum Fuchs, von der Krähe bis zum Habicht ein meist nur vorübergehendes Ansteigen der Niederwildstrecken zur Folge haben. Diese primitive Räuberausmerzung nach alter Väter Sitte wird auch noch als 'moderne Forschungsmethodik' ausgegeben, und die Tatsache des ursächlichen Zusammenhangs zwischen intensivierter Landnutzung und Rückgang bestimmter Arten wird als 'ökophilosophische Feststellung' abgetan. "[63]

Die feinen Beziehungsgefüge zwischen den Arten wurden hier (mal wieder) mit der Brechstange angangen, statt systematisch und detailliert untersucht zu werden. Deswegen und angesichts der Tatsache, daß hier nicht eine bestimmte Beutegreiferart, sondern alle möglichen Arten bekämpft wurden, klingt es fast schon wie Hohn, wenn KALCHREUTER behauptet, bei diesem Experiment sei es allein „um unser besseres Verständnis von Räuber/Beute-Beziehungen"[64] gegangen. Und woher KALCHREUTER die Erkenntnis nimmt, daß die Beutegreiferdichte „der entscheidende Faktor für das Vorkommen der Rebhühner"[65] ist (selbst die Originalstudie sprach nur von „einer Schlüsselrolle" unter anderen[66]), wird nur er wissen.

Daß der wesentliche Faktor für den Rückgang des Rebhuhns (und auch der verhaßten Rabenvögel) die Vernichtung ihres Lebensraumes ist, haben wir schon gesehen. Und daß gerade die Rabenvögel einen „entscheidenden Faktor" so sehr ausmachen sollten, mag auch nicht einleuchten. Schließlich sind die Bestandsrückgänge beim Rebhuhn und vielen anderen heute gefährdeten Arten bereits seit den 1960er Jahren nachweisbar[67]; der Schutz der Rabenvögel setzte in Deutschland aber erst 1987 ein, kann also kaum dafür verantwortlich sein. Auch sprechen Forschungsergebnisse, die nicht im Auftrag von Jagdorganisationen produziert wurden, eine deutliche Sprache: Die (nicht gerade jagdfeindliche) Rebhuhn-Studie von PEGEL erwähnt Rabenvögel nicht einmal unter „Übrige Predatoren"[68]. DWENGER sieht Rabenvögel auch nicht als Feinde erwachsener Rebhühner[69]. Als Nesträuber treten sie zwar auf, allerdings hat die Schmälerung des jagdlich nutzbaren Zuwachses nur wenig mit der Siedlungsdichte der Beutetiere zu tun, wie wir bereits wissen. Außerdem haben die Rabenvögel beim Nestraub ernsthafte Konkurrenz durch den Menschen: eine Studie, in der 79 Gelege mit 809 Eiern kontrolliert und 96 Eier von Rabenvögeln zerstört wurden, ergab, daß Menschen für den Verlust von 220 Eiern verantwortlich waren[70]. Demnach zerstörten Menschen das 2,3fache dessen, was auf das Konto der Rabenvögel geht. Die Tradition, die eigenen Fehler zu ignorieren und die Verantwortung auf andere abzuwälzen und sie dafür büßen zu lassen, setzt sich anscheinend unaufhaltsam fort.

Das Loddington-Projekt und Ergebnisse unabhängiger Forscher

Eine dem oben beschriebenen „Salisbury Plains Experiment" vergleichbare Untersuchung wurde von der „Game Conservancy" durchgeführt, um den Einfluß von Rabenvögeln auf andere Singvögel zu untersuchen. Ergebnis: Die Anzahl an anderen Singvögeln erhöhte sich im „Loddington-Projekt" auf der Fläche, auf der die Rabenvögel kontrolliert wurden. Dies wurde natürlich ebenso als endgültiger Beweis dafür gefeiert, daß Rabenvögel die Bestände „von Singvögeln" gefährden. Allerdings waren die Singvögel, die am meisten von der Rabenvogelbejagung profitierten, Amsel, Singdrossel, Heckenbraunelle und Goldammer[71] - zu dumm nur, daß dies keine wirklich bedrohten Arten sind. Epple bemerkt ganz richtig, wenn er schreibt:

> *„Für den umfassenden Artenschutz ist es müßig zu fragen, ob ohne Elstern noch mehr Amseln, Buchfinken, Rotkehlchen, Gartenbaumläufer usw. in den Gärten brüten könnten."[72]*

Zwar nahmen auch seltenere Arten zu. Daß wir damit aber weder eine genaue Handlungsanleitung noch den Beweis haben, daß Rabenvögel für deren Rückgang ursächlich verantwortlich sind, dürfte mittlerweile klar sein.

Und so ist es auch nicht verwunderlich, wenn Studien, die nicht von Jagdorganisationen oder Raubwild- und Raubzeuggegnern durchgeführt werden, durchweg zu anderen Ergebnissen kommen. Die britische „Royal Society for the Protection of Birds" zeigte, daß in Gebieten, in denen Sperber und Elstern zugenommen hatten, die Abnahme kleinerer Singvögel nicht höher war als sonst; in Städten, wo die Elster stark zugenommen hatte, nahm der Bruterfolg der untersuchten Singvogelarten nicht ab, teilweise sogar zu[73]. In Osnabrück untersuchte KOOIKER jahrelang die Populationen von Elstern und vielen weiteren Singvögeln im Stadtgebiet. Ergebnis: Die Elsternpopulation stieg von 1984 bis 2000 auf mehr als das fünffache und gehört damit zu den höchsten in Deutschland - im Vergleich zu den Elstern auf dem Land liegt hier die Dichte zehn- bis hundertmal höher[74]. Fand ein Artensterben anderer Singvögel in Osnabrück statt? Nein. Bei 16 Singvogel- und zwei Taubenarten konnte keine Bestandsabnahme, sondern eine -zunahme verzeichnet werden. Nur Buchfinken, Türkentauben und Singdrosseln gingen zurück. Dabei will KOOIKER die Frage, ob die Elsternzunahme der Grund dafür ist, nicht beantworten, da es zu viele andere Faktoren gibt, die hierfür (mit-)verantwortlich sein könnten[75]. Außerdem konnten sich 1992 erstmals Birkenzeisige in Osnabrück ansiedeln. 1993 brüteten sie sogar schon in Gebieten mit sehr hohen Elsterndichten[76]. KALCHREUTER fragt sich zwar, wie sich die Population bei geringerer Elsterndichte entwickelt hätte[77]. Aber diese Frage deutet nur ein weiteres Mal darauf hin, daß es nicht darum geht, eine Gefährdung von seltenen Arten zu verhindern. Denn daß selbst seltene Arten sich in Gebieten mit extrem hohen Rabenvogeldichten neu ansiedeln können, zeigt eindeutig, daß ein vermehrtes Vorkommen von Rabenvögeln nicht Ursache für den Rückgang sein kann. Bei der Rabenvogelbejagung zur „Stützung" niedlicherer Singvogelarten scheint es eher darum zu gehen, mittels Manipulation der Umwelt einen subjektiv erwünschten Zustand zu schaffen. Mit Naturschutz hat das nichts zu tun. Eher mit dem Anlegen eines Tierparks.

Ein nettes Detail am Rande: Das erwähnte dramatische Titelbild der *Deutschen Jagd-Zeitung*, auf dem eine Elster sich auf ein Rotkehlchennest stürzt, wird umso lächerlicher, wenn man sich folgendes Ergebnis dieser Untersuchung zu Gemüte führt. Trotz einer Vervierfachung des Elsternbestandes bis 1994 in Osnabrück ist die Zahl der Rotkehlchen zwischen 1986 und 1993 auf das 33fache gestiegen[78]. Außerdem war eine besonders vom Nestraub durch Elstern betroffene Vogelart die Amsel - es wird Sie nicht überraschen, daß die Amsel die häufigste Singvogelart in Osnabrück ist[79]. Denn wie wir schon gesehen haben, sind von der Tötung durch Generalisten vor allem häufige Arten betroffen. MÄCK UND JÜRGENS verneinen eine Gefährdung von Singvögeln durch Rabenvögel, und Dr. Torsten Langgemach von der staatlichen Vogelschutzwarte in Buckow/Brandenburg kommentiert den Einfluß von Rabenvögeln auf andere Singvögel mit den lapidaren Worten „Zu vernachlässigen"[80]. Auch die Vogelschutzwarte Garmisch-Partenkirchen, die dem Bayerischen Landesamt für Umweltschutz angehört, läßt verlauten, daß

> *„negative Einflüsse im Sinne von nachweisbaren, dauerhaften Auswirkungen auf die Populationsentwicklung von einzelnen Singvogelarten [...] in zahlreichen Untersuchungen bisher nicht nachgewiesen werden [konnten]."*[81]

Auch EPPLE sieht eindeutig keinen negativen Einfluß der Rabenvögel auf andere Singvogelpopulationen:

> *„Für die freie Feldflur und den Wald ist nirgends die Bestandsgefährdung von Vögeln oder Säugern oder eine Artenverarmung mit dem Vorkommen von Rabenvögeln und deren Ernährung korrelierbar. Vielmehr zeigt sich im Gegenteil, daß vielseitige, artenreiche Landschaften gleichzeitig Habitate mit höherer Rabenvogelkapazität und -dichte sind. Besonders die Elster und die Aaskrähe sind in der freien Feldflur Mitglieder und Zeiger artenreicher Lebensgemeinschaften."*[82]

Um ihre Behauptungen hinsichtlich der Gefahr für Singvögel zu untermauern, führen die Jäger häufig das so genannte „Suchbild" an[83]; Rabenvögel seien aufgrund ihrer Intelligenz in der Lage, gezielt solche Biotope abzusuchen, in denen sie schon einmal Erfolg bei der Nahrungssuche hatten. Wir haben schon in Kapitel 3 gesehen, daß generalistische Beutegreifer in der Regel leicht erreichbare Beute jagen. Das gilt EPPLE zufolge genauso für die Rabenvögel:

> *„Das Suchbild wirkt aber weniger bei seltener, sondern mehr bei häufig erreichbarer Beute. [...] Der energetische Aufwand, den die Krähe dafür betreibt, muß sich aber am Jagderfolg lohnen. [...] Krähen, die gezielt und damit aufwendig nach bestandsbedrohten, seltenen Arten suchen würde, wäre wegen des hohen Aufwandes bei der Nahrungssuche evolutiv gegen ihre gleichzeitig vielseitig fressenden Artgenossen so stark benachteiligt, daß sie aus der Gesamtbevölkerung ausgesiebt [...] würden."*[84]

Schon vor 130 Jahren nahm man an, daß die „zunehmenden" Elstern die anderen Singvögel gefährden würden (siehe Zitat am Anfang des Kapitels)[85]; damals lag man ebenso falsch wie einige Leute heute noch. Das zeigt gerade ihre Zunahme in den Städten. In menschlichen Siedlungen darf in der Regel nicht gejagt werden, von einer „Regulierung" kann also überhaupt keine Rede sein. Und wie wir gesehen haben, nehmen insbesondere Elstern in den Städten ja auch stark zu (bzw. haben zugenommen). „Trotzdem ist es um den Singvogelbestand in den Städten nicht schlecht bestellt"[86], wie REICHHOLF treffend anmerkt. In Berlin leben zwei Drittel aller Vogelarten, die überhaupt in Deutschland vorkommen. Unsere Städte übertreffen, was den Artenreichtum angeht, so manches Naturschutzgebiet[87].

Die Hauptnahrung der Rabenvögel: Insekten und Gliederfüßer

Daß Tiere, die seit 12 Millionen Jahren zur europäischen Tierwelt gehören[88], andere Arten, die schon seit langer Zeit mit ihnen zusammen leben, kaum selbständig ausrotten können, ist kein Wunder. Auch das Nahrungsspektrum der Rabenvögel ist recht aufschlußreich. In einem umfangreichen, vom rheinland-pfälzischen Umweltministerium in Auftrag gegebenen Gutachten bestätigten die Ökologen MARTENS UND HELB: Während der Brutzeit ernährt die Elster ihre Jungen zu fast 91% von Insekten und anderen Gliederfüßlern, bei der Rabenkrähe machen diese Tiere etwas mehr als 83% der Nahrung aus. Weiterhin nehmen diese Vögel Regenwürmer, Obst, Getreide und zu einem kleinen Anteil Wirbeltiere, vor allem Mäuse und Eidechsen zu sich. Vogeleier und Jungvögel machen bei den Jungen der Elster 0,2%, bei denen der Rabenkrähe 0,1% der Nahrung aus; Reste von Niederwild konnten nicht nachgewiesen werden[89]. Diese Ergebnisse wurden mit der so genannten „Halsringmethode" erzielt, bei der es den Jungvögeln zeitweise unmöglich gemacht wird, Nahrung zu schlucken. Auf diese Weise läßt sich viel besser als mit Magen- oder Kotuntersuchungen feststellen, was die Tiere zu sich nehmen. Außerdem wurden Telemetriesender eingesetzt und die Mägen von getöteten Rabenvögeln untersucht[90]. Daß Insekten, Würmer etc. die zur Brutzeit wichtigste Nahrung sind, paßt auch zu einer von verschiedenen Wissenschaftlern und Behörden vertretenen Ansicht: Diese erklärt den Rückgang der Krähen und Elstern in der freien Feldflur unter anderem damit, daß durch die moderne Landwirtschaft ausgerechnet zu der Zeit, zu der am meisten Insekten, Würmer und andere Gliederfüßler für die Aufzucht des Nachwuchses benötigt werden, eine dichte, geschlossene Pflanzen- und Gräserdecke vorhanden ist, die die Nahrungssuche schwer bis unmöglich macht[91]. Würden sich Rabenvögel im Frühjahr tatsächlich im Wesentlichen von Eiern und Jungvögeln ernähren, könnte ihnen die schlechte Erreichbarkeit von Würmern, Spinnen und Insekten herzlich egal sein.

Auch MÄCK UND JÜRGENS, die über 600 wissenschaftliche Arbeiten auswerteten, kamen zu dem Schluß, daß die Hauptnahrung der Rabenkrähen-Nestlinge Insekten sind, während erwachsene Rabenkrähen im Frühsommer auch viele Wasservogeleier erbeuten - da diese zahlreich vorhanden sind[92]. Alles in allem ist das Nahrungsspektrum der Rabenkrähe aber sehr breit[93]; ähnlich wie der Fuchs ist sie also ein Generalist. Auch CONSIGLIO kommt bei der Auswertung zahlreicher Studien zu dem Schluß, daß Krähen neben einigen Jungvögeln und Eiern auch Nager und vor allem Insekten fressen[94]. Elstern verbringen fast 90% der Zeit, die sie für die Nahrungssuche verwenden, damit, Insekten und andere Wirbellose zu suchen[95], weswegen MÄCK UND JÜRGENS sie als „typisch insektivore [insektenfressende] Art" bezeichnen[96]. Gelegeräubereien werden selten beobachtet, auch werden in Elsternmägen selten Überreste von Eiern oder Küken gefunden[97]. Beim Eichelhäher sieht es nicht viel anders aus[98]. Auch KEVE listet seitenlang Ergebnisse von Nahrungsuntersuchungen beim Eichelhäher aus aller Welt auf, in denen sich fast nirgends Vogeleier oder Jungvögel finden[99]. EPPLE sieht eine angebliche Gefährdung irgendwelcher Tierarten durch den Eichelhäher ebenfalls skeptisch[100].

Verzweifelt gesucht: Argumente für eine Rabenvogel-Bejagung

Peinlich wird es, wenn der Öffentlichkeit vorgejammert wird, die Brutverluste bei einigen Vögeln würden 70, 80, 90 Prozent betragen. So etwas ist vollkommen normal. Auch bei Aaskrähen können die Brutverluste gerne 70 oder 80 Prozent betragen, auch Verluste bis zu 91% sind möglich[101]. Auch bei Elster und sogar bei dem sehr versteckt lebenden Eichelhäher sind die Brutverluste recht hoch - etwas vollkommen Normales in der Vogelwelt. Ausgeglichen wird das durch eine entsprechend hohe Anzahl an Nachkommen. Der schon mehrfach zitierte Biologe MÄCK meint dazu:

> „Nestverluste, die sich durchaus noch im Rahmen des Üblichen und für die Bestandsentwicklung tolerierbaren bewegen, werden als „erhebliche Beeinträchtigung" dramatisiert."[102]

Undramatisch sieht es auch der Tier- und Landschaftsökologe PROF. DR. WOLFGANG ERZ. Schließlich muß ein Singvogelpaar nur zwei Nachkommen durchbringen, damit der Bestand zahlenmäßig und genetisch erhalten bleibt. Wenn ein Amselpaar 50 Nachkommen im Leben erzeugt, sind

> „die übrigen 48 [...] 'für die Katz' oder für das Eichhörnchen oder für schlechtes Wetter oder für den Futtermangel oder eben für die Rabenvögel - ein von der Natur 'einkalkulierter' Überschuß."[103]

Die Rabenvögel haben darüberhinaus zahlreiche natürliche Feinde, wie Habicht, Sperber, Fuchs, Dachs und auch Eichhörnchen[104]. LANGGEMACH ET AL. finden es zu Recht paradox,

> „wenn in einem Gebiet (etwa im Kreis OHV), in dem der Habicht unter starker Verfolgung zu leiden hat, gleichzeitig der Abschuß von Krähenvögeln gefordert wird."[105]

174

Außerdem regulieren sich Rabenvögel auch untereinander. Wie schon erwähnt, brütet nur ein Teil der Krähen und Elstern, der Rest bildet die „Brutreserve", den Bestand der Nichtbrüter. Die Nestlinge der Krähen werden oft Opfer der Nichtbrüter - eine ganz normale, effektive Dichteregulierung[106]. Wie naiv (oder absichtlich irreführend?) Leute wie KALCHREUTER hier zu Werke gehen, zeigen Fragen wie:

> *„Doch ergibt sich daraus nicht zwingend die Frage, in welchem Umfang Rabenvögel erst die Nester anderer Arten plündern, wenn sie solche Dichten erreicht haben, dass sie sich aus Hunger selbst an die Eier und Jungen der eigenen Art machen?"*[107]

Die Antwort ist „Nein". Denn wenn die Rabenvögel sich gegenseitig die Küken aus dem Nest holen, heißt das weder zwingend, daß sie dies wegen einer „zu hohen" Dichte tun, noch daß sie dies aus Hunger tun. Es handelt sich hier einfach nur um innerartliche Konkurrenz, durch die verhindert wird, daß sich eine Art über ihre Umweltkapazität hinaus vermehrt. Dadurch, daß sie die Nester von Brutpaaren plündern, können die Nichtbrüter unter Umständen das Revierpaar zwingen, ihr Nest und vielleicht sogar ihr Revier aufzugeben - womit vielleicht ein Nichtbrüterpaar zum Zuge kommt. So berichtet der Ornithologe EPPLE:

> *„Nicht „aus Hunger" (so der simple Fehlschluß Kalchreuters) bringen sich Krähen gegenseitig um Eier oder Brut. [...] Habenichtse [die Nichtbrüter, Anm. d. Verf.] rotten sich zusammen, um ihre Durchsetzungskraft und Zukunftschancen zu erhöhen."*[108]

Kannibalismus und Kindstötung ist bei vielen Tierarten verbreitet. Meist geht es darum, die Nachkommen anderer zu töten, um den eigenen Genen bessere Chancen einzuräumen. Indem KALCHREUTER unterstellt, daß für die Rabenvögel ebenso wie für uns eine große Hemmung dagegen existieren muß, legt er bei Vögeln unsinnigerweise menschliche moralische Maßstäbe an. Das zeigt sich auch daran, daß er den Rabenvögeln ein „Fehlverhalten"[109] unterstellt und ihnen vorwirft, sich an menschlichen Lebensmitteln zu „vergreifen"[110]. Als wenn Elstern um menschliche Regeln und Vorlieben wüßten und sich danach zu richten hätten. Hier scheint sich eine ziemlich heftige, irrationale Abneigung gegen Vogelarten angestaut zu haben, die nachweislich keine ökologischen Schäden verursachen.
Auch mit der Schädlichkeit für die Landwirtschaft ist es nicht weit her. Sicherlich treten Schäden auf, wenn Rabenvögel Saatgut und Keimlinge fressen oder Silofolien aufreißen. Allerdings kann von erheblichen Schäden nur in Einzelfällen die Rede sein. Die rheinland-pfälzischen „Rabenvogel-Gutachter" MARTENS UDN HELB konnten trotz ausdrücklichen Aufrufen zur Meldung keine erhebliche Schädigung der Landwirtschaft feststellen. Fast alle der spärlich gemeldeten Schäden waren nicht nachweisbar oder unerheblich[111]. Schäden an landwirtschaftlichen Kulturen verursachen vor allem die großen Schwärme der überwinternden Saatkrähen. Aber auch diese richten keine „verheerenden" Schäden an: Zwischen 1974 und

1984 betrugen die Schäden im Regierungsbezirk Karlsruhe, in dem traditionell besonders viele Saatkrähen überwintern, gerade mal 14.000 Mark (ca. €7.158) im Jahr[112]. Da das zu wenig ist, um eine Bejagung zu rechtfertigen, hilft man nach: Der Badische Landwirtschaftliche Hauptverband sprach jüngst in einer Pressemitteilung von Schäden im sechsstelligen Bereich allein durch Rabenvögel. Als Wissenschaftler Belege forderten, reagierte der Verband mit Schweigen[113]. Die trotzdem möglichen Schäden kann man mit relativ einfachen Methoden wirkungsvoll verhindern[114]. Zur gleichen Schlußfolgerung kommt auch ein aktuelles Gutachten zweier Biologen über Vogelschäden in Rheinland-Pfalz: Schäden durch andere Vogelarten als Stare und Ringeltauben seien „unerheblich", gegen Rabenvögel gäbe es zudem wirksame Vorbeugungsmaßnahmen[115]. Die Schädlichkeit der Rabenvögel für alles mögliche wird hier wie auch anderswo maßlos übertrieben; ein Umstand, von dem auch die beiden Forscher ausgehen[116].

Will man in den altmodischen Kategorien „schädlich" und „nützlich" denken, denen viele Menschen immer noch verhaftet sind, dürften Rabenvögel sogar recht nützliche Tiere sein. Durch die Vertilgung von Nagern und vielen Schadinsekten machen diese Vögel sich in der Landwirtschaft „nützlich"[117], und durch die Beseitigung von Aas zählen sie zu den „Müllmännern" der Natur[118]. Das vielfach als Angriff mißverstandene Bepicken von Weidetieren hat vielmehr damit zu tun, daß diese Vögel lästige Parasiten und Fetzen von Winterfell für den Nestbau aus dem Fell der Schafe oder Rinder zupfen. EPPLE schreibt sogar von einem Beispiel, bei dem eine Elster sich langsam bis zum Kopf eines Schafes vorarbeitete, bis das Schaf den Kopf neigte, um der Elster das Fressen aus den Augenwinkeln zu ermöglichen[119]. Ähnliche Symbiosen gibt es bei vielen Tierarten, so etwa auch zwischen den sogenannten „Madenhackern" und Großtieren in Afrika[120].

Ein Eichelhäher erntet Eicheln.
© G. Braun-Verlag

Die Eichelhäher haben ihren Namen auch nicht zu Unrecht: Sie sammeln und verstecken Unmengen an Eicheln, die ihre bevorzugte Winternahrung sind[121]. CHETTLEBURG konnte etwa beobachten, wie 35 Eichelhäher in den letzten zehn Oktobertagen ca. 200.000 Eicheln forttrugen und vergruben[122]. Die meisten davon findet der Rabenvogel nicht wieder, und so können sich die Eicheln unter günstigen Bedingungen zu Bäumen entwickeln. Die „Hähersaat" wird von Forstleuten geschätzt und sogar bei der waldbaulichen Planung berücksichtigt[123]. In einem Kiefernwald im norddeutschen Flachland waren bis zu 14.000 Eichen pro Hektar ausgekeimt. Grund auch hier: der Eichelhäher[124]. Es gibt sogar Beispiele, etwa aus der Slowakei, daß die Wiederansiedlung von Eichen allein diesem Vogel zu verdanken ist[125]. Außerdem spielt er eine nicht unerhebliche Rolle in der Bekämpfung von Forstschädlingen wie dem Kiefernspinner[126].

Und zu guter Letzt sind die Nester dieser Vögel von erheblicher Bedeutung für andere Vogelarten, die aus verschiedenen Gründen nicht in der Lage sind, eigene Nester zu bauen: So sind unter anderem geschützte, teilweise sehr seltene Arten wie Turmfalken, Uhu, Waldkauz, Waldohreule oder Milane auf verlassene Rabenvogel-Nester als Nistgrundlage angewiesen[127].

Wie die Jäger gegen Gegner der Rabenvogeljagd vorgehen

Alles in allem ist es kein Wunder, wenn sich scharenweise Wissenschaftler und Gutachter und Ökojäger und das Bundesamt für Naturschutz[128] und die Deutsche Zoologische Gesellschaft[129] und der NABU[130] und der Deutsche Naturschutz-Ring[131] und grüne Bundespolitiker[132] und viele weitere Einzelpersonen und Organisationen gegen eine Bejagung von Rabenvögeln stellen. Wenn dann Jäger dagegen halten, daß diese Vögel doch noch nicht einmal selten oder gefährdet seien[133], kann man auch die Frage stellen, ob man nicht die Bejagung von Amseln oder Rotkehlchen zulassen sollte. Diese Arten sind schließlich auch nicht gefährdet. Was die Gefährdung von Singvögeln angeht „könnte man auch die Jagd auf Spechte legitimieren, die sich stark vermehren und an keinem Singvogelnest vorbeifliegen, ohne es an ihre Jungen zu verfüttern", wie der Ökologe HELB treffend feststellt[134]. Auch verschiedene Eulenarten vertilgen durchaus den einen oder anderen Vogel einer bedrohten Art. Aber solange sich Spechte und Eulen nicht direkt am Niederwild vergreifen, sind sie wohl vor des Jägers Büchse sicher.

Um ihr Ziel zu erreichen, scheint der Jägerschaft jedes Mittel recht zu sein: Während KALCHREUTER den Gutachtern MÄCK UND JÜRGENS fälschlicherweise unterstellt, sie hätten zugegeben, daß sie Forschungsergebnisse ignoriert hätten, die nicht in ihr „Dogma" paßten[135], wurden die Rabenvögel-Gutachter MARTENS UND HELB ganz anders attackiert: Noch vor der Veröffentlichung ihres Gutachtens wurden Vorwürfe laut, sie hätten kaum Singvogelreste nachweisen können, weil sie die Nahrung der Rabenvögel nur außerhalb der Brutzeit untersucht hätten; eine platte Lüge, wie bei Durchsicht des Gutachtens offensichtlich wird. Man kann nur spekulieren, daß dies vielleicht den Boden bereiten sollte für intensive Lobbyarbeit seitens der Jäger gegen dieses Gutachten, dessen für die Grünröcke nachteilige Ergebnisse sich ja schon abzeichneten. Jedenfalls ist das Verhalten des rheinland-pfälzischen Umweltministeriums äußerst unverständlich. Ohne die Ergebnisse des selbst in Auftrag gegebenen Gutachtens auch nur abzuwarten, wurde die Überführung von Rabenkrähe und Elster in das Jagdrecht eingeleitet[136]. Wie wir noch sehen werden, kommen viele unsinnige Entscheidungen durch den Einfluß der Jägerlobby zustande. Auch in der Berichterstattung der Jagdpresse scheint bewußt manipuliert zu werden: In ihrer Februarausgabe 2002 druckte die *Deutsche Jagd-Zeitung* ein Interview mit HELB ab. Dieser protestierte daraufhin heftig, weil das Interview nicht in der von ihm autorisierten Fassung, sondern in einer „'passend' veränderten" Version abgedruckt wurde[137]. Auf derselben Seite wurde von der *Deutschen Jagd-Zeitung* behauptet, eine NABU-Ortsgruppe im Saarland beklage eine „Übervermehrung" von Rabenvögeln, die zu einem Rückgang der Singvo-gelbesätze führe[138]. Eine Behauptung, gegen die die betreffende NABU-Ortsgrup-pe in einem Leserbrief empört vorging. Die tatsächliche Position dieser Gruppe war nämlich genau umgekehrt:

> *„Die NABU-Ortsgruppe Hasborn-Dautweiler vertritt vielmehr die Auffassung, dass der Rückgang vieler heimischer Vogelarten nicht auf die Rabenvögel zurück zu führen ist und lehnt eine generelle Bejagung von Rabenvögeln ab."*[139]

Daß es den Jägern nicht wirklich um einen umfassenden Artenschutz, sondern hauptsächlich um die Verbesserung ihrer Jagdstrecken geht, mutmaßen nicht nur zahlreiche Wissenschaftler, die sich mit diesem Thema auseinandersetzen. Auch die „Ökojäger" BODE UND EMMERT meinen, daß etwa die Ausschlußexperimente wohl kaum das Ziel hätten

> *„einen ernsthaften Beitrag zur Vermehrung unserer ökologischen Kenntnisse zu leisten, sondern Gründe für die Legitimation des Jagdbetriebes zu erfinden."*[140]

SPITTLER läßt die Leser der Zeitschrift *Jäger* indes deutlich wissen, worum es geht:

> *„Um Hasenstrecken zu verbessern, ist nicht die Rabenkrähe, sondern der Fuchs in-tensiv zu bejagen. Bei Fasan und Rebhuhn ist es dagegen umgekehrt. Hier wirkt sich die Rabenkrähe schlimmer auf die zu erwartende Strecke aus [...]."*[141]

Als in Nordrhein-Westfalen neue Schonzeiten für Rabenkrähen und Elstern ver-ordnet wurden, war das nicht etwa für Singvögel und Landwirte ein harter Schlag, nein: Die Verordnung „traf Nordrhein-Westfalens Jäger", wie die *Deutsche Jagd-Zeitung* beklagt[142]. Und LANGGEMACH ET AL. berichten von einem Jäger in Bran-denburg, der ihnen gegenüber ernsthaft meinte:

> *„Was macht der Kolkrabe an meinem Fallwild? Das ist Jagdwilderei! Ich bezahle hier schließlich Pacht!"*[143]

Was den Jägern wirklich am Herzen liegt, dürfte damit klar sein. Ebenso wie die Tatsache, daß die Vorwürfe gegen die Rabenvögel haltlos sind.

10
Bleischrot - Wie Jäger Wildtiere vergiften

„Die Kanadagans, die der Birdwatcher aufgeschreckt hatte, flog kurz hoch und ließ sich 20, 30 Meter weiter wieder nieder. Sie war vollkommen abgemagert und so schwach, dass sie sich nicht noch ein weiteres Mal in die Luft erheben konnte. Der Kopf war unter dem Unterkiefer aufgedunsen, ebenso die Backen, eine milchige Flüssigkeit tropfte aus Augen und Nase. Sie war todkrank - ein indirektes Opfer der Jagd."[1]

- Prof. Dr. Carlo Consiglio, Zoologe

Während dem Schalenwild in der Regel die Kugel gebührt, wird für die Jagd auf Niederwild wie Hase, Fasan oder Ente, aber auch für „Raubwild" vor allem Bleischrot verwendet. 2001/2002 wurden von diesen Tieren offiziell über 3,1 Millionen „Stücke" getötet[2]. Das Blei in den Schrotpatronen liegt in Form kleiner Kugeln vor[3]. Die Anzahl der Kugeln beträgt je nach Durchmesser der Schrote (2 bis 4 mm) und Gesamtgewicht des Bleis (25-40 Gramm je Patrone) 70 bis über 850 Stück[4]. Nimmt man nun ein durchschnittliches Bleigewicht von 30 Gramm an und multipliziert dieses mit 3,1 Millionen verschossenen Patronen (eine Patrone pro Tier), so kommt man auf 93 Tonnen Blei, die im Jahr verschossen werden. Ein erheblicher Teil davon gelangt in unsere Umwelt, weil Tiere angeschossen oder erschossen, aber nicht gefunden werden, und weil nicht alle Schrote das anvisierte Tier treffen, da Schrotgarben streuen.

Kugelrund und giftig: Bleischrot.
© www.animal-public.de

Allerdings hinkt diese Berechnung. Denn aufgrund der Schwierigkeit, ein sich bewegendes Ziel zu treffen (etwa einen Hasen mit 70 km/h, oder eine fliegende Ente), durch die oft mangelnden Schießkünste der Jäger und durch Faktoren wie windiges Wetter werden weit mehr Patronen verschossen als Tiere erlegt. STREITBERGER veranschlagt in einem Artikel in der *Wild und Hund* im Durchschnitt fünf Schuß pro „Stück Wild", bei Wasserwild gar sechs Schuß[5]. Ob man damit hinkommt, sei dahingestellt. Aber auch wenn eine Ente „schon" mit dem sechsten Schuß getötet wird, steigt die in die Umwelt eingetragene Bleimenge beträchtlich. Dementsprechend schätzen Umweltschutzverbände die pro Jahr ausgebrachte Bleimenge auf 3.000 bis 4.000 Tonnen[6], SOJKA UND HAGEN kommen gar auf 9.000 Tonnen Blei, die jährlich durch die Jagd in unserer Natur landen[7], das meiste davon im Wald und im Wasser. Im Bezirk Rheinau-Freistett etwa fanden sich auf dem Grund eines Gewässers, an dem Enten gejagt wurden, in bis zu einem Meter Entfernung vom Ufer zwischen 1.740 und 2.020 Bleischrote - pro Quadratmeter. Auch in 3-10 Metern Entfernung vom Ufer fanden sich noch mehrere hundert Schrote pro Quadratmeter. Am gegenüberliegenden Ufer des Sees fanden sich in Baumstämmen, die bis 5 Meter vom Ufer entfernt waren, durchschnittlich 1.733 Schrote bis in 2,5 Meter Höhe[8].

Vergiftete Enten

Es ist keine neue Erkenntnis, daß Blei ein Schwermetall ist, das bei Aufnahme durch lebende Organismen schwere Vergiftungen verursacht. Zwar ist die Bleimenge, die durch die Jagd in die Umwelt gelangt, weit kleiner als z.B. die von der Industrie eingebrachte Menge, allerdings ändert das weder an seiner Giftigkeit noch an der Konzentration in stark frequentierten Jagdgebieten etwas.

Von dieser Problematik sind insbesondere Wasservögel betroffen. Denn viele von ihnen, vor allem Enten, nehmen vom Gewässergrund kleine Steinchen auf („Grit"), die sie für die Verdauung brauchen. Sie können aber nicht zwischen Kieselsteinchen und Schrotkugeln unterscheiden. Und so nehmen Wasservögel das Blei massenhaft auf. In der Magensäure wird das Blei zu löslichem Bleisalz zersetzt. Dies gelangt dann über den Blutkreislauf in innere Organe, vor allem Nieren und Leber. Die Folgen sind fatal: Je nach aufgenommener Menge ist eine leichte bis tödliche Vergiftung die Folge.

„Die Flügel hängen schlaff am Körper herab und die Füße können das Gewicht nicht mehr tragen. Schwäne vermögen nicht mehr den Hals aufzurichten. Eine Bleivergiftung kann zu Muskellähmungen führen. Diese wirken [...] auch auf den Darm aus. Die Folge sind Verdauungsstörungen, die Gallenblase bläht sich auf, die Ausscheidungen werden grün und wässrig. Man erkennt diese Vögel an ihrem grün beschmierten Gefieder in der Aftergegend und an ihrem ausgemergelten Allgemeinzustand."[9]

Schon ab dem ersten aufgenommenen Schrotkorn sinkt die Überlebenschance z.B. von Stockenten rapide; bei drei Körnern beträgt sie nur noch 34%[10]. Allerdings ist die Anzahl der aufgenommenen Schrote meist viel höher, denn bei hohen Bleikonzentrationen am Gewässergrund (s.o.) nehmen die Tiere zwangsläufig viel mehr Schrotkörner auf. CONSIGLIO nennt das Beispiel eines Schwans, in dessen Magen man 451 Bleischrote fand[11].

Auch Greifvögel sind gefährdet

Die Bleivergiftung ist nicht nur für die Wasservögel qualvoll, auch Beutegreifer

Fast ein Viertel aller in Deutschland tot aufgefundenen Seeadler starben direkt an einer Vergiftung durch Bleischrot. Zählt man die indirekt durch Blei verursachten Todesfälle dazu, dürfte die giftige Munition der Jäger für ein Drittel aller toten Seeadler verantwortlich sein.

© www.animal-public.de

haben darunter zu leiden. Tiere, die durch eine Bleivergiftung gehandicapt sind, sind eine leichte Beute für andere Tiere. Auch angeschossene Tiere werden von Beutegreifern schnell erkannt und erbeutet. So kann man nach Jagden oft Beutegreifer beobachten, die gezielt nach verletzten Tieren suchen, zum Beispiel Füchse[12] oder Seeadler[13], die sich manchmal gar direkt an den Schußgeräuschen orientieren[14]. Dabei nehmen sie aber bei Beutetieren mit Bleivergiftung zwangsläufig auch das Blei von der Schrotmunition auf, das sich in den Organen der Beutetiere abgelagert hat. Bei angeschossenen Tieren fangen Seeadler oft an den Schußwunden an, zu fressen; dort, wo die Gefahr am höchsten ist, Blei in Form von Schrotkugeln oder Geschoßsplittern aufzunehmen[15]. Auch bleihaltiger „Wildaufbruch", also die von Jägern zurückgelassenen Innereien des Wildes, ist eine Quelle für Bleivergiftung[16]. Die Folge: Die eigentlich streng geschützten Vögel fangen sich selbst eine Bleivergiftung ein, die die beschriebenen Symptome und nicht selten den Tod zur Folge hat[17]. Von 127 in Deutschland gefundenen Seeadlern im Zeitraum von 1992-2001, die auf toxische Schwermetalle untersucht wurden, hatten 24 Prozent Bleiwerte in ihrer Leber, die auf eine tödliche Bleivergiftung hinweisen[18]. KENNTNER ET AL. fanden alle Seeadler, die erhöhte Bleiwerte in der Leber hatten, zwischen Oktober und März - während der Hauptjagdsaison[19].

Dr. Oliver Krone vom Institut für Zoo- und Wildtierforschung in Berlin hält es außerdem für möglich, daß auch die Zusammenstöße der Adler mit Zügen, Strommasten und Windrädern auf das nervenschädigende Blei zurückzuführen sind. Er geht davon aus, daß letzten Endes etwa ein Drittel aller toten Seeadler in Deutschland auf das Konto der Bleimunition gehen[20]. Auch für Rohrweihen ist diese Art der Bleivergiftung eine ernsthafte Gefahr[21]. Dies wird vom Gesetzgeber und den Behörden stillschweigend geduldet, obwohl die vorsätzliche oder fahrlässige Vergiftung von Wild laut Bundesjagdgesetz eine Ordnungswidrigkeit ist, die zu einer Geldbuße von bis zu DM 10.000 (€5.112,92) führen kann[22]. Auch wenn Bleischrot eine weltweit seit langem übliche Munition ist: Eine mindestens fahrlässige Vergiftung von Wild liegt hier doch wohl definitiv vor.

Auch in der Landschaft landet massenhaft Blei aus den Flintenläufen. In die Natur eingebrachtes Blei reagiert mit Wasser und Sauerstoff zu Bleihydroxid. Dieses Salz wird von den Pflanzen aufgenommen und so in den Nährstoffkreislauf eingebracht. Werden auf dem Acker im Herbst Hasen und Fasanen gejagt, dann taucht dieses Bleisalz in nächsten Jahr im Erntegetreide auf. Allerdings dürfte es wohl stimmen, daß das Blei, das so in den Boden gelangt, nur einen Bruchteil der Menge ausmacht, die per Gesetz jährlich ausgebracht werden darf und unter der Menge liegt, die Menschen gefährlich werden kann. Dennoch kann nicht ausgeschlossen werden, daß es lokal durchaus zu hohen Bleikonzentrationen durch Schrot kommen kann.

Erste Verbote

Somit ist das größte Problem der Eintrag von Bleischrot in Gewässer und angeschossene Tiere, die von Beutegreifern gefressen werden, da es hier in ungleich größerem Maße seine tödliche Wirkung entfaltet. Schleswig-Holstein reagierte 1999 und verbot die Verwendung von Bleischrot bei der Jagd auf Wasservögel. Niedersachsen zog 2001 nach. 2002 folgte Nordrhein-Westfalen diesem Beispiel[23]. Das war es aber bisher auch. Von einem Zustand wie in Dänemark oder Holland, wo Bleischrot gänzlich verboten ist, sind wir noch weit entfernt. Hauptargument für die Beibehaltung von Bleischrot ist das Problem eines geeigneten Ersatzes. Die Alternativen sind Schrote aus anderen Metallen, wobei Weicheisenschrote, auch „Stahlschrote" genannt, die größte Rolle spielen. Die Auswahl an bleifreier Munition ist in Deutschland nach Angaben der *Pirsch* noch immer nicht sehr groß, viele Patronen sind in Deutschland gar nicht oder nur schwer zu bekommen, importierte Ware ist teuer[24]. Außerdem ist die Dichte von Weicheisenschroten geringer als die von Blei. Somit ist deren Durchschlagskraft geringer. Das hat zur Folge, daß Schüsse auf größere Distanz (über 30 Metern) das anvisierte Tier eher schmerzhaft verletzen als töten. Obwohl leichter als Blei, ist Stahlschrot wesentlich härter, was den Flintenläufen Schaden zufügen kann[25]. Von der Jägerschaft wird auch oft mit dem Abprallverhalten von Stahlschroten argumentiert, da diese stärker von Hindernissen abprallen als Bleischrote und demnach gefährlicher sind[26]. Allerdings sind Länder wie die Niederlande oder Dänemark komplett „bleifrei"; Jagdunfälle haben aber auch dort eher Nachlässigkeit und Unaufmerksamkeit als Ursache. Mag sein, daß der höhere Preis der Stahlschrote bei der Kontroverse eine Rolle spielt.

Eine weitere Alternative wäre Schrotmunition aus Wismut. Dieses Metall ähnelt ballistisch den Bleischroten mehr als Weicheisen und hat auch keine so große Abprallwirkung, wie ein Leserbriefschreiber in der *Wild und Hund* bemerkt; der wesentliche Nachteil sei der Preis[27]. Man sollte meinen, daß das Finden eines Ersatzes nicht so schwierig ist, wie oft behauptet wird.

Dennoch ist in den meisten Bundesländern auch an Gewässern der Einsatz von Bleischrot an der Tagesordnung. Wie wir gesehen haben, ist der Eintrag dieses giftigen Metalls in die Natur eine nicht unbedeutende Todesursache vor allem für Wasservögel (egal ob häufig oder bestandsbedroht) sowie Beutegreifer wie Seeadler oder Rohrweihe. Daß in Deutschland zumindest an Gewässern der Einsatz dieser verheerenden Munition allein durch fromme Appelle unterbleibt, ist leider vollkommen illusorisch. Zu diesem Zweck scheint alleine eine gesetzliche Regelung geeignet, wie sie auch von Umweltverbänden gefordert wird[28].

11
Die Jagd auf Wasservögel

„Wozu muß ich die Eigenheiten einer Kolbenente aufsagen können, wenn ich viel-leicht nie eine zu Gesicht bekomme?"[1]

- Andreas Möller, Journalist und Jäger

Wir haben schon gesehen, daß viele Jäger oftmals nicht in der Lage sind, ver-schiedene Tierarten auseinanderzuhalten. Wenn man immer wieder liest, daß Wald-ohreulen mit Uhus, Adler mit Gänsen oder Rehe mit Menschen verwechselt wer-den, wundert es nicht, daß die Verwechslungsgefahr bei Enten noch viel größer ist. Denn die verschiedenen Entenarten sehen sich teilweise täuschend ähnlich.

Man muß der Jägerschaft zugestehen, daß es daher tatsächlich alles andere als einfach ist, die Entenart richtig anzusprechen. Vor allem, da meist in der Dämme-rung am Morgen oder am Abend am „Entenstrich" gejagt wird, also wenn die Vö-gel von und zu ihren Rast- und Nahrungsplätzen fliegen. Wenn ein Entenschwarm in der Dämmerung oder bei einbrechender Dunkelheit in 40 Metern Entfernung vorbeifliegt, ist es selbst für einen Experten schwierig bis unmöglich, die ver-schiedenen Arten zu unterscheiden. Was die Jäger aber nicht davon abhält, trotz-dem draufzuhalten.

Das Glücksspiel mit den Entenarten

Das Problem ist, daß dabei der Abschuß von geschützten, vielleicht gar vom Aus-sterben bedrohten Tieren immer wieder vorkommt. Die verheerenden Artenkennt-nisse vieler Jäger spielen dabei eine große Rolle. Dem eingangs zitierten Herrn kommt es offensichtlich nicht in den Sinn, daß er die Kolbenente kennen sollte, da-mit er nicht ein Exemplar dieser stark gefährdeten Art erschießt, wenn ihm doch einmal eines vor die Flinte gerät - sofern überhaupt Verhältnisse herrschen, bei de-nen er die verschiedenen Entenarten unterscheiden könnte. Seine Unkenntnis steht wohl exemplarisch für die meisten deutschen Jäger, welche die verschiedenen Ar-ten oft nicht einmal unterscheiden können, wenn sie die Tiere tot in den Händen halten.

Vom Internationalen Büro zur Erforschung der Wasservögel (IWRB) wurden einmal an Ornithologen in ganz Europa Fragebögen verteilt, die von Jägern ausge-füllt werden sollten, um auf diese Weise einen Überblick über die Zahl der er-legten Tiere zu erhalten. Die Stockente wurde gesondert aufgelistet, alle anderen Entenarten wurden einfach unter „andere Entenarten" zusammengefaßt. Grund:

Eine männliche Kolbenente. Auf der Roten Liste für Deutschland ist sie in Kategorie 2 eingestuft: stark gefährdet.

© Dieter Haas

Die Forscher wußten einfach, daß die Jäger „nicht immer in der Lage sind, die Entenarten auseinander zu halten"[2]. Entsprechend werden die neun verschiedenen Entenarten, die nach Bundesrecht eine Jagdzeit haben, in den offiziellen Streckenlisten einfach unter „Wildenten" mit dem Vermerk „überwiegend Stockenten" zusammengefaßt. Auch die Jagdzeiten für Wildenten sind nur nach „Stockenten" und „andere Enten" differenziert. Wer will da behaupten, es würden nur jagdbare Enten erlegt? Insbesondere, da der - sicherere - Schuß auf schwimmende Enten nicht „waidgerecht" ist, sondern Federwild nur im Flug geschossen werden darf, sind Verwechslungen programmiert. Denn die schnelle Bewegung der Tiere macht die Unterscheidung noch einmal schwieriger.

Hinzu kommt, daß Enten mit Schrot getötet werden. Schrot hat aber beim Schuß in eine Gruppe fliegender Enten einen großen Nachteil: Er streut in die Breite. Auf 60 Meter kann Schrot der Stärke 2,5 mm schon sieben Meter in die Breite streuen, auf 100 Meter Entfernung gar 17 Meter in die Breite[3]. Das hat selbst bei geringeren Entfernungen unweigerlich zur Folge, daß nicht nur die anvisierte Ente, sondern auch andere getötet oder verletzt werden. Der Abschuß nicht jagdbarer Arten ist dabei geradezu zwingend. Sind verschiedene Entenarten am bejagten Gewässer anwesend, so fliegen diese nach den ersten Schüssen wild auf, und es kommt oft zu gemischten Schwärmen. Auch wenn ein Waidmann todsicher eine Stockente anvisiert (was bei solch einem Szenario eher Zufall sein dürfte), so kann der streuende Schrotschuß auch mal eine gefährdete Kolben- oder Moorente treffen, die zwei oder drei Meter neben der Stockente herfliegt. Der muß auch gar nicht tödlich sein, sondern kann zum Beispiel die Flügel durchschlagen oder dem Tier den Schnabel wegreißen, was ein jämmerliches Verrecken zur Folge haben dürfte.

Außerdem ist gerade bei ziehenden Arten (dazu zählen auch verschiedene Gänsearten) die Bejagung ziemlich problematisch, weil deren Brutgebiete teilweise gar nicht in Europa liegen und sie nacheinander in verschiedenen Ländern bejagt werden. Da zum Teil weder Bestände, noch „Zuwachs", noch die „Ernte" in anderen Ländern bekannt sind, ist eine Bestandsgefährdung nicht ausgeschlossen[4]. Dies wieder unter Berücksichtigung des wohl unbeabsichtigten, aber sicherlich nicht seltenen Abschusses gefährdeter Arten. Die im letzten Kapitel besprochene Gefahr durch Bleivergiftung betrifft ebenfalls nicht selektiv nur jagdbare Enten, sondern alle Arten gleichermaßen.

Die Jagd vertreibt Wasservögel aus ihren Lebensräumen

Ein weiteres großes Problem bei der Bejagung von Wasservögeln sind außerdem die Störungen, die von der Jagd ausgehen. JOSEF REICHHOLF schildert seine Beobachtungen an den Stauseen am unteren Inn:

> *„Ein Schuß peitscht auf. Das Echo bricht sich am bayerischen Damm. Der nächste folgt, eine ganze Salve. Schuß und Echo sind kaum mehr zu unterscheiden. Mit dumpfen Brausen gehen die Entenmassen hoch. Flügel an Flügel streben sie empor - zunächst zum deutschen Ufer, dann wieder zurück. Sie können das Echo nicht mehr von den Schüssen unterscheiden. Fast zehntausend Wasservögel sind nun in der Luft. Sie fangen an, über dem Stausee herumzukreisen. Die Möven wirbeln zwischen den Enten; klagende Rufe der Goldregenpfeifer und das nasale 'Tirr' der Alpenstrandläufer mischten sich unter das Klingeln der Entenflügel. Alle Arten, Stock-, Krick-, Schnatter-, Löffel-, Spieß-, Reiher- und Tafelente, stürzen sich in den irren Wirbel der Wasservögel, hochgerissen von ihren Rast- und Nahrungsplätzen. Mit jeder kilometerlangen Schleife, die sie fliegen, geht wertvolle Energie verloren. Sie würden diese für den kräftezehrenden Flug in die Winterquartiere benötigen. Zum 'Auftanken' sind sie in dieses Gebiet gekommen. "[5]*

Die Bejagung verursacht - wie bei anderen Tierarten auch - Fluchtreaktionen und Scheu. Diese Störungen führen zu einem unnötigen Energieverbrauch, weil die Vögel das Gewässer nicht mehr optimal nutzen können[6] - weniger Nahrungsaufnahme, aber mehr Energieverbrauch, wie CONSIGLIO es beschreibt[7]. Das betrifft alle anwesenden Arten, ob sie geschützt bzw. selten sind oder nicht. Die Störung (oder gar Bejagung) von Arten, die nur auf dem Durchzug sind und rasten, ist problematisch, weil die Vögel dann geschwächt in ihr Winterquartier aufbrechen und die folgende Aufzucht des Nachwuchses in den Brutgebieten erschwert wird[8].

Daß Wasservögel - und insbesondere Enten - massenhaft und nachhaltig vertrieben werden, wenn sie bejagt werden, belegen zahlreiche Untersuchungen. Etwa eine Beobachtung aus dem Münsterland:

> *„Im Untersuchungsgebiet mit ca. 110 ha Größe, davon überwiegend Waldanteil, ca. 40% Acker- und Weideflächen und knapp 6 ha Wasserflächen fanden an zwei Tagen, nämlich am 10. September und am 8. Oktober 1983 Jagden statt. Vor dem ersten Jagdtag wurden am sogenannten Teich I, einem idealen Entenbiotop, ca. 300 Stockenten gezählt, im gesamten Untersuchungsgebiet rd. 650. Am 13. September, also drei Tage nach der Jagd, wurde auf Teich I noch ein Entenbesatz von 60 Individuen, im Gesamtgebiet ca. 100 Individuen festgestellt. Die Jagdstrecke war 256 erlegte Enten. Die Population hat sich in der Folgezeit allmählich erholt, fünf Tage vor dem zweiten, d.h. drei Wochen nach dem ersten Jagdtag konnten im Untersuchungsgebiet wieder 550 Enten (ca. 85% des Septemberbestandes), davon etwa*

200 auf Teich I gezählt werden. Nach dem zweiten Jagdtag war der gleiche Einbruch sichtbar wie am ersten."[9]

REICHHOLF untersuchte die Reaktionen von Wasservögeln auf die Bejagung an den Stauseen am unteren Inn. Ergebnis: Ein viel größerer Teil der Wasservögel wurde einfach vertrieben als tatsächlich erlegt. Auf eine Strecke von 1.200 bis 1.500 Enten kamen mehr als 30.000, die die Stauseen verlassen hatten[10]. Im Hauke-Haien-Koog in Niedersachsen verminderte sich früher direkt nach Jagdbeginn am 1. Oktober die Zahl der Wasservögel um 97%[11].

Die Massenflucht ins Schutzgebiet und ihre Folgen

Und wo bleiben die ganzen Vögel? Sie flüchten massenhaft in Gebiete, in denen nicht gejagt wird. In Frankreich ließ sich 1979, als in der Gironde die Jagd eröffnet wurde, eine Flucht von Watvögeln und Möwen aus den verschiedenen Feuchtgebieten in das jagdfreie Naturschutzgebiet Arc d´Arguin feststellen[12]. In den 1980er Jahren stellte man fest, daß während der Zeit der „Wattenjagd" nur 4% (1983/84) bzw. 15% (1984/85) der Graugänse im Dollart sich auf der deutschen Seite aufhielten, bei Jagdruhe im Winterhalbjahr hingegen 36,7% bzw. 38,9%[13]. Und im Schweizer Kanton Genf, in dem 1975 die Jagd per Volksentscheid verboten wurde, ließ sich ein enormer Anstieg der Wasservögel beobachten. Auf dem Genfer See lag zuvor die Zahl der Wasservögel zu Neujahr bei durchschnittlich 10.000, nach dem Jagdverbot stieg diese Zahl auf 32.000 an. An der Rhône war gar ein Anstieg um mehr als 6.500% von 110 auf 7.500 Vögel festzustellen[14]. An der Nordsee wurde beobachtet, daß die Jagd im Wattenmeer die Pfeifenten aus dem Wattenmeer vertrieb. Die Pfeifenten wurden gezwungen, sich ins Landesinnere auf landwirtschaftlich genutzte Flächen zurückzuziehen - wo sie Ernteschäden anrichteten[15]. Denn Pfeifenten brauchen am Tag ca. 300 Gramm Gras, das ist knapp die Hälfte ihres eigenen Körpergewichtes. Sie verbringen am Tag rund 15 Stunden nur mit der Nahrungssuche[16].

Diese Vertreibungen sind nicht nur mit negativen Folgen für die Vögel selbst verbunden. Auch die Ökosysteme leiden darunter, was REICHHOLF eindrucksvoll am Beispiel der Innstauseen zeigt. Wenn die Wasservögel diese Seen im Herbst aufsuchen, verbrauchen sie einen Teil der Pflanzen, die über den Sommer produziert wurden. Dabei können sie ganz massiv in die Nährstoffkreisläufe eingreifen; Bläßhühner, Schwäne und Enten können über 90% der vorhandenen Biomasse abweiden[17]. Dies ist besonders wichtig in Gewässern, die vom Menschen *eutrophiert*, also mit Nährstoffen angereichert wurden, etwa über Abwässer oder die Landwirtschaft. In solchen Gewässern wird von den Pflanzen sehr viel Biomasse produziert. Sterben die Pflanzen im Herbst ab, so werden sie von Mikroorganismen zersetzt. Diese verbrauchen dabei Sauerstoff; gibt es zuviel Biomasse, so kann es sein, daß der gesamte Sauerstoff im betreffenden Gewässer verbraucht wird. Fi-

188

sche ersticken, die Zersetzungsprozesse verlaufen jetzt ohne Sauerstoff unter Bildung von Faulgasen wie Methan. Das ist das berüchtigte „Umkippen" eines Gewässers.

Im schon erwähnten Fall der 30.000 vertriebenen Wasservögel wurden schließlich nur noch etwa 15% der vorhandenen Biomasse von den Vögeln genutzt; dies führte zum „Umkippen" des Egglfinger Stausees. Im benachbarten Schutzgebiet Hagenauer Bucht, wo die Jagd ruht, stieg die Nutzungsrate hingegen auf 95% an[18]. Die Bejagung und damit Vertreibung der Wasservögel von ihren Nahrungs- und Rastplätzen kann auf diese Weise ganze Biotope zum Kollaps bringen. Daß Wasservögel für die Qualität der Gewässer von ganz herausragender Bedeutung sind, ist freilich etwas, was in der an Bestandszahlen orientierten Erhaltungstheorie der Jägerschaft unbeachtet bleibt.

„Die bejagten Arten sind Glieder in mehr oder minder reich entwickelten ökologischen Systemen. Ob diese die jagdlichen Nutzung vertragen oder nicht, läßt sich nicht aus Jagdstatistiken ermitteln."[19]

Wenn man sich erst einmal die ökologischen Zusammenhänge vergegenwärtigt, scheint es kaum eine Rechtfertigung für die Bejagung von Wasservögeln zu geben. Bleivergiftung, Abschuß oder Verletzung von Exemplaren jagdbarer und gefährdeter Arten gleichermaßen sowie die verheerenden (und vielleicht noch nicht einmal vollständig bekannten) Folgen für die betroffenen Ökosysteme lassen die Daseinsberechtigung der Wasservogeljagd höchst fraglich erscheinen. Würde sie verboten, wäre viel gewonnen. Verloren wäre allenfalls eine der „reizvollsten Niederwild-Jagdarten"[20].

12
Jagd in Schutzgebieten

„Die Jagdausübung ist in allen Schutzgebietskategorien
zulässig, sachlich geboten und ökologisch notwendig."[1]

- Deutscher Jagdschutz-Verband

„Jagd ist mit den Zielen des Nationalparks
grundsätzlich nicht vereinbar."[2]

- Aus Heft 8 der Schriftenreihe des Landesamtes für den
Nationalpark Schleswig-Holsteinisches Wattenmeer

Deutschland ist 356.970 Quadratkilometer groß[3]. Zieht man menschliche Siedlungen und andere „befriedete Bezirke" ab, so bleiben noch etwa 317.000 Quadratkilometer Fläche übrig, die bejagt werden können[4]. Das sind rund 89% der Gesamtfläche Deutschlands. Hierzu gehören in der Regel auch Naturschutzgebiete
und zum Teil auch Nationalparks.

Immer wieder wird von Naturschützern und ihren Verbänden gefordert, die Jagd
in Naturschutzgebieten einzuschränken oder ganz zu verbieten. Denn in diesen Gebieten, in denen die Natur einen besonderen Schutz genießen soll, ist die Jagd bis
auf einige Ausnahmen nicht untersagt. So fordert der DEUTSCHE NATURSCHUTZ-
RING, die Jagd in Naturschutzgebieten, Nationalparks, Kernzonen von Bios-
phärenreservaten, Natura 2000-Gebieten, EG-Vogelschutzgebieten und gemäß der
Ramsar-Konvention ausgewiesener Gebiete einzustellen. Mögliche Eingriffe sollen nur dann vorgenommen werden, wenn der Schutzzweck des Gebietes dies dringend erfordert[5]. Eine ähnliche Position nimmt der NABU ein[6].

Das ist soweit nachvollziehbar. Denn schließlich haben Naturschutzgebiete und
besonders Nationalparks ja gerade den Zweck, die Natur zu schonen und weitgehend ungestört zu lassen, damit sie sich möglichst ohne menschlichen Einfluß natürlich entwickeln kann. Nach dem Bundesnaturschutzgesetz sind Naturschutzgebiete

„Gebiete, in denen ein besonderer Schutz von Natur und Landschaft im Ganzen oder
in einzelnen Teilen

1. zur Erhaltung, Entwicklung oder Wiederherstellung von Biotopen oder Lebens-
gemeinschaften bestimmter wild lebender Tier- und Pflanzenarten,

2. aus wissenschaftlichen, naturgeschichtlichen oder landeskundlichen Gründen oder

3. wegen ihrer Seltenheit, besonderen Eigenart oder hervorragenden Schönheit

erforderlich ist."

Alle Handlungen, die zu einer Zerstörung, Beschädigung oder Veränderung des Naturschutzgebietes oder seiner Bestandteile oder zu einer nachhaltigen Störung führen können, sind verboten[7].

Nationalparks sind großräumige Gebiete, die in weiten Teilen die Kriterien des Naturschutzgebietes erfüllen. Darüberhinaus müssen sich die Gebiete in einem vom Menschen wenig oder nicht beeinflußten Zustand befinden oder sich mit oder ohne Hilfe zu diesem Zustand entwickeln können. Ziel der Nationalparks ist es nach dem Bundesnaturschutzgesetz,

„den möglichst ungestörten Ablauf der Naturvorgänge in ihrer natürlichen Dynamik zu gewährleisten"[8]

Reservatsschild als Kugelfang.
© Komitee gegen den Vogelmord

Es gibt noch weitere Schutzgebietarten, wie Biosphärenreservate oder Landschaftsschutzgebiete. Naturschutzgebiete und Nationalparks sind die Kategorien mit den höchsten Ansprüchen. Sie sollen die Natur vor Störungen durch den Menschen schützen bzw. einen möglichst ungestörten Ablauf der natürlichen Vorgänge gewährleisten. Nationalparks beinhalten oftmals Kernzonen, die so unberührt sind, daß man hier tatsächlich noch von einer natürlichen Landschaft sprechen kann. Diese Schutzgebiete sind Zufluchtsorte für bedrohte Tier- und Pflanzenarten, die mit den Veränderungen, die wir Menschen in der Natur vorgenommen haben, nicht klarkommen. Demnach ist es durchaus verständlich, daß in diesen Gebieten die Störungen durch Menschen möglichst gering gehalten werden sollen. Soweit die Öffentlichkeit Zugang zum Gebiet hat, müssen die Besucher sich ruhig verhalten, auf den Wegen bleiben, Hunde anleinen und sich auch ansonsten möglichst unauffällig verhalten.

Naturschutzgebiete: Ganz normale Jagdreviere?

Daß die Jagd eine erhebliche Störung darstellt, haben wir schon gesehen. Dennoch hält die Jägerschaft auch in Schutzgebieten an der Jagd fest. Schutzgebiete, besonders Nationalparks, sind jedoch oftmals sehr empfindlich und sollten von jeder Nutzung ausgenommen werden - nicht umsonst sind Handlungen verboten, die die Gebiete beschädigen oder auch nur verändern. Nach den weltweit gleichen Kriterien der IUCN (International Union for Conservation of Nature and Natural Resources), einer Unterorganisation der Vereinten Nationen, darf es in einem Nationalpark mit Ausnahme eines ökologisch verträglichen Natur-Erlebnistourismus keine Nutzung und damit auch keine Jagd geben[9]. Will man in Naturschutzgebieten bzw. Nationalparks, besonders in den Kernzonen, die Jagd betreiben, dann sollte man schon einen wirklich guten Grund vorweisen können. Ein solcher Grund könnte z.b. darin bestehen, daß der besondere Schutzzweck eines bestimmten Schutzgebietes eine Ausübung der Jagd unbedingt erfordert. Gerade das Vorweisen eines solch zwingenden Grundes, der die Jagdausübung unbedingt nötig macht, lehnt die Jägerschaft jedoch ab. Nicht die Jagdausübung muß besonders begründet werden, sondern im Gegenteil müssen dem DEUTSCHEN JAGDSCHUTZ-VERBAND zufolge jegliche Regelungen der Jagd in Schutzgebieten

„notwendig, angemessen und nachvollziehbar sein und sich am jeweiligen Schutzzweck, der Art, Größe und Struktur des jeweiligen Schutzgebietes orientieren. Ein Jagdverbot darf nur im Rahmen der Schutzziele in besonders begründeten Ausnahmefällen erfolen. Schließlich ist eine regelmäßige Überprüfung des Schutzzweckes und eine Kontrolle der Regelungen erforderlich."[10]

Nicht die Jagd soll sich an den Schutzbestimmungen, sondern die Schutzbestimmungen sollen sich an den Bedürfnissen der Jäger orientieren. Das ist nicht einzusehen, ist doch der Ziel eines Naturschutzgebietes bzw. Nationalparks der Schutz von Natur und Landschaft bzw. die möglichst ungestörte Entwicklung der Natur. Da mutet es sehr eigenartig an, wenn der DJV behauptet:

„Vielfach sind Eingriffe in Wildtierpopulationen gerade in Schutzgebieten notwendig."[11]

Die Begründungen der Jägerschaft sind schon sattsam bekannt und werden meist zu wenigen Schlagworten verkürzt vorgebracht: Zu hohe Schalenwildbestände, die schädlichen Beutegreifer oder das „Überhandnehmen" gewisser Arten wie der Stockente[12]. Es fällt auf, daß „Überpopulationen" gerade der Tierarten beklagt werden, die intensive Hege erfahren. Außerdem sind „Wildschäden" wie Verbiß oder Schälschäden gerade in Nationalparks, die explizit der natürlichen Entwicklung der dortigen Flora und Fauna dienen, nicht automatisch unerwünscht, sie gehören zu den natürlichen Abläufen. Auch was von der Gefährdung von Tierarten durch Beutegreifer zu halten ist, wissen wir. Gerade hier wird deutlich, daß die Gründe für eine Jagdausübung nur vorgeschoben sind: Denn normalerweise argumentiert die Jägerschaft, daß die *Kulturlandschaft* für eine „Überpopulation" generalistischer Beutegreifer verantwortlich ist, die dann ihren Beutetieren schaden[13]. Von den Unzulänglichkeiten dieser Behauptung einmal abgesehen: Macht man die Kulturlandschaft für „unnatürliche" Beutegreiferdichten verantwortlich, so müssen Naturlandschaften logischerweise „natürliche" Beutegreiferdichten aufweisen. Aber wenn auf der einen Seite unberührte Gebiete als Beispiele für niedrige Beutegreiferdichten in Naturlandschaften herangezogen werden[14], kann man nicht auf der anderen Seite eine Bejagung von Beutegreifern in Nationalparks mit den üblichen Argumenten fordern.

Dieser Mangel an plausiblen Begründungen findet sich in eigentlich allen Papieren, in denen die Jäger und ihre Organisationen die Jagd in Schutzgebieten für „ökologisch notwendig" erklären[15]. Trotz Mangels an nachvollziehbaren Argumenten wird landauf, landab eine Beibehaltung der Jagd in Schutzgebieten gefordert. Auch der Deutsche Bauernverband (DBV), enger Verbündeter der Jägerschaft, hält

> *„Einschränkungen des derzeitigen Jagd- und Jagdausübungsrechtes zugunsten vermeintlicher Bedürfnisse des Naturschutzes, insbesondere Jagdverbote in Schutzgebieten [...] für völlig überflüssig und umweltpolitisch kontraproduktiv."*[16]

Das Bestreben der Jägerschaft, sich die Natur nach ihren Vorstellungen zurechtzuzimmern, und die schon besprochenen negativen Folgen der Jagdausübung für die Natur stehen dem Grundgedanken des Naturschutzgebietes oder Nationalparks völlig entgegen. Dessen ungeachtet fordern die Jäger und ihre Vereine einen Zustand, in dem solche Zufluchtsorte für seltene Tier- und Pflanzenarten nichts weiter sind als gewöhnliche Jagdgebiete. So liest sich der Forderungskatalog des DJV im Bezug auf alle Arten von Schutzgebieten (egal, ob Landschaftsschutzgebiet oder Nationalpark), wie eine Auflistung von Grundtatbeständen in jedem x-beliebigen Revier:

> *„Ein Jagdverbot muß sich auf besonders begründete Ausnahmefälle beschränken. [...] Für die Ausübung der Einzeljagd besteht normalerweise kein Regelungsbedarf. Die Gesellschaftsjagd ist eine notwendige Art der Jagdausübung. [...] Schon aus Sicherheitsgründen sind jagdliche Einrichtungen für eine ordnungsgemäße Jagdausübung notwendig. [...] Die Bau- und Fangjagd ist auch in Schutzgebieten notwendig. [...] Auf jeden Fall ist zu berücksichtigen, daß auch in Schutzgebieten in der Notzeit für angemessene Wildfütterung zu sorgen ist. [...] Ein mögliches Verbot, Hunde in Schutzgebieten frei laufen zu lassen, kann nicht für Jagdhunde im Rahmen befugter Jagdausübung gelten. Dies wäre mit dem Tierschutz unvereinbar."*[17]

Da wundert es nicht, wenn man in Schutzgebieten den gleichen Auswüchsen der Jagdpraxis begegnet wie überall sonst. Im Landschaftsschutzgebiet Osterried etwa, dessen Schutzzweck unter anderem „der Erhalt der [...] Lebensgrundlagen für zahlreiche bestandsbedrohte oder selten gewordene Tier- und Pflanzenarten"[18] ist, beklagte der NABU Kirrungen mit Apfeltrester und Getreide in den Streuwiesen. Jost Einstein, Leiter des Naturschutzgebietes Federsee und selbst passionierter Jäger, hält das für einen eindeutigen Verstoß gegen den Schutzzweck. Denn solche Kirrungen führen zu erhöhtem Nährstoffeintrag, zu einem höheren Wildbestand und daher zu Trittschäden, wenn sich die Tiere an den Kirrungen konzentrieren und dort die Wiesen zertrampeln. Werden die Streuwiesen auf diese Weise belastet, verändern sich Tier- und Pflanzenwelt.

„Gerade die Pflanzen, um derentwillen die Flächen geschützt werden, bleiben auf der Strecke"[19],

so Einstein. Darüberhinaus werden Streuwiesen traditionell erst spät im Jahr gemäht, wodurch sich dort viele seltene Pflanzen ansiedeln konnten. In die Wiesen werden jedoch vielerorts bereits im Frühjahr vor den Hochsitzen Schneisen gemäht, um ein besseres Schußfeld zu haben; ein Umstand, mit dem so manche Pflanze leider nicht klarkommt[20]. Bei einer mehrjährigen Untersuchung von Naturschutzgebieten stellte der NABU Baden-Württemberg außerdem in 37 Prozent der Gebiete „Beeinträchtigungen" durch Wildfütterung sowie Verstöße gegen das Landesjagd-, das Naturschutzgesetz oder die jeweilige Schutzgebietsverordnung fest[21].

Bei so viel Ignoranz gegenüber den Zielen der Schutzgebiete ist es nicht verwunderlich, wenn die verschiedenen Schutzgebietkategorien vom DJV einfach in einen Topf geworfen werden und pauschal behauptet wird, überall sei die Jagdausübung notwendig[22]. Da wird kein Unterschied gemacht zwischen Landschaftsschutzgebieten und Naturparks, Naturschutzgebieten und Nationalparks, obwohl es schon Gründe dafür gibt, daß man verschiedene Arten von Schutzgebieten eingerichtet hat. Doch die Jäger und ihre Verbände kämpfen dafür, möglichst überall ihrem Hobby ungestört nachgehen zu können, auch in Gebieten, wo dem normalen Bürger schon das Blumenpflücken verboten ist.

Die Jagd im Wattenmeer

Selbst im Wattenmeer, das in Deutschland auf drei Nationalparks verteilt ist, wurde bis vor kurzem die Jagd ausgeübt. Dabei ist dieses Gebiet, das sich von der Ho Bucht an der Westküste Dänemarks bis zur holländischen Insel Texel erstreckt, ein weltweit einzigartiger Lebensraum. Das Wattenmeer gehört zu den produktivsten Lebensräumen der Erde und beherbergt etwa 250 Tierarten, die nirgendwo sonst vorkommen („endemische Arten"). Durch die unglaubliche Dichte von Lebewesen in diesem Gebiet (z.B. 50.000 Schnecken, 40.000 Schlickkrebse und mehrere tausend Individuen von Ringelwürmern und Muscheln - pro Quadratmeter) und das dadurch riesige Nahrungsangebot nutzen jährlich mehrere Millionen Enten, Gänse und Schnepfenvögel das Watt als Durchzugs- und Ruhegebiet[23]. Sie stammen aus einem Einzugsgebiet, das wesentlich größer ist als das Wattenmeer selbst - es erstreckt sich von Alaska bis nach Sibirien[24]. Die Vögel kommen in dieses Gebiet, um sich auf ihrem Zug auszuruhen und Nahrung aufzunehmen.

Und genau diese hohe Dichte an teilweise jagdbaren Wasservögeln war es, die hier die Jäger anzog. Ausgerechnet im Wattenmeer, einem unglaublich empfindlichen Lebensraum, gab es - einzigartig in Deutschland - neben dem Revier- ein Lizenzjagdsystem durch die Ausstellung von „Wattenscheinen". Dadurch wird aber die Konzentration von Jägern an bestimmten Stellen und zu bestimmten Zeiten begünstigt. So waren im Nationalpark Schleswig-Holsteinisches Wattenmeer früher etwa 450 Jäger auf der Jagd. Das scheint nicht viel, und statistisch gesehen war an jedem Abend im Oktober nur alle 2,6 Kilometer ein Jäger aktiv, wie das LANDESAMT FÜR DEN NATIONALPARK SCHLESWIG-HOLSTEINISCHES WATTENMEER berichtet.

„Tatsächlich konzentrierte sich die Jagd auf Tage mit auflaufendem Wasser in den Abendstunden sowie auf Wochenenden und auf Tage mit gutem Wetter. An der gesamten Westküste schrumpft an diesen Tagen der Abstand zwischen zwei Jägern auf einige hundert Meter."[25]

Dadurch ergibt sich eine nahezu „lückenlose Sperre" für die Vögel, da die Areale, in denen sie durch die Schüsse aufgeschreckt werden, sich stark aneinander annähern[26]. Zwar machte die Jagdfläche auf diese Weise nur 3,4% der gesamten Nationalparkfläche aus; genau auf dieser Fläche rasten und äsen aber weit über 50% aller im Nationalpark anwesenden Vögel[27]. Auch der Eintrag von Blei belastete diese einzigartige Landschaft.

Mittlerweile ist die Jagd im gesamten deutschen Wattenmeer stark beschränkt. Im Hamburgischen Wattenmeer wird sie nicht mehr ausgeübt, und auch im Nationalpark Schleswig-Holsteinisches Wattenmeer ist sie nach dem Nationalparkgesetz von 1999 ganz verboten, es sei denn, es handelt sich um Maßnahmen des Jagd- oder Küstenschutzes. Die Jagd ruht nun, seitdem 2003 der letzte Jagdpachtvertrag ausgelaufen ist und nicht verlängert wurde[28]. Der Elbjägerbund versuchte, das Recht auf Jagdausübung einzuklagen; er scheiterte jedoch vor dem Verwaltungsgericht Schleswig. Begründung: Die Jagd sei eine nachhaltige Störung des Schutzgebietes und daher unzulässig[29]. Die Elbjäger gingen in die Revision, das Urteil des Oberverwaltungsgerichtes steht noch aus[30].

Es ist bezeichnend, wenn ein Jagdverband (und nicht nur einzelne „Schwarze Schafe") versucht, die Jagdausübung im Wattenmeer einzuklagen, obwohl genau bekannt ist, was für ein empfindlicher und überaus wichtiger Lebensraum das Wattenmeer ist. Und dabei sind die Elbjäger kein Einzelfall. Überall wird versucht, eine Beschränkung oder gar ein Verbot der Jagd in Naturschutzgebieten und Nationalparks mit allen Mitteln zu verhindern. Und das, obwohl die betreffenden Gebiete nur 1,9% der gesamten Landfläche Deutschlands ausmachen (Stand 1998). Selbst wenn in allen Nationalparks auf der gesamten Fläche (und nicht nur in den höchsten Schutzzonenkategorien) die Jagd komplett verboten würde, wäre sie nicht nennenswert eingeschränkt; die Gebiete und ihre schützenswerte, teilweise sehr empfindliche Tier- und Pflanzenwelt würden hiervon jedoch stark profitieren. Die Störungen durch die Jagd, die Einflüsse der Hege und der Kirrungen auf die Tiere und Pflanzen, all die negativen Auswirkungen, die die Jagd auf unsere Natur hat, wären dann zumindest in solchen Schutzgebieten ausgeschaltet. Außerdem könnten durch die abnehmende Scheu der Tiere diese besser beobachtet werden, was einem weiteren Zweck der Nationalparks entgegenkäme - der wissenschaftlichen Naturbeobachtung, der naturkundlichen Bildung und dem Naturerlebnis der Bevölkerung[31]. Da die Jagd die Biotope verändert, starke Störungen für die Tiere verursacht, in die inner- und zwischenartlichen Beziehungen eingreift und die Tiere schwerer beobachtbar macht, ist sie per se ein Verstoß gegen den Sinn und Zweck solcher Schutzgebiete.

Schalenwildreduktion in Nationalparks

In einigen deutschen Nationalparks ist die Jagd soweit eingeschränkt, daß nur Schalenwildarten bejagt werden, um deren Bestände zu kontrollieren, etwa in den beiden Nationalparks Harz und Hochharz. Dabei wird Wert darauf gelegt, daß hier keine „Jagd", sondern eine „Schalenwildbestandskontrolle" betrieben wird[32]. Vorgeblich wird hier versucht, die ausgestorbenen Beutegreifer zu ersetzen, um die Schalenwildbestände unter Kontrolle zu halten. So vertritt die NATIONALPARKVER-WALTUNG HARZ die Meinung:

„Ohne die großen Prädatoren Braunbär (ausgerottet 1725), Wolf (ausgerottet 1798) und Luchs (ausgerottet 1818) und ohne Ersatzregulation ist sehr schnell mit ausufernden Herbivorenpopulationen zu rechnen, von denen unnatürliche, waldökosystemvernichtende, struktur- und artenverarmende Kettenreaktionen ausgehen."[33]

Diese Hypothese ist, wie bereits dargelegt, keineswegs belegt. Außerdem wird die angebliche „Simulation der Beutegreifer" hier nicht nur aus Unzulänglichkeit, sondern auch vorsätzlich gar nicht betrieben, denn:

„Die 'Härte' der Natur soll bei der menschlichen Ersatzprädation keinesfalls nachgeahmt werden."[34]

Das führt den Anspruch, die ausgerotteten Beutegreifer zu ersetzen, von vornherein ad absurdum.

Dennoch wird z.B. in den Nationalparks Harz und Hochharz eine zumindest „naturnahe" Schalenwildkontrolle durchgeführt, die sich von der herkömmlichen Jagd fundamental unterscheidet. So wird betont, daß die Trophäen bei der Selektion keine Rolle spielen, und auch die Altersselektion sieht völlig anders aus als in normalen deutschen Revieren[35]. Die NATIONALPARKVERWALTUNG HARZ setzt aus Kosten- und Praktikabilitätsgründen zwar Privatjäger ein, allerdings ist das Mißtrauen gegenüber der Jägerschaft offensichtlich so groß, daß diese Personen sehr sorgfältig ausgewählt werden. Es handelt sich hier um eine Gruppe von

„ 'handverlesenen' Privatjägern, die dem Nationalpark bekannt sind, die nicht nur kostenlos zur Verfügung stehen, sondern auch die Nationalpark-Philosophie ver-

treten. Sie müssen jährlich an einer ökologischen wie wildbiologischen Fortbildung sowie einer Schießprüfung mit der großkalibrigen Waffe (i.d.R. von der heimatlichen DJV-Kreisgruppe schriftlich zu bestätigen) teilnehmen. Darüber hinaus müssen sie gegenüber der Nationalpark-Verwaltung bereit sein, Tier- und Naturschützer aus anerkannten Verbänden ggf. in ihr Handeln einzubeziehen."[36]

Daß die Schalenwildbestände in den Nationalparks zu hoch sind und daher einer Reduktion bedürfen, damit sie keine ökologischen Schäden verursachen, soll gar nicht bestritten werden. So war vor der Einrichtung des Nationalparks Hochharz im Jahre 1990 die Verbißsituation so schlimm, daß man bis zum Jahr 2050 damit rechnen mußte, daß auf 50% der Fläche keine Bäume mehr stehen würden[37]. Allerdings scheinen diese hohen Bestände auf eher auf die frühere Überhege und Förderung dieser Tierarten als auf fehlende Beutegreifer zurückzugehen. Die großen Beutegreifer wurden schon Ende des 18., Anfang des 19 Jahrhunderts ausgerottet, die Probleme traten aber erst in den letzten Jahrzehnten auf. So sind die hohen Bestände verschiedener Tierarten etwa in den Nationalparks Harz und Müritz auf die früheren Jagd- und Hegepraktiken zurückzuführen[38]. Im Nationalpark Hochharz werden die Eingriffe in die Populationen stetig zurückgenommen, die Situation scheint sich also zu bessern. Daß nicht geklärt ist, ob das Schalenwild überhaupt noch reguliert werden müßte, wenn Jagd und Hege auf großer Fläche langfristig ausgesetzt und die Lebensräume des Rotwildes erweitert und vernetzt würden, haben wir schon erfahren.

Aber auch in Nationalparks wird jaglich in die natürlichen Abläufe eingegriffen. So werden Kirrungen angelegt, und in einigen Nationalparks (z.B. Sächsische Schweiz, Müritz) werden auch noch verschiedene andere Tierarten, z.B. Füchse bejagt. Etwas seltsam mutet die Begründung der Nationalparkverwaltung Müritz an, die Bejagung des Fuchses erfolge zur Bekämpfung der Tollwut und des Fuchsbandwurmes[39]. Denn der Fuchsbandwurm kommt in Mecklenburg-Vorpommern praktisch nicht, die Tollwut überhaupt nicht vor (s. Kapitel 4). Und daß die Jagd diese Krankheiten nicht bekämpfen kann, wissen wir bereits. Es wäre sicherlich sinnvoll, zumindest in den Nationalparks auf die sinnlose Fuchsbekämpfung zu verzichten; in einigen wird dies ja auch so praktiziert (s. nächstes Kapitel).

Einschränkungen unerwünscht - der Widerstand der Jäger

Wie bereits angedeutet, wehren sich die Jäger allerdings mit Händen und Füßen gegen weitere Einschränkungen. Wie schnell die Waidmänner beim Wort „Naturschutzgebiete" rot sehen, bekam einmal sogar der ehemalige DJV-Präsident Heeremann zu spüren. Als er im März 1998 mit Jochen Flasbarth, dem Präsidenten des NABU, ein Grundsatzpapier unterzeichnete, das mehr Naturschutzgebiete für Deutschland, „Mut zur Wildnis" und die Überführung von Schutzgebieten in öffentliches Eigentum forderte, liefen Deutschlands Jäger Sturm: Von Verrat war die Rede, der Landesjagdverband Schleswig-Holstein forderte gar Heeremanns Rück-

Auszug aus dem Papier „Gemeinsame Empfehlungen des Deutschen Jagdschutz-Verbandes (DJV) und des NABU zum Schutz der biologischen Vielfalt":

4. Zur Erhaltung der biologischen Vielfalt fordern DJV und NABU die Ausweisung neuer und den verbesserten Schutz bestehender Großschutzgebiete in Deutschland.
5. In Nationalparken muss die natürliche Entwicklung, der "Mut zur Wildnis" und zum Schutz natürlicher Prozesse, in Biosphärenparken bzw. -reservaten die dauerhaft umweltgerechte Entwicklung und Nutzung im Vordergrund stehen.
6. Eingriffe und Störungen in der Landschaft generell und insbesondere in den als Naturschutzgebiete oder Kernzonen von Großschutzgebieten ausgewiesenen Flächen sollen minimiert werden; dies gilt insbesondere für die zunehmend unkontrollierten Freizeit-Sportarten.
7. Die Jagd kann auch in Schutzgebieten eine legitime Form der Landnutzung sein, sofern sie dem Schutzziel des Gebietes nicht zuwiderläuft. Störungen von Brutgebieten, Rast- und Überwinterungsgemeinschaften, insbesondere von Wat- und Wasservögeln, sei es durch sportliche Aktivitäten oder Jagd, sind grundsätzlich zu vermeiden.
8. DJV und NABU fordern die Bundesregierung und die Landesregierungen auf, verstärkt Flächen in Nationalparken, NSGs oder wie NSGs geschützten Flächen in Großschutzgebieten in das Eigentum der öffentlichen Hand zu überführen.

tritt. Die *Wild und Hund* sah „höchste Gefahr für die Existenz von Jagd und Jagdrecht", der *Jäger* sah die Jagd „im Würgegriff des Naturschutzes" und meinte, die Forderungen erinnerten an „Sozialismus" und „Öko-Diktatur"[40]. Und das, obwohl auch der NABU „die Berechtigung der Jagd als traditionelle Form der Landnutzung" anerkennt und sich für eine „nachhaltige" Jagd ausspricht. Das Papier verschwand durch die massiven Proteste denn auch schnell wieder in der Schublade[41].

Diese irrationalen Reaktionen verwundern. Weshalb wehrt man sich so sehr gegen eine Einschränkung der Jagd in Schutzgebieten, in denen Tiere und Pflanzen doch möglichst ihre Ruhe haben sollen? Die Jäger setzen sich doch so für den Naturschutz und für eine „nachhaltige" Jagd ein, wieso wollen sie dann auf keinen Fall Veränderungen in den bestehenden Schutzgebieten? Der Grund hierfür könnten im Artenreichtum der Naturschutzgebiete liegen, denn

> *„die schützenswerten Bereiche sind eben häufig auch jagdlich interessant, vor allem naturnahe Feuchtgebiete als Entenparadiese wecken die Begehrlichkeit des Jägers, und gerade hier ist er am wenigsten bereit, von seinen Privilegien des Betretungs- und Nutzungsrechtes abzurücken"[42],*

wie die „Ökojäger" BODE UND EMMERT meinen. Vielleicht ist es auch das Gefühl, privilegiert zu sein. Es mag manchem gefallen, das Recht zu haben, mit Geländewagen in solchen Gebieten herumzufahren, Hochsitze zu bauen, Fallen zu stellen, Kirrungen anzulegen und herumzuschießen, während der normale Bürger gefälligst auf den Wegen zu bleiben, seinen Hund anzuleinen, Tiere nicht zu füttern und still zu sein hat - wenn er das betreffende Gebiet überhaupt betreten darf. Außerdem spielt vielleicht auch die Angst davor eine Rolle, daß größere zusammenhängende Flächen entstehen könnten, auf denen die Jagd ruht. Diese könnten ja zeigen, daß die Natur durchaus in der Lage ist, sich selbst zu regulieren und eine „ökologische Notwendigkeit" der Jagd damit ad absurdum führen. Auch BIEBELRIETHER ist dieser Ansicht:

> *„Man fürchtet Beispiele, die zeigen würden, daß es für den naturbegeisterten Mitbürger ohne Jagd leichter möglich wäre, freilebende Wildtiere zu beobachten. Man fürchtet Beispiele, die zeigen könnten, daß die notwendige Regulation bei den wenigen größeren Schalenwildarten weniger störend, rascher, effektiver und noch dazu 'humaner' geschehen könnten, als dies durch manche herkömmliche Jagdmethode möglich ist. Und vielleicht scheut man auch den Nachweis, daß, abgesehen von den wenigen großen Schalenwildarten, wie Hirsch, Reh und Wildschwein, in unserem Land überhaupt keine einzige der jagdbaren Tierarten reguliert werden muß!"* [43]

Gebiete, in denen die Jagd eingeschränkt oder ganz verboten ist, gibt es nur wenige, aber immer mehr. Und wenn man sich ansieht, was bei Einschränkung oder Einstellung der Jagd passiert, dann wundert man sich nicht, wieso die Jäger nach Kräften versuchen, solche „Vorzeigeflächen" zu verhindern.

13
Jagdfreie Gebiete

Durch die Aussetzung der Jagd in bestimmten Gebieten ist es heute zunehmend möglich, die Auswirkungen zu beobachten, die die Einstellung der Jagd auf die Tierwelt hat. Wirklich große, zusammenhängende Experimentierfelder gibt es in unserer Kulturlandschaft leider noch nicht, sieht man vom Beispiel der Niederlande ab (s.u.). Aber auch so gibt es in Nationalparks oder durch gewisse Einzelregelungen aufschlußreiche Beobachtungen von unbejagten Tierpopulationen. Auch wenn viele der Beispiele bereits in den entsprechenden Kapiteln erwähnt wurden, so sollen sie dennoch hier noch einmal zusammengefaßt werden, um zu zeigen, was sich in Gebieten beobachten läßt, in denen Jagd oder Hege ganz oder in Teilen eingeschränkt sind.

Während selbst in Nationalparks noch mit Verweis auf die „zu erwartenden" Verbißschäden die Jagd auf Schalenwild wie Rehe und Hirsche betrieben wird, ruht beispielsweise im Naturschutzgebiet Federsee in Baden-Württemberg die Jagd samt Hege vollständig auf 1.400 Hektar. Jost Einstein, Leiter des Naturschutzgebietes und selbst passionierter Jäger, erklärt in der *Schwäbischen Zeitung*, daß die Rehe sich an die neuen Bedingungen angepaßt hätten und vollkommen gesund seien. Zudem halten sie durch den natürlichen Verbiß von jungen Weiden und Birken die Landschaft offen, ohne jedoch nennenswerte Schäden anzurichten - Einstein bezeichnet sie als „gute Helfer des Naturschutzes"[1]. Angesichts solche Beobachtungen ist es fraglich, ob nach einer Einstellung der Hege - ggf. nach einer gewissen Übergangszeit - überhaupt noch eine „Schalenwildregulierung" nötig ist, zumindest vom ökologischen Standpunkt aus gesehen.

Auch die Scheu der Tiere verfliegt dort sehr schnell, wo sie von den Jägern nicht bejagt werden. Die Stadtfüchse, die ohne jede Scheu vor dem Menschen in menschlichen Siedlungen leben (in denen nicht gejagt werden darf), bezeugen dies deutlich. In ausnahmslos allen Gebieten, in denen die Jagd auf bestimmte Tiere eingestellt wurde, läßt sich beobachten, daß ihre Scheu vor Menschen deutlich abnimmt. Dieser „Nationalparkeffekt" hat sich etwa bei der schrittweisen Einstellung der Jagd im Nationalpark Schleswig-Holsteinisches Wattenmeer sehr schnell eingestellt.

„Wir stellen fest, dass Enten und Gänse immer vertrauter werden und die Fluchdi-stanzen sinken"[2],

so das zuständige Landratsamt. In anderswo läßt sich dieser Effekt beobachten. Das ist bei Büffeln, Zebras und Löwen in afrikanischen Nationalparks nicht anders als bei Wapitis, Elchen und Weißwedelhirschen in nordamerikanischen Nationalparks, Gämsen im 500 Hektar großen Naturschutzgebiet Aletschwald in der Schweiz oder Steinböcken im italienischen Nationalpark Gran Paradiso[3]. Der nach einem Referendum jagdfreie Schweizer Kanton Genf hat sich zu einem Wasservogelparadies entwickelt. So ist zum Beispiel am Zufluß der Arve in den Stausee von Verbois zwischen 1975 und 1984 die Zahl der Tafelenten auf mehr als das fünffache gestiegen, die der Gänsesäger auf mehr als das 31fache, und die der Stockenten gar auf mehr als das 61fache[4]. Auch die Flucht von Wasservögeln in unbejagte Gebiete strafen diejenigen Lügen, die den Grund für die Scheu unserer Wildtiere vornehmlich bei Spaziergängern, Joggern und Mountainbikern suchen.

Fuchs in Ruh - und er vermehrt sich trotzdem nicht

Die von den Jägern als notwendig bezeichnete „Regulation" von Beutegreifern entpuppt sich ebenfalls als Märchen, wenn man sich in jagdfreien Gebieten umschaut. Im 72.000 Hektar großen italienischen Nationalpark Gran Paradiso wird die Jagd seit 1922 nicht mehr ausgeübt. Dem für die Gesundheit der Tiere zuständigen Tierarzt Bruno Bassano zufolge gibt es dort große Population verschiedener Hasenarten sowie Wildkaninche, obwohl Beutegreifer wie der Fuchs nicht bejagt werden[5]. Auch aus den Niederlanden, in denen die Fuchsjagd durch das neue Naturschutzgesetzt trotz Ausnahmegenehmigungen stark eingeschränkt ist, kommen keine Hilferufe für aussterbende Niederwildpopulationen. Im Schweizer Kanton Genf sagten die Jäger voraus, durch die Abschaffung der Jagd sei der Feldhase von der Ausrottung bedroht. CONSIGLIO zufolge ist das Gegenteil der Fall:

> *„Der Kanton Genf hat eine gesunde, vermehrungsfähige Feldhasenpopulation, die anders als in den angrenzenden Gebieten auch keiner Auswilderungen bedarf, um den Bestand zu erhalten."*[6]

Die Beobachtungen von KOOIKER, nach denen selbst eine massenhafte Explosion des Elsternbestandes in Osnabrück den gleichzeitigen Anstieg vieler Singvogelarten nicht aufhalten konnte, spricht ebenfalls Bände[7]. Überall, wo man Beutegreifer nicht mehr verfolgt, zeigt sich das gleiche Bild: Die von den Jägern massiv verbreitete Horrorvision des Aussterbens bestimmter Wildarten beim Ausbleiben der Beutegreiferbekämpfung tritt nicht ein. Selbst die *Pirsch* berichtet von Renaturierungsmaßnahmen am Obermain, die dazu führen, daß das Rebhuhn sich wieder erholt und ausbreitet - auch völlig ohne Beutegreiferbejagung[8]. Mit Aussetzaktionen in ungeeigneten Biotopen bei massiver Beutegreiferbekämpfung hat man hingegen Schiffbruch auf ganzer Linie erlitten.

Das ist auch kein Wunder, wenn man bedenkt, daß die Siedlungsdichte einer Art vor allem von der Lebensraumqualität bestimmt wird und gerade bei r-selektierenden Beutegreifern wie dem Fuchs eine Bestandsreduktion aus den uns bekannten Gründen mit der herkömmlichen Jagd nicht erreicht werden kann. Wo man auch hinschaut, ob nach England[9], in die Niederlande[10] oder zu uns in den Nationalpark

Berchtesgadener Land[11]: Wo die Bejagung des Fuchses eingestellt wird, hat dies keine erkennbaren Auswirkungen auf die Bestände. Dies bestätigt die vielen Beispiele, die belegen, daß die herkömmliche Jagd die Bestandszahlen des Fuchses nicht senken kann. Die Behauptung der Jäger, sie würden uns vor einer „Fuchsschwemme" bewahren, ist nicht nur falsch, sondern angesichts der Tatsache, daß die Beweise für das Gegenteil quasi auf der Straße liegen, schlicht eine Lüge.

Experiment Niederlande

Das niederländische „Flora- en Faunawet", das das bislang kühnste Experiment in Sachen Jagdruhe darstellt, legt die herkömmliche Jagd in den Niederlanden praktisch lahm. Seit April 2002 regelt dieses neue Naturschutzgesetz sowohl den Naturschutz als auch die Jagd. Jagdbare Wildarten sind demnach nur noch Stockente, Hase, Fasan, Ringeltaube und das Kaninchen. Das Rebhuhn gehört zum jagdbaren Wild, hat allerdings gegenwärtig keine Jagdzeit[12]. Alle anderen Tierarten, wie Schalenwild oder Beutegreifer, dürfen nicht bejagt werden. Anders als in Deutschland werden hier Eingriffe nicht als legitime „Gegenmanipulation" in großem Stil betrachtet, sondern als letzte Möglichkeit, wenn z.B. Wildschäden nicht anders beigekommen werden kann. Diese werden durch einen „Faunafonds" zunächst mit öffentlichen Geldern ausgeglichen. Erst wenn die Schäden ein bestimmtes Maß überschreiten, kann auch jagdlich eingegriffen werden.

„Beschützen geht vor, Eingreifen ist eine Ausnahme"[13],

so eine Broschüre des niederländischen Umweltministeriums. Dem Ministerium zufolge konnte man durch diese Veränderungen bisher keine negativen Auswirkungen auf die Umwelt feststellen, auch wenn systematische Untersuchungen bisher aufgrund der kurzen Zeit seit Inkrafttreten des Gesetzes fehlen[14]. Trotz diverser Ausnahmegenehmigungen ist die Jagd heute in weiten Teilen verboten. Es bleibt zu hoffen, daß die intensive Lobbyarbeit der Jäger, die z.B. die Aufnahme weiterer Arten wie Reh- oder Damwild in die Liste der jagdbaren Wildarten oder die Aufhebung des Jagdverbotes in Naturschutzgebieten zum Inhalt haben, keinen Erfolg hat[15]. Denn diese Forderungen laufen auf eine Revision und Verwässerung des Gesetzes hinaus. Das ist jedoch alles andere als wünschenswert. Alleine schon, weil am Beispiel Niederlande in einigen Jahren die Frage, ob ohne die Jagd tatsächlich schwere Probleme auftreten, geklärt sein könnte. Würden die Jäger ihre eigenen Behauptungen selbst glauben, müßten sie einfach nur abwarten, bis sich die massiven Probleme zeigen und sie zur Hilfe gerufen werden. Die beharrlichen Bemühungen, die Einschränkungen wieder rückgängig zu machen, und die massiven Proteste europäischer Jagdverbände gegen das Gesetz zeigen jedoch deutlich, daß die Jäger sehr besorgt sind, der „Fall Holland" könnte endgültig demonstrieren, daß sie in Wirklichkeit überflüssig und schädlich für die Natur sind.

14
Vom „Grünen Abitur"

„Zweierlei ist verblüffend: Unheimlich viel jagdliches Wissen wurde in den ver-
gangenen 90 Jahren durch die Wissenschaft ad absurdum geführt; gleichzeitig wur-
de - Verzeihung - oftmals der größte, längst widerlegte Schmarren unbeirrt weiter
abgeschrieben und den Jungjägern gelehrt."[1]

- Bruno Hespeler, Berufsjäger

Die Frage, ob die Jagd tatsächlich „angewandter Naturschutz" ist, der durch
„Sachverwalter der Natur" kompetent ausgeübt wird, dürfte durch die vorangegangenen dreizehn Kapitel hinreichend beantwortet sein. Was bleibt, ist die Frage,
wieso so viele Jäger sich tatsächlich als fachlich versierte, hart geprüfte Naturschützer betrachten und zuweilen sogar fordern, zur Jagd solle sich doch bitte nur
derjenige äußern, der eine ähnlich harte Prüfung bestanden habe wie die Jägerprüfung, das „Grüne Abitur"[2]. Diese Forderung würde bedeuten, daß ausgebildete Wissenschaftler, die studiert, promoviert, sich vielleicht gar habilitiert haben und schon
jahrelang auf ihren Fachgebieten forschen und/oder lehren, erst einmal die Jägerprüfung abzulegen haben, bevor sie ihr Urteil zur Bedeutung der Jagd auf ihrem
Fachgebiet abgeben. Auch der DEUTSCHE JAGDSCHUTZ-VERBAND erhob schon die
Forderung,

„daß alle, die im Bereich des Naturschutzes praktisch oder an verantwortlicher Stel-
le tätig werden wollen, eine ähnlich schwere Prüfung absolvieren müßten"[3].

Der deutsche Waidmann - Fachmann für alles?

Das ist insofern grober Unfug, als die Jägerprüfung so viele Gebiete abdeckt, daß
in allen den angehenden Jägern gerade mal Grundkenntnisse vermittelt werden können. Mit dem Schlagwort vom „angewandten Naturschutz" wird den Jungjägern
jedoch eine gehörige Portion Selbstüberschätzung eingetrichtert. Berufsjäger BRU-
NO HESPELER urteilt in seinem Buch *Jäger wohin?* vernichtend über die Ausbildung der angehenden Waidmänner:

„Denken wir einmal darüber nach, wessen Wissen wir - wenn auch nur auf Teilge-
bieten - für uns in Anspruch nehmen: Zoologen, Biologen, Ökologen, Veterinärme-
diziner, Dipl.-Forstwirte, Dipl.-Landwirte, Tierpfleger, Juristen und Büchsenma-
cher. Für jeden dieser Berufe ist eine Ausbildungszeit zwischen sechs und zehn Jah-
ren erforderlich. Land- und Waldbau etwa wird aber in vielen Jungjägerkursen -

zwangsläufig - an vier, fünf Abenden plus einer Waldwanderung abgehandelt. [...]
Insgesamt ist der Unterricht ohnehin auf die wahrscheinlichen Prüfungsfragen, nicht
auf fundiertes Grundlagenwissen ausgerichtet. Anders geht es gar nicht."[4]

Gerade die Ökologie, der Naturschutz und das Wissen um die unglaublich komplexen Zusammenhänge in unserer Umwelt kommen dabei viel zu kurz. Diese Dinge machen nur einen winzigen Bruchteil des zu lernenden Stoffes aus. Ein Beispiel: In der 53. überarbeiteten Auflage (2003) des Standardlehrwerkes „Vor und nach der Jägerprüfung" von KREBS werden ökologische Fragen auf lediglich 49 von über 630 Seiten abgehandelt. Informationstexte über Natur- und Umweltschutz sind kaum eine halbe Seite lang. Wesentlich mehr Platz beanspruchen da Hegemethoden wie Biotopumgestaltung, Wildackerbau und Kraftfutterabgaben für jagdlich interessante Tierarten. Wirkliches Grundlagenwissen, das dem Jäger einen Einblick in ökologische Zusammenhänge, Naturschutz und Wildbiologie gibt, wird hier nur äußerst spärlich präsentiert. Das ganze läuft dementsprechend unter „Wildhege und Naturschutz" und wird abgerundet durch Bilder von Wildäckern, Feuchtbiotopen und bedrohten Tier- und Pflanzenarten, die einen großen Teil der 49 Seiten einnehmen[5].

„Opas Käseglockennaturschutz in Reinkultur!"[6]

so kritisieren BODE UND EMMERT dieses Lehrwerk. In anderen Lehrbüchern für angehende Jäger sieht das nicht viel anders aus[7]. Warum auch? Wichtiger als Wildbiologie und ökologische Grundkenntnisse ist es den Prüfern vielfach, daß Jungjäger veraltete Waffen auseinanderbauen können, die sie niemals wieder in den Händen halten werden[8].

Der Lernstoff: Gravierende Defizite

Wer schon einmal dabei ist, Lehrbücher für angehende Sachverwalter der Natur zu lesen, wird überrascht feststellen, daß man in einigen Büchern kaum Fotos von Wildtieren findet, noch seltener Farbfotos. Ein Beispiel ist JÜRGEN SCHULTES *Der Jäger* in der 3. Auflage von 1998. Die meisten Tierarten (und gerade geschützte Arten wie Greife oder Eulen) werden lediglich als farbliche oder schwarzweiße Zeichnungen vorgestellt, obwohl es heute mehr gutes Bildmaterial von Wildtieren gibt als je zuvor. Wer mit diesem Buch für die Prüfung lernt, wird höchstens von einigen Stopfpräparaten in den Kursen oder einer Waldwanderung lernen, wie einige der heimischen Wildtiere in natura aussehen. Allerdings sei dabei erwähnt, daß in einigen Bundesländern noch nicht einmal Kurse besucht werden müssen. Man kann aus dem Buch lernen und sich einfach zur Prüfung anmelden. Das betrifft Berlin, Niedersachsen, Nordrhein-Westfalen, das Saarland, Sachsen-Anhalt und Schleswig-Holstein[9]. 2002 wurden 55% aller bestandenen Jägerprüfungen in diesen Ländern abgelegt[10]. Mag es an solchen Dingen liegen, daß so mancher Jäger den Reiher nicht vom Zwergtaucher unterscheiden kann?

Auch in neuen Büchern wird teilweise hanebüchener Unsinn einfach von alten Ausgaben abgeschrieben und den Prüflingen eingetrichtert, auch wenn die Behauptungen längst widerlegt sind. Die „Ökojäger" BODE UND EMMERT kritisieren:

> *„Wissenschaftliche Erkenntnisse werden nur zögernd in den Lernstoff integriert, der von alten Zöpfen nur so wimmelt."*[11]

So lernen Jäger in spe etwa, daß sich die Exkremente (Losung) von männlichen und weiblichen Rothirschen prinzipiell unterscheiden: „Die Hirschlosung weist Zäpfchen und Näpfchen auf, die Tierlosung ist walzenförmig", heißt es in SCHULTES Lehwerk[12]. Prinzipiell unterschiedliche Exkremente setzen aber entweder prinzipiell unterschiedliche Nahrung oder prinzipiell unterschiedliche Verdauungsapparate voraus. HESPELER meint ob dieses Unfuges, das sei

> *„ der gleiche Schwachsinn, als wollte man Jägerinnen und Jäger an ihrer 'Losung' unterscheiden."*[13]

Auch die Altersmerkmale beim Rehwild wurden mittlerweile von der Wissenschaft als nicht tauglich für die Altersansprache bewertet - gelehrt werden sie dennoch. Machen Fachleute auf diese schweren Fehler in der Jägerausbildung aufmerksam, ist Schweigen zumeist die Antwort[14]. Die Prüflinge müssen somit selbst den größten Unfug vorbeten, der bei einem Gang durchs Revier jeden Tag widerlegt werden kann.

Die Vermittlung einiger Basiskenntnisse in verschiedenen Bereichen, die zu Naturschutz, Ökologie und Wildbiologie gehören, veranlaßt HESPELER zufolge dennoch viele Jäger, sich als ausgebildete Fachmänner aufzuspielen.

> *„ Gerade die forstwissenschaftlichen Grundkenntnisse hat man ursprünglich zum Gegenstand der Ausbildung und Prüfung gemacht, um damit das Problembewußtsein der Jäger zu fördern. Das Ergebnis ist häufig das genaue Gegenteil; der Jäger glaubt aufgrund der ihm vermittelten Banalitäten, in die Rolle eines Fachmannes geschlüpft zu sein."*[15]

Ausgewiesene Vollzeit-Spezialisten auf den verschiedenen wissenschaftlichen Gebieten werden, sofern sie sich jagdkritisch äußern, als praxisferne Naturschutz-Ideologen, als „ideologiegesteuerte Radikalökologen"[16] und dergleichen bezeichnet. Die Arroganz, mit der viele Jäger auf ihre Prüfung verweisen, die zum großen Teil das einfache Auswendiglernen von vorgekautem Wissen zum Inhalt hat, ist fast schon komisch. Denn wie wir schon gesehen haben, fehlt es sehr vielen Jägern an grundlegenden Kenntnissen unserer Natur. Das fängt bei den Artenkenntnissen an und hört bei populationsbiologischen Zusammenhängen noch längst nicht auf. Vielleicht ein Grund dafür, daß die *Deutsche Jagd-Zeitung* die Serie „Öko transparent" ins Leben gerufen hat. Hier werden der Leserschaft, die ja fast ausschließlich aus Jägern und damit aus ausgebildeten Naturschutzfachleuten besteht, Kenntnisse vermittelt, die kaum das abdecken, was im Biologie-Grundkurs der 12. Klasse vermittelt wird[17]. Es paßt nicht zusammen, daß Jäger sich als Fachmänner für Ökologie, Wildbiologie und dergleichen präsentieren, wenn Jagdzeitschriften sich genötigt fühlen, ihren jagenden Lesern noch einmal die grundlegendsten Fakten über unsere Natur nahezubringen. Wenn dann noch der Prüfungsstoff mit den Zahnformeln von Wildtieren, dem Auseinanderbauen von nicht mehr gebräuchlichen Waffen und der Beschäftigung mit jagdlichem Brauchtum überfrachtet ist, ist es kaum verwunderlich, wenn die „Fachausbildung für Naturschutz" auf das Auswendiglernen weniger Schlagworte zusammenschrumpft. Geradezu grotesk mutet angesichts dessen die Behauptung an, das „Grüne Abitur" sei vielleicht gar schwieriger als das „echte" Abitur[18] - gibt es HESPELER zufolge doch genügend Jäger, die zwar jenes „Grüne Abitur", nicht jedoch den qualifizierten Hauptschulabschluß in der Tasche haben[19]. Es geht hier nicht darum, Hauptschüler niederzumachen, sondern darum, das Bild von der „anspruchsvollen" Jägerprüfung zu korrigieren. Oft werden, besonders in der Lokalpresse, hohe Durchfallquoten als Beleg dafür herangezogen, wie schwer diese Prüfung ist. Durchfallquoten von 30, 40 oder 50 Prozent sind jedoch eher lokale Ausschläge nach oben. Bundesweit fielen 2002 bei der Jägerprüfung 18% der Prüflinge durch[20]. Und auch diese gar nicht mehr so dramatische Quote muß noch lange nichts über den Anspruch der Prüfung aussagen.

Ist das „Grüne Abitur" wirklich so schwer?

Die *Pirsch* bringt regelmäßig Original-Jägerprüfungsaufgaben, die zeigen, wie schwer dieses „Abitur" sein muß: Der Ankreuzbogen mit drei, gelegentlich sogar nur zwei möglichen Antworten pro Frage erinnert ziemlich stark an die theoretische Führerscheinprüfung, nur ist er grün statt gelb[21]. Der Schwierigkeitsgrad wird ähnlich sein. So berichtet Andreas Möller, Journalist und Jäger, in der *Deutschen Jagd-Zeitung*:

> *„Vorher habe ich im Café nebenan noch mal das Lehrbuch durchgeblättert - und unerhört vieles gefunden, wovon ich kaum eine Ahnung hatte. Danach war ich überzeugt davon, dass ich durchfalle. Na schön, ich habe bestanden."[22]*

Wie „blaserr93" im *Wild und Hund*-Forum erzählt, ist das auch gar nicht so schwer, wie immer behauptet wird.

> *„Jemand durchfallen lassen, ist gar nicht mehr so einfach, der muß sich letztlich wirklich sehr dämlich anstellen[...]. Wer in den schriftlichen Prüfungen schon halbwegs abgeschnitten hat, kann damit fast jede noch so schlechte Note im mündlichen Ausbessern. In einigen Bundesländern ist die schriftliche Prüfung ähnlich wie beim Führerschein, es gibt einen Fragenkatalog, den man relativ schnell intus hat. Bei uns muß zwar richtig was hingeschrieben werden, von Kollegen, die im Prüfungs-*

ausschuß sind, weiß ich aber, was bei den Korrekturbesprechungen abgeht und wie sich da um die Noten gezankt wird. Mut, eine schlechte Note zu vergeben, haben da die wenigsten. Durchfallen kannst du bei uns im Prinzip nur beim Schießen, bei der Waffenhandhabung oder beim Recht."[23]

Wer dann noch fordert, Wissenschaftler oder ehrenamtliche Naturschützer - oftmals selbst studierte Fachleute - sollen doch bitte erst mal das Grüne Abitur nachholen, bevor sie den Mund aufmachen, dem kann es wohl nur noch darum gehen, Kritik ohne weitere Argumente vom Tisch zu wischen. Es geht auch nicht anders, dürfte der Waidmann in der Diskussion mit wirklichen Fachleuten doch vollkommen hilflos sein.

„Wer sich nun entschließt, Jäger zu werden, der ist - in der Regel - auf den allermeisten jagdlichen Teilgebieten absoluter Laie. Auch mit den besten Kenntnissen im Fach Waffenkunde kommt er nicht annähernd an den Büchsenmacher heran, das Prüfungsfach Wald- und Landbau macht aus dem Jungjäger noch keinen Forstmann und wer im Fach Wildkrankheiten eine glatte Eins verdient, ist noch lange kein Veterinärmediziner. Bei der Vielzahl jagdlicher Teilgebiete ist es schlicht unmöglich, sich so nebenher zu einem tatsächlichen multiplen Fachmann auszubilden. Abgesehen davon endet für viele das Streben nach Wissen und Weiterbildung mit dem Lösen des ersten Jagdscheines!"[24]

so HESPELER. Das alles soll nicht darüber hinwegtäuschen, daß es durchaus Jäger gibt, die auch nach der Jägerprüfung nicht aufhören, zu lernen, und sich dadurch zu äußerst kompetenten Fachleute entwickeln - ob studiert oder nicht. Gerade diese Jäger gehören zu den kritischen Geistern, die oft zwar nicht unbedingt die Jagdpraktiken an sich, aber doch die Darstellung der Jagd als „angewandten Naturschutz" kritisieren. Wie so viele Kritiker haben sie mit ihren Rufen nach Reformen bei der Masse jedoch selten Erfolg.

Resümee

Dieser Buchteil dürfte gezeigt haben, daß die Parole „Jagd ist angewandter Naturschutz" nichts weiter als eine Schutzbehauptung für diejenigen ist, die die Einschränkung oder gar Beendigung ihrer liebsten Freizeitbeschäftigung fürchten. Jagd und Naturschutz sind nicht deckungsgleich, häufig sind sie sogar direkte Gegensätze. Wenn sich Jäger als Helfer in der Not zur Lösung von Problemen (wie etwa Wildschäden) anbieten, so stellt sich bei näherer Betrachtung nicht selten heraus, daß sie selbst die Ursache für diese Probleme sind. Werden Veränderungen bei der Jagd gefordert, um dem heutigen Stand der Wissenschaft und einem zeitgemäßen Verständnis von Naturschutz und Ökologie zu entsprechen, wittern die Grünabiturienten Verschwörung: Die bösen Naturschutzideologen wollen mit der berüchtigten „Salami-Taktik" der Jagd Scheibe für Scheibe etwas wegnehmen[1]. Beim strammen Konservativismus gerade der Jagdverbände ist es auch recht seltsam, wenn z.B. der saarländische Landesjägermeister Paul Maurer zur Gründung eines Landesverbandes der „Ökojäger" zur Gründung eines Ökologischen Jagdvereines im Saarland meint:

> *„Wer in der heutigen Zeit hier im Saarland einen ÖJV fordert, der ist wirklich ein ewig Gestriger, der hat die Zeichen der Zeit nicht erkannt."*[2]

Heute sind Naturschutzverbände und Jägerschaft auf vielen Gebieten eher Gegner als Partner. Die formelle Spaltung fand 1986 statt. Damals erklärte der Deutsche Jagdschutz-Verband seinen Austritt aus dem Deutschen Naturschutzring (DNR), dem Dachverband von rund 100 deutschen Naturschutzorganisationen[3]. Allerdings war der Austritt wohl eher eine Aktion, die dazu dienen sollte, das Gesicht der Jäger zu wahren. Denn die Austrittserkärung wurde zwei Tage nach einem Beschluß des DNR abgegeben, der den Rauswurf der Jägerschaft aus dem Naturschutzring zur Folge hatte[4].

Es dürfte klar sein, warum man die Jäger rauswarf und bis heute nicht wieder reingelassen hat: Jagd und Naturschutz sind kaum miteinander vereinbar, und erst recht nicht bei der Halsstarrigkeit, mit der sich die Jägerschaft selbst kleineren Veränderungen widersetzt. Auch wenn die Jagdverbände gerne dick auf ihre Veröffentlichungen den Hinweis drucken, daß sie staatlich anerkannte Naturschutzverbände sind (wobei sie die einzigen Naturschutzverbände sind, die das nötig haben), hat die Jagd mit Naturschutz nichts zu tun. Sie ist Naturnutzung, die oftmals so massive Eingriffe in unsere Umwelt darstellt, daß noch nicht einmal von Harmlosigkeit gesprochen werden kann. Das sollte nun klar sein, wie auch immer man sonst zur Jagd steht.

II.
Das Waidwerk als Tierschutz

„Jagd ohne Tierschmerz ist in der Praxis undenkbar!"

Wilhelm Bode und Elisabeth Emmert, „Ökojäger"

15
Von der deutschen Waidgerechtigkeit

„Wenn der Nicht-Parteigenosse einen Fasanengockel mit dem Kleinkaliber schoß, dann konnte das ein grober Verstoß gegen die Waidgerechtigkeit sein (Schießertum) und zum Verlust von Jagdschein und Revier führen. Wenn der Parteigenosse das gleiche tat, konnte es eine dringend notwendige Maßnahme im Sinne der Biologie des Wildes sein (gezielte Regulierung des Geschlechterverhältnisses). [...] Ein derartiges Gesetz, das Strafe androht, ohne - vorher! - zu sagen für welchen Tatbestand, entsprach ganz und gar dem Geist faschistischen Staatsterrors.“[1]

- Bruno Hespeler, Berufsjäger

Die Waidmänner haben ihre ganz eigene Ethik - nämlich die „Waidgerechtigkeit". Wann immer diese der Öffentlichkeit nähergebracht werden soll, wird betont, der Begriff der Waidgerechtigkeit sei sehr traditionsreich; er sei „in Jahrhunderten gewachsen"[2] und hätte sich über lange Zeit entwickelt. Tatsache ist, daß er Ende des 19. Jahrhunderts vereinzelt in der noch jungen Jagdpresse auftrat, jedoch bis zum Ende des Kaiserreiches noch ziemlich unbekannt war. Die „Ökojäger" BODE UND EMMERT weisen etwa darauf hin, daß Meyers 20bändiges Konversationslexikon von 1909 diesen Begriff noch nicht kennt[3]. Die spezielle „deutsche Waidgerechtigkeit" weiterhin ist eine echte Nazi-Wortschöpfung, die das erste Mal im Reichsjagdgesetz (RJG) von 1934 auftauchte[4]. Kreiert wurde das Reichsjagdgesetz von NSDAP- und Stahlhelm-Mitglied Ulrich Scherping, der ein Gesetz von Jägern für Jäger unter der Schirmherrschaft und dem Einfluß des „Reichsjägermeisters" Hermann Göring schrieb[5]. Dieses Gesetz war

„ein typisches Nazi-Gesetz. Das Gedankengut von Arthege und Deutscher Waidgerechtigkeit entsprach vollständig der Blut-und-Boden-Ideologie mit ihrem Anspruch auf Reinerhaltung der Art sowie Eingliederung des einzelnen Jägers als 'Glied einer Kette' in ein Ganzes.“[6]

Das Reichsjagdgesetz ist mit wenigen kosmetischen Veränderungen das heutige Bundesjagdgesetz (BJG). Dies wird von der „Grünen Zunft" zwar immer wieder bestritten, allerdings sind die Ähnlichkeiten zwischen dem RJG und dem BJG frappierend. Nach erfolgreicher Lobbyarbeit der Jäger im parlamentarischen Rat anno 1949 äußerte sich die *Wild und Hund* denn auch zufrieden: „Damit dürfte das RJG in seiner materiellen Fassung für die Zukunft gesichert sein."[7] Inhalt des Bundesjagdgesetzes ist demnach auch der Begriff der „deutschen Waidgerechtigkeit", gegen welche zu verstoßen den Verlust des Jagdscheines zur Folge haben kann[8]. Es soll hier nicht darum gehen, der Jägerschaft als Ganzem einen braunen Anstrich zu verleihen. Das wäre allein deswegen schon unsinnig, weil selbst „Linke" auf die Jagd gehen - Erich Honecker war zum Beispiel passionierter Jäger. Es geht lediglich um die Klarstellung des dummen Geschwätzes von der „in Jahrhunderten gewachsenen deutschen Waidgerechtigkeit". Zur genauen Entstehungsgeschichte des Reichsjagdgesetzes sei auf BODE UND EMMERT verwiesen.

Warum „deutsche Waidgerechtigkeit" alles und nichts bedeuten kann

Das Besondere an dieser „deutschen Waidgerechtigkeit" ist, daß sie nirgends schriftlich fixiert und abgegrenzt ist. In der Nazizeit war es Göring, der als „Treuhänder der deutschen Jagd" willkürlich die Inhalte der Waidgerechtigkeit bestimmte. Die einleitenden Ausführungen von BRUNO HESPELER mögen zeigen, wohin das führt: In eine Willkürjustiz, in der Menschen für Vergehen bestraft werden, die vorher nicht ausdrücklich für verboten erklärt wurden. Das Resultat:

> „seit 40 [mittlerweile 51, Anm. d. Verf.] Jahren orakeln zumeist nichtjagende Richter darüber, wer sich in welcher Situation unwaidmännisch benommen hat und folglich - unter anderem - durch Jagdscheinentzug büßen soll. Hilfestellung leistet dem jeweiligen Richter zumeist ein Sachverständiger, in der Regel der Kreisjägermeister oder Kreisjagdberater; der Kreis hat sich geschlossen."[9]

Damit kann von der Jägerschaft selbst je nach Bedarf festgelegt werden, was Inhalt der „deutschen Waidgerechtigkeit" ist, und was nicht, abgesehen von einigen allgemein anerkannten Grundsätzen (s. nächstes Kapitel). Ob so etwas noch zeitgemäß ist, mag der Leser selbst beurteilen. Der DEUTSCHE JAGDSCHUTZ-VERBAND jedenfalls hält ausdrücklich an der „deutschen Waidgerechtigkeit" fest und argumentiert, daß das gesamte Rechtssystem mit unbestimmten Rechtsbegriffen wie „Treu und Glauben", „Gute Sitten" etc. arbeite[10]. Das ist prinzipiell richtig. Der Unterschied besteht jedoch darin, daß diese Begriffe „aus dem Leben" übernommen wurden und mit einer Bedeutung ausgefüllt waren. Dagegen wurde die vorher nicht existente „deutsche Waidgerechtigkeit" bewußt als neuer, unbestimmter Begriff in ein faschistisches Gesetz hineinkonstruiert, um unliebsame Personen von der Ausübung der Jagd abzuhalten; denn Reichsjägermeister Göring wollte selbst darüber wachen,

> „daß niemand die Büchse führt, der es nicht wert ist, Sachverwalter anvertrauten Volksguts zu sein."[11]

Auch wenn Behörden oder Ministerien der Ansicht sind, daß Verstöße gegen die Waidgerechtigkeit vorliegen, so heißt das noch lange nicht, daß das den Jäger und seine Waidgenossen groß kümmern muß oder gar ernsthafte Konsequenzen hat. Ein Beispiel: Ein Jäger aus Baden-Württemberg kippte Abfälle und Getreide in großem Stil in ein Abwasser, um Enten anzulocken; Krönung dieser Erhaltung eines artenreichen und gesunden Wildbestandes waren 998 Enten, die von nur einem Dutzend Jägern an einem einzigen Tag erschossen wurden. Erst nach Jahren wurde diese Praxis unter massivem Druck vom Landwirtschaftsministerium und den zuständigen Behörden zumindest reduziert, da diese darin einen schweren Verstoß gegen die Waidgerechtigkeit sahen.

Die Reaktion des Landesjagdverbandes: Er verlieh dem Jäger die Goldene Anstecknadel wegen seiner Verdienste um das Deutsche Waidwerk[12].

Der Gummibegriff „deutsche Waidgerechtigkeit" wird von nicht wenigen Jägern direkt mit „Tierschutz" übersetzt, denn schließlich ist der rasche, schmerzlose Tod des zu erlegenden Tieres das Ziel des Jägers[14]. Daß in der Vergangenheit selbst solche Jäger vom Tierschutz faselten, die die Ausrottung des Raubzeugs mit Tellereisen und Strychnin propagierten[15], mutet schon merkwürdig an. Als die vor kurzem abgewählte Landesregierung Niedersachsens den Begriff „Waidgerechtigkeit" im Landesjagdgesetz durch „Tierschutz" ersetzten wollte, bat der damalige Bundeslandwirtschaftsminister und Jäger Karl-Heinz Funke darum, dieses Ansinnen zu überdenken; schließlich stehe die Waidgerechtigkeit ebenso für Tierschutz wie auch für Artenschutz oder Fairneß innerhalb der Jägerschaft[16]. Daß der Tierschutz so ein integraler Bestandteil der Waidgerechtigkeit sein soll, mag allerdings nicht so recht einleuchten, wenn man bedenkt, daß ebendiese Waidgerechtigkeit die bundesdeutschen Jäger von wichtigen Bestimmungen des Bundestierschutzgesetzes befreit.

Nach §3 des Tierschutzgesetzes ist es zum Beispiel verboten, ein Tier auf ein anderes zu hetzen, „soweit dies nicht die Grundsätze waidgerechter Jagdausübung erfordern". Derselbe Paragraph verbietet jedem Menschen in Deutschland das Aussetzen von Exemplaren wildlebender Arten, die auf eine zum Überleben notwendige artgemäße Nahrungsaufnahme nicht vorbereitet und an das Klima nicht angepaßt sind. Einzige Ausnahme ist auch hier die Jägerschaft, die auch dann fremde Tiere aussetzen darf, wenn diese für das Überleben hierzulande nicht geeignet sind, damit sie schließlich erschossen werden können. §4 schränkt das betäubungslose Töten im Rahmen der „waidgerechten Ausübung der Jagd" nur dahingehend ein, daß „nicht mehr als unvermeidbare Schmerzen entstehen" dürfen.

Es ist offensichtlich, daß unmöglich kontrolliert werden kann, ob das Tier, das der Jäger umgebracht hat, vermeidbare Schmerzen erlitten hat. Kommt doch einmal ein krasser Fall ans Tageslicht und wird der Jäger wegen eines Verstoßes gegen die Waidgerechtigkeit oder das Tierschutzgesetz vor Gericht gestellt, braucht der hinzugezogene Sachverständige - wie schon erwähnt, in der Regel ein Jäger - nur zu bestätigen, daß der Angeklagte im Rahmen der Waidgerechtigkeit gehandelt hat, sprich: alle dem Tier zugefügten Schmerzen unvermeidbar waren, und der Fall ist erledigt. Was für Schmerzen das getötete Tier tatsächlich aushalten mußte, ist uninteressant.

Vollends unglaubwürdig wird die „Waidgerechtigkeit als Tierschutz", wenn man sich vergegenwärtigt, daß selbst der für das Tier schmerzhafteste Schuß tierschutzgerecht ist, wenn er von einem 90jährigen, tatterigen Greis abgegeben wird, solange er nur Jagdscheininhaber ist und das Tier „waidgerecht" tötet. Auch wenn das Tier erst nach drei Tagen irgendwo im Dickicht blutend gefunden und beim zweiten oder dritten Versuch mit dem Messer erstochen wird, ist nicht gegen das Tierschutzgesetz verstoßen worden. Erlegt allerdings ein Nichtjäger mit einem sicheren Schuß das Tier so „perfekt", daß es „im Knall" sofort tot zusammenbricht und keine Schmerzen erleidet, handelt dieser tierschutzwidrig, denn er hat schließlich entgegen dem Tierschutzgesetz ein Wirbeltier betäubungslos getötet - die Waidgerechtigkeits-Ausnahme gilt für ihn nicht. Die Frage, ob die Behandlung eines Tieres tierschutzkonform ist, richtet sich im Falle der Jagd also nicht in erster Linie danach, wie das Tier behandelt wurde, sondern lediglich danach, ob die Person am Gewehr das „Grüne Abitur" besitzt.

Es ist demnach nicht ganz verwunderlich, wenn sogar der Jurist und leidenschaftliche Jäger Rüsch in einem Artikel in der *Deutschen Jagd-Zeitung* seine Waidgenossen als „Heuchler in grünen Loden" tituliert und meint, daß

> *„die vielgepriesene deutsche Waidgerechtigkeit [...] der Volksverdummung und der Verdeckung strafbarer Handlungen [dient]. Sie bemäntelt tierquälerische Handlungsmethoden mit falsch verstandener Traditionspflege."[16]*

Im folgenden Kapitel werden unterschiedliche Jagdarten und ihre Konsequenzen für die bejagten Tiere dargestellt. Sämtliche darin beschriebenen Praktiken sind, wenn nicht anders angemerkt, *jagdlicher Alltag*, außerdem allgemein als waidgerecht anerkannt. Was das mit Tierschutz zu tun hat, kann der Leser selbst beurteilen.

16
Die Spielarten der Jagd

16.1 Die Einzeljagd

16.1.1 Ansitz und Lockjagd

Die Verbreitung der Ansitzjagd ist in Deutschland nicht zu übersehen.
© Thomas Winter

Die Verbreitung der Ansitzjagd ist im „Land mit der größten Hochsitzdichte"[1] nicht zu übersehen. Wie der Name schon sagt, sitzt der Jäger an einem geeigneten Ort und wartet so lange, bis sich ein Tier zeigt. Meist sitzt der Jäger auf einem Hochsitz, einer Kanzel oder einer Ansitzleiter, aber auch unter Schirmen, in Erdlöchern oder an schützenden Sträuchern und Wällen. Der Jäger erwartet das Wild dabei an an Stellen, die häufig von den Tieren aufgesucht werden, wie Äsungsflächen, Einständen oder sogenannten Wildwechseln (regelmäßig von den Tieren benutzten „Wegen")[2].

Obwohl es von den meisten Jägern bestritten und als nicht waidgerecht verurteilt wird, ist das Ansitzen an Kirrungen und Salzlecken, die das Wild anlocken, gang und gäbe[3]. Das Anlocken von Konkurrenten wie dem Fuchs auf dem „Luderplatz" ist hingegen noch nicht einmal vordergründig verpönt. Hier zeigt sich, wie willkürlich die „Waidgerechtigkeit" differenziert; den Hirsch an der Kirrung zu schießen ist, obwohl praktiziert, zutiefst unwaidmännisch, da unfair. Das Erschießen eines Fuchses auf dem Luderplatz hingegen ist vollkommen in Ordnung.

Das Anlocken der Tiere zum Abschuß wird als „Lockjagd" bezeichnet. Dabei wird der Hunger oder der Geschlechtstrieb der Tiere ausgenutzt, um sie dorthin zu holen, wo man sie am besten töten kann. Das schon beschriebene Anlocken der Füchse am Luderplatz dient dazu ebenso wie das Imitieren von Mäusegeräuschen und von Hasen- oder Kaninchenklagen, die den Fuchs ebenso wie Marder, Iltis, Wiesel und Hauskatze leichte Beute erwarten lassen[4].

Zur Paarungszeit werden oft auch die entsprechenden Lautäußerungen der Tiere mit Blättern, Muscheln oder ähnlichem imitiert. Der Hirsch soll durch entsprechende Töne denken, daß ein Rivale ihn herausfordert und erscheint in Erwartung eines Revierkampfes auf dem Platz. Der Rehbock wird angelockt, indem die Laute von Ricke oder Kitz mit einem Buchen-, Flieder oder Faulbaumblatt imitiert werden (daher „Blattjagd")[5]. Statt der Artgenossen erwartet ihn jedoch zum Beispiel eine .222 Rem, die mit etwa 2.900 km/h Hals, Brustkasten, Beine oder sonst etwas durchschlägt. Füchse, Marder und anderes Raubwild wird auch mit Drüsensekreten oder dem Harn bereits erschossener weiblicher Artgenossen angelockt. Meist zur Zeit des größten Wertes ihres Felles - zur Paarungszeit im Winter - werden somit die Tiere unter Ausnutzung ihres eigenen Geschlechtstriebes umgebracht.

16.1.2 Die Pirsch

Die Pirsch wird auch als Schleichjagd bezeichnet und stellt laut SCHULTE „hohe Anforderungen an das jagdliche Können sowie an die Sinne des Jägers"[6]. Die Pirsch besteht darin, unter Ausnutzung des Windes und des Geländes ein vorher ausgewähltes „Stück" Wild zu verfolgen und sich ihm möglichst unbemerkt zu nähern, um es schließlich zu erschießen[7]. So mancher Waidmann verfällt in Schwärmerei, wenn er von der „Krone aller Jagdarten" spricht. Sie ist laut Schulte

> „wohl die einzige Jagdart, bei der sich der Jäger und die bejagte Kreatur fast ebenbürtig gegenüberstehen."[8]

Es gibt wahrlich nur einen winzigen Unterschied zwischen den beiden: Der Jäger ist mit einer tödlichen Schußwaffe ausgerüstet, das Tier dagegen ist völlig wehrlos.

Ebenso wie der Ansitz wird diese Jagdart vornehmlich frühmorgens und abends ausgeübt, manchmal auch in ruhigen, sonnigen Mittagsstunden. Der Nachteil der Pirsch liegt darin, daß vieles Pirschen das Wild vergrämt und demnach das Revier „wildleer" machen kann[9].

16.2 Vom sicheren Blattschuß und rollierenden Hasen

„Es gibt zwar genug Jagdscheininhaber, die frei weg behaupten, bei ihnen läge das beschossene Wild generell im Feuer. Man darf sie aber nicht ernst nehmen, denn die Wirklichkeit schaut anders aus. Auch mit guten Schüssen und bei Verwendung ausreichender Kaliber und zuverlässiger Laborierungen geht immer wieder Wild vom Platz." [10]

- Bruno Hespeler, Berufsjäger

Beide Jagdarten, Ansitz wie Pirsch, sind theoretisch aus Sicht des traditionellen Tierschutzes durchaus akzeptabel. Denn dieser bejaht grundsätzlich das Töten von Tieren, will ihnen aber „unnötiges" Leid ersparen. Liegt der Rehbock, der Hirsch oder der Fuchs „im Feuer", ist dem Tierschutz somit genüge getan, denn das Tier war sofort tot und hat nicht gelitten. Leider ist dieses Szenario eher die Ausnahme, nicht die Regel. Ganze Bücher und unzählige Zeitschriftenartikel über die „Nachsuche", sprich die Suche nach krankgeschossenen Tieren, sprechen Bände. Ebenso die Tatsache, daß es Beutegreifer gibt, die sich in der Jagdsaison auf krankgeschossenes Wild spezialisieren, da dieses häufig und leicht zu erbeuten ist (s. Kapitel 10).

Ein wesentliches Problem ist, daß Schalenwild wie Rehe, Hirsche oder Wildschweine zwar eine recht große Zielscheibe abgeben, der Bereich, bei dem ein Treffer den sofortigen Tod auslöst, jedoch relativ klein ist. Den „Hochblattschuß", der das Tier durch das Zerstören der oberen Wirbelsäule sofort tötet, empfiehlt ROLF HENNIG nur besonders erfahrenen Jägern [11]. Trifft der Schütze nämlich nur ein wenig daneben, produziert er im besten Fall einen Schuß, der zwar tödlich wirkt, jedoch erst nach einer manchmal kilometerlangen Flucht des Tieres. Ohnehin ist bei Schalenwild der Schuß „in die Kammer", also in die Brusthöhle mit den lebenswichtigen Organen Herz, Lunge etc., in Deutschland der üblichste [12], auch wenn er keineswegs sofort tötet. Eine Nachsuche ist meistens erforderlich. Im schlimmsten (und gar nicht so seltenen) Fall werden Lauf-, Krell-, Gebrech- und ähnliche Schüsse produziert.

Beim Laufschuß durchschlägt das Geschoß die Beine des Tieres; manchmal verheilt die Wunde so, daß das Tier wieder laufen kann (falls es entkommt oder nicht nachgesucht wird), manchmal auch nicht. So manches Tier humpelt mit einem Bein zuwenig durch unsere Landschaft [13]. Ist mehr als ein Bein zerstört, dürfte die Nachsuche nicht schwer sein, da das Tier sich verständlicherweise nur noch sehr eingeschränkt bewegen kann - das es trotzdem in Todesangst versucht, zu fliehen, dürfte klar sein. SCHRÖDER berichtet etwa:

„Sind beide Vorderläufe durchschossen, rutscht das kranke Stück auf dem Brustkern vorwärts, indem es sich mit den Hinterläufen vorschnellt." [14]

Allerdings kann es auch schon mal passieren, daß selbst in diesem Fall nicht nachgesucht wird oder das Tier nicht gefunden wird; ein *Wild und Hund*-Leser berichtet etwa von einem Frischling, dem *beide* Hinterbeine fehlten. Ursache: eine alte Schußverletzung[15].

Krellschüsse entstehen, wenn der Schütze die obere Wirbelsäule des Tieres mit einem sofort tödlichen Schuß zerstören will, aber leider nur „daran entlangschrammt", also die Dornfortsätze (beim Schwarzwild besonders stark ausgeprägt) wegschießt, was eine qualvolle, aber nicht tödliche Verletzung zur Folge hat. Krellschüsse sind nur im Sommer lebensbedrohlich, weil sich in den Verletzungen Fliegenmaden einnisten[16]. Ein Beispiel von „Gerhard" aus dem *Wild-Web*-Forum, der ein Wildschwein erschoß und dann bei der Begutachtung des „Stückes" Furchtbares sehen mußte:

Ein "alter" Krellschuss. Vielleicht 8 höchstens 10 Tage schätzten wir nachher. Am Ausschuss konnte man die Wirbelsäule sehen. Die Schwarte bewegte sich vor lauter Maden! Es stank erbärmlich. Mein Pächter sagte nachher: Die hat sich erschiessen lassen und mir kommt es mit der Weile auch bald so vor!"[17]

Als Gebrechschuß wird das Wegschießen des Kiefers bezeichnet; das Tier verhungert oft qualvoll, da Organe sowie Beine unverletzt sind und es somit relativ ungehindert fliehen kann. Eine Nachsuche ist daher verständlicherweise selten erfolgreich[18].

Aber selbst bei „guten" Schüssen in den Brustraum, bei dem Herz, Lunge oder andere lebenswichtige Organe zerstört werden, ist das Tier in den seltensten Fällen sofort tot, sondern flüchtet normalerweise noch mehr oder weniger weit[19]. Das kann damit zu tun haben, daß oft das falsche Kaliber für den Schuß benutzt wird. Eine bundesweite Umfrage bei sehr erfahrenen Schweißhundeführern mit langjähriger Praxiserfahrung (insgesamt weit über 30.000 Nachsuchen) ergab, daß oft mit viel zu schwachen Kalibern auf dafür viel zu starkes Wild geschossen wird[20]. Die Folge ist, daß das Tier durch die Wahl des falschen Kalibers nicht so schwer verletzt wird, daß es sofort stirbt.

Aber es passiert auch dann immer wieder, daß die Tiere flüchten, wenn tatsächlich ausreichende Kaliber mit guten Schüssen an die „richtigen" Stellen „angetragen" wurden. Bei Lungenschüssen etwa zuckt das Tier oft nur kurz zusammen und entfernt sich, als wenn nichts gewesen wäre[21]. Wildschweine mit Lungenschüssen flüchten oft mehrere hundert Meter weit, manchmal gar über einen Kilometer, und selbst bei Herzschüssen kann das Tier noch 200 Meter fliehen, bis es zusammenbricht[22]. Als „Zeichnen" bezeichnet man das Verhalten des Tieres nach dem Schuß, das je nach Tierart anders aussieht. Rehe können z.B. den Bauch zusammenziehen (Bauchhöhlenschuß), hochflüchtig davonrennen (Lungen- oder Herzschüsse) oder hochspringen und sich überschlagen (Hochblattschuß)[23]. Eine Flucht findet wie gesagt in den meisten Fällen statt.

Die Nachsuche

In solchen Fällen gilt es, das Tier mit Hilfe eines Hundes „nachzusuchen", also aufzufinden, um es schließlich „erlösen" zu können. Auch hier werden den Tieren vermeidbare Qualen auferlegt, denn es wird keinesfalls immer sofort nachgesucht, und auch nicht immer. Dr. Rolf Roosen, Chefredakteur des *Jäger*, fabuliert im Editorial der Ausgabe 1/2002 davon, daß der Jäger versucht, das Tier „schnell und möglichst schmerzlos" zu töten, daß er alles daran setzt, das von ihm verursachte Leiden zu beenden[24]. In derselben Ausgabe wird empfohlen, man solle das „Stück" vor der Nachsuche „Krank-werden-lassen", sprich: Erst einmal warten und die Nachsuche nach einigen Stunden, vielleicht auch erst am nächsten Tag beginnen[25]. Denn dann hat sich das Tier oftmals schon „im Wundbett niedergetan", hat sich also irgendwo verletzt und erschöpft hingelegt, oder es ist schon gestorben. Die Nachsuche ist dann einfacher, als wenn man dem flüchtigen Tier hinterherrennen muß. Dazu bildet der *Jäger* ein Bild eines weiblichen „Stückes" Rotwild ab, dessen Vorderlauf zerschmettert ist; deutlich sind die herausstehenden Knochen zu sehen[*]. Die Bildunterschrift:

> *„Vorderlaufschuß bei einem Rotkalb. Mit der Nachsuche wurde zehn Stunden gewartet. Dann kam es nach etwa zwei Kilometern Hetze zur Strecke. Dem Nachsuchengespann sei gedankt!"*[26]

Auch wenn das Tier tödlich getroffen wird und nur eine kurze Strecke flüchtet, heißt das keineswegs, daß der Jäger schnell noch einen Schuß aus seinem Gewehr hinterherschickt, um das Leiden sofort zu beenden. Ist in unmittelbarer Nähe Deckung vorhanden, hat sich der *Deutschen Jagd-Zeitung* zufolge

> *„der Schütze unauffällig zurückzuziehen, weil sich das krankgeschossene Stück oftmals bald niedertut und dann in Ruhe verendet."*[27]

Das ist die Praxis, allerdings auch ein Gesetzesverstoß, denn das Bundesjagdgesetz schreibt unmißverständlich vor, daß krankgeschossenes Wild *unverzüglich* zu erlegen ist[28]. Nicht ohne Grund, denn das „ruhige Verenden" dürfte eine beschönigende Umschreibung für stille Todesqualen von mehr oder minder langer Dauer sein. Wie praktisch für die Jägerschaft, daß der Gesetzgeber „vergessen" hat, dieses Verbot auch mit einer Strafe zu bewehren. Schließlich kann man so die Öffentlichkeit auf das gesetzliche Gebot der sofortigen Beendigung des Leidens verweisen, ohne sich in der Praxis daran halten zu müssen.

Im Flug beschossenes Federwild, das nicht sofort tot vom Himmel fällt, kann gar nicht nachgesucht werden, wenn es noch ein wenig weiterfliegt und dabei hinter einer Hecke, einer Baumreihe oder sonst einem Hindernis verschwindet. Schließ-

---

*) Bildmaterial zur Illustration konnte leider nicht erworben werden, da entsprechende Fotos naturgemäß von Jägern gemacht werden, die diese verständlicherweise nichtzur Verfügung stellten.

lich gibt es keine Blut- bzw. Duftspur, mittels der ein Hund das Tier finden könnnte. So berichet „steve" im Internetforum der *Wild und Hund*:

> *„Mehr als einmal habe ich die Schrote (2,5-3,0 mm) deutlichst aufklatschen hören, oft haben die Tauben gezeichnet und manchmal sind auch Federn geflogen...nur runtergekommen sind sie eben nicht.*

> *Natürlich hat man ein schlechtes Gefühl danach, zumal die Nachsuchen in den meisten Fällen ergebnislos enden (Ausnahme: Man sieht wo die kranke Taube einfällt)."*[29]

Warum viele Jäger schlechte Schützen sind

Die Tatsache, daß es überhaupt zu solchen „Nachsuchen" kommt, liegt aber nicht nur darin begründet, daß die Tiere auch bei guten Schüssen noch einige Zeit leben. Allzuviele Jäger sind schlicht und ergreifend miserable Schützen. Während bei Polizei und Bundeswehr der Waffengebrauch ständige Übung voraussetzt und ab einem gewissen Alter nicht mehr gestattet ist, dürfen Jäger - haben sie einmal die Jägerprüfung bestanden - für den Rest ihres Lebens ohne weitere Überprüfung ihrer Schießkünste Waffen benutzen, und seien sie 90jähriger Greise. HESPELER hat für die Jägerschaft in dieser Hinsicht keine schmeichelnden Worte übrig:

> *„Es wird keinen Jäger geben, der von sich behauptet, ein schlechter Schütze zu sein. Doch es gibt - gemessen an den heutigen Anforderungen - mehr 'unbrauchbare' als brauchbare Schützen! [...] Das Grundübel scheint, dass viele Jäger überhaupt keinen Schießstand besuchen. Gäbe es ein alljährliches Pflichtschießen als Voraussetzung zur Verlängerung des Jagdscheins, bei dem dieselben Bedingungen erfüllt werden müssten wie zur Jägerprüfung - die Reihen der aktiven Jäger würden sich schlagartig lichten, Vereinen fehlten die Funktionäre, Jagdgenossenschaften die Pächter!"*[30]

Ein Versuch, ein solches Pflichtschießen bei der Novellierung des rheinland-pfälzischen Landesjagdgesetzes einzuführen, wurde 1997 von der Funktionärslobby des Landesjagdverbandes denn auch erfolgreich abgewehrt[31]. Ein LJV-Schießobmann riet sogar dazu, „keine näheren Angaben über die Höhe der Beteiligungen bei Kreismeisterschaften usw. mehr in *Jagd und Jäger* zu veröffentlichen, da die offenbar überall geringen Beteiligungen u.U. von Jagdgegnern nachteilig angekreidet werden könnten[32]. Die *Zeit* spricht von zehn bis zwölf Prozent, die zum Scheibenschießen kommen[33]. „Niederwildjäger" weiß im *Wild und Hund*-Internetforum auch zu berichten, warum:

> *„Aber unter uns gesagt, ein einfacher Sehtest würde manch eine altersbedingte Seh- und Schiessswäche auf den Punkt bringen. Für mich würde ich einen Schiesstest nicht als Belastung empfinden, aber wieviel Jäger machen einen großen Bogen um*

ihren nächsten Schiessstand, weil sie fürchten sich zu blamieren."[34]

Die *Pirsch* berichtet von den Landesmeisterschaften in Schleswig-Holstein. Insgesamt 257 Teilnehmer erschienen[35] - von 18.455 schleswig-holsteinischen Jagdscheininhabern[36]. Das sind etwa 1,4%. Doch das scheint verhältnismäßig viel zu sein: Der *Pirsch* zufolge übertraf die „überwältigende Beteiligung [...] alles bisher dagewesene"[37]. STOCK ET AL. berichten über drei Tontaubenschießstände, die sich im oder am Rande des Nationalparks Schleswig-Holsteinisches Wattenmeer befinden. Auch hier scheinen die Jäger nicht allzu heiß aufs Üben zu sein: Die Schießstände werden etwa zwei- bis zehnmal benutzt - im Jahr[38].

Und so wird weiter am lebenden Tier geübt. Die Leistungen sind dementsprechend oftmals schlecht. Um die Jäger wieder auf den Schießstand zu bringen, führte der Deutsche Jagdschutz-Verband 2001 drei neue Schießnadeln ein, die bei organisierten Übungsschießen des Verbandes errungen werden können. Für die „Büchsennadel" müssen bei zehn Schuß 60 von 100 Ringen auf beliebige DJV-Wildscheiben aus beliebiger Position erreicht werden. Die Flintennadel erhält ein Jäger, der mindestens vier von 15 beweglichen Zielen (z.B. Wurftaube, Rollhase) trifft; das Schießen um die Nadeln kann auch am selben Tag beliebig oft wiederholt werden[39]. Ein Leserbriefschreiber in der *Pirsch* hält diesen „Leistungsnachweis" allerdings für völlig ungenügend:

> *„Sitzend aufgelegt 60 Ringe heißt in der Praxis: Jedes Reh vom Hochsitz aus wird krankgeschossen! Vier bewegliche Ziele von 15 heißt am Entenstrich: Vier Enten getroffen, weitere vier bis sechs krank und fünf vorbei! [...] Schützen mit solchem Können muss aus tierschutzrechtlichen Gesichtspunkten die Jagdausübung versagt werden."[40]*

Wird sie aber nicht. HESPELER berichtet von seinen jahrelangen Beobachtungen bei jagdpraktischen Lehrgängen, die auch Schießübungen auf dem Schießstand einschlossen.

> *„Im Schnitt aller durchgeführten Schießen zeigte sich, dass etwa 40 Prozent der Schützen 60 Prozent der Strecke gemacht hätten, während 60 Prozent der Schützen vor allem Fehl- und Krankschüsse produzierten!"[41]*

Insbesondere bei der Niederwildjagd, bei der auf z.B. Hasen nur im Lauf, auf Vögel nur im Flug geschossen werden darf, wirken sich die mangelnden Schießkünste fatal aus. Um im Sinne der „Waidgerechtigkeit" die Illusion zu erschaffen, das Wild habe eine reale Chance, zu entkommen, ist das Schießen auf sitzende Hasen, laufende Fasanen („Infanteristen") oder schwimmende Enten tabu. Das bedeutet jedoch auch, daß im Sinne der „Waidgerechtigkeit" schmerzhafteste Verletzungen der Tiere billigend in Kauf genommen werden. Denn Schüsse auf ruhende Tiere sind weitaus treffsicherer und damit eher sofort tödlich als die auf sich bewegende Tiere. Trifft der Schütze den vorbeiflitzenden Hasen nicht genau, schießt er nur ein paar Zentimeter daneben, so erwischt er vielleicht Beine, Geschlechtsteile, Gesicht oder andere Körperteile, deren Zerstörung beileibe nicht den sofortigen Tod, aber grauenhafte Schmerzen zur Folge hat. Auch die schon besprochenen Enten (ebenso wie andere Vögel), die von den streuenden Schrotgarben nur teilweise etwas abbekommen, können durchaus noch längere Zeit mit einer äußerst schmerzhaften Verletzung weiterleben. Selbst wenn Vögel nach dem Schuß direkt vom Himmel fallen, müssen sie noch längst nicht tot sein. Jäger „Freggel" hat sich etwa angewöhnt,

> „beschossene Tauben, die fallen sofort einzusammeln. Sonst laufen sie dir weg."[42]

Und was tun mit den schwerverletzten, aber nicht toten Tauben? „nina" weiß Rat:

> „Mit 3 mm fallen sie zwar sind aber nicht tot, also schnell hin und mit einem kräftigen Druck mit dem Daumen den Schädel eindücken, geht ganz schnell."[43]

„Karpathenjäger" äußert sich zur Taubenjagd:

> „Nicht desto trotz schießen auch die Obermeister einen nicht unbedeutenden %-satz krank. Wer das leugnet hat keine Ahnung. Ich vermute mal, dass Luschen vermutlich nur viel mehr Tauben „richtig" daneben schießen, während die Cracks mit ihren Garben häufig dicht dran sind und die Tauben mehr Randschrote abbekommen. [...] Es bleibt dabei, Taubenjagd ist neben der undisziplinierten Enten- und Gänsejagd die Jagdart mit dem höchsten Prozentsatz krankgeschossener Tiere."[44]

Beim Schalenwild ist das Wildschwein „Spitzenreiter", wie ROLF HENNIG darlegt. Denn es werden

> „wohl von keiner Schalenwildart so viele Stücke krankgeschossen wie vom Schwarzwild. Das liegt zum Teil daran, daß auf Schwarzwild oftmals bei Lichtverhältnissen geschossen wird, bei denen kein Jäger einen Schuß auf anderes Schalenwild abgeben würde. Es liegt zum Teil aber auch daran, daß auf Sauen bei allen Lichtverhältnissen viel leichtsinniger geschossen wird als auf anderes Schalenwild."[45]

Leichtsinnige Schüsse scheinen demnach nicht besonders selten zu ein. Auch „hacky4" berichtet im *Wild-Web*-Forum:

> „Schüsse auf dunkele klumpen beim nachtansitz,auf tiefliegende sauen bei bewegungsjagden,trägerschüsse auf 120m im hohen raps auf den bock usw.usw alles sachen die wir immer wieder mitbekommen!"[46]

Tödlich getroffene Hasen „rollieren" (überschlagen sich also), können aber noch bis zu 100 Meter flüchten; bei krankgeschossenen Kaninchen besteht die Gefahr, daß sie sich in den nächsten Bau verkriechen[47]. Die umfangreiche Literatur über Nachsuchen und das „Zeichnen", also das Verhalten des getroffenen Tieres nach dem Schuß, lassen keine Zweifel daran, daß solche tierquälerischen Praktiken keine Ausnahmen, sondern schlicht und ergreifend Alltag sind. Dennoch ist das alles waidgerecht. HORST HAGEN hat denn auch nur noch wenig für die „deutsche Waidgerechtigkeit" übrig:

> *„Aber wer hilflose Fluchtversuche halb zerrissener Tiere, deren Eingeweide aus dem Leib hängen, gesehen hat, wer ein hinten gelähmtes, vorn noch intaktes Säugetier hat rutschen sehen, der entzaubert empört und entsetzt die Waidgerechtigkeit."[48]*

Wie man Tiere von ihrem Leiden „erlöst"

Wenn man das Tier denn einmal gefunden hat, ist der Fangschuß aus kurzer Distanz noch die „humanste" Form der „Erlösung". Wie etwa für den Fuchs, den „Fox01" einmal tötete. Er beschreibt im *Wild und Hund*-Forum, was geschah, nachdem er den Fuchs auf 170 Meter mit einer Kugel bedacht hatte.

> *„Als dann nehme ich wieder mein Glas zur Hand und sehe hinüber. Fassungslos erkenne ich, dass sich der Fuchs noch rührt. Er robbt auf den Vorderläufen in Richtung des Wiesenrandes. [...] Der Fuchs hatte sich inzwischen nach links bis in eine Ackerfurche des im Anschluss zur Wiese gelegenen Feldes gerobbt. Dort fand ich ihn, wohl sehend welch ein Unglück ich angerichtet habe. Ich hatte ihn in Höhe der hinteren Hüftgelenke das Kreuz abgeschossen. [...] Es waren Kinderaugen in die ich blickte. Den Knüppel habe ich fallen lassen, die Optik vom Gewehr gerissen und den Fuchs einen Fangschuss angetragen."[49]*

Schön, daß der Blick in die Kinderaugen „Fox01" gerade noch davon abhielt, den Fuchs mit einem Knüppel zu erschlagen. Der Fangschuß wird jedoch bei weitem nicht immer angewandt, besonders wenn der Hund das bejagte Tier hält und ein Schuß für ihn zu riskant wäre. Beim „Abfangen" wird ein Messer benutzt, das von hinten „schräg nach vorn in Richtung Herz gestoßen und drehend zurückgezogen" wird[50]. Beim „Abnicken" soll das Rückenmark durchtrennt werden. Im Idealfall ist das Tier dann tot. Was passiert, wenn ein ungeübter Jäger mit dem Messer im verletzten Tier herumstochert, ohne es sofort töten zu können, kann sich jeder selbst ausmalen. Auch der geübte Jäger tötet das Tier nicht zwangsläufig sofort. Das Herz von Wildschweinen etwa weicht dem Messer gerne aus. Werden aber nur die Lungenflügel im äußeren Bereich verletzt, tritt der Tod keinesfalls sofort ein[51]. Hasen und Kaninchen werden „abgeschlagen", sprich mit der Handkante oder mit einem Stock zwischen die Löffel gehauen[52]. Auch hier gilt: Übung macht den Meister - am lebenden Tier, versteht sich. Vögeln kann man mit der bloßen Hand den Schädel zerquetschen oder ihnen durch das Zusammenpressen der Brust die Luft nehmen[53].
Ebenfalls verbreitet ist die „Saufeder", eine Art Speer von etwa zwei Metern Län-

ge, auf dem eine zwei- oder vierschneidige Klinge sitzt[54]. Das Aufspießen verletzter Wildschweine mit dieser Waffe ist waid- und damit automatisch tierschutzgerecht. BODE UND EMMERT beurteilen das jedoch etwas anders:

> *„Tatsächlich ist sie aber eine tierquälerische Tötungsart, derer man sich klammheimlich rühmt, z.B. Fritz von Forell, ein beliebter Jagdbelletristiker: 'Wir waren befreundet - und wir konnten's nicht lassen. Und da uns etliche wildverbiestete Köter zur Verfügung standen, ging's heimlich, still und leise den Sauen mit der Feder an die Schwarte. Freunde, das waren Tage!' Was v.Forell als Nachkriegserlebnis Mitte der 60er Jahre zum Besten gibt, kann man sich beim fünften Bier von manchem Waidgenossen unserer Zeit aktuell erzählen lassen.“[55]*

Das alles vorausgesetzt, man findet das Tier überhaupt. Manchmal kann die „arme Sau" nicht einmal darauf hoffen, daß der Jäger sie von dem Leid, das er ihr zugefügt hat, „erlöst".

> *„Am Anschuß war gar nix. Am ersten Graben ein bischen Schweiß [Blut, Anm. d. Verf.] und Knochenmark. Der Schweißhundeführer am nächsten Tag folgte über ca. 2 km bis ins fremde Revier (nach Anruf genehmigt). Bei einem mehrere Ha großen, ungeräumten Lotharwindbruch mußte er aufhören. Den Hund alleine reinlassen, dafür war die Sau zu stark (den Schalen nach so ca. 70kg) und mit rein zu gefährlich, da in dem Bruch keine Chance war auszuweichen. Ein kurzes Drücken lehnte der Revirebesitzer wegen der nahen Straße und Ort ab. So bekamen wir die Sau leider nicht.“[56]*

Ein weiteres Beispiel aus dem *Wild-Web*-Forum:

> *„vor langer Zeit auf einer Jagd - dort wurde auch ein Stück Rotwild „angeflickt" - der Schütze ist mehrmals gefragt worden , aber er sagte immer wieder : „ich habe vorbei geschossen" . Nach ca. 3 Wochen sind die Reste von einem Waldarbeiter gefunden worden.“[57]*

Auch ein Leserbriefschreiber in der *Pirsch* erregt sich darüber, daß nicht selten unqualifiziert oder auch gar nicht nachgesucht wird, denn „vielfach hat man ja auch Wichtigeres zu tun!"[58] Jäger berichten, daß z.B. auf Drückjagden von den mindestens einjährigen Stücken „ein nicht kleiner Prozentsatz bereits alte Verletzungen" aufweist[59]. Das kann daran liegen, daß der Jäger fälschlicherweise denkt, er habe vorbeigeschossen. Aber auch Gleichgültigkeit gegenüber dem Tier kann der Grund dafür sein, daß nicht nachgesucht wird. So berichtet „hacky4" im *Wild-Web*-Forum von folgender Begebenheit:

> *„Beispiel:*
> *Morgens um 7uhr !*
>
> *Der Reviernachbar klagt sein leid.*

=hab heut nacht ne sau beschossen,am anschuss liegt schweiss un irgentwelche kno-chensplitter mein hund findet nix!

Und haste schon einen Schweisshund angefordert?

=Warum denn !Wenn die Sau liegt isse bei der hitze eh schon verludert und wenn nicht hat sie pech gehabt!"[60]

Die Liste solcher Beispiele ließe sich seitenlang fortsetzen. Auch wenn mal wieder versehentlich eine Wildschweinbache vor ihren Frischlingen weggeschossen wird, passiert es dann und wann, daß die Kleinen sehen müssen, wo sie bleiben, wenn der Jäger entscheidet, daß er jetzt nach Hause will[61]. Apropos Nachwuchs: Es ist zwar eine Straftat (bis zu fünf Jahre Gefängnis), Elterntiere zu töten, die gerade Nachwuchs großziehen[62], aber vor allem beim „Raubwild" muß man das ja nicht unbedingt so eng sehen. Der Wildforscher und Jäger ERIK ZIMEN stellte bei Untersuchungen im Saarland fest,

„daß in den Monaten Mai und Juni die Mehrzahl aller erlegten Füchse säugende Fähen waren, während ansonsten eher die Rüden dem Jäger vor die Flinte liefen. Im Frühjahr müssen die Fähen für ihre Jungen besonders viel Futter herbeischleppen und wagen sich dann sogar bei Tageslicht auf die Felder. Der Jäger, eher unbedacht als gemein, läßt sich diese Chance nicht entgehen. Während er aber nur zu selten daran denkt, hinterher auch die Jungen am Bau zu erlegen, sollte er diesen überhaupt kennen, schauderts ihm bei dem Gedanken, gleiches könne einer säugenden Rehgeis passieren, wodurch ihre Kitze langsam verhungern müßten. Waidgerechtigkeit nur gegenüber dem „Nützling"; für den „Schädling" gilt sie nicht. Doppelte Moral nennt man das in der Ethik."[63]

Tja - Pech gehabt, liebe Jungfüchse. Verhungern ist nicht schön, aber seid getröstet, ihr seid nicht allein. Ähnliches wird tagtäglich passieren, vorzugsweise natürlich dem Raubwild- und Raubzeugnachwuchs.

Auch das Verfolgen angeschossener Tiere über Reviergrenzen hinweg ist problematisch. Denn prinzipiell darf niemand im Revier eines anderen Jägers ohne dessen Genehmigung Wild töten, und tote Tiere gehören dem Jagdpächter, in dessen Revier sie gestorben sind. Ein kurzer Anruf kann das zwar klären, aber was, wenn der Reviernachbar nicht zu erreichen ist oder ablehnt? Das Risiko, wegen Wilderei rechtlich belangt zu werden, ist ein wirksames Hindernis für eine Nachsuche über Reviergrenzen hinweg - auch wenn dies das Leiden des angeschossenen Tieres verlängert.

Das alles ist ebenso jagdlicher Alltag wie die Verwendung von Deformationsgeschossen[64]. Diese Projektile verformen sich beim Aufprall („Aufpilzen") oder zerlegen sich, wodurch eine höhere Schockwirkung und weit größere Verletzungen hervorgerufen werden als mit normalen Geschossen, die den Tierkörper glatt durchschlagen. Dabei ist diese Art Munition nach der Haager Landkriegsordnung von 1907 sogar im Kriegsrecht wegen ihrer Grausamkeit verboten[65]. Es gibt wohl kaum eine andere Gruppe von Menschen, die das Recht (noch dazu von ihresgleichen erhalten) hat, mit empfindsamen Lebewesen auf diese Art und Weise umzugehen. HAGEN vergleicht den Jäger mit einem Metzger und kommt zu dem Schluß:

> *„Ein Metzger, der ein (nicht jagdbares und daher nicht von der Waidgerechtigkeit betroffenes Haus)schwein nicht richtig tötet, es blutend entkommen läßt und es nach zwei- oder dreitägiger Verfolgung endlich auffindet und ganz totmacht, verliert seinen Beruf."*[66]

Ein Jäger, der das gleiche mit einem Wildschwein macht, kann sich am Abend dafür von seinen Kollegen feiern lassen, insbesondere bei langen und anstrengenden Nachsuchen. Wer da noch behaupten will, „Waidgerechtigkeit" ließe sich mit „Tierschutz" übersetzen, dem ist wirklich nicht mehr zu helfen. Auch wenn viele Tierschutzbestimmungen durch die „Waidgerechtigkeit" außer Kraft gesetzt werden, so ist das fahrlässige Krankschießen von schmerzempfindlichen Tieren aus Faulheit, seine Schießkunst auf dem Stand zu trainieren, schlicht kriminell. Denn auch die Waidgerechtigkeit spricht den Jäger nicht von der Pflicht frei, den Tieren „unnötige" Schmerzen zu ersparen. Genau diese Pflicht wird in ganz Deutschland jedoch täglich verletzt. Völlig unnötig, wie wir wissen.

16.3 Die Jagd mit dem Hund

Der Jagdhund ist auf verschiedene Art und Weise für die Jagd einsetzbar. Unterschieden wird das Suchen, das Stöbern, das Buschieren und das Brackieren.

Bei der Suchjagd auf Fasan, Rebhuhn, Hase und Ente bleibt der Hund in Sichtweite des Jägers. Der Hund durchsucht das Gelände nach Wild. Hat er ein Tier gefunden, so verharrt er (er „steht vor", daher auch „Vorstehhund"). Der Jäger nähert sich schließlich der Stelle, um das Tier zu töten, das der Hund alsdann zu suchen und zu bringen hat[67].

Beim Buschieren (Fasan, Ente, Schnepfe, Hase, Kaninchen) gelten die gleichen „Regeln" wie bei der Suche, nur ist hier der Schauplatz eher unübersichtliches Gelände. Da hier der Jäger den Hund nur auf kurze Distanzen sehen kann, sucht dieser „unter der Flinte", also innerhalb des Schrotschußbereiches nach Wild[68].

Die Stöberjagd besteht darin, daß der Hund in unzugänglichem Gelände das Wild sucht und „hochmacht", während der Jäger ohne Sichtkontakt zum Hund schußbereit steht. Der Hund treibt das Wild dann dem Jäger zu. Die Kommunikation erfolgt über akustische Signale. Gestöbert wird auf Wildschweine, Füchse, Hasen und Federwild[69].

Das Brackieren wird - wie der Name schon sagt - mit Bracken auf Hase und Fuchs durchgeführt. Diese Hunde folgen dem Wild auf der Fährte solange, bis dieses wieder in einem Bogen in ihr Einstandsgebiet zurückkehrt, wo der Jäger wartet[70].

Spricht man davon, daß die Tiere von den Hunden gehetzt werden, wird man scharfen Widerspruch seitens der Jäger ernten. Denn die Hetzjagd, bei der Hunde das Tier bis zur Erschöpfung jagen und es dann töten, ist in Deutschland verboten[71]. Allerdings werden in der Presse auch heute noch Hundemeuten angeboten, die alle Kriterien der Hetzjagd erfüllen[72]. Ein Leserbriefschreiber in der *Pirsch* meint außerdem, daß

„Nachsuchen, so die Stücke überhaupt zur Strecke zu bringen sind [...] auch stets eine Hetze bis zum Stellen beziehungsweise bis zum Fangschuss [erzwingen]."[73]

Und gelegentlich verwenden auch Jagdzeitschriften das Wort „Hetze", wenn sie von der Verfolgung eines Tieres durch einen Hund sprechen, als wenn es das normalste überhaupt wäre[74]. Es wird schon seinen Sinn haben, daß das Verbot, ein Tier auf ein anderes zu *hetzen*, dem Bundestierschutzgesetz nach ausdrücklich nicht für die Jagd gilt[75]. Eine bemerkenswerte Konstruktion: Die Hetzjagd ist verboten, die Hunde bei der Jagd auf die Wildtiere zu hetzen, aber nicht.

Abgesehen von der Todesangst, die das bejagte Tier angesichts des Beutegreifers Hund - insbesondere bei der Verfolgung durch mehrere Hunde gleichzeitig - erleben muß, gilt hier natürlich dasselbe wie bei der „normalen" Einzeljagd, was das Krankschießen und die Nachsuche betrifft. Ein wichtiger Unterschied hierbei ist allerdings noch der, daß das „Stück" sich in Bewegung befindet, wenn der Hund es dem Jäger zutreibt. Die mangelnde Schußfertigkeit, die schon beim Schuß auf stehende Tiere zu furchtbaren Krankschüssen führt, kommt hier erst recht zum Tragen - Stichwort Jagd auf laufende Hasen und fliegende Vögel. Aber auch beim Schalenwild ist sowas nicht ungewöhnlich, denn es bleibt nun mal nicht aus, daß

„Hunde das angerührte Wild den Jägern hochflüchtig bringen. Und es bleibt nicht aus, dass Jäger flüchtiges Wild falsch ansprechen. Und es bleibt weiter nicht aus, dass flüchtiges Wild schlecht getroffen wird. Zwei Dinge, die durch mehr Disziplin im Zeigefinger sicher gemindert, aber nicht vermieden werden können."[76]

Wenn nur zumindest diese Disziplin im Zeigefinger bei der Mehrheit vorhanden wäre. Leider ist das nicht der Fall. Manchmal ist es auch möglich, daß das Tier den Jäger gar nicht mehr zu Gesicht bekommt. Undisziplinierte Jagdhunde, die ihren Jagdtrieb ausleben, gibt es nämlich auch. Sehr schön wurde dies in einer Reportage der ARD gezeigt, in der auf Baltrum Kaninchen gejagt wurden. Ein Jagdhund hatte seine helle Freude daran, seine Führerein nicht zum Schuß kommen zu lassen, sondern die Kaninchen totzubeißen; er tötete sogar zwei Rehe, mitten in der Schonzeit[77]. Bei Bewegungsjagden kommt es nicht selten vor, daß Rehe oder Frischlinge von den Hundemeuten in den Dickungen gefangen und gerissen werden[78]. Preisfrage: Was ist für das Tier angenehmer? Vom Jäger krankgeschossen oder vom Jagdhund zerrissen zu werden?

231

16.4 Die Baujagd

Diese spezielle Jagd mit dem Hund gilt dem Fuchs oder dem Dachs und wird von vielen Jägern als eine der faszinierendsten Jagdarten betrachtet. Sogenannte „Erdhunde" dringen in den Bau ein und versucht, den Fuchs bzw. den Dachs zu „sprengen", also aus dem Bau zu treiben[79]. Kommt das Tier schließlich aus dem Bau, warten schon ein, zwei oder mehr Jäger mit den Gewehren im Anschlag. Weigert es sich, zu seiner Erschießung anzutreten, so stellt man fest, wo der Hund Fuchs oder Dachs in die Enge getrieben hat, und gräbt das Tier mit dem Spaten aus. Man kann es dann mit der „Dachszange" greifen oder mit einer Faustfeuerwaffe erlegen[80]. Ganz kreative Jäger in Schleswig-Holstein setzten gar einmal Frontlader ein[81], um Füchse aus dem Bau zu befördern. Füchse „springen" im Allgemeinen eher als Dachse, die sich bei Gefahr in ihrem Bau verschanzen, aber oft genug bleibt auch Reineke im - vermeintlich - schützenden Bau. Das Graben bereitet aber insbesondere bei Felsenbauen Probleme, da man hier nicht einfach mit dem Spaten hinein kann. Aber auch hierfür gibt es ein Rezept: Man verstänkert einfach die Naturfelsbaue mit Kornitol, um die Füchse in künstlich angelegte und leicht zu bejagende Kunstbaue zu treiben[82].

Es ist offensichtlich, daß das bedrängte Tier extreme Angst erfährt, wenn es von einem scharfen Hund in die Enge getrieben wird (zumal z.B. beim Fuchs selbst der Wolf als möglicher natürlicher „Feind" nicht in den Bau eindringen würde). Das Tier wirft etwa Erde vor seinen Verfolger, um eine Barriere aufzubauen; der Erdhundführer spricht hier vom „Verklüften"[83]. Die Baujagd wird auch auf Fuchsfamilien ausgeübt, wovon man sich den Tod der Elterntiere sowie der Jungfüchse verspricht. Daß das für die Überlebenden schwere Traumata zur Folge hat, dürfte einleuchten. Jäger LABHARDT berichtet denn auch:

> *„Da etwa zur Ranzzeit meist mehrere Füchse sich im selben Bau befinden, können gewisse Tiere Augenzeugen werden, wie ihre Artgenossen vom Menschen oder deren Hunden am Bau getötet werden. Auch bei der Bejagung der Jungfüchse, bei der in der Regel selten das ganze Geheck getötet wird, erleben Füchse wie ihre Geschwister umkommen. Gehecke, aus welchen Jungfüchse geschossen wurden, benehmen sich in der Regel weit scheuer als in Ruhe gelassene. Die davongekommenen Tiere reagieren von da weg meist auch viel lichtscheuer, während sie vor dem Abschuß ihrer Geschwister selbst gegenüber sehr hellem Scheinwerferlicht und direkter Anstrahlung keinerlei Reaktion zeigten."*[84]

Außerdem kommt es bei dieser Jagdart auch nicht selten dazu, daß durch innovative Tötungspraktiken der Jäger und die Gegenwehr der bejagten Tiere sowohl Fuchs als auch Hund ums Leben kommen. Beispiele dafür finden sich im Internet-Buch *Die Jagd unter der Erde* des Jägers CLAAS JANSSEN:

> *„Der Fuchs stellte sich im großen Rohr, die Lichtverhältnisse sind gut. Der Teckel ist zu angriffslustig, es kommt zu einer Beißerei. Zwei Tage später stirbt die Hün-*

din, trotz intensiver Bemühungen des Tierarztes.

[...]

Der Fuchs war schon aus dem Bau, aber wieder eingeschlieft. Das wiederholte sich noch einmal. Beim dritten Mal versucht es einer, kann mit dem Schießen nicht warten.

Der Schrotschuss in die Röhre trifft voll den Fuchs, dem Hund dahinter platzt vom Luftdruck die Lunge.

[...]

In einem 50 Meter langem Betonrohr liegen Fuchs und Hund voreinander, als sich nach zwei Stunden nichts bewegt, lässt man langsam Wasser in das Rohr, um Hund und Fuchs zum Verlassen zu bewegen.....

Im Kunstbau: Der Teckel sitzt 2m vom Eingang entfernt, davor der Fuchs. Es tut sich gar nichts. Auch als der Kessel geöffnet wird, keine Bewegung. Da der Hund an der Außenseite vorliegt, wird eine alte Zeitung im Kessel entzündet und der Deckel geschlossen. Durch den Rauch sollen beide zum Verlassen des Baues gezwungen werden. Eine Minute später sind Fuchs und Hund tot.

Der starke Terrier trifft auf einen Dachs. Der Kampf dauert nur kurz...

Der Fuchs war gesprungen. Auf der Schneise wurde er beschossen und verschwand im Unterholz, der Teckel 10 Meter dahinter. Der Führer lief so schnell er konnte hinterher. 20m weiter lag der Fuchs. Der Hund ging ihn sofort an und es kam zu einer kurzen, heftigen Attacke des Fuchses. Er verbiss sich in den Teckel, als der Führer nur Sekunden später ankam, war der Fuchs bereits verendet, aber der Teckel hatte schwerste Verletzungen erlitten."[85]

Der Schuß auf einen aus dem Bau flüchtenden Fuchs ist natürlich ebenfalls mit allen bereits beschriebenen Risiken behaftet, wie das letzte Beispiel mit dem angeschossenen Fuchs es zeigt. Aber mit Reineke wird ja sowieso nicht zimperlich umgegangen. Ob die Angst angesichts des Jagdhundes, die Verletzungen bei einem eventuellen Kampf und das große Finale - der Tod in der Schrotgarbe - für den Fuchs ebenso „faszinierend" ist wie für den Jäger, steht indes überhaupt nicht zur Debatte. Deutlich wird hier auch, wie willkürlich zwischen zwei Tieren, die sogar beide zu den Hundeartigen gehören und daher eng verwandt sind, differenziert wird: Der Tod des Fuchses ist als Ziel der Baujagd ein aufregendes Erlebnis, der des Hundes hingegen eine Tragödie.

16.5 Treib- und Drückjagd

Diese Jagdarten werden auch als Gesellschaftsjagden bezeichnet, da sie - im Gegensatz zu Pirsch und Ansitz - mit mehreren Jägern durchgeführt werden.

Die Treibjagd wird auf alles Niederwild (außer Reh) und Schwarzwild ausgeübt. Beim Vorstehtreiben in Feld oder Wald macht eine Schar von Treibern mit oder ohne Hunde die Wildtiere unruhig und treibt sie auf die wartenden Schützen zu, von denen die Tiere dann erschossen werden. Beim Kesseltreiben umzingeln die Jäger kreisförmig das Wild und ziehen diesen Kreis durch langsames Voranschreiten immer enger, während sie schießen. Hat der Kessel einen Durchmesser von ca. 400 Metern erreicht, drehen sich die Schützen um 180° und schießen nur noch auf Wild, das vor den Treibern aus dem Kessel flieht[86]. Bei der Streife bewegen sich Schützen und Treiber in breiter Front vor, wobei die Schützen auf alles aufstehende, freigegebene Wild schießen[87].

Bei der Drückjagd herrschen insgesamt die gleichen Bedingungen, allerdings wird diese auf Hochwild und Füchse durchgeführt. Im Gegensatz zur Treibjagd gehen wenige Treiber ruhig durch die Bestände, die Schützen positionieren sich an Wechseln oder übersichtlichen Orten[88]. Von Nichtjägern werden mitunter einfach beide Jagdarten als „Treibjagd" bezeichnet.

Wie man sich unschwer vorstellen kann, sind diese „Bewegungsjagden" mit einer großen Beunruhigung der Tiere verbunden. Denn die energiezehrende Flucht eines Tieres aus seiner schützenden Deckung ist zwangsläufig nur damit zu erreichen, daß man es in große Angst versetzt. Die *Stuttgarter Zeitung* berichtet zum Beispiel:

> „ *'Die Füchse müssen richtig Angst kriegen', ermahnte dementsprechend der Jagdleiter Fritz Oechsler seine Treiber anläßlich einer Treibjagd nahe Stuttgart, 'das muß für die sein, als wenn eine Dampfwalze daherkommt!'"[89]*

Die Fluchtstrecken lassen erahnen, wie groß die Todesangst der Tiere sein muß. Hasen etwa flüchten bei Treibjagden bis zu neun Kilometer - ein Vielfaches der Strecke, die gegenüber Beutegreifern üblich ist. Die Vertriebenen bleiben oft ihrem Heimatgebiet auf Dauer fern[90] Als nahe der bayerischen Ortschaft Sulzdorf im Dezember 2002 eine Treibjagd veranstaltet wurde, geriet eine ganze Wildschweinrotte in Panik und flüchtete sich in die nahe Ortschaft. Dort randalierten sie und zerstörten Zäune und Garagentore. Eines der Tiere versuchte in Panik, eine Gartenmauer zu überspringen.

> „ *Dies schaffte das Tier aber nicht. Immer wieder donnerte es gegen die auf die Mauer betonierten Mönch-und Nonnen-Ziegel und sprengte einige davon weg. 'Die flogen bis zu zwei Meter weit', schildert Burkhard. Das Wildschwein fügte sich offensichtlich so schwere Verletzungen zu, dass es schließlich mitten auf der Straße tot zusammenbrach."[91]*

Im niedersächsischen Wathlingen rannte Ende 2000 ein Wildschwein durch die geschlossene Terassentür in ein Wohnzimmer und sprang zu einer Frau aufs Sofa. Diese verlor einen Zahn, trug Prellungen am ganzen Körper davon und litt noch zwei Jahre nach der Attacke an Rückenschmerzen und Albträumen. Das Tier verwüstete außerdem mehrere Räume im Haus[92]. Schmerzensgeld oder Schadenersatz von den Jägern, die in der Nähe eine Treibjagd veranstalteten, erhielt die Frau nicht. Es ist ja auch völlig abwegig, daß das Tier durch das Großaufgebot an Treibern und durch die Gewehrschüsse in Todesangst Hals über Kopf flüchtete. Wahrscheinlicher ist da schon die Version des Anwaltes, der den beklagten Jagdpächter vertrat:

> *„Die Sau war vielleicht ein bisschen verrückt. Warum sollen immer nur Menschen geisteskrank sein?"*[93]

Genau. Kaum denkbar, daß eine Schar von Jägern und Treibern oder vielleicht Hundemeuten solche Tiere zu Panikreaktionen treiben. Es dürfte auch kaum denkbar sein, daß das „Stück" Rotwild in folgender Situation (eine Drückjagd in Niedersachsen) Angst verspürte:

> *„Ein Drahthaarrüde trieb ein völlig erschöpftes Rotalttier an einem Zaun entlang und versuchte, es durch Biss in die Flanken zu Boden zu reißen. Schießen war wegen des Hundes nicht möglich und bei einer angesetzten Nachsuche kam nichts heraus. Einer der Jagdgäste fand das unterhaltsam. Er sprach von einer 'guten Meute, die richtig Rabatz macht und ordentlich dazwischen fetzt'. In solchen Revieren ist es normal, dass jagdbares Wild nicht nur geschossen, sondern auch in Zäune gehetzt und gerissen wird. Eben wie bei einer Hetzjagd. Klar ist auch, dass bei einer solchen Rabatzmeute viel Wild schlecht getroffen und krank geschossen wird."*[94]

Auch generell sind Drückjagden keineswegs so ruhig, wie es sich in den Jägerbüchern liest. SOJKA zitiert einen Teilnehmer einer Drückjagd, der berichtet, das Rotwild sei „vor Angst die Bäume hochgegangen"[95]. Das könnte damit zu tun haben, daß im Gelände verteilt zahlreich die Jäger warten. Das Wegrennen vor dem Hund ähnelt noch stark einer natürlichen Räuber-Beute-Beziehung; das gejagte Tier nutzt seine natürlichen Überlebensstrategie - die Flucht. Was jedoch nicht in sein Erwartungsmuster paßt, ist die große Menge an Feinden, die überall warten. Wenn das Tier

> *„einen Gegner überspurtet hat, läuft es im nächsten Planquadrat einem neuen Feind in die Arme. Und das geht weiter so, bis es nicht mehr ein noch aus weiß. Das Tier wird ratlos und bekommt große Angst. Dem Rotwild wird dann der unübersichtliche Wald unheimlich, es flüchtet auf die freie Fläche, wo es sich visuell besser orientieren kann. Solchen Tieren quellen die Lichter [Augen, Anm. d. Verf] aus den Höhlen und der Lecker [die Zunge, Anm. d. Verf.] aus dem Äser."*[96]

Hirsche und Elche können bei Bewegungsjagden sogar an Streß sterben[97].

Bekanntermaßen ist der Schuß auf sich bewegende Ziele oft die Ursache für qualvolle Verletzungen, die jedoch nicht tödlich sind. Wenn Tiere von einer Meute von Hunden und Treibern aus ihrer Deckung gescheucht werden und in Panik durch die Gegend rennen, ist dieses Risiko noch viel höher. Dem Schweißhundeführer und Forstbeamten SEEBEN ARJES zufolge ist eine Trefferquote von 50% bei einer Bewegungsjagd mit Hunden „ein gutes Ergebnis".

> *„Meistens ist die Fehlerquote höher. 1:2 heißt aber: Die eine Hälfte der Kugeln trifft, die andere Hälfte geht daneben. Die Wahrscheinlichkeit eines tödlichen Treffers ist im Durchschnitt aller Teilnehmer also zufällig. Und wenn das Treffen des ganzen Stückes zufällig ist, wer will dann sagen, wo das Tier zwischen Äser und Wedel getroffen wird."*[98]

Der *Jäger* bildet im schon erwähnten Artikel über die Nachsuche einen Rothirsch ab, dessen Hinterlauf durch einen Schuß völlig zerstört ist. Der Beinknochen ist zerschmettert, die Enden stehen aus dem Körper, das Bein hängt nur noch an einer Seite am Fleisch. Die Bildunterschrift informiert:

> *„Aufgrund der extremen Belastung, die in derartiger Situation fürs Stück auf der Drückjagd herrschte, brach auch der zweite Hinterlauf."*[99]

Da die Jäger außerdem ihre Positionen wegen der Unfallgefahr nicht verlassen dürfen (es schießen ja noch andere), bleibt krankgeschossenes Wild solange liegen, bis die Jagd beendet ist - eine Verfolgung ist verboten[100]. Da das mitunter schon mal ein paar Stunden dauern kann, kann man sich vorstellen, was ein Tier aushalten muß, das in Panik durch die Gegend läuft, angeschossen wird, sich ins Dickicht schleppt und dort warten muß, bis die Jäger ihre Naturschutzarbeit beendet haben und zur „Erlösung" heranschreiten. Da geben selbst Jäger zu,

> *„daß es nicht immer ästhetisch zugeht auf Gesellschaftsjagden, wenn etwa ein Hase, der angebleit und zuckend in der Ackerfurche liegt, nicht erlöst werden kann, weil noch nicht abgeblasen ist."*[101]

Hier noch einmal der Hinweis auf die Beutegreifer, die sich zur Jagdzeit teilweise auf verletzte Tiere spezialisieren, da nach solchen Jagden oft noch so einige davon herumliegen, weil sie nicht nachgesucht oder nicht gefunden werden.

Was die schnell heranpreschenden Wildtiere angeht, so ist außerdem nicht nur die Gefahr „schlechter" Treffer hoch, auch das Ansprechen fällt dabei recht flüchtig aus oder auch mal ganz weg.

> *„Schnelle Schüsse auf schnelles Wild erlegen nur allzu oft säugende Muttertiere. Sie verursachen vermeidbares Leid an verwaisten Jungen. Die Waisen sterben außerhalb unseres Blickfeldes. [...] Die eingeladenen Schützen sind oft mit der präsentierten Situation überfordert."*[102]

Als das ZDF am 30.10.1995 seine Jagdsatire „Halali - oder der Schuß ins Brötchen" sendete, meinte ein Leserbriefschreiber in der *Pirsch*, die Jägerschaft sei bei diesem Film doch noch gut weggekommen.

> *„Man hat nicht die Fehlabschüsse bei so einer Bewegungsjagd gezeigt, wo im Eifer des Gefechtes plötzlich das Alttier daliegt, oder die Geiß statt dem Kitz, weil sie als nicht führend angesprochen wurde. Keine Fasanenjagd mit 50 Prozent 'Treffern', die gefunden werden, während ein großer Prozentsatz als beschossen, aber ungetroffen gilt und in wochenlanger Qual verludert. Keine Saujagd, die einen heutigen Schützen überfordert, der nur die Möglichkeit hatte, vorher ein paarmal auf den gemütlich vorbeischleichenden 'laufenden Keiler' aus Pappendeckel zu üben."[103]*

Wer also meint, die Mehrzahl der Jäger bliebe besonnen und lasse im Zweifelsfall den Finger gerade, der irrt leider. Die „Schußhitzigkeit" der Jäger insbesondere bei Bewegungsjagden entsteht aus der Erregung des Jägers und dem Konkurrenzdenken, denn schließlich will jeder möglichst viele Tiere auf der Strecke haben[104]. ARJES zeigt in der *Pirsch* auf, wie eine „saubere Bewegungsjagd" organisiert wird, bei der nur Jäger eingeladen werden, die Wild sauber ansprechen und ihre Schießfertigkeit regelmäßig auf dem Stand trainieren, stellt dann aber fest:

> *„So einfach das scheint, so praxisfremd ist es. Gemeinschaftsjagden sind immer ein geselliges, manchmal aber auch ein gesellschaftliches Ereignis. Eine Jagdeinladung ist ein Gutschein für ein Vergnügen. Es ist nur zu menschlich, dass solch ein Gutschein strategisch im gesellschaftlichen Vorteilsrangieren verwendet wird. Auch dann, wenn der eigene Vorteil zum Nachteil der Tiere geht."[105]*

Und so liest man immer wieder von Bewegungsjagden, bei denen Bachen vor ihren Frischlingen, Geißen vor ihren Kitzen und Hirschkühe vor ihren Kälbern weggeschossen werden[106]. Das zugedrückte Auge beim Raubwild ist natürlich obligatorisch. Abgesehen von dem Leid, das die nun mutterlosen Kinder erleben müssen (im schlimmsten Fall verhungern sie, weil sie noch gesäugt werden), wissen wir, was der Abschuß von Wildschweinbachen für die Vermehrung und die Verbreitung der Schweinepest bedeutet. Ein paar Kostproben aus erster Hand gefällig?

> *„Abraumhalde, Robinen und trockenes Gras, überall Jiff jiff nur bei mir nichts im anblick, oder zu weit. Eine Stunde vor ende, mein hund mit einer sau, direkt auf mich zu, zwar war die sau schwarz (freigabe waren frischlinge und überläufer), aber sie sah garnicht so stark aus, finger blieb trotzdem grade, die jagd ging um mich rim quer zum Hang, am 1 nachbarn vorbei *rums, am 2 nachbarn vorbei * rums und kam im bogen wieder zurück, wieder zweimal rums.. na ja dann ich eben auch.. leider lag dann eine Bache mit 85 kg aufgebrochen."[107]*

> *„Im ZF [Zielfernrohr, Anm. d. Verf.]konnt ich schon das vermeindliche Gewaff erkennen u. mein Entschluss stand fest-Keiler-schiessen.*

Das gleiche musste wohl auch der Nachbar gedacht haben, denn schon vernahm ich seinen Schuss. Die Sau zeichnete jedoch nicht u. gab jetzt Vollgas.
Jetzt war sie auf meiner Höhe im Gegenhang.
Den Leuchtpunkt oberhalb des Stutzens in Richtung Teller gebracht u. der Schuss war draussen.
Ein kurzer Ruck ging durch die Sau, aber sie hielt ihre Richtung bei, fiel jedoch nach ca. 50 m kurz vor einer weiteren Verjüngungsfläche um- kuzes Schlegeln u. Ruhe kehrte ein-ausser bei mir-denn jetzt war ich am zittern.
Nach einiger Zeit kam ein Hundeführer vorbei u. nahm die Sau in Augenschein. Was war jetzt los?
Der kratzte sich etwas verlegen am Hinterkopf-das wird doch nicht etwa?-Sch..!
Es war so wie es kommen musste: es lag eine alte Bache v. ca 78kg.
Die Rotte war v. den Hunden gesprengt worden. "[108]

„*Es war auf einer Drückjagd vor einigen Jahren Ende Dezember in einem nord-hessischen Forstamt. Etwa 50 Schützen treffen sich zur großräumigen Bewegungs-jagd und werden weiträumig im großen Staatswaldrevier eines befreundeten Hundeführers verteilt. Freigabe: Sauen bis 40 kg, Kitze und Füchse. Das Beutespektrum bei den Sauen steht damit für meine Person fest: nur Frischlinge! Fast jeder Überläufer hat über 40 kg um die Jahreszeit. [...]*
Da das Schlegeln der 2. Sau nicht aufhört und ich vom Jagdleiter ausdrücklich absolute Bewegungsfreiheit in meinem Beritt zugesprochen bekam, gehe ich eben mal zur Sau, um sie vielleicht noch abzufangen. Als ich neben ihr stehe, ist sie bereits verendet, aber was da liegt, will ich nicht glauben: eine ausgewachsene Bache von schätzungsweise 70 kg. Schlagartig wird mir klar, was auf der ersten Schneise da hinten noch liegen muss. Ich klammere mich an den winzigen Hoffungsschimmer, dass der Keiler doch um Gottes Willen hoffentlich den Anschluss verpasst haben könnte und gehe sofort nachschauen. Mit einer herrlichen Halsansatzkugel liegt dort ein zweites großes Wildschwein, rabenschwarz und in meinen Augen riesig. "[109]

Soviel zu den disziplinierten und tierschutzgerechten Gesellschaftsjagden.

16.6 Die Fallenjagd

Ein Großteil des Raubwildes wird nicht geschossen, sondern in Fallen gefangen[110], da es - wegen der Jagd, wie wir wissen - nachtaktiv ist und daher mit dem Gewehr schlecht bejagt werden kann. Dem DEUTSCHEN JAGDSCHUTZ-VERBAND zufolge ist die Bejagung von Beutegreifern mittels Fallen „im Interesse des Artenschutzes und der Tierseuchenbekämpfung unerlässlich"[111]. Was davon zu halten ist, wissen wir ebenfalls - nämlich recht wenig.

Dem Bundesjagdgesetz zufolge ist die Anwendung von Fallen, die nicht sofort töten oder nicht unversehrt fangen, verboten[112]. Im Umkehrschluß müßten zwei Arten von Fallen erlaubt sein: Solche, die stets sofort töten und solche, die das Tier stets unversehrt fangen. Der Haken dabei ist, daß es solche Fallen nicht gibt.

16.6.1 Totschlagfallen

Totschlagfallen sollen das Tier sofort umbringen. Eine noch recht primitive, aber sehr populäre Form ist die sogenannte „Scherenfalle", bei der schräg aufgestellte Holzbalken mit einem Gewicht beschwert werden und hinunterrauschen, wenn das Tier direkt darunter den „Auslöser" betätigt. Die sofort tödliche Wirkung ist jedoch höchst zweifelhaft.

> *„Bei einer nach Empfehlung oben genannter Autoren gebauten Scherenfalle, beträgt die tatsächliche Fallhöhe von Balken und Gewicht also maximal 14 cm. Nicht ganz, weil ja die Stellzunge schief steht. Der Brustkorb einer ausgewachsenen Hauskatze hat, vom Brustbein bis zur Wirbelsäule gemessen, einen Durchmesser von 11 cm. Bleiben für den freien Fall der Würgebalken ganze vier Zentimeter. Selbst wenn das geforderte Gewicht tatsächlich aufgelegt wurde (vielfach ist das nicht der Fall), wird eine Katze, erst recht ein Waschbär, bei weitem nicht immer schlagartig getötet. Am ehesten ist das dann der Fall, wenn einer der Balken genau ins Genick des Tieres trifft. Trifft er hingegen auf den Brustkorb, wird die Lunge gequetscht, das Tier verendet eher langsam und qualvoll."[113]*

Ein Deutscher Schwanenhals.

Weitere populäre Fallen sind der „Deutsche Schwanenhals" und die „Conibear-Falle". Der Schwanenhals wird mit einem Köder versehen; nimmt ein Tier den Köder auf, wird eine Feder ausgelöst, die zwei metallene Klemmbacken zusammenschlagen läßt, die das Tier schlagartig töten sollen. Die unbeköderte Conibearfalle funktioniert nach einem ähnlichen Prinzip. Auch hier gilt das Grundproblem der Schlagfallen: Sie töten nur dann sofort, wenn ein Tier der richtigen Größe mit der richtigen Körperhaltung und der richtigen Geschwindigkeit hineintappt. In dieser Situation wird z.B. das Genick des Tieres zerstört, was den sofortigen Tod zur Folge hat. Das ist jedoch höchstens unter unrealistischen Laborbedingungen regelmäßig der Fall. So erreicht die Conibear-Falle unter Idealbedingungen im Labor eine Tötungseffizienz von fast 100%. Bei einer Freilandstudie ergab sich, daß nur 15% der Tiere sofort tot waren[114]. Es dürfte kaum vorstellbar sein, was für Qualen ein Tier aushalten muß, das von einer Falle schwer verletzt wird und verharren muß, bis endlich der Jäger die Falle kontrolliert und das das Tier „erlöst". Des öfteren kommt es sogar vor, daß die Tiere samt Falle fliehen. 1987 flog ein Seeadler in Sachsen zwei Wochen lang mit einem (verbotenen) Tellereisen am Lauf durch die Gegend[115]. HESPELER berichtet:

> *„In einem engen Sitkastangenholz hatte ich einen Schwanenhals aufgebaut. Das Eisen lag gut im Fallenbett, zugedeckt mit Nadelstreu und war nicht zu sehen. Auch der Köder war verblendet. Schon bei der ersten Kontrolle war das Eisen verschwunden, die Ankerkette abgerissen. Alles Suchen half nichts. Gute zwölf Mona-*

te später fanden unsere Waldarbeiter das Eisen neben dem schon bemoosten Gerippe einer schwächeren Sau... "[116]

Den Darstellungen der Jägerschaft zufolge müßte dieser Schwanenhals eine selektiv fangende Habichtsfalle sein. Das Zerquetschen des Laufes wäre außerdem völlig schmerzlos und sofort tödlich. © Vier Pfoten e.V.

Das Hauptproblem liegt bei den Fallen darin, daß sie - trotz der Beteuerungen der Jägerschaft - nicht selektiv fangen. Es heißt zwar immer wieder, daß z.b. durch Fanggärten, Fangbunker oder die Wahl des Köders sichergestellt werden könne, daß nur die Tiere in die Falle gelangen, die auch gefangen werden sollen[117]. Die Wirklichkeit jedoch sieht anders aus. Nichts und niemand kann verhindern, daß ein kleines Tier in eine zu große Falle oder ein großes Tier in eine zu kleine Falle gerät.

Dann trifft die Falle eben nicht das Genick, sondern die Schnauze, den Lauf, die Körpermitte oder sonst etwas. Die vielen Beispiele für Fehlfänge sprechen für sich. Wären die von den Jägern aufgestellten Fallen wirklich selektiv, muß es sich bei den in Kapitel 8 erwähnten Fallenfängen von geschützten Vögeln wohl um streng selektiv fangende Bussard-, Weißstorch- oder Wanderfalkenfallen handeln. Georg Sperber, ein in Fachkreisen bekannter Forstmann und Jäger, versuchte im Steigerwald, die einstmals fast ausgerotteten Wildkatzen auszuwildern. Da aber immer wieder Wildkatzen durch Fallen zu Tode kamen, gab er das Projekt auf[118]. HESPELER beschreibt in seinem Buch *Jäger wohin?* zahlreiche Fälle von Fehlfängen, z.B.:

„Wenn das Wasser fiel, weil über Nacht Frost eintrat, hing am frühen Morgen auch schon mal ein Bussard im Schwanenhals. Scheußlich, denn tot war nie einer. Mit angst- und qualvoll verdrehten Augen starrten sie einen an; Schwingen und/oder Ständer gebrochen, mit stoßweisem Atem... [...] J. Huhler, ein passionierter Raubwildfänger, berichtete über sieben Bussarde, die sich innerhalb neun Tagen in einem Schwanenhals fingen, der im Wasser aufgestellt war." [119]

Wenn man dann von Fällen lesen muß, in denen selbst Menschen aus Schwanenhälsen freigeschweißt werden mußten[120], stellt sich das Gerede der selektiv fangenden Fallen als leeres Geschwätz heraus. Aber auch, wenn das Tier, das gefangen wird, das „richtige" ist, muß es keineswegs immer gleich tot sein.

„Einer meiner ehemaligen Redaktionskollegen berichtete von einem solch nagelneuen Mardereisen, in dem sich ein Steinmarder gefangen hatte. Er hatte das Eisen am Abend auf dem Weg zum Fuchsansitz noch flüchtig kontrolliert und dabei fest-

240

gestellt, daß ein Marder darin hing. Drei Stunden später, auf dem Rückweg wollte er ihn auslösen. Dabei stellte er fest, daß der Marder noch atmete. Wie lange das arme Tier insgesamt in diesem Martereisen hing, ist unbekannt. [...] Fast jeder zweite gefangene Marder lebte am Morgen noch. In dem Buch „Erfolgreich fangen" wird - quasi zum Beweis des sofortigen Totfanges - ein Hermelin gezeigt, das kopfüber zwischen den Bügeln eines Abzugseisens hängt, die ihm den Bauch abquetschen. Ein solcherart gefangenes Tier ist zwar wahrscheinlich schlagartig querschnittsgelähmt, verendet aber äußerst langsam und qualvoll."[121]

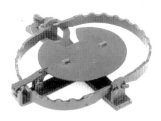

Tellereisen sind seit fast 70 Jahren verboten. Verkauft und benutzt werden sie dennoch.

Es kommt auch oft vor, daß Tiere nur mit einer Pfote in eine Schlagfalle gelangen. Die Tiere beißen sich dabei oft in ihrer Verzweiflung die Pfote ab, um aus der Falle zu entkommen. Das dürfte zwar nicht unmittelbar schmerzen, da der von den Bügeln umschlossene Lauf schnell gefühllos wird[122], aber die Qualen dürften höllisch sein, sobald die „Betäubung" verfliegt. Besonders oft ist dies bei den sogenannten Tellereisen der Fall. Diese Festhaltefalle führt bauartbedingt zu Lauffängen und wurde bereits 1934 verboten. Nichtsdestotrotz wird sie noch heute im Handel angeboten. Daß sie tatsächlich lediglich zur Dekoration des Jagdzimmers dient, wird kaum anzunehmen sein - allein die Untersuchungen von LANGGEMACH ET AL. in Berlin und Brandenburg ergaben Tellereisenfänge von zwei Rotmilanen, sieben Habichten, drei Mäusebussarden und einem Wanderfalken, außerdem mehrere Verdachtsfälle, etwa bei einem Waldkauz[123].

Der Grund für die Nichttödlichkeit der Fallen ist nicht nur, daß das Tier „falsch" in die Falle läuft und daher an den „falschen" stellen verletzt wird, sondern auch, daß es den Schlagfallen nur allzuoft an der nötigen Mindestschlagkraft mangelt. Um einen Waschbären, einen Nerz, oder eine Bisamratte in einer Falle sofort zu töten, braucht es eine kinetische Energie von respektive 575/430/58-63 Kilogramm pro cm^2, wenn das Tier auf den Hals getroffen wird. Bei einem Schlag auf den Körper sind 1.150/520/155 Kilogramm Schlagkraft notwendig. Nach CONSIGLIO liegt die Schlagkraft von handelsüblichen Conibear-Fallen aber nur bei 220/120/120 Kilogramm[124]. Das mag zumindest in Deutschland daran liegen, daß es niemanden gibt, der solche Schlagfallen prüft und zuläßt[125]. HESPELER bemerkt dazu süffisant:

> „Es gibt zwar eine DJV-Vorschrift, die besagt, wie der Jagdhornbläser gefälligst die Finger seiner linken Hand an die Hosennaht zu legen hat, aber keine Aussage über die Mindestschlagkraft von Abzugseisen oder Schwanenhälsen."[126]

Auch wenn die Fallen nicht schlagkräftig genug sind, um ein Tier sofort zu töten, sind sie meist nur mit einem speziellen Gerät zu öffnen, und keineswegs mit der bloßen Hand. Als im April 2002 eine Drahtbügelfalle in einer Ortschaft den

Ein Waschbär in einer Schlagfalle. Waschbären nehmen ihre Nahrung - und somit auch die Köder von Fallen - in der Regel mit den Vorderpfoten auf. Lauffänge wie dieser sind daher die Regel, auch wenn sie keinesfalls tödlich sind.

© Walter Hoffmann

fünfjährigen Rauhaardackel Wastl tötete, konnten selbst vier Leute die Falle nicht gemeinsam öffnen[127]. Bei „Fehlfängen" wie Menschen oder bei Füchsen, die nur mit der Schnauze in die Falle geraten sind, kommt zur Öffnung auch mal Schweißgerät oder Flex zum Einsatz, wenn selbst starke Männer die Falle nicht mit den Händen öffnen können[128]. Das dürfte deutlich machen, daß die kinetische Energie für den sofortigen Tod nicht ausreichen mag, aber dennoch so beachtlich ist, daß sie sehr schmerzhafte Verletzungen hervorrufen kann. Eine Schlagkraft, die für den sofortigen Tod ausreichend ist, ist aber immer noch keine Garantie dafür, daß das Tier auch so getroffen wird, daß diese Schlagkraft auch ihre tödliche Wirkung entfalten kann. Eine zerschmetterte Pfote oder eine eingequetschte Schnauze ist nun mal nicht akut lebensbedrohlich, verursacht aber mit Sicherheit höllische Schmerzen. Der Mangel der Nichtselektivität und die geringe Wahrscheinlichkeit, daß das Tier so in die Falle tappt, daß es sofort tot ist, ist nun mal nicht aus der Welt zu diskutieren.

FROMMHOLD berichtet über ein Forschungsprojekt in Kanada, das aufgrund des öffentlichen Protestes gegen die brutale Fallenstellerei der Pelztierjäger ins Leben gerufen wurde. Dieses Forschungsprojekt sollte - unter „Verbrauch" unzähliger eigens hierfür gezüchteter Tiere - eine „humane" Falle entwickeln. Nachdem das Projekt wegen Ergebnislosgkeit nach fünf Jahren nochmal um zwei Jahre verlängert worden war, gab man schließlich auf: Es gelang nicht, ein Fanggerät zu konstruieren, das den Ansprüchen an eine „humane" Falle genügt[129].

Damit dürfte klar sein, daß es sich bei Totschlagfallen mitnichten um effiziente, sofort tötende Fallen handelt, die dem Tier unnötige Schmerzen ersparen. Tatsache ist, daß die meisten Tiere, die in solche mittelalterlichen Marterinstrumente geraten, einen qualvollen Todeskampf durchleiden, und oft genug erst längere Zeit auf den Jäger warten müssen, der sie schließlich mit mehr oder weniger schmerzhaften Methoden „erlöst".

242

16.6.2 Lebendfallen

Eine vermeintlich humane Alternative zu dieser Tierquälerei sind Fallen, die das Tier lebendig und unversehrt fangen sollen. Das Prinzip ist ein Kasten, in dem das Tier eingeschlossen wird, bis der Jäger vorbeikommt und es tötet. Die zwei bedeutendsten Vertreter dieser Fallengattung sind Kastenfalle und Wippbrettfalle. Bei der Kastenfalle sollen Marder, Iltis, Waschbär, Ratte und Katze in einen beköderten Kasten laufen, wobei sie einen Mechanismus auslösen, der die Eintrittsöffnung schließt. Das Tier wird dann mit einer Kleinkaliberwaffe in der Falle getötet. Manchmal wird das Tier auch aus der Falle in einen Sack geschüttet[130]; was dann passiert, dürfte klar sein: Das Tier kann

„wenn es sich im Sack befindet, durch einen festen Schlag auf den Boden getötet [...] werden."[131]

Ob mit Sicht nach außen oder ohne: In „Lebendfallen" regen sich viele Tiere so stark auf, daß sie am Streß sterben. Hier eine Drahtfalle mit einer Ente als Köder. © Johann Beuke

Fragt sich, wie viele Schläge dazu nötig sind, besonders bei größeren Tieren. Die Wieselwippbrettfalle funktioniert ähnlich. Das Wiesel läuft hier über eine „Wippe", die schließlich umschlägt und durch eine Verriegelung das Tier in der Falle einschließt[132].

In der Theorie mögen diese Fallen zwar tierschutzgerecht sein, da sie nicht zu Verletzungen führen. Allerdings hat die Sache einen Haken: Die Tiere regen sich in den engen Dingern so sehr auf, daß viele von ihnen an einem Kreislaufkollaps sterben, ehe die Falle kontrolliert wird[133] - ein waidgerechter Tod durch extreme Panik. Daran ändert auch das Verblenden der Falle nichts. Die Ansicht, die Tiere würden sich nicht aufregen, wenn sie unverhofft in einer engen Falle gefangen werden, sofern sie nur nicht nach draußen sehen können und somit die Freiheit nicht vor Augen haben, bedarf wohl keines Kommentars. Bei Zweifeln schließen Sie doch mal ihr Kind ohne Vorwarnung und ohne Licht im Keller ein. Wie ruhig man ist, wenn man unerwartet in einem engen Raum bei Dunkelheit eingesperrt ist, ohne zu wissen, wieso, werden sie dann schon sehen. HESPELER berichtet von einem Anruf bei einem Jagdkollegen:

„Auf die Frage, ob er mir sagen könne, wieviel Prozent der von ihm in der Wippbrettfalle gefangenen Wiesel tot gewesen seien, meinte er: „Kann ich dir nicht sagen, aber die meisten waren tot."
Eine ehrliche Antwort. Das muß nicht grundsätzlich so sein, wenn die Fallen zu-

243

sätzlich am frühen Nachmittag kontrolliert werden. Nur, wer macht das denn, wer hat die Zeit dazu."[134]

Allerdings wird vielfach auch bei zweimal täglicher Kontrolle das lebend gefangene Wiesel tot aufgefunden[135]. Und auch bei diesen Fallen sind Fehlfänge nicht ausgeschlossen; so fangen sich Mauswiesel in Kastenfallen, Igel in Wippbrettfallen oder Eichhörnchen in Fangkisten für Eichelhäher. In diesen Eichelhäherfangkisten gibt es ein kleines Loch, durch das kleine Singvögel entweichen können; Eichhörnchen sind jedoch zu groß für dieses Loch und bleiben beim Fluchtversuch mit dem Kopf darin stecken[136]. Übrigens weisen BODE UND EMMERT auf rechtliche Probleme mit diesen Fangkisten hin, denn es werden

> *„in Jagdgazetten Hinweise zum Bau von Eichelhäher-Fangkisten gegeben, auch wenn deren Verwendung strafbar ist. [...] Leider wird nichts darüber gesagt, wie die gefangenen Vögel waidgerecht zu Tode gebracht werden sollen."*[137]

Auch Wippbrettfallen können HESPELER zufolge für Eichhörnchen zur Todesfalle werden.

> *„Sie verenden - wenn sie „Glück" haben - innerhalb einiger Stunden. In jedem Falle aber stecken sie fest „verkeilt" auf der Wippe und können sich nicht mehr rühren."*[138]

Soviel zu Lebendfallen als humane Alternative. Daß die Raubwildbejagung keine vernünftige Begründung hat, wissen wir schon. Erste Ansätze, derartige Folterinstrumente abzuschaffen, wurden in Berlin gemacht: Seit April 2003 sind dort Totschlagfallen verboten. Lebendfallen sind allerdings noch erlaubt[139]. Ein Anfang ist gemacht. Bleibt zu hoffen, daß es weitergeht.

17
Die Jagdhundeausbildung

Die Ausbildung von Jagdhunden ist Thema, das aus der Sicht des Tierschutzes nicht ganz unumstritten ist. Fordern Tier- und Naturschutzverbände Veränderungen der Jagd, so ist die Reform der Jagdhundeausbildung meistens eine der Forderungen. Denn Jagdhunde werden im Rahmen ihrer Ausbidung regelmäßig auf lebende Tiere gehetzt. Ein wesentlicher Streitpunkt, der auch schon mehrere Gerichte beschäftigt hat, ist die Ausbildung an der lebenden Ente.

Hunde haben je nach Rasse verschiedene „Einsatzgebiete" - so gibt es Schweißhunde (z.B. Hannoverscher Schweißhund, Bayerischer Gebirgsschweißhund), die angeschossene Tiere bei der Nachsuche anhand ihrer Blutspur auffinden sollen. Erdhunde (z.B. Rauhhaarteckel, Foxterrier) sollen Füchse und Dachse aus dem Bau jagen, und Vorstehhunde (z.B. Weimaraner, Deutsch-Kurzhaar) zeigen dem Jäger das aufgespürte Wild an und apportieren es nach dem Schuß.

Soll ein Hund lernen, angeschossene oder tote Enten nach der Entenjagd aus dem Wasser zu holen, so wird er auch heute noch in vielen Bundesländern anhand von flügellahm gemachten, lebenden Enten trainiert. Man macht dabei den Enten das Fliegen unmöglich, damit sie dem Hund nicht enkommen können.

Früher wurden zu diesem Zweck der Ente die Flügel gestutzt, abgenommen, oder die Sehnen wurden durchtrennt[1]. Heutzutage geht man schon etwas weniger rabiat vor: Die Ente wird mittels einer Papiermanschette flugunfähig gemacht. Es wird hierzu ein Papier mit einer solchen Konsistenz benutzt, das sich nach etwa 15 Minuten - der maximalen Prüfungsdauer - auflöst. So wird der Ente die Flucht ermöglicht, ohne sie wieder einfangen zu müssen[2]. Allerdings ist die Möglichkeit, daß die Ente nach Auflösung der Manschette entkommt, eher theoretisch.

Denn während dieser 15 Minuten ist die Ente nicht in der Lage, dem sich nähernden Hund durch „Abstreichen" (Wegfliegen) zu entkommen. Sie wird, nachdem sie in deckungsreichem Gewässer ausgesetzt wurde, vom Hund aufgespürt, vom Jäger erschossen und vom Hund zum Jäger apportiert[3]. Es ist ersichtlich, daß das Tier in Panik gerät, wenn sich ein Jagdhund ihm nähert und es nicht in der Lage ist, wegzufliegen und damit seine natürliche Fluchtstrategie zu nutzen. Das „Drücken" der Ente aus der Deckung und die Verfolgung durch den Hund erfüllen durchaus den Tatbestand der Hetze[4]. Außerdem war im *Hamburger Abendblatt* zu lesen, daß nach Angaben der Jägerschaft jede dritte der meist aus der Zucht stammenden Enten zerbissen, schwer verletzt oder ertränkt wird[5]. Auch das Bundesverbraucherschutzministerium teilt in seinem Tierschutzbericht 2001 die Auffassung, daß es

> „[o]ffensichtlich ist, dass den zur Ausbildung von Jagdhunden eingesetzten lebenden Enten häufig Schmerzen, Leiden oder Schäden zugefügt werden."[6]

Diese Ausbildung an der lebenden Ente für die - völlig sinnfreie - Wasserwildjagd ist Gegenstand von Reformforderungen deutscher Naturschutzvereine wie des
NABU oder des DNR (der knapp 100 verschiedene Naturschutzvereine vertritt),
die in ihren Positionspapieren die Streichung dieser tierquälerischen Ausbildungs-
methode fordern. Sogar die Gerichte beschäftigt diese Ausbildungsart immer wieder, wobei die Prozesse unterschiedlich ausgehen. Während das Oberverwaltungsgericht (OVG) Münster die Jagdhundeausbildung an der lebenden Ente erlaubte[7], sprachen sich der hessische Verwaltungsgerichtshof[8], das OVG Schleswig[9] sowie das OVG Koblenz[10] aus Gründen des Tierschutzes gegen diese Form
der Jagdhundeausbildung aus, da sie gegen das Hetzverbot verstößt. Das OVG Koblenz vertritt etwa die Meinung, daß ein Hund zum Nachweis der Brauchbarkeit
zum Apportieren einer toten Ente nicht an einer lebenden ausgebildet werden muß.
Weiterhin enthält das Hetzverbot nach §3 Ziff. 8 TierSchG zwar eine obligatorische Ausnahme für die waidgerechte Jagd, allerdings ist die Ausbildung und Prüfung eines Jagdhundes nach Meinung des Gerichtes

*„keine Frage der Weidgerechtigkeit, sondern beantwortet sich nach naturwissen-
schaftlichen Erkenntnissen zum Lernverhalten von Hunden."[11]*

Eine Klärung vor einem Bundesgericht steht noch aus. Die Revision zweier Jäger gegen das Urteil des OVG Schleswig wurde vom Bundesverwaltungsgericht
verworfen, da die Anwälte der Jäger die Revisionsbegründung zu spät eingereicht
hatten[12]. Nach dem Tierschutzbericht 2001 des Bundesverbraucherschutzministe-
riums wird in den verschiedenen Bundesländern gegenwärtig wie folgt verfahren:

*„In den Stadtstaaten werden keine Hunde zur Wasserarbeit hinter der lebenden En-
te ausgebildet oder geprüft; in Hessen ist diese Ausbildungs- und Prüfungsmetho-
de per Erlass verboten. In Schleswig-Holstein ist die Jagdhundeausbildung und -
prüfung auf der Duftspur der lebenden Ente untersagt. In Rheinland-Pfalz wurde
die Zulassung der Berufung gegen das Urteil eines Verwaltungsgerichts, in dem die
Vereinbarkeit der Ausbildung und Prüfung von Jagdhunden an der künstlich flugunfähig gemachten lebenden Ente mit dem Tierschutzgesetz festgestellt wurde, be-
antragt [siehe Urteil OVG Koblenz, Anm. d. Verf.]. In Sachsen-Anhalt, Sachsen und
Saarland werden Hunde hinter der lebenden Ente ausgebildet und geprüft. In den
übrigen Ländern wurden öffentlich-rechtliche Vereinbarungen getroffen, bei denen
auch die Verwendung lebender Enten vorgesehen ist, wobei jedoch durch geeignete Rahmenbedingungen Belangen des Tierschutzes Rechnung getragen wird. In Bayern wurde eine Kommission eingesetzt, die die fachlichen und rechtlichen Aspekte
der Jagdhundeprüfung prüfen und Empfehlungen über das weitere Vorgehen aus-
arbeiten soll. In Mecklenburg-Vorpommern erfolgt die Ausbildung entsprechend der
Jagdhundebrauchbarkeitsverordnung vom 14. Januar 1999 an der toten Ente. Lediglich die Ausbildung und Prüfung von Jagdhunden, die zur Zucht vorgesehen sind,
erfolgt an der flugunfähig gemachten Ente nach dem Muster Baden-Württembergs."[13]*

Daß diese Art der Ausbildung kaum tierschutzgerecht ist, ist offensichtlich, auch wenn die Jägerschaft selbstverständlich anderer Meinung ist. Quasi als Demonstration der Tatsache, daß es hier völlig tierschutzkonform zugeht, sind die Prüfungen immer noch hermetisch abgeriegelt, wie eine Grünen-Landtagsabgeordnete in Bayern beklagt. Nach Angaben der Jäger sind Medienvertreter bei den Prüfungen deswegen nicht zugelassen, weil das „zu viel Streß für Hund und Führer" bedeute[14]. Auch wenn einige Gerichte und Gesetzgeber der Meinung sind, daß ein „vernünftiger Grund" für diese Tierquälerei vorliegt und sie somit nicht rechtswidrig ist, ändert die Anwendbarkeit dieses Gummibegriffes, mit dem selbst sinnlosester und qualvollster Mißbrauch empfindungsfähiger Lebewersen gerechtfertigt werden kann, nichts an den Qualen und der Angst der „verbrauchten" Übungsstiere.

Für die Ausbildung von Erdhunden, deren Zweck es später ist, Füchse und ggf. Dachse aus dem Bau zur Erschießung zu treiben, verwendet man in der Regel Kunstbaue. Wie der Jäger CLAAS JANSSEN in seinem Internet-Buch *Die Jagd unter der Erde* beschreibt, fängt man erst mal klein an.

> *„Kleiner Kunstbau im Garten, 2-3 Meter Rohre, davor ein Kessel mit Schieber an beiden Enden. Im Kessel eine tote Taube an ein Band gebunden, etwas bewegen, das wird den Hund zum Einschliefen und Lautgeben bewegen. Oft wird auch eine Katze in den Kessel gesetzt und dann der Schieber gezogen. Das ist eindeutig gesetzwidrig und sehr riskant für den Hund. Trifft er im Naturbau auf eine Katze, kann das gefährlicher werden, als das Zusammentreffen mit einem Fuchs. Der Hund wagt zu schnell den Angriff, die Augen des Hundes sind durch die Krallen der Katze extrem gefährdet. Manchmal lässt man die Katze erst laufen, kurz danach den Hund, so dass dieser das Gefühl hat, er habe die Katze herausgejagt. Das Selbstbewusstsein wird erhöht, es kann dadurch auch zu hoch werden. Ist der Hund ein Jahr alt, muss die Ausbildung in Schliefenanlagen beginnen. Da die Arbeit nur noch mit Schieber zwischen Hund und Fuchs erlaubt ist, werden wir gezwungen, den Hund bei der ersten Arbeit im „Naturbau" ins kalte Wasser zu schicken. War ein Eingreifen im Schliefenbau noch möglich, nun ist er auf sich allein gestellt."[15]*

Hier wird schon deutlich, daß die Hunde zur Ausbildung auch auf lebende Tiere gehetzt werden. Woher die Katzen kommen, die „oft" in den Kessel gesetzt werden, darf der Leser sich mit Verweis auf den Zweck von Kastenfallen und das Kapitel „Jagd auf Haustiere" selbst beantworten.

Im zitierten Text wird auch die Ausbildung in der Schliefenanlage erwähnt. Schliefenanlagen sind Kunstbaue, in denen Betonröhren und künstliche Kessel einen Fuchsbau imitieren. Dies sind keine Kunstbaue im Revier, in die die Füchse zur leichteren Bejagung gelockt werden, sondern richtige Trainingsanlagen. Diese künstlichen, in sich geschlossenen und abgeriegelten Baue werden dazu benutzt, Bauhunde auf ihre spätere Aufgabe vorzubereiten.

Zunächst läßt man die Füchse, welche aus der Freiheit oder aus der Zucht stammen und dauerhaft auf der Schliefenanlage in einem Zwinger eingesperrt sind, „einschliefen", also in den Bau kriechen. Schließlich schickt man den Hund hinterher, der lernen soll, den Fuchs zu hetzen. Dadurch soll er für seinen späteren Zweck trainiert werden: das „Fuchssprengen", also das hinaustreiben des Fuchses aus dem Bau. Anders als früher werden, um direkten Körperkontakt und damit Verletzungen des Ausbildungstieres und des Hundes zu vermeiden, verschiebbare Gitter in dem künstlichen System aus Röhren und Kesseln installiert. So kann der Hund den Fuchs zwar hetzen, aber nicht fassen. YVETTE WIRTH gibt wieder, was ein Jäger ihr auf die Frage erklärte, was in so einer Schliefenanlage geschieht:

> *„Die Füchse können aus der Freiheit stammen, wo man sie in Fallen oder Netzen am Bau gefangen hat, oder aber sie werden auf der Anlage selbst oder andernorts nachgezüchtet. Man kann sie natürlich auch käuflich erwerben. Zur Arbeit auf dem Schliefplatz gehört, daß der Fuchs im Kunstbau in den Kessel gesetzt wird, der nach Vorschrift des DTK [Deutscher Teckelclub] durch Gitter gegen die Röhren abgesperrt ist. Hund und Fuchs sollen nämlich nicht in direkten Körperkontakt kommen. Wenn der Hund lange genug 'vorliegt' und 'Laut gibt', wird ein Schieber gezogen, so daß der Fuchs in einen anderen Kessel flüchten kann. Dort wird wiederum mit dem Schieber abgeriegelt und der Hund kann nach dem Entfernen seines Schiebers zum nächsten Kessel hetzen usw. Nach Vorschrift kann der Hund den Fuchs nicht fassen. Zum Schluß wird der Fuchs wieder in seinen Zwinger gebracht."*[16]

Der Deutsche Teckelclub hatte wegen dieser Praxis bereits mehrere Ermittlungsverfahren am Hals, die jedoch allesamt eingestellt wurden, da die Füchse körperlich gesund waren[17]. Was das Tier, das einen beachtlichen Teil seines Lebens damit zubringt, vor hetzenden Hunden zu flüchten, an Streß und Angst erleiden muß, ist dabei völlig nebensächlich. Wieviel Spaß es machen muß, in einen Zwinger eingesperrt zu sein und nur dazu hinausgelassen zu werden, um einem Tötungswerkzeug in Ausbildung davonzulaufen, dürfte jedem Menschen, der etwas Einfühlungsvermögen mitbringt, schnell klar sein. Dr. Dorit Urd Feddersen-Petersen, Fachtierärztin für Verhaltenskunde und Tierschutzkunde an der Universität Kiel, meint zur Ausbildung in Schliefenanlagen:

> *„Zwar werden die Füchse bei dieser Bauhundprüfung nicht getötet, jedoch stellt der Streß des Verfolgtwerdens eine erhebliche psychische Beeinträchtigung des Wohlbefindens der Füchse dar. Füchse sind als Wildtiere scheu und schreckhaft und 'gewöhnen' sich auch nicht an die Tortur."*[18]

Außerdem ist es laut Tierschutzgesetz verboten, ein Tier an einem anderen lebenden Tier auf Schärfe abzurichten und zu prüfen - und hier gibt es keine Waidgerechtigkeits-Ausnahme[19]. Diese recht deutliche Formulierung verhindert die genannten Quälereien jedoch nicht. Ebensowenig das Verbot, ein Tier auf ein anderes zu hetzen, obwohl mittlerweile mehrere Gerichte aus diesem Grund die Ausbildung von Jagdhunden an lebenden Enten verboten haben, da ihrer Ansicht nach die Ausbildung nicht zur „waidgerechten Jagdausübung" gehört.

Weiterhin wird die Abrichtung von Hunden an lebenden Katzen kritisiert, auch wenn dieser Punkt kaum in der Öffentlichkeit steht. So beschreibt der Jäger JANS-

Eine Schliefenanlage. Hier wird der Bauhund ausgebildet. Übungstier ist ein gefangener Fuchs, der nur aus dem Zwinger gelassen wird, um in diesem Kunstbau vor dem hetzenden Hund davonzurennen.

© Yvette Wirth

SEN (s.o.), wie Katzen für die Bauhundeausbildung benutzt werden. Das ist eigentlich auch logisch: Bevor man die in Kastenfallen gefangenen Tiere einfach erschießt und als Lockmittel für den Fuchs benutzt (siehe Kapitel 21), kann man sie ja vorher noch für andere „sinnvolle" Dinge verwenden, nicht wahr?

Die Kritik an der Ausbildung von Jagdhunden betrifft jedoch nicht nur die „verbrauchten" Übungstiere, sondern auch die Hunde selbst. Es gibt durchaus Menschen, die ein Problem mit der Umfunktionierung eines jungen Hundes in ein Beiß- und Tötungswerkzeug haben, das auf bedingungslosen Gehorsam gedrillt ist und seine natürlichen Triebe auf Kommando ausüben oder unterdrücken muß. Allerdings macht sich nur eine Minderheit hierüber Gedanken, obwohl die Züchtung und Selektion der Hunde nach bestimmten Gebrauchs- und Eignungsmerkmalen sowie der auf den späteren Verwendungszweck ausgelegte Drill den „besten Freund des Menschen" zu einem Werkzeug degradiert. Öffentlich umstritten war in den letzten Jahren hingegen besonders der Einsatz von „Reizstromgeräten", auch „Teletakt-Geräte" genannt. Diese Geräte sind auch bei den Jägern ein „Tabu-Thema" über das nur ungern geredet wird, wie „frodo" im „Parson Russel Terrier-Forum" erläutert[20].

Diese Geräte werden bei der Ausbildung von Gebrauchshunden (auch für nicht jagdliche Zwecke) benutzt. Dem Hund wird ein Halsband angelegt, das einen Stromschlag erzeugen kann. Der Ausbilder hat hierfür einen Sender in der Hand, mit dem er die Stärke des Stromschlages dosieren kann. Das Reizstromgerät wird einer Stellungnahme des DJV und des Jagdgebrauchshundeverbandes (JGHV) zufolge „zur Durchsetzung eines verstandenen aber verweigerten Befehls beim Gehorsam am Wild"[21] bei „triebstarken" Hunden benutzt.

Es ist offensichtlich, daß ein Hund, dessen starker Jagdtrieb ihn z.B. dazu bringt, trotz der Befehle seines Ausbilders weiter einem Tier hinterherzuhetzen, kaum mit einem leichten elektrischen Kribbeln zum Gehorsam gezwungen werden kann. Ob

249

§3 Nr. 11 Tierschutzgesetz

„Es ist verboten [...] ein Gerät zu verwenden, das durch direkte Stromeinwirkung das artgemäße Verhalten eines Tieres, insbesondere seine Bewegung, erheblich einschränkt oder es zur Bewegung zwingt und dem Tier dadurch nicht unerhebliche Schmerzen, Leiden oder Schäden zufügt, soweit dies nicht nach bundes- oder landesrechtlichen Vorschriften zulässig ist."

diese Geräte nach dem Tierschutzgesetz zugelassen sind, ist selbst unter Juristen umstritten. Das Bundesverbraucherschutzministerium läßt etwa in seinem Tierschutzbericht 2003 mit Bezug auf §3 Nr. 11 TierSchG (siehe Kasten) wissen:

„Während unbestritten ist, daß das erste Tatbestandsmerkmal, nämlich die Einschränkung des artgemäßen Verhaltens, auf den Einsatz von Elektroreizgeräten bei Hunden zutrifft, kann das zweite Merkmal, die Zufügung von mehr als nur unerheblichen Schmerzen, Leiden oder Schäden, in der Regel nur im Einzelfall beurteilt und nachgewiesen werden."[22]

Und wieder ein Gummiparagraph, der die Tiere der Willkür von Menschen ausliefert. Wie schön, daß auch Leute, die von diesen Geräten noch nicht mal eine Ahnung haben, sie erwerben und benutzen können. Wird es „falsch" angewendet, so ist es allerdings möglich, daß der Hund durch die Elektroschocks so verwirrt wird, daß die Abrichtung ein Mißerfolg wird.

„Falsch gehandhabt, erreichst Du das Gegenteil von dem, was Du willst: einen komplett verstörten Hund! [...] Hund hetzt einem flüchtigen Hasen nach und kommt dem "Halt" des Führers nicht nach. Drückst Du jetzt im falschen Moment den Knopf, verknüpft der Hund den Impuls mit dem Hasen und nicht mit seinem Ungehorsam: er wird "hasenrein" statt "Gehorsam am Hasen."[23]

Die Verwendung solcher Stromschlaggeräte scheint keineswegs nur auf wenige schwarze Schafe beschränkt zu sein. So beklagt die *Hundezeitung*, daß Ausbildungsmethoden wie Stachelhalsbänder und eben auch Reizstromgeräte nicht nur in Deutschland, sondern auch in anderen Ländern immer mehr verbreitet sind[24]. Auch der Deutsche Jagdschutz-Verband und der Jagdgebrauchshundeverband beklagen in ihrer Stellungnahme den „immer mehr um sich greifenden Einsatz von Elektroreizgeräten bei der Abrichtung und Führung von Jagdgebrauchshunden". Allerdings nicht, weil es für den Hund besonders bei „falscher" Handhabung schmerzhaft sein könnte, oder weil es Bedenken hinsichtlich des Tierschutzes gibt, sondern lediglich, „da durch falsches Anwenden unerfahrener Hundeführer das Ansehen der Jägerschaft in der Öffentlichkeit geschädigt werden kann."[25] Zumindest wird der dauerhafte Gebrauch des Gerätes während der Jagdausübung abgelehnt[26].

Auch wenn die Verwendung solcher Geräte bei der Hundeausbildung Usus ist und von den Jagdverbänden verteidigt wird, so zeichnet sich doch ab, daß auch in diesem Punkt Bevölkerung und Staat mittlerweile etwas genauer hinschauen. Nachdem in den Niederlanden und in Belgien solche Geräte definitiv verboten worden sind, hatte das auch ein deutsches Gericht über einen Fall zu entscheiden, in dem es um diese Stromschlaggeräte ging. Ein Hundeausbilder wollte im Rahmen seiner Seminare solch ein Elektroreizgerät einsetzen und vorführen und ersuchte um eine Genehmigung bei den Behörden. Als diese ihm die Genehmigung verweigerten, ging er den Rechtsweg. Mit dem Ergebnis, daß das Verwaltungsgericht Gelsenkirchen zu dem Urteil kam, daß der Einsatz dieser Geräte gegen den schon erwähnten §3 Nr. 11 des Bundestierschutzgesetzes verstößt und daher verboten ist[27]. Das Urteil ist noch nicht rechtskräftig, und es ist abzusehen, daß sich das Oberverwaltungsgericht Münster noch mit dem Fall befassen muß. Natürlich sehen jagdende Juristen in Jagdzeitschriften wie der *Pirsch* „Schwächen bei der Urteilsbegründung"[28]. - wie in praktisch jedem Fall, in dem ein Gericht ein Urteil fällt, daß der Jägerschaft nicht in den Kram paßt. Bleibt zu hoffen, daß das Gelsenkirchener Urteil dennoch etwas bewegt.

18
Vom Tierschutz zum Tierrecht: Ethische Argumente

„Wir brauchen für Tiere keine neue Moral. Wir müssen lediglich aufhören, Tiere willkürlich aus der vorhandenen Moral auszuschließen. Dies wird gewiß ein schwieriger und langwieriger Prozeß werden. Aber das war bei der Befreiung der Sklaven und bei der Emanzipation der Frauen nicht anders. In den USA wurde die Sklaverei erst 1865 abgeschafft. In der Schweiz wurde das Frauenwahlrecht auf Bundesebene erst 1971 eingeführt. Die Befreiung der Tiere hat eben erst begonnen."[1]

- Helmut F. Kaplan, österreichischer Philosoph

Die vorangegangenen Kapitel dürften gezeigt haben, daß Jäger sich an Tierschutzregelungen, die dem heutigen Bewußtseinsstand der Bevölkerung entsprechen, nicht halten müssen und dies auch nicht tun. Eine tierschutzkonforme Jagd ist schlechterdings nicht möglich. Dadurch, daß die Jagd von aktuellen Tierschutzregelungen ausgenommen wird, wird sie noch lange nicht tierschutzkonform, allerhöchstens auf dem Papier. Tierquälerei wird so legalisiert, aber nicht beendet. Daher fordern auch Tier- und Naturschutzvereine Reformen, die die Jagd tierschutzkonformer machen. Unter anderem geht es dabei um ein Ende der Ausbildung der Jagdhunde an lebenden Enten oder das Verbot von Bleischrot.

Es gibt aber mittlerweile immer mehr Menschen, denen der traditionelle Tierschutz schlicht nicht konsequent genug ist. Neben dem Tierschutz in der Form, wie ihn die zahllosen Tierschutzvereine vertreten, tritt heute noch zaghaft, aber zunehmend der Gedanke der *Tierrechte*. Während der Tierschutz die Nutzung und Tötung von Tieren weiterhin bejaht und lediglich „unnötiges" Leid vermindern oder beenden will (Stichwort „humanes Schlachten"), ist das Ziel von Tierrechtlern viel grundlegender: Grundrechte für nichtmenschliche Tiere. Grundrechte, die geschützt werden müssen und nicht angetastet werden dürfen.

Hier ist nicht der Platz, um die Tierrechtsphilosophie, die mittlerweile ein eigenständiger philosophischer Zweig mit einer umfangreichen Literatur geworden ist, erschöpfend darzustellen. Lediglich einige Grundzüge, die sehr viele Tierrechtler als Grundlage ihrer Einstellung zu nichtmenschlichen Tieren heranziehen, seien hier dargestellt.

Die Wurzeln der Tierrechtsbewegung liegen weit zurück; ihre Initialzündung bekam sie allerdings erst 1975. Damals veröffentlichte der Philosoph PETER SINGER das Buch *Animal Liberation*. Der Grundgedanke, den Singer in seinem Buch ausführt, ist einfach und einleuchtend. Dem Gleichheitsprinzip zufolge ist es unlogisch, nichtmenschlichen Tieren allein aufgrund ihrer Artzugehörigkeit jegliche Rechte zu versagen. Grundlage für die Entscheidung, welche Rechte ein Individuum haben sollte, kann nicht die biologische Zugehörigkeit zu einer Art, einer Rasse oder einem Geschlecht sein, sondern allein die Interessen dieses Individuums und seine Leidensfähigkeit[2].

SINGERS Gedanken wurden von vielen Menschen aufgegriffen und weiterentwickelt. Das Gleichheitsprinzip ist heute eine, wahrscheinlich die verbreitetste Grundströmung in der Tierrechtsphilosophie. Seine Konsequenzen sollen im nachfolgenden etwas eingehender erläutert werden.

Wenn auf der Straße ein Afrikaner von ein paar Skinheads zusammengeschlagen wird, so wird es nur wenige Menschen geben, die das nicht anwidert. Blinder Haß auf Menschen einer anderen Rasse ist gottlob für den größten Teil der Menschen in unserem Land völlig inakzeptabel. Erst recht körperliche Gewalt gegenüber diesen Menschen. Und warum sollte es nicht so sein? Die Frage, ob ein Mensch das Recht auf körperliche Unversehrtheit hat, ist schließlich nicht von seiner Rasse, seiner Ethnie oder seinem Geschlecht abhängig. Diese Einstellung ist, trotz immer noch anders denkender Menschen, für viele mittlerweile so selbstverständlich, daß darüber gar nicht mehr nachgedacht wird.

Dennoch sollte man sich darüber Gedanken machen, warum man eigentlich solche Einstellungen vertritt. Alleine schon, weil man damit in Diskussionen mit eventuell Andersdenkenden besser dasteht. Ein plattes „Das ist so", „Das gehört sich so" etc. ist keine Begründung für die Ablehnung von Rassendiskriminierung. Ebensowenig religiöse Argumente, etwa die Behauptung, alle Menschen seien von Gott gleich erschaffen. Denn diese Argumente finden zwangsläufig nur bei denjenigen Gehör, die ebendiesen Glauben an ebendiesen Gott teilen. Eine gute, logische und dazu noch recht einfache Möglichkeit, gleiche Rechte für Angehörige verschiedener Rassen zu begründen, ist das Gleichheitsprinzip.

Jeder Mensch hat ein Interesse an Dingen wie Leben, körperliche Unversehrtheit, Freiheit und Sicherheit etc. Werden diese Interessen verletzt, entsteht körperliches oder seelisches Leid. Daß Leid schlecht ist und man daher diesem Interesse entsprechen sollte, ist ein Grundtatbestand der Ethik. Er ist letztlich nicht begründbar, allerdings braucht es so einen „Minimalkonsens", sonst kann man gleich die ganze Ethik über den Haufen werfen (Stichwort „Letztbegründung").

Diese Interessen haben Menschen unabhängig davon, welchem Geschlecht, welcher Rasse oder welchem Volk sie angehören. Auch das Leid, das durch eine Nichtberücksichtigung der Interessen verursacht wird, gliedert sich nicht nach Rasse oder Geschlecht: Ein Sudanese leidet bei Verletzung seiner Rechte genauso wie eine Koreanerin oder ein Isländer. Demnach ist es auch nur logisch, wenn wir das Recht auf Verwirklichung dieser Interessen den Menschen unabhängig von ihrem Geschlecht, ihrer Rasse oder ihrer Ethnie zugestehen. Es ist nicht nachvollziehbar, wieso z.B. einem Menschen das Recht auf körperliche Unversehrtheit verwehrt werden soll, nur weil er einer anderen Rasse angehört als ein anderer Mensch. Eine biologische Kategorie wie die Rasse kann an sich kein Grund sein, eine Unterscheidung in der Berücksichtigung dieses Interesses zu machen. Denn die Frage, welcher Rasse ein Mensch angehört, beeinflußt seinen Wunsch nach körperlicher

Unversehrtheit nicht im geringsten. Wo die Interessen gleich sind, sollen sie auch auf die gleiche Weise berücksichtigt werden.

Eine legitime Ungleichbehandlung nach Alter, Geschlecht etc. findet dort statt, wo mit diesem Merkmal gleichzeitig relevante Merkmale für die Berücksichtigung des betreffenden Interesses verbunden sind. So braucht ein Mann keinen Schwangerschaftsurlaub, weil er nicht schwanger werden kann; eine Frau kann jedoch schwanger werden, weswegen man ihr das Recht auf einen Schwangerschaftsurlaub zugestehen sollte. Hier werden Menschen nach Geschlecht ungleich behandelt. Allerdings ist das Geschlecht hier nur ein Indikator, der auf dahinterstehende, geschlechtsspezifische Eigenschaften und Interessen hinweist. Eine absolute Gleichbehandlung nach dem Motto „Gleiches Recht für alle" wäre nicht nur unpraktisch, sondern schlicht unsinnig. Dann müßte man jedem 90jährigen ein Recht auf einen Kindergartenplatz zugestehen, oder vielleicht jeder Frau das Recht auf eine Prostata-Vorsorgeuntersuchung. Es bedarf für die Ungleichbehandlung allerdings eines sachlichen Grundes.

Schranken findet die Verwirklichung von Interessen dort, wo die Interessen anderer berührt werden. Dann muß man abwägen, wessen Interesse schwerer wiegt: Ist das Interesse des Afrikaners an seinem Leben wichtiger oder das Interesse des Skins, seine Aggressionen abzubauen? Das Interesse der Frau an körperlicher Unversehrtheit oder das sexuelle Verlangen des Mannes, der gerade über sie herfällt?

Das dürfte deutlich machen, daß nicht die Person bzw. ihre Zugehörigkeit zu einer biologischen Gruppe entscheidend ist, sondern das Gewicht eines bestimmten Interesses. Ein Recht auf Leben sollte jeder haben, der daran interessiert ist - sprich: alle Menschen. Und das unabhängig von Alter, Rasse oder Geschlecht. Ebenso das Recht auf körperliche Unversehrtheit. Was das Recht auf einen Kindergartenplatz angeht, so sollte dieses logischerweise nur Kindern im entsprechenden Alter zugestanden werden; eine Ungleichbehandlung nach dem Alter, die aber nicht willkürlich ist, sondern sich an einem relevanten Merkmal orientiert. Denn das Recht auf einen Kindergartenplatz ist nur für Menschen in einem bestimmten Alter sinnvoll. Ein Verstoß gegen das Gleichheitsprinzip wäre es hingegen, etwa Frauen das Wahlrecht zu verweigern. Denn Frauen haben ein ebenso großes Interesse daran, ihre Vertreter zu wählen, wie Männer. Eine Ungleichbehandlung wäre hier also willkürlich und ohne logische Begründung, da sie sich auf kein relevantes Merkmal stützt. Für die Frage, ob man das Interesse an demokratischen Wahlen berücksichtigen sollte, ist nicht das Geschlecht relevant, sondern das Verlangen nach der Teilnahme an solchen Wahlen. Und dies ist nun mal vom Geschlecht unabhängig. Einschränkungen finden die Rechte nur dort, wo sie die Interessen anderer berühren und diese schwerer wiegen. So hat zwar jeder Mann ein Recht darauf, seinen Sexualtrieb auszuleben, aber nicht durch Vergewaltigung, da das Interesse der Frau an körperlicher Unversehrtheit schwerer wiegt als das des Mannes an sexueller Befriedigung.

Soweit wird hoffentlich jeder zustimmen. Der Protest von Außenstehenden gegen das „Türkenklatschen" der Skins mit den Worten „Das ist doch auch ein Mensch" bringt das Gleichheitsprinzip kurz und prägnant auf den Punkt: Alle Menschen haben ein Interesse daran, nicht zusammengeschlagen zu werden, weswegen sie auch alle ein Recht darauf haben sollten, so etwas nicht durchzumachen. Denn das Interesse auf körperliche Unversehrtheit wiegt schwerer als das Interesse, mit Gewalt seine Aggressionen abzubauen. Alter, Rasse, Geschlecht etc. sind hier völlig belanglos.

Während viele Menschen Geschlecht, Rasse, Volkszugehörigkeit etc. nicht als Barriere für die Berücksichtigung der Interessen der jeweiligen Personen ansehen, ist an der Artgrenze jedoch schlagartig Schluß. Lebewesen, die keine Menschen sind, haben keine Rechte. Ihre Interessen werden nicht in der Form berücksichtigt, daß aus ihnen geschützte, nicht zu verletzende Rechte werden.

Das ist insofern unlogisch und völlig inkonsequent, als das Merkmal „Art" nur ein weiteres biologisches Merkmal neben Rasse, Geschlecht etc. ist. Wenn ich das Interesse eines Lebewesens, keine Schmerzen zu erleiden, nicht mißachten darf, nur weil es zu einer anderen Rasse gehört als ich, wieso sollte ich es dann mißachten dürfen, nur weil dieses Lebewesen zu einer anderen Art gehört? Die Artzugehörigkeit ist doch nur eine weitere biologische Kategorie, die an sich für das Vorhandensein von Interessen und die Frage, ob sie berücksichtigt werden sollten, völlig belanglos ist.

Daß Schweine, Hunde, Katzen, Hirsche, Rinder, Hühner, Rehe usw. ein wirkliches Interesse daran haben, zu leben und keine Schmerzen zu erleiden, ist völlig einleuchtend. Wenn ein Hund vor Schmerzen jault, wenn ein Bussard mit schwerem Atem und verdrehten Augen den Fallensteller anstarrt, wenn ein schwerverletztes Tier panisch versucht, seinem Verfolger zu entkommen, dann kann man schlicht und ergreifend nicht bestreiten, das diese Tiere Angst haben, Schmerzen verspüren und leben wollen. Es gibt noch immer Menschen, die das bestreiten und anscheinend im Descarte'schen Sinne Tiere als Maschinen betrachten, deren Schmerzensschreie mit dem Quietschen von Räderwerken vergleichbar sind. Diese sind mit ihrer abstrusen Sichtweise zum Glück in der Minderheit.

Das Gleichheitsprinzip besagt, daß gleiche Interessen gleich, ungleiche dementsprechend ungleich behandelt werden sollen. Wir Menschen - die wir ja auch letzten Endes auch nur hochentwickelte Säugetiere sind - unterscheiden uns in unserem Interesse daran, keine Schmerzen zu verspüren oder zu leben, nicht im geringsten von anderen Tieren. Die Widerlegung dieser Behauptung ist - erfolglos - mit unzähligen Argumenten, Scheinargumenten und Spitzfindigkeiten versucht worden. Hier ist nicht der Platz, sie zu behandeln; es sei auf die entsprechende Literatur verwiesen[3]. Eine Abgrenzung von Tieren, denen es an Leidensfähigkeit und den entsprechenden Interessen mangelt (Würmer? Korallen?) ist nicht ganz einfach, und die Frage, welche nichtmenschlichen Tiere jetzt genau moralische Berücksichtigung erfahren sollen, daher unterhalb einer gewissen Entwicklungsstufe schwer zu beantworten. Es kann jedoch kaum Zweifel daran bestehen, daß zumindest Wirbeltiere uns in ihrer Existenz so ähnlich sind, daß sie bestimmte Interessen haben und die Mißachtung dieser Interessen Leid verursacht - eben wie bei uns Menschen auch.

Dementsprechend ist es nicht einzusehen, wieso das Leid, das die Verletzung der Interessen eines Wildschweines verursacht, anders bewertet oder weniger berücksichtigt werden soll, als das eines Menschen. Warum soll ich ein Lebewesen quälen dürfen, nur weil es zu einer anderen Art gehört? Das ist ebenso unlogisch wie die Argumentation des Skinheads, der Afrikaner gehöre doch zu einer anderen Rasse, deswegen könne man ihm ja gewisse Rechte vorenthalten.

Entsprechend der Begriffe des Sexismus und des Rassismus bildete sich demnach ein Begriff für die irrationale Diskriminierung eines Lebewesens aufgrund seiner Artzugehörigkeit: Speziesismus. Die Menschen, die für die Rechte nichtmenschlicher Tiere kämpfen, nennen sich - analog zu den Menschenrechtlern - Tierrechtler. Ein viel umfassender Begriff, schließen Tierrechte doch auch die Rechte von Menschen zwangsläufig mit ein. Denn wer für die Rechte von Tieren unabhängig von ihrer Artzugehörigkeit - Mensch, Schwein, Hund oder Maus - eintritt, tritt gleichzeitig für die Rechte von Menschen ein. Mit der Einschränkung, daß diese Rechte ihre Schranken dort haben, wo sie mit den Rechten anderer Tiere in Konflikt geraten und diese schwerer wiegen.

Wer argumentiert, das Interesse von uns Menschen, Tiere zu essen etc. wiege schwerer als das der Tiere an ihrem eigenen Leben, so ist dies ein typischer Fall von Spezisismus. Denn diese Abwägung muß unabhängig von der biologischen Kategorie der beiden Individuen erfolgen. Wiegt das Interesse, Fleisch zu essen, schwerer als das Interesse des „Fleischlieferanten" an seinem Leben, so müßte konsequenterweise auch das Essen von Kindern erlaubt werden. Wird es aber nicht. Denn wir bewerten in der Regel das Recht auf Leben höher als das Recht auf Genuß. Und wie bereits dargelegt, kann eine biologische Kategorie nicht als Argument dafür dienen, dieses Recht aufzuheben, denn entscheidend ist alleine das Interesse des nichtmenschlichen Tieres an seinem Leben, das sich von dem eines Menschen nicht nennenswert unterscheiden dürfte. Wäre dies anders, hätten also nichtmenschliche Tiere grundsätzlich kein Interesse an ihrem eigenen Leben und wären auch nicht leidensfähig, so wäre die heutige Behandlung dieser Tiere in Ordnung. Aber wer halbwegs geradeaus denken kann und gegenüber Fakten und Logik nicht völlig blind ist, der muß zugeben, daß auch nichtmenschliche Tiere leidensfähig sind und leben wollen.

Gemäß dem Gleichheitsprinzip gibt es natürlich auch hier eine berechtigte Ungleichbehandlung. Kein Tierrechtler diskutiert ernsthaft ein Wahlrecht für Eichhörnchen oder die Pressefreiheit für Känguruhs. Diese Tiere haben kein Interesse an entsprechenden Rechten, einfach weil sie weder wählen noch eine Zeitung herausgeben können. Diese Rechte sind sinnvollerweise auf Menschen beschränkt, weil wir die einzigen Tiere sind, die Wahlen abhalten oder Journalismus betreiben können. Eine Diskussion um solche Rechte für andere Tiere wäre von vornherein sinn- und zwecklos. Eigentlich eine Selbstverständlichkeit, allerdings gibt es durchaus Menschen, die Tierrechtler zu diskreditieren versuchen, indem sie behaupten, diese würden sämtliche Menschenrechte auch für Tiere fordern. Gelegentlich heißt es auch, Tierrechtler wären inkonsequent, wenn sie dies nicht täten. Wer das Gleichheitsprinzip verstanden hat, sieht schnell, daß diese Behauptungen haltlos sind. Die beschriebene Ungleichbehandlung stellt somit keinen Speziesismus dar. Ebenso wie die Ungleichbehandlung von Männern und Frauen hinsichtlich gewisser Rechte, die die Schwangerschaft betreffen, keinen Sexismus darstellt.

Die Rechte nichtmenschlicher Tiere ergeben sich demnach zwangsläufig aus den Menschenrechten. Denn die gleiche Berücksichtigung gleicher Interessen unabhängig von Rasse oder Geschlecht kann nicht einfach an der Artgrenze Halt machen. Sonst setzt man sich dem Vorwurf der Willkür aus und der Diskriminierung von Lebewesen nach ihrer Zugehörigkeit zu einer biologischen Kategorie. Will man die prinzipielle moralische Gleichheit aller Menschen glaubhaft vertreten, dann kommt man um die Berücksichtigung anderer Tiere mit identischen Interessen nicht herum. Speziesismus steht mit Rassismus und Sexismus auf der gleichen moralischen Stufe. Er ist eine irrationale Diskriminierung und Entrechtung von Tieren anhand völlig unbedeutender Kriterien.

Die Konsequenzen sind ebenso weitreichend wie klar: Tierrechtler lehnen die Nutzung und Ausbeutung von nichtmenschlichen Tieren durch den Menschen ab und leben daher vegan. Das bedeutet, daß sie keinerlei Tierprodukte nutzen, also weder Fleisch, noch Milch oder Eier, noch Seide, Leder, Wolle, Honig und alles, was eine Verletzung der Rechte von Tieren erfordert. Konsequenterweise fordern sie auch von der Gesellschaft, die Rechte der Tiere zu berücksichtigen, also mit der Ausbeutung nichtmenschlicher (wie auch menschlicher) Tiere aufzuhören.

Solche Forderungen werden vielfach als die Verletzung der Rechte von Menschen oder gar als Menschenfeindlichkeit betrachtet. Das ist jedoch nicht richtig. Denn gemäß dem Gleichheitsprinzip, das z.B. das Recht auf Leben über das Recht auf Genuß stellt, hat der Mensch schlicht und ergreifend einfach kein Recht, einem nichtmenschlichen Tier für seinen Genuß das Leben zu nehmen. Auch Menschenfeindlichkeit ist hier nicht im Spiel. Denn aus dem Einsatz für die Rechte von nichtmenschlichen Tieren eine Menschenfeindlichkeit abzuleiten wäre das gleiche, als wenn man Menschen, die für die Rechte der Frauen kämpfen, Männerfeindlichkeit nachsagte. Der Einsatz für die Rechte einer Gruppe wird von der „Gegenseite" nur zu oft als die Beschneidung der eigenen Rechte wahrgenommen. Wer über lange Zeit andere ausgebeutet und ihre Rechte mit Füßen getreten hat, sieht darin nur allzu schnell eine legitime Ausübung eigener Rechte.

„Die stellen Menschen auf eine Stufe mit Tieren!" wird oft geschrieen. Wörtlich gesehen ist das richtig, allerdings ist der Sinn, der hinter diesen Worten steht, falsch: Denn es geht niemandem darum, den Menschen einen niedrigeren moralischen Status zuzuweisen, um sie auf die gleiche Ebene mit anderen Tieren zu bringen. Niemand fodert, den Menschen irgendwelche Rechte zu nehmen. Es geht vielmehr darum, den nichtmenschlichen Tieren endlich den höheren moralischen Status zuzuweisen, der ihnen gebührt und ihnen Rechte zu verleihen. Ähnliche Argumente hat man in der gesamten Geschichte von denjenigen gehört, die andere ausgebeutet haben, seien es die Sklavenhalter in den USA oder die Patriarchen in Europa. Wer seinen Sonderstatus und seine besonderen Rechte, über andere zu bestimmen, einbüßt, tut sich damit immer schwer. Ein Grund dafür, die Ausbeutung weiter bestehen zu lassen, sollte das aber nicht sein. Denn es geht hier nicht um eine „Abwertung" einer Gruppe, sondern um die „Aufwertung" einer anderen.

„Tierrechtler können ja leben, wie sie wollen, aber sie sollen uns nicht vorschreiben, wie wir zu leben haben." Auch das konnte man stets hören, wann immer eine Gruppe von Menschen gesellschaftliche Veränderungen forderte, z.B. das Ende der Sklaverei. Mit diesem dummen Totschlagargument ließe sich jede Diskussion von vornherein abwürgen. Es dient lediglich dazu, sich die Argumente der Gegenseite gar nicht erst anhören zu müssen und den Status quo zu wahren. Außerdem scheint hier die fälschliche Vorstellung durch, die Frage, wie mit Tieren umgegangen wird, sei etwas Privates. Keine Handlung, die mehr Individuen als die eigene Person betrifft, ist rein privat. Nicht der das Schlagen der eigenen Kinder, nicht die Vergewaltigung in der Ehe, und ebensowenig die Tötung von Lebewesen, die nicht getötet werden wollen. Keine Handlung, die noch andere betrifft, ist Privatsache, und deswegen muß sie auch in ihren Auswirkungen auf diese anderen diskutiert werden können - ganz besonders im Fall von nichtmenschlichen Tieren, die sich selbst weder mit Worten noch mit Taten wirksam wehren können.

„Menschen sind Tieren überlegen. Wir sind stärker als sie." Stimmt. Und viele Männer sind vielen Frauen körperlich überlegen. Dient eine Form der Überlegenheit wirklich als Rechtfertigung für die Nichtbeachtung der Interessen des Unterlegenen? Nein. Nicht das „Recht des Stärkeren", sondern am ehesten noch die „Pflicht des Stärkeren", dem Schwächeren zu helfen, sollte Grundlage unserer Moral sein. Im zwischenmenschlichen Bereich wird das - zumindest theoretisch - von vielen auch so gesehen.

„Menschen sind intelligent, Tiere nicht." Was die intellektuelle Überlegenheit des Menschen angeht, so ist dies einerseits völlig unerheblich, denn die Frage, ob ein Tier schmerzfrei leben will, ist unabhängig von seiner Intelligenz. Wir machen schließlich auch unter uns Menschen die Intelligenz nicht zum Kriterium für die Verleihung von Rechten; man stelle sich vor, ein Vergewaltiger beriefe sich in der Gerichtsverhandlung darauf, daß er intelligenter sei als sein Opfer. Außerdem sind längst nicht alle Menschen allen Tieren intellektuell überlegen. Ein augewachsener Hund oder ein Schwein ist einem Neugeborenen oder einem sehr senilen, demenzkranken Greis mit Sicherheit intellektuell überlegen, auch wenn viele Menschen dies nicht gerne hören. Abgesehen davon, daß die meisten auf diese Weise vorgebrachten Merkmale für die Frage, ob wir nichtmenschliche Tiere quälen und töten dürfen, völlig unerheblich sind, stellt sich bei näherer Betrachtung heraus, daß es schlicht nicht ein einziges Merkmal gibt, das *alle* Menschen besitzen, gleichzeitig jedoch *kein anderes* Tier.

„Und was ist mit Pflanzen? Die töten Tierrechtler doch auch." Dieser häufig vorgebrachte Einwand ist nicht stichhaltig. Denn er setzt voraus, daß Pflanzen ebenso Leid verspüren wie Tiere. Das ist jedoch nach allem, was wir über Pflanzen wissen, ausgeschlossen. Denn Schmerz ist ein Mechanismus, der Tiere dazu bringen soll, sich von Gefahrenquellen fernzuhalten, verletzte Körperteile nicht zu belasten etc. Pflanzen können sich nicht bewegen, also gibt es keine Notwendigkeit für einen solchen Mechanismus. Pflanzen haben demnach auch nichts, was einem Nervensystem, das Schmerzen oder sonstiges Leid generieren und weiterleiten könnte, ähnelt. Nichtmenschliche Säugetiere dagegen haben ein Nervensystem, dessen „Bauart" mit dem unseren identisch ist. Selbst wenn - was völlig absurd ist - Pflanzen genauso schmerzempfindlich wären wie Tiere, wäre es notwendig, die Ausbeutung nichtmenschlicher Tiere zu stoppen. Denn bei der Produktion von Fleisch wird im Schnitt zehnmal so viel pflanzliche Nahrung verbraucht, als wenn wir Menschen die Pflanzen direkt essen würden. Außerdem müssen wir Menschen von irgendetwas leben; die Forderung, man möge doch durch Verhungern Selbstmord begehen, um nicht die Rechte anderer zu verletzen, kann kaum ernst genommen werden. Selbst wenn Pflanzen genauso empfindsam wären wie Tiere, müßten wir die Ausbeutung von Tieren sofort einstellen, denn auf diese Weise würde man das verursachte Leid möglichst gering halten.

„Fressen und gefressen werden ist doch etwas ganz Natürliches!" Stimmt. Darf ich jetzt meinen Nachbarn erschießen und grillen? Dieselben Leute, die lauthals von der „Natürlichkeit" des Tötens schwadronieren, werden plötzlich ganz still, wenn es in die menschliche Sphäre geht. Außerdem geht es hier um Handlungen von Menschen, die sich nicht mehr mit der „Natürlichkeit" der Sache rechtfertigen lassen. „Natürlich" wären auch Kannibalismus, Vergewaltigung und Mord - das alles ist dennoch verboten, und das aus gutem Grund. Kein Mörder kann sich mit dem Argument herausreden, Töten sei etwas ganz natürliches. Denn solche Maßstäbe lassen wir in unserer Gesellschaft nicht mehr gelten. Gerade die Fähigkeit, unsere Triebe mit Vernunft zu beherrschen, läßt viele Menschen in besinnungslosem Stolz von der Überlegenheit des Menschen gegenüber anderen Tieren reden - während sie gegenüber diesen Tieren ihre Triebbeherrschung völlig vergessen.

Die Zweiteilung „Ethische Behandlung von Menschen - Triebauslebung gegenüber anderen Tieren" ist nur eine weitere Beschreibung für Speziesismus. Ethik ist aber nicht teilbar. Sie willkürlich nur für Menschen gelten zu lassen, während andere Tiere die Natürlichkeit unserer mit Zielfernrohren ausgestatteten Repetiergewehre und unserer industriellen Schlachtbetriebe erleben dürfen, ist das gleiche, als wenn Deutsche ein Recht auf Unversehrtheit der Person haben (zivilisiertes Verhalten), Afrikaner aber mit Gewalt ausgeraubt werden dürfen (natürliches Verhalten). Beides ist gleichermaßen falsch, da es auf derselben Grundlage steht, dem Gleichheitsprinzip. Wer Menschenrechte glaubhaft vertreten will, kommt um grundlegende Rechte für andere Tiere nicht herum.

Diese kurze Darstellung der Grundzüge der Tierrechtsphilosophie ist selbstverständlich stark verkürzt. Es gibt auch noch viel mehr Einwände, viele Gegenargumente. Wer daran interessiert ist, etwas detaillierter in die Tierrechtsphilosohpie einzusteigen, dem sei das Buch *Tierrechte - Die Philosophie einer Befreiungsbewegung* von HELMUT KAPLAN empfohlen, das einen guten Einstieg und Überblick bietet. Als Grundlage ist PETER SINGERS *Animal Liberation* ebenfalls sehr empfehlenswert. Einen anderen (und weitaus komplizierteren) philosophischen Ansatz zeigt TOM REGAN in seinem Buch *The Case for Animal Rights* auf. Bei einer Schlagwortsuche nach „Tierrechte" im Internet finden sich außerdem unzählige Seiten, die sich mit diesem Thema beschäftigen.

Sind die vorangegangenen Ausführungen Grundlage einer Ethik, die nichtmenschliche Tiere miteinschließt, so ist die Jagd - wie andere Formen der Tierausbeutung auch - selbst dann abzulehnen, wenn die Tiere „sinnvoll" genutzt werden (z.B. Pelz, Wildbret) und die Jagd unserer Natur nicht schaden würde. Denn sie stellt eine Verletzung der Rechte der bejagten Tiere dar, die weder zwingend geboten noch sonst zu rechtfertigen ist. Die Motive der Jägerschaft, im nächsten Buchteil dargestellt, repräsentieren solch niedere Beweggründe, daß sie nicht einmal für eine geringfügige Belästigung anderer Menschen eine Rechtfertigung liefern könnten. Ein legitimer Grund dafür, nichtmenschlichen Tieren extremes Leid und schließlich den Tod zu bringen, können sie daher schon gar nicht sein.

III.
Motivation und Charakter der Jäger

„Der Zweck der Jagd ist, etwas zu töten."

- J.E. Hope, Jäger

19
Warum Jäger auf die Jagd gehen

Die Frage, warum der Jäger jagt, ist sicherlich eine der meistgestellten, wenn es um die Jagd geht. Bei Buschmännern in Afrika oder Indianern im Amazonas-Dschungel ist sie nicht schwer zu beantworten. Diese Menschen jagen zum Nahrungserwerb und kennen seit jeher nichts anderes. Anders sieht es bei der Hobbyjagd in Deutschland und anderen Industrienationen aus. Auch wenn das Fleisch von gemästeten Wildtieren von den Jägern bei jeder Gelegenheit als hochwertiges Nahrungsmittel angepriesen wird, kann wohl kaum behauptet werden, daß die Jagd zur Nahrungsversorgung nennenswert beiträgt oder gar notwendig ist. Kein Jäger in Deutschland geht auf die Jagd, weil er muß. Er geht, weil er will. Warum er will, wollen wir zunächst kurz einige Experten beantworten lassen.

19.1 Was die Psychologie sagt...

„Eine Feststellung beinhalten sämtliche mir vorliegenden Untersuchungen, nämlich die, daß beim modernen Freizeitjäger eine höhere Grundtendenz zu aggressiven Verhaltensweisen vorliegt, als dies beim durchschnittlichen Nichtjäger der Fall ist."[1]

- Dag Frommhold, Psychologe

Es gibt eine Unmenge psychologischer Untersuchungen, die sich mit dem beschäftigen, was die Jäger zum Jagen antreibt. Hier ist nicht der Platz, um dieses komplexe Thema erschöpfend zu behandeln. Es soll daher nur kurz angerissen werden.

DAG FROMMHOLD, selbst Psychologe, hat eine Vielzahl an Studien ausgewertet. Auch wenn zwischen den Jägern geschlechtliche, soziale, wirtschaftliche und individuelle Unterschiede zu unterschiedlichen Motivationsstrukturen führen, so scheinen die Hobbyjäger doch eines gemeinsam zu haben: nämlich eine aggressive Grundtendenz, die weit ausgeprägter ist als bei Nichtjägern[2]. Nach einer Untersuchung des Psychologen MANTELL an Soldaten sind unter denjenigen Kämpfern, die besonders bedenken- und teilnahmslos ihre Feinde töten, besonders viele Jäger, die von klein auf den Umgang mit Waffen und mit dem Töten gewohnt sind. Die Soldaten bestätigten auch, daß sie Parallelen zwischen der Hobbyjagd und der Tötung feindlicher Menschen sehen[3]. KELLERT ist der Ansicht, daß Jäger die Jagd zur Sublimierung von Unsicherheit, Frustration und mangelndem Selbstbewußtsein brauchen - durch die Herrschaft über Tiere und das Töten von Tieren[4]. Weiterhin nimmt bei den Gründen für die Jagdausübung die Lust am Töten eine ganz zentrale Stellung ein[5]. Jäger weisen darüber hinaus ein größeres Machtstreben auf als Nichtjäger[6].

Daß Jäger aggressive Grundtendenzen gemeinsam haben heißt nicht unbedingt, daß Jäger statistisch mehr Gewalttaten an Menschen verüben als Nichtjäger oder sich auch im Alltag aggressiver geben.

„Der Jäger entledigt sich schließlich auf der Jagd seiner angestauten Aggressionen, reagiert sich also an Tieren ab, um wieder weitgehend frei von Aggressionsdrang nach Hause zurückkehren zu können"[7],

meint FROMMHOLD. So erfreulich das für das menschliche Umfeld des Jägers ist, für die bejagten Tiere ist es sicherlich weit weniger angenehm, wenn sich bewaffnete Naturgenießer an ihnen abreagieren.

Die oftmals vorgebrachte Naturverbundenheit als Grund für die Jagdausübung läßt die Psychologin GROHS nicht gelten. Sie wertete für ihre Doktorarbeit mehr als 1.600 Fragebögen von Jägern und Nichtjägern aus, die zu möglichst identischen „Paaren" geordnet wurden und durch den Abgleich ein Psychogramm von Hobbyjägern und Nichtjägern ergaben. Das Ergebnis:

- Hobbyjäger beurteilen sich selbst als aggressiver als Nichtjäger.
- Die Jagdleidenschaft ist unter den Motiven für die Jagd herausragend. Andere Motive, wie die Freude an der Natur oder Geselligkeit, scheinen in keinem Zusammenhang mit der Beliebtheit der Jagd zu stehen. Hobbyjäger und Nichtjäger unterscheiden sich nicht in ihrer Naturverbundenheit. Die Jagdleidenschaft hängt nicht von der Naturverbundenheit ab, sondern nimmt eher mit steigender Aggressivität zu.
- Personen, die sich als hoch aggressiv beurteilen und der Jagdleidenschaft eine große Bedeutung für die Ausübung der Jagd beimessen, schießen deutlich mehr Tiere. Auch die Bereitschaft, den Tieren starke Schmerzen zuzufügen, steigt mit zunehmender Aggressivität.
- Da die Bereitschaft, den Tieren starke Schmerzen zuzufügen, mit steigender Jagdleidenschaft ebenfalls zunimmt, wird die Annahme abermals unterstützt, „daß die Jagdleidenschaft eine Manifestation aggressiver Verhaltenstendenzen ist."[8]

Solche Untersuchungen sprechen eine ziemlich deutliche Sprache. Die Begründung, daß Liebe zur Natur oder Naturverbundenheit ein wichtiger Grund für die Jagdausübung sind, ist schon auf den ersten Blick nicht einleuchtend, denn schließlich kann man die Natur auch friedlich und ohne Schußwaffe genießen.

Der grundlegende Antrieb für die Ausübung der Jagd ist nach Meinung vieler Psychologen also schlicht hohe Aggressivität, daneben auch Machtstreben und die Kompensation von Unsicherheit und mangelndem Selbstbewußtsein durch die Herrschaft über das Tier. Wie sich diese psychischen Zustände im Bewußtsein der Jäger ausdrücken, lassen wir diese am besten selbst beantworten.

19.2 ... und was von Jägern zu erfahren ist

„Ich jage nicht, um ökologische Pflichten zu erfüllen. Ich jage hellen Auges mit der Gewißheit, durch mein jägerisches Erleben gegenüber Nichtjägern emotional privilegiert und beschenkt zu sein. Ich jage mit Dankbarkeit vor meinem Schöpfer und mit jubelnder Freude."[9]

- Leserbrief in der Deutschen Jagd-Zeitung

19.2.1 Von der Freude am Naturerlebnis und der Trauer um das Tier

Ehrliche Aussagen über die Motive, welche die Waidmänner zu ihrem Tun antreiben, finden sich hauptsächlich - und verständlicherweise - in Medien, in denen die Jäger sich „unter sich" fühlen. Gegenüber Nichtjägern hören sich die Erklärungen der Waidmänner für ihr Hobby meist in etwa so an, wie „Klaus" im *Wild-Web*-Forum es „razze" erklärt:

„es macht spass äsungsmöglichkeiten für hase, fasan, rebhuhn und co. zu schaffen
es macht spass, hecken anzulegen und zu pflegen
es macht spass zu sehen, wie bisher fast ausgestorbene arten sich lebensraum zurückerobern, z.b. eidechse, feuersalamander, eisvogel, wasseramsel.......
es macht spass zu sehen wie die natur sich im jahreslauf entwickelt und vergeht
es macht spass lebensraum für fledermäuse zu schaffen, hornissen nistmöglichkeiten anzubieten, solitärbienen etwas für den nachwuchs anzubieten
es macht spass in der natur ruhe zu tanken und die sinne zu schärfen
es macht spass, kindergartenkindern und schülern zusammenhänge begreiflich zu machen
es macht spass, zivilisationsmüll einzusammeln
es macht spass, ..."[10]

Es scheint irgendwie unplausibel, daß das alles ausschlaggebend für die Ausübung der Jagd sein soll. Um Äsungsmöglichkeiten zu schaffen, Hecken anzulegen, erst recht um seltene Arten zu beobachten, die Natur zu erleben, Kindern die Umwelt zu erklären und Müll einzusammeln braucht man weder einen Jagdschein, noch Waffen, Schlagfallen oder scharfe Jagdhunde. Das alles kostet ein Heidengeld, das für die oben genannten Aufgaben nicht ausgegeben werden muß. Und so schreibt HESPELER auch in aller Deutlichkeit:

„Nur ein Trottel würde Jagdpacht und -steuer bezahlen, einzig um Feuchtgebiete anzulegen oder Hecken zu pflanzen. Als Nichtjäger kann er das auch, muß seine Biotopaufwendungen nicht noch zusätzlich versteuern und stößt bei Kommunen und Öffentlichkeit auf mehr Verständnis, Entgegenkommen und Zuschüsse als der Jäger. Wir blättern weder fünf noch 250 Mark jährlich für einen Hektar ausgeräumte Landschaft hin, nur um dort der Landeskultur zu dienen."[11]

Oftmals hört man auch, der Jäger gehe auf die Jagd, weil er Liebe zur Natur und zu den Tieren verspüre. Diese Begründung ist ziemlich zweifelhaft. Wenn ein Jäger in der Öffentlichkeit die Sehnsucht nach dem Wild zum Besten gibt, den Hauptaspekt seines Hobbys nicht im Töten, sondern im Aufsuchen und Beobachten des Wildes sieht, „dem sein Herz gehört"[12], so drängt sich sofort die Frage auf, wieso der Jäger das Tier, das er so sehr liebt, denn letzten Endes mit einem mehr oder weniger gut plazierten Schuß vom Leben zum Tode befördern muß. Die überall zu vernehmenden Aussagen, das Töten sei Nebensache, und der Jäger tue dies nur, wenn es - gelegentlich - mal sein muß, lassen die Frage unbeantwortet: Töten aus Liebe?

> *„Mit Verlaub, solchen Schwachsinn kann man als erwachsener Mensch nicht von sich geben! Man tut es in gewissen Kreisen trotzdem - und wundert sich, von der Bevölkerung nicht mehr ernstgenommen zu werden."[13]*

erregt sich HESPELER über die Äußerungen seiner Waidgenossen. Auch mit der oft vorgebrachten Reue gegenüber dem erlegten Wild, dem Verharren an dem Ort, an dem der Jäger das Tier getötet hat, sieht es seltsam aus. Die beiden Jäger, die am 08. August 2002 „Kastor", Deutschlands „stärksten" Hirsch, töteten, berichten:

> *„Wir standen vor dem gestreckten Recken und uns kamen die Tränen - der Freude und Wehmut zugleich. Der 'Kastor', der da vor uns am Ende seiner Fährte lag, wird uns fehlen, wenn die übrigen Hirsche seines Feistrudels im nächsten Jahr wieder zu uns nach Jersbek wechseln!"[14]*

Sehr seltsam. Wenn der „Kastor" Ihnen so fehlen wird, daß ihnen die Tränen kommen, wieso mußten sie ihn dann unbedingt umbringen? Die Wehmut, die Reue, gar die Trauer gegenüber dem - geweihtragenden - Tier, das die Jäger so oft als Teil ihrer „ethischen" Einstellung gegenüber dem Wild verkaufen, ist für HESPELER völliger Unsinn.

> *„Wenn es mich traurig stimmt, ein Tier getötet zu haben, dann muß ich schon ein hochgradiger Psychopath sein, wenn ich postwendend nach einem neuen Opfer dieser Art Umschau halte. Keiner von uns wird gezwungen auf die Jagd zu gehen. Wir gehen freiwillig und, wie ich meine, mit Freuden, und wir wissen, daß wir totgeschossene Tiere nicht mehr zum Leben erwecken vermögen. Also!"[15]*

Außerdem ist die auch als „Totenwacht" bezeichnete Trauerminute wahrscheinlich eher eine vorgeschobene Verhaltensweise, die nach außen präsentiert wird, um bestimmten (z.T. verklärten) Traditionen zu entsprechen und sich der Jägerschaft und der Öffentlichkeit als „waidgerecht" und „moralisch" zu verkaufen. So stellen die „Ökojäger" BODE UND EMMERT klar:

> *„Die Waidmannspflicht zur pseudoreligiösen Weiheminute und meditativen Zigarettenpause im Angesicht des soeben getöteten Opfers kann für Außenstehende nur*

von Zynismus zeugen. Doch in der Praxis gelten die Gedanken des Jägers nach der Erlegung weniger der Reue über den Tötungsvorgang, sondern eher der Beseitigung letzter Zweifel hinsichtlich Alter und 'Abschußwürdigkeit' des Tieres."[16]

Wenn schließlich verkündet wird, diese Liebe, die sich im Töten von Tieren ausdrückt, gehöre „der Natur" oder „den Tieren", so ist das wiederum unglaubwürdig. Wir haben z.B. schon gesehen, daß die Hege des Wildes nicht allen jagdbaren Wildarten zukommt (wie es das Gesetz verlangt), sondern lediglich einigen Tieren, die jagdlich besonders interessant sind. Andere Arten, erst recht nicht jagdbare, erhalten vom Waidmann kaum Aufmerksamkeit. Sie scheinen im Gegenteil für die meisten Jäger recht uninteressant zu sein, auch negative Auswirkungen von Hege und Jagd auf solche Arten scheinen viele Jäger nicht weiter zu stören. Da verwundert folgende Schilderung einer Gesellschaftsjagd in der *Wild und Hund* überhaupt nicht:

„Da, da war doch eine Bewegung - Cornelias Atem setzt für einen Sekundenbruchteil aus, da war doch - ein Eichhörnchen. Na toll. Für einen Moment empfindet sie nichts als Wut auf den possierlichen Nager. Dann seufzt sie. „Ist ja auch 'ne Art Anblick", murmelt sie und sieht den Sprüngen des Tieres zu."[17]

Wirklich furchtbar, daß ein nicht jagdbares Eichhörnchen bei Cornelia schon Vorfreuden auf den Schuß geweckt hat. Die jägerische Liebe zur Tierwelt scheint puschelschwanztragenden, nicht jagdbaren Arten offensichtlich nicht zu gebühren. Diese Liebe beschränkt sich auf schießbares Wild. Auch der Spaß, den das Heckenpflanzen und das Anlegen von Feuchtgebieten bringt, stellt sich nur dann ein, wenn man das Ergebnis - steigende Niederwildbesätze - im Herbst per Schußwaffe genießen kann. Wir haben bereits gesehen, daß sich beim Wegfall dieser Motivation die waidmännischen „Naturschutzmaßnahmen" schnell in Luft auflösen würden. Weil es kaum anders geht, räumt Klaus gegenüber „razze" zum Schluß denn auch ein:

„achso: es macht auch spass, bzw. es schmeckt hervorragend, wildfleisch zu erlegen und zu essen, denn es ist das einzige natürlich bis zum lebensende sich bewegende "fleisch" was es gibt!"[18]

Das scheint der Wirklichkeit schon erheblich näher zu kommen. Beschäftigt man sich mit den Veröffentlichungen in Jagdzeitschriften oder denen von kritischen Jägern, kommt man - und zwar zuverlässig, da aus erster Hand - zu den Dingen, die wirklich Motivation für die Jagdausübung sind.

19.2.2 Des Jägers Freude an der Jagd

Der letztendliche Grund für das, was die Jäger in unserer Natur anrichten, scheint eher blankes Vergnügen zu sein. Es mag einige Jäger geben, die tatsächlich meinen, Jagd sei „angewandter Naturschutz". Dennoch ist kaum zu erwarten, daß es viele sind. Die Fakten, die dagegen sprechen, sind zu zahlreich und zu offensichtlich, als daß ein nennenswerter Teil der Jägerschaft ernsthaft dieser Überzeugung sein könnte. Viele Jäger erklären - während die Öffentlichkeit die Naturschutzgeschichte aufgetischt bekommt - in Fachzeitschriften oder Fachbüchern denn auch freimütig, daß sie auf die Jagd gehen, weil es einfach Spaß macht. So erklärt BRUNO HESPELER:

> *„Aber ich will jagen, weil es mir Freude macht - die Jagd ist meine liebste Freizeitbeschäftigung! Nicht mehr und nicht weniger."*[19]

Im *Jäger* erklärt ein Waidmann auf die Frage „Warum jagen Sie?":

> *„Jede urtümliche Beschäftigung mit und in der Natur ist ein Glück, so das Segeln, das Reiten, das Jagen. [...] Ich brauche die Jagd wie die Luft zum Atmen."*[20]

In einer der zahllosen, von Pathos triefenden Jagdberichte, die sich in Deutschlands Jagdgazetten lesen lassen, erzählt ein Jäger von einem aufregenden Jagderlebnis:

> *„Ha, da lag sie ja, meine Wutz: Der Schuss hatte den 30-Kilo-Frischling im Knall verenden lassen, um die eigene Achse geworfen und in den tiefen, weichen Schnee gelegt. Die erste Sau, die ich im Revier meines Heimatdorfes strecken durfte, lag vor mir - und eines meiner schönsten, intensivsten und längsten Saujagd-Erlebnisse hinter mir."*[21]

Ein anderer Jäger berichtet, wie er seine erste Gams erschoß:

> *„Für mich war es, als ob Weihnachten, Ostern, 16. Mai und Ferienbeginn auf einen Tag gefallen wären. Jeder passionierte Waidmann kennt diesen befreienden Moment..."*[22]

Der schon angesprochene Jäger, der einem Fuchs mit einem 170-Meter-Schuß das Kreuz wegriß, kommentiert seine Gefühlslage, bevor er das Malheur bemerkte, schlicht und einfach:

> *„Ich war glücklich."*[23]

steve bekennt im *Wild und Hund*-Forum:

*„Mal ganz abgesehen davon ist mir der Fuchs die liebste Beute, weil mir seine Be-
jagung unabhängig von der Jahreszeit einfach am meisten Freude bereitet. Keinesfalls möchte ich dieses tolle jagbare Art in unserm Revier missen."[24]*

Constantin Freiherr von Heeremann, bis 2003 Präsident des Deutschen Jagdschutz-Verbandes, meint zur Frage nach dem Spaß an der Jagd:

*„Warum eigentlich nicht? Das gehört mit dazu. Wenn Sie mit einem sauberen Schuß
ein Stück erlegen, dann ist das schon ein Erlebnis."[25]*

Der *Rheinisch-Westfälische Jäger* berichtet über ein „Hochgefühl", das entsteht,

*„wenn der Feldhase mit steil aufgerichteten Löffeln geradewegs auf den eigenen
Stand zustrebt und dann mit einem letzten Satz in die Schrotgarbe springt."[26]*

Die *Pirsch* schließlich appelliert, die Jagdfreude deutlich als Grund für die Jagdausübung zu nennen und sich nicht hinter vorgeschobenen Argumenten - zum Beispiel dem Tierschutz - zu verstecken.

*„Die urtümliche Lust an Beute und Strecke, das Begehren nach dem reifen starken
Hirsch auf der Höhe seiner Kraft lassen sich nicht unter dem Mäntelchen des Sa-
mariters verbergen. Haben wir es wirklich nötig, die beiden kräftigsten Antriebe unseres Tuns, nämlich die alte Jagdlust und die neue, freudig übernommene Hegepflicht, ängstlich zu bemänteln?"[27]*

Noch deutlicher wird SEEBEN ARJES in einer *Pirsch*-Sonderausgabe:

*„Waidwerk soll Spaß machen, denn der Spaß an der Jagd ist das, was der Grun-
deigentümer verkauft, und das, was ein wohlwollender Jagdherr verschenkt. Ohne
diesen Spaß käme und zahlte niemand."[28]*

Auch die „Ökojäger" BODE UND EMMERT bekennen sich trotz aller Kritik an gängigen Jagdpraktiken deutlich zur Jagd an sich, denn:

*„Der jagende Umgang mit der Natur vermittelt Erlebnisse und Glücksgefühle, die
der Nichtjäger kaum nachvollziehen kann."[29]*

Tatsächlich - es wird nicht allzuviele Menschen geben, die es nachvollziehen
können, wieso es ein Glücksgefühl vermitteln soll, wehrlose Tiere grundlos zu erschießen. Die Frage, ob zuschnappende Schlagfallen, beißende Hunde und allerlei
schmerzhafte Spielarten von Krankschüssen - abgesehen von Tod selbst - für das
betreffende Tier ebenfalls ein tolles Erlebnis, gar ein Glücksgefühl sind, ist dabei
freilich erst einmal uninteressant.
Dies sind nur wenige Beispiele aus Jägerfedern, die seitenlang weitergeführt wer-

den könnten. Sie machen ziemlich deutlich, daß die Lust am Jagen und am Töten die stärkste Kraft ist, die den Jäger zum Jagen antreibt. Wenn sich Jäger über den Begriff „Lust am Töten" mokieren und lieber von der „Freude am Waidwerk" oder ähnlichem reden, so ist offensichtlich,

> *„daß dieser Unterschied letztlich faktisch keiner ist - sondern schlicht und ergrei-fend zwei sich nur verbal unterscheidende Definitionen für ein und denselben Sach-verhalt gegeben wurden. [...] Weder Germanisten noch sonstige Sprachwissen-schaftler konnten nämlich recht klären, worin denn letztendlich der Unterschied zwi-schen Lust, Freude und Vergnügen besteht, wohingegen die Gemeinsamkeiten die-ser Begriffe ausgesprochen weitreichend sind."* [30]

Natur- und Tierschutzargumente sind nichts weiter als ein Vorwand, um weiter-hin aus Spaß an der Freude althergebrachten Jagdpraktiken frönen zu können. Die-se stammen vielfach abgesehen von Details - z.B. Zielfernrohren oder industriel-len Kraftfutter-Spezialmischungen - noch aus Zeiten, in denen noch niemand mit einem Wort wie „Ökologie" etwas anzufangen wußte. Daß die Jagdlust die ent-scheidende Triebfeder der Jagd ist, bestätigen auch psychologische Untersuchun-gen (s.o.). Die Frage ist, ob unter den schon behandelten Tier- und Naturschutz-aspekten die Lust am Jagen und Töten wirklich eine Rechtfertigung für das sein kann, was sich täglich in unserer Natur abspielt.

19.2.3 Von Konkurrenzdenken und steigenden Strecken

> *„Ich hatte es an anderer Stelle schon einmal angeführt: Ich jage nicht aus Näch-stenliebe, sondern in Auslebung meines Beutetriebes und wenn ich durch einen ri-gorosen Fuchsabschuss (auch im Sommer) meine Niederwildstrecke steigt, dann führe ich ihn eben durch!"* [31]

Deutliche Worte, die „steve" im *Wild und Hund*-Forum benutzt. Er bestätigt nur das, was wir schon im ersten Buchteil deutlich gesehen haben: Beim Niederwild zählt die Strecke, und Beutegreifer müssen dran glauben, damit diese möglichst hoch ist. Zeugnisse dieser Einstellung, wie das obige, existieren zuhauf. Es zeigt, woraus zahllose Jäger in Deutschland, Europa und der Welt den Spaß und die Freu-de an der Jagd ziehen: Aus dem Abschuß von lebenden Tieren. Das Beutemachen an sich ist das, was zahllose Jäger motiviert, nachts bei Eiseskälte stundenlang auf Hochsitzen herumzuhocken oder abends durchs Revier zu pirschen, um ein geeig-netes Tier für den Abschuß zu suchen.

Die auf wenige Arten beschränkten, massiven Förderungsmaßnahmen, die Zucht und Aussetzung von Fasanen, Hasen, Rebhühnern oder Stockenten und die faden-scheinigen Argumente für die Verfolgung von Beutegreifern zeigen zudem un-mißverständlich, worauf es hinausläuft: Es wird alles getan, um eine größtmögliche Anzahl an Abschußobjekten im Revier zu haben, die dann schließlich „geerntet" werden können. Die Praktiken sind bereits ausführlich behandelt worden und sollen hier nicht nochmals dargestellt werden. Es sei lediglich noch einmal BRUNO HESPELER zitiert, der sehr deutlich sagt, worum es sich bei der Jagd dreht:

> *„Nein, wir jagen, weil es uns Freude macht, und was wir Hege nennen, ist zunächst blanker Eigennutz, gelegentlich „Freßneid". Wir wollen den Habicht doch nicht fangen, weil uns die armen Fasanen leid tun, weil wir ihnen das ewige Leben wünschen. Wir wollen Habicht, Wiesel, Fuchs und Co. ans Leder, weil wir deren Beuteanteile selbst schlagen und kröpfen wollen."*[32]

Wozu dieses Konkurrenzdenken führt, wissen wir: Zur ökologisch grundlosen und tierschützerisch sicherlich abzulehnenden Verfolgung von Beutegreifern, auch gerne mal solche seltener Arten. Und zu Hetzkampagnen gegen Füchse, Rabenvögel, Haustiere und was da sonst noch in der Gegend herumläuft oder -fliegt und auch nur theoretisch einmal ein Tier töten könnte, das sonst auf der Strecke des Revierinhabers läge. Auch HOPPE wird in der *Deutschen Jagd-Zeitung* recht deutlich:

> *„Wir Jäger sollten uns ehrlich zu unseren ureigensten Motiven bekennen: Das Hauptmotiv der intensiven Fuchsbejagung ist im Niederwildrevier die Verbesserung der herbstlichen Niederwildstrecken."*[33]

Da normale Jagdreviere keine Gatter sind, haben die vielfältigen Praktiken der Hege und Raubtierausmerzung auch das Ziel, das Niederwild vom Abwandern in andere Reviere abzuhalten; der Wildbiologe und Jäger HELMUTH WÖLFEL hält diesen Grund sogar für „vorrangig"[34]. Die *Pirsch* berichtet:

> *„Für den Fasan ist die Winterdeckung lebensnotwendig! Wo er diese nicht findet, wird er in deckungsreichere Regionen abwandern. [...] Die Rebhühner müssen [durch die Fütterung, Anm. d. Verf.] bei der Nahrungssuche nur geringe Energie aufwenden. Zudem erzielt man eine bessere Ortsbindung."*[35]

Ausfluß dieser Einstellung ist unter anderem der „Fuchswettbewerb" der Zeitschrift *Jäger*. Dort werden die erfolgreichsten Fuchsjäger mit Gold, Silber und Bronze prämiert - ein Wetteifern um den höchsten Fuchsabschuß[36]. Die vielfältigen Bemühungen zur Abschußmaximierung betreffen vor allem Beutegreifer, Niederwild und Wildschweine. Je höher die Strecken bei den einzelnen Tierarten und insgesamt sind, desto lauter jubelt die Jägerschaft. Die *Pirsch* etwa bezeichnet die Rekordstrecke beim Wildschwein als „Knüller"[37]. Ein erfolgreicher Jäger berichtet in derselben Zeitschrift über eine Entenjagd:

> *„Der Altweibersommer zieht schon durchs Land, das Korn ist eingefahren, die Stoppelfelder locken die Enten, Weizen aufzunehmen. Danach suchen sie den Moorweiher auf. Was könnte für einen passionierten Entenjäger einladender sein, als ihnen hier aufzulauern, um Beute zu machen! [...] Reichlich hinterlassene Entenfedern,*

durch windbewegtes Wasser an die Ränder gespült, verrieten, dass ein Ansitz nicht vergebens sein würde. So manches Mal war ich mit reicher Beute heimgekehrt, manchmal war ich auch enttäuscht ob meiner gemachten Fehler, die mich um die sonst so leichte Beute brachten. [...] Auf den hingeworfenen Doppelschuss fallen zwei vielleicht auch drei? Macht nichts, der Hund wird's aufklären. [...] Klingelnd, rauschend und plätschernd fielen drei Mal Enten vor mir ein, einige nahmen sich gleich wieder auf. Andere stieben durcheinander, die Luft wirbelte sekundenlang voller Enten. Drei Mal fielen meine Doppelschüsse, mir war nicht klar, was liegt. Aber zweimal schlug es jenseits des Ufers hörbar dumpf auf dem Moorloch auf, und an der Oberfläche hörte man die Geräusche der plätschernd verendenden, getroffenen Breitschnäbel. [...] Nun kam Nachlese und Ernte, die der Drahthaar hielt, der auf seine Bewährung geduldig wartete. Dreimal nahm er mit kühnen Sprüngen das Wasser an, jedesmal eine Ente im Fang sauber abgebend. Dann hörte ich ihn nur noch links und rechts, kreuz und quer revieren. Noch einmal brachte er zwei Enten aus dem Wasser. Und dann nahm er weiter Feld, umkreiste das Wasserloch, brachte von drüben zwei Enten, nahm nochmal die Verlorensuche auf, suchte sich das Geläufe der geflügelten Ente, die über die Koppel zum nächsten Graben lief und brachte auch diese im Fang, trotz der mittlerweile pechschwarzen Nacht. Erhebende Augenblicke für Führer und Hund, Lohn fleißiger Abrichtung. Glanzvolle Gebrauchshundearbeit!"[38]

Je zahlreicher die Beute, desto größer die Freude - Waidmannsheil!

19.2.4 Der Jäger und das Siegeszeichen

Große Aufmerksamkeit wird den geweihtragenden Arten zuteil. Hierzu gehören vor allem der Rothirsch und das Reh. Weitere geweihtragende Arten sind das Muffelwild, der Sikahirsch, der Damhirsch sowie die Gams. Das Geweih bzw. die Hörner dieser Arten werden auch als Trophäe bezeichnet, was aus dem Griechischen kommt und übersetzt „Siegeszeichen" bedeutet. Auch das Schwarzwild hat solche Trophäen - nämlich die langen Eckzähne der Keiler, die sogenannten „Keilerwaffen"[39]. Die Eckzähne des Unterkiefers heißen „Gewehre", die des Oberkiefers „Haderer"[40]. Aber auch die „Haken" älterer Bachen werden als Trophäen benutzt[41].

Die Trophäen lassen sich präparieren und - oft samt dem Schädel des erschossenen Tieres - als Wandschmuck ins Jagdzimmer hängen. Der Trophäenkult war in der Vergangenheit sehr lebendig - wer hat die größten, endenstärksten, schwersten, seltsamsten Trophäen geschossen? Heutzutage wollen Jäger - im Gespräch mit der Öffentlichkeit - davon kaum noch etwas wissen. Das war mal so, aber heute stehen ökologische Fakten im Vordergrund, heißt es.

„Wann endlich kapiert der Naturschutz, dass der Anteil der Trophäenträger, bezogen auf alles erlegte Wild, im einstelligen Prozentbereich liegt?"

fragt CONRAD in der *Deutschen Jagd-Zeitung*[42]. Nun, es ist durchaus verständlich, daß „der Naturschutz" das nicht „kapiert". Im Jagdjahr 2001/02 betrug die offizielle Gesamtjahresjagdstrecke in Deutschland 4.904.258 getötete Tiere[43]. Allein das Reh macht mit 1.060.272 getöteten Individuen 21,6% der Gesamtstrecke aus. Alle genannten trophäentragenden Tiere zusammen stellen mit 1.716.233 getöteten Tieren knapp 35% und damit mehr als ein Drittel dieser Strecke. Wie CONRAD daraus eine Zahl „im einstelligen Prozentbereich" zaubert, wird wohl nur er wissen. Tatsache ist, daß der Trophäenkult lebendig ist wie eh und je. Er ist eine weitere treibende Kraft, die hinter der Jagd steht.

So ist die Jagdzeit etwa des Rehbocks eine reine Trophäenjagdzeit. Sie beginnt mit dem Abschluß des Fegens (1. Mai) und endet mit dem alljährlichen Abwurf des Gehörns (15. Oktober). In der Schonzeit hat der Rehbock normalerweise kein Gehörn, oder es ist nicht voll ausgebildet[44]. Auf diese Weise kann kein Jäger z.B. per Abschußplan genötigt werden, einen Rehbock zu schießen, der keine Trophäe durch die Gegend trägt. Einer Änderung dieses Zustandes stemmen sich die Jäger und ihre Verbände mit aller Kraft entgegen.

Die Pflichttrophäenschau - eine weitere Erfindung aus dem Dritten Reich[45] - ist auch heute noch fester Bestandteil im jährlichen Rhythmus des Jagdjahres. Sie dient der Präsentation der erbeuteten Trophäen. Heutzutage sind „Hegeschauen" angeblich vorrangig dazu da, um etwa Altersstruktur und Gesundheitszustand des Wildbestandes zu demonstrieren. Das erscheint unglaubwürdig. HESPELER berichtet, daß er von Jägern in ganz Deutschland - freilich nur hinter vorgehaltener Hand - erfuhr, daß häufig sowieso mehr geschossen würde, als auf dem Plan stünde. Dies könne man aber nicht offen sagen, schließlich stiege aufgrund der besseren Abschußaussichten dann der Preis für das Revier, wenn es nach einigen Jahren turnusgemäß wieder zur Verpachtung ausgeschrieben wird[46]. Das, was auf den Trophäenschauen gezeigt wird, muß daher noch lange nicht die tatsächlichen Abschüsse repräsentieren. Selbst die *Pirsch* berichtet, daß nicht wenige Jäger falsche Angaben über Anzahl und Art der erschossenen Tiere machen und daher „Rückschlüsse auf die Bestandssituation kaum möglich sind"[47]. Dies wäre aber auch bei zuverlässiger Präsentation aller Trophäen nicht der Fall, weil die Zurschaustellung der Hegetrophäen nichts, aber auch gar nichts über das Vorhandensein eines „artenreichen und gesunden Wildbestandes"[48] aussagt. Allein schon deswegen, weil die Präsentation des Kopfschmucks trophäentragender Tiere nur einen kleinen Teil aller jagdbaren Wildarten repräsentiert. Außerdem müßten selbst für Rückschlüsse auf die Bestandssituation der vorgeführten Tierarten die getöteten Tiere einen repräsentativen Querschnitt des Gesamtbestandes darstellen, was in keiner Weise der Fall ist - allein schon, weil zumeist nicht einmal die Höhe des Gesamtbestandes bekannt ist. BODE UND EMMERT erteilen den Trophäenschauen daher eine klare Absage:

> *„Von den Jägern wird immer noch und regelmäßig die Erbeutung starker Trophäen als wichtigster Maßstab für erfolgreiches Jagen gewertet. Die nach wie vor landauf, landab als lodengrüne Peepshows veranstalteten Trophäenschauen werden zwar mittlerweile 'Hegeschauen' genannt, sind aber in der Praxis noch immer die alten*

Verk. günst. **Mufflons** bis 95 cm und **kap. Damwild** bis 4,2 kg zum Abschuss. Um frühzeitige Reservierung wird gebeten. **Telefon**

28-Ender, wieder über 293 CIC Punkte. Auch im Jagdjahr 2000 ist uns weltweit kein stärkerer Hirsch bekannt geworden.

Auf unsere traditionell guten-kapitalen Dammschaufler beginnt die Jagd am 1. Oktober. Die Einzeljagd auf gute-kapitale Keiler am 1. November.

Abschüsse:
Murmel **ab € 145,–**
Gams, Kronenhirsch **ab € 600,–**
Fax:

Gehegeabschuss im Bay. Wald,
14-Ender Rothirsch, sehr preisgunstig! Komfortable Ferienwohnung für 4 bis 7 Personen zu vermieten. Tel.

Die zahlreichen Anzeigen in Jagdzeitschriften, in denen Tiere zum Abschuß angeboten werden, sprechen für sich. Kronenhirsche, Kilogramm und „Kapitale" - dem Interesse gelten hauptsächlich die Trophäen. Der Abschuß trophäenloser Tiere ist im Vergleich spottbillig.

Knochenolympiaden, auf denen lediglich die Stirnwaffen des Schalenwildes zu sehen sind. Diese werden nach wie vor akribisch nach Gewicht, Größe und Schönheit bewertet, mit dem vermeintlichen Alter des erlegten Stückes in Bezug gesetzt und bei Erreichung des 'Klassenziels' mit Medaillen von Bronze bis Gold versehen."[49]

Auch wenn dies gegenüber der Öffentlichkeit stets bestritten wird, der Kult um die Trophäe ist nach wie vor da. In Jagdzeitschriften finden sich zahllose Anzeigen, in denen Revierinhaber oder Gatterbetreiber Wild zum Abschuß anbieten. Haupt- und oftmals einziges Argument ist die Stärke des Geweihs. Auch Verlage werden wissen, warum sie in Jagdzeitschriften Anzeigen mit Texten schalten, die z.B. bei einem Buch über das Mufflon wie folgt lauten:

„Das derzeit umfassendste Standardwerk über diese Wildart. Für die Jägerschaft dürfte das Kapitel Hege und Jäger mit der einmaligen Schnitthaarsammlung und der Anleitung zur Trophäenbewertung von besonderer Bedeutung sein."[50]

Es wird berichtet über Reviere, die „Rotwild mit herausragender Körper- und Geweihentwicklung" hervorbringen[51] und es werden Tipps gegeben, wie man alte, starke Rehböcke vor die Flinte bekommt[52]. Der *Niedersächsische Jäger* informiert, daß beim Rotwild der „Kronenhirsch" eine „zentrale Rolle spielt".

„Er ist das angestrebte Hegeziel. Endenreich und möglichst schwer soll sein Geweih sein."[53]

276

Je stärker die Trophäe, desto höher der Wert. Aber auch Kuriositäten sind hoch begeht: Perücken-, Widder-, Korkenzieher- und Gummigeweihe sind ebenfalls Gegenstand unzähliger Berichte und Kurzmeldungen in deutschen Jagdgazetten. In einem Bericht über solch seltsam geformte Geweihe empfiehlt der *Jäger* ein Buch zu dem Thema, denn:

„Abnorme Rehbockgehörne faszinieren nahezu jeden Waidmann."[54]

Das Fehlen interessanter Wildarten im eigenen Revier oder gar die Revierlosigkeit ist für einen Jäger in der Hinsicht kein größeres Problem. Will er einen „kapitalen Keiler", einen „reifen Kronenhirsch" oder einen „kapitalen Damschaufler" töten, um eine weitere schöne Trophäe in der Sammlung zu haben, so kann er gegen Geld in geeigneten Revieren „den Finger krumm machen". Die Höhe des Preises richtet sich dabei - wie könnte es anders sein - nach den Geweihgewichten. So kostete 2001 in brandenburgischen Staatsjagden ein Rothirsch mit einem Geweihgewicht von 2,00 bis 2,49 kg 1.200 Mark. Bei 5,00 bis 5,49 kg waren es schon 3.300 Mark, und für Hirsche, deren Geweih mehr als 10 kg auf die Waage brachte, waren mindestens 12.900 Mark fällig, zusätzlich noch 28 Mark je weitere 10 Gramm[55]. Es muß schon ein ungeheures Bedürfnis nach diesen Trophäen geben, wenn es nicht wenige Leute gibt, die dafür solche Summen hinblättern. Ach ja, weibliches Rotwild trägt natürlich keinen Kopfschmuck. Ein Abschuß kostete denn auch pauschal 120 Mark[56].

Ähliches bei anderen trophäentragenden Wildarten: Damhirsche ab 3,00 kg Geweihgewicht: 2.650 Mark, je weitere 10 Gramm 25 Mark; weibliches Damwild 80 Mark pauschal. Für einen Rehbock ab 400 Gramm Geweihgewicht waren 1.200 Mark fällig, pro zusätzliches Gramm weitere 12 Mark. Weibliches Rehwild wurde nicht zum Abschuß angeboten. Beim Schwarzwild kostete ein Keiler unabhängig von der Torphäenstärke 950 Mark, eine Bache 250 Mark[57]. Wer will da noch behautpen, die Trophäe habe heutzutage kaum noch Bedeutung? Wie wir schon gesehen haben, dient die intensive Hege des Schalenwildes denn auch vorrangig dem Heranzüchten kapitaler Geweihträger. Anders als beim trophäenlosen Niederwild geht es hier nicht allein um möglichst hohe Abschußzahlen, sondern auch um das Heranziehen eines kopfstarken Bestandes, um sich in vermeintlicher Selektion üben und schließlich die schönsten Tiere - bzw. deren Trophäen - zum Abschuß auswählen zu können. Daß die Trophäe einer der stärksten Motivationsfaktoren für die Jäger ist, erklärt selbst KALCHREUTER offen:

„Freizeitjagd ist überwiegend auf die Erbeutung von Trophäen ausgerichtet. Diese spielen eine bedeutende Rolle im heutigen Jagdwesen [...]."[58]

Außerdem will man diese sehr beliebten Wildarten zahlreich im Revier haben, um auch dann zum Schuß zu kommen, wenn man nur wenig Zeit für die Jagd hat. Auch das räumt KALCHREUTER ein:

„Das Wild soll dabei unter vertretbarem Zeitaufwand zu erbeuten sein, und dazu muß es häufig vorkommen." [59]

BRUNO HESPELER ist derselben Ansicht:

„ Wir blockieren höhere Abschußquoten doch auch nicht primär für die Rehe, sondern um selbst mehr von ihnen zu haben, zu sehen und bei Bedarf leichter schießen zu können." [60]

Faunenfremde Arten wie Sikahirsch oder Muffelwild dienen - wie im ersten Buchteil schon dargelegt - nichts anderem als der Bereitstellung von Trophäen und der Befriedigung der Jagdlust. Krönung der Trophäenjagd in Deutschland ist der Rothirsch. Wie schon aus obiger Preisliste zu ersehen ist, ist das Geweih des Rothirsches das begehrteste. Einst als „Hochwild" dem Adel vorbehalten, erweckt er auch heute noch die Begehrlichkeit des deutschen Waidmannes. Wenn in deutschen Landen mal wieder ein besonders kapitaler Hirsch geschossen wird, zeigt sich deutlich, wie viel die Trophäe des Schalenwildes zur Motivation der Jägerschaft beiträgt.

Am 21. September 1696 schoß Kurfürst Friedrich III. von Brandenburg einen kapitalen „66-Ender", einen Hirsch, dessen Besonderheit in den enorm abgeflachten vielendigen Kronen seines Geweihes bestand. Friedrich III. von Brandenburg zu Ehren wurde am Ort der Erlegung 1707 ein Denkmal errichtet. Was das mit der heutigen Jagd zu tun hat? Am 21. September 1996 pilgerten Jäger und Forstleute zu eben diesem Denkmal im Revier „An der Flut", 20 km westlich von Frankfurt/Oder, um zum 300jährigen Jubiläum Friedrich III. von Brandenburg und seinem kapitalen 66-Ender zu gedenken [61].

Noch seltsamer mutet eine Zeitungsmeldung der *Märkischen Oderzeitung* vom 24.09.1997 an:

„Deutschlands Spitzenhirsch erhielt jetzt ein Denkmal. - Im Golzower Knack ist jüngst eine Gedenkstätte eingeweiht worden. Sie erinnert aber nicht an einen Menschen, sondern an einen erlegten Rothirsch. Es ist ein besonderes Tier: Vor zwölf Jahren, am 18. September 1985 ist an dieser Stelle ein ungerader 30-Ender von Hans Henning Eisermann zur Strecke gebracht worden." [62]

Es ist wohl nur eine Frage der Zeit, bis auch „Kastor" ein eigenes Denkmal erhält. Der Rothirsch war am 08. August 2002 in der Nähe des Naturschutzgebietes Duvenstedter Brook bei Hamburg zur Strecke gekommen. Dieses Naturschutzgebiet ist durch seine überdurchschnittlich starken Rothirsche bekannt geworden, wie die *Pirsch* berichtet [63]. Als Kastor erlegt wurde, waren Deutschlands Jagdzeitschriften hellauf begeistert. Die *Deutsche Jagd-Zeitung* feierte die Erlegung als „besonderes, einmaliges Waidmannsheil" und sah Kastors „spektakuläres Geweihgewicht" als Zeichen der „hervorragenden Qualität des dortigen Rotwildes" [64]. Die *Pirsch* widmete dem „Höhepunkt eines Jägerlebens", so Chefredakteur Jost

Doerenkamp[65], gleich eine Titelgeschichte:

> *„Rechts neun und links 13 Enden, 120,6 cm Stangenlänge, 45,25 cm lange Augs-prossen, 31,3 cm Rosenumfang, 14,6 kg (netto) flossen in die erste inoffizielle Be-wertung mit ein: 270,63 C.I.C.-Punkte. "[66]*

Wäre „Kastor" im brandenburgischen Staatsforst erschossen worden, hätte der Schütze dafür 25.780 Mark berappen müssen, knapp €13.181.

Rein zahlenmäßig ist das Reh weitaus bedeutender, auch wenn sein Gehörn nicht annähernd die Größe eines Hirschgeweihs erreicht. Im Jagdjahr 2001/2002 wurden in Deutschland 57.593 Rothirsche erschossen[67]. Vom Reh kamen 1.060.272 Tiere zu Tode[68], weil ihre Stirnwaffen sich so gut im Jägerzimmer machen. 1997 veranstaltete der *Jäger* eine „Rehbock-Hitparade '97". Die Spielregeln:

> *„Bock schießen, Foto machen, Gehörn abkochen, trocknen lassen und Trophäe wie-gen. Das Foto plus Gewicht und interessante Zusatzinformationen schicken Sie an [...]"[69]*

Es braucht wohl nicht mehr, um zu zeigen, daß die Motivation der Jägerschaft sich hauptsächlich auf die Faktoren Jagdlust und Trophäenerbeutung gründet. Alles andere, wie die massive Förderung schießbaren Wildes, die Ausmerzung von Beutegreifern (deren Bejagung laut Aussage vieler Waidmänner ebenfalls große Freude macht), die Einbürgerung von faunenfremden, aber dafür jagdbaren bzw. geweihtragenden Arten oder die Forderung nach einer Beibehaltung oder gar Ausweitung der Liste jagdbarer Tierarten sind nichts weiter als Ausdruck und Folge dieser Motivation.

Nicht nur als Tierrechtler sollte man einem solchen Treiben aus moralischer Sicht eine deutliche Absage erteilen. Es ist nicht einzusehen, wieso es noch am Beginn des dritten Jahrtausends und in einer Gesellschaft, die mehr denn je den Anspruch erhebt, zivilisiert zu sein, akzeptabel sein sollte, empfindsame Lebewesen zum puren Vergnügen gewaltsam aus dem Leben zu reißen. Wenn dann Jäger argumentieren, sie folgten doch nur ihrem natürlichen Jagdtrieb[70], so kann man nur noch den Kopf schütteln. Das bloße Befolgen von Trieben kann nicht als Rechtfertigung für das Handeln eines Menschen gegenüber anderen Individuen dienen; auch in unserem alltäglichen Umgang miteinander wird erwartet, daß wir unsere Triebe unterdrücken oder zumindest so kanalisieren, daß wir nicht andere damit beeinträchtigen. Den „menschlichen Jagdtrieb" haben 99,6% der Bevölkerung in Deutschland anscheinend bestens unter Kontrolle - und das ist gut so. Simple Aggressivität oder Triebhaftigkeit ist nicht einmal für eine einfache Ohrfeige eine Entschuldigung. Warum sollte es dann moralisch in Ordnung sein, hochentwickelten Tieren mit einem dem unseren vergleichbaren Schmerzempfinden, eigenen Interessen und einem sozialen Leben große Schmerzen zuzufügen und sie schließlich umzubringen - einzig zur Triebbefriedigung und zum Abbau von Aggressionen? Es ist unverständlich, daß unsere Gesellschaft Menschen, die aus diesen Beweggründen heraus einen Hund verprügeln, mit Verachtung und manchmal auch Strafe belegt, während ein Jäger aus denselben Motiven mit „seinem" Wild noch weit Schlimmeres anstellen darf, ohne daß sich eine nennenswerte Anzahl von Menschen daran stört.

20
Wie der Jäger das Tier sieht

Wenn die Jäger Tiere im Wesentlichen deswegen töten, um ihre Jagd- und Trophäenlust zu befriedigen, hinter der nach Aussagen von Psychologen hohe Aggressivität und mangelndes Selbstbewußtsein stecken, dann liegt es nahe, daß es mit der Liebe des Jägers zum Tier nicht weit her sein kann. Einen interessanten Einblick in das Verhältnis vom Jäger zu den Tieren gibt uns die Jägersprache, nicht zu verwechseln mit dem Jägerlatein. Die Jägersprache ist eine Art Fachsprache, wie etwa auch der Fachjargon von Juristen oder Informatikern, während das Jägerlatein das waidmännische Pendant zum Seemannsgarn ist.

Wie schon mehrfach erwähnt, ist das einzelne Tier in der Jägersprache nicht etwa ein Individuum, sondern schlicht ein „Stück". Und „Stücke" werden nicht erschossen, sondern „geschossen", sie werden nicht umgebracht oder getötet, sondern „gestreckt" oder „erlegt". Das Blut des Tieres wird nicht etwa als solches bezeichnet, sondern ist „Schweiß"; das Krankschießen eines Tieres wird dementsprechend als „anschweißen" bezeichnet. Ein Hase, dem die Beine durch einen Schuß zerschmettert wurden, ist „geständert", ein Vogel mit zerschossenen Schwingen „geflügelt". Eine Füchsin wird nicht schwanger, sondern sie „geht dick"; auch eine Wildschweinbache ist nicht schwanger, sondern „stark". Dies sind nur einige Beispiele einer schier endlosen Palette an Fachausdrücken in der Jägersprache.

Es gibt Fachsprachen für viele verschiedene Bereiche, die den Benutzern eine fachspezifische und damit genauere Kommunikation ermöglichen. Allerdings ist es bei der Jägersprache offensichtlich, daß damit auch ein anderer Zweck verfolgt wird: Die Degradierung von empfindsamen Tieren zu Sachen („Stücken") und die Verschleierung bestimmter Vorgänge durch ihre Andersbenennung („anschweißen", „strecken"). Der Sinn scheint zu sein, sich selbst und anderen durch die Unterschiedlichkeit der Bezeichnungen für identische Vorgänge eine große, gar grundlegende Distanz zwischen Menschen und anderen Tieren zu suggerieren, so daß ihre Tötung moralisch annehmbarer erscheint. Außerdem wird der Vorgang des Tötens - auch seine grausamsten Spielarten - durch die Jägersprache verharmlost.

Schließlich hört es sich durchaus weniger schlimm an, wenn ein Tier „waidwund" ist, als wenn man deutlich sagt, daß ihm die Bauchhöhle durch Gewehrkugeln zerfetzt wurde und ihm die Eingeweide aus dem Körper hängen. Wird eine Ente als „geflügelt" bezeichnet, klingt das auch weit weniger aufregend, als wenn man deutlich ausspricht, daß ihr durch Schüsse aus Feuerwaffen die Flügelknochen so zertrümmert wurden, daß sie nicht mehr fliegen kann. Selbiges gilt für „geständerte" Hasen, denen die Beine zerschossen wurden. Und wenn ein Fuchs „springt" und dann im Schrotschuß „rolliert", so klingt das viel lustiger, als wenn er in Panik vor dem Erdhund aus dem Bau flieht und sich, von einer Schrotgarbe getroffen, im Lauf überschlägt. Etwas ähnliches praktizieren die meisten Menschen, indem sie denselben Vorgang auf Nutz- und Haustiere anwenden („trächtig", „werfen", „Junge", „fressen" etc.).

Es ist dementsprechend nicht verwunderlich, wenn der massenhafte Abschuß des Niederwildes im Herbst von den Jägern beschönigend „Ernte" genannt wird. Immer wieder liest man solche Verharmlosungen, wenn etwa der DJV in einer Broschüre die Tötung des „Raubzeugs" als „Jäten" und „Zurückstutzen" bezeichnet[1] oder der Jäger Fritz Nüßlein davon schreibt, der Waidmann wolle die Wildtiere als „Frucht des Bodens" für seinen „Lebensunterhalt" nutzen[2]. Im *Wild-Web*-Forum denkt „Klaus" auch nicht ans Töten empfindsamer Tiere, sondern nur an das Erlegen von „Wildfleisch" und schreibt allen Ernstes von „sich bewegende[m] 'fleisch'"[3]. Der Kopf eines geweihtragenden Tieres ist in der Jägersprache reduziert auf seine Funktion als (Trophäen-)„Träger".

Wenn ein empfindsames Lebewesen mit Gefühlen, Bedürfnissen und Sozialleben zum Schnitzel auf vier Beinen oder zum Trophäenproduzenten degradiert wird, scheint dies einzig den Zweck zu haben, die Tötung dieses Tieres emotional einfacher und sozial akzeptabel zu machen. Vielfach wird noch weiter gegangen: Die Jagd als Hobby wird einfach mit anderen Freizeitaktivitäten wie dem Pflücken von Beeren oder dem Briefmarkensammeln in einen Topf geworfen[4]. Ein Waidmann im *Jäger* bezeichnet die Jagd als eine einfache „urtümliche Beschäftigung mit und in der Natur", gleichzusetzen mit dem Segeln oder dem Reiten[5]. HERIBERT KAL-CHREUTER meint, die Jagd sei eine Freizeitbeschäftigung wie das Wandern oder das Skifahren und fährt fort:

> *„Der Fotograf will ein Bild 'schießen', will das Tier festhalten, dem er so lange aufgelauert hat. Das Foto ist ihm Erinnerung an ruhige Stunden am Weiher, an den glücklichen Moment, in dem er den Reiher endlich durch einen 'Schnappschuss' auf die Platte bannen konnte, gerade als dieser den Karpfen erbeutete. Auch der Jäger will hin und wieder Besitz ergreifen von dem Wild, dem sein Herz gehört, an das er so oft denkt."*[6]

Schnappschuß = Blattschuß (im günstigsten Fall). Unterschiede sind wahrlich nicht erkennbar.

Die Degradierung der Tiere zu empfindungslosen Sachen gipfelt dort, wo Jäger in einer Kürzung der Liste jagdbarer Arten allen Ernstes eine „Enteignung" sehen. Nach dem Bundesjagdgesetz ist das Jagdrecht „untrennbar mit dem Eigentum an Grund und Boden verbunden"[7]. Will heißen: „Das Jagdrecht steht dem Eigentümer auf seinem Grund und Boden zu."[8] Es ist damit ein wesentlicher Bestandteil des Grundstücks und unterliegt damit dem Grundrecht auf Eigentum, das von Grundgesetz garantiert wird. Bei den Jägern wird daraus flugs ein Besitzanspruch auf die Tiere, die in seinem Revier herumlaufen (das oft noch nicht mal ihm gehört, und wenn ja, dann meistens nur zu einem kleinen Teil - siehe Kapitel 24).

> *„Die Jagd war und ist ein Eigentumsrecht, das verteidigt werden muss!"*[9]

sieht sich Gerhard Friedl, Mitglied des Landesausschusses des Bayerischen Jagdverbandes, schon im Kampf für die Grundrechte, wenn es um Reformforderungen nach ökologischen Gesichtspunkten geht. Die Tiere werden auf diese Weise als Besitz des Jägers betrachtet und eine Herausnahme von Tierarten aus dem Jagdrecht dementsprechend mit einer Enteignung gleichgesetzt.

„Ich lasse mir von keinem reinreden, der an mein Eigentum will"[10],

so Ex-DJV-Präsident Heeremann zu einer Kürzung der Liste der jagdbaren Arten. Auch der bayerische Jägerpräsident Vocke sieht das so:

„Die Reduktion der Liste der dem Jagdrecht unterliegenden Arten ist selbstverständlich auch ein tiefer Eingriff in das Jagdrecht der Grundeigentümer. Es kommt einer Enteignung gleich."[11]

Das mutet etwas merkwürdig an. Denn daß das Jagdrecht ein an Grund und Boden gebundenes Eigentumsrecht ist, muß ja noch lange nicht heißen, daß eine bestimmte Anzahl an jagdbaren Tieren damit auf ewig Eigentum des Grundeigentümers sein muß. Würde die Liste der jagdbaren Arten gekürzt, so stünde das Jagdrecht noch immer dem Grundeigentümer zu, wenn auch in veränderter Form.

Wie auch immer, wie eine Kürzung der Liste jagdbarer Tierarten aus juristischer Sicht genau zu bewerten ist, soll uns hier nicht interessieren. Wichtig ist hier, daß diese Sichtweise der Jägerschaft die Tiere zu Dingen macht, die im Eigentum einer bestimmten Person stehen. Von dieser Warte aus betrachtet, ist es nur konsequent, mit sprachlichen Mitteln ihre Ähnlichkeiten zu uns Menschen zu vernebeln und sie schließlich mit brutalen Methoden umzubringen. Ebenfalls verständlich ist von diesem Standpunkt aus das Vorgehen gegen Beutegreifer, die sich am Eigentum des Jägers vergreifen, sowie der Handel mit der „Ware Wild" - Abschuß gegen Geld. Die Motivation der Jäger für ihr Tun und ihre Einstellung zu Tieren führen noch zu einigen anderen Auswüchsen als den schon bekannten. Diese werden im Folgenden dargestellt.

21
Jagd auf Haustiere

„...wie bekommt man(n) eine Katze zum Bellen?
Na 1 Liter Benzin drüber schütten und Feuerzeug dranhalten.
Wuff
...und einen Hund zum Miauen?
...über nacht in die Tiefkühltruhe und am Morgen auf die Kreissäge-
Miiiiaaaaauuuuhhhh"[1]

- Jägerhumor aus dem „Wild und Hund"-Forum

Nicht nur „Raubwild" muß dran glauben, damit Deutschlands Lodengrüne möglichst viele Rehe, Fasanen, Rebhühner und anderes „Friedwild" erschießen können, auch Hunde und Katzen stehen bei Jägern auf der Abschußliste - jawohl, auch unsere allseits beliebten vierbeinigen Freunde.

Damit ein Jäger beim Anblick eines Hundes sofort anlegen und schießen darf, muß er wildern. Zwar muß der Jäger z.B. in Bayern im Prinzip beweisen können, daß der Hund gewildert hat. Aber Zeugen sind bei solchen Vorfällen selten, und so kann der Jäger einen Hund schnell mal zum wildernden Hund erklären - wer will es kontrollieren? Alles, was Herrchen oder Frauchen wissen, ist, daß ihr Haustier eines Tages verschwand und nie wiedergekommen ist. In fast allen Bundesländern gelten als wildernd aber schon „Hunde, die im Jagdbezirk außerhalb der Einwirkung ihres Führers Wild aufsuchen"[2]. Wie dehnbar und daher willküranfällig der Begriff „außerhalb der Einwirkung ihres Führers" ist, ist offensichtlich. Das Buch *Der Jäger und sein Recht* geht davon aus, daß der Hund außerhalb der Einwirkung seines Führers ist, wenn er die Kommandos seines „Herrn" nicht sofort befolgt oder diese Person sich nicht um den Hund kümmert, z.B. wenn sie mit einer anderen Person spricht[3]. Irgendetwas davon wird wahrscheinlich vorgefallen sein, als ein jagender Schuldirektor im Oktober 1999 am Starnberger See den kleinen Mischlingshund „Fredl" erschoß, der zwei Meter von seiner Halterin entfernt im Gras saß und einen zweiminütigen Todeskampf durchlitt[4].

Eine Katze gilt sogar bereits als wildernd, sobald sie je nach Bundesland 200 oder 300 Meter vom nächsten Haus entfernt ist (Hessen: 500 Meter[5]). Ob sie tatsächlich irgendwelchem Wild hinterherjagt, ist vollkommen egal. Jeder, der mit Katzen zusammenlebt, weiß, daß der natürliche Lebensraum einer Katze weit mehr als die 500 Meter ums Haus herum beträgt. Katzen bewegen sich im Durchschnitt auf 10 bis 50 Hektar, während es in der Paarungszeit auch schon mal passieren kann, daß ein Kater ein Gebiet von 500 Hektar durchstreift[6]. Eine von Biologen durchgeführte Studie ergab, daß von 300 erschossenen Katzen 136 zwischen 300 und 500 Meter vom nächsten Haus entfernt getötet wurden. 114 wurden zwischen 500

Wie viele Haustiere in der Schrotgarbe oder in einer Schlagfalle enden, ist unbekannt, da die Jäger in den meisten Bundesländern keine Angaben machen müssen. Es gibt sowieso niemanden, der solche Meldungen überprüfen könnte.

© Initiative für jagdgefährdete Haustiere e.V.

und 1.000 Metern vom nächsten Haus entfernt getötet, und nur 50 wurden in einer Entfernung zum nächsten Haus erschossen, die überhaupt auf ein unkontrolliertes Herumstreunen hinwies[7]. Die meisten Katzen werden demnach in ihrem normalen, arttypischen Lebensraum umgebracht. Ob sie überhaupt „wildern", ist, wie schon gesagt, vollkommen unwichtig. Und während die Öffentlichkeit mit Blick auf verhungernde Kinder gerissener Elterntiere (z.B. Hasen) gegen Beutegreifer aufgehetzt wird, dürfen kleine Kätzchen sehen, wo sie bleiben, wenn ihre Mutter vom waidgerechten Jäger über den Haufen geknallt wird.

Anzahl der toten Tiere: unbekannt

Wie viele Haustiere jedes Jahr erschossen oder in Fallen gefangen werden, ist nicht genau herauszufinden, da in vielen Bundesländern die Jäger solche Fälle nicht melden müssen. Außerdem kann man davon ausgehen, daß auch in den Ländern, in denen eine Meldepflicht besteht, längst nicht alle Abschüsse auch tatsächlich gemeldet werden. Denn der Jäger kann den Behörden im Prinzip nach Lust und Laune irgendwelche Zahlen nennen, da niemand diese Angaben kontrollieren kann. Daß diese Zahlen aufgrund der Tatsache, daß Haustierabschüsse sich in der Presse nicht gut machen, kaum besonders hoch sein werden, liegt auf der Hand. Diese Einschätzung teilte selbst eine Beamter eines zuständigen Landesministeriums[8].

Die nebenstehende Tabelle ist das Ergebnis von teilweise mehrfachen Anfragen an die zuständigen Ministerien/Behörden aller Bundesländer (Jagdjahr 2000/2001). Es fällt auf, daß die Angaben recht spärlich sind. Dies hängt damit zusammen, daß wie gesagt in vielen Ländern keine Meldepflicht besteht. Im Saarland, wo diese Daten auf Kreisebene erhoben werden, gestalteten die Recherchen sich schwierig, so daß von der Stadt Saarbrücken und drei saarländischen Kreisen keine Daten vorliegen. Allerdings war über die Presse herauszufinden, daß bis 1988 im Landkreis Merzig-Wandern im Schnitt 57 Hunde und 800 Katzen pro Jahr getötet wurden[9]. Dann verschwanden die Haustiere aus den offiziellen Streckenlisten.

Bundesland	Getötete Hunde	Getötete Katzen
Baden-Württemberg	Unbekannt	Unbekannt
Bayern	Unbekannt	Unbekannt
Berlin	0	0
Brandenburg	Unbekannt	Unbekannt
Bremen	Unbekannt	Unbekannt
Hamburg	1	159
Hessen	50	2.612
Mecklenburg-Vorpommern	Unbekannt	Unbekannt
Niedersachsen	Unbekannt	Unbekannt
Nordrhein-Westfalen	362	20.563
Rheinland-Pfalz	Unbekannt	Unbekannt
Saarland	0	48
Sachsen	Unbekannt	Unbekannt
Sachsen-Anhalt	Unbekannt	Unbekannt
Schleswig-Holstein	22	11.081
Thüringen	0	129
Gesamt	**435**	**34.592**

Bei so wenigen, noch dazu unzuverlässigen Zahlen ist man auf Schätzungen angewiesen. Die sind beträchtlich höher: Die grüne Landtagsfraktion in Bayern rechnete im Sommer 1995 vor, daß in Deutschland jährlich etwa 35.000 Hunde und 350.000 Katzen durch Jäger zu Tode kommen[10]. HOFMANN schätzt im „Journal für Ornithologie" die Zahl der getöteten Katzen gar auf 400.000[11]. Die Bundesarbeitsgemeinschaft „Mensch und Tier" der Grünen geht von 40.000 Hunden und 400.000 Katzen aus[12]. Von den meisten Jägern (auch hier gibt es Ausnahmen) werden solche Zahlen natürlich stets zurückgewiesen. Es ist ja auch sehr einfach, kaum Zahlen zur Verfügung zu stellen und dann Schätzungen als übertrieben abzutun.

Wie Jäger zu Haustieren stehen

Was haben diese Tiere getan, daß ihnen der Tod gebührt? Eigentlich nichts. Es besteht nur die theoretische Möglichkeit, daß sie neben Mäusen und Ratten auch mal jagdbares Wild reißen. Was das bedeutet, wissen wir ja - das Jagderlebnis und die Strecke des Waidmannes könnte ja um einige wenige Wildtiere geschmälert werden. Und glauben Sie nicht, daß ein Jäger viel Geld für ein Revier ausgibt, nur um sich dann von irgendwelchem Raubzeug das mühsam herangehegte Wild wegfangen zu lassen. Und somit wird den „Geißeln des Wildes"[13] der Kampf angesagt. Besonders kraß wetterte der DJV-Literaturpreisträger BEHNKE in seinem Buch *Jagd und Fang des Raubwildes* gegen die vierbeinigen „Jagdfrevler"[14]: „Sie sind kein Raubwild, sie werden nicht bejagt, sie werden bekämpft."[15] Er fürchtet bei mangelnder Kontrolle der Haustiere „wildleere" Zonen[16] und schlägt ein Gesetz vor, daß Katzen im Alter von zwei bis drei Jahren (bevor sie fähig sind, „im Feld" zu jagen) ablieferungspflichtig zur humanen Tötung macht[17].

Nun gut, diese Äußerungen wurden 1982 gemacht, und selbst der DJV hält BEHNKES Buch heute für „nicht mehr ganz zeitgemäß"[18]. Dennoch werden auch im aktuellen Jagdjahr zig- bzw. hunderttausende von Hunden und Katzen getötet werden. Was sagt denn neuere Jagdliteratur zu diesem Thema? Der BUNDESVERBAND DEUTSCHER BERUFSJÄGER E.V. meint im Buch *Fangjagd 2000*:

> *„Das Fell der Katze wird mit Vorliebe als Rheumadecke oder zum Wärmen bestimmter Gelenke oder Körperpartien benutzt. Da für diesen Zweck nur das Rücken- und das Bauchfell benötigt werden, können wir uns das Abstreifen der Pfoten und das Auslösen der Krallen ersparen. Neben der Verwendung als Fellieferant dient uns die Katze auch noch als Lockmittel für den Fuchs. Man kann sich die Mühe machen, die Katze nach dem Abstreifen über einem offenen Feuer zu braten. Das erhöht die Anziehungskraft auf einen Fuchs erheblich. Aber auch in rohem Zustand eignet sie sich für den Luderplatz."[19]*

Schöne Aussichten für Ihr Haustier. Auch haben wir in Kapitel 17 bereits gesehen, daß lebend gefangene Katzen auch zur Ausbildung von Jagdhunden benutzt werden. Natürlich würde kein Jäger zugeben, daß er Haustiere fängt oder erschießt, weil er sie verwerten kann, weil er dann das eine oder andere Tier mehr jagen kann oder vielleicht auch, weil es schon ein aufregendes Jagderlebnis sein kann „zu sehen, wie sich die Katze im Schrotkugelhagel überschlägt", wie der Jagdkritiker FROMMHOLD es formuliert[20].

Einige Beispiele

Aber wie sonst ist es zu erklären, daß ein Jäger im Frühjahr 2002 die vierjährige Sennenhündin „Mädi" und ihr elf Monate altes Kind „Bauxi" erschoß? „Burli" erlitt nur einen Streifschuß und konnte fliehen. Des Jägers Begründung: Die Hunde seien auf ihn zugelaufen, er habe „Todesangst" gehabt[21]. Was mag den Jäger geritten haben, der im August 1994 im Allgäu zwei Husky-Welpen erschoß, die an einem Bach spielten? Einer der gerade mal neun Monate alten Hunde blieb verschwunden, der andere schleppte sich mit schwersten Verletzungen nach Hause und mußte eingeschläfert werden[22]. Sehr „waidmännisch" übrigens, einem Hundewelpen zuerst die Rückenmuskeln wegzuschießen, ihm Rückgrat und Becken zu zertrümmern und ihn dann einfach sich selbst zu überlassen[23]. Aber Hunde sind ja schließlich auch kein Wild, sondern Raubzeug.

Nur zwei Monate später wurde wieder ein Husky von einem Jäger erschossen: Der schwache und sehbehinderte Hund stand mit der Telefonnummer seiner Halter um den Hals vollkommen harmlos vor dem Jäger, als dieser ihm eine Ladung Schrot verpaßte. Zwar auf Weisung eines Polizisten, der ohne Grund per Telefondiagnose Tollwut vermutete, aber die Polizei ist gar nicht befugt, Tiere willkürlich für krank zu erklären und dann erschießen zu lassen[24]. Im Januar 2002 gab eine Passantin in Hamburg einen entlaufenen Hund in die Obhut zweier Jäger, die ihr versprachen, ihn ins Tierheim zu bringen. Stattdessen erschossen sie ihn[25]. In Stetten erschoß ein Jäger am Palmsonntag 2002 die einjährige Katze „Bailey" nur 200 Meter vom Haus der Besitzer entfernt. In Bayern ist das noch innerhalb der „Schutzzone", also illegal. Er nahm das Tier einfach mit und schüttelte die Katzenhalter ab, die ihn mit dem Auto verfolgten[26]. Die *Deutsche Jagd-Zeitung* berichtete im April 2002 über einen Jäger, der nachts mit dem Auto im Revier fuhr. Zwei ihm entgegenkommende Spaziergänger, die einen Hund bei sich hatten, traten neben die Straße, um dem Fahrzeug auszuweichen. Das Auto blieb allerdings in 100 Metern Entfernung stehen, und im Lichte der Scheinwerfer erschoß der Jäger den Hund, der genau zwischen den beiden Spaziergängern saß. Im Todeskampf biß der Hund seinen Begleiter in die Hand und verletzte ihn erheblich[27]. Im April 2003 erschoß ein Jäger im Saarland Lissi, steckte sie in einen Eimer und warf diesen schimpfend Lissis Haltern vor die Füße, die die ganze Zeit in Hörweite waren. Lissi hat angeblich gewildert: Eine groteske Vorstellung angesichts der Tatsache, daß sie eine kleine Beagle-Hündin war, die erst kurz zuvor aus dem Versuchslabor gekommen war[28]. Beagle-Hunde sind für Tierexperimente recht beliebt, weil sie sehr gutmütig und duldsam sind. Im Juni 2003 erschoß ein Jäger einen kleinen Mischlingswelpen ohne Vorwarnung oder konkreten Anlaß, als dieser mit seinen Haltern im Wald spazieren ging. Daß es zufällig auch noch der Welpe seiner Nichte war, interessierte den Waidmann nicht sonderlich[29].

Ein noch krasserer Fall ereignete sich im Juli 2003 bei Freyung in Niederbayern: Ein Jäger wurde zur Hilfe gerufen, weil ein unter zweifelhaften Umständen gehaltener Schäferhund sich gegen die rüden „Erziehungsmethoden" seines Halters mit Beißattacken zur Wehr setzte. Der Jäger schießt mitten in einer Ortschaft mit Schrot auf „Rex", der sich mittlerweile allein in einem eingezäunten Areal aufhält. Der Jäger hat es jedoch auf sieben Meter Entfernung nicht geschafft, den Schäferhund zu töten. Er schießt noch einmal, trifft, der Hund verkriecht sich winselnd in eine Scheune. Der Jäger schießt ein drittes Mal, trifft aber wieder nicht richtig: noch immer ist der Hund am Leben, sein Jaulen ist nach Zeugenangaben im ganzen Dorf zu hören. Der Jäger fährt mit seinem Wagen weg, Munition holen; später kommt er wieder und tötet mit dem vierten Schuß den Schäferhund. Der Hund hat nicht gewildert, der Jäger schoß innerhalb einer geschlossenen Ortschaft (was verboten ist) und nahm die Gefährdung der umstehenden Menschen nach Zeugenaussagen wohl auch auf die leichte Schulter. Auf den ersten Blick hat der Waidmann gegen mehrere Gesetze verstoßen. Allerdings nur auf den ersten Blick: Schließlich ist er Kreischef der Jäger, Bezirksvorsitzender und sitzt auch im Präsidium des Bayeri-

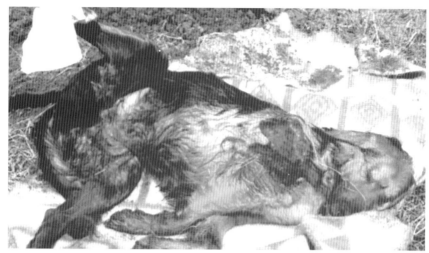

„Lady" wurde Opfer eines Jägers. Schätzungsweise 40.000 Hunden ergeht es jedes Jahr in Deutschland so wie ihr.

© Initiative für jagdgefährdete Haustiere e.V.

schen Landesjagdverbandes. Seine Jagdgenossen halten selbstverständlich zu ihm. Ebenso wie die Polizeiinspektion Freyung, die diesen Fall eher zurückhaltend behandelte, obwohl sie dafür bekannt ist, daß sie selbst die uninteressantesten Fälle gleich den umliegenden Zeitungsredaktionen mitteilt. „Ersten Andeutungen zufolge wird man sich auf einen gewissen Notstand herausreden", wie die *Passauer Woche* berichtete[30]. Das wird wohl klappen. Schließlich stellt sich mit Jürgen Vocke Bayerns Jägerpräsident hinter den Schützen[31]. Vocke ist zugleich Mitglied des Bayerischen Landtages und hat nicht unerheblichen Einfluß. Mit so einem Freund ist man fein raus, was auch immer man anstellt.

Besonders drastische Fälle, sagen Sie, schwarze Schafe? Eher nur Fälle, die zufällig an die Öffentlichkeit gelangt sind, weil jemand dabei war. Statistisch gesehen werden in Deutschland jeden Tag 106 Hunde und 1.095 Katzen erschossen (geht man von den Schätzungen der Bundesgrünen aus). Kaum eines dieser Tiere steht je in der Zeitung, da niemand davon erfährt, daß sie von Jägern erschossen oder in Fallen gefangen wurden. Mittlerweile gibt es auch eine „Initiative für jagdgefährdete Haustiere"[32], und es geht sogar so weit, daß sich in einigen Dörfern die Leute nicht mehr trauen, eine Katze zu sich zu nehmen, da sie fest damit rechnen, daß diese sowieso nicht lange leben würde[33].

Um nichtjagende Zeitgenossen zu disziplinieren, damit vielleicht in Zukunft weniger niederwildschädliche Haustiere durch die Gegend streunen, forderte der Bayerische Landesjagdverband gar eine Katzensteuer und „Katzenmarken". Dadurch sollen die Halter der „Killer" zur Verantwortung gezogen werden. Ein Antrag der Grünen im Landesparlament, Haustiere nur noch zu erschießen, wenn sie wirklich beim Wildern angetroffen werden, wurde ebenso abgeschmettert wie eine Ausweitung der „Katzenschutzzone"[34]. Auch Jost Doerenkamp, Chefredakteur der *Pirsch*, kann sich mit den Vorschlägen eines australischen Provinzministers „gut anfreunden": Die Vorstellungen des Regierungsbeamten beinhalten eine Ausgangssperre, eine Halsbandpflicht, eine Quote von einer Katze pro Haushalt und katzenfreie Zonen[35].

Fadenscheinige Begründungen

Und die Begründungen? Einerseits wird - fast schon selbstverständlich - die Gefahr für das Wild, insbesondere die gefährdeten (jagdbaren) Arten, angeführt, andererseits sollen speziell Katzen eine Gefahr für Singvögel darstellen. Das erinnert uns doch an altbekannte Argumente, nicht wahr? Und so überrascht es nicht, wenn auch diese Anschuldigungen völlig aus der Luft gegriffen, übertrieben und emotionalisiert sind. Schon seit Jahren geistert etwa in verschiedenen Versionen die Geschichte der Rehgeiß durch die Medien, die von einem Hund gehetzt wurde, der gleich noch ihre beiden ungeborenen Kitze mit zerriß. Und selbst wenn: Der Hund als - wenn auch domestizierter - Beutegreifer jagt weitaus natürlicher als der Jäger. Außerdem seien hier nochmal die zahlreichen Fehlabschüsse insbesondere bei Bewegungsjagden erwähnt. Jägerin „Anja18" berichtet im *Wild und Hund*-Forum etwa über eine Treibjagd, die wegen einer Herzattacke eines Jägers vorzeitig abgebrochen wurde:

> *„Auf der Strecke lagen zu diesem Zeitpunkt 4 Sauen und ein Fuchs. Leider waren 2 starke Bachen dabei, die jeweils um die 8 Frische inne hatten."*[36]

Manchmal hört man auch davon, daß durch den Tod von Elterntieren durch jagende Haustiere deren Nachwuchs qualvoll verhungern muß. Daß Jäger in dieser Hinsicht manchmal wenig Bedenken haben, wenn sie selbst auf die Jagd gehen, haben wir schon gesehen. Und wenn Jäger sich darüber beklagen, daß Hunde in den untragbar hohen Rehbestand in Deutschland eingreifen, dann kann man nur noch zu dem Schluß kommen, daß hier ein klarer Fall von Beuteneid vorliegt. Gerne wird in allen unappetitlichen Details von den Rissen durch Hunde lang und breit berichtet („Plötzlich ist es [das Reh] wieder aufgestanden - oh Gott, da hing ja alles unten raus"[37]), während man über die Dinge, die sich bei der alltäglichen Jagd so abspielen und die nicht viel appetitlicher sind, in der Öffentlichkeit möglichst wenige Worte verliert. Außerdem muß die Tatsache, daß ein Hund hinter einem Reh oder sonst einem Tier herläuft, gar nicht bedeuten, daß er es töten will. Der Wildforscher ERIK ZIMEN hat beobachtet, daß Hunde - wie auch Wölfe - bis ins hohe Alter gerne gerne mal spielerisch hinter anderen Tieren herjagen. Es geht dabei nicht ums Töten oder Fressen, sondern schlicht und ergreifend „nur darum, einfach mal hinterherzurennen"[38]. Wie viele Haushunde werden jährlich getötet, weil sie „einfach mal hinterherrennen" wollen?

Die Privilegien für Arnold und andere Jagdhunde

Auffällig ist auch die Schizophrenie der Jäger, wenn es um ihre Jagdhunde geht. Während Waldi schon um sein Leben fürchten muß, wenn er nur unangeleint im Wald umherläuft, haben Jagdhunde von vornherein absolute Narrenfreiheit. So durfte ein Jagdhund in einem Wald bei Neuendorf im April 2002 schwangeren Hirschkühen hinterherjagen. Der Jäger, zu dem der Hund gehörte, meinte, eine Hirschkuh liefe einem Hund locker davon, außerdem gäbe es ja auch in natürlichen Ökosystemen Wölfe, die auch schwangere Hirschkühe jagten. Und es wisse ja auch jeder Jäger, daß der Hund sich schon mal kurzzeitig dem Einfluß seines Führers entziehen und Wild jagen könne[39]. So richtig das alles ist, so seltsam ist das Verständnis, das den auf Wild abgerichteten Jagdhunden entgegengebracht wird, im Verhältnis zur absoluten Intoleranz der Jäger gegenüber Beaglehündinnen und Mischlingen anderer Leute, die oft noch nicht einmal wirklich hinter Wildtieren herlaufen.

Selbst, wenn der Jagdtrieb des Hundes zum Tod der Tiere führt, bleiben Konsequenzen für Hund und Führer aus - vorausgesetzt, der Hund gehört einem Jäger. In der ARD-Reportage *Tod in den Dünen* war eine Gruppe Jäger auf Baltrum zu sehen. Der Hund einer Jägerin riß während des Jagdtages zwei Rehe, und das auch noch mitten in der Schonzeit, auf die die Jäger ja immer so stolz verweisen[40]. Seine Führerin hatte ihn überhaupt nicht unter Kontrolle und versuchte vergeblich, ihn davon abzuhalten, die Rehe zu töten[41]. Man könnte also sagen, der Hund befand sich „außerhalb der Einwirkung seiner Führerin". Mußte der Weimaraner Arnold Konsequenzen fürchten? Natürlich nicht. Es gibt zwar im Tierschutzgesetz und auch im Jagdgesetz Bestimmungen, die das Töten von Tieren ohne vernünftigen Grund bzw. innerhalb der Schonzeit unter Strafe stellen; die zuständige Staatsanwaltschaft Aurich meint jedoch, daß sich dies nicht auf Jagdhunde beziehe, die aus eigenem Antrieb Tiere töten. Daher erklärt sie auch die Frage, ob Arnold „brauchbar" war, wie es das Bundesjagdgesetz fordert, für unwichtig[42].

Folgt man der Argumentation der Auricher Staatsanwaltschaft, dürfen Jagdhunde tun und lassen, was sie wollen, und ihre Führer sind selbstverständlich nicht dafür veranwortlich zu machen. Die Tatsache, daß Arnolds Führerin diesen aggressiven Hund überhaupt nicht unter Kontrolle hat, ist offenbar auch nebensächlich. Werden aus Versehen „in materieller und ideeller Hinsicht wertvolle Jagdhunde"[43] erschossen, die „wildern", ist das Geschrei groß - der „Jagdschutz-Super-Gau", wie die *Pirsch* meint[44]. Das Töten von „normalen" Hunden ist hingegen unverzichtbarer Bestandteil des Naturschutzes. Als Kapitalverbrechen reicht schon das unangeleinte Umherlaufen im Wald aus. Und die Halter der „Killer" sollen möglichst per Schadenersatzforderung in die Verantwortung genommen werden. Es kann ja schließlich nicht sein, daß Otto Normalhundehalter sein Haustier nicht zu 100% unter Kontrolle hat, nicht wahr?

Die ökologische Schädlichkeit der Hauskatze

Katzen wird weniger eine Schädigung des Rehbestandes als vielmehr ein negativer Einfluß auf das (jagdbare) Niederwild und insbesondere auf Singvögel nachgesagt. Nun, selbst der nicht gerade jagdkritisch eingestellte Biologe HEINRICH SPITTLER stellte fest, daß die Nahrung erschossener Katzen nicht einmal zu 3% aus Hasen besteht, während nur bei 2% der von ihm untersuchten Katzen festgestellt werden konnte, daß sie Fasane gefressen hatten[45]. Nicht gerade überzeugend. Auch REICHHOLF berichtet, daß die Mageninhalte von erschossenen Katzen zum größten Teil aus Katzenfutter bestanden. Zum kleineren Teil waren Mäuse enthalten, und Reste von Wildtieren oder Vögeln waren fast nirgends nachzuweisen[46]. Daß es besonders die Mäuse sind, die Katzen nach draußen locken, zeigt die Tatsache, daß in Mäusejahren die Zahl der überfahrenen Katzen rasant ansteigt[47].

Auch für den Bestand der Singvögel ist die Katze keine Gefahr. Es gibt keine wissenschaftliche Untersuchung, die den negativen Einfluß von streunenden Katzen auf Singvögel belegen kann[48]. Das liegt auch daran, daß die meisten Singvögel sehr viele Nachkommen haben, um ihren Bestand zu sichern. Der Wildbiologe Karsten Hupe von der Uni Göttingen meint: „Die können die Verluste locker wegstecken"[49]. Daß das Argument der Waidmänner, die Katzen würden insbesondere seltene Singvögel bedrohen, erstklassiger Unsinn ist, zeigt ein Blick in die Städte: Es gibt kaum irgendwo einen größeren Reichtum an Singvogelarten als in Gärten und Parks, dort, wo sich Hauskatzen normalerweise am ehesten aufhalten. In Berlin laufen nach Angaben des dortigen Tierschutzvereins zwischen 40.000 und 100.000 streunende Katzen durch die Gegend[50]. Dennoch leben dort zwei Drittel aller Vogelarten, die es überhaupt in Deutschland gibt[51]. Das wäre nicht möglich, wenn die Katzen die Bestände seltener Arten tatsächlich so sehr bedrohen würden, wie es die Jägerschaft immer behauptet. Zur „Singvogelproblematik" sei auch noch einmal auf das Kapitel „Jagd auf Rabenvögel" verwiesen.

Bei der wirklich verwilderten Katze ist außerdem noch folgendes zu beachten: Sie deckt ziemlich genau die ökologische Nische der von Jägern weitgehend ausgerotteten Wildkatze ab, da es sich nur um verschiedene Formen derselben Art handelt. Selbst Spezialisten haben mitunter Schwierigkeiten, wildfarbene Hauskatzen von Wildkatzen zu unterscheiden[52]. Das bedeutet zweierlei: Zum einen wird von der Hauskatze eine ökologische Nische teilweise wiederbesetzt, die seit langer Zeit Teil der Natur war und von Jägern leergeschossen wurde. Sie kann daher unmöglich ökologisch „schädlich" sein. Die Wildkatze war schließlich auch nie eine Gefahr für Singvögel oder ähnliches. Außerdem darf man annehmen, daß wegen der mangelnden Fähigkeit der Jäger, Wild- und Hauskatzen zu unterscheiden, sicherlich auch die eine oder andere Wildkatze auf der Strecke bleibt. Würden Hauskatzen nicht bejagt, gäbe es auch nicht die Gefahr, daß eine Wildkatze für eine streunende Hauskatze gehalten und getötet wird. Die Chance, daß die Wildkatze sich wieder ausbreitet und ihre Scheu vor dem Menschen verliert, wäre ohne Bejagung

Haus- oder Wildkatze? Selbst Fachleute können das oft nicht eindeutig sagen. © Kathrin Bibelriether

von Hauskatzen weitaus größer[53].

Von Jägern wird auch hin und wieder behauptet, daß Hauskatzen gefährlich für Wildkatzen seien, weil sie sich mit ihnen vermischten und so das Erbgut der Wildkatzen verschlechterten. Der Anspruch, das Erbgut der Wildkatzen „reinzuhalten", ist jedoch von vornherein unsinnig. Haus- und Wildkatzen hatten Jahrhunderte Zeit, sich zu vermischen, ohne daß der Mensch etwas dagegen hätte tun können oder wollen. Wäre eine Vermischung eingetreten, wäre sie längst unumkehrbar[54].

Eine ökologische Schädlichkeit von Hund und Katze kann ausgeschlossen werden, die Argumente der Jäger ziehen auch hier nicht. Hätten sie Recht, würden Haustiere z.B. in wildbiologischen Studien als Sterblichkeitsfaktor berücksichtigt, was in der Regel nicht der Fall ist. Es geht nicht um den Schutz von Einzeltieren oder von gefährdeten Arten, sondern nur um das Recht des Jägers, das mühsam herangehegte Wild selbst zu töten und auf keinen Fall mit vierbeinigen Mitjägern teilen zu müssen Dies zeigt auch der Begriff, unter dem das Töten von Haustieren in allen Jagdgesetzen Deutschlands geregelt ist: Es geht nicht um Wildschutz, nicht um Tierschutz, auch nicht um Umwelt- oder Naturschutz, sondern um **Jagd**schutz.

Die schon erwähnte Jagd auf Baltrum zeigte sehr schön, wie die Argumentation der Jäger funktioniert. Im Laufe des Tages riß ein Jagdhund eine junge Katze. Abgesehen davon, daß sein Führer ihn auch hier wohl nicht ganz unter Kontrolle hatte, meinte dieser, daß ihm das schon leid täte. Allerdings seien Katzen „die Geißeln der Wildbahn" und schädigten insbesondere das Niederwild. Was für Niederwild gibt es auf Baltrum? Nun, hauptsächlich Kaninchen, die vor einiger Zeit dort zu Jagdzwecken ausgesetzt wurden.

Dreimal dürfen Sie raten, welchen Tieren an diesem Tag die Jagd galt, weil es angeblich zu viele davon gibt.

22
Die Trophäenjagd im Ausland

*„Eine Reihe von Autoren konstatiert [...] bei vielen Trophäenjagdprogrammen ei-
nen Mangel an grundsätzlichen, über längere Zeiträume hinweg gesammelten Daten zu Populationsgröße und -trend der bejagten Bestände."[1]*

- Positionspapier des Bundesamtes für Naturschutz zur Auslandsjagd

Die heimische Natur ist - trotz Hegemaßnahmen und Einbürgerung fremder Arten - für viele deutsche Jäger offensichtlich nicht artenreich genug. Schätzungsweise jeder dritte deutsche Waidmann fährt zumindest einmal zum Jagen ins Ausland[2]. Diese Jagd im Ausland hat nichts mehr mit Hege oder dergleichen zu tun,
sondern ist eine reine Trophäenjagd. Wer „Trophäenjagd im Ausland" hört, denkt
oft gleich an den Abschuß von Elefanten oder Nashörnern. Umsomehr wird es überraschen, daß das bei deutschen Auslandsjägern beliebteste Land eines in direkter
Nachbarschaft ist: Polen[3].

Eine Umfrage des DJV und TRAFFIC, eines Programms der Naturschutzorganisation WWF und der Weltnaturschutzunion IUCN, unter 4.000 deutschen Jägern
mit „Auslandserfahrung" ergab, daß Osteuropa das beliebteste Reiseziel ist, wenn
es für deutsche Waidmänner ins Ausland geht: 70% der befragten Jäger waren schon
einmal oder mehrfach in Osteuropa, 52% im restlichen Europa, und nur 28% waren schon einmal zum Jagen in Afrika. Polen steht ganz oben in der Rangliste, afrikanische Staaten rangieren eher weiter unten (siehe Kasten)[4]. Eine Sonderfall ist
Namibia, das ehemalige „Deutsch-Südwest-Afrika". Man spricht Deutsch, „und
auf Farmen wie Albrechtshöhe oder Waidmannsruh fühlt sich der Jagdgast wie zu
Hause"[5]. Namibia ist dabei eher eine Ausnahme, die
meisten deutschen Auslandsjäger tummeln sich in Europa.

Die „Top 10" der Reiseziele für deutsche Jäger
1. Polen (22,7%)
2. Ungarn (13,7%)
3. Österreich (11,6%)
4. Namibia (9,0%)
5. Großbritannien (5,8%)
6. Kanada (5,0%)
7. Tschechien (4,9%)
8. Schweden (4,6%)
9. Rußland (3,0%)
10. Südafrika (1,8%)

Das ist aber auch nicht verwunderlich. Denn Jagdreisen kosten Geld. Nicht nur Reisekosten wie Flug, Un-
terkunft und Verpflegung fallen an, sondern wie bei jeder Trophäenjagd außerhalb des eigenen Revieres auch
eine Gebühr für den Abschuß. Und diese Gebühren sind
in osteuropäischen Ländern, in denen eher auf Tiere
wie Hirsche, Rehe oder Wildschweine gejagt wird, wesentlich geringer als in Afrika oder Asien. Ganz billig
ist der Spaß aber auch in Osteuropa nicht: So kann man
bei einem Anbieter bei einer fünftägigen Jagdreise in
Polen einen Damhirsch für €1.083 erschießen[6]. Eine
Reise nach Bulgarien, ein Rothirsch mit 9 kg Geweih-

gewicht inklusive, kostet bei einem anderen Veranstalter €4.765[7]. Aber auch Arten, die in Deutschland vom Aussterben bedroht oder schon ausgerottet sind, können gejagt werden. Die *Pirsch* berichtet etwa über „erlebnisreiche, spannende und hoffentlich auch erfolgreiche Jagdtage" in Rußland auf das in Deutschland fast ausgestorbene Birkhuhn[8]. Wer eine Woche in Weißrußland verbringen und dabei einen in Deutschland ausgerotteten Wisent erschießen will, zahlt €2.905[9]. Vergleichsweise günstig ist ein Wolf, den man in Kasachstan bei sieben Jagdtagen schon für €1.950 töten kann[10]. Bei diesen Pauschalangeboten ist es natürlich möglich, nach einer Preisliste weitere Tiere zu töten.

Es verwundert nicht, daß die Auslandsjagd eine reine Trophäenjagd ist. Schließlich will der Jäger etwas für sein Geld haben; kein Waidmann wird dafür bezahlen, in Litauen Hecken pflanzen zu dürfen. Da das Bedürfnis nach Trophäen immens ist, ist es denn auch nicht überraschend, daß die zahllosen Inserate für Jagdreisen, die einen beachtlichen Raum im Anzeigenteil der Jagdzeitschriften beanspruchen, mit Kilogramm und Zentimeter ihre „Produkte" anpreisen. Ein Jagdreisen-Veranstalter wirbt etwa auf seiner Internet-Seite für Jagdreisen nach Weißrußland:

> *„Es wurden reife Keiler mit Waffenlängen von unglaublichen 27 cm und Hirsche mit Geweihgewichten bis 9 kg erlegt. Dazu kamen Elchhirsche, Wölfe und Wisente."[11]*

Die zahllosen Anbieter, die sich auf diesem Markt tummeln, zeugen von einem lukrativen Geschäft, das darin besteht, Tiere zum Abschuß anzubieten. Und der Trend zur Auslandsjagd nimmt zu[12]. Daß hier Lebewesen nichts als Ware sind, wird deutlich, wenn Veranstalter „20% Rabatt auf Hirsche" oder Ähnliches anbieten[13].

Ein Vermögen für seltene Tiere

In ganz andere Dimensionen gelangt man, wenn man den alten Kontinent verläßt. Je exotischer die Tierart, desto höher der Preis. Für eine 7-Tage-Safari in Simbabwe, bei der man einen Büffel töten darf, sind schon mal €6.000 fällig[14]. Ein Elchabschuß in Kanada kostet gerne mal $8.000[15], und für eine 16tägige Jagdreise nach Namibia und Simbabwe, bei der der Gast einen Leoparden erschießen darf, sind gleich €8.900 fällig[16].

Richtig interessant wird es, wenn die Jagd Arten gilt, die sehr selten oder gar vom Aussterben bedroht sind. LECHNER fragt im *Jäger*, wer denn nicht schon einmal von der Jagd auf Grizzlys in der Wildnis Kanadas oder Alaskas geträumt habe, oder von anderen „Kronjuwelen der Auslandsjagd", um schließlich festzustellen:

> *„Nun, bei den meisten von uns wird's in erster Linie am lieben Geld scheitern."[17]*

Angesichts der Preise wird schnell verständlich, warum etwa die Tötung der „Big Five" Afrikas (Breitmaulnashorn, Büffel, Elefant, Leopard, Löwe) nur wenigen Jägern vergönnt ist.

> *„Bei Tagessätzen von bis zu 2.000 US$ pro Jäger und gesetzlich geforderten Mindestaufenthalten, beispielsweise von 14 bis 21 Tagen auf Elefantenjagd, sowie staatlichen Lizenz- und Abschußkosten von bis zu $50.000 alleine für ein Nashorn, ist da schnell ein hübsches Sümmchen zusammen."*[18]

Die Preise ergeben sich direkt aus dem Angebot. Denn für solche Wildtiere, die sehr selten sind, gibt es staatliche Abschußlizenzen, die nicht gerade zahlreich sind. Vergleichsweise günstig ist es noch, einen Elefanten zu töten; das geht schon ab etwa €9.000[19], kann aber auch €16.500 kosten[20], je nachdem, wie groß das Tier bzw. seine Trophäe ist. Für einen Löwen zahlte man 1992 in Tansania inklusive aller Kosten etwa $35.000[21]. Wer da alle „Big Five" umbringen will, zahlt mehr als nur ein kleines Vermögen. Aber es gibt ja noch günstigere Tiere in Afrika, etwa in Namibia. Neun Tage Jagdurlaub samt Abschuß eines Oryx kosten etwa €2.560[22]. Auch andere Arten wie Warzenschwein, Kudu oder Antilopen können gejagt werden, wobei letztere für deutsche Auslandsjäger die größte Bedeutung haben[23].

Nordamerika hat seine eigenen „Big Five"; hierzu zählen das Bighorn-Schaf aus den Rocky Mountains „mit seiner wuchtigen Trophäe von bis zu 40 Zentimeter Umfang und über 120 Zentimeter Schneckenlänge"[24], außerdem das Dallschaf, der Grizzlybär, der Elchschaufler und die Schneeziege[25]. Die Kosten für den Abschuß eines sehr seltenen Desert Bighorn-Schafes in Mexiko liegen bei etwa $60.000[26].

Auch in Zentralasien gilt: Je seltener das Tier, desto höher die Zahlungsbereitschaft. Dies gilt besonders für seltene Wildschafe, wie das Marco-Polo-Schaf (bis zu 190 Zentimeter lange Hörner, ca. $30.000), das Argali-Wildschaf (bis zu 250 kg schwer, 180 Zentimeter lange Schnecken, Kostenpunkt etwa $50.000 allein für den Abschuß) oder den Markhor mit seinen schweren Schraubenhörnern (bis zu 1,25 Meter lang), dessen Abschußgebühren jenseits der $50.000-Marke liegen[27].

„Where wildlife pays, wildlife stays" - Jagd als Artenschutz?

Tier- und Artenschützer kritisieren an der Trophäenjagd selbst auf stark bedrohte Tiere, daß sie diese Arten noch weiter gefährde, nur um die Trophäenlust gut betuchter Freizeitjäger zu befriedigen. Von solchen Vorwürfen will die Jägerschaft nichts wissen, im Gegenteil: Die Trophäenjagd trage sogar zum Schutz seltener Tiere bei.

Denn viele Wildtiere etwa in Afrika oder Asien waren im 19. und 20. Jahrhundert schon beinahe ausgerottet worden, da sie als Schädlinge z.B. für die Land- und Viehwirtschaft betrachtet wurden. Beispielhaft sei hier Simbabwe genannt: In der Kolonialzeit wurden weite Teile der einheimischen Bevölkerung vertrieben und zwangsumgesiedelt, damit die weißen Kolonialherren die guten Böden in Besitz nehmen konnten. Gleichzeitig wurden in dieser Zeit weite Gebiete unter Schutz gestellt (in Simbabwe 13% der Landesfläche). Das hatte gleich zwei negative Effekte: Zum einen lagen die neuen Siedlungsgebiete der Einheimischen fast immer in direkter Nachbarschaft zu den Schutzgebieten und auf Böden, die für die Landwirtschaft nicht viel taugen. Die in die kleinen Schutzgebiete verdrängten Wildtiere wurden dadurch zu einer Bedrohung für die kargen Ernten und oft gar das Leben der Menschen, wenn sie das Schutzgebiet verließen und in die nahe gelegenen Siedlungsgebiete eindrangen. Außerdem wurde der Bevölkerung die Jagd auf Wildtiere, die bis dahin ein selbstverständlicher Teil ihrer Lebensweise gewesen war, verboten - das Wild gehörte der Krone. Das führte dazu, daß der Schutz von wildlebenden Tieren bis heute im Denken der ländlichen Bevölkerung äußerst negativ belegt ist[28].

Aus diesem Dilemma entwickelte sich der Gedanke, durch eine „Inwertsetzung" der Tiere den Schutz für die Bevölkerung attraktiv zu machen. Eine kontrollierte Nutzung und die Teilhabe der lokalen Bevölkerung an den Profiten sollte die Wildtiere zu einer Ressource, zu einem Einkommensfaktor machen, so daß die Menschen schon aus purem Eigennutz für den Erhalt der Tiere sorgen. Die Trophäenjagd spielt bei dieser Form der Nutzung eine zentrale Rolle. Schließlich bringt ein einziger Trophäenjäger große Mengen Geld ins Land. KALCHREUTER formuliert es so:

> *„Das Interesse an ihrer Trophäe führte zu einer immensen Aufwertung der Wildtiere. Diese neue Wertschätzung erwies sich als stärkste Triebfeder zu ihrer Erhaltung."[29]*

Außerdem wird der Wert der Jagdreisen für die Entwicklung vor Ort herausgehoben. Insbesondere Programme wie CAMPFIRE in Simbabwe stehen für die positiven Auswirkungen der Trophäenjagd auf Artenreichtum und menschliche Entwicklung. Der Gedanke von CAMPFIRE: Die lokale Bevölkerung kann selbst über die Nutzung der Wildtiere auf ihren Ländereien entscheiden. Sie kann - statt die Tiere nur als Bedrohung wahrzunehmen - jetzt Abschußlizenzen an Safari-Veranstalter ausgeben oder Tierprodukte wie Krokodileier verkaufen[30]. Das Department of National Parks unterstützt die Dorfbewohner bei der Festlegung von Jagdquoten; mit 90% macht die Trophäenjagd den größten Teil der Erlöse der CAMPFIRE-Kommunen aus[31]. Ähnliche Projekte gibt es in anderen Ländern wie Sambia und Tansania. In Namibia, das zum großen Teil aus privaten Farmen von einer Fläche bis zu 1.500 km² besteht, haben die zumeist weißen Grundbesitzer ebenfalls die Trophäenjagd als Einnahmequelle entdeckt[32].

Diese Gedanken scheinen - die Akzeptanz des Tötens von Tieren vorausgesetzt - recht vernünftig. Schließlich wäre dies eine Möglichkeit, die Ausrottung von Tierarten aufzuhalten und gleichzeitig Menschen zu helfen. Allerdings hat die Sache einen Haken: Denn diese Idealvorstellung und die Realität klaffen teilweise weit auseinander.

Fehlende Daten und verhängnisvolle Politik

Ein Grundproblem ist die mangelnde Datenbasis. Das „Selous Conservation Programme" (SCP) in Tansania und auch die Bejagung des Breitmaulnashorns in Südafrika erfolgen nach Einschätzung eines Positionspapiers des Bundesamtes für Naturschutz (BfN) offenbar tatsächlich auf der Basis genauer Kenntnisse der Wildbeständ[33]. Das ist bei vielen anderen Programmen und Abschußangeboten aber durchaus nicht der Fall, wie dem Papier zu entnehmen ist.

> *„Eine Reihe von Autoren konstatiert dagegen bei vielen Tropähenjagdprogrammen einen Mangel an grundsätzlichen, über längere Zeiträume hinweg gesammelten Daten zu Populationsgröße und -trend der bejagten Bestände [...]. Da Bestandserhebungen immer relativ kostenintensiv sind, erscheint es fraglich, ob wissenschaftlich fundierte Daten zur Größe der bejagten Tierpopulation bei weniger strikt organisierten Jagdprogrammen und -angeboten [als dem SCP, Anm. d. Verf.] ebenfalls zugrunde gelegt werden. Veröffentlichungen ließen sich hierzu nicht recherchieren."[34]*

Die „Ökojäger" BODE UND EMMERT, dem allgemeinen Jagdgegnertum unverdächtig, konstatieren gar:

> *„Eine Kontrolle der Abschußquoten ist schwierig bis unmöglich, die Übernutzung der Bestände scheint an der Tagesordnung"[35],*

und nennen als Beispiel Tansania. 1989 wurden dort 250 Leoparden zum Abschuß freigegeben, tatsächlich aber 864 von zahlenden Jagdgästen getötet, wie die tansanische *Business Times* berichtet[36]. Gerade aber bei seltenen oder bedrohten Arten sind aus Sicht des Artenschutzes strikte Kontrollen unerläßlich. Denn wir wissen ja, daß der Tod eines Individuums umso schwerer wiegt, je kleiner die Population sowieso schon ist. Dies gilt gerade für große und sich nur langsam fortpflanzende K-Strategen wie den Elefanten.

Mit dem Schlagwort der „nachhaltigen Nutzung" wird hingegen von den Jägern ein negativer Einfluß auf die Tiere ins Reich der Fabeln verwiesen. Ohnehin gelte die Jagd nur der Gruppe älterer, männlicher Trophäenträger und damit nur einem kleinen Teil der Population. Der Jagddruck reguliere sich damit von selbst, denn wenn keine reifen Trophäenträger mehr da seien, dann sei auch kein Interesse mehr an der Jagd da, bis die Trophäenträger wieder „nachgewachsen" seien . Auswirkungen auf die Populationen seien minimal. Laut KALCHREUTER sind alle

> *„gegenteiligen Behauptungen [...] unbewiesen und rein spekulativ."[37]*

Sind sie das wirklich? Dem Positionspapier des BfN zufolge liegen keine Studien vor, die anhand gesicherter Daten zweifelsfrei belegen, daß die Trophäenjagd allein (also ohne Biotopzerstörung und Wilderei) Bestände gefährdet; die Be-

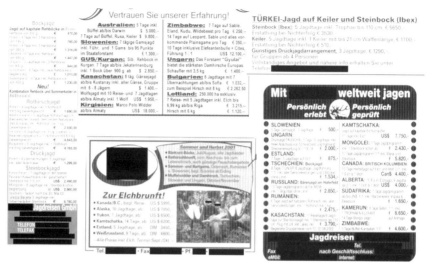

Vertrauen Sie unserer Erfahrung!

Anzeigen aus Jagdzeitschriften. Die Vielzahl der Anbieter zeigt, daß der Trophäentourismus ein lukrativer Markt ist. Für besonders für den Abschuß von Exemplaren exotischer oder seltener Arten werden horrende Summen bezahlt.

hauptung, sie täte das nicht, ist in der Regel allerdings genauso wenig belegt, denn oftmals sind schlicht und ergreifend kaum Daten vorhanden. Wie schon erwähnt, besteht bei vielen Jagdprogrammen und -veranstaltern ein ziemliches Defizit, was Daten über die Bestände angeht[38]. Ohne solche Daten kann aber niemand wissen, ob die Bestände tatsächlich „nachhaltig" genutzt werden; die Behauptung, die Trophäenjagd gefährde die bejagten Arten nicht, ist daher ebenso „rein spekulativ". Gerade bei gefährdeten Arten mit geringem Fortpflanzungspotenzial kann das haarig werden. Selbst beim SCP, dessen Jagdquoten bei Huftieren noch als recht zuverlässig betrachtet werden, gibt es Probleme: So berichten CREEL UND CREEL, daß die Jagdquoten für Löwen viel zu hoch angesetzt sind. In einer unbejagten Löwenpopulation sterben jährlich 8-12% der 4-10jährigen männlichen Tiere. Dort, wo beim SCP die Jagdquote für Löwen ausgeschöpft wird, beträgt die Sterblichkeit 10-17%. Da die Quoten im Schnitt nicht ausgeschöpft werden, ist die jagdliche Nutzung immer noch nachhaltig, was die Bestandszahlen angeht[39]. Allerdings kann man sich wohl kaum darauf verlassen, daß die von der Regierung festgesetzten und viel zu hohen Abschußzahlen schon nicht ausgereizt werden. Hier zeigt sich deutlich, daß die Festsetzung der Abschußquoten keineswegs immer nach Kriterien der Nachhaltigkeit erfolgt. Auch Experten der „Caprinae Specialist Group" der Weltnaturschutzunion IUCN sind der Auffassung, daß die Abschußquote von 13 bis 19 reifen Widdern einer kasachischen Population des Argali-Wildschafes für die kleine Population viel zu hoch ist[40].

Selbst wenn es Abschußquoten auf wissenschaftlicher Grundlage gibt, scheint die Umsetzung nur allzuoft an politischen oder wirtschaftlichen Interessen zu scheitern. In Kanada wird unter anderem Jagd auf den Grizzlybären gemacht. Diese gefährdete Tierart hat ihr Kernverbreitungsgebiet in der Provinz Britisch Kolumbien. Deutsche Jäger sind nach US-Bürgern die zweitfleißigsten Grizzlytöter; eine Pauschalreise inklusive Abschuß kostet etwa $10.000. Auch hier das gleiche Problem: Niemand weiß genau, wie viele Grizzlys es in Britisch Kolumbien gibt[41]. Dies wiegt umso schwerer durch die Tatsache, daß der Grizzlybär mit die geringste Fortpflanzungsquote aller nordamerikanischen Tierarten hat.

Nachdem die Provinzregierung lange Zeit von den gleichen niedrigen Beständen ausgegangen war wie unabhängige Forscher (4.000-6.000 Exemplare), waren es plötzlich mehr als doppelt so viele (13.000-14.000). Grund ist eine neue Berechnungsmethode, die (recht spekulativ, wie Wissenschaftler kritisieren) von der Anzahl an Grizzlies ausgeht, die *theoretisch* in einem bestimmten Gebiet leben könnten[42]. Ein Biologe des Umweltministeriums zeigte außerdem, daß die von der Provinzregierung festgesetzte Abschußquote, ohnehin selbst für die von der Regierung angenommene Population viel zu hoch[43], regelmäßig überschritten wurde. Reaktion: Die Studie wurde aus dem Verkehr gezogen, der Autor vom Dienst suspendiert[44]. Jagd auf den Grizzly wird weiterhin munter betrieben.

In Slowenien, dessen Braunbärenbestand für die Wiederausbreitung in Europa als immens wichtig erachtet wird, wurde 2001 von der Regierung die Abschußquote überraschend auf 104 Tiere verdoppelt und mit 111 getöteten Bären sogar noch überschritten. Dabei leben nach Expertenschätzungen maximal 400 Braunbären in Slowenien, noch dazu ist der Braunbär - ähnlich dem nordamerikanischen Grizzly - eines der Tiere mit dem geringsten Fortpflanzungspotenzial in ganz Europa[45].

Die Auswirkungen der selektiven Trophäenjagd

Außerdem wissen wir bereits, daß auch dann eine Tierpopulation erheblich beeinträchtigt werden kann, wenn man nur einen kleinen Prozentsatz männlicher Tiere entnehmen will. Faktoren wie Alters- und Sozialstruktur oder die Beziehung der Art zum Ökosystem werden praktisch nirgends bei den Managementplänen berücksichtigt. Die Veränderung insbesondere des Altersaufbaues oder des Geschlechterverhältnisses kann aber erhebliche Auswirkungen auf die Tiere haben.

So kann die Jagd auf „reife" männliche Tiere durchaus zu einer Verlangsamung des Populationszuwachses führen, wenn die Art monogam lebt und der Vater einen erheblichen Anteil an der Aufzucht des Nachwuchses hat. Auch bei polygamen Tieren wie den Löwen kann die Tötung etwa eines Leittieres die Fortpflanzung verlangsamen. Denn wenn ein anderes Tier das Rudel übernimmt, werden die Nachkommen anderer männlicher Löwen getötet oder verjagt[46]. Dadurch stellt das neue Leittier sicher, daß nur seine Erbanlagen sich im Rudel fortpflanzen, allerdings wird insgesamt der Fortpflanzungserfolg erheblich gemindert. Zudem ist die

Fähigkeit von männlichen Huftieren wie Hirschen oder Antilopen, weibliche Tiere zu befruchten, begrenzt; eine einseitig auf männliche Tiere ausgelegte Jagdquote kann daher zu einem geringerem Fortpflanzungserfolg pro weiblichem Tier führen, da für eine normale Fortpflanzung trotz Polygamie zuwenig männliche Tiere da sind[47].

Bei den Braunbären in Skandinavien dauert es nach der Tötung eines revierbesetzenden männlichen Bären mehr als eineinhalb Jahre, bis die Sozialstruktur wieder stabil ist; durch die Kindstötung des nachfolgenden Bären wird der Fortpflanzungserfolg auf die Hälfte reduziert. Die Tötung eines scheinbar überflüssigen männlichen Tieres hat somit die gleiche Wirkung auf die Population wie die Tötung von einem halben bis einem weiblichen Tier - und darauf reagieren Braunbärenpopulationen äußerst empfindlich[48].

Bei Antilopen in Simbabwe hat der einseitige Abschuß männlicher Tiere die Folge, daß das Territorial- und Fortpflanzungsverhalten gestört wird. Das führt dazu, daß die Fortpflanzung nicht mehr synchron in der ernährungsmäßig günstigsten Jahreszeit erfolgt, wodurch der Fortpflanzungserfolg erheblich gemindert werden kann. Nach GINSBERG UND MILNER-GULLAND kann die

„Manipulation des Geschlechterverhältnisses, die gegenwärtig existiert, zu stark reduzierter Fruchtbarkeit und möglicherweise zum Zusammenbruch der Population führen."[49]

So ist FERGUSSON der Ansicht, daß der einseitige Abschuß männlicher Tiere ein möglicher Grund dafür ist, daß die Geburtsraten der Rappen-Antilopen im bekannten Matsetsi-Jagdgebiet in Simbabwe auf 35% gefallen sind[50]. Auch bei Rothirschen hat man herausgefunden, daß durch eine Verzögerung der Geburt um nur einen Tag das Risiko der Kindersterblichkeit um 1% erhöht wird. Zusätzlich verringert sich die Fruchtbarkeit der weiblichen Tiere im nächsten Jahr ebenfalls um 1% für jeden Tag, den das Kind später geboren wird. Eine Verzögerung der Fortpflanzung um einen Zyklus (beim Rotwild 18 Tage) kann den Fortpflanzungserfolg der weiblichen Tiere um 36% mindern[52]. Ein Rückgang des Fortpflanzungserfolges durch einseitigen Abschuß männlicher Tiere ist auch von anderen Tierarten bekannt, etwa Elefanten, Moschusochsen und Saiga-Antilopen[53].

Auch das Sozialleben der Populationen kann durch die Tötung von alten männlichen Tieren gehörig durcheinander geraten. In Simbabwe hat sich die Sozialstruktur der Elefanten nach der verheerenden Wilderei in den 70er und 80er Jahren noch immer nicht wieder erholt. Alte, reife Elefantenbullen gibt es kaum. Von den jährlich 50 zum Abschuß freigegebenen Elefanten werden weniger als 20 auch tatsächlich erlegt[54], weil einfach nicht genügend Trophäenträger da sind, die den Ansprüchen der Jäger entsprechen. Das bedeutet aber auch, daß der Aufbau einer entsprechenden Altersklasse durch die Trophäenjagd verhindert wird. GRIMM fordert, daß

„wegen ihrer Bedeutung für die Sozialstruktur innerhalb der Herden und Gruppen,

keinesfalls die wenigen Tiere der älteren Generation geschossen werden dürfen. Wenn überhaupt Elefanten zum Abschuß freigegeben werden, dann dürften dies nur jüngere Tiere sein. Diese Tiere sind allerdings für Jäger, denen es in erster Linie auf die Größe der Trophäe ankommt, uninteressant."[55]

Warum ältere Tiere möglichst nicht geschossen werden sollten, wird deutlich, wenn man sich die Geschichte einer Elefantenpopulation im Pilanesberg-Nationalpark in Südafrika ansieht. Eine Herde Elefanten dort bestand aus Kühen und jungen Bullen, die dort angesiedelt wurden, um den Mangel an männlichen Tieren durch die Wilderei zu kompensieren. Nun kommen die Bullen im Alter von etwa 25 Jahren in die „Musth", eine Phase erhöhter sexueller und aggressiver Aktivität. Normalerweise werden sie in dieser Phase von den älteren Bullen in die Schranken gewiesen, quasi erzogen. Im Pilanesberg-Nationalpark jedoch fehlten solche älteren Bullen. Nationalparkmitarbeiter machten schließlich eine grauenvolle Entdeckung: Eine Schneise der Verwüstung durch den Busch, schließlich fand man übel zugerichtete Breitmaulnashörner tot herumliegen. Man dachte zunächst natürlich an Wilderer, aber dann stellte sich heraus, daß die jungen Elefantenbullen die Nashörner getötet hatten - insgesamt mehr als 40. Selbst Übergriffe auf Elefantenkühe wurden nachgewiesen[56]. Der Grund war eine verfrühte und unnatürlich verlängerte „Musth" der jungen Bullen, die nicht mehr von älteren Artgenossen in Schach gehalten wurden. Als man schließlich sechs ältere Bullen aus dem Krüger-Nationalpark einflog, herrschte bald wieder Ruhe in der Herde[57].

Auswirkungen auf das Erbgut

Außerdem haben wir schon gesehen, daß durch die selektive Jagd nach Bullen mit großen Stoßzähnen eine Entwicklung hin zu kleineren oder fehlenden Stoßzähnen bei Elefanten stattfindet. Die Trophäenjagd verursacht also eine Veränderung des Genpools der Elefantenpopulationen. Die Wilderei wird hierbei sicherlich einen weit größeren Einfluß gehabt haben, aber auch die Trophäenjäger dürften ihren Beitrag dazu leisten. Konkrete Untersuchungen zu Auswirkungen der selektiven Trophäenjagd auf die genetische Ausstattung sind rar, allerdings gibt es einige Ergebnisse. So vermuten nordamerikanische Wildbiologen, daß der Weißwedelhirsch durch die Jagd in den letzten 200 Jahren ein kleineres Geweih entwickelt hat[58]. Andere Forscher fanden heraus, daß die selektive Trophäenjagd beim amerikanischen Bighornschaf auch den Genpool negativ beeinflußt und zu geringerer genetischer Vielfalt und Fitness führt[59]. Ein Grund, wieso die Auswirkungen selektiver Trophäenjagd auf die Gene nicht einfach nachzuweisen ist, ist der, daß sie sich gerade bei Arten mit langsamer Fortpflanzung wie Elefanten oder Bären erst nach Jahrzehnten äußern[60], wenn sie denn überhaupt für uns erkennbar sind. Die Gefahr ist nach Einschätzung nicht weniger Wissenschaftler jedenfalls da.

Ein weiteres Problem, das bei der Trophäenjagd im Ausland entsteht, ist, daß für die zahlenden Jagdgäste auch Faunenverfälschungen in Kauf genommen werden.

So wurden auf den Jagdfarmen in Namibia Tiere angesiedelt, die dort zuvor niemals vorgekommen waren, etwa das Weißschwanzgnu oder der Blessbock[61]. In Südafrika kam es durch eine unerwünschte Vermischung zwischen Bless- und Buntbock, zwei Rassen derselben Art, zu einer genetischen Verarmung auf Artebene, da die Rassen sich vermischten. Auch eine gezielte Bekämpfung von Beutegreifern, um den Jagdtouristen mehr Tiere zum Abschuß bieten zu können, wird beklagt[62]. Was die Bekämpfung der Beutegreifer für Folgen haben kann, wissen wir. Hier wird deutlich, daß die Kommerzialisierung des Wildtierabschusses weitreichende Folgen für die Ökosysteme haben kann.

Wie wir sehen, läßt sich die Trophäenjagd im Ausland nicht einfach auf die Formel „Schutz durch Nutzung" reduzieren. Es gibt im Gegenteil aus ökologischer Sicht so einiges an Problemen, die von der Jägerschaft bei der Diskussion jedoch gerne unter den Teppich gekehrt werden. Die Autoren des BfN-Positionspapieres lehnen diese Form der Trophäenjagd nicht generell ab, halten aber die „Verklärung als 'Zauberformel' für die Erhaltung jagdbarer gefährdeter Tierarten" ebenfalls für unberechtigt[63].

Der wirtschaftliche Nutzen der Trophäenjagd

Bleibt noch der positive wirtschaftliche Effekt für die lokale Bevölkerung. Vor allem in entwickelten Ländern fallen die wirtschaftlichen Folgen der Trophäenjagd kaum ins Gewicht. Eine TRAFFIC-Studie ergab, daß selbst in Ungarn, das in Osteuropa an der Spitze der Beliebtheitsskala für ausländische Jagdtouristen steht, die Einnahmen aus der Trophäenjagd nur ein halbes Promille des Bruttosozialproduktes ausmachen[64]. In Britisch Kolumbien beträgt selbiges $125,5 Milliarden[65]. Die Einnahmen aus dem Jagdtourismus, die der Ökologische Jagdverein auf $145 Millionen beziffert ($3 Millionen davon durch Grizzlys)[66], machen da gerade mal ein Promille aus.

In Afrika, wo nach der Idee von CAMPFIRE und anderen, ähnlichen Programmen die Einnahmen aus der Trophäenjagd direkt der lokalen Bevölkerung - und damit letztlich dem Artenschutz - zugute kommen sollen, ist außerdem Skepsis angebracht. So sollten bei CAMPFIRE ursprünglich 80% der Einnahmen den „lokalen Produzenten" zugute kommen. Gegenwärtig sind es 52%, Tendenz fallend[67]. Der WWF gibt den Anstieg des Pro-Haushalt-Einkommens durch das Programm mit 15-25% an, wobei allerdings keine realistischen Angaben darüber gemacht werden können, wie viele Haushalte tatsächlich von den Geldern profitieren[68]. Auch bei ähnlichen Programmein in Sambia (ADMADE) und Tansania (SCP) wird bemängelt, daß ein großer Teil des Geldes die lokale Bevölkerung nicht erreicht, sondern anderswo versickert, was zu einem Rückgang des Interesses am Artenschutz führt[69]. In Südafrika wird sogar versucht, sinkende staatliche Ausgaben für den Naturschutz mit der Trophäenjagd zu kompensieren[70]. Häufig ist es auch nicht die Bevölkerung, die die Nutzung der Tiere bestimmt. So wird beim CAMPFIRE-

Programm bemängelt, daß es in der Realität oft durch weiße Safari-Veranstalter und andere Organisationen fremdgesteuert ist; beim ADMADE-Programm im Sambia werden die auf Dorfebene getroffenen Entscheidungen ständig in Frage gestellt[71].

Auch bei Programmen in Zentralasien gibt es ähnliche Probleme. JOHNSON untersuchte drei Jagdprogramme in Pakistan: Das „Torghar Conservation Project" (TCP), das „Chitral Conservation Hunting Program" (CCHP) und das „Bar Valley Project" (BVP). Von diesen dreien konnte lediglich das TCP als Erfolg betrachtet werden, da die Ausrottung des Markhors verhindert wurde und die lokale Bevölkerung von dem Programm profitiert[72]. Das CCHP hingegen hat die Lebensraumzerstörung des Markhors nicht aufhalten können; die Art befindet sich trotz des Programms weiterhin im Rückgang. Außerdem gibt es keine Hinweise darauf, daß die Wilderei eingedämmt wurde. Zudem wurden die bis zum Ende der Untersuchung erwirtschafteten Gelder - immerhin $250.000 in acht Jahren - weder für den Markhor-Schutz noch für die lokale Bevölkerung verwendet. Da die Bevölkerung nicht vom Programm profitiert und die Lebensraum-Zerstörung sowie der Rückgang der „geschützten" Markhor-Rassen weiter voranschreitet, kann man das Programm als gescheitert betrachten[73]. Beim BVP konnte der Rückgang des Ibex aufgehalten werden. Allerdings hat man hierzu kein einziges Exemplar schießen müssen, sondern erreichte dies lediglich mit Zahlungen an die Bevölkerung in Höhe von wenigen tausend Dollar[74].

Alles in allem kann man die Trophäenjagd kaum als „Wunderwaffe" zum Erhalt gefährdeter Tierarten und der Förderung der menschlichen Entwicklung betrachten. Viele Programme erreichen diese Ziele keineswegs.

Eine Alternative: Der Fototourismus

Die Alternative zum Jagdtourismus wäre der „sanfte" Fototourismus. Dieser konzentriert sich auf dieselben Tiere wie der Jagdtourismus und führt daher auch zu einer Aufwertung, läßt sie jedoch am Leben. Befürworter der Trophäenjagd kritisieren an ihm vor allem, daß durch den Fototourismus pro Kopf wesentlich weniger Geld ins Land kommt. Da für die gleiche wirtschaftliche Wirkung wesentlich mehr Touristen erforderlich sind, ist auch eine bessere Infrastruktur erforderlich, die die Umwelt belastet. Der Vorteil des Jagdtourismus für Wirtschaft und Umwelt ist jedoch unbewiesen, denn es liegen zu wenig aussagekräftige Zahlen hierzu vor[75]. Aus Tansania liegen aus dem Rechnungsjahr 1995/96 Daten über staatliche Gebühren vor, die Jagd- und Fototouristen bezahlen mußten. 1.760 Jagdtouristen brachten demnach $6.363.665 an staatlichen Gebühren, das sind pro Kopf $3.678. Auf der anderen Seite brachten 115.000 Fototouristen dem Staat direkt $8.200.000 ein. Das sind lediglich $71 pro Kopf und somit tatsächlich wesentlich weniger als bei den Jagdtouristen[76]. Allerdings sind weitergehende Einnahmen hier nicht berücksichtigt. Zahlen hierzu liegen laut dem BfN-Positionspapier nicht vor.

Was allerdings deutlich wird, ist, daß der normale Fototourismus wohl eine wirtschaftlich wesentlich größere Rolle spielt als der Jagdtourismus. Denn, um beim Beispiel zu bleiben, 115.000 Fototouristen (die schon über $1,8 Millionen mehr an Gebühren einbrachten) buchen wesentlich mehr Übernachtungen, essen wesentlich mehr und nehmen auch sonst wesentlich mehr Dienste in Anspruch als 1.760 Jagdtouristen. Sie bringen somit insgesamt weit mehr Devisen ins Land und schaffen auch mehr Arbeitsplätze. Auch das muß berücksichtigt werden, wenn man sich mit den wirtschaftlichen Auswirkungen dieser beiden Fomen des Tourismus beschäftigt. Ähnliches auch außerhalb Afrikas: Britisch Kolumbien nimmt durch den Jagdtourismus $145 Millionen jährlich ein, davon $3 Millionen durch Grizzly-Abschuß. Der „sanfte" Wildtiertourismus kommt immerhin auf $500 Millionen, wie aus einem Regierungsbericht hervorgeht[77].

Insgesamt dürfte klar sein, daß die Trophäenjagd im Ausland durchaus kein Artenschutz- und Sozialurlaub ist. Diese Form der Tötung von Lebewesen als Freizeitbeschäftigung hat zwar durchaus zu einigen Erfolgen für den Artenschutz geführt; so konnte beim TCP in Pakistan die Wilderei eingedämmt und die Ausrottung des Markhors verhindert werden[78]. Es gibt allerdings auch gegenteilige Beispiele wie das CCHP. Weiterhin gibt es rund um die Programme eine Menge negativer Begleiterscheinungen und ungelöster Probleme, ebenso sind die hoch gepriesenen positiven Auswirkungen für die lokale Bevölkerung in vielen Fällen nicht existent. Außerdem sind die Einheimischen statt der Herren über „ihre" Tiere und Verkäufer von Trophäenlizenzen zumeist „lediglich Fährtensucher, Flintenputzer oder versehen andere Hilfsdienste"; daher sehen BODE UND EMMERT bei der Aufgabenverteilung zwischen den reichen, weißen Jagdtouristen und den Einheimischen „die kolonialen Strukturen zementiert"[79].

Punktuell mögen sich also aus Sicht des Artenschutzes durchaus Erfolge der „nachhaltigen Nutzung" zeigen. Aber in vielen Fällen ist die „Nachhaltigkeit" der Trophäenjagd auf seltene Tiere aus verschiedenen Gründen äußerst fraglich. Auch gibt es Fälle, in denen die Programme eindeutig nichts gebracht haben. Ein Allheilmittel für bedrohte Arten kann der Jagdtourismus daher kaum sein.

Außerdem machen die Programme etwa in Afrika und Asien, die durch Aufwertung der Tiere deren Existenz sichern sollen, nur einen Bruchteil des Trophäentourismus aus. In Europa, dem Ziel der weitaus meisten deutschen Auslandsjäger, unterscheidet sich die Trophäenjagd nicht sonderlich von der in Deutschland und kann sich daher kaum irgendwelche Artenschutzargumente zu eigen machen. Auch wenn man die Trophäenjagd in Afrika uneingeschränkt als Dienst für den Artenschutz und die menschliche Entwicklung in armen Ländern bezeichnen könnte, so wäre noch immer der größte Teil des Trophäentourismus nichts weiter als der Abschuß von Tieren aus Vergnügen und ohne irgendeinen objektiven Nutzen.

Bevor die Trophäenjagd also als alleiniges Instrument gegen die Bedrohung seltener Tierarten benutzt wird, sollten alternative Möglichkeiten (wie eben der Naturtourismus, der keine Tiere „verbraucht", oder Direktzahlungen an die Bevölke-

306

rung wie beim BVP) in Betracht gezogen und viel grundlegendere Probleme angegangen werden. So ist die Ungleichverteilung des Landes zwischen der einheimischen Bevölkerung und den Nachfahren der Kolonialherren noch immer präsent
und hat zum Wild-Mensch Konflikt einiges beigetragen[80].

Und nicht zuletzt sollte jenseits des Artenschutzes auch daran gedacht werden,
daß es letzten Endes empfindsame Individuen sind, die durchaus keine Freude daran empfinden dürften, wenn sie gejagt und umgebracht werden, damit sich ein Hobbyjäger ihren Kopf oder sonstige Körperteile an die Wand nageln kann. Das dürfte bei einem Elefanten in Südafrika oder einem Argali-Wildschaf in der Mongolei
nicht anders sein als bei Wölfen in Rußland, Bären in Slowenien oder dem Wildschwein, das bei einer Drückjagd in Tschechien sein Leben läßt.

23
Jäger - eine Gefahr
für sich selbst und andere?

„Treffen sich zwei Jäger - beide tot. "

- Jägerwitz

Es vergeht kaum eine Woche, ohne daß in deutschen Zeitungen Meldungen zu lesen sind, nach denen Jäger ihre Waidgenossen oder andere Menschen mit Rehen, Wildschweinen und dergleichen verwechseln und draufhalten[1], oder daß Jäger sonstwie aus Versehen sich selbst oder andere Menschen verletzen oder gar töten. Der Hamburger *Zeit* zufolge werden in Deutschland jedes Jahr drei bis acht Menschen durch Jagdgewehre getötet und 800 zum Teil schwer verletzt[2].

Die Angaben über Tote dürften stimmen; schließlich sind sie kaum zu verheimlichen und landen meist auch in der Presse. Die Verletzungsfälle müssen jedoch bei weitem nicht immer an die Öffentlichkeit gelangen, somit sind die 800 Verletzten als Mindestangabe zu betrachten. Denn wie ein Jäger in der *Thüringer Allgemeinen* berichtet, wendet sich so mancher Waidmann, der sich beim Waffenputzen verletzt hat, lieber an die Dorfkrankenschwester, als so etwas öffentlich einzugestehen[3]. Eine Studie zu Verletzungen bei Jagdunfällen durch Schußwaffen spricht von 1.600 Unfällen pro Jahr, zu denen noch „eine nicht unerhebliche Dunkelziffer addiert werden"[4] muß. Dieser Studie zufolge kommt jede dritte Schußverletzung der Polizei oder Staatsanwaltschaft nicht zur Kenntnis und wird versicherungsintern geregelt[5].

Für das Jagdjahr 2002/2003 ließen sich insgesamt sieben tödliche Jagdunfälle recherchieren. Die Liste erhebt keinen Anspruch auf Vollständigkeit.

- Im April 2002 starb einen Jäger, der offensichtlich sein geladenes und entsichertes Gewehr aus dem Fußraum des Beifahrersitzes seines Autos nehmen wollte. Ein Schuß löste sich, der Jäger wurde tot im Wagen gefunden[6].
- Im Juni 2002 wurde ein Jäger von seinen Waidgenossen nach einer gemeinsamen Jagd tot aufgefunden. Todesursache war eine Schußverletzung - ein Jagdunfall[7].
- Im Juli 2002 war in der *Berliner Zeitung* zu lesen, daß ein Jäger aus Schwedt bei der gemeinsamen Jagd mit seiner Freundin durch einen versehentlichen Schuß ums Leben kam[8].
- Im September 2002 wollte ein Jäger eine Katze töten, die auf seinem An-

wesen mehrere Truthähne gerissen hatte. Als er mit seiner Waffe zur Katzenjagd schritt, löste sich ein Schuß und verletzte seine Frau tödlich[9].

- Ebenfalls im September 2002 lud ein Jagdpächter vier Freunde in sein Revier zur Jagd ein. Kurz nach Beginn der Jagd wurde er versehentlich erschossen[10].
- Im selben Monat ging ein Jäger aus Nordfriesland mit seinen Waidgenossen auf die Jagd. Er schoß einen Dachs an, der Jagdhund schnappte sich das verletzte Tier. Grimbart biß in Todesangst zurück. Um seinen Hund zu verteidigen, schlug der Jäger mit dem Gewehrkolben auf den Dachs ein. Dabei löste sich ein Schuß, der den Jäger tödlich traf[11].
- Im Januar 2003 wollte ein Jäger von einem Hochsitz herabsteigen. Aus dem ungesicherten Gewehr löste sich ein Schuß, der den Jäger durch einen Treffer in der Herzgegend tötete[12].

Diese Liste läßt Fälle außer Acht, bei denen Personen nur knapp dem Tod entronnen sind, wie den Jäger im Kreis Segeberg, der sich im Juni 2002 beim Waffenputzen in die Brust schoß[13], oder den 50jährige Waidmann, der im Januar 2003 bei einer Treibjagd einen lebensgefährlichen Bauchdurchschuß erlitt[14]. Auch unberücksichtigt sind die Fälle, in denen Jäger aus voller Absicht heraus Menschen töten, wie bei immer wieder vorkommenden tödlichen Familien- und Ehestreits[15]. Weiterhin gehen die Fälle von Kindern und Jugendlichen, die durch schlampig gesicherte Waffenschränke Zugang zu Schußwaffen erhalten und sich damit versehentlich töten, nicht in diese Liste ein[16].

Ziemlich oft kommt es auch vor, daß Jäger ihre Jagdkollegen oder andere Menschen für jagdbare Tiere halten. Solche Fälle ereigneten sich zum Beispiel im Jagdjahr 2001/2002, in dem mindestens sechs Menschen bei Jagdunfällen ums Leben kamen[17]. Ende Dezember 2001 wurde ein 41jähriger Treiber in Franken bei einer Treibjagd tödlich verletzt, weil ein Jäger ihn für ein Wildschwein gehalten hatte[18]. Ebenfalls für ein Wildschwein hielt ein Jäger im Landkreis Bad Driburg einen Jagdgenossen und brachte ihn zur Strecke[19].

Warum kommt es immer wieder zu solchen Fällen? Geht man von den 1.600 Jagdunfällen aus, die die schon erwähnte Münsteraner Studie zugrunde legt, so ereignen sich statistisch gesehen jeden Tag vier bis fünf solcher Unfälle in Deutschland - die Dunkelziffer ist unbekannt. Die genannten Fälle sind nur wenige Beispiele, aber die Ursachen für die Unfälle, bei denen Menschen zum Teil schwer verletzt oder gar getötet werden, lassen sich schon hier erahnen: Sie sind meistens im Bereich Nachlässigkeit, Schlampigkeit und Fahrlässigkeit zu suchen.

Die Studie aus Münster - bisher die einzige zu diesem Thema in Deutschland[20] - untersuchte systematisch die Ursachen für diese Unfälle im Zeitraum von 1961 bis 1992. Die Vermutung, die Unfälle würden vor allem durch junge, unerfahrene Jäger oder durch sehr alte Waidmänner, bei schlechtem Wetter oder durch sonstige widrige Umstände verursacht, bestätigte sich nicht. Eher ist das Gegenteil der Fall.

Nachlässigkeit und Schlamperei

Die Zahlen: 77% der Unfälle verletzten Dritte, 23% führten zu Selbstverletzungen[21]. In 78% der Fälle bestand keinerlei Sichtbeschränkung, bei 10,7% eine nur „mittelgradige", und nur bei 11,5% herrschten deutlich eingeschränkte Sichtverhältnisse vor[22]. 51% der Unfälle geschahen auf kleineren Gesellschaftsjagden mit 2-10 Jägern, 30% bei der Einzeljagd oder im Haus/Auto, und 18,6% bei großen Gesellschaftsjagden[23].

Bei 92,1% aller Unfälle waren erfahrene Jäger am Werk[24]. Und das bezieht sich nicht auf Greise: Nur 17,9% der Jäger waren über 60 Jahre alt. Bis 30 Jahre ist der Anteil der Jäger an den Unfällen recht gering, erst ab 30 Jahren steigt er stark an: Die meisten werden von den 41-50 Jährigen verursacht (27,4%), es folgen die 31-40jährigen (23,6%) und die 51-60jährigen (20,8%). Die 61-70jährigen verursachen 15,1% aller Unfälle, und ab 70 Jahren ist der Anteil an den Unglücksfällen verschwindend gering[25]. Das dürfte allerdings auch daran liegen, daß es weniger Leute - und damit auch Jäger - in diesem Alter gibt als solche mittleren Alters.

Das bedeutet also: Die weitaus meisten Jagdunfälle passieren durch erfahrene Jäger im „besten Alter" und bei hervorragenden Sichtverhältnissen. Wie kann das sein? Warum gelingt es 30- oder 40jährigen Jägern mitten am Tag bei der Jagd sich selbst, einen Kameraden oder sonstwen zu verletzen, gar zu töten?

In mehr als jedem dritten Fall (37%) war eine falsche Waffenhandhabung und -aufbewahrung die Ursache für die manchmal tödliche Verletzung[26]. Das Hauptproblem hierbei ist, daß mit zunehmendem Alter Sicherheitsvorkehrungen für nicht wenige Jäger anscheinend nur noch lästig sind. Mit den Jahren hält es so mancher Waidmann wohl für unnötig, das Gewehr zu entladen oder auch nur zu sichern, wenn er damit herumhantiert[27]. Daher auch die vielen Fälle, in denen Jäger sich selbst beim Waffenputzen, beim Herabsteigen vom Hochsitz oder beim Transport der Waffe verletzen oder töten, obwohl bei diesen Aktivitäten die Waffe nach den Unfallverhütungsvorschriften eigentlich zu entladen ist[28].

„Die überwiegende Unfallursache liegt erfahrungsgemäß gerade bei erfahrenen Jägern im Respektverlust bezüglich der Gefährlichkeit einer Waffe und der zu legeren Führung"[29],

so die Münsteraner Studie. Im günstigsten Fall bleibt es bei ein paar abgetrennten Fingern. Aber es kann einem auch ergehen wie dem Jäger in Kellinghusen, der in einen Wassergraben rutschte. Dabei löste sich ein Schuß aus seinem ungesicherten Gewehr und traf den Mann tödlich[30].

Zyniker würden sagen: Selbst Schuld. Schließlich wäre der Mann noch am Leben, hätte er sein Gewehr gesichert. Es wird durch solch ein verantwortungsloses Verhalten aber zwangsläufig auch eine Verletzung anderer in Kauf genommen, weil die Kugel nicht notwendigerweise den Jäger treffen muß. Im Dezember 1997 etwa verletzte ein Grünrock seinen 14jährigen Sohn, als er sein Gewehr im Auto verstauen wollte. Das Gewehr war entgegen jeder Vorschrift und Vorsicht und völlig unnötigerweise geladen und entsichert. Ein Schuß löste sich und zertrümmerte dem Jungen den Unterschenkel[31]. Ein ähnlicher Fall im Saarland brachte 1998 einen Zehnjährigen unter die Erde[32].

In einer *Pirsch*-Ausgabe von 2001 war ein Foto zu sehen, auf dem, so die *Pirsch*, „ein 'alter Hase' zwei Jungjägern das 'Handwerk' zeigt"[33]. Ein Leserbriefschreiber erregte sich über dieses Foto, denn:

> *„Schon mehrmals ist mir aufgefallen, dass auf Fotos Jäger zu sehen sind, die ihre Waffen unmöglich tragen. Das Foto [...] ist geradezu grotesk. Treiber und Schützen tragen rote Warnwesten und trotzdem zielt der Lauf einer Waffe direkt auf die Brust eines Treibers. Der Schütze wird zudem noch als 'alter Hase' in dem Untertitel genannt."[34]*

Auch durch eine schlampige Aufbewahrung werden Unfälle verursacht. Dies betrifft vor allem Kinder und Jugendliche, die die Waffen in die Hände bekommen und sich damit verletzen. 2,8% der untersuchten Unfälle betrafen Minderjährige, die Waffen durch falsche Aufbewahrung in die Hände bekommen hatten[35]. Damit sind aber noch längst nicht die vielen Unfälle erklärt, bei denen bei der *absichtlichen* Schußabgabe Menschen versehentlich verletzt oder getötet werden.

Töten aus Leidenschaft

Die Hauptursache für solche Unfälle liegt allem Anschein nach in einem der Hauptmotive für die Jagd selbst begründet: der Jagdleidenschaft.

> *„Nervosität, übermäßige Jagdpassion und Schußneid lassen selbst alte, erfahrene Jäger die einfachsten Vorsichtsmaßregeln vergessen"[36]*,

bemängelt WISSMANN, der Autor der Münsteraner Studie. Im Klartext: Die Jagdleidenschaft bewirkt oft, daß bei der Konzentration auf das zu erschießende Tier das Umfeld völlig ausgeblendet wird. Dann folgt der Jäger dem fliehenden Tier mit dem Gewehrlauf und drückt just in dem Augenblick ab, in dem er nicht nur auf den reifen Keiler, sondern auch auf einen Jagdkollegen zielt[37]. Solch ein Fall ereignete sich am 12. Januar 2002 bei Limburg; ein 65jähriger Rechtsanwalt bezahlte für die Jagdpassion eines 77jährigen Mitjägers mit dem Leben[38]. Eine fehlende Umfeldbeobachtung ist bei fast einem Viertel aller Jagdunfälle die Ursache[39]. Aber auch falsches oder fehlendes Ansprechen ist ein wesentlicher Grund. In 9,3% aller Fälle passiert das Malheur, weil der Jäger zuerst schießt und dann nachschaut, was er soeben getroffen hat - wie der Jäger bei Calau in Brandenburg, der im Juli 2003 bei der nächtlichen Saujagd auf „etwas Schwarzes" schoß und dabei seinen Freund erlegte[40]. Bei den Unfällen, bei denen eine deutlich eingeschränkte Sicht herrscht, handelt es sich fast ausschließlich um solche abendlichen oder nächtlichen Jagden auf Wildschweine. Recht häufig wird dabei auf gut Glück auf „etwas Schwarzes" geschossen - und mitunter ein Mitjäger getötet. Aber auch Ponies[41], Rinder[42] oder Zwerg-Hausschweine[43] kommen bei solchen Fehlschüssen zu Tode.

> „In allen Fällen wurde gegen die elementare Regel verstoßen, niemals auf etwas zu schießen, was man nicht vorher genau angesprochen hat."[44]

Bei 57% aller Unfälle spielte diese „Schußhitzigkeit" eine Rolle[45], also das vor-schnelle Schießen des Jägers durch Ungeduld und allgemeine Gemütshitze. Hinzu kommt auf Gesellschaftsjagden der Schußneid. Haben die Waidgenossen bereits eine respektable „Strecke" erzielt, so will man nicht zurückstehen, und der Finger am Abzug wird entsprechend nervöser[46]. „basti" meint im *Wild und Hund*-Forum auch, daß die Mitjäger daran vielleicht nicht ganz unschuldig sind:

> „Ein klitzekleines bisschen Mitschuld trifft [...] auch diejenigen Mitjäger, die oft-mals durch ihre bekannt blöden Kommentare zu nicht(!) abgegebenen Schüssen Druck machen.
> Wer den Finger gerade lässt, weil er sich seiner Sache nicht ausreichend sicher ist, wird für meinen Geschmack zu oft „schräg angequatscht."[47]

Inwieweit der Alkohol bei bei Jagdunfällen eine Rolle spielt, ist unbekannt. Die *Pirsch* berichtet, daß es „in früheren Jahren" eine „Selbstverständlichkeit" gewe-sen sei, bei der Jagd den einen oder anderen Schnaps zu trinken.

> „Bei Drück- und besonders auch Treibjagden offerierte der Jagdherr zur Begrüßung erst einmal eine 'Stärkung'. Ob Korn, Obstler oder Kräuterschnaps war eher eine regionale Frage, aber ein oder zwei Stamperl 'Zielwasser' mussten schon sein. Zur mittäglichen Erbsensuppe gehörten ein, zwei Bierchen oder ein ordentlicher 'Rum mit Tee' und so Mancher hatte für den Fall möglicher Kälteeinbrüche einen gut ge-füllten Flachmann im Rucksack und ließ diesen zwischen den Treiben kreisen. Dass dabei der eine oder andere Jäger mehr intus hatte, als für den sicheren Umgang mit der Waffe eigentlich zuträglich war, kann man sich denken."[48]

Wobei man sagen muß, daß es eigentlich eine Selbstverständlichkeit sein sollte, beim Hantieren mit Schußwaffen *vollständig* auf Alkohol zu verzichten, und das ganz besonders bei Gesellschaftsjagden. Die *Pirsch* veranstaltete einen „Feldver-such" unter ärztlicher Aufsicht, um herauszufinden, wie der Alkohol die Schi-cherheit beim Schießen beeinflußt. Schon bei Blutalkoholwerten von 0,8 Promil-le kam es, obwohl „viel weniger Leistung gefordert [wurde] als im realen Jagdbe-trieb", selbst bei geübten Schützen „zu teilweise dramatischen Leistungsein-brüchen"[49].

Selbstverständlich haben sich die Zeiten der *Pirsch* zufolge „deutlich geändert", allerdings kann man auch heute noch von vielen Leuten vernehmen, daß bei örtli-chen Gesellschaftsjagden gerne mal die eine oder andere Flasche Schnaps herum-geht - nicht nur nach, sondern auch vor der Jagd. Wie verbreitet dieses Verhalten ist, kann man letzen Endes aber nicht sagen, da hierzu keine Untersuchungen existieren. Ermutigung erfahren dem Alkohol zugeneigte Jäger indes von Vater Staat. Während es im Straßenverkehr Höchstwerte für den Promillegehalt im Blut gibt, kritisiert WISSMANN:

> *„Bezüglich des Alkoholkonsums bei der Jagdausübung haben bisher weder der Staat noch die Gerichte verbindliche Schranken gesetzt."*[50]

Aber ob mit oder ohne „Zielwasser", die waidmännischen Opfer machen es den Schützen des öfteren auch ziemlich leicht, einen fatalen Schuß abzugeben. So erklärt Klaus-Eberhard Liese, bei der Gothaer Versicherung verantwortlich für Jagdversicherungen, in der *Zeit*, daß er immer wieder Fälle bekommt, in denen ein Jäger die Gesellschaftsjagd eigenmächtig für beendet erklärt und quer durch das Schußfeld der anderen nach Hause spaziert[51].

> *„Überlebende berichten, dass im Vorfeld tragischer Ereignisse stets zweierlei passiere: Derjenige, der durch den Wald trampelt, kann sich überhaupt nicht vorstellen, dass man ihn für ein Tier halten könnte; Tiere sind bekanntermaßen leise. Und derjenige, der schießt, kann sich überhaupt nicht vorstellen, dass es etwas anderes als ein Wildschwein ist, das dort schnaufend durchs Gehölz bricht"*[52],

so die *Zeit*. Der Münsteraner Studie zufolge erfolgte in 6,6% aller Fälle der tödliche Schuß bei der nächtlichen Sauenjagd, weil sich die Jäger nicht an Absprachen hielten. Im typischen Fall kommt dann ein Waidmann früher als abgesprochen vom Hochsitz herunter, und der noch ansitzende Jagdkollege hält ihn für ein Wildschwein[53].

Jost Doerenkamp, Chefredakteur der *Pirsch*, berichtet, daß scheinbar nicht wenige Jäger noch immer nicht mit den neuen Unfallverhütungsvorschriften vertraut seien, welche die Jäger vor sich selbst schützen sollen. Dazu gehört, daß bei Gesellschaftsjagden die Treiber rot-orange Warnwesten und die Schützen leuchtend rot-orange Hutbänder tragen. Die Fachblätter hätten lang und breit darüber berichtet, in vielen Kreisgruppenversammlungen sei es ein zentrales Thema gewesen, so Doerenkamp. Man solle meinen, jeder Jäger kenne das Regelwerk und wende es auch an.

> *„Aber dem scheint nicht so - eine Erfahrung, die mir von einer Reihe Jägern aus dem ganzen Bundesgebiet bestätigt wurde. Ein Beispiel von vielen: Gleich bei einer kleinen Hasenjagd Ende Oktober zeigten sich einige der Teilnehmer sehr erstaunt darüber, dass jetzt zumindest das Tragen eines orange-roten Signalbandes am Hut für Schützen Pflicht sei: 'Das habe ich ja gar nicht gewusst.' Andere haben es wohl gewusst, sind aber ohne 'Bandl' am Jagdmorgen dagestanden - sie waren wohl der Ansicht, dass es Aufgabe des Jagdherrn sei, die Jäger mit einem Signalband zu versorgen."*[54]

„Reine Lotteriejagd"

Der Richter, der einem Waidmann eine Geldstrafe für die Tötung eines Jagdkollegen aufbrummte - er hatte seiner Meinung nach auf ein Reh gezielt - bezeichnete das, was mit solch einer Einstellung betrieben wird, als „reine Lotteriejagd"[55] - erwischt es diesmal jemanden oder nicht? Aus welchem Grund die Unfälle im Einzelnen auch passieren, Schicksal ist selten im Spiel. Meist ist es das
krasse Mißachten von Sicherheitsregeln, Nachlässigkeit und allzu sorgloser Umgang mit den hochgefährlichen Waffen, die bei der Jagd mitgeführt werden.
    So kann selbst ein Kleinkalibergeschoß auf 650 Meter noch den Schädelknochen
eines Kindes durchschlagen und in den eines Erwachsenen zumindest eindringen;
verschiedenste Geschoßarten wirken noch auf mehrere hundert Meter potenziell
tödlich, Büchsengeschosse gar noch auf einen Kilometer[56]. Aber auch in weiterer
Entfernung können sie noch Verletzungen verursachen Die Sicherheitsgrenze für
eine Kugel beträgt fünf Kilometer, das Projektil kann aber durchaus neun Kilometer weit fliegen[57]. Schrot wirkt noch bis 60 Meter Entfernung tödlich[58], seine
Reichweite beträgt aber durchaus mehrere hundert Meter[59].
    Es ist nicht einzusehen, daß zahlreiche Jäger mit solch gefährlichen Waffen der-
art verantwortungslos umgehen. Ermutigt werden sie durch die Behörden und Gerichte, denn selbst bei Unfällen mit Schwerverletzten oder gar Toten[60] erhält der
Schütze selten mehr als eine Geld- oder Bewährungsstrafe, wie die Studie aus Münster bestätigt.

„So erscheint es unverständlich, daß durch die zuständige Untere Jagdbehörde ein
Jagdschein nicht entzogen bzw. neu erteilt wird, obwohl der schon mehrfach dies-
bezüglich auffällige Schütze erneut durch große 'Schußhitzigkeit' mehrere Mitjäger
schwer verletzt. "[61]

Es ist nicht verwunderlich, daß bei derartiger Verantwortungslosigkeit auch Un-
beteiligte zu Schaden kommen. Schüsse aus Jagdgewehren treffen immer wieder
Fensterscheiben, Traktorfahrer oder Spaziergänger[62]. Bei Ohrdruf in Thüringen er-
wischte es einen Schlepperfahrer, als mehrere Jäger bei einem Maisschlag Jagd auf
Wildschweine machten. Die Jäger verteilten sich um den Schlag, und als die
Schweine losliefen, fingen sie an, zu feuern. Eine Kugel verirrte sich dabei in den
Unterschenkel des Schlepperfahrers, der in seinem Fahrzeug saß. Der Mann mußte für mehrere Wochen ins Krankenhaus, allein der Aufenthalt dort und die Bewe-
gungstherapie kosteten die Versicherung über 130.000 Mark[63]. Im Oktober 1997
erschoß ein Jäger in einem Waldstück bei Hemau (Kreis Regensburg) einen Bun-
deswehrsoldaten, weil er ihn für ein Wildschwein gehalten hatte[64]. Im August 2002
erreichte eine Kugel, die bei einer Wildschweinjagd nahe dem Ort Fernbreitenbach
abgefeuert worden war, die 1km entfernte Raiffeisenbank des Ortes und duchschlug
dort eine Fensterscheibe. Die Ermittlungen wurden schnell eingestellt, schließlich
läge keine Straftat wie vorsätzliche Sachbeschädigung vor, so die Staatsanwaltschaft[65].

Angesichts der Gefährlichkeit der verwendeten Waffen sind solche Fälle - und derer gibt es viele - völlig inakzeptabel. Man kann nicht Leuten ein Gewehr in die Hand geben, die unkontrolliert in der Gegend herumschießen, die Reichweite ihrer Geschosse völlig außer Acht lassen oder erst abdrücken und dann nachschauen, was sie eigentlich getötet haben. Bei Fällen wie dem mit der Bank ist es reines Glück, daß niemand verletzt wurde - Lotteriejagd eben. Sicherlich sind nicht alle Jäger so verantwortungslos, aber die vielen Meldungen über solche Unfälle zeichnen insgesamt kein sehr gutes Bild.

Es wäre möglich, Informationveranstaltungen und Kurse anzubieten, um den Jägern noch einmal die grundlegendsten Selbstverständlichkeiten im Umgang mit Schußwaffen beizubringen. Solche Informationsveranstaltungen gibt es längt. Ein Angestellter beim technischen Aufsichtsdienst der landwirtschaftlichen Berufsgenossenschaft in Thüringen bemängelt aber, daß „nur wenige Jäger oder Hegegemeinschaften" überhaupt Interesse an solchen Angeboten zeigen[66].

Regelungen wie eine Altersgrenze für den Schußwaffengebrauch wären denkbar. Nach unten existiert sie (einst 16, nach dem neuen Waffenrecht 18 Jahre), aber nach oben sind keine Grenzen gesetzt. Es ist eigentlich nicht einzusehen, wieso bei Polizei und Bundeswehr - vernünftigerweise - ein Höchstalter für den Schußwaffengebrauch existiert, Jäger aber noch in hohem Alter mit Waffen durch unsere Wälder laufen dürfen, ohne irgendeinen Zuverlässigkeitsnachweis erbringen zu müssen.

Allerdings wäre damit nur ein Teil des Problems gelöst, denn die meisten Unfälle werden eben nicht von Greisen verursacht. Regelmäßige Zuverlässigkeitsprüfungen, um die unentschuldbare Schlampigkeit zu bekämpfen, werden von der Jägerschaft aber ebenso wie alle anderen Kontrollversuche heftig abgewehrt. Als im April 2002 Robert Steinhäuser mit einer völlig legal von einem Jagdausrüster gekauften Pumpgun in seiner Schule in Erfurt 16 Menschenleben auslöschte und dann sich selbst richtete, begann sofort eine intensive Lobbyarbeit seitens der Jäger und Sportschützen, um Einschränkungen für die eigenen Gruppen zu verhindern. In großen Teilen ist ihnen das auch gelungen. So müssen nach dem neuen Waffenrecht, das am 01. April 2003 in Kraft getreten ist, Personen, die noch nicht 25 Jahre alt sind, „ein amts- oder fachärztliches oder fachpsychologisches Zeugnis über ihre geistige Eignung im Sinne hinreichender Reife zum Waffenbesitz vorlegen", wie das Bundesinnenministerium in einer Pressemitteilung erklärte. Ausgenommen hiervon sind aber Jäger, „da sie durch die anspruchsvolle Ausbildung und die schwierige Jagdprüfung bereits in hinreichender Weise ihre Eignung und den Willen zu einem ernsthaften und ordnungsgemäßen Umgang mit Waffen, die zudem lediglich Mittel zur Jagdausübung sind, zum Ausdruck gebracht haben."[67]

Ob die Menschen, die von Jägern wegen deren Schlampigkeit und Unzuverlässigkeit verletzt oder getötet werden, das genau so sehen?

24
Der Umgang mit den Mitmenschen

„Mit einer Schrotflinte hat ein 57j. Landwirt [und Jäger, Anm. d. Verf.] aus Fries-
oythe auf drei Kinder geschossen. Die Schrotkörner seien im direkten Umfeld der
Kinder niedergehagelt, bestätigte die Polizei."[1]

- Lingener Tagespost vom 10.08.2002

Ein drastischer Fall, der nicht die Regel ist. Doch selbst, wenn wir solche Fälle
außer Acht lassen, ist das Verhalten der Jägerschaft gegenüber ihren Mitmenschen
mehr als bedenklich, auch wenn die „deutsche Waidgerechtigkeit" angeblich ein
moralisches Verhalten gegenüber den Mitmenschen einschließt.

Vergleichsweise harmlos nimmt sich da noch die ständige und gezielte Irreführung der Bevölkerung über das aus, was tagtäglich in unserer Natur geschieht.
Daß die meisten Argumente und Geschichten, die der nichtjagende Bürger von Jägern aufgetischt bekommt, nichts als heiße Luft sind, haben wir schon zur Genüge gesehen. Da werden immer wieder die gleichen Lügengeschichten erzählt - und
wenn die Jäger das alle sagen, muß es doch wohl stimmen, denkt sich Otto Nor-
malbürger. Hier ist den Jägern beizupflichten, die fordern, daß die „Grüne Zunft"
sich ehrlich zu ihren Motiven bekennen sollte, anstatt die Bevölkerung weiterhin
anzulügen. Auch die Tatsache, daß die negativen Folgen des Privathobbys einer
Minderheit der gesamten Gesellschaft aufgebürdet werden, fällt eher in die Kategorie „Unverfrorenheit". Zu nennen wären die Tiere, die sich durch die Jagd zurück-
ziehen und für Spaziergänger, aber auch Fotografen und Wissenschaftler wesentlich schwerer zu beobachten sind oder die Kosten, die dem Steuerzahler durch Fuchsprämien oder Wildschutzzäune aufgebürdet werden.

Gravierender ist sind da die gar nicht so seltenen Meldungen, daß sich Jäger wohl
darin gefallen, die Herren in ihrem Revier zu sein. Irina Ludewig, Chefredakteu-
rin der Zeitschrift „Reiter Revue" berichet in einem Interview mit der *Deutschen*
Jagd-Zeitung, daß viele Jäger meinten, den Wald ganz allein für sich gepachtet zu
haben und reitende Mitbürger am liebsten aus dem Revier jagen würden. „Horror"
sei es, wenn man sich mit einem wütenden Jäger konfrontiert sehe, der auf dem
Hochsitz sitzt und schimpft, daß man ihm das Wild verscheuche. Auf die Frage der
Deutschen Jagd-Zeitung, ob die Reiter von den Jägern ausreichend über nötige Ru-
hezeiten oder besonders sensible Zonen im Revier informiert werden, antwortet
sie:

„In der Regel wohl eher nicht. Da gibt's dann eher die Urknallmäßigen Begeg-
nungen, die Eskalation, wenn alles zu spät ist. Dann wird gebrüllt, gestritten und
möglichst noch mit diktatorischen Anweisungen am Schwarzen Brett oder direkt im
Wald gemaßregelt."[2]

Aus einer egoistischen Perspektive heraus ist es verständlich, daß ein Jäger den Wald am liebsten für sich allein haben will. Schließlich verscheuchen Spaziergänger, Reiter, Jogger und dergleichen das Wild, das durch die Jagd sowieso schon sehr scheu ist, nur noch mehr, wenn auch nicht nennenswert im Vergleich zur Bejagung selbst. Auch unappetitliche Szenen des jagdlichen Alltags sollen möglichst nicht an die Öffentlichkeit gelangen; wer als Nichtjäger solche Bilder macht und veröffentlicht, kann schon mal auf Schmerzensgeld verklagt werden[3].

Interessant sind in diesem Zusammenhang auch die Tips der Zeitschrift *Niedersächsischer Jäger*, wie man Spaziergänger und andere nichtjagende Menschen vom Jagdgeschehen fernhält. So kann der Jäger mit einem Schild, das auf eine - nicht vorhandene - „Sackgasse" hinweist, bewirken, „daß Spaziergänger, die bekanntlich Rundwege bevorzugen, schon rechtzeitig abdrehen". Zäune quer über Schneisen, die kurz darauf zwischen den Bäumen enden, sollen ebenfalls Waldbesucher davon abhalten, sich dem Jagdgeschehen zu nähern. Auch scheinbar „natürliche Hindernisse" wie große Haufen von Ästen etc. erfüllen diesen Zweck; dazu wird auch schon mal der eine oder andere Baum gefällt[4]. Die Abneigung gegen andere Waldnutzer geht soweit, daß Jürgen Vocke, Bayerns Jägerpräsident, gar eine Unterrichtungspflicht gegenüber den Behörden fordert, wenn Freizeitunternehmen Aktivitäten in der Natur anbieten wollen[5].

In seiner Herrschsucht meint so mancher Waidmann gar, hoheitliche Privilegien zu besitzen. Die *Pirsch* berichtet zum Beispiel über einen Jagdpächter, der einen anderen Jäger mit dem Geländewagen stoppte, als dieser mit seinem angeleinten Jagdhund auf einem Waldweg spazierte. Der Pächter verlangte zuerst die Herausgabe der Personalien und wollte sogar den Jagdhund „beschlagnahmen". Als der andere Jäger sich weigerte, den Anweisungen Folge zu leisten, ließ der Pächter ihn beim Davonbrausen mit dem Geländewagen in einer riesigen Staubwolke stehen[6]. Ob der Pächter den anderen Mann als Jäger erkannte oder für einen „normalen" Spaziergänger hielt, wurde nicht berichtet. Andere Jäger im Landkreis Landsberg waren sehr wütend darüber, daß die Förster das Rehwild „viel zu scharf" bejagten. Der Höhepunkt des Streits: Flugblätter, in denen die Förster als Nazis verunglimpft wurden. „Endlösung des Waldschädlings Rehwild" war da zu lesen, und: „Heil Forst!"[7].

Solche Fälle mag man noch als unsoziales Benehmen, Herrschsucht oder Geschmacklosigkeiten betrachten können. Nicht mehr diskutabel sind die zahllosen, schon diskutierten Fälle, in denen Jäger Haustiere erschießen. Abgesehen davon, daß diese Tiere ebenfalls Individuen sind, die mit ihrer Erschießung kaum einverstanden sein dürften, sind sie auch oftmals vollwertige Familienmitglieder. Besonders hart muß es für die Familien der Tiere sein, wenn sie, wie es oft geschieht, in unmittelbarer Nähe des Geschehens sind und vom Jäger auch noch heruntergemacht werden, weil sie z.B. ihren (jetzt toten) Hund unangeleint haben laufen lassen.

Was ebenfalls in keiner Weise entschuldbar ist, ist der leichtsinnige Umgang mit Jagdwaffen gegenüber anderen Naturfreunden oder gar der vorsätzliche Schußwaffengebrauch. Wenn Gesellschaftsjagden stattfinden, kommt es des öfteren vor, daß die Bevölkerung nicht gewarnt wird und Spaziergänger ahnungslos in eine Treibjagd hineinlaufen. So berichtete die *Main-Post* von einer Treibjagd am 2. Weihnachtsfeiertag 2002, bei der sich die Jäger wohl nicht daran störten, daß das betreffende Waldstück zur selben Zeit von zahlreichen Spaziergängern genutzt wurde[8]. Auch verirren sich, wie wir schon gesehen haben, immer wieder Projektile in nahe gelegene Ortschaften, weil ohne natürlichen Kugelfang draufgehalten und die Reichweite des Geschosses mißachtet wird. Der *Weser-Kurier* berichtete etwa, wie Schüsse bei einer Treibjagd im Dezember 2002 ein Auto trafen und auf eine Schule niederregneten, weswegen die Schüler in Panik in die Klassenräume flohen[9]. Die *Zeit* berichtet in ihrem Artikel über Jagdunfälle:

„Gelegentlich visieren Jäger vom Hochstand aus Spaziergänger oder Jogger auch mit voller Absicht an. Nicht, um zu schießen natürlich, sondern weil man das Zielfernrohr so bequem als Fernglas gebrauchen kann. Da überrascht es wenig, wenn dem einen oder anderen allzu routinierten Jäger dabei versehentlich ein Schuss abgeht."[10]

Die *Münsterländische Tageszeitung* berichtete im Mai 2002 über vier Kinder, die von einem Jäger beschossen worden waren, während sie einen Ausritt unternahmen[11]. Auch in Marktheidenfeld ereignete sich solch ein Fall, in dem ein Jäger mit Schüssen vom Hochsitz zwei reitende Mädchen, 12 und 13 Jahre, bedrohte[12] - ausgeritten wird nun nur noch mit dem Mobiltelefon. Auch bei Burg Stargard in Mecklenburg-Vorpommern wurde im Mai 2002 ein Mann von zwei Jägern aufgefordert, seine Hunde anzuleinen, und wurde während der Auseinandersetzung mit der Waffe bedroht[13]. Nicht selten wird bei Streits im Wald auch damit gedroht, beim nächsten Mal die Haustiere des Gegenübers zu erschießen[14]. Was bei der Beschäftigung mit Haustiererschießungen auffällt, ist auch, daß oftmals die Gefährdung umstehender Personen in Kauf genommen wird.

„Fredl", der schon erwähnte Mischlingshund, der im Oktober 1999 am Starnberger See von einem Jäger getötet wurde, saß nur zwei Meter von seiner Halterin entfernt im Gras[15]. Der Jäger, der bei Freyung „Rex" mit insgesamt vier nicht besonders gut plazierten Schüssen tötete, nahm die Gefährdung der umstehenden Personen in der geschlossenen Ortschaft ebenfalls auf die leichte Schulter. Der Hund, der im Main-Tauber-Kreis von einem Jäger auf 100 Meter Entfernung bei Dunkelheit erschossen wurde, saß genau zwischen seinen Begleitern[16]. Ein etwas anders gearteter Fall ereignete sich im Saarland: Ein Jäger hatte sich geärgert, weil Reiter an seinem Hochsitz vorbeiritten und Wild verscheuchten. Er gab aus Ärger einen Warnschuß ab, der Roß und Reiter zwar nicht traf, aber das Pferd derart erschreckte, daß es durchging. Es verletzte sich dabei so schwer, daß es schließlich getötet werden mußte[17].

Gelegentlich kommt es sogar vor, daß Jäger aus voller Absicht heraus Menschen erschießen. Dies betrifft etwa Beziehungsdramen, die so manches mal tödlich enden, wenn einer der Betroffenen eine Waffe besitzt. So erschoß im Juli 2001 ein

Jäger in Thüringen seine Frau, seine drei Hunde und dann sich selbst[18]. Ein ähnlicher Fall ereignete sich im November 2001 in Oldenburg[19]. Im Januar 2002 erschoß eine Jägerin in Hessen ihren Freund nach einem Streit mit einem Revolver[20]. Im April 2002 berichtete die *Rheinische Post* über eine Jägerin, die mit 3,7 Promille im Blut meinte, „Russisches Roulette" mit ihrem Freund spielen zu müssen - er überlebte zum Glück den Schuß in den Oberschenkel[21]. Aber auch im Wald wird mitunter draufgehalten. Die *Zeit* meint, die beschriebenen „versehentlichen" Schüsse seien manchmal

„vielleicht nicht ganz so versehentlich, wie es in der Lüneburger Heide geschah, wo Motorradfahrer alles Wild verjagend durchs Revier knatterten und eine Jägerskugel einen der Radaubrüder ins Bein traf."[22]

In Brest bei Hamburg waren zwei Jäger wütend auf einen Tierschützer, der seine Hunde nicht anleinen wollte. Sie versuchten mehrfach, ihn mit dem Auto anzufahren. Schließlich forderten sie ihn mit vorgehaltener Waffe auf, seine Hunde an die Leine zu nehmen. Als ein Freund des Tierschützers, der knapp in der Schußlinie stand, in Panik versuchte, dem Jäger die Waffe aus der Hand zu schlagen, gab dieser nach eigenen Angaben einen „gezielten Schuß" auf den Tierschützer ab. Der Mann brach getroffen zusammen[23]. Berühmtheit erlangte der „Petersilienfall", bei dem ein Jäger einen Spaziergänger erschoß, weil dieser der Aufforderung, das Pflücken von Petersilie auf einem Feld zu unterlassen, mißachtete[24]. In Thüringen drehte ein Jäger und Landwirt durch, als wegen Tier- und Umweltschutzvergehen sein Hof kontrolliert wurde: Er feuerte zwei Schüsse auf Bedienstete des Veterinäramtes und einen Polizisten ab und zerschmetterte einem Beamten die Schulter, so daß dieser in ein künstliches Koma versetzt werden mußte[25].

Fälle, in denen Jäger gezielt andere Menschen töten oder verletzen, sind nicht die Regel, kommen aber immer wieder vor und sind aber durchaus - wenn auch drastischer - Ausdruck der Aggressivität und Herrschsucht, die nicht wenige Jäger zur Bedrohung anderer Menschen veranlaßt. Auch die Art und Weise, wie viele Jäger mit ihren Waffen umgehen, ist schlicht verantwortungslos gegenüber ihren Mitmenschen, denn es wird oftmals die Gefährdung anderer billigend in Kauf genommen. Sei es durch schlechte Schüsse, die ein paar hundert Meter weiter Gebäude oder Menschen treffen, oder sei es der nachlässige Umgang mit der Waffe im Allgemeinen, der umstehende Personen Todesgefahr aussetzt. Und solche Fälle sind schon nicht mehr die ganz seltene Ausnahme.

Ermuntert wird die Jägerschaft auch hier durch die Behörden und die Justiz. Das fängt schon bei der Polizei an. Besonders auf dem Dorf sind so einige Polizisten selbst Jäger oder kennen den örtlichen Jagdpächter. Anzeigen verlaufen da oft im Sande[26]. Wie etwa die Anzeige der Celler Reiter, die von einem Jäger beschimpft und mit einem großen Messer bedroht wurden, worauf sie das Weite suchten[27]. Wie auch beim Abschuß geschützter Tierarten reichen manchmal die fadenscheinigsten Begründungen für den Jäger, um seinen Kopf aus der Schlinge ziehen zu können.

Der Waidmann, der den Petersilienpflücker erschoß, wurde freigesprochen - angeblich hatte er sich bedroht gefühlt[28]. Der Jäger, der den Tierschützer bei Hamburg anschoß, erfand eine abenteuerliche Geschichte, nach der der Tierschützer ihn angeblich mit einer Waffe bedroht hätte. Die Polizei spielte fleißig mit und fand - während der Tierschützer im Krankenhaus operiert wurde, also noch gar nicht wieder hätte zu Hause sein können - in dessen Wohnung eine Leuchtpistole für Silvestermunition. Resultat: Freispruch[29]. Der Jäger, der in Friesoythe auf Kinder schoß, war schon zuvor aufgefallen, weil er mit einer großkalibrigen Waffe auf einen Polizeihubschrauber gefeuert hatte[30]. Ernstere Konsequenzen hatte auch dies nicht. Meist bleibt es selbst bei tödlichen Schüssen bei einer Bewährungs- oder Geldstrafe. Der eventuell verlorene Jagdschein ist oftmals auch nicht für immer weg, sondern kann meist nach einer Sperrfrist neu ausgestellt werden. Die *Zeit* spottet:

> *„Für einen Mörder in spe wäre es im Hinblick auf das zu erwartende Strafmaß dennoch eine, zugegeben anstrengende Option, sich mit dem Ziel seinen Hasses anzufreunden, es zur Wildschweinhatz zu überreden und den tödlichen Schuss als Jagdunfall zu tarnen."[31]*

Bei der in Kapitel 16 erwähnten Treibjagd, die ein Wildschwein zur Flucht in ein Wohnzimmer veranlaßte, wodurch eine Frau verletzt wurde, meinte der Anwalt des ergebnislos verklagten Jagdpächters wenig einfühlsam:

> *„Die Sau war vielleicht ein bisschen verrückt. Warum sollen immer nur Menschen geisteskrank sein?"[32]*

Auch in anderen Fällen scheinen Gefährdungen für Mitmenschen nachrangig zu sein, wenn es um die Bedürfnisse oder Bequemlichkeit des Waidmannes geht. Da werden schon mal Schlagfallen auf Kreuzungen von Waldwegen[33] aufgestellt. Oder in der Nähe von Siedlungen auf von Spaziergängern und Kindern stark frequentierten Wiesen[34]. Oder gleich mitten im Wohngebiet[35]. Auch wird mitunter mit der Waffe mitten in Städten auf Kaninchen oder andere „Schädlinge" draufgehalten, ob mitten in Wohngebieten[36] oder in - zu der Zeit besuchten - Parks in der Nähe von Spielplätzen[37]. Daß die Trichinenbeschau aus Bequemlichkeit oder Geiz schon mal ausfällt, haben wir ebenfalls schon gesehen. Auch sonst scheint man es mit der Hygiene nicht so genau zu nehmen, wenn man Wildfleisch an die Konsumenten verkauft. Die *Pirsch* berichtet etwa,

> *„dass bei Weidwundschüssen Magen- und Darminhalt Bauchhöhle und Wildpret verschmutzen und diese oft mit unzulänglichen Mitteln gesäubert werden; dass Teilstücke von Wild an Privatpersonen abgegeben werden, deren Gewinnung unter hygienisch unbefriedigenden Gegebenheiten erfolgt; dass mancher Jäger in der ordentlichen Versorgung von Haar- und Federwild Defizite hat; dass mancher Jagdscheininhaber in der Materie 'Wildprethygiene' völlig unbedarft ist".[38]*

Es ist nicht verwunderlich, daß Menschen, für die es völlig normal ist, empfindsamen Lebewesen starke Schmerzen zuzufügen und ihnen das Leben zu nehmen, auch im Umgang mit ihren Mitmenschen nicht gerade zimperlich sind. Vor allem die nicht seltenen Bedrohungsszenarien - ob nun gegen Menschen oder ihre Haustiere - und die tatsächlich abgegebenen Schüsse, und seien es nur Schüsse in die Luft, lassen große Defizite im Sozialverhalten erkennen. Daß es gegenüber ausgewiesenen Jagdgegnern noch eine Spur härter geht, werden wir in Kapitel 27 erfahren.

Aber schon die vorsätzliche Irreführung der Öffentlichkeit und die ständigen Bemühungen, möglichst andere Menschen aus dem Wald zu vertreiben, sind zutiefst unsozial. Es ist nicht so, daß unsere Landschaft nur für die knapp 340.000 Hobbyjäger da ist und der Rest der 82 Millionen Bürger unseres Landes darauf gefälligst Rücksicht zu nehmen hätte. Leider denken nicht weniger Waidmänner genau das, wie auch immer sich das letzten Endes äußert. Unterstützt werden sie von den Gesetzgebern und Behörden, die mit Schildern die Waldbesucher auf zahlreiche Verbote - zum Schutz des Wildes natürlich - aufmerksam machen (z.B. das Verbot, Pilze zu sammeln, Hunde frei laufen zu lassen, die Wege mit Pferden zu nutzen etc.), während der Pächter mit dem Geländewagen ins Revier fahren darf und dort tun und lassen kann, was er will. Nur zu gut paßt dies zur Vorstellung vom Wild als Eigentum des Jagdpächters.

IV.
Der Stand der Dinge

„5 vor 12 für die Jagd"

Aufmacher der *Wild und Hund*

25
Der Einfluß der Jägerlobby

„Seit jener Zeit [der Schaffung des Reichsjagdgesetzes, Anm. d. Verf.] kontrollieren Verbandsfunktionäre die Instanz, die eigentlich sie selber kontrollieren soll. Bis zum heutigen Tag ist nirgendwo die demokratisch legitimierte Exekutive von einer lobbyistischen Gruppe formell derart abhängig wie im Bereich der Jagd."[1]

- Wilhelm Bode und Elisabeth Emmert, „Ökojäger"

Sommer 2002: Der bayerische Forstminister Josef Miller weist die Bevölkerung auf die hohe Waldbrandgefahr hin. Er betont hierbei noch einmal das strikte Rauchverbot, das für Waldbesucher vom 1. März bis zum 31. Oktober herrscht[2].

Was das mit dem Einfluß zu tun hat, den die Jäger in Deutschland haben? Für Jäger, die sich weitaus öfter und länger im Wald aufhalten dürften als normale Waldbesucher, gilt dieses Verbot nicht - sie müssen auch bei Waldbrandgefahr nicht auf ihre obligatorische Zigarette nach dem Schuß vom Hochsitz verzichten[3]. Nur ein kleines Beispiel von vielen, die zeigen, daß die Jägerschaft und ihre Verbände mit ihrer Lobbyarbeit die Regeln, die sie zu befolgen haben, maßgeblich selbst mitbestimmen - und auch selbst kontrollieren, ob diese eingehalten werden. Der starke Einfluß der Jägerschaft in unserem Land ist einer der Hauptgründe dafür, warum grundlegende Reformen bis heute verhindert wurden.

Denn der Einfluß von Jägern in Behörden und Ministerien ist ziemlich groß. Das fängt bei den sogenannten „Jagdbeiräten" an, die bei den Entscheidungen der unteren und oberen Jagdbehörden ein gewichtiges Wörtchen mitzureden haben. Ihre Zusammensetzung ist ein Musterbeispiel dafür, daß die Jäger, die gerade mal 0,4% der Bevölkerung ausmachen, in den zuständigen Gremien hoffnungslos überrepräsentiert sind.

Wie die Jägerschaft Einfluß auf ihre eigenen Kontrollgremien nimmt

In Brandenburg etwa setzt sich der Jagdbeirat der Obersten Jagdbehörde zusammen aus einem Vertreter dieser Behörde als Vorsitzendem, je zwei Vertretern der Jäger und der Landwirtschaft, je einem Vertreter des Körperschafts- und des Privatwaldes, zwei Vertretern des Landeswaldes, einem Vertreter der Jagdgenossenschaften und einem Vertreter des Naturschutzes[4]. In Nordrhein-Westfalen besteht dieses Gremium aus einem Vertreter der Behörde als Vorsitzendem, vier Vertretern der Jäger, vier Vertretern der Landwirtschaft, je einem Vertreter des Körperschafts-, des Privat- und des Staatswaldes und je einem Vertreter der Berufsjäger, der Jagdgenossenschaften, des Naturschutzes, der Jagdwissenschaft und der

Falknerei[5]. Ähnliche Konstellationen finden sich auch in den anderen Bundesländern.

Unter Landwirten und Förstern finden sich nicht wenige Jäger. Daß so einige ihrer Vertreter in vielen Fragen (abgesehen vielleicht vom Konflikt Jäger-Förster
beim Schalenwild) de facto auch gleichzeitig Vertreter der Jäger sind, ist programmiert. Daß die Vertreter der Jagdgenossenschaften und die Falkner auch eher
den Positionen der Jäger als denen des Naturschutzes zugeneigt sind, ist ebenfalls
bedenklich.

Dieses informelle Übergewicht der Jägerschaft wird in einigen Bundesländern
sogar explizit gesetzlich unterstützt. In Baden-Württemberg besteht der Jagdbeirat
der Obersten Jagdbehörde aus dem Minister für den Ländlichen Raum oder einem
Vertreter als Vorsitzendem, vier Landwirten, vier Förstern, vier Jägern, zwei Vertretern der Jagdgenossenschaften, zwei Vertretern der Gemeinden und je einem
Vertreter des Natur- und Tierschutzes[6]. Es ist ausdrücklich geregelt, daß unter den
Vertretern der Jäger keine Förster sein sollen; andererseits fehlt aber eine Regelung, daß etwa unter den Förstern oder Landwirten keine Jäger sein sollten[7]. Somit ist ausgeschlossen, daß die Förster, die vielen Jägern zufolge ja immerhin die
Ausrottung des Rehwildes fordern, mehr Einfluß bekommen als nötig. Die Jäger
können jedoch theoretisch fast alle Posten dieses Beirates besetzen. Noch deutlicher wird das neue niedersächsische Landesjagdgesetz von 2001, von der *Pirsch*
als „zeitgemäß" in einer Titelgeschichte gelobt: Dort nehmen die Landkreise die
Aufgaben der Jagdbehörden wahr. Unter dem Vorsitz des Kreisjägermeisters beraten dort je eine Person für die Landwirtschaft, die Forstwirtschaft, die Jagdgenossenschaften, die Landesjägerschaft, den Naturschutz und eine Person mit forst-
licher Ausbildung. Mit Ausnahme des Vertreters der Jagdgenossenschaften und jenem des Naturschutzes müssen alle Mitglieder des Beirates einen Jahresjagdschein
haben, also gegenwärtig praktizierende Jäger sein. Der Vertreter des Naturschutzes
muß zwar keinen Jahresjagdschein haben, muß jedoch die Jägerprüfung abgelegt
haben[8]. Der überproportionale Einfluß der Jägerschaft existiert hier nicht nur de
facto, sondern ist gesetzlich festgeschrieben. So sind die Jäger in den zuständigen
Gremien völlig in der Überzahl, der Naturschutz hat hingegen wenig zu melden.

Hinzu kommt, daß die Landesjagdverbände Anhörungs- und Mitwirkungsrech-
te haben. In verschiedenen Bundesländern ist es dabei so, daß die Dominanz des
herrschenden Landesjagdverbandes durch die Gesetze ebenfalls zementiert wird.
In Brandenburg ist es noch moderat: Dort ist eine Jägervereinigung, die mindestens
20% der Jagdscheininhaber des Landes auf sich vereinigt, als Landesvereinigung
der Jäger anzuerkennen[9]. In anderen Bundesländern wird da schon mal dem Landesjagdverband per Gesetz ein Monopol eingeräumt: So kann zum Beispiel in Baden-Württemberg[10], Bayern[11] oder Niedersachsen[12] nur solch ein Verband als Jägervereinigung anerkannt werden, der mehr als 50% der Jagdscheininhaber des
Landes auf sich vereinigt. Da es zu jedem Zeitpunkt nur *einen* Jägerverein geben
kann, dem mehr als 50% aller Jagdscheininhaber angehören, hat stets ein Verein
das absolute Monopol darauf, in der Politik mitreden zu dürfen. In der Praxis sieht

es so aus, daß alle anerkannten Jägervereinigungen mit nennenswertem Einfluß die Landesjagdverbände sind, die wiederum Untergruppen des Deutschen Jagdschutz-Verbandes sind.

Grüner Filz

Auch in den Ministerien sind Jäger vertreten: Viele der für die Jagd zuständigen Referenten in den betreffenden Ministerien des Bundes und der Länder sind selbst Jäger[13]. Wäre Karlheinz Funke (SPD) nicht über den BSE-Skandal gestürzt, hätten wir statt der grünen Politikerin Renate Künast wohl heute noch einen passionierten Jäger im zuständigen Bundeslandwirtschaftsministerium. Aber auch so sind die Jäger in nicht unerheblichem Maße an der Erstellung von Gesetzen und sonstigen Vorschriften beteiligt. Sei es, daß Funktionäre der Jagdverbände gleichzeitig in den Parlamenten unseres Landes sitzen (z.B. DJV-Präsident Jochen Borchert, MdB, oder Präsident des Bayerischen LJV Jürgen Vocke, MdL) oder über sonstige Verflechtungen von Parlamentariern mit der Jägerschaft[14]. Die *Zeit* berichtet:

> *„Die Verquickung von Politik und Jägerschaft ist ein offenes Geheimnis; bis in die Justiz, zu jagenden Richtern und Staatsanwälten, reicht der grüne Filz.“*[15]

Weiterhin hängen einige Wirtschaftsunternehmen an der Jagd, wie etwa Waffen- und Munitionshersteller oder die Fabrikanten von sonstigem Jagdzubehör, sowie Hundezüchter und die Produzenten von Futtermitteln oder Konservieren für den Abschuß. Alles in allem ist es keine kleine Anzahl von Menschen, die Geld und Einfluß einsetzen, um die Jagd so zu erhalten, wie sie heute ist.

Daß die Jäger ihren Einfluß nutzen, um ihre Interessen zu verfolgen, liegt auf der Hand. Dinge wie das Privileg, als einzige im Wald auch bei Brandgefahr Zigaretten rauchen zu dürfen, sind da noch unbedeutend. Wie wir schon gesehen haben, gibt es für Jäger weitreichende Ausnahmen, was z.B. Umwelt- oder Tierschutzbestimmungen angeht. Sie dürfen zu ihrem persönlichen Jagdvergnügen Tiere aussetzen, um sie kurz danach zu erschießen und mit der Hege einigen jagdlich interessanten Arten bessere Lebensbedingungen bieten, um hinterher mehr zum Jagen zu haben. Eine Vollschonung einiger jagdbarer Vogelarten nach der EG-Vogelschutzrichtlinie von 1979 wird blockiert; mittlerweile klagt sogar schon die EU-Kommission gegen Deutschland, da die Freigabe der Vögel zur Jagd EU-Recht verletzt[16]. Zudem kontrollieren die Jäger selbst, ob sie die einschlägigen Vorschriften und Gesetze auch einhalten. Zu was für Mißständen das z.B. bei der Fütterung führt, wissen wir. Auch die überarbeitete Fütterungsverordnung in Baden-Württemberg macht diesen Mißstand deutlich. Denn der „Fütterungsobmann", der nach dem vom NABU aufgedeckten Fütterungsskandal die Einhaltung der neuen, verschärften Vorschriften kontrolliert, ist selbstverständlich ein Waidgenosse. Eine unabhängige Instanz, die tatsächlich prüft, ob es in deutschen Revieren mit rechten Dingen zugeht, gibt es de facto nicht.

Aber selbst, wenn die Behörden von Gesetzesverstößen erfahren, geschieht selten etwas. So unterliegen zwar *alle* jagdbaren Wildarten der Hegepflicht, aber in der Praxis wird die Hege nur wenigen Tierarten zuteil. Vor allem Beutegreifer und Arten ohne Jagdzeit oder solche, bei denen die Hege keine für den Jäger vorteilhaften Effekte bringt, werden beim waidmännischem Verständnis eines „artenreichen Wildbestandes" vorsorglich ausgeklammert. So hört man z.B. von der Mantelmöwen-, Murmeltier- und Graureiherhege nichts, obwohl diese Arten allesamt dem Jagdrecht unterliegen. Dies wird von den Behörden stillschweigend geduldet, wie auch die Vergiftung verschiedener Tierarten mittels Blei. Und wer

> *„im Dezember an der Fütterung ein Reh schießt, wird (solange keine geschlossene Schneedecke vorhanden ist) auf Verständnis beim Landratsamt rechnen können"* [17],

stellt HESPELER fest. Auch haben wir schon gesehen, daß bei der Novellierung des Waffenrechtes die Jägerschaft als Teil der Waffenlobby allzu scharfe Einschränkungen verhindern konnte. Und wenn ein Jäger wegen Verstoßes gegen die undefinierte deutsche Waidgerechtigkeit angeklagt ist, dann wird der sachverständige Jäger, sofern er dem Angeklagten freundlich gesonnen ist, ihn schon rauspauken. Ebenso kann ein Jäger, dem ein kleines Mißgeschick mit der Waffe passiert ist, das für jemand anders ungut ausging, oft mit verhältnismäßig milden Strafen rechnen. Und wie wir wissen, stellt die Untere Jagdbehörde ihm auch gerne wieder einen neuen Jahresjagdschein aus.

Auch die öffentliche Meinung versuchen Jäger mit allen Mitteln in ihrem Sinne zu beeinflussen. Als der Deutsche Tierschutzbund in seinem Lehrbuch „Tierschutz" angeblich „jagdfeindliche" Äußerungen in die Schulen brachte, schafften gute Kontakte schnelle Abhilfe: Jürgen Vocke (CSU), Präsident des Bayerischen Landesjagdverbandes und Mitglied des Landtages, alarmierte seinen Parteikollegen Josef Miller (CSU), seines Zeichens bayerischer Landwirtschaftsminister - mit Erfolg. Denn dieser setzte sich dafür ein, daß eine eventuelle Neuauflage des Büchleins nicht mehr in den Schulen verbreitet wird und erklärte:

> *„Dem Deutschen Tierschutzbund steht es frei, seine Auffassung in die öffentliche Meinungsbildung und politische Diskussion einzubringen. Ich halte es aber für bedenklich, wenn seine Meinungsäußerungen unreflektiert und in einer mit dem öffentlichen Bildungsauftrag nicht zu vereinbarenden unausgewogenen Weise an Kinder im Grundschulalter weitergegeben wird."* [18]

Währenddessen erklären zahllose Jäger in der ganzen Republik in der „Rollenden Waldschule" oder am „Lernort Natur" den Grundschul- oder Kindergartenkindern, was wirklich Sache ist: Der Jäger hat vor allem damit zu tun, „die Natur zu hegen und zu pflegen und sie, wenn nötig, durch fachgerechte Eingriffe im gesunden Gleichgewicht zu halten."[19] Tierpräparate werden vorgeführt, Nistkästen gebaut[20], und nebenbei werden Informationen über die Jagd vermittelt - ausgewogen und objektiv, versteht sich. Wenn Kinder protestieren, daß tote Eintagsküken (männliche Küken, die als „Abfall" bei der Legehennenproduktion anfallen und noch am ersten Lebenstag getötet werden) als Futter für die vorgeführten Falken dienen sollen, erklären Jäger mit dem ihnen eigenen Respekt vor der Tierwelt,

> *„dass es sich bei toten Eintagsküken eigentlich um nichts anderes als rohe Chicken-Mc-Nuggets handelt"[21].*

Auch jagende Lehrer bringen ihren Schützlingen „ganz so nebenbei" die Bedeutung von Jagd und Hege nahe[22]. Eine Referendarin aus dem Sauerland erklärt im *Wild und Hund*-Forum:

> *„Schickt eure Kinder ruhig alle zu mir in die Schule - dann kriege ich wenigstens nach dem Referendariat eine Stelle...und eure Kinder machen garantiert den Jugendjagdschein!"[23]*

Es ist schon bezeichnend, wenn „jagdfeindliche" Äußerungen von Tierschutzvereinen aus dem Unterricht verbannt werden sollen, die massive und eigennützige Einflußnahme der Jägerschaft auf Schulkinder von den zuständigen Ministerien und Behörden jedoch geduldet wird. Das Konzept scheint fatalerweise zu funktionieren, wie die *Pirsch* berichtet:

> *„Die Saat geht langsam auf. In der Natur werden uns junge Menschen gegenüber stehen, bei denen wir in jungen Jahren die Chance hatten, uns als Jäger und schützende Fachleute in der Natur vorzustellen."[24]*

Das deutsche Reviersystem ist menschenrechtswidrig

Sehr gravierend ist auch der Eingriff des Bundesjagdgesetzes in das private Grundeigentum. Soll die Jagd in irgendeiner Form eingeschränkt werden, klagen die Jäger laut über einen Angriff auf eben dieses private Grundeigentum und sehen das Jagdrecht als vom Grundgesetz geschütztes Eigentumsrecht bedroht. So beklagt sich Jürgen Meyer-Loos, ehemals Vizepräsident des LJV Schleswig-Holstein, Bundesumweltminister Jürgen Trittin (Grüne) täte alles, um „über vorgebliche Natur- und Umweltschutzpolitik das private Grundeigentum auszuhebeln"[25]. PROF. DR. ANTON MOSER von der FH Weihenstephan schreibt in der *Pirsch* mit Bezug auf das Revolutionsjahr 1848, als das Volk sich die Jagdfreiheit vom Adel erkämpfte:

> *„Das Jagdrecht ist Teil ihres Eigentums [der Grundbesitzer, Anm. d. Verf.], das sie mit der Befreiung von Leibeigenschaft, Frondienst und Willkürherrschaft erkämpft haben. Der Verlust dieses Rechts liegt auf dem Weg zurück in die Abhängigkeit und Fremdbestimmung."[26]*

Tatsache ist, daß weniger eine Einschränkung des Jagdrechts aufgrund ökologischer Fakten und Notwendigkeiten, sondern vielmehr das Bundesjagdgesetz selbst ein drastischer Eingriff in das Grundrecht auf Eigentum ist.

Prinzipiell hat jeder Grundeigentümer das Jagdrecht auf seinem Grund und Boden. So steht es im Bundesjagdgesetz[27]. Den allermeisten Grundbesitzern wird dieses Recht dennoch verwehrt. Das Instrument hierzu ist die juristische Konstruktion eines Unterschiedes zwischen dem Jagdrecht und dem Jagd*ausübungs*recht. Will heißen: Das Jagdrecht steht jedem Grundeigentümer auf seinem Besitz zu. Das bedeutet aber noch lange nicht, daß er von diesem Recht auch Gebrauch machen kann, also das Jagdausübungsrecht besitzt.

Denn um das Jagdrecht auf seinem Grund und Boden ausüben zu können, muß dieses Land mindestens die Größe eines Eigenjagdbezirkes haben. Nach dem Bundesjagdgesetz sind dies 75 Hektar zusammenhängendes Land[28], also immerhin ein dreiviertel Quadratkilometer. Allerdings können die Länder abweichende Vorgaben machen. So ist die Mindestgröße für eine Eigenjagd in Bayern 81,755[29], in Brandenburg gar 150 Hektar[30]. Wer weniger zusammenbringt, darf sich von Jagdausübungsrecht verabschieden. Sein Grundbesitz wird mit dem anderer Grundeigentümer, deren Besitz ebenfalls zu klein ist, zu einem Gemeinschaftsjagdbezirk von mindestens 150 Hektar zusammengelegt[31]. Der Grundeigentümer ist damit automatisch Mitglied in einer Jagdgenossenschaft[32]. Von dieser wird dann das Jagdausübungsrecht - in der Regel alle neun bis zwölf Jahre an den Meistbietenden - verpachtet[33]. Der Revierpächter nimmt dann an Stelle der Grundbesitzer das Jagdausübungsrecht wahr.

Dies ist das allseits bekannte deutsche Reviersystem, das seinen Ursprung im preußischen Jagdpolizeigesetz von 1850 hat[34] und im Reichsjagdgesetz seine Vollendung fand. Es diente ursprünglich laut BODE UND EMMERT dazu, das 1848 vom Adel erkämpfte Jagdrecht auf dem eigenen Grund und Boden in ein „Jagdausübungsrecht" umzuwandeln, das den Großteil der Grundbesitzer von der Jagd wieder ausschloß und den Kreis der Jäger auf „Großgrundbesitzer, Forstbeamte und wohlhabende Bürger" verengte[35]. Damit bleibt das Jagdrecht für die meisten Grundbesitzer reine Theorie. Sie haben von diesem „verfassungsrechtlich geschützten Eigentumsrecht" überhaupt nichts. Im Gegenteil: Ist das Jagdausübungsrecht an jemand anders verpachtet, so kann sich der Inhaber des Jagdrechts strafbar machen, wenn er es wagt, auf seinem Grund und Boden die Jagd auszuüben:

> *„Zwar gilt im Zivilrecht Wild, damals wie heute, als herrenlos. Mit der Bestrafung von Wilddieberei wird es aber wirksamer geschützt, als das Privateigentum vor einem Dieb - eine beeindruckende juristische Konstruktion: Ein Kleinbauer, der das Schaden verursachende Wildschwein auf dem eigenen Maisfeld zur Strecke bringt, war und ist auch heute noch ein Wilddieb."[36]*

Es ist seltsam, daß bei Kritik und Änderungsforderungen seitens der Natur- oder Tierschützer von den Jägern und ihren Vereinen immer sehr schnell das vom Grundgesetz garantierte Eigentumsrecht herausgekramt wird. Denn es ist offensichtlich, daß gerade das von den Jägern mit allen Mitteln verteidigte Reviersystem einen massiven Eingriff in die Grundrechte darstellt. Einerseits ist es eine drastische Verletzung der Versammlungsfreiheit, da der Grundbesitzer Mitglied in einer Jagdgenossenschaft wird - ob er will oder nicht. Außerdem kann er über die Verwendung seines Grund und Bodens nicht selbst bestimmen, was das Eigentumsrecht verletzt. Auch wenn der Grundbesitzer eine Jagdausübung auf seinem Land ablehnt, so nützt ihm dies nichts - denn per Gesetz wird er gezwungen, das Jagdausübungsrecht an einen Jäger zu verpachten, der seinen Besitz jederzeit betreten, dort Fütterungseinrichtungen und Hochsitze bauen darf und vieles mehr. Ob der Grundbesitzer das auf seinem Land gerne sieht oder nicht, ist völlig belanglos.

„Das Jagdausübungsrecht reduziert sich damit auf den Anteil an der Jagdpacht. Selbst der entfällt häufig, wenn mit genossenschaftlicher Mehrheit der Pachterlös dörflichen Gemeinzwecken zur Verfügung gestellt wird. Tatsächlich werden in der Bundesrepublik auf ca. 90% der bejagbaren Fläche die Jagdausübungsrechte durch Verpachtung an Meistbietende vergeben. "[37]

kritisieren BODE UND EMMERT das System, das den Grundbesitzer somit auch noch häufig ohne Entschädigung für die Einschränkung seines Eigentumsrechtes läßt.

Nicht einmal Eigenjagdbesitzer dürfen frei über ihr Grundeigentum entscheiden, da sie mit dem Jagdausübungsrecht auch eine gehörige Menge Pflichten auferlegt bekommen. Dazu gehören etwa die Pflicht, das Wild zu hegen[38], die Pflicht zur Erfüllung von Abschußplänen[39], in Bayern gar die Pflicht zum Jagdschutz, also zum Abschuß von Hunden und Katzen[40]. Damit wird das Jagdausübungsrecht faktisch zu einer Jagdausübungs*pflicht*. Übt ein Eigenjagdbesitzer die Jagd auf seinem Grund und Boden nicht aus, so muß er in der Regel der zuständigen Jagdbehörde eine andere Person benennen, die das Jagdausübungsrecht wahrnimmt[41]. Tut er dies nicht, so benennt die Jagdbehörde auf seine Kosten einen Jäger, der von da an auf seinem Grund jagt. Will der Eigentümer die Jagd auf seinem Land ruhen lassen, so kann er dies in der Regel nur mit der Zustimmung der zuständigen Jagdbehörde tun. In einigen Bundesländern (z.B. Brandenburg) ist zudem diese Möglichkeit absurderweise daran geknüpft, daß die Jagdruhe die Erfüllung des Jagdzweckes - z.B. der Ziele der Hege - nicht gefährdet[42].

Die Folge ist, daß Grundbesitzer kaum Möglichkeiten haben, die Jagd auf ihrem Grund und Boden zu unterbinden, selbst wenn sie sie ablehnen. Dies betrifft auch Naturschutzverbände, die Land kaufen, das eigentlich als Ruhezone für die Natur dienen soll. So sind NABU-Gruppen auf den von ihnen gekauften Grundflächen

„oft mit eigentlich nicht erwünschten Problemen wie Hochsitzbau, Anlage von Fütterungen oder Einbau von Fangsystemen (etwa Fuchs"röhren") konfrontiert. "[43]

Ein Jäger berichtet in der *Pirsch* in einem Leserbrief:

„Er [der Grundbesitzer, Anm. d. Verf.] kann nicht frei darüber entscheiden ob und wie die Jagd auf seinem Grundbesitz ausgeübt werden soll. Dies trifft vor allem Naturschutzverbände, aber auch die Wildland GmbH, die mit bedeutender Unterstützung von öffentlichen Geldern Biotope (für primär nicht jagdliche Zwecke) anlegen. Diese Biotope sollten eigentlich Ruhezonen für viele Tierarten darstellen (vor allem Vögel zur ungestörten Futteraufnahme, Brut, Rast). Dort hätten beispielsweise Graureiher oder Kormoran die Möglichkeit, ungehindert Nahrung aufzunehmen um nicht an Wirtschaftsteichen Schäden anzurichten.
Aber genau hier wird der Jagddruck noch intensiviert. Es werden in solche Biotope Schirme und Jagdkanzeln eingebracht. Zusätzlich schwimmen Flöße auf diesen Gewässern, die mit allerlei Futter (auch Semmeln und Brezeln) während des ganzen Jahres beschickt werden. Es erfolgen Direkteinträge von Getreide in die Gewässer und am Gewässerrand. Auch für Fließgewässer sind diese Methoden üblich. Der Eintrag von Futtermitteln in Gewässer verstößt gegen das Wasserhaushaltsgesetz, wie auch die Kirrung von Wasserwild weder waidgerecht, rechtlich zulässig noch notwendig ist. [...] Richtig wäre eine Herausnahme solcher Areale aus den Jagdbezirken. Aber dagegen wendet sich die örtliche Jägerschaft wie auch der Verband."⁴⁴

Der Europäische Gerichtshof für Menschenrechte in Straßburg/Frankreich. © Europarat

Daß solch ein System ein Bruch des Eigentumsrechtes und der Versammlungsfreiheit ist, sieht auch der Europäische Gerichtshof für Menschenrechte in Straßburg so: Am 29. April 1999 urteilte er über den Fall „Chassagnou und andere gegen Frankreich", in dem sich französische Grundbesitzer kleinerer Landflächen gegen die erzwungene Jagdausübung auf ihrem Land und gegen die Zwangsmitgliedschaft in Jagdvereinigungen zu wehren versuchten.

In einigen französischen Departements werden die Flächen von Grundbesitzern, die eine bestimmte Größe unterschreiten, zu „zugelassenen kommunalen Jagdvereinigungen" (associations communales de chasse agréées, kurz ACCA) entsprechend des betreffenden Gesetzes („Loi Verdeille" von 1964) zusammengefaßt. Die Grundbesitzer werden gezwungen, in der örtlichen ACCA Mitglied zu werden und ihr Jagdrecht, das wie in Deutschland grundsätzlich dem Grundeigentümer zusteht, auf diese zu übertragen⁴⁵. Somit sind ACCAs quasi französische Ausgaben der deutschen Jagdgenossenschaften. Der prinzipielle Unterschied ist, daß das Jagdrecht in den ACCAs nicht verpachtet wird, sondern allen Mitglieder der ACCA auf der gesamten Fläche zusteht. In der Praxis läuft es auf dasselbe hinaus: Der einzelne Grundbesitzer muß einer Vereinigung beitreten und hat die Anwesenheit und Tätigkeit von Jägern auf seinem Grundbesitz zu tolerieren, ob er will oder nicht. Da die klagenden Grundeigentümer Tierschützer und Jagdgegner sind, versuchten sie, die Jagd auf ihren Grundflächen zu verhindern. Als sie damit keinen Erfolg hatten, klagten sie sich durch sämtliche Instanzen bis hin zum Europäischen Gerichtshof für Menschenrechte. Ihrer Ansicht nach verstieß diese Regelung unter anderem gegen die von der EU-Menschenrechtskonvention garantierte Freiheit, ihr Eigentum friedlich zu nutzen, gegen die Versammlungsfreiheit und gegen das Diskriminierungsverbot.

In diesen drei Punkten folgte das Gericht der Argumentation der Klagenden[46]. Zur Eigentumsfreiheit lautete das Urteil des Gerichts:

> *„Kleine Grundeigentümer zu zwingen, ihre Jagdrechte für ihr Land zu übertragen, so daß andere diese in einer Weise nutzen können, die mit ihren Überzeugungen völlig unvereinbar ist, erlegt [ihnen] eine unverhältnismäßige Bürde auf, die durch den zweiten Absatz von Artikel 1 des 1. Protokolls nicht gerechtfertigt wird. Daher liegt eine Verletzung dieser Bestimmung vor."[47]*

Zur Verletzung der Versammlungsfreiheit:

> *„Eine Person per Gesetz zu zwingen, einer Vereinigung beizutreten, die so beschaffen ist, daß es ihren Überzeugungen fundamental entgegensteht, Mitglied zu sein und sie aufgrund ihrer Mitgliedschaft in dieser Vereinigung zu verpflichten, ihre Rechte über das Land, das sie besitzt, zu übertragen, so daß die betreffende Vereinigung dort Ziele verfolgen kann, die sie [diese Person] ablehnt, geht weit über das hinaus, was nötig ist, um ein faires Gleichgewicht zwischen gegensätzlichen Interessen sicherzustellen und kann im Hinblick auf das verfolgte Ziel nicht als verhältnismäßig betrachtet werden. Daher liegt eine Verletzung des Artikels 11 vor."[48]*

Das Gericht sah es außerdem als erwiesen an, daß auch das Diskriminierungsverbot verletzt worden war. Denn Besitzer größerer Grundflächen müssen den ACCAs nicht beitreten. Somit liegt eine Diskriminierung aufgrund des Besitzstandes vor[49].

Auch wenn es gewisse Unterschiede zwischen deutschen Jagdgenossenschaften und französischen ACCAs gibt, so sind sie doch identisch, was die Einschränkung gewisser Menschenrechte angeht. Dementsprechend liegt es auf der Hand, daß auch deutsche Jagdgenossenschaften gegen die Menschenrechte verstoßen. Die Forderungen vieler Gruppen, den Grundbesitzern mehr oder gleich die ganze Entscheidungsfreiheit über die Jagdausübung auf ihrem Besitz zu überlassen[50], führt nicht „zurück in die Abhängigkeit und Fremdbestimmung", wie MOSER schreibt - im Gegenteil: Ihre Erfüllung wäre eine *Befreiung* von Abhängigkeit und Fremdbestimmung. Wenn sie wollten, könnten die Grundbesitzer sich weiterhin zu Jagdgenossenschaften zusammenschließen - aber sie müßten es nicht, wenn sie es nicht wollten.

Ungeachtet dessen lehnt die „Grüne Zunft" in Deutschland es ab, den Grundeigentümern das Recht zu gewähren, über die Jagd auf ihrem Grund und Boden zu bestimmen. Die Begründung des DEUTSCHEN JAGDSCHUTZ-VERBANDES:

> *„[...] dadurch würden Jagdreviere zu 'Flickenteppichen' aus bejagbaren und nicht bejagbaren Grundstücken, auf denen eine ordnungsgemäße Regulierung des Wildbestandes mit keiner Jagdart möglich ist."*[51]

Vom Eigentumsrecht ist hier mit keinem Wort die Rede. Kein Wunder, schließlich kollidiert dieses Menschenrecht hier mit den Interessen der Jägerschaft. Daß die Jagdausübung wohl kaum der Allgemeinheit dient und das Reviersystem deshalb nicht mit Verweis auf die Sozialpflichtigkeit des Eigentums zu verteidigen ist, dürfte aus den ersten Buchteilen klar sein. Bleibt abzuwarten, ob in Deutschland die Menschenrechte oder die Jägerlobby die Oberhand behalten. Am wahrscheinlichsten ist es noch, daß auch deutsche Grundbesitzer gegen die Jagdausübung auf ihrem Land klagen und Recht bekommen. Denn daß das Reviersystem bei der geplanten Novellierung des Bundesjagdgesetzes umgeworfen oder auch nur grundlegend reformiert wird, darf bezweifelt werden. Dafür ist der Einfluß der Jäger einfach zu groß.

Dennoch scheint es so, als wenn die Jägerschaft allmählich nervös wird. Denn langsam regt sich gegen die Jagd immer mehr Widerstand.

26
Jagdgegner - Die zunehmende Ablehnung

„Jagd ist nur eine feige Umschreibung für besonders feigen Mord am chancenlosen Mitgeschöpf. Die Jagd ist eine Nebenform menschlicher Geisteskrankheit."[1]

- Theodor Heuss, 1. Präsident der Bundesrepublik Deutschland

Jagdkritiker gibt es, seit der Mensch nicht mehr von der Jagd abhängig ist, um zu überleben. Obiges Zitat wird Theodor Heuss zugesprochen. Auch Leonardo da Vinci soll zu den Jagdkritikern gehören, ebenso Goethe, der gesagt haben soll:

„Jagd ist doch immer eine Form von Krieg."

Bewirkt haben ihre Appelle bisher nicht viel. Seit einigen Jahren wachsen jedoch die Kritik an und der Widerstand gegen die Jagd. Geht es nach der Jägerschaft, finden die Mehrheit aller Deutschen auch heute noch die Jagd völlig in Ordnung. So war im *Rheinisch-Westfälischen Jäger* Ende 1999 zu lesen:

„Daß die Bevölkerung mit der Jagd und den bewährten Bundes- und Landesjagdgesetzen unzufrieden sei und deshalb eine Reform verlange, ist allerdings eine völlige Fehleinschätzung der öffentlichen Meinung: Bei einer Repräsentativumfrage (April '99) stimmten

- 63,2 Prozent der Aussage zu „Bei der heutigen Jagd werden die Belange des Tierschutzes berücksichtigt".
- Nur 38,2 Prozent glaubt, die Jagd auf Füchse sei überflüssig.
- Daß es gut sei, wenn Jäger im Winter Wild füttern, sagten 86,9 Prozent der Befragten.
- 70,8 Prozent waren der Meinung, daß Jäger selten gewordenen Arten helfen."[2]

Da mag man meinen, es stünde bestens um die Jagd. Dabei gibt es viele Anzeichen dafür, daß die Bevölkerung die Jagd längst nicht mehr so unkritisch sieht. So veröffentlichte die „Initiative zur Abschaffung der Jagd" am 29. Juli 2002 eine repräsentative Umfrage zur Meinung der Bevölkerung. Während nur 12% die Jagd generell verboten sehen wollen, sprach sich eine überwältigende Mehrheit von 68% dafür aus, die Jagd als Freizeitsport zu verbieten. 13% waren dafür, daß der Grundeigentümer selbst darüber entscheiden soll, ob bei ihm gejagt wird, und nur 3% sprachen sich grundsätzlich gegen ein Jagdverbot aus[3]. Nun wird dieses Ergebnis von Jägern nicht ohne Grund bezweifelt[4], schließlich sind die Ziele der „Initiative zur Abschaffung der Jagd" klar. Allerdings wird die Jagd vom GEWIS-Institut, das die Umfrage durchgeführt hat, nach Auskunft des Instituts „nachdrücklich befürwortet"[5]. Desweiteren war schon 1996 in der Fernsehzeitschrift *HÖRZU* - dem allgemeinen Jagdgegnertum eher unverdächtig - eine Umfrage dieses Insituts erschienen, das ein ähnliches Ergebnis brachte: Nach der von *HÖRZU* in Auftrag gegebenen Umfrage lehnen 70% aller Deutschen zwischen 16 und 60 Jahren die Jagd ab, wobei Frauen (80%) und junge Menschen (84%) weitaus kritischer sind als Männer (62%)[6]. 1998 erschien in der *Welt am Sonntag* eine Umfrage, in der auf die Frage „Welche der folgenden Dinge würden Sie verbieten, wenn sie könnten?" die Jagd auf Platz drei lag - hinter Tierversuchen und Tabakwerbung[7].

Im September 2003 schließlich führte das renommierte EMNID-Meinungsforschungsinstutit eine Umfrage durch, um die Einstellung der Bevölkerung zur Jagd in Deutschland zu erkunden. Auftraggeber war das Vogelschutz-Komitee e.V., was den Probanden jedoch nicht mitgeteilt wurde. Das Ergebnis:

- 81% der Befragten wollen die Jagd auf Zugvögel verboten sehen, nur 14% sind für die Zugvogeljagd;
- 96% sind für ein Verbot der Jagd auf bedrohte Tiere, nur 3% dagegen;
- 61% sind auch gegen die Jagd auf nicht ziehende, nicht gefährdete Vogelarten, während 34% sich dafür aussprachen;
- 77% wollen Totschlagfallen verboten sehen, während 21% für deren Einsatz sind;
- 73% sind für ein Verbot von Lebendfallen, 25% dagegen;
- 19% der Befragten finden die Tötung von Tieren durch Freizeitjäger eher gut, 78% finden sie eher schlecht;
- 78% sind dafür, daß die Jäger mindestens alle drei Jahre eine Schießprüfung absolvieren müssen, nur 12% sind dagegen.
- 25% halten die Behandlung der Grundeigentümer für rechtens, 65% dagegen finden sie falsch[8].

Das Ergebnis der Umfragen der Jägerschaft wird damit deutlich in Frage gestellt. Wenn die Ablehnung der Jagd tatsächlich schon so weit verbreitet ist, so ist sie dennoch weitgehend folgenlos geblieben. Denn der Massenaufstand gegen die Jagd ist noch nirgens sichtbar, es scheint sich hier also eher um Lippenbekenntnisse zu handeln. Dennoch geraten die Jäger mittlerweile immer mehr selbst in die Schußlinie.

Da sind zum einen Karikaturisten und Journalisten. In Zeitungen und Nachrichtenmagazinen kann man einen etwas ironischen Unterton nicht übersehen, wenn über die „Grünröcke" berichtet wird. Auch Satiren auf die „zwergdeutschen Flintenmänner"[9] erfreuen sich großer Beliebtheit. Vorläufiger Höhepunkt war die am 30.10.1995 vom ZDF ausgestrahlte Persiflage „Halali - oder der Schuß ins Brötchen".

„Im jägerischen Umfeld der Hauptakteure, dem Jagdherrn Friedeman von Sarau und seiner jagenden Tochter, passiert alles, was Volkesstimme zum besten gibt. Da entartet eine Fasanenjagd zur wilden Meuchelballerei, auch wird ein Haushund ins

Bei kaum einer Großveranstaltung zur Jagd fehlen Tierschützer und Tierrechtler, die gegen das „Deutsche Waidwerk" protestieren. Hier eine Demonstration anläßlich der Jagdmesse „Jagd und Hund" 2002.

© Christian Bierbaum

Visier genommen. Es erwischt einen Jagdgast, der es allem Anschein nach nicht besser verdient. Die Szenerie ist angereichert mit dem Beiwerk von Waffen- und Ausrüstungsfetischismus, Trunkenheit am Schießgewehr, lodengrüner Geschäftskungelei, verbaler oder sonstwie verklemmter Erotik (z.B. Wildlosungsfetischismus), dem eher peinlichen Emanzipationsversuch jagdlicher Frauwerdung, dem Antijagd-Terror autonomer Tierschützer - und was man sich sonst an grotesken Situationen ausdenken mag.

Der Film überschritt die Schmerzgrenze des deutschen Jägers, als der greise Firmengründer im Rollstuhl mit einem Aufzug auf den Hochsitz gehievt wird. Seinen letzten Wunsch, nämlich einen kapitalen Hirsch zu schießen, kann ihm seine Tochter dennoch erst auf dem Totenbett erfüllen. Aus der geöffneten Heckklappe eines Krankenwagens erschießt er schlußendlich einen mit Hirschgeweih verkleideten Esel."[10]

Obwohl überzeichnet, stütze sich der Film bei jeder Szene auf in der Realität Geschehenes und verknüpfte die Einzelgeschichten lediglich zu einer fortlaufenden Handlung. Zusätzlich hatte ein Jagdexperte beraten[11]. Auch wenn einige Jäger begeistert waren, sich durchaus hier und da selbst wiedererkannten und den Film „gut recherchiert" fanden[12], so ist diese Satire doch ein Ausdruck davon, daß die Waidmänner zunehmend weniger ernst genommen werden. Weiter gehen allerdings Einzelpersonen und Gruppierungen, die sich durchaus ernsthaft ausdrücklich gegen die Jagd - zumindest in ihrer heutigen Form - stellen.

Der Widerstand nimmt zu

Einerseits sind dies Tier- und Naturschutzvereine. Während Tierschutzvereine

339

naturgemäß die Konflikte hervorheben, in die die Jagd mit dem Tierschutz kommt
- Stichwort Jagd auf Haustiere, Tierfallen etc. - setzen sich viele Naturschutzvereine für eine generelle Reform der Jagd ein. Alle diese Vereine haben gemeinsam, daß sie nicht generell das Töten von Tieren ablehnen. Sie sind damit auch nicht für eine generelle Abschaffung der Jagd, sondern für mehr oder weniger weitreichende Reformen, die die Jagd zu dem machen soll, was sie nach Meinung der Jägerschaft schon ist - zu angewandtem Naturschutz, zu einem ökologischen Handwerk, oder zumindest zu einer unschädlichen Freizeitbeschäftigung. Bald jede größere Naturschutzorganisation hat mittlerweile ein Positionspapier zur Reform der Jagd herausgegeben. Sie ähneln sich in der Regel sehr stark: so fordern sie durch die Bank eine Kürzung der Liste jagdbarer Arten[13], das Verbot von Fütterung, Medikamentenabgaben und sonstigen Hegepraktiken[14], kürzere Jagdzeiten[15], die Einstellung bzw. starke Einschränkung der Jagd in Schutzgebieten, es sei denn, der Schutzzweck erfordert dies[16] und vieles mehr.

Auch in der Grünen Partei regt sich Kritik an der Jagd. 1997 verfaßte die Bundesarbeitsgemeinschaft „Mensch und Tier" der Grünen ein Positionspapier zur Jagd, das sich ähnlich liest wie diejenigen der Naturschutzvereine - Beendigung der Fütterungen und Medikamentenabgaben, Einstellung der Jagd auf Beutegreifer, Ende der Jagd in Naturschutzgebieten, Ende der Aussetzung von Tieren zu Jagdzwecken und weiteres. Das Papier repräsentiert zwar keinen Konsens der gesamten Partei, alledings zeigt es deutlich, daß auch hier Kritik aufwallt. Die Jagd auf Haustiere führte zur Bildung einer „Initiative für jagdgefährdete Haustiere". Selbst innerhalb der Jägerschaft äußert sich Kritik - seit einigen Jahren gar in Form eines Ökologischen Jagdvereines, der die Jagd weiterhin zulassen (und selbst ausüben), aber nach ökologischen Gesichtspunkten umkrempeln will.

Auch immer mehr einzelne Wissenschaftler kritisieren, was heute unter „Jagd" betrieben wird, und fordern, wenn nicht ihre Abschaffung, dann doch deutliche Reformen im ganzen oder in Teilbereichen: Zoologen wie CARLO CONSIGLIO, Ökologen wie JOSEF REICHHOLF, Biologen wie ULRICH MÄCK, Wildbiologen wie HELMUTH WÖLFEL, Ornithologen wie HANS-WOLFGANG HELB, EINHARD BEZZEL oder WOLFGANG EPPLE und viele andere, die wir zum Teil im ersten Buchteil schon kennengelernt haben.

Fast allen diesen Gruppierungen und Personen ist eines gemein: Sie fordern Veränderungen, nicht aber notwendigerweise die völlige Abschaffung der Jagd. Insbesondere die Naturschutzverbände fordern keinen Tierschutz, der auch für das Individuum Bedeutung hat, sondern in erster Linie lediglich einen Schutz bedrohter Arten. Das bedeutet, daß Tiere nur solange ein Lebensrecht haben, wie der Bestand ihrer Art bedroht ist - Rechte für das einzelne Tier als solches gibt es hier nicht. Der Fuchs, der sich mit abgerissenem Kreuz davonzuretten versucht, hat von solchem Biomassenschutz genausowenig wie die Ente, die von Randschroten getroffen qualvoll zugrunde geht oder der Hirsch, dem das eine oder andere Bein zerschossen wird und der bis zum Ende der Gesellschaftsjagd warten muß, bis er „erlöst" wird. Auch gibt es einige Wissenschaftler, die zwar scharfe Kritik an der Jägerschaft üben, aber die Jagd nicht vollends verboten sehen wollen - was manchmal damit zusammenhängen könnte, daß sie selbst einen Jagdschein haben.

Von der Reform zur Abschaffung

Mittlerweile gibt es - vor allem durch die wachsende Tierrechtsbewegung - immer mehr Menschen, die die Jagd nicht nur aus ökologischen, sondern auch aus ethischen Gründen rundweg ablehnen und dies auch deutlich aussprechen. Zusätzlich zum Fehlen einer ökologischen Notwendigkeit der Jagd kommt hier der Gedanke, daß das Tier auch dann ein Lebensrecht hat, wenn es keiner bedrohten Art angehört. Auch die „sinnvolle Verwertung" per Wildbret oder Pelz, die Naturschutzverbände der Marke NABU als Voraussetzung für die Bejagung fordern, ist für sie kein hinreichender Grund dafür, ein Tier zu quälen und ihm das Leben zu nehmen.

So werden jagdkritische Internetseiten aufgebaut, Flugblätter verteilt und Informationsveranstaltungen organisiert. Bei vielen größeren Jagdveranstaltungen, etwa Jagdmessen, finden Demonstrationen gegen das Treiben der Jäger statt. Die „Initiative zur Abschaffung der Jagd" veranstaltet in Berlin gar monatliche Demos gegen das Waidwerk. Selbst bei Hubertusmessen wird demonstriert. Der Heilige Hubertus ist der Schutzpatron der Jäger - in dreister Verdrehung einer Legende. Denn die Geschichte des Hubertus (655-728 n. Chr.) besagt, daß der leidenschaftliche Jäger eines Tages einen Hirsch verfolgte. Als er ihn gerade töten wollte, stellte sich der Hirsch ihm entgegen, und in seinem Geweih erstrahlte ein Kreuz. Dies führte dazu, daß Hubertus sein Leben änderte; er schwor der Jagd ab und wurde später gar Bischof zu Maastricht und Lüttich.

Angesichts dieser Geschichte ist es recht seltsam, wieso Hubertus ausgerechnet der Schutzpatron der Jäger sein soll, und nicht etwa der des Wildes. Somit protestieren in vielen Städten Jagdgegner gegen die jedes Jahr Anfang November stattfindenden Hubertusmessen. Die Kritik richtet sich gegen die Jagd an sich und dagegen, daß die Kirche dieses Treiben unterstützt und die Geschichte eines Heiligen verdreht. Demonstriert wird, wenn möglich, vor der Kirche, oft begleitet von stillem Protest durch die Anwesenheit von Tierrechtlern in der Messe. Szenen, in denen innerhalb der Kirche mit Transparenten oder durch Störung der Hubertusmesse demonstriert wird, sind eher die Ausnahme.

Solch friedlicher Protest hat jedoch vor allem eines bewirkt: nichts. Dieses Problem teilt die Antijagd- ebenso wie die Tierrechtsbewegung mit der Tierschutzbewegung der 80er Jahre, als gegen Tierversuche, Pelzfarmen und Massentierhaltung Menschen in viel größeren Zahlen auf die Straße gingen. Trotz einiger kosmetischer Veränderungen kann man kaum sagen, daß sich seitdem durch Protest, Demonstrationen, das Verteilen von Flugblättern und das Sammeln von Unterschriften substantiell etwas zum Vorteil der Tiere verändert hätte. Daher richten sich die Aktionen einiger Jagdgegner zunehmend direkt gegen die Jäger.

Besonders in den letzten Jahren haben Jagdstörungen bundesweit zugenommen. Sei es, daß einzelne Personen durch den Wald laufen und durch Pfeifen, Singen etc. das Wild vor dem Hochsitz des Jägers wegscheuchen, oder sei es, daß Gesellschaftsjagden sabotiert werden. So kommt es nicht selten vor, daß Jagdgegner den Termin einer Gesellschaftsjagd auskundschaften, um sich dann vor Ort zwischen die Tiere und die Gewehre der Jäger zu stellen. Daß sie damit - bedenkt man die Art, wie viele Jäger mit ihren Waffen umgehen - kein unerhebliches Risiko eingehen, ist offensichtlich.

Durch solche Aktionen ist man zwar einem Jagdverbot keineswegs näher gekommen, aber das ist in dem Augenblick, in dem sich zumeist junge Menschen zwischen Jäger und Tier stellen, (erst einmal) Nebensache. Ziel ist zwar einerseits, der Öffentlichkeit zu zeigen, daß es zunehmend Menschen gibt, die nicht mehr bereit sind, das alltägliche Töten in unseren Wäldern hinzunehmen; die Jagd und ihre Konsequenzen für Tiere und Natur sollen ins öffentliche Bewußtsein gerückt werden. Andererseits - und das ist für die Jagdgegner oftmals viel bedeutender - wird konkret etwas bewirkt: Es werden Leben gerettet. Oft sind die Aktivisten trotz herbeigeholter Polizei recht erfolgreich, da die Jagden abgebrochen werden müssen. Dies geschah etwa im November 2001, als eine Gesellschaftsjagd mit über 70 Jägern bei Dillenburg-Oberscheld in Nordrhein-Westfalen von knapp 60 Jagdgegnern erfolgreich gestört wurde. Die Jagd mußte frühzeitig beendet werden[17]. Im Dezember 2001 wurde bei Albaum im Hochsauerland eine Treibjagd mit 30 Jägern von ebensovielen Jagdgegnern aus dem gesamten Bundesgebiet ebenfalls erfolgreich gestört[18]. Das Resultat war, daß viele Tiere, die sonst auf der Strecke gelegen hätten, weiterleben konnten.

Die Zahl der zerstörten Hochsitze nimmt seit Jahren stetig zu. © Die Tierbefreier e.V.

Auch auf andere Art und Weise wird die Jagd sabotiert. Immer größerer Beliebtheit erfreuen sich Zerstörungen von Jagdeinrichtungen in den Revieren. Spitzenreiter sind die Hochsitze. Es mögen mittlerweile mehrere tausend sein, die jedes Jahr von Jagdgegnern umgesägt, umgeworfen oder sonstwie unbrauchbar gemacht werden. In der Regel wird über eine Presseerklärung die Verantwortung für die Tat übernommen, meistens werden die Beweggründe erläutert. Solch ein Bekennerschreiben existiert in eigentlich allen Fällen, denn es garantiert, daß die Öffentlichkeit - und seien es nur bestimmte Gruppen - von der Aktion erfährt.

Sicherlich sind Jagdstörungen Aktionen, die für viele Menschen zu weit gehen, da sie illegal sind. Allerdings sollte man bedenken, was diese Aktionen im Verhältnis zur Jagdausübung darstellen. Jagdstörungen sind mittlerweile von vielen Bundesländern (noch nicht einmal allen) zu Ordnungswidrigkeiten erklärt worden, etwa vergleichbar mit Falschparken. Wenn zumeist junge Menschen das Risiko eingehen, sich vor die Gewehrläufe der Jäger zu stellen, so verdient dies Respekt vor dem Mut und der Konsequenz, die diese Leute an den Tag legen. Wenn am einen Ende der Waffe Menschen stehen, die sich auf diese Art und Weise für ihre Mitgeschöpfe einsetzen, und auf der anderen Seite solche, die diese Mitgeschöpfe zu ihrem Vergnügen töten wollen, so sollte die Wahl, wem man seine Sympathie gibt, nicht allzu schwer fallen. Insbesondere, wenn man weiß, was die Jagd für die Tiere und die Natur bedeutet und aus welchen Motiven heraus die Jäger ihrer Freizeitbeschäftigung nachgehen. Hier werden mit Mitteln des gewaltfreien Protestes Leben gerettet.

Was das Zerstören von Hochsitzen angeht, so ist dies sicherlich eine recht pikante Angelegenheit. Denn hier liegt definitiv Sachbeschädigung vor, und ein Hochsitz kann je nach Bauart ein paar hundert bis ein paar tausend Euro kosten. Die Hochsitzzerstörer sehen dieses Vorgehen jedoch als legitimen Protest gegen das, was sich tagtäglich in unserer Natur abspielt. Sie verweisen darauf, was auf der einen und was auf der anderen Seite geschieht.

Auf der einen Seite werden aus Spaß an der Freude und zum Schaden unserer Natur Tiere umgebracht, die noch dazu in vielen Fällen schwere Qualen erleiden müssen. Auf der anderen Seite zerstören Menschen, die für das Recht aller Tiere - menschlich wie nichtmenschlich - eintreten, empfindungslose Gegenstände. Sie zerstören Holz- und Eisenkonstruktionen, die dazu dienen, empfindsame Lebewesen zu töten, und reklamieren für sich dabei eine Art Notwehrrecht.

Das mag für viele nicht reichen, um die Zerstörung von Hochsitzen zu legitimieren. Legt man aber den Tierrechtsgedanken zugrunde, so ist dieses Verhalten durchaus nachvollziehbar. Denn das Recht auf Eigentum wiegt nicht so schwer wie das Recht auf Leben - insbesondere, wenn das Eigentumsrecht dazu mißbraucht wird, Leben zu zerstören. Tierrechtler verstehen sich als Teil einer Befreiungsbewegung, nicht als Vandalen. Sie begehen nicht Sachbeschädigung, um sich abzureagieren oder zum Selbstzweck. Sie zerstören Gegenstände, die für die Tötung von Tieren und somit für eklatante Verletzungen ihrer grundlegenden Rechte benutzt werden. Ihr Vorgehen ist Protest und ein Mittel, das Unrecht, das begangen wird, zu erschweren. Dafür nehmen Sie in Kauf, daß sie gegen Gesetze verstoßen, da sie nicht warten wollen, bis der Widerstand mächtiger Lobbies endlich gebrochen ist und die Gesetze geändert bzw. abgeschafft werden können.

Diese Menschen wissen, daß sie vor den Augen des Gesetzes Kriminelle sind. Daß sie deswegen im Unrecht sind, bedeutet das für sie noch lange nicht. Gesetzen, die Unrecht gegen nichtmenschliche Tiere zementieren, muß demnach genauso begegnet werden wie solchen, die Unrecht gegen Menschen zementieren. Auch die Menschenrechtsbewegung hat ihre Kriminellen, die Sklaven befreit oder Tyrannen gestürzt haben.

Man kann die Praktiken der autonomen Tierrechtler unterstützen oder ablehnen, allerdings dürfte aus den obigen Ausführungen hervorgehen, daß es sich hier keineswegs um „Chaoten" und „Spinner" handelt, sondern um Leute, die durchaus

Gründe für ihr Tun haben und persönliche Nachteile bis hin zu Verurteilungen vor Gericht in Kauf nehmen, um unseren Mitlebewesen zu helfen. Profit oder sonstige Vorteile haben sie davon nicht. Alles, was sie persönlich davon haben, ist das Risiko, gefaßt und verurteilt zu werden. Außerdem sollte man bedenken, daß es bei der alltäglichen Jagd - regelmäßig - auch nicht ganz legal zugeht (Hegepflicht für *alle* jagdbaren Tiere; Pflicht, krankgeschossenes Wild *unverzüglich* zu erlegen; Verbot der Bejagung von Elterntieren etc.).

Auch wenn viele Leute Probleme mit dieser Art der Meinungsäußerung haben dürften, so zeigen die Ausführungenin diesem Kapitel dennoch, daß es mittlerweile auch jenseits von Hochsitzzerstörern eine ganze Reihe von Menschen gibt, die mit der Jagd nicht mehr einverstanden sind. Was noch fehlt, um wirklich ein politisches Gegengewicht zur Jägerlobby aufbauen zu können, ist eine gemeinsame Organisation. Diese ist jedoch recht schwierig, treffen doch sehr unterschiedliche Meinungen und Erwartungshaltungen aufeinander, besonders zwischen den „moderaten" Tier- und Naturschützern (Reform der Jagd) und den „radikalen" Tierrechtlern und Jagdgegnern (Verbot der Jagd).

Gefahr für die Tierrechtsbewegung: Die Sekte „Universelles Leben"

Vielleicht ist es die mangelnde politische Durchsetzungsfähigkeit - selbst unter einer rot-grünen Regierung - die im Augenblick dazu führt, daß die Antijagdbewegung in Versuchung gerät: Denn eine Gruppe mit dem Namen „Universelles Leben" versucht seit einiger Zeit, in der Tierrechts- und Antijagdbewegung Fuß zu fassen. Da das „UL" eines der gegenwärtig am heißesten umstrittenen Themen innerhalb der Bewegung der Tierrechtler und Jagdgegner ist, soll es hier nicht unerwähnt bleiben.

Die Glaubensgemeinschaft „Universelles Leben" um die „Prophetin" Gabriele Wittek engagiert sich zunehmend in der Tierrechts- und damit auch Antijagdbewegung. Wittek, die sich als „Prophetin nund Botschafterin Gottes" bezeichnet, erhält ihre Eingebungen direkt von Gott und leitet sie an die Menschen weiter[19]. So obskur das scheint, nicht wenige Tierrechtler sehen in der finanzstarken Sekte eine willkommene Verstärkung und sehen keinen Grund, die Zusammenarbeit zu verweigern. Die „Initiative zur Abschaffung der Jagd" etwa sieht keinen Grund, eine Zusammenarbeit mit UL-Mitgliedern zu vermeiden, da man sich als Vereinigung von Jagdgegnern unabhängig von sonstigen politischen oder religiösens Überzeugungen sieht.

Von anderen Teilen der Tierrechtsbewegung wird dies hingegen äußerst kritisch betrachtet. Sie sehen das „Universelle Leben" als totalitäre und faschistoide Sekte, die versucht, über die Tierrechts- und Jagdthematik ihre Macht auszubauen und ihre religiösen Inhalte zu verbreiten[20]. Nicht nur aus ideellen Gründen, sondern auch aus Gründen der Wirkung auf die Öffentlichkeit lehnen daher mittlerweile weite Teile der Antijagd- und Tierrechtsbewegung die Zusammenarbeit mit dieser

Sekte ab. So ist auf der Internetseite des Tierrechtsmagazins *Voice* zu lesen:

„Prinzipiell können uns Verbindungen zwischen unserer Bewegung und mit totalitären Zügen ausgestatteten Gruppierungen sowie deren antisemitischem und faschistoidem Gedankengut unsere Glaubwürdigkeit und den letzten Funken Sympathie kosten."[21]

Dementsprechend lehnen diese Teile der Antijagd- und Tierrechtsbewegung auch die Zusammenarbeit mit Gruppen ab, die mit dem „Universellen Leben" verflochten sind. Dies betrifft zum Beispiel die „Initiative zur Abschaffung der Jagd", die auf ihren Demonstrationen und Veranstaltungen eng mit Vereinen und Firmen kooperiert, die zum komplizierten Firmengeflecht des „Universellen Lebens" gehören. So werden Broschüren aus dem UL-nahem Verlag „Das Brennglas" verteilt, die kostenlose Verpflegung bei den monatlichen Demonstrationen in Berlin übernimmt der „Lebe Gesund Versand", und das Symposium „Natur ohne Jagd", das im August 2002 von der Initiative in Berlin veranstaltet wurde, steht dem Tierrechtsmagazin „Voice" zufolge im Verdacht, vom „Universellen Leben" mitfinanziert worden zu sein[22]. Als Redner war auch Christian Sailer, Anwalt und Pressesprecher des „Universellen Lebens" vorgesehen. Erst nachdem Berliner Zeitungen die Verbindungen zum „Universellen Leben" offenlegten, sagte er kurzfristig ab[23].

Seit Oktober 2002 hat das „Universelle Leben" eine Flut von Klagen und Einstweiligen Verfügungen gegen das Tierrechtsmagazin *Voice* losgetreten. Das Magazin hatte in seiner Oktoberausgabe einen ausführlichen Bericht über die Hintergründe des „Universellen Lebens" gebracht. Um dem zentralen Vorwurf, die Sekte verbreite faschistoides Gedankengut, Nachdruck zu verleihen, war auf der Titelseite unter anderem ein Hakenkreuz abgebildet. Andreas Hochhaus, dem Sprecher des Magazins zufolge, richten sich die Klagen und Einstweiligen Verfügungen gegen dieses Titelbild und weitere Äußerungen der Redakteure z.B. in Faxen, nicht jedoch gegen den eindeutigen Inhalt des Artikels[24].

Durch den Streit um das „Universelle Leben" ist die Tierrechts- und Antijagdbewegung derzeit sehr geschwächt. Um die Schlagkraft dieser ohnehin noch jungen und kleinen Bewegung wieder herzustellen, muß dieser Konflikt schnellstens gelöst werden. Gerade in einer Zeit, in der sich eine Reform des Bundesjagdgesetzes abzeichnet, kann sich diese Bewegung nicht durch interne Streitereien selbst die Kraft nehmen. Wie diese Auseinandersetzung ausgeht, steht allerdings noch in den Sternen. Allerdings dürfte es offensichtlich sein, daß der Tierrechtsbewegung Verbindungen zu solch obskuren Gruppierungen großen Schaden zufügen. Besonders, da die Jägerschaft nur noch die Sektenverbindungen erwähnen müßte, um jeden davon zu überzeugen, daß diese Jagdgegner doch nur ein Haufen Spinner sind. Daß ihre eigene Argumentation völlig unstimmig ist, wäre dann vollkommen belanglos.

27
Wie die Jäger auf Kritik reagieren

„Ideologen, liebe Leser, nehmen ihr theoretisches, begrenztes und einseitiges Wirklichkeitsbild als ausschließlich Wahrheit und Maßstab ihres Handelns. Toleranz und Kompromiss sind ihnen fremd. Moralisch ist, was ihren Zwecken nützt. Sie sind in unserem Volk eine Minderheit, allerdings auf ihrem Marsch durch die Institutionen schon bis in Ämter, Regierungen und Ministerien vorgedrungen."[1]

- Leserbrief in der Pirsch

Böse Zungen könnten behaupten, hier sei von der Jägerschaft die Rede. Tatsächlich ist dieser Auszug aus einem Leserbrief an die *Pirsch* von einem Jäger verfaßt worden und wendet sich gegen die „praxisfernen Ideologen"[2], die die Jagd auch nur reformieren wollen. Dies mag wie eine vereinzelte Spitze im Konflikt zwischen Jagd und Naturschutz aussehen. Tatsächlich sind solche Ausfälle gegen jagdkritische, vor allem gegen grüne Politiker, unvoreingenommene Wissenschaftler, Tierrechtler, Naturschützer und „Ökojäger" in der Jägerschaft an der Tagesordnung.

Der selbst von seinen Mitgliedern als strukturkonservativ und untätig kritisierte DJV geht die Sache eher gemütlich an und verläßt sich auf die PR-Wirkung von Hochglanzbroschüren wie *Jagd ist Naturschutz* (Naturschutztätigkeiten der Jägerschaft) oder *Das Schweigen der Sänger* (Faltblatt zur Rabenvogelbejagung). Auch Info-Offensiven, die Journalisten beeinflussen sollen, gibt es; sie sind laut BODE UND EMMERT allerdings wenig erfolgreich. Sie berichten von einer PR-Aktion, die leider nur 500 Journalisten persönlich erreichte und laut einer ehemaligen Mitarbeiterin des DJV ein Beispiel für Millionenverschwendung gewesen sein soll[3].

Wesentlich aggressiver geht es in der Jagdpresse und an der „Basis" zur Sache. In keinem von Jagdzeitschriften veröffentlichten Bericht über den Konflikt zwischen Naturschutz und Jagd fehlt das Wort „Ideologie", natürlich als Beschreibung für den Tier- und/oder Naturschutz. Egal, um was es sich dreht, die Überhege des Schalenwildes, die Herausnahme von bedrohten Tierarten aus dem Jagdrecht, die Bejagung von Beutegreifern oder alles zusammen, die Jäger fordern „Vernunft statt Ideologie"[4]. Diese harschen Angriffe müssen selbst diejenigen ertragen, die gar nicht gegen die Jagd an sich sind, sondern nur gewisse Mißstände und Schwächen in der Argumentation der Jägerschaft aufdecken. So beklagen MÄCK UND JÜRGENS in ihrer Rabenvogel-Studie:

„Befürworter einer Rabenvogelbejagung werden als Vogelschützer bezeichnet, wer Bedenken hat oder sich strikt dagegen ausspricht, wird als Naturschutzideologe abqualifiziert."[5]

Ein Blick in die entsprechenden Zeitschriften, in denen „Naturschutz" oder „Ideologie" dick und in rot über den Artikeln prangen, reicht, um sich davon zu überzeugen, daß die Jägerschaft offensichtlich längst die Fassung verloren hat. Mit Fettdruck und Ausrufezeichen en masse stellen diese Artikel oftmals äußerst unsachliche Traktate dar und enthalten teilweise wüste Beschimpfungen. Auch vor Totalitarismus-Konnotationen wird da nicht Halt gemacht: So fragte die *Deutsche Jagd-Zeitung* angesichts der zunehmenden Kritik an der Jagd:

> *„Alle Macht den Naturschutz-Räten?"*[6]

während ein Kommentator in der *Pirsch* die schon erwähnte ZDF-Satire „Halali - oder der Schuß ins Brötchen" mit nationalsozialistischer Hetzpropaganda verglich[7]. Jagdkritische Wissenschaftler werden in Leserbriefen als „ideologiegesteuerte Radikalökologen"[8] verunglimpft, es wird von „ideologieschwangeren Naturschutzgurus" geschrieben[9], und auch ansonsten sehen die praktischen Naturschützer es nicht ein, „Unter der Fuchtel des Naturschutzes" (so ein *Pirsch*-Bericht) die Jagd auszuüben[10]. Auch das Institut für Wildbiologie und Jagdkunde an der Universität Göttingen steht unter Beschuß. Das 1936 von Hermann Göring gegründete Institut und war ursprünglich laut Gründungsdekret dazu gedacht, „das deutsche Wild aufzuarten" und „den triebhaften Neigungen des wehrhaften deutschen Mannes Folge zu leisten"[11]. Nachdem das Institut seit 1971, als Professor Antal Festetics die Leitung übernahm, jedoch neutraler wurde und weder für noch gegen, sondern über die Jagd forschte, waren viele Jäger schnell enttäuscht, wie BODE UND EMMERT berichten:

> *„Leiter und Mitarbeiter des Instituts wurden aufgrund ihrer Kritik an unbiologischen Jagdarten wie Balzjagd auf Waldschnepfe und Auerhahn oder Verwendung von Schlageisen, nach kurzer Zeit undifferenziert zu 'Jagdgegner' gestempelt.[...] Doch der Göttinger Lehrstuhl ist nicht dazu da, der in Argumentationsnot geratenen Jägerschaft Nachweise für ihre Daseinsberechtigung zu liefern."*[12]

Auch die Politik bekommt ihr Fett weg: Insbesondere die Grüne Partei ist Ziel der Angriffe, denn

> *„Diese Partei, wie auch die ihre nahestehenden so genannten 'Naturschutzorganisationen', vertritt allein eine knallhart ideologisch ausgerichtete und völlig jagdfeindliche Politik, die es sich zum Endziel gesetzt hat, das Jagdrecht in seiner jetzigen Form abzuschaffen. Hierbei sollen dann auch noch alle artverwandten Rechtskreise, die im Wesentlichen die gesamte Struktur des ländlichen Raums betreffen, quasi nebenbei 'grün-ideologisch' gleichgeschaltet werden! Bürgerliche Freiheiten und Eigentumsrechte fielen dann unter die Öko-Knute und wären nicht mehr das Papier wert, auf dem sie geschrieben stehen!"*[13],

so ein weiterer Leserbriefschreiber in der *Pirsch*. Als das Bundesamt für Naturschutz (BfN) die Herausnahme von 73 der 96 dem Jagdrecht unterliegenden Arten vorschlug, sah die *Wild und Hund* ein „apokalyptisches Szenarium"[14]. Das BfN schlug vor, daß nur solche Tierarten dem Jagdrecht unterliegen sollten, die in ihrem Bestand nicht gefährdet sind, als Pelztier oder Fleischlieferant genutzt werden können und für die ein Managementplan existiert. Die *Pirsch* bezeichnete dies als „realitätsfern"[15], sprach von einem „rot-grünen Glaubenskrieg" und - Sie ahnen es - von ideologischem Naturschutz[16].

Wenn Naturschutzvereine oder der Ökologische Jagdverein eine Reduzierung des Schalenwildes zum Nutzen des Waldes fordern, regt sich natürlich der Unmut der Wochenendjäger, die gerne hohe Bestände trophäentragender Arten in den Wäldern haben, damit sie häufiger welche zu Gesicht bekommen und die schönsten davon erschießen können. Sieht sich die Jägerschaft mit der Forderung nach reduzierten Schalenwildbeständen konfrontiert - wie diese zu erreichen sind, sei hier einmal Nebensache -, so wehrt man sich dagegen: Das Waidwerk soll doch auch Spaß machen, man will nicht nur „Schädlingsbekämpfer"[17] sein, und man ist auch gar nicht damit einverstanden, daß das Schalenwild „wie Ungeziefer" „ausgerottet" werden soll[18] - Aussagen, die man angesichts überhegter Schalenwildbestände nicht mehr ernst nehmen kann. Auch die Europäische Union bekommt in einem Leserbrief in der *Pirsch* ihr Fett weg. Denn auch wenn sich die Verbreitung von Tierarten, insbesondere von Zugvögeln, nicht an nationalstaatliche Grenzen hält und demnach international abgestimmte Nutzungspläne im Rahmen der Jagd angestrebt werden, brauchen

> *„Wir Jäger, egal aus welchem europäischen Land, [...] überhaupt kein EU-Recht oder wie man das nichtsnutzige Brüsseler Richtliniengefurze sonst noch nennen mag. Auch mit dem als 'internationalen Managementplänen' bezeichneten Schmarren soll man uns in Ruhe lassen."[19]*

Lügen, tricksen, täuschen

Während solche Tiraden noch recht harmlos sind, wird mittlerweile vereinzelt schon schwereres Geschütz aufgefahren. Die *Deutsche Jagd-Zeitung* interviewte im Rahmen einer Titelgeschichte über Rabenvögel PD Dr. Hans-Wolfgang Helb, einen der beiden rheinland-pfälzischen „Rabenvögel-Gutachter"[20]. Normalerweise wird so ein Text vom Interviewpartner autorisiert und geht dann unverändert in Druck. Die *Deutsche Jagd-Zeitung* schien dies jedoch nicht zu stören: Sie ließ den Text zwar von Helb autorisieren, druckte dann jedoch eine veränderte Version des Interviews ab. Helb war empört:

> *„So entspricht der abgedruckte Text dank des unseriösen Umgangs der Deutschen Jagd-Zeitung mit Interview-Partnern leider weder inhaltlich noch formal dem eingereichten autorisierten Text, von Kürzungen, sinnentstellenden Veränderungen bis hin zu größeren Auslassungen, und damit natürlich auch nicht der Meinung des Interviewten."[21]*

In der gleichen Titelgeschichte berichtete die *Deutsche Jagd-Zeitung* von einer NABU-Ortsgruppe, die angeblich eine massive „Übervermehrung" von Rabenvögeln beklage und dies als Grund für einen Rückgang anderer heimischer Vögel ansähe[22]. Eine Darstellung, gegen die die betreffende NABU-Ortsgruppe in einem Leserbrief heftig protestierte, da sie genau die gegenteilige Meinung vertrat[23]. Auch in Internet-Foren kann man recht deutlich erfahren, was Jäger von Kritikern halten. Zu grünen Reformplänen (wohlgemerkt: nicht Abschaffungsplänen) meint zum Beispiel „Bratljaga" im *Wild und Hund*-Forum schlicht:

> *„Bekloppte und Ferngesteuerte."*[24]

Wird gegen Naturschützer und Wissenschaftler noch verhältnismäßig harmlos vorgegangen, so ist der Umgang gegenüber Tierschützern und -rechtlern schon eine Spur härter. Diese werden für die Jäger nämlich langsam zu einem richtigen Problem. So empfiehlt die *Pirsch* etwa, Termine von Gesellschaftsjagden nicht mehr zu veröffentlichen, sondern die Jäger persönlich einzuladen, um zu verhindern, daß Jagdstörer von der Jagd Wind bekommen[25]. Beleidigungen in Internetforen sind gang und gäbe. So meint „schweizerjäger" im *Wild Web*-Forum:

> *„recht hast du mit diesen psychos kann man nicht diskutieren.*
> *ich verstehe nicht warum gewiss jäger immer noch das gespräch suchen. mit geistig minderbemittelnden kann man nicht diskutieren.*
> *eine tracht prügel wäre da besser angebracht"*[26]

Als „Idioten" und „Hampelmänner" werden Jagdkritiker bezeichnet[27], als „Penner"[28], als „birkenstocktragende Querulanten" oder „müslifressende Ökospinner"[29]. Nicht nur intern, auch medial wird gegen die Jagdstörer und Tierrechtler im Allgemeinen vorgegangen. Vergleichsweise harmlos ist da noch der Vorwurf, die Tierrechtler seien „Spendenritter", ihre Aktionen seien „von verschiedenen Organisationen zentral gesteuert", wie die *Deutsche Jagd-Zeitung* es formuliert[30].

> *„Ziel ist es, in den Medien wirksam einen Skandal zu produzieren, der bei den entsprechenden Organisationen die Spendengelder fließen läßt. Je medienwirksamer das Spektakel, desto mehr Geld fließt in die Kassen der Organisationen und desto mehr Geld bekommen die Manager. Für die angeblich gequälten Tiere bleibt da nicht viel übrig. Das wäre auch nicht gut, denn die Leute spenden nur für geschundene Kreaturen. Geht es den Tieren gut, dann versiegt der Spendenstrom und damit das Einkommen der Tierrechtler. Sie können also nicht daran interessiert sein, das Los der Tiere zu verbessern. Dieses Phänomen wird als Protestindustrie bezeichnet. Das Produkt ist der Protest gegen etwas, bezahlt wird mit Spenden. Bei dem karitativem Tierschutz sieht das ganz anders aus, dort werden mit den Spendengeldern Tierheime und andere Tier-karitative Einrichtungen unterhalten."*[31]

Wie die *Deutsche Jagd-Zeitung* zu diesen abenteuerlichen Behauptungen kommt, erklärt sie natürlich nicht. Diese Geschichte ist schon deswegen vollkommen absurd, weil gerade die radikalen Tierrechtler, die z.b. Jagdkanzeln umsägen, sich eine zentrale Organisation gar nicht leisten können; denn wären sie organisiert, wäre es der Polizei ein Leichtes, diese Strukturen zu sprengen. Viele dieser Menschen zählen sich zur „Animal Liberation Front" (ALF), zu Deutsch „Tierbefreiungsfront" (TBF). Diese weltweit operierende Tierrechts"organisation" ist eben keine Organisation, sondern eine Ansammlung autonomer Gruppierungen; jeder kann sich der TBF zugehörig fühlen, wenn er bestimmte Grundsätze einhält[32].

Spendenskandale sind von legalen Tierrechtsorganisationen nicht bekannt. Allein schon, weil diese zumeist äußerst klein sind und aus wenigen „Überzeugungstätern" bestehen, was wiederum nicht ganz mit dem Vorwurf zusammenpassen will, man wolle den Tieren gar nicht wirklich helfen. Die Spendengelder, die an diese Organisationen fließen, sind meist nicht der Rede wert und werden - z.b. bei den „Tierbefreiern" - für Tierrechtsaktionen und Rechtshilfe für angeklagte Tierrechtler verwendet. Und die Finanzen werden auch offengelegt. Allein schon die Behauptung, hier würden „Manager" eingestellt und bezahlt, ist völlig absurd. Die einzige größere Tierrechtsorganisation ist PETA (People for the Ethical Treatment of Animals, nach eigenen Angaben ca. 750.000 Mitglieder). PETA ist selbst in der Tierrechtsbewegung nicht unumstritten, da diese Organisation unter anderem den Konsum von Tierprodukten billigt und daher von vielen Leutenals „bessere Tierschutzorganisation" betrachtet wird. Aber selbst von PETA ist ein Mißbrauch von Spenden nicht bekannt.

Von karitativen Tierschutzorganisationen kennt man die Spendenskandale allerdings schon (z.B. Deutsches Tierhilfswerk). Daß diese von der *Deutschen Jagd-Zeitung* im Gegensatz zu den Tierrechtsorganisationen gelobt werden, ist aber nicht weiter verwunderlich, sind diese Organisationen jedoch recht selten konsequent gegen die Jagd und verurteilen im Schulterschluß mit der Jägerschaft Tierrechtsaktionen. Der Präsident des Deutschen Tierschutzbundes, Wolfgang Apel, distanzierte sich in der Zeitschrift „du und das tier" gar pauschal von allen Tierrechtlern[33]. Kein Wunder, daß die Gesellschaft von Tierschutzvereinen, die das Töten von Tieren billigen, den Jägern angenehmer ist als die von Tierrechtlern.

Die kreativen Redakteuren der *Deutschen Jagd-Zeitung* ließen ihre Leser auch schon wissen, daß „Terroristen", die z.B. Hochsitze zerstören, in den Wäldern Erddepots mit Waffen anlegen[34] - wie eine Bande Attentäter, die auf der nächsten Jahresversammlung die komplette Kreisjägerschaft massakrieren will. Auch wird der Spieß mitunter einfach umgedreht: So heißt es, durch die Jagdstörungen würden die Tiere beunruhigt und in unzugängliche Waldgebiete zurückgedrängt, wo sie dann Verbiß verursachen[35].

Solche Geschichten sind zwar mitunter recht unterhaltsam und bedienen das Feindbild „Tierrechtler", allerdings scheinen es die Journalisten der Jagdzeitschriften da mit der Wahrheit nicht ganz so genau zu nehmen. Darüber, ob das damit zusammenhängt, daß die Leserschaft genau solch ein Niveau sucht, oder ob die betreffenden Redakteure Schwierigkeiten haben, ihre Seiten vollzukriegen, kann leider nur spekuliert werden.

Wie man aus Jagdgegnern Mörder macht

Härter wird es, wenn Tierrechtlern die Gefährdung von Menschen vorgeworfen wird. Seit es Aktionen gibt, bei denen Hochsitze zerstört werden, fabulieren die Jäger von *angesägten* Hochsitzen. In zahllosen Zeitungsberichten, in denen über solche Aktionen berichtet wird, wird von den Jägern behauptet, die Jagdgegner würden die Hochsitze ansägen, um so den Jäger, der hinaufsteigt, mitsamt dem Hochsitz umkippen oder die Leiter hinunterrauschen zu lassen[36]. Das ist vollkommener Unsinn. Abgesehen davon, daß das wirklich die schlechteste Öffentlichkeitsarbeit wäre, die man sich vorstellen kann: Wer sich nur ein bißchen mit den Beweggründen der Tierrechtler für solche Aktionen beschäftigt, der wird schnell feststellen, daß solch ein Verhalten der Tierrechtsphilosophie fundamental widerspricht. Wer für das Recht aller empfindungsfähigen Tiere auf Leben eintritt, wird nicht im Traum daran denken, Menschen vorsätzlich zu verletzen oder gar zu töten, zumal auch Spaziergänger oder Kinder auf Hochsitze klettern. Das machen die entsprechenden Gruppen auch immer wieder deutlich. So ließ die Sendung „Kripo live" im Mitteldeutschen Rundfunk im Mai 1997 einige Waidmänner zu Wort kommen, die von einer Ansägeaktion erzählten, bei der noch eine Birke umgesägt und ein Nistkasten, in dem ein Kauz gebrütet habe, zerstört worden sei[37]. Warum Tierrechtler Nistkästen zerstören und Bäume fällen sollten, blieb leider unklar. Deutlich war hingegen eine Erklärung des Tierrechtsmagazins *Tierbefreiung aktuell* zu den Vorwürfen:

> *„Hochsitze werden um-, nicht angesägt. Und Bäume bleiben stehen."[38]*

Selbst die Richtlinien der radikalen Tierbefreiungsfront, die mit Tierbefreiungen und teilweise spektakulären Sabotageaktionen weltweit gegen die Ausbeutung von nichtmenschlichen Tieren zu Felde zieht, schreiben unmißverständlich vor, daß bei solchen Aktionen niemals ein Mensch oder ein anderes Tier zu Schaden kommen oder auch nur gefährdet werden darf. Besteht eine solche Gefahr, so ist die Aktion ohne Wenn und Aber sofort abzubrechen[39].

> *„Die T.B.F. billigt in keiner Weise Gewalt gegen irgendein Tier, menschlich oder nichtmenschlich. Jede Aktion, die Gewalt [gegen Tiere] beinhaltet, ist ihrer Definition nach keine T.B.F.-Aktion, und keine der teilnehmenden Personen ist ein Mitglied der T.B.F."[40]*

Um es ganz deutlich zu sagen: Wer die Gesundheit oder gar das Leben von Menschen gefährdet, gehört nicht zur Tierrechtsbewegung, sondern in den Knast.

Allerdings bleiben die Waidmänner Beweise für solch ein Vorgehen von Tierrechtlern ohnehin schuldig. Spürt man ihren Behauptungen diesbezüglich nach, so stellen sie sich schnell als heiße Luft heraus. Ein Beispiel mag das illustrieren:

Am 30.08.2002 berichtete die *Kölnische Rundschau* über angebliche Ansägeaktionen und ließ die oberbergische Kreisjägerschaft zu Wort kommen:

„Nach Angaben der Jäger gehen die Jagdgegner kriminell und hinterhältig vor. 'Da werden die Stützen und im oberen Bereich die Sprossen von hinten angesägt. Das sieht man kaum, erst recht nicht nachts bei der Jagd auf Wildschweine,' schimpft der Vorsitzende der Kreisjägerschaft, Heinz Kreiensiek.
Die Jagdgegner gefährden Leib und Leben Unschuldiger. 'Durch diese Taten sind schon wiederholt Personen mit schwersten Verletzungen zu Schaden gekommen. Es gab auch Todesfälle,' berichtet die Kreisjägerschaft. Dabei könnten nicht nur die Jäger Opfer sein. 'Es klettern ja auch Kinder auf einen Hochsitz, um von dort Wild zu beobachten, oder Waldtouristen, um von da oben ein Foto zu machen,' ergänzt Kreiensiek. "[41]

Soweit die Behauptungen der Jägerschaft. Es genügen einige Telefonate, um das ganze als groben Unfug zu enttarnen. Sollten Menschen verletzt worden sein, so hätte das ganz sicher eine Anzeige nach sich gezogen, zumal auch sonst *Um*sägeaktionen der Polizei angezeigt werden. Wären Menschen zu Tode gekommen, dann hätte das praktisch von alleine die Staatsanwaltschaft und den Staatsschutz auf den Plan gerufen. Der Staatsschutz - nicht zu verwechseln mit dem Verfassungsschutz - verfolgt keine staatsfeindlichen Organisationen, sondern lediglich „politisch motivierte Straftaten", wozu auch solche Aktionen von Jagdgegnern gehören. Was von den zuständigen Behörden zu erfahren war, war recht aufschlußreich.
Die zuständige Staatsanwaltschaft Köln ließ in einem Brief wissen, daß

„Fälle der von Ihnen beschriebenen Art [...] im hiesigen Geschäftsbereich bislang nicht bekannt geworden [sind]. "[42]

Auch der zuständige Staatsschutz in Köln teilte in einem Telefonat mit, daß Fälle, in denen Personen verletzt oder getötet worden wären, nicht bekannt seien[43]. Dies wurde bei einer Nachfrage im Oktober 2003 noch einmal schriftlich bestätigt[44]. Es sind also auch seitdem keine solchen Fälle im oberbergischen Kreis und dem gesamten restlichen „Einzugsgebiet" des Kölner Staatsschutzes aufgetreten. Der zuständige Beamte - der mit den Autonomen wohl wesentlich vertrauter ist als die Jäger selbst - meinte außerdem, solch ein Verhalten würde auch gar nicht in das Täterprofil von Tierrechtlern passen[45]. Allenfalls könnte es vorkommen, daß Tierrechtler bei ihren Aktionen von Jägern, Waldarbeitern etc. gestört würden und fliehen müßten; dabei wäre es möglich, daß der Hochsitz beschädigt zurückgelassen werden müsse. Allerdings seien auch solche Fälle nicht bekannt. Der Beamte bestätigte, daß Hochsitze generell zerstört und nicht hinterhältig beschädigt werden, um Menschen zu Schaden kommen zu lassen.

„Bei den hier bekannten Taten waren derartige Folgen nach derzeitigem Kenntnisstand nicht möglich, da die Hochsitze entweder komplett umgerissen waren oder die Leitern derart zerstört waren, das ein Besteigen desHochsitzes nicht mehr möglich war. "[46]

Da auch die Zeitung anschrieben wurde, scheint Kreisjägermeister Kreiensiek etwas von den Recherchen mitbekommen zu haben. Jedenfalls hört sich seine Geschichte in einem Artikel im *Kölner Stadt-Anzeiger* vom 22.10.2002 plötzlich etwas anders an:

> *„Besonders heimtückisch sei das Ansägen der Stufen, indem sie bei den unteren Stufen mit kleineren Kerben beginnen, die weiter oben dann tiefer werden, so dass sie beim Betreten irgendwann brechen und der Kletterer bis unten durchrutscht. Unfälle dieser Art seien in Oberberg bisher zum Glück glimpflich abgelaufen, sagte Kreiensiek."*[47]

Soviel zu angesägten Hochsitzen. Rauscht tatsächlich mal ein Waidmann die Leiter hinunter oder fällt samt seinem Hochsitz um, muß überhaupt keine Sabotage im Spiel sein. Die *Zeit* schreibt in ihrem Artikel über Jagdunfälle:

> *„Manchen Nimroden genügt schon der Hochsitz, um sich zu Tode zu bringen. Sie krachen mit einer morschen Sprosse in die Tiefe, rutschen bei feuchtem Wetter von der Leiter. Oder die morsche Kanzel bricht unter ihnen zusammen."*[48]

Ein Angestellter der landwirtschaftlichen Berufsgenossenschaft in Thüringen, der Jagdunfälle untersucht, berichtete in der *Thüringer Allgemeinen* gar, daß neben dem fahrlässigen Umgang mit Schußwaffen „Leichtsinn bei Bau oder Kontrolle jagdlicher Einrichtungen" eine der Hauptursachen für Jagdunfälle sei[49].

Aktivisten, die Jagden stören, berichten oft, daß die Jäger im Umgang mit den ungebetenen Gästen nicht gerade zimperlich sind. © Tierschutz-Bildarchiv

Anders als Jagdgegner sind Jäger manchmal weniger zimperlich, was die Behandlung anderer Menschen angeht. So wurde einem Rollstuhlfahrer aus Schmallenberg in Nordrhein-Westfalen, der regelmäßig in den Wald fuhr, um durch Rufen, Pfeifen oder Singen den Jägern das Jagen zu erschweren, kurzerhand Baumstämme in den Weg gelegt, so daß er den Wald nicht mehr verlassen konnte. Hätte er kein Mobiltelefon dabeigehabt, um die Polizei zur Hilfe zu rufen, hätte er dort wohl die Nacht verbringen müssen[50]. Auch bei Störungen von Gesellschaftsjagden kommt es den Berichten der Tierrechtler zufolge immer wieder zu Übergriffen seitens der Jäger. In der *Wild und Hund* erregte sich gar ein Jäger über den allzu laschen Umgang mit Tierrechtlern:

„Bewaffnete Jäger haben diese Typen laufen lassen, statt sie mit der Flinte daran zu hindern!"[51]

Die Vorfälle mögen zeigen, daß die Jäger ihre Kritiker nicht mehr mit einem Lächeln abtun, sondern sie mittlerweile als echte Bedrohung empfinden. Anders läßt sich das teilweise äußerst aggressive Gebaren, verbal oder körperlich, nicht erklären. Auch scheint den Jägern mittlerweile argumentativ etwas die Puste auszugehen, was damit zu tun haben könnte, daß zwar nicht alle Kritiker gleich die Abschaffung der Jagd fordern, aber die Jagd in ihrer heutigen Form von den unterschiedlichsten Gruppierungen torpediert wird: „normalen" Bürgern, Wissenschaftlern, Politikern, Tier- und Naturschutzvereinen und mittlerweile - mit dem „Ökologischen Jagdverein" - sogar von Jägern selbst. Neben der gebetsmühlenartigen Wiederholung längst widerlegter Behauptungen und aggressiver Polemik flüchtet sich zum Beispiel die *Deutsche Jagd-Zeitung* in eine wirtschaftliche Argumentation: Denn angeblich würde der Staat 2,3 Milliarden Mark, rund €1,18 Milliarden, durch die Abschaffung der privaten Jagd „verschleudern". Denn der *Deutschen Jagd-Zeitung* zufolge fließen bisher 1,5 Milliarden Mark (€767 Millionen) aus den Taschen der Hobbyjäger in die Volkswirtschaft. „0,8 Milliarden Mark" (nicht etwa 800 Millionen) würde es Kosten, die Jagdausübung aus dem öffentlichen Haushalt zu bezahlen - das wären rund €409 Millionen[52]. Eine seltsame Argumentation.

Denn die €767 Millionen aus den Geldbörsen der Hobbyjäger fließen nicht direkt an den Staat, abgesehen von den etwa €34,5 Millionen an Jagdsteuer und Jagdabgabe. Sie gehen als Jagdpacht, Ausrüstungsausgaben, Wildschadenersatz oder Versicherungsbeiträge letzten Endes an Firmen oder Privatleute. Demnach wären die Ausfälle, die der Staat direkt zu tragen hätte, vernachlässigbar gering, und die Behauptung, „die Steuerzahler"[53] müßten diese „Verluste" schultern, Unfug. Zudem ist es kaum anzunehmen, daß dieses Geld auf Nimmerwiedersehen im Sparstrumpf verschwinden und somit der Volkswirtschaft entzogen sein wird. Es wird für andere Dinge ausgegeben werden und somit weiterhin an Unternehmen und Privatleute fließen. Über die Besteuerung von Einkommen und Konsumgütern würde dann wiederum Geld an den Staat fließen. Die Berücksichtigung dieses einfachen Sachverhaltes war wohl für die *Deutsche Jagd-Zeitung* zu kompliziert.

Die angeblichen Kosten von €409 Millionen - Pardon, €0,409 Milliarden - für die staatlichen „Wildregulierer" sind außerdem ziemlich spekulativ; dies betrifft schon allein den angenommenen Umfang der „notwendigen" staatlichen Jagdausübung, der nicht näher angegeben wird. Insgesamt kann die Behauptung, der Staat „verschleudere" durch die Abschaffung der Privatjagd knapp €1,18 Milliarden, als völlig unbelegte Spekulation bezeichnet werden. Außerdem kann insbesondere in Hinblick auf die Hegepraktiken und die Verbißsituation mit Fug und Recht behauptet werden, daß durch die Jäger auch erhebliche Kosten entstehen (Gewinnausfall in der Forstwirtschaft, Geld für den Zaunbau, aber auch Fuchsprämien etc.). Die „Ökojäger" BODE UND EMMERT haben nicht Unrecht, wenn sie schreiben:

„ Wenn gesagt wird 'viele Leistungen der Jäger dienen dem Allgemeinwohl und sparen dem Staat viele, viele Millionen', dann muß auch die Rede von den vielen, vielen Millionen sein, die eine nicht waldverträgliche Jagdpraxis den Staat und damit letztendlich jeden einzelnen Bürger kostet!"[54]

Wie es scheint, ist die Jägerschaft in äußerster Alarmbereitschaft. Das ist ein deutliches Zeichen dafür, daß man die „Bedrohung" durch Jagdkritiker und -gegner durchaus ernst nimmt. Bleibt abzuwarten, wer die Oberhand gewinnt.

28
Schlußfolgerungen

Wir haben gesehen, daß die Formel „Jagd ist Naturschutz" nur ein Scheinargument ist, um die Ausübung eines Hobbys zu rechtfertigen. Wir haben auch gesehen, daß die Formel „Jagd ist Tierschutz" nur eine plumpe Täuschung ist. Und wir haben ebenfalls gesehen, daß die Jagd nicht aus hehren Motiven ausgeübt wird, um dem Land und der Natur zu dienen, sondern lediglich der brutale Zeitvertreib einer Minderheit ist. Was folgt daraus?

Die Jagd ist nicht notwendig. Selbst wenn nach der Einstellung der sinnlosen und schädlichen Hege und der Bejagung, einer Vernetzung und Verbesserung der Lebensräume und der Auflösung der Vorkommen von nicht heimischen Schalenwildarten noch immer Wildschäden durch Schalenwild auftreten würden, so könnte man dem Problem auch auf andere Weise als durch Abschuß begegnen. Zum anderen sei angemerkt, daß es auch in einem natürlichen Wald Verbiß gibt; Waldbesitzer sollten also ein gewisses Maß an „Wildschäden" schlicht und ergreifend akzeptieren, ebenso wie von Stürmen umgeworfene Bäume. Beides sind Naturereignisse.

Gehen die Schäden tatsächlich über ein natürliches und über ein „tragbares" Maß hinaus, so kann man auch durch andere Methoden dagegen vorgehen. Neben Einzäunungen, die viel Geld kosten und dem Wild Lebensraum nehmen, gibt es die Möglichkeit des chemischen Einzelschutzes und andere Vorgehensweisen. Denkbar wäre auch eine Medikation der Tiere, um ihre Fortpflanzung zu hemmen. Das wäre zwar äußerst unnatürlich; eine Kugel im Körper ist es aber auch, und daß man durch die Jagd natürliche Beutegreifer ersetzen könnte, ist eine Illusion. Ob die Kontrolle von Schalenwild überhaupt nötig ist, kann man aber erst dann wirklich beurteilen, wenn die massive Manipulation unserer Umwelt und der Tierbestände zum persönlichen Vergnügen der Jägerschaft endlich beendet ist.

Alles, was bei der Jagd über eine Kontrolle von Schalenwild hinausgeht, ist eindeutig völlig unnütz und dient nur dem Zeitvertreib einiger weniger Personen. Es ist nicht einzusehen, wieso wir Menschen nicht eine möglichst intakte Natur genießen dürfen sollten. Sicher, durch die Umgestaltung durch den Menschen ist die Natur schon längst nicht mehr „natürlich", aber auch in der Kulturlandschaft stellt sich ein biologisches Gleichgewicht ein. Das sollten die Menschen sehen und erleben können, nicht eine künstlich geschaffene und aufrechterhaltene Kulisse, die der Freizeitjagd dient. Und wenn die haltlosen Behauptungen, die von Jägern bezüglich der Gefährung bestimmter Tierarten aufgestellt werden, endlich aus der Welt geschafft sind, werden die Menschen vielleicht eher dazu bereit sein, die tatsächlichen Gefährdungsursachen anzugehen. Solange ihnen erzählt wird, nicht die Umgestaltung und Verarmung der Umwelt sei der Grund für den Rückgang von Rebhuhn, Birkhuhn, Hase & Co., sondern die bösen Räuber, werden sie verständlicherweise eher die ökologisch in weiten Teilen völlig inkompetenten Jäger weiterjagen lassen, als wirklich wirksame Veränderungen zum Schutze dieser Tierarten zu fordern.

Jagd ist schädlich. Überhege und Bejagung verursachen übermäßige Waldschäden maßgeblich mit. Die Umgestaltung der Landschaft für die Hege einiger weniger jagdbarer Arten läßt die Bedürfnisse nicht jagdbarer Tiere in der Regel außer Acht. Die Selektion der Jäger richtet sich nach völlig anderen Gesichtspunkten als die der natürlichen Beutegreifer und ist dazu geeignet, die Erbanlagen der bejagten Arten zu verändern. Das Aussetzen von standortfremden Tieren zu Jagdzwecken verändert ohne Rücksicht auf ökologische Konsequenzen die Natur und verfälscht die Zusammensetzung unserer Tierwelt. Diese Aktionen, die nichts anderem dienen als der Bereitstellung von Abschußobjekten für Hobbyjäger, werden der Öffentlichkeit auch noch als Erhaltung der Artenvielfalt verkauft. Die mangelnden Artenkenntnisse der Jägerschaft produzieren immer wieder Abschüsse und Fallenfänge von seltenen oder gefährdeten Tieren. Wasservögel und teils noch seltene Greife werden mit Bleimunition vergiftet.

Jagd ist tierschutzfeindlich. Daran ändert es auch nichts, daß das Tierschutzgesetz gewisse Bestimmungen für Jäger nicht gelten läßt. Das, was wir im zweiten Buchteil erfahren haben, spricht für sich. Schlechte Schießkünste, mittelalterliche Fanggeräte und der Mißbrauch lebender Tiere für die Hundeausbildung fügen Tieren schwere Schmerzen und schließlich den Tod zu. Das alles ist völlig unnötig. Das Quälen von Tieren zum Spaß kann und darf nicht legitim sein. Wenn die Gesetze dies erlauben, dann ist es höchste Zeit, andere Gesetze zu machen.

Jagd ist ein Verstoß gegen die Rechte von Tieren. Selbst eine Bejagung von Schalenwild zur „Wildschadensverhütung" verstößt gegen das Recht des einzelnen Tieres auf sein eigenes Leben. Die Artgrenze kann und darf kein Kriterium dafür sein, empfindsame Lebewesen willkürlich aus unserer Ethik auszuschließen. Wer mit der Bemerkung „Ist doch nur ein Vieh" die grausame Behandlung von nichtmenschlichen Tieren rechtfertigt, muß sich fragen lassen, wieso er nicht auch ebendieselbe Behandlung eines Menschen mit der Bemerkung „Ist doch nur ein Schwarzer/Asiate/Indianer" oder „Ist doch nur eine Frau" akzeptiert. Mensch wie Tier empfinden Schmerzen und wollen leben. Die Beweggründe, die Menschen zum Quälen und Töten von anderen Tieren antreiben, sind lächerlich und keine ausgreichende Begründung für solch ein Verhalten.

Jagd ist undemokratisch. Der Einfluß der Jäger auf Politik und Justiz ist im Verhältnis zu ihrem Anteil an der Bevölkerung völlig überzogen. Das Jagdrecht schränkt Tier- und Naturschutzbestimmungen ein, gewährt den Jägern völlig überzogene Privilegien, verstößt gegen die Menschenrechte und arbeitet mit dem Rechtsbegriff „deutsche Waidgerechtigkeit", der als Nazi-Wortschöpfung absichtlich als unbestimmter Begriff eingebracht wurde, um die Rechtmäßigkeit der Jagdausübung zum Objekt von Willkür zu machen. Während die Jäger massiv auf Schul- und Kindergartenkinder Einfluß nehmen, wird versucht, die Präsenz jagdkritischer Positionen in den Schulen zu verhindern.

Die Angebote von Jägern, Wiesen vor dem Mähen durchzusuchen, damit keine Tiere zu Tode kommen, Schutzaktionen für nicht jagdbare Arten oder die Beseitigung von Fallwild sind zwar löblich, wiegen diese schweren Mißstände aber in keiner Weise auf.

Alles in allem scheint die Jagd bei näherer Betrachtung in einer zivilisierten, demokratischen und an ihren Mitgeschöpfen interessierten Gesellschaft des 21. Jahrhunderts keine Daseinsberechtigung mehr zu haben. Sie ist reiner Freizeitsport, der mit Tier- und Naturschutz unvereinbar ist. Um zu dieser Position zu gelangen, ist es noch nicht einmal nötig, den Tieren eigene, unantastbare Rechte zuzugestehen. Der heutige Bewußtseinsstand der Bevölkerung zum Tier- und Naturschutz reichen völlig aus, um in der Jagd das zu sehen, was sie ist: Das brutale Hobby einer kleinen Gruppe von Menschen, die zum Spaß Tiere töten.

Die Jagd, ein Anachronismus aus der Frühzeit der Menschen, kann eine Weiterentwicklung der Gesellschaft in ethischem und ökologischem Sinne nicht begleiten. Sie steht ihr im Weg. Es wird Zeit, daß dieses Hindernis aus dem Weg geräumt wird.

Der Autor, Jahrgang 1981, wuchs im Oldenburger Münsterland auf und studiert derzeit an der Universität Passau „Sprachen, Wirtschafts- und Kulturraumstudien" mit dem Schwerpunkt Ostmitteleuropa.

Quellennachweise

Einleitung - Eine kleine Kunde der Ökologie

1) Naturschutz heute 2/2002, S. 3.
2) Bertelsmann-Lexikon, Gütersloh 1990, Bd. 7.
3) Bertelsmann-Lexikon, Gütersloh 1990, Bd. 10.
4) Microsoft Encarta 2002 Professional DVD, Stichwort „Jagd"; „Der Brockhaus in Text und Bild 2002", Stichwort „Artensterben: Gründe".
5) Die Pirsch 6/2001, S. 10.
6) Die Zeit, 07.11.2002, S. 19
7) § 1 Abs. 2 Bundesjagdgesetz
8) Encarta 2002, Stichwort „Ökologie"
9) Miram, S. 136.
10) a.a.O., S. 137.
11) Reichholf: Leben und Überleben, S. 29.
12) Miram, S. 173.
13) Reichholf: Leben und Überleben, S. 88.
14) Dylla und Krätzner, S. 74.
15) Miram, S. 175.
16) Dylla und Krätzner, S. 74.
17) Reichholf: Leben und Überleben, S. 42.
18) Miram S. 175.
19) a.a.O., S. 189.
20) Reichholf, Leben und Überleben, S. 34.
21) a.a.O., S. 37.
22) Miram, S. 154.
23) Reichholf, Leben und Überleben, S. 46.
24) a.a.O., S. 49.
25) Miram, S. 154.
26) a.a.O., S. 157
27) Reichholf: Leben und Überleben, S. 35.
28) Encarta 2002, Stichwort „Mutation".
29) Encarta 2002, Stichwort „Selektion".
30) Reichholf, Leben und Überleben, S. 44f.

Kapitel I: Der selbstlose Heger

1) Hespeler 1999, S. 127.
2) Bode und Emmert, S. 80.
3) §1 Abs. 2 Bundesjagdgesetz
4) §2 Abs. 1 Bundesjagdgesetz
5) Die Pirsch 24/2001, S. 31.
6) Bibelriether 1985, nach Frommhold.
7) Hespeler 1990, S. 301; Bode und Emmert, S. 82.
8) NABU, Jagdpolitisches Grundsatzpapier, S. 4.
9) Die Zeit vom 09.03.2000
10) Hespeler 1999, S. 120.
11) Bode und Emmert, S. 82.
12) Stuttgarter Nachrichten vom 15.02.2002.
13) Engelhardt.
14) Naturschutz heute 2/2002, S. 11.
15) http://www.landesjagdverband.de/linksmenu/Forum/beitraege/b004.htm vom 03.04.2003.
16) NABU, Jagdpolitisches Grundsatzpapier, S. 4; Bundesarbeitsgemeinschaft „Mensch und Tier" von Bündnis '90/Die Grünen; Bode und Emmert S. 82.
17) Saarbrücker Zeitung vom 04.12.2002.
18) Hespeler 1999, S. 121.

19) Jagd in Bayern 8/2001, S. 26.
20) Feichtner: Gerecht bejagen.
21) Linderoth und Ellinger.
22) Reutlinger General-Anzeiger vom 20.03.2002.
23) Thiele, D.
24) Hennig, S. 79.
25) Linderoth und Ellinger.
26) Leipziger Volkszeitung vom 15.11.2002
27) Stuttgarter Zeitung vom 13.12.2002.
28) http://www.morgenweb.de/archiv/2002/31/hintergrund/20021031_03_mm20000186:17202.html
    vom 31.10.2002
29) Bundesverband Deutscher Berufsjäger e.V., S. 175.
30) Vgl. Kujawski.
31) Goslarsche Zeitung vom 20.02.2003.
32) Ebd.
33) Schwäbische Zeitung vom 27.02.2002.
34) Ebd.
35) Hespeler 1999, S. 12.
36) Wotschikowsky.
37) Der Märkische Zeitungsverlag im Internet, http://www.come-on.de vom 21.12.2002.
38) z.B. NABU, Jagdpolitisches Grundsatzpapier, S. 4.
39) z.B. Josef Reichholf, Ulrich Wotschikowsky.
40) Bundesarbeitsgemeinschaft „Mensch und Tier" von Bündnis ´90/Die Grünen
41) Wotschikowsky.
42) Deutscher Jagdschutz-Verband: Von der Natur der Jagd, S. 6
43) Deutsche Jagd-Zeitung 4/2002, S. 38.
44) Deutscher Jagdschutz-Verband: Von der Natur der Jagd, S. 6.
45) Deutsche Jagd-Zeitung 2/2002, S. 27; Jäger 3/2002, S. 33.
46) Sojka und Hagen, S. 11
47) David.
48) Deutscher Jagdschutz-Verband: Jagd ist Naturschutz, S. 14.
49) Kalchreuter 1984, S. 252
50) Consiglio, S. 67.
51) Kalchreuter 1984, S. 262.
52) a.a.O., S. 252.
53) Pro Wildlife e.V. 2001.
54) Consglio, S. 67.
55) Deutscher Jagdschutz-Verband: Jagd ist Naturschutz, S. 19. Die Jäger hängen dem DJV zufolge 270.000 Nistkä-
    sten im Jahr auf. Bei 338.580 deutschen Jägern macht das knapp 0,8 Nistkästen pro Jäger und Jahr.
56) Eickhoff.
57) Bode und Emmert, S. 214.
58) Ebd.
59) Weser-Kurier vom 24.03.2003.
60) Deutscher Jagdschutz-Verband: DJV-Handbuch 2003, S. 250.
61) §1 Abs. 2 Bundesjagdgesetz.
62) Bode und Emmert, S. 83.
63) Kurt, S. 243.
64) Hespeler 1999, S. 58 ff.
65) a.a.O., S. 51.
66) Bode und Emmert, S. 105.
67) Hespeler 1999, S. 209.
68) Revierpächter Peter Weber im Jäger 3/2002, S. 24.
69) Bode und Emmert, S. 84.
70) Sojka und Hagen, S. 21.
71) Hespeler 1999, S. 69.
72) Prof. Dr. Antal Festetics im Jäger 3/2002, S. 25.
73) Bode und Emmert, S. 84.
74) Hespeler 1999, S. 69.
75) Wotschikowsky.
76) Bayerische Landesanstalt für Wald und Forstwirtschaft, S. 11.
77) a.a.O., S. 3.
78) a.a.O., S. 11.

79) Deutscher Naturschutzring, S. 4.
80) Bode und Emmert, S. 63.
81) Bundesministerium für Verbraucherschutz, Ernährung und Landwirtschaft, S. 53.
82) Bode und Emmert, S. 225.
83) a.a.O., S. 227.
84) a.a.O., S. 202.
85) a.a.O., S. 227.
86) Bayerisches Staatsministerium für Ernährung, Landwirtschaft und Forsten.
87) Ebd.
88) Bayerische Landesanstalt für Wald und Forstwirtschaft, S. 26.
89) a.a.O., Zusammenfassung.
90) http://www.umwelt.sachsen.de/de/wu/forsten/jagd/index.htm vom 01.09.2003.
91) Vgl. Trisl, O., Pfeiffer, K. und Akca, A.: Schälschadensinventur 1996 im Harz, in: Forst und Holz 20/1997, S. 600 ff., nach Bode und Emmert S. 227.
92) Bode und Emmert, S. 227.
93) a.a.O., S. 228.
94) http://www.oberpfalznetz.de vom 15.12.2002.
95) Reichholf: Wald, S. 190.
96) Schwäbisches Tageblatt vom 12.10.2002.
97) Der Neue Tag vom 21.11.2002.
98) http://www.n-tv.de/3179078.html vom 20.08.2003.
99) Deutscher Jagdschutz-Verband: Das Bundesjagdgesetz, S. 43.
100) Reichholf: Leben und Überleben, S. 199.
101) Deutscher Jagdschutz-Verband, DJV-Handbuch 2003, S. 317.
102) Bode und Emmert, S. 173.
103) a.a.O., S. 174.
104) Vgl. Anm. 26.
105) Deutscher Jagdschutz-Verband, DJV-Handbuch 2003, S. 312.
106) Bayerisches Staatsministerium für Ernährung, Landwirtschaft und Forsten.
107) Deutscher Jagdschutz-Verband: Das Bundesjagdgesetz, S. 25.
108) z.B. Main-Echo vom 01.06.2002.
109) Scholz.
110) Kalchreuter 2003, S. 428.
111) Hespeler 1990, S. 209.
112) Bayerische Forstliche Versuchs- und Forschungsanstalt, S. 53.
113) Schwäbische Zeitung vom 27.02.2002; Hespeler 1999, S. 104.
114) Bayerische Forstliche Versuchs- und Forschungsanstalt, S. 53.
115) Kurt, S. 256.
116) Reichholf: Leben und Überleben, S. 133.
117) Kalchreuter 2003, S. 413.
118) Reichholf: Wald, S. 177.
119) a.a.O., S. 178.
120) a.a.O., S. 180.
121) Reichholf: Leben und Überleben, S. 133.
122) Reichholf: Feld und Flur, S. 64.
123) Ebd.
124) Hespeler 1999, S. 123.
125) Vgl. Plochmann.
126) Ebd.
127) Bayerische Forstliche Versuchs- und Forschungsanstalt, S. 90.
128) Die Zeit vom 09.03.2000.
129) Wölfel, S. 110.
130) Dröscher, S. 34.
131) Deutscher Naturschutz-Ring; Bundesarbeitsgemeinschaft „Mensch und Tier" von Bündnis '90/Die Grünen.
132) Bode und Emmert, S. 225.
133) Wölfel, S. 117.
134) Kalchreuter 2003, S. 428.
135) a.a.O., S. 450.
136) pers. Mitteilung des Deutschen Jagdschutz-Verbandes vom 29.08.2003.
137) Hespeler 1999, S. 93.
138) stern vom 30.09.1998.
139) Vgl. Anm. 26.

140) Wotschikowsky.
141) Vgl. Anm. 26.
142) stern 30.09.1998.
143) z.b. Leonberger Kreiszeitung vom 15.12.2002, Stuttgarter Zeitung vom 15.12.2002 und viele andere.
144) Stuttgarter Zeitung vom 23.11.2002.
145) Stuttgarter Nachrichten vom 15.11.2002
146) Feichtner: Sauen satt.
147) Feichtner: Gerecht bejagen.
148) z.B. Stuttgarter Zeitung 02.12.2002.
149) Thiele, D.
150) Riemer, S. 29.
151) Feichtner, Sauen satt.
152) Rahn.
153) Schröder: Mastbäume im Revier.
154) z.B. Hennig, S. 128 ff. oder Happ, S. 33-42.
155) Böblinger Bote vom 03.01.2002.
156) Wölfel S. 110.
157) Hennig S. 113.
158) Hespeler 1999, S. 12.
159) a.a.O., S. 120.
160) a.a.O., S. 121
161) a.a.O., S. 69.
162) Bode und Emmert, S. 126 f.
163) Ebd.
164) Wölfel S. 112.
165) Jagd in Bayern 11/2001, S. 17.
166) Leipziger Volkszeitung vom 15.11.2002.
167) Kalchreuter 1984, S. 115.
168) Wotschikowsky.
169) Bode und Emmert, S. 209.
170) Hespeler 1990, S. 35.
171) Jäger 3/2002, S. 58.
172) Bode und Emmet, S. 228.
173) Hespeler 1999, S. 69.
174) Sojka und Hagen, S. 14.
175) Bode und Emmert, S. 174.
176) Hespeler 1999, S. 106.
177) Bode und Emmert, S. 189.
178) Sojka und Hagen S. 11 f.
179) Frommhold, S. 83.
180) Kroymann, B. und W. Epple: Memorandum zum Schutz der Rabenvögel, in: Deutscher Bund für Vogelschutz, Landesverband Baden-Württemberg, Stuttgart 1987, S. 16, nach Frommhold.

Kapitel 2: Die Ökologie der Jagd

1) Consiglio, S. 30
2) Deutscher Jagdschutz-Verband: Von der Natur der Jagd.
3) Kalchreuter 2003, S. 136.
4) a.a.O., S. 194.
5) a.a.O., S. 154.
6) a.a.O., S. 291.
7) a.a.O., S. 216.
8) Consglio, S. 25 ff.
9) Kurt, S. 13.
10) Ratcliffe.
11) Knief und Borkenhagen.
12) Rettig, L.: Zusammenarbeit zwischen Vogelschutzkreisen und Jägerschaft bei der Ermittlung von Greifvogel-Brutbeständen im nordwestlichen Ostfriesland gestaltet sich schwierig, in: Rettig, Klaus (Hrsg.): Beiträge zur Vogel- und Insektenwelt im nordwestlichen Ostfriesland, Emden 1980, S. 1-7, nach Consiglio, S. 81.

13) Roseberry 1979.
14) Consiglio S. 36.
15) Roseberry 1979.
16) Consiglio S. 37.
17) Kalchreuter 2003, S. 165.
18) a.a.O., S. 140.
19) Roseberry und Klimstra, S. 143.
20) Pegel 1986, S. 95.
21) Kalchreuter 2003, S. 132.
22) a.a.O., S. 142 ff.
23) a.a.O., S. 136.
24) Consiglio, S. 30.
25) Ebd.
26) Roseberry et al. 1979.
27) Vgl. Bundesjagdzeitenverordnung.
28) Roseberry 1979.
29) Walker, Brian H.: Stability properties of semiarid savannas in southern African game reserves, in: Jewell, Peter A. und Sidney Holt (Hrsg.): Problems in management of locally abundant wild mammals, New York - London 1981, S. 57-67, nach Consiglio, S. 42.
30) Dixon, Kenneth R. und Michael C. Swift: The optimal harvesting concept in furbearer management, in: Chapman, Joseph A. und Duane Pursley (Hrsg.): Worldwide Furbearer Conference Proceedings, August 3-11, 1980, Frostburg 1981, Bd. 2, S. 1524-1551, nach Consiglio, S. 44.
31) Consiglio, S. 43.
32) Roseberry 1979.
33) Consiglio, S. 39 f.
34) Hennig, S. 113.
35) Gasaway, William C., Robert O. Stephenson, James L. Davis, Peter E.K. Shepherd und Oliver E. Burris: Interrelationships of wolves, prey and man in interior Alaska, in: Wildl. Mon. 84/1983, S. 50, nach Consiglio, S. 31.
36) Consiglio, S. 43.
37) a.a.O., S. 200.
38) Kalchreuter 2003, S. 206.
39) Ebd.
40) a.a.O., S. 209.
41) Teer; www.kapstadt.de/addo/elefanten.html vom 27.09.2003.
42) Teer.
43) Pegel 1986, S. 191.
44) Consiglio, S. 130.
45) Ebd.
46) Reimoser et al.
47) Deutscher Jagdschutz-Verband: Nehmt Rücksicht auf's Wild.
48) Bayerische Forstliche Versuchs- und Forschungsanstalt, S. 45 ff.
49) a.a.O., S. 53.
50) Labhardt, S. 126.
51) Ebd.
52) Frommhold, S. 91.
53) Der Spiegel 50/2000, S. 258.
54) Bibelriether 1986.
55) Der Spiegel 50/2000, S. 259.
56) Die Pirsch 21/2000, S. 96.
57) Labhardt, S. 89.
58) Ebd.
59) Der Spiegel 50/2000, S. 258.
60) Heil 1996.
61) Schumann, S. 6.
62) Reichholf: Leben und Überleben, S. 206.
63) Reichholf: Siedlungsraum, S. 127 f.
64) a.a.O., S. 178.
65) Reichholf: Feld und Flur, S. 62 f.
66) Hespeler 1990, S. 204.
67) Bode und Emmert, S. 256.
68) Weber, D.: Ohne Jäger nicht wild, in: Nationalpark 2/1984, nach Frommhold, S. 90.
69) Bibelriether 1986.

70) Consiglio, S. 180.
71) Landratsamt für den Nationalpark Schleswig-Holsteinisches Wattenmeer, S. 15.
72) zit. nach Thiele, Klaus.
73) Labhardt, S. 122.
74) Schumann, S. 6.
75) Bode und Emmert, S. 256.
76) Labhardt, S. 125.
77) a.a.O., S. 122.
78) Hannoversche Allgemeine Zeitung vom 15.12.2002.
79) Bayerisches Staatsministerium für Ernährung, Landwirtschaft und Forsten.
80) Labhardt, S. 122 ff.
81) stern vom 30.09.1998.
82) Consiglio, S. 183.
83) Labhardt, S. 121.
84) Dröscher, S. 181.
85) Ebd.
86) Consiglio, S. 180.
87) z.B. Leonberger Kreiszeitung vom 13.12.2002.
88) Heilbronner Stimme vom 01.02.2002.
89) Stuttgarter Zeitung vom 15.07.2003.
90) Deutscher Jagdschutz-Verband: Nehmt Rücksicht auf´s Wild.
91) Reimoser et al.
92) Reichholf: Leben und Überleben, S. 11.
93) a.a.O., S. 42.
94) a.a.O., S. 87.
95) Kurt, S. 254.
96) a.a.O., S. 262.
97) Reichholf: Feld und Flur, S. 63 ff.
98) Reichholf: Wald, S. 178.
99) Kurt S. 260.
100) Hespeler 1990, S. 18.
101) Berens.
102) Bayerisches Staatsministerium für Ernährung, Landwirtschaft und Forsten.
103) z.B. Nationalparkverwaltung Harz; Rommerskirchen.
104) Nationalparkverwaltung Harz, S. 56 f.; pers. Mitt. der Nationalparkverwaltung Müritz vom 23.09.2003.
105) Pers. Mitt. von Andreas Rommerskirchen vom 15.10.2003.
106) Schwäbische Zeitung vom 27.02.2002.
107) http://www.pzpinfo.org vom 16.10.2003.
108) Hennig, S. 47.
109) a.a.O., S. 48.
110) a.a.O., S. 123.
111) „houndman" im Forum von http://www.wildundhund.de; Datum des Beitrags: 20.02.2003.
112) Deutscher Jagdschutz-Verband: DJV-Handbuch 2003, S. 262.
113) Hennig, S. 79.
114) Happ S. 33-42.

Kapitel 3: Die Bekämpfung von Beutegreifern

1) Heil.1992.
2) Deutscher Jagdschutz-Verband: Das Bundesjagdgesetz, S. 34.
3) Dröscher, S. 87.
4) Der Spiegel 16/2001, S. 212.
5) Reichholf: Feld und Flur, S. 199.
6) Deutscher Jagdschutz-Verband: DJV-Handbuch 2003, S. 336.
7) Reichholf, Feld und Flur, S. 86.
8) Sauer, S. 147.
9) a.a.O., S.223.
10) Labhardt, S. 41-53.
11) Reichholf: Leben und Überleben, S. 57.

12) Labhardt, S. 53
13) Pegel 1986, S. 125.
14) Kalchreuter 2003, S. 334.
15) a.a.O., S. 335.
16) Dröscher S. 178.
17) a.a.O., S. 181.
18) Reichholf: Feld und Flur, S. 52.
19) Labhardt, S. 44.
20) Schröpel, S. 128.
21) Die Pirsch 11/2001, S. 21.
22) Dröscher 180.
23) Ebd.
24) Der Spiegel 16/2001, S. 212.
25) Pegel 1987, S. 100.
26) Dwenger, S. 80.
27) a.a.O., S. 78.
28) Klaus et al., S. 172.
29) Der Spiegel 6/2000, S. 196.
30) Wildforschungsstelle des Landes Baden-Württemberg, S. 26.
31) Kalchreuter 1984, S. 294.
32) Labhardt, S. 31.
33) Schröpel, S. 118.
34) Labhardt, S. 40.
35) Kalchreuter 2003, S. 366.
36) a.a.O., S. 295.
37) Schröpel, S. 118.
38) Miram, S. 134.
39) Schröpel, S. 135.
40) Reichholf: Wald, S. 198.
41) Schröpel, S. 135.
42) Hespeler 1999, S. 24.
43) Dylla und Krätzner, S. 117.
44) a.a.O., S. 59.
45) Schröpel, S. 142.
46) Dylla und Krätzner, S. 175.
47) Schröpel, S. 121.
48) Nationalparkverwaltung Harz, S. 32.
49) Schröpel, S. 125.
50) Reichholf: Feld und Flur, S. 53 f.
51) Schröpel, S. 125.
52) Frommhold, S. 19.
53) Nationalparkverwaltung Harz, S. 32.
54) Dylla und Krätzner, S. 75.
55) Reichholf: Leben und Überleben, S. 57.
56) a.a.O., S. 62.
57) Schröpel, S. 142.
58) Reichholf, Leben und Überleben, S. 209.
59) Sauer, S. 629.
60) Reichholf: Feld und Flur, S. 56.
61) Bode und Emmert, S. 194.
62) Pegel 1986, S. 128.
63) a.a.O., S. 5.
64) Späth, S. 23.
65) Der Spiegel 16/2001, S. 212.
66) Reichholf: Feld und Flur, S. 54.
67) a.a.O., S. 95.
68) Ebd.
69) Peel 1987, S. 100.
70) Klaus et al., S. 152 ff.
71) Süddeutsche Zeitung vom 23.03.1996.
72) Der Spiegel 1/1999, S. 139.
73) Kalchreuter 1984, S. 94.

74) Roseberry et al. 1979.
75) Kalchreuter 2003, S. 287.
76) a.a.O., S. 228.
77) Pegel 1986, S. 63.
78) a.a.O., S. 129.
79) a.a.O., S. 3.
80) a.a.O., S. 77.
81) a.a.O., S. 130.
82) a.a.O., S. 197.
83) a.a.O., S. 120.
84) Pegel 1987, S. 108.
85) Reichholf: Siedlungsraum, S. 77.
86) Dylla und Krätzner, S. 114.
87) Reichholf: Leben und Überleben, S. 58.
88) Mäck und Jürgens, S. 172.
89) Macdonald, S. 240.
90) Sauer, S. 142.
91) Dröscher, S. 210.
92) Labhardt, S. 112.
93) Macdonald, S. 228.
94) Kugelschafter.
95) Schweriner Zeitung, Ausg. unbek.
96) Pers. Mitt. vom 10.01.2002.
97) Pers. Mitt. vom 19.02.2002.
98) Interview mit Bruno Bassano, dem zuständigen Tierarzt, abzurufen unter www.abschaffung-der-jagd.de/interviews/bruno_bassano.html, vom 01.10.2003.
99) Köhne.
100) Baker et al.
101) Pers. Mitt. vom 16.06.2003.
102) Jagd in Bayern 2/2003, S. 6.
103) Kay-Blum.
104) Völkl und Metzner.
105) Kalchreuter 1984, S. 160.
106) Deutsche Jagd-Zeitung 10/2002, S. 61.
107) Jagd in Bayen 9/2001, S. 37.
108) Eickhoff.
109) Deutscher Jagdschutz-Verband: Von der Natur der Jagd.
110) Usinger Anzeiger Lokales vom 08.01.2002.
111) Schröpel, S. 117.
112) Labhardt, S. 50.
113) Kalchreuter 1984, S. 63.
114) Ebd.
115) a.a.O., S. 82.
116) Consiglio, S. 82.
117) Deutscher Jagdschutz-Verband: DJV-Handbuch 2003, S. 324 + 336.
118) Kalchreuter 2003, S. 296.
119) „KS" am 24.02.2003 im Forum der Seite www.weiberrevier.de.
120) Köhne.
121) Schmitt.
122) Kalchreuter 1984, S. 93.
123) Spittler 2002.
124) Deutsche Jagd-Zeitung 6/1992, S. 16.
125) Kalchreuter 2003, S. 312.
126) Die Pirsch 9/2001, S. 38.
127) Jäger 3/2002, S. 18.
128) Daniel.
129) Beitrag vom 13.01.2003 im Forum von www.wildundhund.de. Der Beitrag wurde gelöscht, ist jedoch mehrfach dokumentiert worden.
130) Bode und Emmert, S. 77 f.
131) Jäger 3/2002, S. 3.
132) Langgemach et al. 2000.
133) Beitrag vom 27.03.2003 im Forum von www.wildundhund.de.

134) Meyer.

Kapitel 4: Der Jäger als Wolfersatz?

1) Osbyan, S. 7.
2) Deutscher Jagdschutz-Verband: Positionspapier „Wiedereinbürgerung von Großraubwild".
3) Ziswiler; Reichholf: Feld und Flur, S. 32.
4) http://www.kora.unibe.ch/main.htm?ge/spec/wolf/index.htm vom 17.02.2002.
5) http://www.kora.unibe.ch/main.htm?ge/spec/lynx/index.htm vom 17.02.2002.
6) http://www.kora.unibe.ch/main.htm?ge/spec/bear/index.htm vom 17.02.2002.
7) Die Pirsch 25/2001, S. 4.
8) Macdonald, S. 88.
9) http://www.kora.unibe.ch/main.htm?ge/spec/lynx/index.htm vom 17.02.2002.
10) Neumarkter Nachrichten Online (http://www.nm-online.de) vom 12.12.2002.
11) Nationalpark 2/1986, S. 36.
12) Hespeler 1999, S. 12.
13) a.a.O., S. 24.
14) http://www.kora.unibe.ch/main.htm?ge/spec/lynx/index.htm vom 17.02.2002.
15) Hespeler 1999, S. 25.
16) http://www.landkreis-goeppingen.de vom 01.09.2003.
17) Stuttgarter Zeitung vom 13.12.2002.
18) Hespeler 1999, S. 25.
19) Consiglio S. 60.
20) Schröpel, S. 125.
21) Nationalparkverwaltung Harz, S. 33.
22) Teer.
23) Consiglio, S. 61.
24) Nordkurier vom 05.12.2002.
25) Deutscher Jagdschutz-Verband: Jagd heute, S. 33.
26) Deutscher Jagdschutz-Verband: Positionspapier „Wiedereinbürgerung von Großraubwild".
27) Niedersächsisches Landesamt für Ökologie.
28) Deutscher Jagdschutz-Verband: DJV-Handbuch 2003, S. 75.
29) Hildesheimer Allgemeine Zeitung, Datum unbekannt.
30) Dresdener Neueste Nachrichten vom 22.01.2003.
31) Pers. Mitt. vom 18.02.2003.
32) Ebd.
33) Hespeler 1990, S. 297.
34) Bode und Emmert, S. 246.
35) Luchs-Nachrichten 1/2002, S. 3.
36) Luchs-Nachrichten 2/2002, S. 4.
37) http://www.espace.ch/region/artikel/26658/artikel.htm vom 31.10.2002.
38) Luchs-Nachrichten 3/2003, S. 3.
39) Nürnberger Nachrichten vom 18.01.2003.
40) Rheinische Post vom 21.01.2003.
41) Der Spiegel 5/2003, S. 137.
42) Ebd.
43) Weser-Kurier vom 30.04.2003.
44) Niedersächsisches Landesamt für Ökologie.
45) Ebd.
46) http://www.kora.unibe.ch/main.htm?ge/spec/wolf/index.htm vom 17.02.2002.
47) Postel et al.
48) http://www.jungewelt.de/2002/11-20/017.php vom 20.11.2002.
49) http://www.berlinonline.de/aktuelles/berliner_kurier/brandenburg/.html/artik2.html vom 03.12.2002.
50) Niedersächsisches Landesamt für Ökolgie.
51) Süddeutsche Zeitung vom 05./06.07.2003.
52) Bode und Emmert, S. 243.
53) Die Welt vom 26.05.2002.
54) Passauer Neue Presse vom 17.05.2002.

Kapitel 5: Die Jagd als Seuchenbekämpfung

1) Hartung, S. 182.
2) Warrell, S. 134.
3) z.B. Borschel S. 16, S. 62f.
4) Ebd.
5) Auswertungs- und Informationsdienst für Ernährung, Landwirtschaft und Forsten, S. 3.
6) Warrell, S. 132.
7) Krumbiegel, S. 17.
8) Warrell, S. 134.
9) Minder, s. 12.
10) Pers. Mitt. vom 27.11.2002.
11) Ebd.
12) Microsoft Encarta 2002, Stichwort „Tollwut".
13) Pers. Mitt.
14) Microsoft Encarta 2002, Stichwort „Tollwut".
15) Hartung, S. 182.
16) WHO Collaborating Centre for Rabies Surveillance and Research 2001.
17) WHO Collaborating Centre for Rabies Surveillance and Research 2002.
18) Einwohnerzahl Europas ca. 760.990.500, basierend auf den Angaben des Länderlexikons von Spiegel Online (www.spiegel.de/jahrbuch/) wurde am 18.02.2003. Berücksichtigt wurden alle europäischen Länder sowie die Türkei, die ebenfalls im Rabies Bulletin Europe erfaßt ist, aber mit Ausnahme Mazedoniens, da aus diesem Land keine Daten zur Tollwut vorliegen. Ebenfalls nach dem Spiegel Online-Länderlexikon wird von einer Bevölkerung von etwa 116 Millionen Menschen im europäischen Teil Rußlands ausgegangen.
19) Labhardt, S. 138.
20) Consiglio, S. 120 f.
21) Borschel, S. 22.
22) Macdonald, S. 210.
23) Deutscher Jagdschutz-Verband: DJV-Handbuch 2003, S. 350.
24) Dröscher, S. 208.
25) Reichholf: Wald, S. 198.
26) Frommhold, S. 47.
27) Deutsche Jagd-Zeitung 12/2001, S. 3.
28) Karge, E., J. Fiedler und K. Stöhr: Orale Immunisierung freilebender Füchse gegen Tollwut - ein modernes Verfahren der Tierseuchenbekämpfung, in: Mh.Vet.Med 45/1990, S. 161-164, nach Ahlmann 1997.
29) Consiglio, S. 121.
30) Borschel, S. 56.
31) Consiglio, S. 122.
32) Labhardt, S. 96.
33) Reichholf: Wald, S. 197.
34) Dröscher, S. 213.
35) artenschutzbrief 3/1999, S. 6.
36) Dröscher, S. 213.
37) Jagd in Bayern 8/2001, S. 14.
38) Consiglio, S. 123.
39) Schneider, L.G., J.H. Cox, W. Müller und K.-P. Hohensbeen: Der Feldversuch zur oralen Immunisierung von Füchsen gegen Tollwut in der Bundesrepublik Deutschland - Eine Zwischenbilanz, in: Tierärztliche Umschau 42/1987, S. 184-198, nach Ahlmann, S. 38.
40) WHO Collaborating Centre for Rabies Surveillance and Research 2002.
41) Pers. Mitt. vom 27.11.2002.
42) Pers. Mitt. vom 10.01.2002.
43) Pers. Mitt. vom 19.02.2002.
44) Macdonald, S. 218.
45) WHO Collaborating Centre for Rabies Surveillance and Research 2002.
46) Ebd.
47) Kalchreuter 2003, S. 319.
48) Consiglio, S. 123.
49) Kalchreuter 2003, S. 316.
50) a.a.O., S. 192.
51) Hoppe.
52) Ahlmann 1997, S. 200.
53) Labhardt, S. 135.

54) http://www.veterinaeramt-muenchen.de/tkrank/krank2.htm vom 16.02.2003.
55) Naser.
56) Microsoft Encarta 2002, Stichwort „Fuchsbandwurminfektion".
57) http://www.veterinaeramt-muenchen.de/tkrank/krank2.htm vom 16.02.2003.
58) Naser.
59) Microsoft Encarta 2002, Stichwort „Fuchsbandwurminfektion".
60) Hartung, S. 206.
61) Mix, S. 145.
62) Hartung, S. 207.
63) Ahlmann 1997, S. 45.
64) Spiegel Online vom 20.02.2003.
65) Tackmann und Janitschke, S. 3.
66) Nothdurft et al.
67) Eckert, J.: Der „gefährliche Fuchsbandwurm" (Echinococcus multilocularis) und die alveoläre Echinokokkose des Menschen in Mitteleuropa, in: Berl. Münch. Tierärztl. Wschr. 190, 1996, S. 202-210, nach Mix S. 145.
68) Der Spiegel 44/2001, S. 207.
69) Takla.
70) Der Spiegel 21/2002, S. 205.
71) Ebd.
72) Tackmann und Janitschke, S. 3.
73) Naser.
74) http://veterinaeramt-muenchen.de/tkrank/krank2.htm vom 16.02.2003.
75) Microsoft Encarta 2002, Stichwort „Fuchsbandwurminfektion".
76) Rinder, L., R. L. Rausch, K. Takahashi, H. Kopp, A. Thomschke und T. Löscher: Limited range of genetic variation in Echinococcus multilocularis, in: J. Parasitol. 83/1997, S. 1045-1050, nach Mix.
77) z.B. Leonberger Kreiszeitung vom 15.12.2002 oder Passauer Neue Presse vom 29.04.2002.
78) z.B. Ostsee-Zeitung vom 14.11.2002 und 04.01.2003.
79) Kiupel.
80) Mix, S. 43.
81) Kalchreuter 2003, S. 317.
82) Ahlmann 1997, S. 199.
83) Ahlmann 1996.
84) Mix, S. 32.
85) Fesseler, S. 171.
86) Jonas.
87) Fesseler, S. 11.
88) Ahlmann 1997, S. 198.
89) Ebd.
90) Takla.
91) Hoppe.
92) Deutsche Jagd-Zeitung 10/1994, S. 117.
93) Der Spiegel 21/2002, S. 205.
94) Mix, S. 169.
95) Takla.
96) Ärzte-Zeitung 77/1999, S. 3.
97) Deutsche Jagdschutz-Verband: Das Bundesjagdgesetz, S. 34.
98) Kern, S. 75 f.
99) a.a.O., S. 1.
100) Büttner et al.
101) Ebd.
102) Pegel 2001.
103) Büttner et al.
104) Deutsche Jagd-Zeitung 2/1993.
105) Ziegler, S. 1.
106) a.a.O., S. 2.
107) Kern, S. 1.
108) Pegel 2001.
109) Pirsch 2/2001, S. 1.
110) http://www.verbraucherschutzministerium.de vom 01.10.2003.
111) Ebd.
112) Pegel 2001.
113) Ebd.

114) Kern, S. 87.
115) a.a.O., S. 75.
116) Pegel 2001.
117) Ebd.
118) Die Pirsch 3/1996, nach Bode und Emmert, S. 34 f.
119) Die Pirsch 24/2001, S. 1.
120) Deutsche Jagd-Zeitung 4/2002, S. 55.
121) Kern, S. 78.
122) a.a.O., S. 84.
123) Pressemitteilung des Landesuntersuchungsamtes Rheinland-Pfalz vom 18.05.2003.
124) Kern, S. 86.
125) Ziegler, S. 149.
126) Microsoft Encarta 2002, Stichwort „Trichinellose".
127) Ebd.
128) Hannoversche Allgemeine Zeitung vom 26.04.2002.
129) Ebd.
130) Ebd.
131) Ebd.
132) Ebd.
133) Niedersächsischer Jäger 10/2002, S. 2.

Kapitel 6: Zum Abschuß importiert

1) Scherzinger.
2) Bode und Emmert, S. 202.
3) Jäger 5/2002, S. 13.
4) Bode und Emmert, S. 204.
5) a.a.O., S. 202.
6) Hespeler 1990, S. 120.
7) Miller.
8) Wildforschungsstelle des Landes Baden-Württemberg, S. 13.
9) Teer.
10) Miller.
11) Ebd.
12) Ebd.
13) Wheaton.
14) Miller.
15) NABU - Naturschutzbund Deutschland e.V., Jagdpolitisches Grundsatzpapier, S. 3.
16) Miller.
17) Ebd.
18) Reichholf: Feld und Flur, S. 99.
19) Schulz, E.: Fasanen aufziehen - aussetzen, in: Niedersächsischer Jäger 11/1978, nach Frommhold S. 213 f.
20) Hespeler 1990, S. 267.
21) Die Pirsch 16/1986, nach Frommhold, S. 216.
22) Hespeler 1999, S. 11.
23) Daniel.
24) Öko-Jagd Februar 2002, S. 22.
25) Consiglio, S. 195.
26) Kalchreuter 2003, S. 329.
27) Scherzinger.
28) Gießener Anzeiger vom 08.07.2002.
29) §3 Abs. 4 Bundestierschutzgesetz.
30) Pfaffenhofener Kurier vom 26.20.1985.
31) z.B. Wild und Hund 6/2002, S. 85. Die Anzeigenteile der Jagdzeitschriftens ind voll davon.
32) Gießener Anzeiger vom 08.07.2002.
33) Reichholf: Feld und Flur, S. 99.
34) Klaus et al, S. 192.
35) Reichholf: Feld und Flur, S. 100.
36) Frommhold, S. 127.
37) Klaus et al., S. 197.

38) Dwenger, S. 78.
39) Reichholf: Feld und Flur, S. 100.
40) Lovari, Sandro: A Partridge in danger, in: Oryx 13 (2), 1975, S. 203-204, nach Consiglio, S. 197.

Kapitel 7: Neozoen: „Neubürger" in Deutschland

1) Der Spiegel 1/1999, S. 136.
2) Sauer, S. 627.
3) http://www.umwelt.sachsen.de/de/wu/umwelt/lfug/lfug-internet/presse_2476.html vom 15.08.2003.
4) http://www.spiegel.de/spiegel/0,1518,260242,00.html vom 04.08.2003.
5) http://www.zsm.wmw.de/Saeuger/Minkforschung/main/steckbrief.htm vom 15.08.2003.
6) Consiglio, S. 100.
7) Ebd.
8) http://www.umwelt.sachsen.de/de/wu/umwelt/lfug/lfug-internet/presse_2476.html vom 15.08.2003.
9) http://www.infodienst-mlr.bwl.de/la/lva/WFS/Wildtiere/Waschbaer/Waschbaer.htm vom 15.08.2003.
10) Der Spiegel 36/2003, S. 160.
11) http://www.infodienst-mlr.bwl.de/la/lva/WFS/Wildtiere/Waschbaer/Waschbaer.htm vom 15.08.2003.
12) Der Spiegel 36/2003, S. 160.
13) http://www.infodienst-mlr.bwl.de/la/lva/WFS/Wildtiere/Waschbaer/Waschbaer.htm vom 15.08.2003.
14) Linderoth 1997.
15) Ebd.
16) http://www.umwelt.sachsen.de/de/wu/umwelt/lfug/lfug-internet/presse_2476.html vom 15.08.2003.
17) Linderoth 1997.
18) Reichholf: Leben und Überleben, S. 51 f.
19) Ebd.
20) Der Spiegel 1/1999, S. 136.
21) Ebd.

Kapitel 8: Wie die Jäger mit seltenen Arten umgehen

1) Bezzel.
2) Deutscher Jagdschutz-Verband: DJV-Handbuch 2002, S. 336.
3) a.a.O., S. 324.
4) Frankfurter Allgemeine Zeitung vom 28.06.2002.
5) Rettig, 200. Bericht, S. 50.
6) Emder Zeitung vom 16.08.2001.
7) Rettig, 145. Bericht, S. 2.
8) Emder Zeitung vom 15.04.2000.
9) Rettig, 192. Bericht, S. 2.
10) Pers. Mitt. vom 08.09.2003.
11) Pers. Mitt. vom 15.09.2003.
12) Pers. Mitt.
13) Rettig, 200. Bericht, S. 19.
14) Emder Zeitung vom 06.04.2000.
15) Luchs-Nachrichten 2/2002,S. 3.
16) Jäger 5/2002, S. 6.
17) Deutsche Jagd-Zeitung 10/2002, S. 3.
18) Frommhold, S. 125.
19) artenschutzbrief 3/999, S. 31.
20) Langgemach et al. 1998.
21) Lübecker Nachrichten vom 29.11.2002.
22) Pers. Mitt. von Bärbel Pott-Dörfer, Niedersächsisches Landesamt für Ökologie, vom 18.02.2003.
23) Süddeutsche Zeitung vom 28.08.2003.
24) Langgemach et al. 1998; Langgemach et al. 2000.
25) Langgemach et al. 2000.
26) Pers. Mitt. vom 27.09.2002.
27) SWOL vom 17.11.2001.

28) Langgemach et al. 1998.
29) Ebd.
30) Ebd.
31) Nordbayerischer Kurier vom 09.07.2002.
32) Ebd.
33) Frommhold, S. 140.
34) Langgemach et al. 2000.
35) Ebd.
36) Die Pirsch 20/2001, S. 92.
37) Die Pirsch 26/2001, S. 28.
38) Kenntner et al.
39) Der Spiegel 10/2001, S. 224.
40) Pers. Mitt. vom 23.10.2002.
41) Langgemach et al. 1998.
42) Hespeler 1990, S. 288 f.
43) Ebd.
44) Consiglio, S. 218.
45) artenschutzbrief 3/1999, S. 31.
46) Rheinische Post vom 16.01.2001.
47) Deusche Jagd-Zeitung 10/2002, S. 3.
48) Pers. Mitt. vom 23.10.2002.
49) Pers. Mitt. von PD Dr. Hans-Wolfgang Helb vom 20.06.2002.
50) Bezzel.
51) Beitrag von „blaserr93" vom 20.02.2003 im Internetforum von www.wildundhund.de.
52) Hespeler 2002, S. 74.
53) Die Pirsch 9/2002, S. 23.
54) Consiglio, S. 180.
55) Deutsche Jagd-Zeitung 11/1986, S. 4.

56) Conrad 2001.

Kapitel 9: Die Jagd auf Rabenvögel

1) Neue Ruhr Zeitung vom 26.06.2002.
2) Deutscher Jagdschutz-Verband: Das Schweigen der Sänger.
3) Paulsen: Schlechte Zeiten.
4) Spittler 2002.
5) Paulsen: Schlechte Zeiten.
6) Deutscher Jagdschutz-Verband: Das Schweigen der Sänger.
7) Kalchreuter 2001, S. 7.
8) Lübecker Nachrichten Online vom 05.07.2002, URL: http://www.ln-online.de/Nachrichten/Lokales/lauenburg_828783.htm.
9) Südwest-Aktiv vom 20.12.2002, URL: http://südwest-aktiv.de/landundwelt/suedwestumschau/artikel488623.php.
10) Ebd.
11) Deutscher Jagdschutz-Verband: Das Schweigen der Sänger.
12) Mäck und Jürgens, S. 33.
13) a.a.O., S. 80.
14) a.a.O., S. 191.
15) Epple, S. 29.
16) Mäck und Jürgens, S. 27.
17) Knief und Borkenhagen.
18) Ebd.
19) z.B. Helb und Martens.
20) Umweltbehörde der Freien und Hansestadt Hamburg.
21) Mäck und Jürgens, S. 120 f.
22) Epple, S. 38.
23) Reichholf: Feld und Flur, S. 122.
24) Epple, S. 20 f.
25) Helb und Epple.
26) Epple, S. 34.

27) Knief und Borkenhagen.
28) Epple, S. 35.
29) Mäck und Jürgens, S. 98.
30) Epple, S. 35; Mäck und Jürgens, S. 80.
31) Knief und Borkenhagen.
32) Epple, S. 35 f.
33) Stimm.
34) Umweltbehörde der Freien und Hansestadt Hamburg.
35) Mäck und Jürgens, S. 17.
36) Riemer, S. 10.
37) Mäck und Jürgens, S. 180.
38) Brehme et al.
39) Ebd.
40) Ebd.
41) Epple, S. 26.
42) Herrman und Schicker.
43) Riemer, S. 11.
44) Mäck und Jürgens, S. 65.
45) Umweltbehörde der Freien und Hansestadt Hamburg.
46) ARD-Exclusiv: Invasion der Krähen: Schonzeit für eine Landplage, vom 30.11.2001, zitiert nach: Deutsche Jagd-Zeitung 2/2002, S. 20.
47) Deutscher Jagdschutz-Verband: Das Schweigen der Sänger.
48) z.B. Spittler 2002.
49) Tapper et al.
50) Ebd.
51) Deutsche Jagd-Zeitung 2/2002.
52) Tapper et al.
53) Mäck und Jürgens, S. 148.
54) Paulsen: Rabenvögel und Wissenschaft.
55) Mäck und Jürgens, S. 147.
56) Tapper et al.
57) Ebd.
58) Ebd.
59) Ebd.
60) Epple, S. 63.
61) Ebd.
62) Mäck und Jürgens, S. 148.
63) Bode und Emmert, S. 253.
64) Kalchreuter 2001, S. 52.
65) a.a.O., S. 63.
66) Tapper et al.
67) Helb.
68) Pegel 1987, S. 99-106.
69) Dwenger, S. 78-82.
70) Ebd.
71) Kalchreuter 2001, S. 53.
72) Epple, S. 60.
73) Mäck und Jürgens, S. 145.
74) Kooiker.
75) Ebd.
76) Ebd.
77) Kalchreuter 2001, S. 51.
78) Kooiker.
79) Ebd.
80) Pers. Mitt. vom 27.09.2002.
81) Pers. Mitt. vom 23.10.2002.
82) Epple, S. 60.
83) z.B. Deutscher Jagdschutz-Verband: Das Schweigen der Lämmer.
84) Epple, S. 59.
85) Lohrer Anzeiger vom 08.04.1873, zitiert nach Main-Echo vom 02.03.2001.
86) Reichholf: Siedlungsraum, S. 181.
87) Der Spiegel 50/2000, S. 58.

376

88) Mäck und Jürgens, S. 17.
89) Helb.
90) Helb und Martens.
91) z.B. Knief und Borkenhagen; Umweltbehörde der Freien und Hansestadt Hamburg, S. 11.
92) Mäck und Jürgens, S. 65-68.
93) a.a.O., S. 69.
94) Consiglio, S. 92.
95) Mäck und Jürgens, S. 109.
96) a.a.O., S. 192.
97) a.a.O., S. 109.
98) a.a.O., S. 134.
99) Keve.
100) Epple, S. 64.
101) Mäck und Jürgens, S. 52.
102) Mäck.
103) Erz.
104) Mäck und Jürgens, S. 144.
105) Langgemach et al. 1998.
106) Reichholf: Siedlungsraum, S. 181 f.
107) Kalchreuter 2001, S. 30.
108) Epple, S. 22.
109) Kalchreuter 2001, S. 45.
110) a.a.O., S. 28.
111) Helb und Martens.
112) Epple, S. 37.
113) Helb und Epple.
114) Helb et al.
115) Rösner und Isselbächer, S. 84.
116) a.a.O., S. 82.
117) Consiglio, S. 92.
118) Herrman und Schicker.
119) Epple, S. 41.
120) Miram, S. 153.
121) Mäck und Jürgens, S. 121.
122) Chettleburg, M.R.: Observations on the collection and burial of acorns by jays in Heinault Forest, Br. Birds 45/1952, S. 359-364, nach Stimm.
123) Stimm.
124) Umweltbehörde der Freien und Hansestadt Hamburg, S. 7.
125) Keve, S. 117.
126) a.a.O., S. 118.
127) Mäck und Jürgens, S. 145.
128) Ökologischer Jagdverein e.V. und Bundesamt für Naturschutz.
129) Brief von Prof. Dr. Horst Bleckmann, Tierschutzbeauftragter der Deutschen Zoologischen Gesellschaft, an Bundesumweltminister Jürgen Trittin (Grüne) vom 23.03.2001.
130) Stellungnahme des NABU zur Bejagung von Rabenvögeln vom November 2000, URL: http://www.nabu.de/presse/higru/Rabenvoegel.htm vom 13.11.2002.
131) Deutscher Naturschutz-Ring.
132) Bundesarbeitsgemeinschaft „Mensch und Tier" von Bündnis ´90/Die Grünen.
133) Kalchreuter 2001, S. 68.
134) Helb.
135) Kalchreuter 2001, S. 22 f.
136) Helb und Martens.
137) Helb et al.
138) Deutsche Jagd-Zeitung 2/2002, S. 22.
139) Deutsche Jagd-Zeitung 5/2002, S. 107.
140) Bode und Emmert, S. 254.
141) Spittler 2002.
142) Deutsche Jagd-Zeitung 4/2002, S. 50.
143) Langgemach et al. 1998.

Kapitel 10: Bleischrot - Wie Jäger Wildtiere vergiften

1) Consiglio, S. 184.
2) http://www.jagd-online.de/seite.cfm?020105 vom 25.10.2003.
3) Schulte, S. 403.
4) a.a.O., S. 406.
5) Streitberger.
6) DNR-Kurier 1/2/1992, S. 18, nach Consiglio, S. 185.
7) Sojka und Hagen, S. 23.
8) Anlage zum Schreiben der Fachschaft Ornithologie Südlicher Oberrhein im Deutschen Bund für Vogelschutz (Karl Westermann) an das Ministerium für Ernährung, Landwirtschaft, Umwelt und Forsten Baden-Württemberg vom 08.06.1986, zitiert nach Hutter, S. 126.
9) Consiglio, S. 185.
10) Ebd.
11) Ebd.
12) Schröpel, S. 117.
13) Kenntner et al.
14) Kenntner und Langgemach.
15) Kenntner et al.
16) Krone et al. 2002.
17) Kenntner et al.
18) Kenntner und Langgemach.
19) Kenntner et al.
20) Ostsee-Zeitung vom 17.10.2003.
21) Streitberger.
22) §39 Abs. 2 Nr. 2 Bundesjagdgesetz i.V.m. §19 Abs. 1 Nr. 15 Bundesjagdgesetz.
23) DJZ 10/2002, S. 56.
24) Mertens.
25) Streitberger.
26) Ebd.
27) Wild und Hund 22/2001, S. 70.
28) z.B. Deutscher Naturschutzring,; NABU - Deutscher Naturschutzbund e.V.: Jagdpolitisches Grundsatzpapier.

Kapitel 11: Die Jagd auf Wasservögel

1) Deutsche Jagd-Zeitung 10/2002, S. 15.
2) Nowak, Eugeniusz: Results and plans in waterfowl kill statistics in Europe, in: Int. Waterfowl Res. Bulletin 35/1973, S. 284 ff., nach Consiglio, S. 154.
3) Die Pirsch 23/2001, S. 90.
4) NABU - Naturschutzbund Deutschland e.V.: Jagdpolitisches Grundsatzpapier.
5) Reichholf, Josef: Die Innstauseen. Naturschutzbilanz nach zehn Jahren, in: Nationalpark 4/1982, S. 11 ff., nach Frommhold, S. 147.
6) Eisenried.
7) Consiglio, S. 177.
8) a.a.O., S. 178.
9) Eisenried.
10) Reichholf, Josef: Leben und Überleben, S. 200.
11) Landesamt für den Nationalpark Schleswig-Holsteinisches Wattenmeer, S. 12
12) Consiglio, S. 179.
13) Frommhold, S. 148.
14) Ebd.
15) Consiglio, S. 179.
16) http://www.schutzstation-wattenmeer.de/wissen/pfeifente.html vom 26.10.2003.
17) Reichholf, Josef: Leben und Überleben, S. 199.
18) a.a.O., S. 200; Consiglio, S. 179.
19) Reichholf, Josef: Leben und Überleben, S. 200.
20) http://www.djz.de/artikelbeitrag/artikelbeitrag_17366.html vom 02.09.2003.

Kapitel 12: Jagd in Schutzgebieten

1) Deutscher Jagdschutz-Verband: Jagd heute, S. 56.
2) Stock et al., S. 504.
3) Microsoft Encarta Professional 2002.
4) Die Pirsch 7/2001, S. 1.
5) Deutscher Naturschutz-Ring, S. 3.
6) NABU - Naturschutzbund Deutschland e.V.: Jagdpolitisches Grundsatzpapier, S. 3.
7) §23 Bundesnaturschutzgesetz.
8) §24 Abs. 2 Bundesnaturschutzgesetz.
9) Nationalparkverwaltung Harz, S. 5.
10) Deutscher Jagdschutz-Verband: Jagd heute, S. 57.
11) Deutscher Jagdschutz-Verband: Jagd in Schutzgebieten, S. 8.
12) Ebd.
13) z.B. Deutscher Jagdschutz-Verband: Von der Natur der Jagd.
14) Kalchreuter 2003, S. 320 f.
15) z.B. Landesjagdverband Sachsen, in: Deutsche Jagd-Zeitung 7/1994, S. 36.
16) Die Pirsch 16/1996, S. 18 f.
17) Deutscher Jagdschutz-Verband: Jagd in Schutzgebieten, S. 10.
18) http://www.bayern.de/LFU/natur/landschaftsentwicklung/donauried/6_schwer/6_110/body6110.htm   vom 10.10.2003.
19) Schwäbische Zeitung vom 27.02.2002.
20) Ebd.
21) Naturschutz heute 2/2002, S. 11.
22) Deutscher Jagdschutz-Verband: Jagd heute, S. 56.
23) Miram, S. 191.
24) Landesamt für den Nationalpark Schleswig-Holsteinisches Wattenmeer, S. 12.
25) a.a.O., S. 8.
26) Ebd.
27) a.a.O., S. 12.
28) Stock et al, S. 260.
29) Nationalpark-Nachrichten 8/2002, S. 3.
30) Pers. Mitt. des Landesamtes für den Nationalpark Schleswig-Holsteinisches Wattenmeer
31) §24 Abs. 2 Bundesnaturschutzgesetz.
32) Nationalparkverwaltung Harz, S. 5; Rommerskirchen.
33) Nationalparkverwaltung Harz, S. 54.
34) a.a.O., S. 55.
35) a.a.O., S. 56.
36) a.a.O., S. 68.
37) Pers. Mitt. von Andreas Rommerskirchen.
38) Nationalparkverwaltung Harz, S. 56; Pers. Mitt. der Nationalparkverwaltung Müritz.
39) Pers. Mitt. der Nationalparkverwaltung Müritz.
40) Der Spiegel 40/1999, S. 197.
41) Die Zeit vom 09.03.2000.
42) Bode und Emmert, S. 207.
43) Bibelriether 1986.

Kapitel 13: Jagdfreie Gebiete

1) Schwäbische Zeitung vom 27..02.2002.
2) Pers. Mitt. des Landesamtes für den Nationalpark Schleswig-Holsteinisches Wattenmeer vom 04.09.2003.
3) Bibelriether 1986.
4) Consiglio, S. 165.
5) http://www.abschaffung-der-jagd.de/interviews/bruno_bassano.html vom 01.10.2003.
6) Consiglio, S. 166.
7) Kooiker.
8) Völkl und Metzner.
9) Baker et al.
10) Pers. Mitt. des niederländischen Umweltministeriums vom 16.06.2003.
11) Pers. Mitteilung der Nationalparkverwaltung Berchtesgadener Land vom 19.02.2002.

12) Ministerie van Landbouw, Natuurbeheer en Visserij.
13) Ebd.
14) Pers. Mitt. des niederländischen Umweltministeriums vom 16.06.2003.
15) Briefliche Mitteilungen des niederländischen Umweltministers Veerman an das niederländische Parlament vom 20.08.2003 und 01.09.2003.

Kapitel 14: Vom „Grünen Abitur"

1) Hespeler 1990, S. 141.
2) z.B. „shatter" am 19.09.2003 im Internetforum von www.wildundhund.de; Leserbrief in der Deutschen Jagd-Zeitung 4/1997, S. 69.
3) Deutscher Jagdschutz-Verband: Jäger fordern Prüfung für Naturschützer, in: Nationalpark 51/1986, S. 16, nach Bode und Emmert, S. 217.
4) Hespeler 1990, S. 145.
5) Krebs, S. 11-58.
6) Bode und Emmert, S. 218.
7) z.b. Schulte.
8) Hespeler 1990, S. 147.
9) Deutscher Jagdschutz-Verband: DJV-Handbuch 2003, S. 244 f.
10) a.a.O., S. 246. In den betreffenden Ländern wurden 4.696 von 8.553 bestandenen Prüfungen abgelegt.
11) Bode und Emmert, S. 218.
12) Schulte, S. 22.
13) Hespeler, S. 142.
14) Ebd.
15) a.a.O., S. 145 f.
16) Leserbrief in der Pirsch 15/2002, S. 17.
17) z.B. Deutsche Jagd-Zeitung 2/2002, S. 45.
18) Main-Rheiner vom 13.12.2002.
19) Hespeler 1990, S. 156.
20) Deutscher Jagdschutz-Verband: DJV-Handbuch 2003, S. 246.
21) Der angesprochene Fragebogen findet sich in allen Pirsch-Ausgaben im hinteren Teil.
22) Deutsche Jagd-Zeitung 10/2002, S. 15.
23) „blaserr93" am 20.03.2003 im Internetforum von www.wildundhund.de
24) Hespeler 1990, S. 145.

Resümee

1) z.B. Deutsche Jagd-Zeitung 5/2002, S. 5, oder Ausgabe 10/2002, S. 3.
2) Die Pirsch 13/2002, S. 20.
3) Die Welt vom 01.10.1986.
4) Heimatzeitung des Kreises Groß-Gerau vom 30.09.1986.

Kapitel 15: Von der deutschen Waidgerechtigkeit

1) Hespeler 1990, S. 72.
2) z.B. Hennig, S. 181.
3) Bode und Emmert, S. 137.
4) a.a.O., S. 144.
5) a.a.O., S. 142.
6) a.a.O., S. 146.
7) Wild und Hund 1949, S. 14, nach Bode und Emmert, S. 157.
8) §17 Abs. 2 Nr. 4 Bundesjagdgesetz.
9) Hespeler 1990, S. 172.
10) Deutscher Jagdschutz-Verband: Das Bundesjagdgesetz, S. 9.
11) Präambel des Reichsjagdgesetzes vom 04.07.1934.
12) Hespeler 1990, S. 195.

13) Jäger 1/2002, S. 3.
14) Hespeler 1990, S. 75.
15) Pressemitteilung des Bundeslandwirtschaftsministeriums vom 08.05.2000.
16) Rüsch, B.: Heuchler in grünen Loden, in: Deutsche Jagd-Zeitung 1988, Ausg. unbek., nach Frommhold S. 175.

Kapitel 16: Die Spielarten der Jagd

1) Der Spiegel 44/2001, S. 208.
2) Schulte, S. 271.
3) Hespeler 1990, S. 35; Hennig, S.
4) Schulte, S. 273.
5) Ebd.
6) a.a.O., S. 270.
7) Ebd.
8) Ebd.
9) Ebd.
10) Hespeler 2002, S. 8.
11) Hennig, S. 201.
12) Hespeler 2002, S. 10.
13) Die Pirsch 25/2001, S. 33.
14) Schröder: Sofort- oder Nachsuche?
15) Wild und Hund 9/2002, S. 83.
16) Hespeler 2002, S. 11.
17) Beitrag von „Gerhard" vom 05.06.2003 im Forum von www.wild-web.de
18) Hennig, 203.
19) Hespeler 2002, S. 16.
20) Nationalparkverwaltung Harz, S. 79.
21) Hespeler 2002, S. 50.
22) Hennig 201.
23) Hespeler 2002, S. 50.
24) Jäger 1/2002, S. 3.
25) Schröder: Sofort- oder Nachsuche?
26) Ebd.
27) Deutsche Jagd-Zeitung 3/1997, S. 94.
28) §22a Abs. 1 Bundesjagdgesetz.
29) Beitrag von „steve" im Internetforum von www.wildundhund.de, zitiert im Beitrag von „Karpathenjäger" vom 01.09.2003, 20:10 Uhr.
30) Hespeler 2002, S. 14 ff.
31) Bode und Emmert, S. 219.
32) Ebd.
33) Die Zeit vom 31.01.2002.
34) Beitrag von „Niederwildjäger" vom 10.09.2003 im Internetforum von www.wildundhund.de.
35) Die Pirsch 22/2001, S. 20.
36) Deutscher Jagdschutz-Verband: DJV-Handbuch 2003, S. 243.
37) Die Pirsch 22/2001, S. 20.
38) Stock et al., S. 260.
39) Die Pirsch 7/2001, S. 46.
40) Die Pirsch 10/2001, S. 31.
41) Hespeler 2002, S. 16.
42) Beitrag von „Freggel" vom 28.08.2003 im Internetforum von www.wildundhund.de.
43) Beitrag von „nina" vom 29.08.2003 im Internetforum von www.wildundhund.de.
44) Beitrag von „Karpathenjäger" vom 01.09.2003 im Internetforum von www.wildundhund.de.
45) Hennig, S. 102.
46) Beitrag von „hacky4" vom 09.06.2003 im Internetforum von www.wildundhund.de.
47) Schulte, S. 304.
48) Hagen, Horst: Wie edel ist das Waidwerk, Berlin - Wien 1984, S. 163, nach Frommhold, S. 177.
49) Beitrag von „Fox01" vom 17.06.2003 im Internetforum von www.wildundhund.de.
50) Schulte, S. 307.
51) Hespeler 2002, S. 39.
52) Schulte, S. 308.

53) Ebd.
54) Hennig, S. 125.
55) Bode und Emmert, S. 80.
56) Beitrag von „Sauenjäger" vom 18.06.2003 im Internetforum von www.wildundhund.de.
57) Beitrag von „masie" vom 05.06.2003 im Internetforum von www.wild-web.de.
58) Die Pirsch 2/2002, S. 25.
59) Beitrag von „wipi" vom 05.06.2003 im Internetforum von www.wild-web.de.
60) Beitrag von „hacky4" vom 09.06.2003 im Internetforum von www.wild-web.de.
61) Die Pirsch 24/2001, S. 1.
62) §38 Abs. 1 Nr. 3 Bundesjagdgesetz.
63) Schumann, S. 6.
64) Anzeigen für Deformationsgeschosse lassen sich in den einschlägigen Zeitschriftenfinden, z.B. Deutsche Jagd-Zeitung 2/2002, S. 3.
65) Baller.
66) Hagen, Horst: Waidwerk und Tierschutz, in: Diagnosen 6/1983, S. 63 f., nach Frommhold, S. 182.
67) Schulte, S. 271.
68) Ebd.
69) Ebd.
70) a.a.O., S. 274.
71) §19 Abs. 1 Nr. 13 Bundesjagdgesetz.
72) Arjes.
73) Die Pirsch 7/2001, S. 23.
74) Schröder: Sofort- oder Nachsuche?
75) §3 Nr. 8 Bundestierschutzgesetz.
76) Arjes.
77) ARD-Exclusiv: Tod in den Dünen - Jagen für den Küstenschutz, vom 01.03.2002.
78) Die Pirsch 7/2001, S. 23.
79) Schulte, S. 272.
80) Ebd.
81) Sojka, S. 50.
82) Schulte, S. 279.
83) a.a.O., S. 272.
84) Labhardt, S. 126.
85) Janssen.
86) Schulte, S. 281 f.
87) Ebd.
88) Ebd.
89) Stuttgarter Zeitung vom 30.12.1987.
90) Dröscher 182.
91) Augsburger Allgemeine vom 12.12.2002.
92) http://www.morgenweb.de vom 29.11.2002.
93) Ebd.
94) Arjes.
95) Sojka, S. 49.
96) Arjes.
97) Consiglio, S. 180.
98) Arjes.
99) Schröder: Sofort- oder Nachsuche?
100) Schulte, S. 281.
101) Frommhold, S. 197.
102) Arjes.
103) Leserbrief in der Pirsch 3/1996, nach Bode und Emmert, S. 35.
104) Wissmann, S. 129.
105) Arjes.
106) Die Pirsch 9/2002, S. 23.
107) Beitrag von „OlafD" vom 18.06.2003 im Internetforum von www.wildundhund.de.
108) Beitrag von „Teckel" vom 18.06.2003 im Internetforum von www.wildundhund.de.
109) Beitrag von „Karpathenjäger" vom 17.06.2003 im Internetforum von www.wildundhund.de.
110) Deutscher Jagdschutz-Verband: DJV-Handbuch 2003, S. 72.
111) Deutscher Jagdschutz-Verband: Das Bundesjagdgesetz, S. 37.
112) §19 Abs. 1 Nr. 9 Bundesjagdgesetz.
113) Hespeler 1990, S. 117 f.

114) Frommhold, S. 207.
115) Langgemach et al. 1998.
116) Hespeler 1990, S. 124.
117) Deutscher Jagdschutz-Verband: DJV-Handbuch 2003, S. 72.
118) Der Spiegel 44/2001, S. 208.
119) Hespeler 1990, S. 123.
120) Der Spiegel 44/2001, S. 208.
121) Hespeler 1990, S. 121.
122) a.a.O., S. 126.
123) Langgemach et al. 1998.
124) Consiglio, S. 208.
125) Hespeler 1990, S. 118.
126) a.a.O., S. 121.
127) Neue Ruhr-Zeitung vom 24.04.2002.
128) Der Spiegel 44/2001, S. 208; Fototeil in Frommhold.
129) Frommhold, S. 211 f.
130) Schulte, S. 275.
131) Behnke, S. 72.
132) Schulte, S. 276.
133) Hespeler 1990, S. 126.
134) a.a.O., S. 128.
135) Schulte, S. 275.
136) Hespeler 1990, S. 126 ff.
137) Bode und Emmert, S. 201.
138) Hespeler 1990, S. 126.
139) Pressemitteilung der Grünen Fraktion des Berliner Senats vom 12.09.2003.

Kapitel 17: Die Jagdhundeausbildung

1) Sojka und Hagen, S. 29 f.
2) Lamp 2001.
3) Ebd.
4) Ebd.
5) Hamburger Abendblatt vom 31.10.1988, nach Frommhold, S. 243.
6) Bundesministerium für Verbraucherschutz, Ernährung und Landwirtschaft 2001.
7) Urteil des OVG Münster vom 30.07.1998, Az. 20 A 592/96.
8) Beschluß des VGH Hessen vom 06.11.1996, Az. 11 TG 4486/96.
9) Urteil des OVG Schleswig vom 17.03.1998, Az. 4 L 219/94.
10) Urteil des OVG Koblennz vom 20.03.2001, Az. 12 A11997/00.OVG.
11) Urteilsbegründung des Urteils des OVG Koblenz, S. 7, nach Lamp 2001.
12) http://www.jagd-bayern.de/14.htm, Meldung vom 05.12.1998, Verweis Stand 07.10.2003.
13) Bundesministerium für Verbraucherschutz, Ernährung und Landwirtschaft 2001.
14) Süddeutsche Zeitung vom 25.03.1998.
15) Janssen.
16) Wirth, S. 73.
17) Frommhold, S. 244.
18) Schreiben an den Verein „Tierrechtsbewegung Wilhelmshaven-Friesland e.V." vom 29.02.1988, nach Frommhold, S. 244.
19) §3 Nr. 7 Tierschutzgesetz.
20) http://forum.parsonjackrussellterrier-club.de/showtopic.php?threadid=276&post_start=0 am 16.03.2003 vom 08.10.2003
21) Stellungnahme in der Pirsch 18/2003, S. 24.
22) Deutscher Bundestag 2003, S. 46.
23) http://forum.parsonjackrussellterrier-club.de/showtopic.php?threadid=276&post_start=0 am 16.03.2003 vom 08.10.2003
24) http://www.hundezeitung.de/top/top71.html vom 08.10.2003.
25) Die Pirsch 18/2003, S. 24.
26) Ebd.
27) Urteil des VG Gelsenkirchen vom 14.05.2003, Az. 7 K 625/01.
28) Lamp 2003.

Kapitel 18: Vom Tierschutz zum Tierrecht: Ethische Argumente

1) http://tierrechte.kaplan.org/kompendium/a156.htm vom 26.10.2003.
2) Singer.
3) Singer; Kaplan 2001; Regan.

Kapitel 19: Warum Jäger auf die Jagd gehen.

1) Frommhold, S. 253.
2) Ebd.
3) Ebd.
4) Ebd.
5) a.a.O., S. 254.
6) a.a.O., S. 251.
7) a.a.O., S. 253.
8) Grohs.
9) Leserbrief an die Deutsche Jagd-Zeitung, veröffentlicht in Ausgabe 4/1997, S. 64.
10) Beitrag von „Klaus" vom 06.01.2003 im Internetforum von www.wild-web.de.
11) Hespeler 1990, S. 26.
12) Kalchreuter 2003, S. 111.
13) Hespeler 1990, S. 22.
14) Rohleder.
15) Hespeler 1990, S. 22.
16) Bode und Emmert, S. 84.
17) Bergien.
18) Beitrag von „Klaus" vom 06.01.2003 im Internetforum von www.wild-web.de.
19) Hespeler 1990, S. 23.
20) Jäger 4/2002, S. 14.
21) Die Pirsch 26/2001, S. 105.
22) Leserbrief in Die Pirsch 3/1996 nach Bode und Emmert, S. 34 f.
23) Beitrag von „Fox01" vom 17.06.2003 im Internetforum von www.wildundhund.de.
24) Beitrag von „steve" vom 16.06.2003 im Internetforum von www.wildundhund.de.
25) Quick 35/1990, S. 37.
26) Rheinisch-Westfälischer Jäger 12/1992, S. 3.
27) Die Pirsch 8/1986, nach Frommhold.
28) Arjes.
29) Bode und Emmert, S. 285.
30) Frommhold, S. 263.
31) Beitrag von „steve" vom 16.06.2003 im Internetforum von www.wildundhund.de.
32) Hespeler 1990, S. 26.
33) Hoppe.
34) Wölfel, S. 112.
35) Engel.
36) Jäger 4/2002, S. 18.
37) Die Pirsch 2/2001, S. 14.
38) Millahn.
39) Schulte, S. 78.
40) Hennig, S. 225.
41) Schulte, S. 78.
42) Conrad 2002.
43) http://www.jagd-online.de/seite.cfm?020105 vom 26.10.2003.
44) Öko-Jagd 1/2002, S. 5.
45) Hespeler 1990, S. 12.
46) a.a.O., S. 93.
47) Die Pirsch 21/2001, S. 26.
48) Jäger 3/2002, S. 24.
49) Bode und Emmert, S. 186.
50) Jagd in Bayern 11/2001, S. 25.

51) Rupp.
52) Hespeler 2001.
53) Niedersächsischer Jäger 4/2002, S. 64.
54) Jäger 5/2002, S. 43.
55) Die Pirsch 8/2001, S. 7.
56) Ebd.
57) Ebd.
58) Kalchreuter 1984, S. 125.
59) a.a.O., s. 115.
60) Hespeler 1990, S. 27.
61) Allgemeine Forstzeitschrift/Der Wald 16/1996, S. 545, nach Bode und Emmert, S. 184.
62) nach Bode und Emmert, S. 184.
63) Rohleder.
64) Deutsche Jagd-Zeitung 10/2002, S. 7.
65) Die Pirsch 17/2002, S. 1
66) Rohleder.
67) Deutscher Jagdschutz-Verband: DJV-Handbuch 2003, S. 302.
68) a.a.O., S. 317.
69) Jäger 6/1997, s. 13.
70) z.B. Deutsche Jagd-Zeitung 4/1997, S. 69, oder Kühnle, G.R.: Der Jäger und sein ich, München - Bonn 1994, nach Bode und Emmert, S. 26 f.

Kapitel 20: Wie der Jäger das Tier sieht

1) Heinemann, G.: Jagd heute, Broschüre des Deutschen Jagdschutz-Verbandes, Bonn 1974, nach Frommhold S. 176.
2) Nüßlein, Fritz: Jagdkunde, München - Wien - Zürich 1980, S. 184, nach Frommhold, S. 176.
3) Beitrag von „Klaus" vom 06.01.2003 im Internetforum von www.wild-web.de.
4) Frommhold, S. 264.
5) Jäger 4/2002, S. 14.
6) Kalchreuter 2003, S. 110 f.
7) §3 Abs. 1. Bundesjagdgesetz.
8) Ebd.
9) Oberpfalznetz vom 30.11.2002.
10) Die Zeit vom 09.03.2000.
11) Deutsche Jagd-Zeitung 12/2001, S. 21.

Kapitel 21: Jagd auf Haustiere

1) Beitrag vom 16.01.2003 im Forum von www.wildundhund.de.
2) z.B. §25 Abs. 4 Satz 2 des nordrhein-westfälischen Landesjagdgesetzes. Identische oder sinngleiche Passagen finden sich in allen Landesjagdgesetzen mit Ausnahme der Landesjagdgesetze von Bayern und Baden-Württemberg.
3) von Plücker, M.G.: Der Jäger und sein Recht, Hamburg - Berlin 1985, nach Frommhold.
4) Süddeutsche Zeitung vom 09.10.1999.
5) §32 Abs. 1 Satz 2 des hessischen Landesjagdgesetzes. In allen Landesjagdgesetzen ist nicht der Tatbestand des Tötens wildlebender Tiere, sondern allein eine bestimmte Entfernung vom nächsten bewohnten Haus das Kriterium dafür, ob eine Katze „wildert" oder nicht. Lediglich die Distanz variiert in den verschiedenen Ländern zwischen 200 und 300 Metern.
6) Laufmann.
7) Spittler, Heinrich: Untersuchungen zur Nahrungsbiologie streunender Hauskatzen (Felix sylvestris f. catus. L.), in: Zeitschrift für Jagdwissenschaften 24/1978, S. 34 ff., nach Frommhold.
8) Pers. Mittl.
9) Saarbrücker Zeitung, Ausg. unbek.
10) Süddeutsche Zeitung vom 13.07.1996.
11) Hofmann, G.: Katzenhaltung und Vogelschutz: Alter Konflikt mit neuer Diskussion, in: Journal für Ornithologie 1/1986, nach Frommhold.
12) Bundesarbeitsgemeinschaft „Mensch und Tier" von Bündnis ′90/Die Grünen.
13) Deutsche Jagd-Zeitung 7/1988, S. 4.
14) Behnke, S. 68.

15) a.a.O., S. 62.
16) Ebd.
17) a.a.O., S. 65.
18) Pers. Mitt. vom 27.06.2002.
19) Bundesverband deutscher Berufsjäger e.V., S. 174 f.
20) Frommhold, S. 224.
21) Florinsdorfer Zeitung 4/2002, S. 6.
22) Süddeutsche Zeitung vom 18.08.1994.
23) Ebd.
24) Süddeutsche Zeitung vom 27.08.1994.
25) BILD ovm 10.01.2002.
26) Obermain-Tageblatt vom 04.04.2002.
27) Deutsche Jagd-Zeitung 4/2002, S. 51.
28) Saarbrücker Zeitung, Ausg. unbek.
29) Deister Leine Zeitung vom 21.06.2003.
30) Passauer Woche vom 23.07.2003.
31) Passauer Neue Presse vom 25.07.2003.
32) www.ijh.de
33) Main-Post vom 29.09.1999.
34) Süddeutsche Zeitung vom 13.07.1995.
35) Die Pirsch 20/2003, S. 1
36) Beitrag vom 04.01.2003 im Forum von www.wildundhund.de.
37) Die Pirsch 9/2001, S. 18.
38) Zimen, Erik: Der Wolf, Wien - München 1978, S. 30, nach Frommhold.
39) Main-Echo vom 23.04.2002.
40) Die Jagdzeit auf Ricken und Schmalrehe läuft laut Bundesjagdzeitenverordnung vom 22.03.2000 (BGBl. I S. 243) bis zum 31. Januar; die Jagdzeit auf Kitze wurde durch die Niedersächsische Verordnung über die Jagdzeiten vom 06.08.2001 (nds. GVOBl. 593) auf bis zum 31. Januar verkürzt. Böcke dürfen laut Bundesjagdzeitenverordnung (§1 Abs. 1 Satz 3) vom 15. Oktober bis zum 1. Mai nicht bejagt werden. Somit hatten alle Rehe Schonzeit, als die Jagd im Februar 2002 stattfand.
41) ARD-Exklusiv: Tod in den Dünen - Jagen für den Küstenschutz, gesendet am 01.03.2002.
42) Pers. Mitt.
43) Die Pirsch 13/2001, S. 16.
44) Ebd.
45) Spittler, Heinrich: Untersuchungen zur Nahrungsbiologie streunender Hauskatzen (Felix sylvestris f. catus. L.), in: Zeitschrift für Jagdwissenschaften 24/1978, S. 34 ff., nach Frommhold.
46) Reichholf: Siedlungsraum, S. 191.
47) Reichholf: Feld und Flur, S. 90.
48) Ed.
49) Laufmann.
50) Ebd.
51) Der Spiegel 50/2002, S. 158.
52) Reichholf: Wald, S. 194.
53) Ebd.
54) Reichholf: Siedlungsraum, S. 196.

Kapitel 22: Die Trophäenjagd im Ausland

1) Große et al., S. 17.
2) http://www.oejv.de/positionen/auslandsjagd.htm vom 01.10.2003.
3) Wild und Hund 3/2000, S. 47.
4) Ebd.
5) Bode und Emmert, S. 210.
6) Die Pirsch 17/2002.
7) a.a.O., S. 80.
8) Die Pirsch 2/2001, S. 73.
9) Ebd.
10) Die Pirsch 17/2002, S. 78.
11) http://www.westfalia-jagdreisen.de/jagdland/europa/weissrussland/index.php vom 27.09.2003.
12) Frankfurter Allgemeine Zeitung vom 05.01.2002.

13) Die Pirsch 17/2002, S. 79.
14) Ebd.
15) Ebd.
16) Ebd.
17) Lechner: Kronjuwelen der Auslandsjagd.
18) Ebd..
19) Die Pirsch 17/2002, S. 79.
20) Wild und Hund 9/2002, S. 95.
21) Große et al, S. 7.
22) Die Pirsch 17/2002, S. 78.
23) Baldus.
24) Lechner.
25) Ebd.
26) Ebd..
27) Lechner: In dünner Luft auf dicke Schnecken.
28) Grimm.
29) Kalchreuter 2003, S. 514.
30) Große et al., S. 11.
31) Ebd.
32) Ebd.
33) Große et al., S. 17.
34) Ebd.
35) Bode und Emmert, S. 208.
36) a.a.O., S. 209.
37) Kalchreuter 2003, S. 513.
38) Große et al., S. 18f.
39) Creel und Creel.
40) Fedosenko, A.K. und P.J. Weinberg: The status of some wild sheep populations in the CIS (former USSR) and the impact of trophy hunting, in: Caprinae-Newsletter of the IUCN/SSC Caprinae Specialist Group, Mai 1999, nach Pro Wildlife e.V. 2001.
41) Spiegel Online vom 22.10.2001.
42) http://www.prowildlife.de/Projekte/Trophaenjagd/GrizzylsInfo.html vom 26.09.2003.
43) Spiegel Online vom 22.10.2001.
44) http://www.prowildlife.de/Projekte/Trophaenjagd/GrizzylsInfo.html vom 26.09.2003.
45) Pro Wildlife e.V. 2002.
46) Große et al., S. 19.
47) Ginsberg und Milner-Gulland.
48) Swenson et al..
49) Ginsberg und Milner-Gulland.
50) Fergusson, R.: A preliminary investigation of the population dynaymics of the sable antelope in the Matetsi Safari Area, Zumbabwe, M.Sc. thesis. University of Zimbabwe, Harare 1990, nach Gisnberg und Milnder-Gulland.
51) Ginsberg und Milner-Gulland.
52) Pro Wildlife e.V. 2001, S. 11.
53) Ebd.
54) Ebd.
55) Grimm, Ute: Schutz und Nutzung von Wildtieren in Süd-Tansania, in: Bundesamt für Naturschutz (Hrsg.): Nachhaltige Nutzung: Referate und Ergebnisse des gemeinsamen Symposiums des Bundesamtes für Naturschutz (BfN) und des Bundesverbandes für fachgerechten Natur- und Artenschutz (BNA) in der internationalen Naturschutzakademe Insel Vilm vom 22.10. bis 24.10.1997, Bonn - Bad Godesberg 1998, S. 75-83, nach Pro Wildlife e.V. 2001.
56) Slotow et al.; außerdem wurde in verschiedenen Medien über den Fall berichtet, so im Spiegel 48/2000, S. 176. und in der n-tv-Sendung „Toyota World of Wildlife" vom 29.06.2003.
57) Ebd.
58) Große et al., S. 23.
59) Teer.
60) Große et al., S. 23.
61) Baldus.
62) Ebd.
63) Große et al., S. 26.
64) Frankfurter Allgemeine Zeitung vom 05.04.2002.
65) http://www.mapleleaf.com/election/quick/bc.html vom 01.10.2003.
66) http://www.oejv.de/positionen/auslandsjagd.htm vom 01.10.2003.

67) Große et al., S. 12.
68) Ebd.
69) a.a.O., S. 13 f.
70) a.a.O., S. 31.
71) a.a.O., S. 13 f.
72) Johnson.
73) Ebd.
74) Ebd.
75) Große et al., S. 25.
76) Ebd.
77) http://www.oejv.de/positionen/auslandsjagd.htm vom 01.10.2003.
78) Johnson.
79) Bode und Emmert, S. 210.
80) Grimm.

Kapitel 23: Jäger - Eine Gefahr fürr sich selbst und andere?

1) z.b. Westfalenpost vom 16.08.2001 oder Süddeutsche Zeitung vom 28.02.1996.
2) Die Zeit vom 31.01.2002.
3) Thüringer Allgemeine vom 24.11.2001.
4) Wissmann, S. 3
5) a.a.O., Zusammenfassung.
6) Aichacher Zeitung vom 23.04.2002; Main-Post vom 23.04.2002.
7) Fränkischer Tag vom 30.06.2002.
8) Berliner Zeitung vom 03.07.2002.
9) Spiegel Online vom 15.09.2002.
10) BILD vom 24.09.2002.
11) BILD vom 01.10.2002.
12) Süddeutsche Zeitung 15.01.2003.
13) Lübecker Nachrichten vom 07.06.2002.
14) Main-Post vom 08.01.2002.
15) z.b. Neue Presse vom 05.11.2001, oder BILD vom 01.02.2002.
16) z.b. Main-Post vom 07.06.2002.
17) Ein Jäger bei einer Treibjagd in Thüringen, Thüringer Alllgemeine vom 24.11.2001; Ein 41jähriger Treiber bei einer Treibjagd in Franken, Main-Post vom 31.12.2001; Ein Berliner bei der Entenjagd, Berliner Zeitung vom 08.10.01; Ein Jäger bei Bad Driburg, Westfalenpost vom 16.08.2001; Ein 38jähriger Jagdgast im Landkreis Kleve, Die Pirsch 24/2001, S. 1; Ein 46jähriger Jäger in Ostholstein, Deutsche Jagd-Zeitung 2/2002, S. 63.
18) Main-Post vom 31.12.2001.
19) Die Pirsch 24/2001, S. 1.
20) Die Zeit vom 31.01.2002.
21) Wissmann, S. 92.
22) a.a.O., S. 93.
23) a.a.O., S. 103.
24) a.a.O., S. 97.
25) a.a.O., S. 94.
26) a.a.O., Zusammenfassung.
27) Die Zeit vom 31.01.2002.
28) Thüringer Allgemeine vom 24.11.2001.
29) Wissmann, S. 132.
30) Die Zeit vom 31.01.2002.
31) Süddeutsche Zeitung vom 23.12.1997.
32) Süddeutsche Zeitung vom 27.01.1998.
33) Die Pirsch 4/2001, S. 12.
34) Di ePirsch 11/2001, S. 23.
35) Wissmann, S. 94.
36) a.a.O., S. 129.
37) Die Zeit vom 31.01.2002.
38) Nassauische Neue Presse vom 19.07.2002.
39) Wissmann, Zusammenfassung.
40) Tagesspiegel online vom 17.07.2003.

41) Rheinische Post vom 16.01.2001.
42) Süddeutsche Zeitung vom 11.01.2001.
43) Main-Post vom 23.01.2002.
44) Wissmann, S. 133.
45) a.a.O., Zusammenfassung.
46) a.a.O., S. 129; Die Zeit vom 31.01.2002.
47) Beitrag von „basti" vom 06.10.2003 im Internetforum von www.wildundhund.de.
48) Peschel und Doerenkamp.
49) Ebd.
50) Wissmann, S. 135.
51) Die Zeit vom 31.01.2002.
52) Ebd.
53) Wissmann, S. 133.
54) Die Pirsch 1/2001, S. 1.
55) Süddeutsche Zeitung vom 28.02.1996.
56) Wissmann, S. 11 f.
57) a.a.O., S. 12.
58) a.a.O., S. 13.
59) Die Zeit vom 31.01.2002.
60) Süddeutsche Zeitung vom 28.02.1996.
61) Wissmann, S. 130.
62) Die Zeit vom 31.01.2002.
63) Thüringer Allgemeine vom 24.11.2001.
64) Süddeutsche Zeitung vom 29.10.1997.
65) Thüringische Landeszeitung vom 13.08.2002.
66) Thüringer Allgemeine vom 24.11.2001.
67) Bundesministerium des Inneren.

Kapitel 24: Der Umgang mit den Mitmenschen

1) Lingener Tagespost vom 10.8.2002.
2) Deutsche Jagd-Zeitung 4/2002, S. 12.
3) Deutsche Jagd-Zeitung 4/1987, nach Frommhold.
4) Niedersächsischer Jäger 10/1999, S. 14-17.
5) Süddeutsche Zeitung vom 07.04.1998.
6) Die Pirsch 8/2001, S. 1.
7) Jäger 4/2002, S. 9.
8) Main-Post vom 31.12.2002.
9) Weser-Kurier vom 10.12.2002.
10) Die Zeit vom 31.01.2002.
11) Münsterländische Tageszeitung vom 24.05.2002.
12) Der Spiegel 44/2001, S. 209.
13) Nordkurier vom 23.04.2002.
14) Frankfurter Neue Presse, 2000, Ausg. unbek.
15) Süddeutsche Zeitung vom 08.10.1999.
16) Deutsche Jagd-Zeitung 4/2002, S. 51.
17) Jäger 4/2002, S. 10.
18) BILD vom 09.07.2001.
19) Neue Presse vom 05.11.2001.
20) BILD vom 25.01.2002.
21) Rheinische Post vom 23.04.2002.
22) Die Zeit vom 31.01.2002.
23) Recht für Tiere 1/1991, S. 5, nach Frommhold.
24) Wild und Hund 14/1990, nach Frommhold.
25) Thüringer Allgemeine vom 31.05.2002.
26) Der Spiegel 44/2001, S. 209.
27) Cellesche Zeitung vom 24.12.1999.
28) Frommhold, S. 299.
29) a.a.O., S. 300.
30) Lingener Tagespost vom 10.08.2002.

31) Die Zeit vom 31.01.2002.
32) http://www.morgenweb.de vom 29.11.2002.
33) Jäger 3/1986, nach Frommhold.
34) Südkurier vom 12.02.2002.
35) Neue Ruhr Zeitung vom 24.04.2002.
36) Wolfsburger Allgemeine Zeitung vom 18.09.2003.
37) Neue Ruhr Zeitung vom 08.12.2002.
38) Die Pirsch 5/2001, S. 12.

Kapitel 25: Der Einfluß der Jägerlobby

1) Bode und Emmert, S. 144.
2) Wild und Hund 9/2002, S. 8.
3) Ebd.
4) §57 Landesjagdgesetz Brandenburg.
5) §51 Landesjagdgesetz Bayern.
6) § 34 Abs. 1 Landesjagdgesetz Baden-Württemberg.
7) Ebd.
8) §39 Landesjagdgesetz Niedersachsen.
9) §58 Landesjagdgesetz Brandenburg.
10) §38 Landesjagdgesetz Baden-Württemberg.
11) §32 der Ausführungsverordnung zum Landesjagdgesetz Bayern.
12) §40 Landesjagdgesetz Niedersachsen.
13) Die Zeit vom 06.01.1995.
14) z.B. Öko-Jagd 1/2000, S. 30.
15) Die Zeit vom 06.01.1995.
16) Sindelfinger-Böblinger Zeitung vom 15.03.2002.
17) Hespeler 1999, S. 126.
18) Jagd in Bayern 2/2001, S. 13.
19) Jagd in Bayern 6/2001, S. 46.
20) Urbach.
21) Ebd.
22) Die Pirsch 17/2002, S. 32.
23) Beitrag von GreyArwen vom 29.05.2003 im Intenetforum von www.wildundhund.de.
24) Jensen.
25) Der Spiegel 30/1999, S. 197.
26) Moser.
27) §3 Bundesjagdgesetz.
28) §7 Abs. 1 Bundesjagdgesetz.
29) §8 Landesjagdgesetz Bayern.
30) §7 Landesjagdgesetz Brandenburg.
31) §8 Bundesjagdgesetz.
32) §9 Bundesjagdgesetz.
33) §10 Bundesjagdgesetz.
34) Bode und Emmert, S. 118.
35) a.a.O., S. 146.
36) a.a.O., S. 110.
37) a.a.O., S. 38.
38) §1 Bundesjagdgesetz.
39) §21 Bundesjagdgesetz.
40) §40 Landesjagdgesetz Bayern.
41) z.B. §3 Abs. 1 Landesjagdgesetz Mecklenburg-Vorpommern oder §10 Abs. 2 Landesjagdgesetz Niedersachsen.
42) §5 Abs. 4 Landesjagdgesetz Brandenburg und §6 Abs. 5 Landesjagdgesetz Thüringen.
43) Pers. Mitt. vom 22.09.2003.
44) Die Pirsch 22/2001, S. 12.
45) Europäischer Gerichtshof für Menschenrechte.
46) Ebd.
47) Ebd.
48) Ebd.
49) Ebd.

50) z.b. Deutscher Naturschutzring, NABU - Naturschutzbund Deutschland e.V., oder der Ökologische Jagdverein, nach Wild und Hund 11/2001, S. 20.
51) Deutscher Jagdschutz-Verband: Das Bundesjagdgesetz, S. 17.

Kapitel 26: Jagdgegner - die zunehmende Ablehnung

1) Das Zitat wird Theodor Heuss in verschiedenen Publikationen zugeschrieben (z.B. Frommhold).
2) Rheinisch-Westfälischer Jäger 10/1999, S. 10.
3) http://www.abschaffung-der-jagd.de vom 28.10.2003.
4) Deutsche Jagd-Zeitung 10/2002, S. 23.
5) Pers. Mitt. vom 11.09.2002.
6) Hörzu 37/1997, S. 12.
7) Welt am Sonntag vom 27.12.1998.
8) http://www.vogelschutz-komitee.de/html/jagdumfrage.html vom 27.10.2003.
9) Dick.
10) Bode und Emmert, S. 30.
11) Ebd.
12) a.a.O., S. 31.
13) Deutscher Naturschutzring, NABU - Naturschutzbund Deutschland e.V., World Wildlife Fund, nach Wild und Hund 11/2001, S. 20 f.
14) Ebd.
15) Deutscher Naturschutzring; NABU - Naturschutzbund Deutschland e.V.
16) Ebd.
17) http://www.jagd-info.net/aktionen/aktionen.html vom 28.10.2003.
18) http://www.jagd-info.net/pr-erk012.html vom 28.10.2003.
19) http://www.universelles-leben.de vom 10.10.2003.
20) Voice, Oktober 2002.
21) http://www.voice-magazin.de vom 03.10.2003.
22) Voice Frühjahr 2003, S. 3.
23) Deutsche Jagd-Zeitung 10/2002, S. 21.
24) Voice-Pressemitteilung vom 13.05.2003.

Kapitel 27: Die Reaktion der Jäger auf Kritik

1) Die Pirsch 15/2001, S. 17.
2) a.a.O., S. 1.
3) Bode und Emmert, S. 46.
4) Giesen.
5) Mäck und Jürgens, S. 146.
6) Deutsche Jagd-Zeitung 3/2002, S. 3.
7) nach Bode und Emmert, S. 32.
8) Die Pirsch 15/2001, S. 17.
9) Die Pirsch 2/2003, S. 28.
10) Die Pirsch 9/2002, S. 17.
11) Bode und Emmert, S. 190.
12) a.a.O., S. 191.
13) Die Pirsch 17/2001, S. 23.
14) Kläne.
15) Die Pirsch 12/2001, Titel.
16) Pirsch 17/2001, S. 1.
17) Beitrag von „Timberwolf" vom 22.10.2002 im Internetforum von www.wildundhund.de.
18) Wild und Hund 11/2001, S. 16.
19) Die Pirsch 16/2001, S. 26.
20) Deutsche Jagd-Zeitung 2/2002, S. 22 f.
21) Helb et al.; der autorisierte Text liegt vor.
22) Deutsche Jagd-Zeitung 2/2002, S. 22.
23) Deutsche Jagd-Zeitung 5/2002, S. 107.
24) Beitrag von „Bratljaga" vom 22.10.2002 im Internetforum von www.wildundhund.de.

25) Die Pirsch 25/2001, S. 23.
26) Beitrag von „schweizerjäger" vom 04.08.2003 im Internetforum von www.wild-web.de.
27) Beiträge von „Kampfkeiler" vom 03. und 04. 08.2003 im Internetforum von www.wild-web.de.
28) Beitrag von „Kampfkeiler" vom 04.08.2003 im Internetforum von www.wild-web.de
29) Pers. Mitt. von „fischiman" an Johann Beuke vom 20.07.2003 anläßlich einer Diskussion im Internetforum von www.wild-web.de.
30) Deutsche Jagd-Zeitung 7/1995, S. 6.
31) Ebd.
32) http://www.animalliberation.net vom 28.10.2003.
33) du und das tier 4/1996, nach Haferbeck und Wieding, S. 31.
34) Haferbeck und Wieding, S. 151.
35) Wild und Hund 5/2002, S. 8.
36) z.B. Leipziger Volkszeitung vom 11.07.2002 und unzählige andere.
37) Haferbeck und Wieding, S. 161.
38) Tierbefreidung aktuell, Juni 1997.
39) Animal Liberation Front.
40) Kölner Rundschau vom 30.08.2002.
41) Pers. Mitt. vom 08.01.2003.
42) Telefon. Mitt.
43) Pers. Mitt. vom 01.10.2003.
44) Telefon. Mitt.
45) Pers. Mitt. vom 01.10.2003.
46) Kölner Stadt-Anzeiger vom 22.10.2002.
47) Die Zeit vom 31.01.2002.
48) Thüringer Allgemeine vom 24.11.2002.
49) Westfalenpost vom 13.05.2001.
50) Wild und Hund 8/1992, nach Frommhold, S. 298.
51) Conrad 2001.
52) Ebd.
53) Bode und Emmert, S. 64.

LITERATURVERZEICHNIS

Monographien, Sammelbände, Zeitschriftenaufsätze und Internet-Artikel

AHLMANN, V.: Zum Vorkommen von Echonococcus multilocularis im Saarland, in: Tackmann, K., und K. Janitschke (Hrsg.): Zur epidemiologischen Situation des Echinococcus multilocularis - breitet sich eine gefährliche Parasitose in der Bundesrepublik Deutschland aus?, Heft 14/1996 der Hefte des Robert-Koch- Instituts in Berlin, Berlin 1996, S. 51-69.

AHLMANN, VICTORIA-PATRICIA: Epidemiologische Untersuchungen zum Vorkommen der Tollwut und des kleinen Fuchsbandwurmes, Echinococcus multilocularis, im Saarland, Berlin 1997.

ANIMAL LIBERATION FRONT (HRSG.): ALF Primer, Second Edition, abzurufen unter http://www.animalliberation.net/library/alprimer.html, Stand 28.10.2003.

ARJES, SEEBEN: Laut & Langsam, in: Die Pirsch, Sonderausgabe 2002, S. 42-47.

BAKER, PHILIP J., STEPHEN HARRIS UND CHARLOTTE C. WEBBON: Effect of British hunting ban on fox numbers, in: Nature Vol. 419/2002, S. 34.

BALDUS, ROLF D.: Mehr Wild dank Jagd, in: Wild und Hund 3/1998, S. 44-49.

BALLER, OESTEN: Neue Munition für die Polizei, in: Bürgerrechte & Polizei/CILIP 65 (1/2000), URL: http://www.cilip.de/ausgabe/65/munition.htm vom 26.10.2003.

BAYERISCHE FORSTLICHE VERSUCHS- UND FORSCHUNGSANSTALT: Wildforschungsprojekt „Optimale Schalenwilddichte" - Abschlußbericht, unveröffentlicht.

BAYERISCHE LANDESANSTALT FÜR WALD UND FORSTWIRTSCHAFT: Forstliche Gutachten zur Situation der Waldverjüngung 2000 - Abschlussbericht, Ort und Datum unbekannt.

BAYERISCHES STAATSMINISTERIUM FÜR ERNÄHRUNG, LANDWIRTSCHAFT UND FORSTEN (HRSG.): Schalenwild in Bayern, München 2000.

BEHNKE, HANS: Jagd und Fang des Raubwildes, Hamburg - Berlin 1982.

BERENS, ULI: Regeln der Rotwild-Bejagung, in: Die Pirsch 18/2001, S. 34-35.

BERGIEN, RÜDIGER: Lauthals zum Erfolg, in: Wild und Hund 24/2001, S. 54-59.

BEZZEL, EINHARD: Wie darf ich Sie „ansprechen" - Graugans oder Stockente?, in: Nationalpark 2/1986, S. 23-25.

BIBELRIETHER, HANS: Ist Jagd angewandter Naturschutz? In: Jagd und Naturschutz, Wiesenfelder Reihe, Heft 3, Februar 1985.

BIEBELRIETHER, HANS: Die Angst des Wildes vor dem jagenden Menschen, in: Nationalpark 2/1986, S. 32-33.

BODE, WILHEILM UND ELISABETH EMMERT: Jagdwende. Vom Edelhobby zum ökologischen Handwerk, München 1998.

BORSCHEL, GABRIELE: Vorsicht Tollwut: Tollwutbekämpfung im 19. und 20. Jahrhundert in Berlin, Berlin 1999.

BREHME, ANGELIKA, DIETER WALLSCHLÄGER UND TORSTEN LANGGEMACH: Kolkraben und die Freilandhaltung von Weidetieren - Untersuchungen aus dem Land Brandenburg, in: Ökologischer Jagdverein Bayern e.V. (Hrsg.): Die Rabenvögel im Visier, Rothenburg o.d. Tauber 2001, Seite 19-32.

BUNDESARBEITSGEMEINSCHAFT „MENSCH UND TIER" VON BÜNDNIS 90/DIE GRÜNEN: Jagd - Positionen der Bundesarbeitsgemeinschaft Mensch und Tier Bündnis 90 / Die Grünen, 1997.

BUNDESMINISTERIUM DES INNEREN: Pressemitteilung vom 28.03.2003.

BUNDESMINISTERIUM FÜR VERBRAUCHERSCHUTZ, ERNÄHRUNG UND LANDWIRTSCHAFT (HRSG.): Tierschutzbericht 2001, URL: http://www.verbraucherministerium.de, Stand: 26.20.2003.

BUNDESMINISTERIUM FÜR VERBRAUCHERSCHUTZ, ERNÄHRUNG UND LANDWIRTSCHAFT (HRSG.): Bericht über den Zustand des Waldes 2002, Bonn 2003.

BUNDESVERBAND DEUTSCHER BERUFSJÄGER E.V. (HRSG): Fangjagd 2000, Morschen - Heina 1995.

BÜTTNER, M., G. MEYERS UND E. PFAFF: Kann die Schweinepest aus Europa verbannt werden? Auf dem Weg zur Eradikation von Pestvirus-Infektionen, URL: http://www.verbraucherministerium.de/forschungsreport/rep1-98/virus.htm vom 22.10.2003.

CONRAD, PETER: Ohne Privatjäger wird's teuer, in: Deutsche Jagd-Zeitung 12/2001, S. 16-21.

CONRAD, PETER: Naturschutz über alles? Deutschlands Jagd: Schlusslicht in Europa? in: Deutsche Jagd-Zeitung 3/2002, S. 16-21.

CONSIGLIO, CARLO: Vom Widersinn der Jagd. Frankfurt/Main 2001.

CREEL, SCOTT & NANCY MARUSHA CREEL: Lion density and population structure in the Selous Game Reserve: evaluation of hunting quotas and offtake, in: Afr. J. Ecol. 35/1997, S. 83-93.

DANIEL, ROBERT: Hegemonat Februar, in: Deutsche Jagd-Zeitung 2/2002, S. 24-27.

DAVID, ANDREAS: Auf zu neuen Ufern, in: Wild und Hund 19/2001, S. 20-24.

DEUTSCHER BUNDESTAG: Drucksache 15/723 vom 26.03.2003 (Tierschutzbericht 2003).

DEUTSCHER JAGDSCHUTZ-VERBAND E.V. (HRSG.): Das Schweigen der Sänger - Rabenvögel in der Diskussion, Bonn, Datum unbekannt.

DEUTSCHER JAGDSCHUTZ-VERBAND E.V. (HRSG.): Von der Natur der Jagd. Bonn 1994.

DEUTSCHER JAGDSCHUTZ-VERBAND E.V. (HRSB.): Wiedereinbürgerung von Großraubwild, Bonn 1997.

DEUTSCHER JAGDSCHUTZ-VERBAND E.V. (HRSG.): Wissenswertes zur Jagd in Deutschland. Bonn 2000.

DEUTSCHER JAGDSCHUTZ-VERBAND E.V. (HRSG.): Das Bundesjagdgesetz. Forderungen - Tatsachen, Bonn 2003.

DEUTSCHER JAGDSCHUTZ-VERBAND E.V. (HRSG.): DJV-Handbuch 2003, Bonn 2003.

DEUTSCHER JAGDSCHUTZ-VERBAND E.V. (HRSG.): Jagd ist Naturschutz, Bonn 2003.

DEUTSCHER JAGDSCHUTZ-VERBAND E.V. UND NABU - NATURSCHUTZBUND DEUTSCHLAND E.V.: Jagd und Naturschutz. Gemeinsame Empfehlungen des Deutschen Jagdschutz-Verbandes (DJV) und des NABU zum Schutz der biologischen Vielfalt, Gut Sunder 1998.

DEUTSCHER NATURSCHUTZRING (HRSG.): Eckpunkte zur Reform des Bundesjagdgesetzes, Bonn 2001.

DICK, UWE: Der Jäger vom Knall. Hundsoktaven zu einer Sexualpathologie zwergdeutscher Flintenmänner, Bad Nauheim 2000.

DÖRTER, MALTE: Ökosystem Wald, in: Deutsche Jagd-Zeitung 2/2002, S. 45-46.

DRÖSCHER, VITUS B.: Wiedergeburt - Leben und Zukunft bedrohter Tiere, München 1988.

DWENGER, ROLF: Das Rebhuhn, Wittenberg 1973.

DYLLA, KLAUS UND GÜNTER KRÄTZNER: Das ökologische Gleichgewicht in der Lebensgemeinschaft Wald, 4. überarbeitete Auflage, Heidelberg - Wiesbaden 1986.

EICKHOFF, ELMAR: 26 Jahre Greifvogelvollschonung - eine Bilanz. Schuldig im Sinne der Anklage!, in: Jäger 1/2002, S. 28-33.

EISENRIED, RICHARD: Jagd und Naturschutz an Gewässern - Lösungswege aus Sicht des amtlichen Naturschutzes, in: Landesjagdverband Bayern e.V. (Hrsg.): Schutz und Nutzung von Feuchtgebieten, Band 4 der Schriftenreihe des Landesjagdverbandes Bayern e.V., München 1997.

ENGEL, PETER: Notzeitbrücken, in: Die Pirsch 23/2001, S. 40-43.

ENGELHARDT, ERNST-OTTO: Sauereien im „Ländle", in: Wild und Hund 22/2001, S. 12-15.

EPPLE, WOLFGANG: Die Eulen, München 1994.

EPPLE, WOLFGANG: Rabenvögel - Göttervögel - Galgenvögel. Ein Plädoyer im Rabenvo-gelstreit, Karlsruhe 1997.

ERZ, WOLFGANG: Tödliche Liebe zur Natur, in: GEO 2/1988, S. 156 ff.

FEICHTNER, BERNHARD: Sauen satt, in: Die Pirsch 16/2001, S. 8-12.

FEICHTNER, BERNHARD: Gerecht bejagen, in: Die Pirsch 23/2001, S. 8-11.

FESSELER, MARKUS: Vergleich der Endemiegebiete von Echinococcus multilocularis und Tollwut in Mitteleuropa, Zürich 1990.

FREIE UND HANDESTADT HAMBURG - UMWELTBEHÖRDE (HRSG.): Rabenvögel - gefiederte Stadtbewohner Hamburgs, Hamburg, Datum unbekannt.

FROMMHOLD, DAG: Das Anti-Jagdbuch - von der ökologischen und ethischen Realität des edlen Waidwerks. München 1994.

GIESEN, KARL: Vernunft statt Ideologie!, in: Jäger 3/2002, S. 22-23.

GINSBAR, J.R. & E.J. MILNER-GULLAND: Sex-Biased Harvesting and Population Dynamics in Ungulates: Implications for Conservation and Sustainable Use, in: Conservation Biolo-gy 8/1994, S. 157-166.

GRAF KUJAWSKI, OLGIERD E.J.: Was in Berlin und Brüssel längst bekannt ist, in: Die Pirsch 5/2001, S. 17.

GROHS, URSULA: Psychologisch-Soziologische Unterschiede zwischen Hobbyjägern und Nichtjägern, Graz 1985.

GROßE, CHRISTINE, PETER BOYS, UTE TIMM, HEIKO HAUPT, HARALD MARTENS UND MONIKA WEINFURTER: Trophäenjagd auf gefährdete Arten im Ausland. BfN-Positionspapier (BfN-Skripten 40), Bonn 2001.

HAFERBECK, EDMUND UND FRANK WIEDING: Operation Tierbefreiung. Ein Plädoyer für ra-dikale Tierrechtsaktionen, Göttingen 1998.

HARTL, L.: Vom Pech verfolgt, in: Die Pirsch 25/2001, S. 33.

HARTUNG, M.: Bericht über die epidemiologische Situation der Zoonosen in Deutschland für 1999, Berlin 2000.

HEIL, FRANK: Jungfüchse scharf bejagen, in: Deutsche Jagd-Zeitung 6/1992, S. 16-18.

HEIL, FRANK: Zoff um Stadtfüchse, in: Deutsche Jagd-Zeitung 6/1996, S. 89.

HELB-HANS-WOLFGANG: Rabenkrähe, Saatkrähe und Elster - was tun und fressen sie wirklich?, in: Ökologischer Jagdverein Bayern e.V. (Hrsg.): Die Rabenvögel im Visier, Rothenburg o.d. Tauber 2001, Seite 63-88.

HELB, HANS-WOLFGANG UND JÜRGEN MARTENS: Wissenschaftliche Begleituntersuchung an Elster (Pica pica) und Rabenkrähe (Corvus c. corone) in Rheinland-Pfalz, 1998, Zusammenfassung veröffentlicht in: Pollichia-Kurier 15 (1) 1999, S. 6-10.

HELB, HANS-WOLFGANG UND WOLFGANG EPPLE: Pressemitteilung vom 08.02.2002.

HELB-HANS-WOLFGANG, WOLFGANG EPPLE UND ULRICH MÄCK: Rabenvögel aktuell: Die vorsätzliche Irreführung der Öffentlichkeit gehrt massiv weiter, in: ÖKO Jagd, 2/2002, S. 16-18.

HENNIG, ROLF: Schwarzwild. Biologie, Verhalten, Hege und Jagd, München 2001.

HERBST, ULRICH: Gehörnanomalien bei Rehböcken. Widder-, Korkenzieher- und Gummigeweihe, in: Jäger 5/2002, S. 42-43.

HERRMANN, ANJA UND JÜRGEN SCHICKER: Auch Rabenvögel brauchen Freunde!, http://www.uni-giessen.de/-gf1002/vdbiol/raben.htm, Stand: 25.02.2003.

HESPELER, BRUNO: Jäger wohin? Eine kritische Betrachtung des deutschen Waidwerks, München 1990.

HESPELER, BRUNO: Rehwild heute - Lebensraum, Jagd und Hege, München 1999.

HESPELER, BRUNO: Wanted! Ein alter Bock, in: Die Pirsch 10/2001, S. 4-7.

HESPELER, BRUNO: Vor und nach dem Schuss, München 2002.

HOFMANN, G.: Katzenhaltung und Vogelschutz: Alter Konflikt mit neuer Dimension, in: Journal für Ornithologie 1/1986.

HOPPE, ULRICH: Tollwutimpfung - Nein Danke!, in: Deutsche Jagd-Zeitung 7/95, S. 30-31.

HUTTER, KARIN: Ein Reh hat Augen wie ein sechzehnjähriges Mädchen - Das Antijagdbuch, Freiburg im Breisgau 1988.

INTERNATIONALER TIERSCHUTZ-FONDS UND SÄCHSISCHES STAATSMINISTERIUM FÜR UMWELT UND LANDWIRTSCHAFT (HRSG.): Wölfe vor unserer Haustür. Im Grenzgebiet von Deutschland und Polen, Hamburg - Dresden 2002.

JANSSEN, CLAAS: Die Jagd unter der Erde, URL: http://www.ewetel.net/~claas.janssen/

der_baujagdspezialist_buch_.htm vom 11.10.2003.

JENSEN, ANGELIKA: Einsatz für die Jagd, in: Die Pirsch 22/2001, S. 12-14.

JOHNSON, KURT A.: Trophy Hunting as a Conservation Tool for Caprinae in Pakistan, in: Freese, Curtis H.: Harvesting Wild Species - Implications für Biodiversity Conservation, Baltimore - London 1997, S. 393-423.

JONAS, D.: Echinococcus multilocularis bei Füchsen in Rheinland-Pfalz. 1982 bis 1994, in: Tackmann, K. und K. Janitschke (Hrsg.): Zur epidemiologischen Situation des Echinococcus multilocularis - breitet sich eine gefährliche Parasitose in der Bundesrepublik Deutschland aus?, Heft 14/1996 der Hefte des Robert-Koch-Instituts in Berlin, Berlin 1996, S. 69-77.

KAPLAN, HELMUT F.: Tierrechte. Die Philosophie einer Befreiungsbewegung, Göttingen 2000.

KALCHREUTER, HERIBERT: Die Sache mit der Jagd. München - Wien - Zürich 1984.

KALCHREUTER, HERIBERT: Die Sache mit der Jagd. Stuttgart 2003.

KALCHREUTER, HERIBERT: Rabenvögel und Artenschutz - Erkenntnisse internationaler Forschung, Mainz 2001.

KAY-BLUM, ULRIKE: Sie balzen weiter, in: Die Pirsch 14/2001, S. 16-17.

KENNTNER, NORBERT & TORSTEN LANGGEMACH: Gefahr für Seeadler - Hohe Verluste durch Bleivergiftungen beim Seeadler, in: Unsere Jadg 12/2001, S. 30-31.

KENNTNER, NORBERT, FRIDA TARTARUCH & KRONE, OLIVER: Heavy metals in soft tissue of white-tailed eagles found dead or moribund in Germany and Austria from 1993 to 2000, in: Environmental Toxicology and Chemistry, Vol. 20 (8) 2001, S. 1831-1837.

KERN, BRIGITTE: Die Bekämpfung der Klassischen Schweinepes (KSP) bei Schwarzwild im Land Brandenburg. Auswertung eines Feldversuches zur oralen Immunisierung, Berlin 1999.

KEVE, ANDRÁS: Der Eichelhäher, Leipzig 1974.

KINSKY, HELMUT: Bleischrot „eingepackt", in: Die Pirsch 18/2001, S. 47.

KIUPEL, H: Zur epidemiologischen Situation des Echinococcus multilocularis in Mecklenburg-Vorpommern, in: Tackmann, K. und K. Janitschke (Hrsg.): Zur epidemiologischen Situation des Echinococcus multilocularis - breitet sich eine gefährliche Parasitose in der Bundesrepublik Deutschland aus?, Heft 14/1996 der Hefte des Robert-Koch-Instituts in Berlin, Berlin 1996, S. 123.

KLÄNE, ANDREAS: Planen Sie Ihre letzte Hasenjagd - jetzt!, in: Wild und Hund 11/2001, S. 12-15.

KLAUS, SIEGFRIED: Die Birkhühner, Wittenberg 1990.

KNIEF, WILFRIED, UND PETER BORKENHAGEN: Ist eine Bestandsregulierung von Rabenkrähen und Elster erforderlich? - Ein Untersuchungsbeispiel aus Schleswig-Holstein, in: Natur und Landschaft 3/1993, S. 102-107.

KÖHNE, MARTIN: Nachgedacht... in: Die Pirsch 23/2001, S. 4-7.

KOOIKER, GERHARD: Der Einfluss hoher Elsternpopulationen auf urbane Kleinvogelarten, in: ÖKOLOGISCHER JAGDVEREIN BAYERN E.V. (HRSG.): Die Rabenvögel im Visier, Rothenburg o.d. Tauber 2001, Seite 100-118.

KREBS, HERBERT: Vor und nach der Jägerprüfung, München 2003.

KRUMBIEGEL, INGO: Die Tollwut der freilebenden Säugetiere - und was der Zoologe dazu sagt, Eigenverlag Hameln 1976.

KUGELSCHAFTER, KARL: Zum Umgang mit Wildtieren, http://www.uni-giessen.de/biodidaktik/vdbiol/wildti.htm, 1997.

LABHARDT, FELIX: Der Rotfuchs, Hamburg 1996.

LAMP, PETER: Kern nicht erkannt, in: Die Pirsch 10/2001, S. 42-45.

LAMP, PETER: Aus für Elektroreizgeräte?, in: Die Pirsch 18/2003, S. 22-26.

LANDESAMT FÜR DEN NATIONALPARK SCHLESWIG-HOLSTEINISCHES WATTENMEER (HRSG.): Bewertung der Jagd im Nationalpark Schleswig-Holsteinisches Wattenmeer, Tönning 1989.

LANGGEMACH, TORSTEN, JÖRG LIPPERT & PAUL SÖMMER: Illegale Verfolgung geschützter Vögel in Brandenburg und Berlin - Situationsbericht, in: Berichte zum Vogelschutz 37/1998, S. 45-67

LANGGEMACH, TORSTEN, JÖRG LIPPERT & PAUL SÖMMER: Illegale Verfolgung von Greifvögeln und Eulen in Brandenburg und Berlin - Situationsbericht, in: Populationsökologie Greifvögel- und Eulenarten 4/2000, S. 435-366.

LAUFMANN, PETER: Streit um Streuner, in: natur&kosmos 4/2002, S. 34-38.

LECHNER, ALEXANDER: Kronjuwelen der Auslandjagd, in: Jäger 3/2002, S. 74-75.

LECHNER, ALEXANDER: In dünner Luft auf dicke Schnecken, in: Jäger 4/2002, S. 72-73.

LEHMANN, HOLM-ANDREAS: Gedanken zur Ökologie im Jagdwesen, in: Öko-Jagd 1/2002, S. 4-5.

LEXIKON-INSTITUT BERTELSMANN (HRSG.): Das Bertelsmann-Lexikon, Band 7, Gütersloh 1990.

LEXIKON-INSTITUT BERTELSMANN (HRSG.): Das Bertelsmann-Lexikon, Band 10, Gütersloh 1990 f.

LINDEROTH, PETER: Der Marderhund (Nyctereutes procyonoides GRAY 1834), in: WFS-Mitteilungen 4/1997, S. 1-4.

LINDEROTH, PETER UND ANDREAS ELLINGER: Schwarzwildschäden an landwirtschaftlichen Kulturen in Baden-Württemberg im Jagdjahr 2000/2001, in: WFS-Mitteilungen 1/2002, S. 1-4.

MACDONALD, DAVID W.: Unter Füchsen - eine Verhaltensstudie, München 1993.

MÄCK, ULRICH: Müssen die Bestände von Aaskrähe (Corvus corone), Elster (Pica pica) und Eichelhäher (Garvulus glandarius) in Deutschland „reguliert" werden?, in: Ökologischer Jagdverein Bayern e.V. (Hrsg.): Rabenvögel im Visier, Rothenburg ob der Tauber 2001, S. 120-155.

MÄCK, ULRICH UND MARIA-ELISABETH JÜRGENS: Aaskrähe, Elster und Eichelhäher in Deutschland, Berlin 1999.

MARTIN, WOLFRAM: Jagen beim Forst, in: Die Pirsch 7/2001, S. 4-8.

MERTENS, REINER: Bleifrei Enten jagen, in: Die Pirsch 18/2001, S. 46.

MEYER, MATTHIAS: Auf bunte Gockel, in: Die Pirsch 18/2003, S. 34-35.

MILLAHN, GÜNTHER: Ansitz am Moorloch, in: Die Pirsch 18/2001, S. 78-79.

MILLER, CHRISTINE: Seitensprünge in der Hirschfamilie, in: Die Pirsch 20/2003, S. 4-7.

MINDER, H.: Die Tollwut im Kanton Zürich, Zürich 1976.

MINISTERIE VAN LANDBOUW, NATUURBEHEER EN VISSERIJ: Jacht en beheer en schadebestrijding. Over de Flora- en faunawet in Nederland, Den Haag 2002.

MIX, HEIKO: Epidemiologische Untersuchungen zur Effektivität einer Bekämpfungsmaßnahme gegen Echinococcus multilocularis (Leuckart, 1863) beim Rotfuchs sowie zum Vorkommen anderer Dünndarmhelminthen des Fuchses im Nordwesten Brandenburgs, Berlin 2000.

MOSER, ANTON: Ist unser Jagdrecht noch zu retten?, in: Die Pirsch 16/2001, S. 15-16.

MÜLLER, ASTRID: Auftreten und Bekämpfungskosten der Klassischen Schweinepest in Niedersachsen in den Jahren 1993-1995, dargestellt anhand der Unterlagen der Tierseuchenkasse, Hannover 1998.

NABU - NATURSCHUTZBUND DEUTSCHLAND E.V. (HRSG.): Jagdpolitisches Grundsatzpapier des NABU, Bonn, Datum unbekannt.

NABU - NATURSCHUTZBUND DEUTSCHLAND E.V. (HRSG.): Zur Bejagung von Rabenvögeln. Stellungnahme des Nabu. http://www.nabu.de/presse/higru/Rabenvoegel.htm, Stand: November 2000.

NASER, KARIN: Fuchsbandwurm-Erkrankungen in Baden-Württemberg, in: Landesgesundheitsamt Baden-Württemberg, Jahresbericht 1997.

NATIONALPARKVERWALTUNG HARZ (HRSG.): Ökologische Grundlagen der Bestandskontrolle beim Schalenwild im Nationalpark Harz, Sankt Andreasberg 2002.

NIEDERSÄCHSISCHES LANDESAMT FÜR ÖKOLOGIE (HRSG.): Wölfe in Niedersachsen?, Hannover 2002.

NOTHDURFT, H.D. ET AL.: Epidemiologie der alveolären Echinokokkose in Süddeutschland (Bayern), in: Tackmann, K. und K. Janitschke (Hrsg.): Zur epidemiologischen Situation des Echinococcus multilocularis - breitet sich eine gefährliche Parasitose in der Bundesrepublik Deutschland aus?, Heft 14/1996 der Hefte des Robert-Koch-Instituts in Berlin, Berlin 1996, S. 41-43.

ÖKOLOGISCHER JAGDVEREIN BAYERN E.V. (HRSG.): Die Rabenvögel im Visier, Rothenburg o.d. Tauber 2001

ÖKOLOGISCHER JAGDVEREIN E.V. UND BUNDESAMT FÜR NATURSCHUTZ: Gemeinsame Pressemitteilung vom 23.03.2001.

OSBYAN, WOLFRAM: Erfolgreich fangen, Bothel 1989.

PAULSEN, TOBIAS: Schlechte Zeiten, in: Deutsche Jagd-Zeitung 2/2002, S. 16-19.

PAULSEN, TOBIAS: Rabenvögeln und Wissenschaft, in: Deutsche Jagd-Zeitung 2/2002, S. 22-23.

PEGEL, MANFRED: Der Feldhase (Lepus europaeus PALLAS) im Beziehungsgefüge seiner Um- und Mitweltfaktoren, Gießen 1986.

PEGEL, MANFRED: Das Rebhuhn (Perdix perdix L.) im Beziehungsgefüge seiner Um- und Mitweltfaktoren, Stuttgart 1987.

PEGEL, MANFRED: Bejagung des Schwarzwildes in von Wildschweinepest betroffenen Gebieten, Internetseite der Wildforschungsstelle Aulendorf, 13. November 2001, URL:

PESCHEL, OLIVER UND JOST DOERENKAMP: Schnaps, Bier & Wein...das lass sein!, in: Die Pirsch 19/2003, S. 49-51.

PLOCHMANN, RICHARD: ...weil sein muss, was nicht sein kann. Die Jagdwissenschaft des Herrn von Eggeling, in: Nationalpark 2/1986, S. 47-50.

PLÜCKER, M.G. VON: Der Jäger und sein Recht, Hanburg/Berlin 1985, nach FROMMHOLD.

POSTEL, MARK A., HANS-WOLFGANG HELB UND GERHARD POSTEL: Chancen für den Luchs (Lynx lynx) im Biosphärenreservat Pfälzerwald-Nordvogesen, in: Ökologischer Jagdverband e.V. (Hrsg.): ÖKO Jagd 3/2002.

PRO WILDLIFE E.V.: Wildtiernutzung, Artenschutz und „Nachhaltige Entwicklung" - Antagonismus oder Lösungsansatz?, München 2001.

PRO WILDLIFE E.V.: Pressemitteilung vom 20.12.2002.

RAHN, JÖRG: Mast aus dem Wald, in: Niedersächsischer Jäger 4/02, S. 18-21.

RATCLIFFE, PHILIP R.: Red deer population changes and the independent assessment of population size, in: Harris, Stephen: Mammal population studies, Oxford 1987, S. 153-165.

REGAN, TOM: The Case for Animal Rights, Berkeley - Los Angeles 1983.

REICHHOLF, JOSEF: Feld und Flur: Zur Ökologie des mitteleurpäischen Kulturlandes, München 1989.

REICHHOLF, JOSEF: Leben und Überleben: Ökologische Zusammenhänge. München 1988

REICHHOLF, JOSEF: Siedlungsraum: Zur Ökologie von Dorf, Stadt und Straße, München 1989.

REICHHOLF, JOSEF: Wald: Zur Ökologie mitteleuropäischer Wälder, München 1990.

REIMOSER, FRIEDRICH, SUSANNE REIMOSER UND JOSEF ZANDL: Mit Plan & Ziel, in: Die Pirsch 3/2001, S. 4-8.

RETTIG, KLAUS: Beiträge zur Vogel- und Insektenwelt Ostfrieslands, 145. Bericht, Emden 2000.

RETTIG, KLAUS: Beiträge zur Vogel- und Insektenwelt Ostfrieslands, 192. Bericht, Emden 2003.

RETTIG, KLAUS: Beiträge zur Vogel- und Insektenwelt Ostfrieslands, 200. Bericht, Emden 2003.

RETTIG, KLAUS: Beiträge zur Vogel- und Insektenwelt Ostfrieslands, 201. Bericht, Emden 2003.

RINDER, L., R.L. RAUSCH, K. TAKAHASHI, H. KOPP, A. THOMSCHKE, T. LÖSCHER: Limited range of tenetic variation in Echinococcus multilocularis, in: J. Parasitol. 83/1997, S. 1045-1050, nach MIX.

RIEMER, MATTHIAS: Heimische Wildarten in ökologischen Zusammenhängen - Sonderausgabe der ÖKO Jagd, Weingarten 2000.

ROHLEDER, HORST: Rekord aus dem Brook, in: Die Pirsch 17/2002, S. 10-13.

ROMMERSKIRCHEN, ANDREAS: Wildtiermanagement im Nationalpark Hochharz, Ort und Datum unbekannt.

ROSEBERRY, JOHN L.: Bobwhite population responses to exploitation: real and simulated, in: Journal of Wildlife Management, 43 (2) / 1979, S. 285-305.

ROSEBERRY, JOHN L., BRUCE G. PETERJOHN & W.D. KLIMSTRA: Dynamics of an unexploited bobwhite population in deteriorating habitat, in: Journal of Wildlife Management, 43 (2) / 1979, S. 306-315.

ROSEBERRY, JOHN L. & W.D. KLIMSTRA: Population ecology of the bobwhite, Carbondale u.a. 1984.

RÖSNER, SASCHA UND THOMAS ISSELBÄCHER IN ZUSAMMENARBEIT MIT DER STAATLICHEN VOGELSCHUTZWARTE FÜR HESSEN, RHEINLAND-PFALZ UND DAS SAARLAND, FRANKFURT/M.: Gutachten zur Abwehr von Vögeln in der Landwirtschaft in Rheinland-Pfalz, Teil A, Marburg a.d. Lahn 2003.

RUPP, HANS-JÜRGEN: Der „Schmal-Achter", in: Die Pirsch 20/2001, S. 8-9.

SAUER, KLAUS PETER (HRSG.): Ökologie, Heidelberg - Berlin 1998.

SCHERZINGER, WOLFGANG: Der Truthahn als „Kanonenfutter", in: Nationalpark 2/1986, S. 26-27.

SCHMITT, SASCHA: Ratten im Revier, in: Wild und Hund 9/2002, S. 40-43.

SCHNEIDER, L. G., J.H. COX, W. MÜLLER UND K.-P. HOHENSBEEN: Der Feldversuch zur oralen Immunisierung von Füchsen gegen Tollwut in der Bundesrepublik Deutschland - Eine Zwischenbilanz, in: Tierärztliche Umschau 42/1987, S. 184-198.

SCHOLZ, GÜNTER: Der Plan ist erfüllt! Das Maß ist voll!, in: Pirsch 9/2001, S. 98-99.

SCHRÖDER, HUBERTUS: Sofort- oder Nachsuche?, in: Jäger 1/2002, S. 66-69.

SCHRÖDER, HUBERTUS: Jagd & Hege im März, in: Jäger 3/2002, S. 32-33.

SCHRÖDER, HUBERTUS: Mastbäume im Revier. Investition in die Zukunft, in: Jäger 4/2002, S. 54-55.

SCHRÖPEL, MICHAEL: Räuber und Beute, Leipzig 1985.

SCHUMANN, GÜNTHER: Mein Jahr mit den Füchsen, Gudensberg-Gleichen 1992.

SCHULTE, JÜRGEN: Der Jäger: Lehrbuch für die Jägerprüfung, Stuttgart 1998.

SEIDEL, H.D.: Rabies: a new look of an old disease, in: Progress in Medical Virology, 40/1993, S. 83.

SINGER, PETER: Animal liberation, London - New South Wales - Auckland - Bergvlei 1995.

SLOTOW, ROB, GUS VAN DYK, JOYCE POOLE, BRUCE PAGE UND ANDRE KOLCKE: Older bull elephants control young males. Orphaned male adolescents go on killing sprees if mature males aren't around, in: Nature, Vol. 408/2000, S. 425-426.

SOJKA, KLAUS: Tierschutz, Tierschutz, Hamburg 1985.

SOJKA, KLAUS UND HORST HAGEN: Auf der Strecke geblieben, Göttingen 1987.

SPÄTH, V.: Biotopverbesserungen in der Landwirtschaft am Beispiel des Feldhasen (Lepus europaeus Pallas), in: Beihefte zum Naturschutzforum 1, Stuttgart 1990.

SPITTLER, HEINRICH: Wer schadet mehr: Krähe oder Fuchs?, in: Jäger 4/2002, S. 20-23.

STIMM, BERND: Die Häher - Gottes erste Förster, in: ÖKOLOGISCHER JAGDVEREIN BAYERN E.V. (HRSG.): Die Rabenvögel im Visier, Rothenburg o.d. Tauber 2001, Seite 34-55.

STOCK, M., E.SCHREY, A. KELLERMANN, C. GÄTJE, K. ESKILDSEN, M. FEIGE, G. FISCHER, F. HARTMANN, V. KNOKE, A. MÖLLER, M. RUTH, A. THIESSEN UND R. VORBERG (HRSG.): Öko-systemforschung Wattenmeer - Synthesebericht: Grundlagen für einen Nationalparkplan, Schriftenreihe des Nationalparks Schleswig-Holsteinisches Wattenmeer, Heft 8.

STREITBERGER, JOACHIM: Blei oder nicht Blei?, in: Wild und Hund 19/2001, S. 34-37.

SWENSON, JON E., FINN SANDEGREN, ARNE SÖDERBERG, ANDERS BJÄRVALL, ROBERT FRAN-ZÉN UND PETTER WABAKKEN: Infanticide caused by hunting of male bears, in: Nature, Vol. 386/1997, S. 450-451.

TACKMANN, K., UND K. JANITSCHKE (HRSG.): Zur epidemiologischen Situation des Echino-coccus multilocularis - breitet sich eine gefährliche Parasitose in der Bundesrepublik Deutschland aus?, Heft 14/1996 der Hefte des Robert-Koch- Instituts in Berlin, Berlin 1996.

TAKLA, M.: Merkblatt zur aktuellen Information über die Gesundheitsgefährdung des Men-schen durch den kleinen Fuchsbandwurm „Echinococcus multilocularis", in: TACKMANN, K., UND K. JANITSCHKE (HRSG.): Zur epidemiologischen Situation des Echinococcus multi-locularis - breitet sich eine gefährliche Parasitose in der Bundesrepublik Deutschland aus?, Heft 14/1996 der Hefte des Robert-Koch- Instituts in Berlin, Berlin 1996, S. 78-91.

TAPPER, S.C., G.R. POTTS & M.H. BROCKLESS: The effect of an experimental reduction in predation pressure on the breeding success and population density of grey partridge Perdix perdix, in: Journal of Applied Ecology 33/1996, S. 965-978.

TEER, JAMES G.: Management of Ungulates and the Conservation of Biodiversity, in: Free-se, Curtis H.: Harvesting Wild Species - Implications for Biodiversity Conservation, Balti-more - London 1997, S. 424-464.

THIELE, D.: Immer mehr Sauen durch immer mehr Futter, in: Unsere Jagd 4/2001, S. 57.

THIELE, KLAUS: Die Jagd stört - gefährdet - verfremdet die Natur, in: Nationalpark 2/1986, S. 19-22.

UMWELTBEHÖRDE DER FREIEN UND HANSESTADT HAMBURG (HRSG.): Rabenvögel. Gefiederte Stadtbewohner Hamburgs, Hamburg 2001.

URBACH, EGBERT: Spannung, Spiel und lehrreiche Unterhaltung, in: Jagd in Bayern 11/2001, S. 14-15.

VÖLKL, WOLFGANG UND JÜRGEN METZNER: Die Aue kehrt zurück, in: Die Pirsch 19/2001, S. 4-7.

WARRELL, D.A.: Infektionskrankheiten, Weinheim 1990.

WESTERMANN, K.: Massenabschuß von Enten in Rheinau-Freistett, Ortenaukreis, in: Berichte der Deutschen Sektion des Internationalen Rates für Vogelschutz, S. 25, 1985, S. 77 ff.

WHEATON, C., M. PYBUS UND K. BLAKELY: Agency perspectives on private ownership of wildlife in the United States and Canada, in: Transactions of the North American Wildlife and Natural Resources Conferences, Washington D.C. 1993, S. 487-494.

WHO COLLABORATING CENTRE FOR RABIES SURVEILLANCE AND RESEARCH: Rabies Bulletin Europe 4/2001, siehe www.who-rabies-bulletin.org.

WHO COLLABORATING CENTRE FOR RABIES SURVEILLANCE AND RESEARCH: Rabies Bulletin Europe 4/2002, siehe www.who-rabies-bulletin.org.

WILDFORSCHUNGSSTELLE DES LANDES BADEN-WÜRTTEMBERG: Jagdbericht Baden-Württemberg für das Jagdjahr 2001/2002, Aulendorf 2003.

WIRTH, YVETTE: Die Jagd - Ein Mordsspass, Esch-Alzette - Briedel 1999.

WISSMANN, FRANK: Multifaktorielle Analyse von Schussverletzungen durch Jagdwaffen, Münster 1993.

WÖLFEL, HELMUTH: Turbo-Reh und Öko-Hirsch, Graz 1999.

WOTSCHIKOWSKY, ULRICH: Der „Notparagraph" muss fallen! Kritische Bemerkungen zur Fütterung von Schalenwild, in: Nationalpark 2/1986, S. 41-44.

ZIEGLER, UTE: Vakzination gegen Klassische Schweinepest (KSP) mit einer Subunit-Vakzine: Experimentelle Studie zur Transmission von Challangevirus, Berlin 2000.

ZIMEN, ERIK: Der Wolf, Wien - München 1978, nach FROMMHOLD.

ZISWILER, V.: Bedrohte und ausgerottete Tiere, Berlin - Heidelberg 1965.

Gesetzestexte

BADEN-WÜRTTEMBERGISCHES JAGDGESETZ vom 1. Juni 1996 (GBl. S. 369, ber. S 723), geändert durch Art. 34 5. AnpVO v. 17.6.1997 (GBl. S. 278).

BAYRISCHES JAGDGESETZ (BayRS 729-1-L), zuletzt geändert durch Gesetz vom 24. April 2001 (GVBl. S. 140).

BRANDENBURGISCHES LANDESJAGDGESETZ vom 3. März 1992 (GVBl. I/92, S. 58, ber. S. 231), geändert durch Gesetz vom 05.11.1997 (GVBl. I/97, S. 112).

BUNDESJAGDGESETZ vom 29. September 1976, zuletzt geändert durch Kapitel VI Sachgebiet F Abschnitt II der Anlage I zum Einigungsvertrag vom 31. August 1990 und Art. 1 ÄndG vom 21.22.1996.

BUNDESNATURSCHUTZGESETZ VOM 21. SEPTEMBER 1998 (BGBl. I S. 2994).

BUNDESTIERSCHUTZGESETZ vom 25. Mai 1998 (BGBl. I S. 1105, 1818), geändert durch Artikel 2 des Gesetzes zur Bekämpfung gefährlicher Hunde vom 12 April 2001 (BGBl. I S. 530).

HESSISCHES JAGDGESETZ vom 12. Oktober 1994 (GVB1. I, S606), zuletzt geändert durch Gesetz vom 21. Dezember 1999 (GVB1. I, S.474).

JAGDGESETZ DES LANDES MECKLENBURG-VORPOMMERN vom 22. März 2000 (GVOBI. M-V S. 126).

NIEDERSÄCHSISCHES JAGDGESETZ vom 14. März 2001 (GVBl. S. 100).

NORDRHEIN-WESTFÄLISCHES LANDESJAGDGESETZ vom 7. 12. 1994 (GV. NW. 1995 S. 2 / SGV. NW. 792)

REICHSJAGDGESETZ vom 4. Juli 1934 (RGBl. I S. 551).

RHEINLAND-PFÄLZISCHES JAGDGESETZ vom 5. Mai 1997.

THÜRINGER JAGDGESETZ vom 11. November 1991 (GVBl. S. 571), geändert durch Gesetz vom 7. Juli 1999 (GVBl. S. 421).

Gerichtsurteile

EUROPÄISCHER GERICHTSHOF FÜR MENSCHENRECHTE: Urteil vom 29. April 1999, Az. 25088/94, 28331/95 und 28443/95.

OBERVERWALTUNGSGERICHT KOBLENZ, Urteil vom 20.03.2001, Az. 12 A11997/00.OVG.

OBERVERWALTUNGSGERICHT SCHLESWIG: Urteil vom 17.03.1998, Az. 4 L 219/94.

VERWALTUNGSGERICHT GELSENKIRCHEN, Urteil vom 14.05.2003, Az. 7 K 625/01.

VERWALTUNGSGERICHTSHOF HESSEN: Beschluß vom 06.11.1996, Az. 11 TG 4486/96.

Persönliche Mitteilungen, Zeitungsartikel sowie Internetseiten:
siehe Quellenangaben.

Der Stand der Internetseiten, die Beiträge in Diskussionsforen beinhalten,
entspricht dem Datum des jeweiligen Eintrags.

SCHÖN
SCHEU
SCHÜTZENSWERT

AUERHÜHNER

Hans-Heiner Bergmann, Siegfried Klaus, Rudi Suchant

G. Brau...

H.-H. Bergmann, S. Klaus, R. Suchant:
Auerhühner. Schön, scheu, schützenswert.
108 Seiten, 84 Abbildungen, gebunden, €24,80.
ISBN 3-7650-8283-X

„Schlägt man das Buch des renommierten Braun Buch-
verlags über das Auerwild auf, ist man sofort in den Bann
gezogen von der prächtigen Ausstattung. Zunächst ste-
chen die einmaligen Fotos von versierten Fotografen
aus ganz Europa ins Auge: der Betrachter hat den Eindruck, den imposanten Vögeln nahe zu sein und spürt
die Stille des Waldes. Die gut lesbaren Texte, geschrieben von ausgewiesenen Kennern, erzählen ausführlich vom Leben der scheuen Tiere. Es lässt sich
kaum ein besseres Werk über diesen Vogel denken."
Der Schwarzwald